2026
제29회 시험대비 전면개정

박문각 주택관리사

기본서 1차
회계원리

김종화 외 박문각 주택관리연구소 편저

합격까지 박문각
합격 노하우가 다르다!

이 책의 머리말

회계원리는 주택관리사 시험 합격을 좌우하는 핵심 과목이며 수험생들이 가장 어렵다고 느끼는 과목입니다.

많은 수험생이 「회계원리」를 공부하면서 그 내용과 문제를 단순히 암기하려고 하기 때문에 더욱 어렵게 느껴지는 과목이지만, 회계적 사고를 바탕으로 하는 기초개념 및 논리를 이해하고 기업회계기준에 따른 정확한 회계처리를 숙지한다면 오히려 안정적인 고득점이 가능한 전략과목이라는 것을 알아야 합니다.

「회계원리」는 습관적인 단순 암기가 아닌 이해와 문제풀이의 반복을 통한 숙달과정이 무엇보다 중요한 과목입니다. 더구나 최근에 70% 정도의 문제가 금액을 계산하는 문제라는 것을 감안하면 내용을 알고 있더라도 빠른 시간 내에 금액을 계산하지 못하면 아무 소용이 없을 것입니다. 따라서 눈으로 보면서 내용을 암기하는 것보다 실제 문제를 직접 풀어가면서 「회계원리」를 이해하고 계산구조를 숙달시키는 것이 무엇보다 중요하다 할 수 있습니다.

본서의 특징은 다음과 같습니다.

01 최신 「한국채택국제회계기준(K-IFRS)」 완벽 반영

현행 주택관리사보 자격시험에서 회계처리 등과 관련된 시험문제는 「한국채택국제회계기준(K-IFRS)」(Korean-International Financial Reporting Standards : K-IFRS)만을 적용하여 출제하고 있으므로, 가장 최신의 「한국채택국제회계기준(K-IFRS)」을 모두 반영하였습니다.

02 최근 10년간의 출제경향 완전 분석

주택관리사 4회차 시험부터의 강의경험과 최근 10년간의 기출문제 출제경향 분석을 통한 주요 핵심이론 및 빈출문제 관련 내용 위주로 구성하였고, 지엽적인 내용을 정리하여 학습의 부담을 덜게 하였습니다.

03 회계의 원리를 터득할 수 있는 연습문제 삽입

무조건적인 암기가 아닌 회계의 개념과 원리를 깨달을 수 있도록 각 단원마다 연습문제를 수록하여 회계원리가 적용되는 과정을 스스로 확인할 수 있고, 문제풀이능력을 향상시키도록 하였습니다.
또한 기초회계원리부터 중급회계, 원가·관리회계까지 최근 기출문제는 물론 공인회계사, 세무사, 감정평가사, 세무공무원 시험 등 유사한 난이도의 문제를 수록하여 실전에 대비할 수 있도록 하였습니다.

본 기본서가 주택관리사 시험을 준비하는 수험생들에게 회계원리 개념을 확실히 익히는 데 도움이 되고 든든한 합격의 길잡이가 되길 바랍니다.

2025년 9월
편저자 김종화

자격안내

자격개요

주택관리사보는 공동주택의 운영·관리·유지·보수 등을 실시하고 이에 필요한 경비를 관리하며, 공동주택의 공용부분과 공동소유인 부대시설 및 복리시설의 유지·관리 및 안전관리 업무를 수행하기 위해 주택관리사보 자격시험에 합격한 자를 말한다.

변천과정

1990년	주택관리사보 제1회 자격시험 실시
1997년	자격증 소지자의 채용을 의무화(시행일 1997. 1. 1.)
2006년	2005년까지 격년제로 시행되던 자격시험을 매년 1회 시행으로 변경
2008년	주택관리사보 자격시험의 시행에 관한 업무를 한국산업인력공단에 위탁(시행일 2008. 1. 1.)

주택관리사제도

❶ 주택관리사 등의 자격

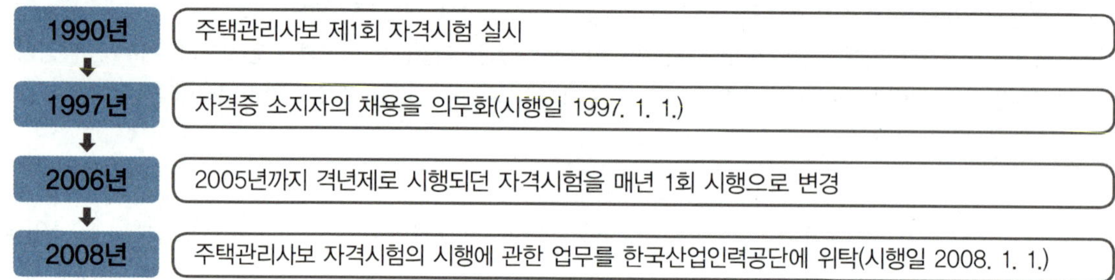

주택관리사보가 되려는 자는 국토교통부장관이 시행하는 자격시험에 합격한 후 시·도지사로부터 합격증서를 발급받아야 한다.

주택관리사는 주택관리사보 합격증서를 발급받고 대통령령으로 정하는 주택관련 실무경력이 있는 자로서 시·도지사로부터 주택관리사 자격증을 발급받은 자로 한다.

❷ 주택관리사 인정경력

시·도지사는 주택관리사보 자격시험에 합격하기 전이나 합격한 후 다음의 어느 하나에 해당하는 경력을 갖춘 자에 대하여 주택관리사 자격증을 발급한다.

- 사업계획승인을 받아 건설한 50세대 이상 500세대 미만의 공동주택의 관리사무소장으로 근무한 경력 3년 이상
- 사업계획승인을 받아 건설한 50세대 이상의 공동주택의 관리사무소의 직원(경비원, 청소원, 소독원 제외) 또는 주택관리업자의 직원으로 주택관리업무에 종사한 경력 5년 이상
- 한국토지주택공사 또는 지방공사의 직원으로 주택관리업무에 종사한 경력 5년 이상
- 공무원으로 주택관련 지도·감독 및 인·허가 업무 등에 종사한 경력 5년 이상
- 주택관리사단체와 국토교통부장관이 정하여 고시하는 공동주택관리와 관련된 단체의 임직원으로 주택관련 업무에 종사한 경력 5년 이상
- 위의 경력들을 합산한 기간 5년 이상

법적 배치근거

공동주택을 관리하는 주택관리업자·입주자대표회의(자치관리의 경우에 한함) 또는 임대사업자(「민간임대주택에 관한 특별법」에 의한 임대사업자를 말함) 등은 공동주택의 관리사무소장으로 주택관리사 또는 주택관리사보를 다음의 기준에 따라 배치하여야 한다.

- **500세대 미만의 공동주택**: 주택관리사 또는 주택관리사보
- **500세대 이상의 공동주택**: 주택관리사

주요업무

공동주택을 안전하고 효율적으로 관리하여 공동주택의 입주자 및 사용자의 권익을 보호하기 위하여 입주자대표회의에서 의결하는 공동주택의 운영·관리·유지·보수·교체·개량과 리모델링에 관한 업무 및 이와 같은 업무를 집행하기 위한 관리비·장기수선충당금이나 그 밖의 경비의 청구·수령·지출 업무, 장기수선계획의 조정, 시설물 안전관리계획의 수립 및 건축물의 안전점검에 관한 업무(단, 비용지출을 수반하는 사항에 대하여는 입주자대표회의의 의결을 거쳐야 함) 등 주택관리서비스를 수행한다.

진로 및 전망

주택관리사는 주택관리의 시장이 계속 확대되고 주택관리사의 지위가 제도적으로 발전하면서 공동주택의 효율적인 관리와 입주자의 편안한 주거생활을 위한 전문지식과 기술을 겸비한 전문가집단으로 자리매김하고 있다.

주택관리사의 업무는 주택관리서비스업으로서, 자격증 취득 후 아파트 단지나 빌딩의 관리소장, 공사 및 건설업체·전문용역업체, 공동주택의 운영·관리·유지·보수 책임자 등으로 취업이 가능하다.
과거 주택건설 및 공급 위주의 주택정책이 국가경제적인 측면에서 문제가 되었다는 점에서 지금은 공동주택의 수명연장 및 쾌적한 주거환경 조성을 우선으로 하는 주택관리의 시대가 되었다. 이러한 시대적 변화에 맞추어 전문자격자로서 주택관리사의 역할이 어느 때보다 중요해지고 있으며, 공동주택의 리모델링의 활성화로 주택관리사들이 전문기법을 연구·발전시켜 국가경제발전에도 크게 기여하게 될 것이다.

자격시험안내

시험기관

소관부처　국토교통부 주택건설공급과

실시기관　한국산업인력공단(http://www.Q-net.or.kr)

응시자격 및 결격사유

❶ **응시자격:** 없음

※ 단, 시험시행일 현재 주택관리사 등의 결격사유에 해당하는 자와 부정행위를 한 자로서 당해 시험시행일로부터 5년이 경과되지 아니한 자는 응시 불가능

❷ **주택관리사보 결격사유(공동주택관리법 제67조 제4항)**

다음 각 호 어느 하나에 해당하는 사람은 주택관리사 등이 될 수 없으며 그 자격을 상실한다.

> 1. 피성년후견인 또는 피한정후견인
> 2. 파산선고를 받은 사람으로서 복권되지 아니한 사람
> 3. 금고 이상의 실형의 선고를 받고 그 집행이 끝나거나(집행이 끝난 것으로 보는 경우를 포함) 집행이 면제된 날부터 2년이 지나지 아니한 사람
> 4. 금고 이상의 형의 집행유예를 선고받고 그 집행유예기간 중에 있는 사람
> 5. 주택관리사 등의 자격이 취소된 후 3년이 지나지 아니한 사람(제1호 및 제2호에 해당하여 주택관리사 등의 자격이 취소된 경우는 제외)

시험방법

❶ 주택관리사보 자격시험은 제1차 시험 및 제2차 시험으로 구분하여 시행
❷ **제1차 시험문제:** 객관식 5지 택일형, 과목당 40문항을 출제
❸ **제2차 시험문제:** 객관식 5지 택일형 및 주관식 단답형, 과목당 40문항을 출제(객관식 24문항, 주관식 16문항)

시험의 일부면제

❶ 2025년도 제28회 제1차 시험 합격자(2026년도 제1차 시험에 한함, 별도 서류제출 없음)
❷ 2025년도 제1차 시험 합격자가 2026년도 제1차 시험 재응시를 원할 경우, 응시 가능하며 불합격하여도 전년도 제1차 시험 합격에 근거하여 2026년도 제2차 시험에 응시 가능

※ 다만, 2026년도 제1차 시험의 시행일 기준으로 결격사유에 해당하는 사람에 대해서는 면제하지 아니함

합격기준

❶ 제1차 시험 절대평가, 제2차 시험 상대평가(공동주택관리법 제67조 제5항)

국토교통부장관은 선발예정인원의 범위에서 대통령령으로 정하는 합격자 결정 점수 이상을 얻은 사람으로서 전과목 총득점의 고득점자 순으로 주택관리사보 자격시험 합격자를 결정

❷ 시험합격자의 결정(공동주택관리법 시행령 제75조)

> 1. 제1차 시험
>   과목당 100점을 만점으로 하여 모든 과목 40점 이상이고 전 과목 평균 60점 이상의 득점을 한 사람
> 2. 제2차 시험
>   ① 과목당 100점을 만점으로 하여 모든 과목 40점 이상이고 전 과목 평균 60점 이상의 득점을 한 사람. 다만, 모든 과목 40점 이상이고 전 과목 평균 60점 이상의 득점을 한 사람의 수가 법 제67조 제5항 전단에 따른 선발예정인원에 미달하는 경우에는 모든 과목 40점 이상을 득점한 사람
>   ② 법 제67조 제5항 후단에 따라 제2차 시험 합격자를 결정하는 경우 동점자로 인하여 선발예정인원을 초과하는 경우에는 그 동점자 모두를 합격자로 결정. 이 경우 동점자의 점수는 소수점 둘째자리까지만 계산하며, 반올림은 하지 아니함

시험과목

(2025. 03. 28. 제28회 시험 시행계획 공고 기준)

시험구분		시험과목	시험범위	시험시간
제1차 (3과목)	1교시	회계원리	세부 과목 구분 없이 출제	100분
		공동주택 시설개론	• 목구조·특수구조를 제외한 일반건축구조와 철골구조 • 장기수선계획 수립 등을 위한 건축적산 • 홈네트워크를 포함한 건축설비개론	
	2교시	민 법	• 총칙 • 물권 • 채권 중 총칙·계약총칙·매매·임대차·도급·위임·부당이득·불법행위	50분
제2차 (2과목)		주택관리 관계법규	「주택법」·「공동주택관리법」·「민간임대주택에 관한 특별법」·「공공주택 특별법」·「건축법」·「소방기본법」·「화재예방, 소방시설설치·유지 및 안전관리에 관한 법률」·「승강기 안전관리법」·「전기사업법」·「시설물의 안전 및 유지관리에 관한 특별법」·「도시 및 주거환경정비법」·「도시재정비 촉진을 위한 특별법」·「집합건물의 소유 및 관리에 관한 법률」 중 주택관리에 관련되는 규정	100분
		공동주택 관리실무	시설관리, 환경관리, 공동주택회계관리, 입주자관리, 공동주거관리이론, 대외업무, 사무·인사관리, 안전·방재관리 및 리모델링, 공동주택 하자관리(보수공사 포함) 등	

※ 1. 시험과 관련하여 법률·회계처리기준 등을 적용하여 답을 구하여야 하는 문제는 시험시행일 현재 시행 중인 법령 등을 적용하여 정답을 구하여야 함
   2. 회계처리 등과 관련된 시험문제는 「한국채택국제회계기준(K-IFRS)」을 적용하여 출제
   3. 기활용된 문제, 기출문제 등도 변형·활용되어 출제될 수 있음

2025년 제28회 주택관리사(보) 1차 시험 과목별 총평

회계원리

제28회 시험은 재무회계 32문제(80%), 원가·관리회계 8문제(20%), 이론형 11문제(27.5%), 계산형 29문제(72.5%)가 출제되었습니다.

신유형으로 출제된 외부감사의견을 묻는 문제를 제외하면 이론형 문제의 난이도가 낮았으며, 계산형 문제는 대부분 각 단원별 주요 거래의 핵심이론과 계산구조만 알면 단순계산이 가능한 문제들이어서 전반적으로 지난해보다는 약간 쉽게 출제되었다고 볼 수 있습니다.

재무회계에서는 회계상 거래, 감사의견, 원장마감 방법, 유동부채 및 금융부채 분류, 감가상각 방법 등 단순 암기형 문제가 10문제, 선입 선출법, 재고자산 총매입액, 은행계정조정표, 기본주당이익 계산 등 단순계산형 문제가 7문제 출제되어 이번 제28회 시험이 지난해에 비해 약간 쉽게 느껴질 수 있는 부분이었습니다.

반면 유효이자율을 추정하여 사채이자비용을 계산하는 응용형 심화 문제, 제18회 이후 처음 출제된 소매재고법은 실전에서 어렵게 느껴졌을 것이며, 원가이익률, 유형자산교환, 재평가모형, 투자부동산, 사채 발행 및 상각후원가금융자산, 기타포괄손익-공정가치 측정 금융자산, 어음할인, 제품보증충당부채, 위탁판매수수료, 결산정리사항 T계정 구조, 건설계약손익, 추정변경 후 감가상각비, 매출채권회전율, 유동비율 계산문제 등은 기본이론강의, 문제풀이강의 및 각종 특강에서 많은 연습을 했던 문제들로 큰 어려움은 없었으나 계산과정의 숙달이 안 되어 있는 수험생들에게는 어렵다고 느껴졌을 수 있겠습니다.

원가·관리회계는 이론형 1문제, 계산형 7문제가 출제되었고 대부분 각 단원별 핵심이론만 정리되어 있으면 쉽게 해결할 수 있는 문제들이 출제되었습니다. 당기제품제조원가, 부문별원가계산, 기말재공품 평가, 목표이익달성 판매수량, 전부 및 변동원가계산 이익 차이, 특별주문, 재료구입예산 등 최근의 출제경향과 다르지 않고 평이한 문제들로 출제되었습니다.

공동주택 시설개론

문제 출제 유형을 분류하자면 난이도 상급의 문제 10문제, 중급 24문제, 하급 6문제, 옳은 것을 선택하는 문제 5문제, 괄호넣기식 선택 4문제, 숫자가 지문에 포함된 문제 18문제, 계산문제 총 3문제로 적산 1문제와 설비 2문제 정도 출제되었습니다. 제28회 시험 문제는 제27회보다 그동안 치른 시험경향과는 많이 다른 설비관련법, 표준시방서에서 상당히 많이 출제되어 수험생분들은 많이 당황했을 것입니다. 만약 이번 제28회처럼 다시 나온다면 보다 기초를 튼튼히 하지 않으면 어려워지는 시험이 될 것입니다. 숫자가 지문에 포함된 문제는 제27회 11문제에서 제28회 18문제로 비중이 훨씬 높아졌다는 것은 그만큼 시험이 보다 관련 법 규정 등의 출제와 함께 많이 어려워졌다는 뜻입니다. 강의 중에 강조하는 중요 숫자를 암기하는 것이 필요하리라 생각됩니다. 난이도 중상 정도의 문제와 난이도 상의 문제를 합한 다면 16문제 이상으로 중요 내용에 대한 이해와 숙지가 되어 있지 않으면 수험생 분들은 상당히 어려운 시험으로 느꼈을 것이라 생각합니다.

설비편에서는 기본적인 개념을 구체적으로 잘 이해하는 지를 확인하는 문제 외에 강의 시간에 다루기 어려운 관련 법 규정이 다수 출제되어 정답 선택이 어려울 수 밖에 없어 제27회보다 월등히 난이도가 높은 시험이었습니다. 구조편은 중요 개념과 내용의 문제들 뿐 아니라 표준시방서에서 5문항의 출제문제와 그동안 출제되지 않았던 철근 표면 표시규격, 용접기호 문제가 출제되어 어려움을 더 했습니다.

결론적으로 제28회 시험문제는 기본 개념과 내용에 대해서 깊이가 깊어져 난이도가 대폭 상승되어 출제되었습니다. 수치를 묻는 문제도 늘었고, 계산문제도 역시 적산 1문제, 설비에서 2문제가 출제되었는데 한 문제 역시 그동안 출제되지 않았던 형식의 문제가 출제되어 난이도를 높이는 데 기여했습니다.

민법

제28회 주택관리사(보) 민법 시험은 최근 5년 이내에 치러진 민법 시험 중에서 가장 쉽게 출제된 시험으로 기억됩니다. 특히 물권법과 채권법이 쉽게 출제되어서 수험생 입장에서 실수를 했더라도 70점 이상 획득할 수 있었던 시험으로 생각됩니다.

제28회 주택관리사(보) '민법'의 출제경향은 다음과 같습니다.

첫째, 민법총칙은 총 24문항이 출제되었습니다. 24문항 중에서 대부 분은 난이도 하, 중으로 분석되며, 비법인사단 1문제 정도 난이도 상으로 분류됩니다. 항상 강조하듯이 민법총칙에서 고득점의 획득이 전체 고득점으로 이어질 것으로 보입니다.

둘째, 물권법은 총 8문항이 출제되었습니다. 물권법 8문항 중에서 7문항은 수업시간에 매번 다루었던 부분에서 출제되었고, 소유권 중에서 상린관계 1문제가 출제된 점이 특이한 점입니다. 공부를 충분히 한 수험생이라면 8문항 중에서 6문항은 쉽게 맞혔으리라고 생각됩니다.

셋째, 채권법은 총 8문항이 출제되었습니다. 채권법이 8문항으로 출제되고 시험이 상대평가로 전환된 이후에 치러진 시험 중에서 가장 쉽게 출제된 채권법입니다. 부당이득, 불법행위 2문제를 제외하고는 과거의 기출문제 등을 반복하여 출제하였습니다. 채권법이 쉽게 출제되어서 전체적으로 이번 제28회 주택관리사(보) 민법은 쉽게 느껴집니다.

이러한 특징으로 인하여 제28회 주택관리사(보) 민법은 고득점이 많은 관계로 다른 1차 과목의 점수를 보충하는 효자 과목이 된 듯합니다.

주택관리사(보) 자격시험 5개년 합격률

▷ 제1차 시험
(단위: 명)

구 분	접수자(A)	응시자(B)	합격자(C)	합격률(C/B)
제24회(2021)	17,011	13,827	1,760	12.73%
제25회(2022)	18,084	14,410	3,137	21.76%
제26회(2023)	18,982	15,225	1,877	12.33%
제27회(2024)	20,809	17,023	2,017	11.84%
제28회(2025)	22,406	18,683	2,952	15.8%

▷ 제2차 시험
(단위: 명)

구 분	접수자(A)	응시자(B)	합격자(C)	합격률(C/B)
제23회(2020)	2,305	2,238	1,710	76.4%
제24회(2021)	2,087	2,050	1,610	78.5%
제25회(2022)	3,494	3,408	1,632	47.88%
제26회(2023)	3,502	3,439	1,610	46.81%
제27회(2024)	2,992	2,913	1,612	55.33%

출제경향 분석 및 수험대책

📖 출제경향 분석

분 야	구 분	제24회	제25회	제26회	제27회	제28회	총 계	비율(%)
재무회계 (32문항)	회계의 기초개념	1	1	2	1		5	2.5
	회계의 순환과정	2	1	1		2	6	3
	재무회계이론	2	2	3	3	3	13	6.5
	금융자산(I) – 현금성자산 등	4	2	2	4	2	14	7
	금융자산(II) – 지분상품 등	1	2	2	1	2	8	4
	재고자산	4	4	4	4	4	20	10
	유형자산	4	4	4	3	3	18	9
	기타의 자산회계	1	1	1	2	1	6	3
	부채회계	3	2	3	3	5	16	8
	자본회계	1	3	2	2	1	9	4.5
	수익과 비용회계		2	2	2	2	8	4
	결산 및 재무제표	6	6	4	4	4	24	12
	회계변경과 오류수정	1					1	0.5
	재무제표 분석 등	2	2	2	3	3	12	6
	재무회계 계	32	32	32	32	32	160	80
원가· 관리회계 (8문항)	원가의 개념 및 흐름	2	2	1	1	1	7	3.5
	원가의 배분		1	1	1	1	4	2
	제품별 원가계산	2	1	1	1	1	6	3
	변동원가계산	1	1	1	1	1	5	2.5
	표준원가계산	1	1	1	1	1	5	2.5
	CVP분석	1	1	1	1	1	5	2.5
	특수의사결정회계	1		1	1	1	4	2
	예산회계		1	1	1	1	4	2
	원가·관리회계 계	8	8	8	8	8	40	20
총 계		40	40	40	40	40	200	100

✒ 수험대책

재무회계 32문제(80%), 원가·관리회계 8문제(20%) 출제되는 것은 고정되어 있으며, 이론형 10~15문제, 계산형 25~30문제까지 유동적으로 출제됩니다.

회계원리 특성상 계산형 문제가 평균 70% 정도 출제되어 문제의 난이도보다 제한된 시간 안에 계산하는 능력이 중요합니다. 따라서 단순 암기식의 공부가 아닌 분개 및 전기 등의 회계원리에 입각한 각 거래의 기록·계산과정을 반복·숙달하면 안정적인 점수를 확보할 수 있습니다.

재무회계는 재무회계이론, 현금및현금성자산, 수취채권, 지분상품 및 채무증권, 유형자산, 무형자산, 투자부동산, 부채 및 자본회계, 수익, 건설계약, 결산정리사항, 재무제표 일반, 현금흐름표, 재무비율분석 등 전 범위에서 골고루 출제되기 때문에 강의와 기본서를 반복하며 기본개념과 계산과정을 숙달시키는 연습이 필수적입니다. 특히 계산문제가 평균 70% 출제되는데, 단순 공식암기식 공부방법은 적절치 않고 각 단원별 기본개념을 익힌 후, 분개 및 전기 등 회계원리에 입각 한 회계처리과정을 반복연습하면 대부분의 문제를 해결할 수 있는 능력을 키우고 문제풀이 시간의 압박에서 벗어날 수 있을 것입니다.

원가·관리회계는 이론형보다 계산형 문제가 대부분(7~8문제)으로 많은 수험생들이 부담을 느끼는 과목이기도 합니다. 그러나 반대로 생각하면 원가의 개념과 흐름, 원가의 배분, 개별원가계산과 종합원가계산, 표준원가계산, 변동원가계산, CVP분석, 특수의사결정 등 각 원가계산방법을 익히면 최소한 3~4문제는 어렵지 않게 문제를 해결할 수 있을 것입니다.

2026년 제29회 주택관리사 자격시험 회계원리의 난이도는 최근의 출제경향과 수준에서 크게 벗어나지 않을 것입니다. 난이도 중상급의 문제가 20~25문제 정도 출제되어 단순 암기가 아닌 회계원리에 입각한 회계처리의 반복·숙달과정이 필수적일 것입니다.

전공자가 아닌 이상 기본이론강의부터 문제풀이강의, 각종 특강을 수강하며 이론적 바탕을 튼튼히 한 후 빈출 유사문제의 계산 구조를 반복 연습한다면 일정한 원리원칙에 따라 회계처리가 이루어지는 회계원리가 오히려 고득점이 가능할 것입니다.

난이도 중상급의 문제가 60% 정도 출제됨을 참고하여 기본이론서와 문제집의 회독수를 높이고 꾸준한 강의수강과 복습으로 기본개념 익히기, 계산구조 즉, 회계처리과정 익히기를 실천하여 확실한 결과를 만들어 내기 바랍니다.

단계별 학습전략 Process 4

STEP 1 — 시험준비 단계

시험출제 수준 및 경향 파악

사전준비 없이 막연한 판단으로 공부를 시작하면 비효율적이고 시험에 실패할 위험도 크다. 따라서 기출문제의 꼼꼼한 분석을 통해 출제범위를 명확히 하고, 출제 빈도 및 경향을 정확히 가늠하여 효율적인 학습방법을 찾는 것이 합격을 위한 첫 걸음이다.

최적의 수험대책 수립 및 교재 선택

시험출제 수준 및 경향을 정확하게 파악하였다면, 수험생 본인에게 적합한 수험방법을 선택해야 한다. 본인에게 맞지 않는 수험방법은 동일한 결과를 얻기 위해 몇 배의 시간과 노력을 들여야 한다. 따라서 본인의 학습태도를 파악하여 자신에게 맞는 학습량과 시간 배분 및 학습 장소, 학원강의 등을 적절하게 선택해야 한다. 그리고 내용이 충실하고 본인에게 맞는 교재를 선택하는 것도 합격을 앞당기는 지름길이 된다.

STEP 2 — 실력쌓기 단계

과목별 학습시간의 적절한 배분

주택관리사보 자격시험을 단기간에 준비하기에는 내용도 방대하고 난도도 쉽지 않다. 따라서 과목별 학습목표량과 학습시간을 적절히 배분하는 것이 중요한데, 취약과목에는 시간을 좀 더 배분하도록 한다. 전체 일정은 기본서, 객관식 문제집, 모의고사 순으로 학습하여 빠른 시일 내에 시험 감각을 키우는 것을 우선으로 해야 한다.

전문 학원 강사의 강의 수강

학습량도 많고 난도도 높아 독학으로 주택관리사보 자격시험을 공략하기란 쉽지 않다. 더욱이 법률 과목은 기본개념을 파악하는 것 자체가 쉽지 않고, 해당 과목의 전체적인 흐름을 이해하고 핵심을 파악하기보다는 평면적·단순 암기식 학습에 치우칠 우려가 있어 학습의 효율성을 떨어뜨리고 시험기간을 장기화하는 원인이 될 수 있다. 이러한 독학의 결점이나 미비점을 보완하기 위한 방안으로 전문학원 강사의 강의를 적절히 활용하도록 한다.

수험생 스스로 사전 평가를 통하여 고득점을 목표로 집중학습할 전략과목을 정하도록 한다.
그러나 그보다 더 중요한 것은 취약과목을 어느 수준까지 끌어올리느냐 하는 것이다.

취약과목을 집중 공략

개인차가 있겠지만 어느 정도 공부를 하고 나면 전략과목과 취약과목의 구분이 생기기 마련이다. 고득점을 보장하는 전략과목 다지기와 함께 취약과목을 일정 수준까지 끌어올리려는 노력이 무엇보다 필요하다. 어느 한 과목의 점수라도 과락이 되면 전체 평균점수가 아무리 높다고 해도 합격할 수 없기 때문에 취약과목을 어느 수준까지 끌어올리느냐가 중요하다고 하겠다.

문제 해결력 기르기

각 과목별 특성을 파악하고 전체적인 흐름을 이해했다면 습득한 지식의 정확도를 높이고, 심화단계의 문제풀이를 통해 실력을 높일 필요가 있다. 지금까지 학습해 온 내용의 점검과 함께 자신의 실력으로 굳히는 과정을 어떻게 거치느냐에 따라 시험의 성패가 결정될 것이다.

합격을 좌우하는 마지막 1개월

시험 1개월 전은 수험생들이 스트레스를 가장 많이 받는 시점이자 수험생활에 있어 마지막 승부가 가늠되는 지점이다. 이 시기의 학습효과는 몇 개월 동안의 학습효과와 비견된다 할 수 있으므로 최대한 집중력을 발휘하고 혼신의 힘을 기울여야 한다. 이때부터는 그 동안 공부해 온 것을 시험장에서 충분히 발휘할 수 있도록 암기가 필요한 사항은 외우고 틀린 문제들은 점검하면서 마무리 교재를 이용하여 실전감각을 배양하도록 한다.

시험 당일 최고의 컨디션 유지

시험 당일 최고의 컨디션으로 실전에 임할 수 있어야 공부한 모든 것들을 제대로 쏟아 낼 수 있다. 특히 시험 전날의 충분한 수면은 시험 당일에 명석한 분석 및 판단력을 발휘하는 데 큰 도움이 됨을 잊지 말아야 한다.

교재 구성 및 활용

01 단원핵심정리

단원 전체의 구성을 한눈에 파악하고 중요 내용을 핵심적으로 요약·정리하여, 각 단원의 이론 학습 후 마무리 학습이 가능하도록 하였습니다.

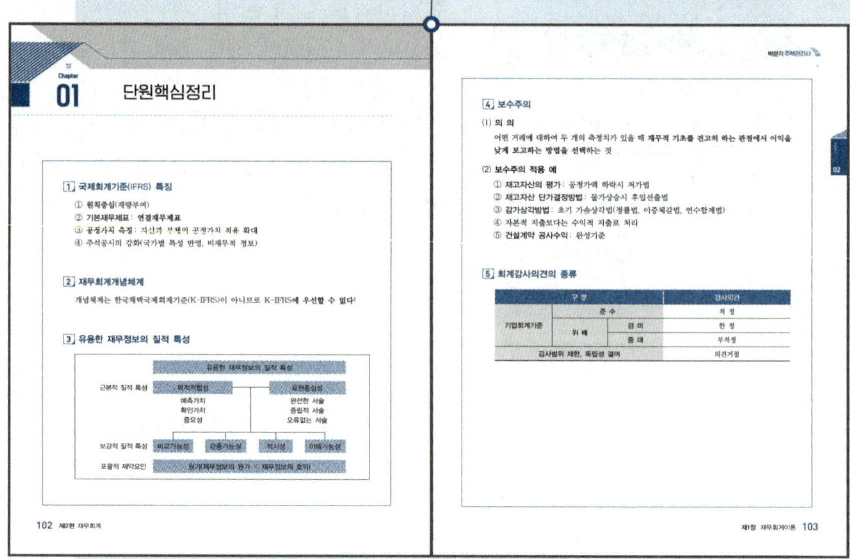

02 방대한 학습분량을 효율적으로 서술

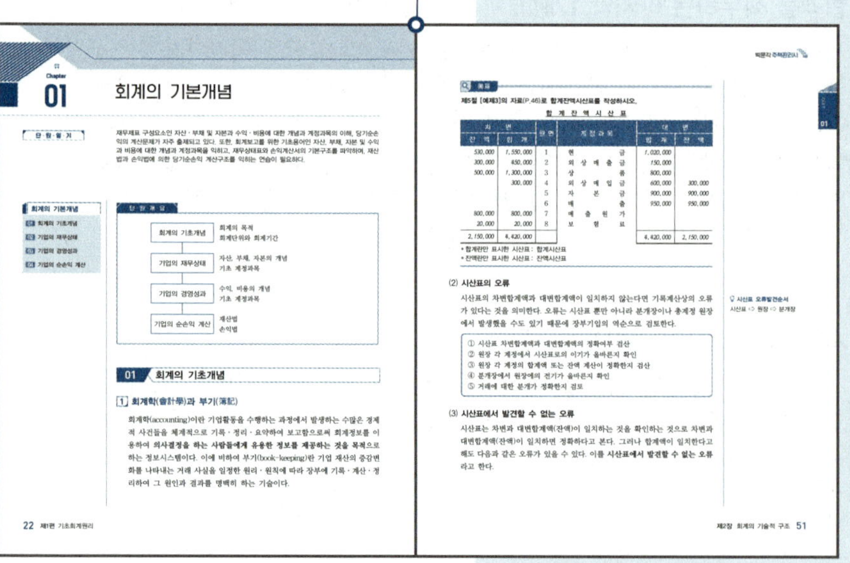

다양한 본문 요소들을 통해 방대한 학습분량을 체계적으로 분류하고 논리적으로 서술하여 내용 파악이 용이하도록 구성하였습니다.

① **단원개요**: 각 단원의 도입부분에 그 단원에서 다루어지는 핵심적인 내용을 개략적으로 보여줌으로써 수험생들이 학습의 강약을 조절 가능

② **예제**: 이론학습이 끝난 뒤 문제풀이를 통해 완벽 마스터

03 실전예상문제

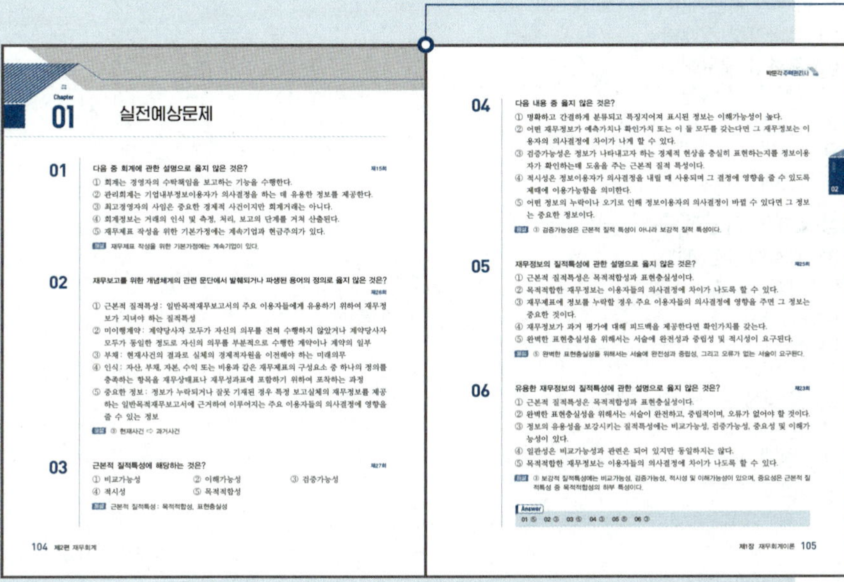

철저한 최신출제경향 분석을 통해 출제가능성이 높은 문제를 수록함으로써 실전능력을 기를 수 있도록 하였으며, 문제의 핵심을 찌르는 정확하고 명쾌한 해설을 수록하였습니다.

04 부록

제28회 기출문제를 부록으로 수록하여 풍부한 학습이 가능하도록 하였으며 실제시험을 치르는 자세로 수험생 스스로가 자신의 실력을 점검해볼 수 있도록 하였습니다.

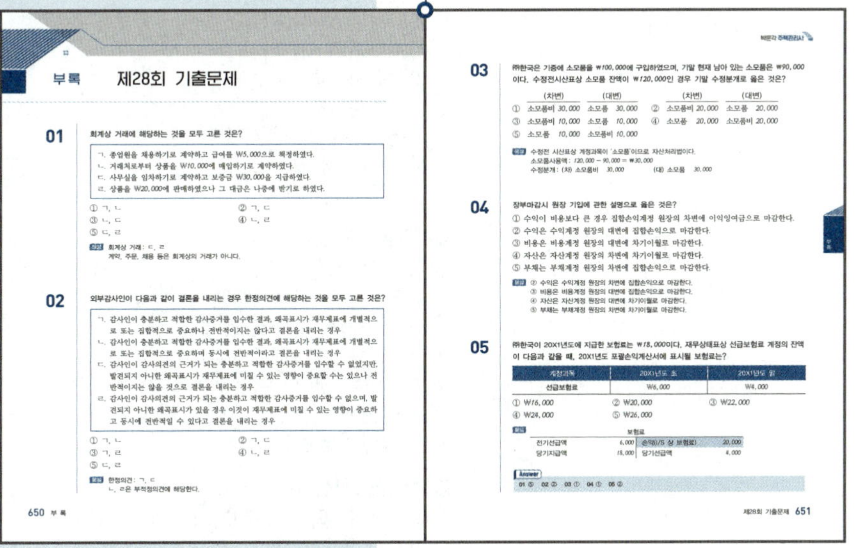

이 책의 차례

PART 1

기초회계원리

PART 2

재무회계

이 책의 차례

PART **3**

원가·관리회계

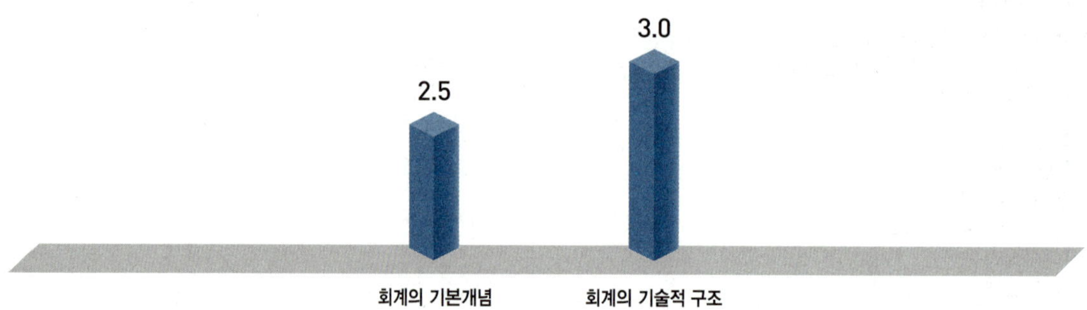

🔍 최근 5년간 기출문제 분석

기초회계원리 용어와 회계의 순환과정에 대한 문제가 매회차 3~4문제 출제되고 있다.
자산·부채·자본 및 수익·비용의 개념과 종류, 거래의 발생부터 결산에 이르기까지의 회계순환과정을 숙지하고 손으로 연습하는 습관을 들인다.

박문각
주택관리사

회계의 기본개념

재무제표 구성요소인 자산·부채 및 자본과 수익·비용에 대한 개념과 계정과목의 이해, 당기순손익의 계산문제가 자주 출제되고 있다. 또한, 회계보고를 위한 기초용어인 자산, 부채, 자본 및 수익과 비용에 대한 개념과 계정과목을 익히고, 재무상태표와 손익계산서의 기본구조를 파악하며, 재산법과 손익법에 의한 당기순손익 계산구조를 익히는 연습이 필요하다.

회계의 기본개념

- **01** 회계의 기초개념
- **02** 기업의 재무상태
- **03** 기업의 경영성과
- **04** 기업의 순손익 계산

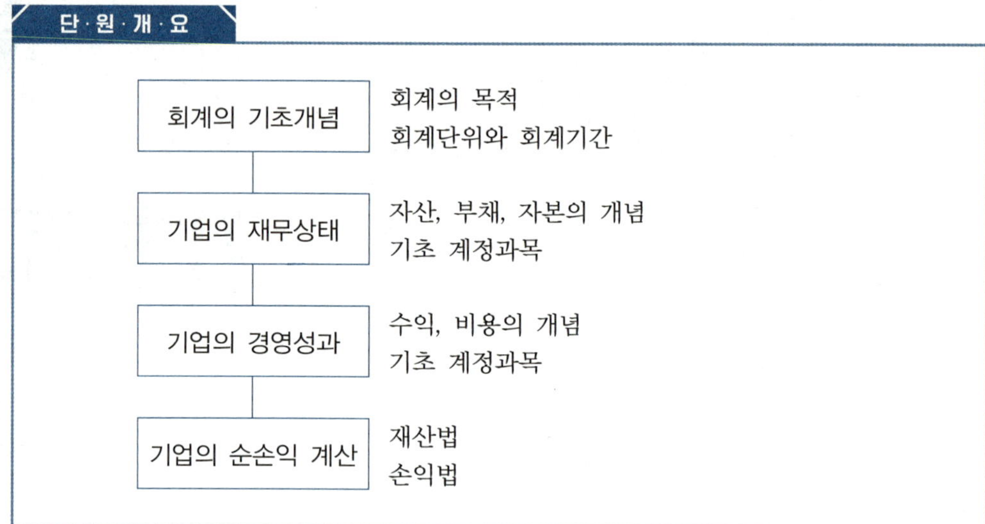

01 회계의 기초개념

1 회계학(會計學)과 부기(簿記)

회계학(accounting)이란 기업활동을 수행하는 과정에서 발생하는 수많은 경제적 사건들을 체계적으로 기록·정리·요약하여 보고함으로써 회계정보를 이용하여 **의사결정을 하는 사람들에게 유용한 정보를 제공하는 것을 목적**으로 하는 정보시스템이다. 이에 비하여 부기(book-keeping)란 기업 재산의 증감변화를 나타내는 거래 사실을 일정한 원리·원칙에 따라 장부에 기록·계산·정리하여 그 원인과 결과를 명백히 하는 기술이다.

2 회계단위

기업재산의 증·감 변화를 기록·계산하기 위한 장소적 범위를 말한다.
(예 본점과 지점, 공장과 본사)

3 회계기간

기업의 경영을 보다 더 효율적으로 수행하기 위하여 기업의 경영성과를 6월
또는 1년 단위로 구분하여 보고하게 되는데, 이러한 기간을 회계기간(accounting
period) 또는 회계연도(fiscal year)라고 한다.
(예 회계기간을 1년으로 정한 경우 : 1월 1일~12월 31일)

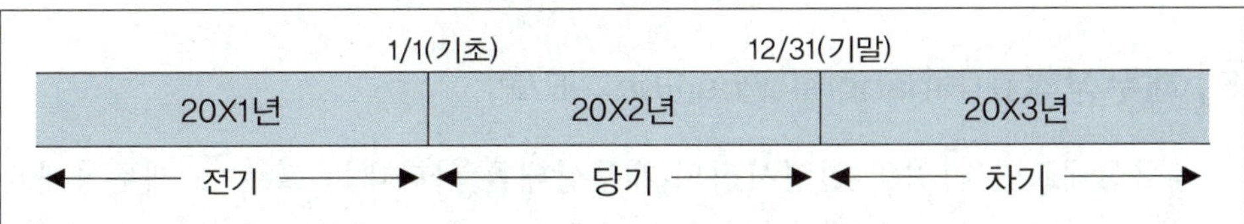

> **복식부기**
>
> 일정한 원리원칙에 따라 회계처리하며, 자기검증기능이 있다.

> **회계기간**
>
> ① 우리나라 기업은 연 1회 이상 결산을 하여야 한다.
> ② 상법에서는 회계연도가 1년을 넘지 못하도록 하고 있다.
> ③ 회계기간은 3개월(분기) 또는 6개월(반기) 단위로 정할 수 있다.

02 기업의 재무상태

1 재무상태

재무상태란 일정시점에 있어서의 기업의 재정상태 즉, 경제적 상태를 말한다.

2 자산(Assets)

기업이 **소유하고 있는 재화와 채권**으로서 미래의 경제적 효익이 유입될 것을
말한다.

3 부채(Liabilities)

기업이 장래에 **갚아야 할 채무**로서 미래의 경제적 효익이 유출될 것을 말한다.

> **자산과 부채의 인식요건**
>
> 1. 자산의 인식요건
>   ① 과거의 거래나 사건의 결과로 발생
>   ② 현재 경제적 자원의 통제
>   ③ 미래 경제적 효익의 유입
> 2. 부채의 인식요건
>   ① 과거의 거래나 사건의 결과로 발생
>   ② 현재의 의무
>   ③ 미래 경제적 효익의 유출

4 자본(Capital)

기업의 **자산총액에서 부채총액을 차감한 잔액**으로서 '순재산, 자기자본, 소유주의 지분, 잔여지분'이라고도 불린다.

$$자 산(A) - 부 채(L) = 자 본(C) \cdots\cdots 자본등식$$

자 산	−	부 채	=	자 본
적 극 적 재 산 총 자 본 지 분 총 액		소 극 적 재 산 타 인 자 본 채 권 자 지 분		순 재 산 자 기 자 본 소 유 주 지 분

5 재무상태표(Financial Position : F/P)

재무상태표란 기업의 **일정시점의 재무상태를 나타내는 표**로서, 재무상태표 작성일 현재의 자산, 부채, 자본의 상태를 보고하기 위한 재무제표의 하나이다. 또한 재무상태표에는 ① 재무상태표라는 명칭, ② 상호(기업명칭), ③ 작성일자, ④ 측정단위(금액단위)를 반드시 명시하여야 한다.

재 무 상 태 표①

㈜합격상사②   20X1. 12. 31 현재③   (단위 : 원)④

자 산	금 액	부채 및 자본	금 액
총 자 산	300,000,000	총 부 채	200,000,000
		자 본 금	100,000,000
	300,000,000		300,000,000

$$자 산 = 부 채 + 자 본 \cdots\cdots 재무상태표 등식$$

6 자산 · 부채 · 자본 기초 계정과목

계정과목	내 용	분 류
현 금	기업이 소지하고 있는 현금	자 산
당 좌 예 금	(당좌)수표를 발행하기 위한 예금	자 산
상 품	판매를 목적으로 구입한 물품	자 산
토 지	사용할 목적(영업용)으로 구입한 토지	자 산
건 물	사용할 목적으로 구입한 건물	자 산
비 품	사용할 목적으로 구입한 사무용 가구, 전자제품	자 산
차 량 운 반 구	사용할 목적으로 구입한 승용차, 트럭, 운반용기구	자 산
외 상 매 출 금	상품을 외상으로 매출하면	자 산
외 상 매 입 금	상품을 외상으로 매입하면	부 채
받 을 어 음	상품을 매출하고 약속어음을 받으면	자 산
지 급 어 음	상품을 매입하고 약속어음을 발행하면	부 채
단 기 대 여 금	현금을 빌려주면(단기 : 1년 이내)	자 산
단 기 차 입 금	현금을 빌려오면(단기 : 1년 이내)	부 채
미 수 금	상품 이외의 물품을 외상으로 처분(매각)하면	자 산
미 지 급 금	상품 이외의 물품을 외상으로 구입(취득)하면	부 채
선 급 금	상품을 매입하기 전에 지급한 계약금	자 산
선 수 금	상품을 매출하기 전에 받은 계약금	부 채
자 본 금	기업주가 출자한 재산	자 본

💡 **계정과목의 통합표시**

① 현금 + 당좌예금 + 보통예금 = 현금 및 현금성자산
② 외상매출금 + 받을어음 = 매출채권
③ 외상매입금 + 지급어음 = 매입채무

03 기업의 경영성과

1 경영성과

경영성과란 일정기간 동안의 기업의 경제적 활동의 결과로 나타난 경제적 성과를 의미한다.

2 수익(revenues)

기업이 일정기간 동안 경영활동에서 고객에게 제공한 재화와 용역을 화폐액으로 표시한 것, **경제적 효익의 증가**액으로 반복·계속적으로 발생한다. 수익의 파악은 현금주의에 의하지 않고 발생주의(실현주의)에 의한다.

3 비용(expenses)

기업이 일정기간 동안 **수익을 획득하기 위하여 희생한 재화나 용역의 가치**를 화폐액으로 표시한 것으로 수익·비용 대응의 관점에서 비용을 인식하여야 한다.

4 손익계산서(Income Statement : I/S)

손익계산서란 **일정기간의 경영성과를 나타내는 표**로서 회계기간 동안 발생한 수익, 비용, 순손익의 내용을 명확하게 보고하기 위한 기본 재무제표의 하나이다. 손익계산서에는 ① 손익계산서라는 명칭, ② 기업명칭(상호), ③ 회계기간, ④ 측정단위를 반드시 표시하여야 한다.

손 익 계 산 서①

㈜합격상사② 　　20X1. 1. 1부터 20X1. 12. 31까지③ 　　(단위 : 원)④

비 용	금 액	수 익	금 액

손 익 계 산 서

총 비 용	60,000	총 수 익	90,000
당기순이익	30,000		
	90,000		90,000

손 익 계 산 서

총 비 용	80,000	총 수 익	70,000
		당기순손실	10,000
	80,000		80,000

총수익 − 총비용 = 당기순이익 ⇦ 손 익 법 등식 ⇨ 총비용 − 총수익 = 당기순손실

총비용 + 당기순이익 = 총수익 ⇦ 손익계산서 등식 ⇨ 총비용 = 총수익 + 당기순손실

현금주의 vs 발생주의

수익과 비용의 인식기준
1. 현금주의
   현금의 수입 또는 지출시 인식
2. 발생주의
   수익 또는 비용의 **발생(실현)시** 인식

예

1. 이번 연도에 지급할 이자를 다음 연도에 지급하기로 한 경우
   − 발생주의 : 이자비용 인식
   − 현금주의 : 이자비용 인식 (×)
2. 상품의 외상매출
   − 발생(실현)주의 : 매출수익으로 인식
   − 현금주의 : 매출수익으로 인식(×)

인식과 측정
- 인식 : 장부에 기록하다.
- 측정 : 기록할 금액을 결정하다.

손익계산서와 포괄손익계산서

1. 손익계산서
   당기순손익만 표시하는 손익계산서
2. 포괄손익계산서
   당기순손익과 기타포괄손익을 함께 표시하는 손익계산서

---

[5] 수익·비용 기초 계정과목

계정과목	내용	분류
매　　　출	상품을 매출(판매)하면	수 익
매 출 원 가	매출된 상품의 원가	비 용
유형자산처분이익	유형자산을 원가 이상으로 처분하면	수 익
유형자산처분손실	유형자산을 원가 이하로 처분하면	비 용
금융자산처분이익	금융자산(유가증권)을 원가 이상으로 처분하면	수 익
금융자산처분손실	금융자산(유가증권)을 원가 이하로 처분하면	비 용
잡　이　익	금액이 적고 중요하지 않은 이익	수 익
잡　손　실	금액이 적고 중요하지 않은 손실	비 용
이 자 수 익	이자를 받으면	수 익
이 자 비 용	이자를 지급하면	비 용
임　대　료	집세를 받으면	수 익
임　차　료	집세를 지급하면	비 용
급　　　여	임원, 직원의 급료	비 용
복 리 후 생 비	임직원들의 복리후생을 위해 지급하는 경조사비 등	비 용
접　대　비	거래처를 위해 지급하는 경조사비, 접대비(＝ 기업업무추진비로 세법용어 개정)	비 용
여 비 교 통 비	교통비, 출장비 등	비 용
운　반　비	상품 판매시의 운임	비 용
통　신　비	전신, 전화, 우편요금, 인터넷요금 등	비 용
수 도 광 열 비	수도요금, 전기요금 등	비 용
보　험　료	자동차 보험, 화재 보험 등의 보험료	비 용
광 고 선 전 비	기업의 광고, 홍보, 광고물 제작비	비 용
포　장　비	상품 판매시의 포장비	비 용
세 금 과 공 과	세금(재산세, 자동차세 등)과 공과금(상공회의소 회비, 적십자 회비 등)	비 용
수　선　비	자동차, 건물, 기계 등의 수리비	비 용
소 모 품 비	사무용 문구류 구입비용	비 용
잡　　　비	금액이 적고 자주 발생하지 않는 비용	비 용

04 기업의 순손익 계산

1 재산법(assets & liabilities method) : 순자산접근법

기초의 자본에 추가출자액(증자)과 인출액(감자)을 가감한 후 이를 기말의 자본과 비교하여 기말자본액이 많으면 순이익(net income), 기말자본액이 적으면 순손실(net loss)이 발생한다. 이 방법은 순손익의 발생원인을 밝혀 주지 못하는 단점이 있다.

> 기말자본 − 기초자본 = 순이익(−면 순손실)
> 기말자본 − (기초자본 + 추가출자 − 인출) = 순이익(−면 순손실)

2 손익법(profit and loss method) : 거래접근법, 유도법

일정기간 동안에 측정된 수익의 총액과 비용의 총액을 비교하여 수익의 총액이 비용의 총액보다 많으면 순이익, 비용의 총액이 수익의 총액보다 많으면 순손실이 발생한다. 이 방법은 손익의 발생원인을 알 수 있다는 장점이 있으나, 수익·비용의 대응으로 인한 기간별 배분에 개인의 주관이 개입될 수 있는 단점이 있다.

> 총수익 − 총비용 = 순이익(−인 경우 순손실)

💡 **자본계정 구조 이용법**

자본	
인출(유상감자) **현금**배당 당기순손실 (비용) 기말자본	기초자본 추가출자 (유상증자) 당기순이익 (수익)

* 기초자본 = 기초자산 − 기초부채
* 기말자본 = 기말자산 − 기말부채

예제

다음 표의 빈칸에 알맞은 금액을 기입하라(순손실은 △로 표시할 것).

(단위 : 원)

기 초			기 말			총수익	총비용	순이익
자 산	부 채	자 본	자 산	부 채	자 본			
2,400	2,000	①	3,600	2,400	②	1,800	1,000	③
1,500	1,000	④	2,700	2,000	⑤	⑥	500	⑦
⑧	1,100	1,300	3,900	⑨	1,900	1,300	⑩	600
3,920	⑪	⑫	⑬	1,120	2,520	1,000	⑭	△80
⑮	880	⑯	3,400	1,400	⑰	2,200	1,720	⑱

해설

1. 기말자본 − 기초자본 = 순이익(⊖면 순손실)
2. 총수익 − 총비용 = 순이익(⊖면 순손실)

①	₩400	②	₩1,200	③	₩800	④	₩500	⑤	₩700
⑥	700	⑦	200	⑧	2,400	⑨	2,000	⑩	700
⑪	1,320	⑫	2,600	⑬	3,640	⑭	1,080	⑮	2,400
⑯	1,520	⑰	2,000	⑱	480				

단원핵심정리

1 회계의 목적

경제적 의사결정에 유용한 회계적 정보의 제공

2 기업의 재무상태와 재무상태표

⑴ 자산, 부채 및 자본

자 산	기업이 소유하고 있는 재화와 채권. 미래 경제적 효익의 유입
부 채	기업이 장래에 갚아야 할 채무. 미래 경제적 효익의 유출
자 본	자산 − 부채

⑵ 재무상태표

일정시점의 재무상태를 보고하기 위해 작성하는 재무보고서

3 기업의 경영성과와 손익계산서

⑴ 수익, 비용

수 익	기업 경영활동에서 발생한 경제적 효익의 증가(상품매출 등)
비 용	기업의 수익창출활동을 위하여 소비한 경제적 가치(급여 등)

⑵ 손익계산서

일정기간의 경영성과를 보고하기 위해 작성하는 재무보고서

4 기업의 순손익 계산

(1) 재산법(순자산접근법)

$$기말자본 - 기초자본 = 순이익(-면\ 순손실)$$
$$기말자본 - (기초자본 + 추가출자 - 인출) = 순이익(-면\ 순손실)$$

(2) 손익법(거래접근법, 유도법)

$$총수익 - 총비용 = 순이익(-면\ 순손실)$$

(3) T계정 이용법

(감소)		자　본	(증가)
인출금(유상감자)	×××	기초자본	×××
현금배당금	×××	추가출자(유상증자)	×××
당기순손실(비용)	×××	당기순이익(수익)	×××
기말자본	×××		

실전예상문제

01 재무제표의 구성요소 중 잔여지분에 해당하는 것은?　　　　제22회

① 자산　　　　　　　　② 부채　　　　　　　　③ 자본
④ 수익　　　　　　　　⑤ 비용

해설 ③ 자산에서 부채를 차감한 순자산을 잔여지분, 즉 자본이라고 한다.

02 다음 자료의 내용이 모두 충족되는 계정과목으로 옳은 것은?

> • 자본을 감소시키는 원인이 된다.
> • 정상적인 영업활동에서 발생한다.
> • 영업활동에서 반복적으로 발생한다.
> • 총계정원장의 잔액은 항상 차변에 남는다.

① 기부금　　　　　　　② 이자수익　　　　　　③ 복리후생비
④ 외상매입금　　　　　⑤ 자본금

해설 ③ 복리후생비는 항상 잔액이 차변에 발생하고, 영업활동에서 계속 반복적으로 발생하는 판매비와 관리비에 해당한다.

03 수익 또는 비용에 영향을 주지 않는 것은?　　　　제24회

① 용역제공계약을 체결하고 현금을 수취하였으나 회사는 기말 거래 상대방에게 아직까지 용역을 제공하지 않았다.
② 외상으로 제품을 판매하였다.
③ 홍수로 인해 재고자산이 침수되어 멸실되었다.
④ 거래처 직원을 접대하고 현금을 지출하였다.
⑤ 회사가 사용중인 건물의 감가상각비를 인식하였으나 현금이 유출되지는 않았다.

해설 ① 용역제공계약을 체결하고 현금을 수취한 것은 부채(선수금)의 증가이다.

04 ㈜한국의 20X1년 자료가 다음과 같을 때, 20X1년 기말자본은? (단, 20X1년에 자본거래는 없다고 가정한다)

제25회

• 기초자산(20X1년 초)	₩300,000	• 총수익(20X1년)	₩600,000
• 기초부채(20X1년 초)	200,000	• 총비용(20X1년)	400,000

① ₩100,000 　　　　　　　　② ₩200,000

③ ₩300,000 　　　　　　　　④ ₩400,000

⑤ ₩500,000

해설 기초자산 ₩300,000 − 기초부채 ₩200,000 = 기초자본 ₩100,000
총수익 ₩600,000 − 총비용 ₩400,000 = 당기순이익 ₩200,000
기말자본: 기초자본 ₩100,000 + 당기순이익 ₩200,000 = ₩300,000

05 다음 자료에 의한 ㉠, ㉡, ㉢의 합계액은?

기말자산	기말부채	기말자본	기초자본	총비용	총수익	순이익
₩610,000	₩230,000	㉠	₩229,000	㉡	₩770,000	㉢

① ₩1,150,000 　　　　　　　② ₩1,240,000

③ ₩1,330,000 　　　　　　　④ ₩1,650,000

⑤ ₩2,410,000

해설 기말자산 ₩610,000 − 기말부채 ₩230,000 = 기말자본 ₩380,000 ㉠
기말자본 ₩380,000 − 기초자본 ₩229,000 = 순이익 ₩151,000 ㉢
총수익 ₩770,000 − 순이익 ₩151,000 = 총비용 ₩619,000 ㉡
㉠, ㉡, ㉢의 합계액: ₩380,000 + ₩619,000 + ₩151,000 = ₩1,150,000

Answer

01 ③　　**02** ③　　**03** ①　　**04** ③　　**05** ①

06 다음은 ㈜대전(회계기간 1.1~12.31)의 자료이다.

20X6년 말: 자산 ₩18,000	부채 ₩4,000	자본 (₩ ?)
20X7년 말: 자산 ₩12,000	부채 (₩ ?)	자본 ₩2,000
20X7년 말: 총수익 (₩ ?)	총비용 ₩15,000	

20X7 회계기간의 총수익은 얼마인가? (단, 20X7년 중 주주와의 거래는 없었으며, 자본조정과 기타포괄손익누계액은 고려하지 않음)

제11회

① ₩2,000
② ₩3,000
③ ₩12,000
④ ₩14,000
⑤ ₩15,000

해설 기초자본: ₩18,000 − ₩4,000 = ₩14,000
당기순이익: ₩2,000 − ₩14,000 = (−)₩12,000
총수익: ₩15,000 − ₩12,000 = ₩3,000

07 ㈜한국의 20X1년 자료가 다음과 같을 때, 기말자본은?

제22회

• 기초자산	₩1,000,000	• 기초부채	₩700,000
• 현금배당	₩100,000	• 유상증자	₩500,000
• 총비용	₩1,000,000	• 총수익	₩900,000

① ₩800,000
② ₩600,000
③ ₩500,000
④ ₩300,000
⑤ ₩200,000

해설

자 본

현금배당	100,000	기초자본	300,000	= 1,000,000 − 700,000
당기순손실	100,000	유상증자	500,000	
기말자본	600,000			

08 ㈜한국의 재무제표 자료가 다음과 같을 때, 기말부채는? 제26회

• 기초자산	₩12,000	• 총수익	₩30,000
• 기초부채	₩7,000	• 총비용	₩26,500
• 기말자산	₩22,000	• 유상증자	₩1,000
• 기말부채	?	• 현금배당	₩500

① ₩12,500 ② ₩13,000
③ ₩13,500 ④ ₩14,500
⑤ ₩15,000

해설 기초자산 ₩12,000 − 기초부채 ₩7,000 = 기초자본 ₩5,000

자 본

현금배당	500	기초자본	5,000
총비용	26,500	유상증자	1,000
기말자본	9,000	총수익	30,000
	36,000		36,000

기말자산 ₩22,000 − 기말부채 (   ) = 기말자본 ₩9,000 ⇨ ₩13,000

거래의 식별, 회계상 거래의 구분, 거래의 8요소에 의한 결합관계 표시, 분개, 전기 및 결산 절차에 대한 내용이 골고루 매회 평균 2~3문제 정도 출제되고 있다. 특히 일상적 거래와 회계상 거래를 구분하고, 거래의 8요소를 익히며, 분개와 총계정원장에의 전기방법을 숙지해야 한다. 또한 결산절차를 숙지하고, 시산표 작성원리와 총계정원장의 마감방법에 대한 이해와 연습이 필요하다.

단·원·개·요

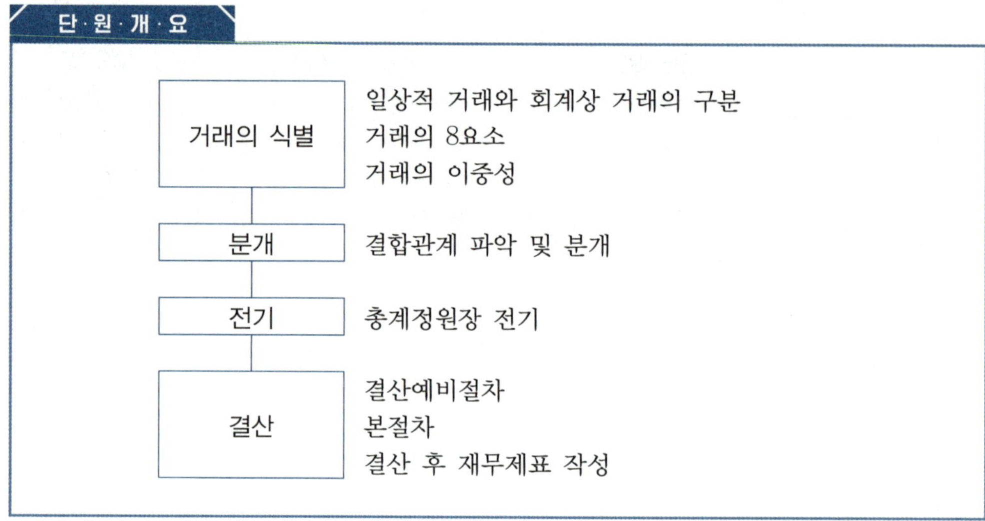

01 회계의 순환과정

회계의 순환과정이란 **거래의 발생으로부터 재무제표가 작성되기까지의 반복적인 과정**을 말한다. 다시 말하면 회계는 거래를 기록·분류·요약하여 그것을 정보이용자에게 전달하는 것을 의미하므로 회계의 순환과정이란 경영자(작성자)와 정보이용자의 정보전달의 순환과정을 의미한다.

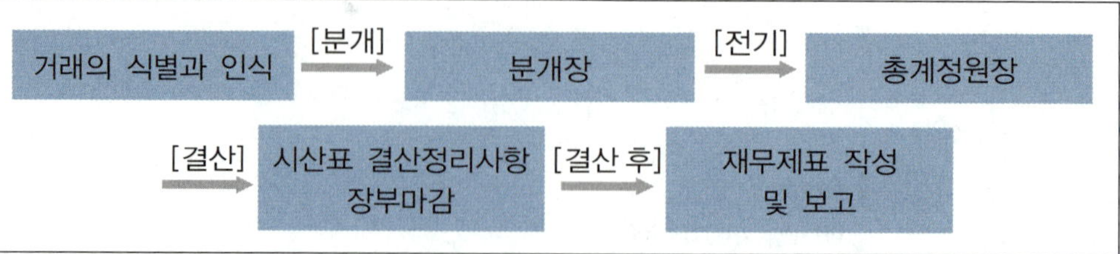

02 거래(去來)의 식별

1 거 래

거래란 상품의 매매, 금전의 수입과 지출 등 결과적으로 기업의 **자산 · 부채 · 자본의 증감변화를 일으키는 모든 사항**을 말한다.

2 일상적인 거래와 회계상의 거래

<table>
<tr><td colspan="3" align="center">─── 일상적인 거래 ───</td></tr>
<tr><td>매매계약, 주문, 약속,
보관, 임직원 채용 등</td><td>상품 매매, 상품 이외의
물품매매, 금전수입과
지출, 금전대차 등</td><td>화재, 도난, 파손,
사고발생, 감가상각 등</td></tr>
<tr><td></td><td colspan="2" align="center">─── 회계상의 거래 ───</td></tr>
</table>

회계상의 거래	회계상의 거래가 아닌 것
• 현금의 수입과 지출 • 현금의 대여와 차입 • 현금의 분실 • 상품의 매매 • 유가증권(주식, 채권)의 구입과 처분 • 상품의 파손, 부패, 도난 • 건물 · 토지 등의 매매 • 건물 등의 가치 감소(= 감가상각) • 채권 · 채무의 발생과 소멸 • 매출채권의 회수불능(= 대손상각) • 수익 · 비용의 발생 • 화재 등으로 인한 재산손실 등	• 상품을 **주문**하다. • 상품의 **주문**을 받다. • 상품매매**계약**을 맺다. • 건물사무실의 임대차 **계약**을 맺다. • **보관**, 약속, 의뢰, 위탁 • 직원 **채용** • 전기 · 수도료 등의 고지서 수취 등

💡 **상각**

자산의 가치감소액, 채권의 회수불능액을 장부에서 제거하고 '비용'으로 처리하는 과정. 즉, '자산'을 '비용'으로 바꿔주는 과정

3 거래의 8요소

아무리 많은 거래가 발생하더라도 거래를 분석하면 자산의 증가·감소, 부채의 증가·감소, 자본의 증가·감소, 수익의 발생, 비용의 발생 등 8가지로 요약된다.

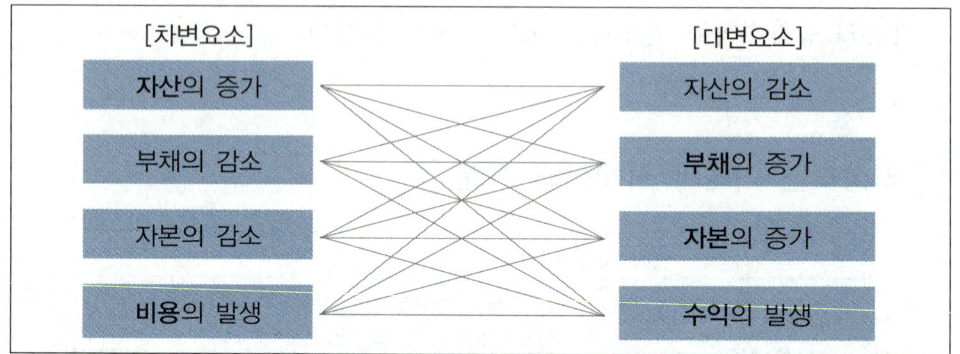

🔗 거래의 8요소 결합관계 예시

거래요소		거래 예시
차변요소	대변요소	
자산의 증가	자산의 감소	상품 ₩500,000을 현금으로 구입하다.
	부채의 증가	상품 ₩800,000을 외상으로 매입하다.
	자본의 증가	현금 ₩5,000,000을 출자하여 개업하다.
	수익의 발생	대여금에 대한 이자 ₩50,000을 현금으로 받다.
자산의 증가	자산의 감소	현금 ₩600,000을 단기대여하다.
부채의 감소		외상매입금 ₩300,000을 현금으로 지급하다.
자본의 감소		기업주가 개인적 용도로 현금 ₩100,000을 인출하다.
비용의 발생		종업원의 급여 ₩400,000을 현금지급하다.

4 거래의 이중성

거래가 발생하면 **반드시 차변요소와 대변요소가 서로 결합**되어 나타난다. 차변의 요소끼리 또는 대변의 요소끼리만 나타나는 거래는 있을 수 없다. 반드시 차변의 요소와 대변의 요소가 같은 금액으로 발생하여 **차변의 합계금액과 대변의 합계금액도 일치**하게 된다(= **대차평균의 원리**). 이것이 복식부기의 근본원리이다.

5 거래의 종류

(1) 손익발생 여부에 따라

① **교환거래**: 자산·부채·자본의 변동은 일어나나 수익·비용은 발생하지 않는 거래
② **손익거래**: 거래의 금액 전체가 수익 또는 비용인 거래
③ **혼합거래**: 거래의 금액 일부가 수익 또는 비용인 거래(교환거래 + 손익거래)

(2) 현금수지 여부에 따라

① **현금거래**: 현금의 수입·지출이 수반되는 거래(입금거래, 출금거래)
② **대체거래**: 현금이 수반되지 않거나 일부만 수반되는 거래(전부대체거래, 일부대체거래)

(3) 발생원천에 따라

① **외부거래**: 상품의 매출, 채권·채무의 발생 등과 같이 기업의 외부에서 발생한 거래
② **내부거래**: 감가상각, 상품감모손실의 처리 등과 같이 기업의 내부에서 발생한 거래

손익거래와 혼합거래

손익거래: 거래의 **전체금액**이 수익 또는 비용인 거래	
비용의 발생	자산의 감소 부채의 증가
자산의 증가 부채의 감소	**수익의 발생**

혼합거래: 거래의 **일부금액**만 수익 또는 비용인 거래	
부채의 감소 **비용의 발생**	자산의 감소
자산의 증가	자산의 감소 **수익의 발생**

03　계정(計定)

1　계정(計定, account, a/c)

거래의 발생에 따라 자산·부채·자본·수익·비용 등 각 항목의 증감변화를 상세히 기록·계산·정리하기 위하여 설정하는 단위를 '계정'이라 한다. 각 계정의 이름을 '계정과목', 계산기입 장소를 '계정계좌' 또는 '계좌'라고 한다.

2　계정의 분류

재무상태표 계정 (실재계정 또는 실질계정)	자산계정	현금, 당좌예금, 매출채권, 건물, 토지 등
	부채계정	매입채무, 단기차입금, 미지급금 등
	자본계정	자본금(잉여금)
포괄손익계산서 계정 (명목계정)	수익계정	매출, 이자수익, 임대료 등
	비용계정	이자비용, 임차료, 급여, 보험료, 광고선전비 등

3　계정의 기입방법

차변잔액과 대변잔액

차변금액 > 대변금액 = 차변잔액
차변금액 < 대변금액 = 대변잔액

＊자산, 비용　　　= 차변잔액
＊부채, 자본, 수익 = 대변잔액

① **자산계정** : 증가는 차변에, 감소는 대변에 기입
② **부채계정** : 증가는 대변에, 감소는 차변에 기입
③ **자본계정** : 증가는 대변에, 감소는 차변에 기입
④ **수익계정** : 발생은 대변에(소멸은 차변에 기입)
⑤ **비용계정** : 발생은 차변에(소멸은 대변에 기입)

⊘ 계정의 기입법칙과 잔액

자산계정

증가액	감소액
	잔액

부채계정

감소액	증가액
잔액	

자본계정

감소액	증가액
잔액	

비용계정

발생액	소멸액
	잔액

수익계정

소멸액	발생액
잔액	

4 대차평균의 원리

모든 거래는 차변요소와 대변요소로 분리되어 한 계정의 차변과 다른 계정의 대변에 동액이 기입되므로, 아무리 많은 거래가 기입되어도 **차변합계의 금액과 대변합계의 금액은 반드시 일치**한다. 이를 복식부기에서는 대차평균의 원리(또는 대차평형의 원리)라 한다. 복식부기에서는 대차평균의 원리를 이용하여 전체 계정의 차변합계와 대변합계의 일치여부를 확인함으로써, 장부기록의 정부(正否)를 검증할 수 있다. 이것을 복식부기의 **자기검증기능**이라고 한다.

04　분개(分介)

1 의 의

분개(journalizing)란 회계상의 거래를 계정에 기입하기 위한 과정을 말하며, '인식한다'거나 '회계처리 한다'고 표현하기도 한다.
분개는 ① 그 거래를 **어느 계정에** 기입할 것인가? ② 그 계정의 **어느 변에** 기입할 것인가? ③ **얼마를** 기입할 것인가? 를 결정하는 절차가 필요하다.

2 분개방법

분개는 자산의 증가, 부채의 감소, 자본의 감소, 비용의 발생은 차변에 기록하고, 자산의 감소, 부채의 증가, 자본의 증가, 수익의 발생은 대변에 기록한다.

예 (차) 상　품　　*1,000,000*　　　　(대) 현　금　　*1,000,000*

3 분개장

분개장이란 거래를 발생순서에 따라 분개하여 기입하는 주요 장부이다. 분개장은 발생된 거래가 최초로 기록되는 장부이기 때문에 원시기입장이라고도 한다.

🔍 **예 제**

다음 거래에 대하여 거래의 결합관계와 분개를 표시하라.

거래 내용	결합관계		거래 종류
	(차변)　　　분	개　　　(대변)	
1. 현금 ₩500을 출자하여 영업을 개시하다.	자산의 증가	자본의 증가	교환거래
	현　　금　500	자 본 금　500	
2. 현금 ₩200을 차입하다.	자산의 증가	부채의 증가	교환거래
	현　　금　200	단기차입금　200	
3. 차입금 ₩100과 이자 ₩30을 현금지급하다.	부채의 감소 비용의 발생	자산의 감소	혼합거래
	단기차입금　100 이 자 비 용　30	현　　금　130	
4. 현금 ₩300을 대여하다.	자산의 증가	자산의 감소	교환거래
	단기대여금　300	현　　금　300	
5. 대여금 ₩200과 이자 ₩50을 현금으로 받다.	자산의 증가	자산의 감소 수익의 발생	혼합거래
	현　　금　250	단기대여금　200 이 자 수 익　50	
6. 차입금 ₩100에 대한 이자 ₩30을 현금지급하다.	비용의 발생	자산의 감소	손익거래
	이 자 비 용　30	현　　금　30	
7. 대여금 ₩100에 대한 이자 ₩30을 현금으로 받다.	자산의 증가	수익의 발생	손익거래
	현　　금　30	이 자 수 익　30	
8. 상품 ₩800을 외상으로 매입하다.	자산의 증가	부채의 증가	교환거래
	상　　품　800	외상매입금　800	
9. 외상매입금 ₩500을 현금지급하다.	부채의 감소	자산의 감소	교환거래
	외상매입금　500	현　　금　500	
10. 상품 ₩900(원가 ₩500)을 외상으로 매출하다.	자산의 증가 비용의 발생	수익의 발생 자산의 감소	손익거래
	외상매출금　900 매 출 원 가　500	매　　출　900 상　　품　500	
11. 외상매출금 ₩500을 현금으로 받다.	자산의 증가	자산의 감소	교환거래
	현　　금　500	외상매출금　500	

예제

다음 거래를 분개하시오.

1. 현금 ₩5,000,000을 출자하여 영업을 개시하다.
2. 현금 ₩5,000,000(이 중 차입금 ₩2,000,000)을 출자하여 영업을 개시하다.
3. 현금 ₩1,000,000을 3개월 상환조건으로 대여하다.
4. 단기대여금 ₩800,000과 그 이자 ₩100,000을 현금으로 받다.
5. 현금 ₩500,000을 6개월 상환조건으로 차입하다.
6. 단기차입금 ₩300,000과 이자 ₩50,000을 현금으로 지급하다.
7. 단기대여금에 대한 이자 ₩50,000을 현금으로 받다.
8. 단기차입금에 대한 이자 ₩30,000을 현금 지급하다.
9. 상품 ₩800,000을 매입하고 현금으로 지급하다.
10. 상품 ₩500,000을 외상으로 매입하다.
11. 외상매입금 ₩500,000을 현금 지급하다.
12. 원가 ₩500,000의 상품을 ₩650,000에 매출하고 대금은 현금으로 받다.
13. 원가 ₩500,000의 상품을 ₩450,000에 외상으로 매출하다.
14. 외상매출금 중 ₩300,000을 현금으로 받다.
15. 상품 ₩700,000을 매입하고 대금은 약속어음을 발행하여 교부하다.
16. 상품대금으로 발행한 약속어음 ₩700,000을 현금으로 지급하다.
17. 상품 ₩500,000(원가 ₩400,000)을 매출하고 대금은 약속어음으로 받다.
18. 상품대금으로 받은 약속어음 ₩500,000을 만기가 되어 현금으로 받다.
19. 현금 ₩1,500,000을 당좌예입하다.
20. 상품 ₩2,500,000을 주문하고, 계약금 ₩300,000을 현금 지급하다.
21. 주문한 상품(문20) ₩2,500,000이 도착되어 이를 인수하다.
22. 상품 ₩3,000,000의 주문을 받고, 계약금 ₩500,000을 현금으로 받다.
23. 주문받은 상품(문22) ₩3,000,000(원가 ₩2,500,000)을 화물회사를 통하여 발송하다.
24. 종업원에 대한 급료 ₩880,000을 현금 지급하다.
25. 집세 ₩250,000을 현금 지급하다.
26. 영업용 자동차에 대한 보험료 ₩230,000을 현금 지급하다.
27. 영업용 자동차에 대한 자동차세 ₩35,000을 현금 지급하다.
28. 전기요금 ₩80,000과 수도요금 ₩40,000을 현금 지급하다.
29. 건물을 수선하고 수선비 ₩150,000을 수표발행하여 지급하다.
30. 광고물 제작비 ₩350,000을 수표발행하여 지급하다.
31. 종업원의 출장비 ₩100,000을 현금 지급하다.
32. 현금 ₩30,000을 분실하다.
33. 집세 ₩180,000을 현금으로 받다.

번호	차 변		대 변	
1	현　　　　금	₩5,000,000	자　　본　　금	₩5,000,000
2	현　　　　금	5,000,000	단 기 차 입 금 자　　본　　금	2,000,000 3,000,000
3	단 기 대 여 금	1,000,000	현　　　　금	1,000,000
4	현　　　　금	900,000	단 기 대 여 금 이　자　수　익	800,000 100,000
5	현　　　　금	500,000	단 기 차 입 금	500,000
6	단 기 차 입 금 이　자　비　용	300,000 50,000	현　　　　금	350,000
7	현　　　　금	50,000	이　자　수　익	50,000
8	이　자　비　용	30,000	현　　　　금	30,000
9	상　　　　품	800,000	현　　　　금	800,000
10	상　　　　품	500,000	외 상 매 입 금	500,000
11	외 상 매 입 금	500,000	현　　　　금	500,000
12	현　　　　금 매　출　원　가	650,000 500,000	매　　　　출 상　　　　품	650,000 500,000
13	외 상 매 출 금 매　출　원　가	450,000 500,000	매　　　　출 상　　　　품	450,000 500,000
14	현　　　　금	300,000	외 상 매 출 금	300,000
15	상　　　　품	700,000	지　급　어　음	700,000
16	지　급　어　음	700,000	현　　　　금	700,000
17	받　을　어　음 매　출　원　가	500,000 400,000	매　　　　출 상　　　　품	500,000 400,000
18	현　　　　금	500,000	받　을　어　음	500,000
19	당　좌　예　금	1,500,000	현　　　　금	1,500,000
20	선　급　금	300,000	현　　　　금	300,000
21	상　　　　품	2,500,000	선　급　금 외 상 매 입 금	300,000 2,200,000
22	현　　　　금	500,000	선　수　금	500,000
23	선　수　금 외 상 매 출 금 매　출　원　가	500,000 2,500,000 2,500,000	매　　　　출 상　　　　품	3,000,000 2,500,000
24	급　　　　여	880,000	현　　　　금	880,000
25	임　차　료	250,000	현　　　　금	250,000
26	보　험　료	230,000	현　　　　금	230,000
27	세 금 과 공 과	35,000	현　　　　금	35,000
28	수 도 광 열 비	120,000	현　　　　금	120,000
29	수　선　비	150,000	당　좌　예　금	150,000
30	광 고 선 전 비	350,000	당　좌　예　금	350,000
31	여 비 교 통 비	100,000	현　　　　금	100,000
32	잡　손　실	30,000	현　　　　금	30,000
33	현　　　　금	180,000	임　대　료	180,000

💡 **계정과목의 재무상태표, 포괄손익계산서 표시**

현금, 당좌예금　　　⇨　현금및현금성자산
외상매출금, 받을어음　⇨　매출채권
외상매입금, 지급어음　⇨　매입채무

05 전기(轉記)

1 전기와 총계정원장

기업은 재무상태의 변동내용을 기록하기 위하여 자산, 부채, 자본, 수익, 비용 항목에 대하여 독립적인 계정을 사용하고 있다. 이러한 각 계정의 집합체를 총계정원장이라고 하며, 분개장에 기입된 분개를 각 계정계좌(총계정원장)에 옮겨 적는 절차를 **전기**라 한다.

(표준식)   (계 정 과 목)

날짜	적 요	분면	금 액	날짜	적 요	분면	금 액

(잔액식)   (계 정 과 목)

날짜	적 요	분면	차 변	대 변	차·대	잔 액

* 분면: 분개장의 면(번호)

학습상 '표준식'을 요약하여 'T계정'으로 표시하면 다음과 같다.

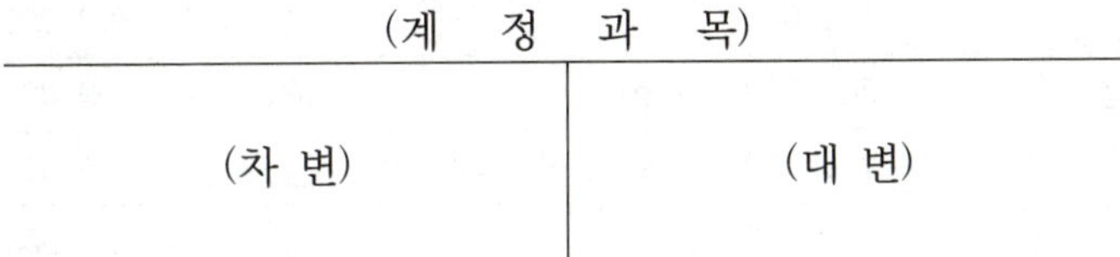

2 전기방법

분개의 해당과목을 찾아 차변금액은 차변에, 대변금액은 대변에 기입하고 계정과목란에는 상대편 계정과목을 기입(2개 이상일 경우에는 '제좌')한다.

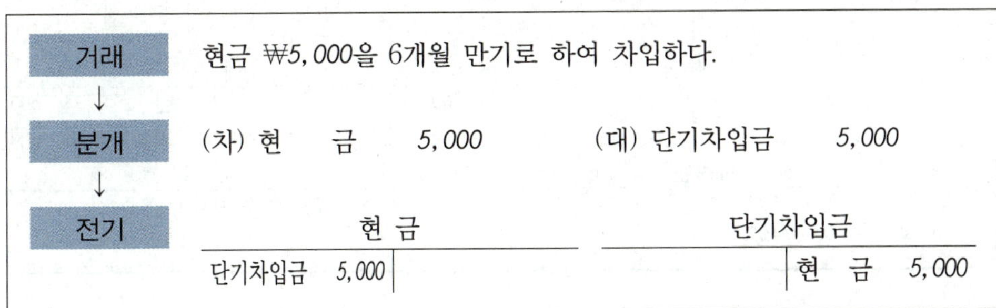

🔍 **예제**

다음 거래를 분개하고, 총계정원장에 전기하라.

1. 현금 ₩1,000,000을 출자하여 영업을 개시하다.

2. 상품 ₩700,000을 현금으로 매입하다.

3. 상품 ₩500,000(원가 ₩300,000)을 현금으로 매출하다.

4. 상품 ₩600,000을 외상으로 매입하다.

5. 상품 ₩450,000(원가 ₩500,000)을 외상으로 매출하다.

6. 외상매입금 중 ₩300,000을 현금으로 지급하다.

7. 외상매출금 중 ₩150,000을 현금으로 받다.

8. 자동차보험료 ₩20,000을 현금으로 지급하다.

해설

번호	차 변 과 목	금 액	대 변 과 목	금 액
1	현　　　　　금	1,000,000	자　　　　본　　금	1,000,000
2	상　　　　　품	700,000	현　　　　　금	700,000
3	현　　　　　금 매　출　원　가	500,000 300,000	매　　　　　출 상　　　　　품	500,000 300,000
4	상　　　　　품	600,000	외　상　매　입　금	600,000
5	외　상　매　출　금 매　출　원　가	450,000 500,000	매　　　　　출 상　　　　　품	450,000 500,000
6	외　상　매　입　금	300,000	현　　　　　금	300,000
7	현　　　　　금	150,000	외　상　매　출　금	150,000
8	보　　험　　료	20,000	현　　　　　금	20,000

총 계 정 원 장

현 금		1
① 자 본 금　900,000	② 상　　품　700,000	
③ 매　　출　500,000	⑥ 외상매입금　300,000	
⑦ 외상매출금　150,000	⑧ 보 험 료　20,000	

외상매출금		2
⑤ 매　출　450,000	⑦ 현　　금　150,000	

상 품		3
② 현　　금　700,000	③ 매 출 원 가　300,000	
④ 외상매입금　600,000	⑤ 매 출 원 가　500,000	

외상매입금		4
⑥ 현　금　300,000	④ 상　품　600,000	

자본금		5
	① 현　　금　900,000	

매 출		6
	③ 현　　　금　500,000	
	⑤ 외상매출금　450,000	

매출원가		7
③ 상　　품　300,000		
⑤ 상　　품　500,000		

보 험 료		8
⑧ 현　금　20,000		

06 장부(帳簿) 및 전표제도

1 장부 조직

(1) 의 의

거래가 발생하면 관련 장부에 기록하게 되는데, 이러한 장부는 상호 유기적으로 연관되어 조직화되어야 할 것이다. 이렇게 기업에서 회계 장부의 종류, 범위 및 각 장부간의 연결 관계 등을 고려하여 장부를 구성하는 것을 장부 조직이라 한다.

(2) 장부 조직 구성시 유의할 사항

① 기장 절차를 간소화하여 중복 기입을 방지한다.
② 기장 사무를 분담시켜 내부 견제 제도를 확립함으로써 오류와 부정의 발생을 방지하고, 기장의 책임 소재를 명백히 한다.
③ 재무제표 작성이 용이하도록 구성한다.

(3) 장부의 체계

주요부	분 개 장 총 계 정 원 장		
보조부	보 조 기 입 장	현 금 출 납 장 …… 현금 거래 당 좌 예 금 출 납 장 …… 당좌예금 거래 소 액 현 금 출 납 장 …… 소액현금 거래 받 을 어 음 기 입 장 …… 받을어음 거래 지 급 어 음 기 입 장 …… 지급어음 거래 매 입 장 …… 상품매입 거래 매 출 장 …… 상품매출 거래	
	보 조 원 장	매 출 처 원 장 …… 외상매출금계정 매 입 처 원 장 …… 외상매입금계정 상 품 재 고 장 …… 상품계정 유 형 자 산 대 장 …… 유형자산계정 적 송 품 원 장 …… 적송품계정 수 탁 판 매 원 장 …… 수탁판매계정 수 탁 매 입 원 장 …… 수탁매입계정	

2 전표회계

(1) 전표제도의 의의

전표란 분개장을 일정 양식을 갖춘 지편(용지)으로 낱장화한 것이며, 거래가 발생한 부서에서 그 내용을 기재하여 관련되는 여러 부서에 전달·기장하게 함으로써 기장 업무의 효율화를 기하는 회계제도가 전표제도이다.

(2) 장 점

① 기장사무를 부서별로 분담할 수 있고, 거래기장에 대한 책임 소재가 명확하다.
② 거래내용을 신속하게 관련 부서에 전달할 수 있다.
③ 총계정원장의 전기가 간편하다.
④ 전표를 철하면 분개장 대용이고, 매입전표·매출전표 등을 철하면 매입장·매출장 등의 대용이므로 장부 조직이 간소화된다.

(3) 단 점

① 분량이 많아져 보관이 불편하다.
② 장부조작이 용이하다.

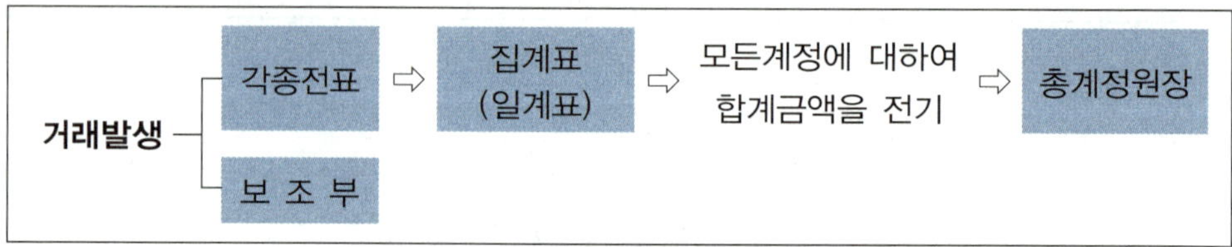

3 전표의 종류

(1) 3전표제

거래를 입금거래(현금의 수입이 있는 거래), 출금거래(현금의 지출이 있는 거래), 대체거래(현금의 수입·지출이 없는 거래)로 분류하여 기표하는 현금 중심의 전표제도로 전표회계의 기본이다.

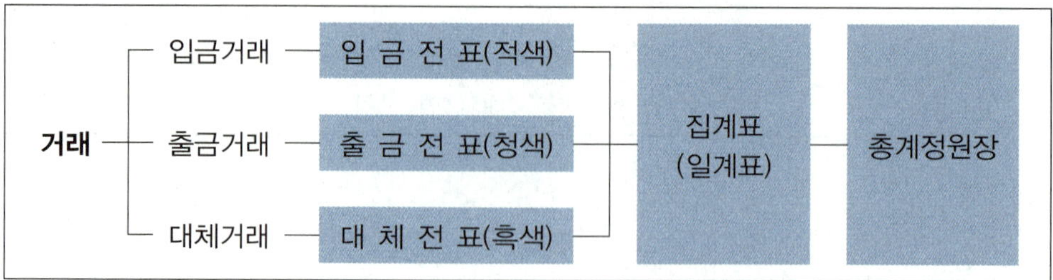

⑵ 5전표제

상품의 매입·매출을 중심으로 한 전표제도로서, 거래를 상품 거래와 비상품 거래로 분류하고 매입거래를 매입전표에, 매출거래를 매출전표에 기표하고 상품 거래 이외에는 3전표제에 준하여 기표한다.

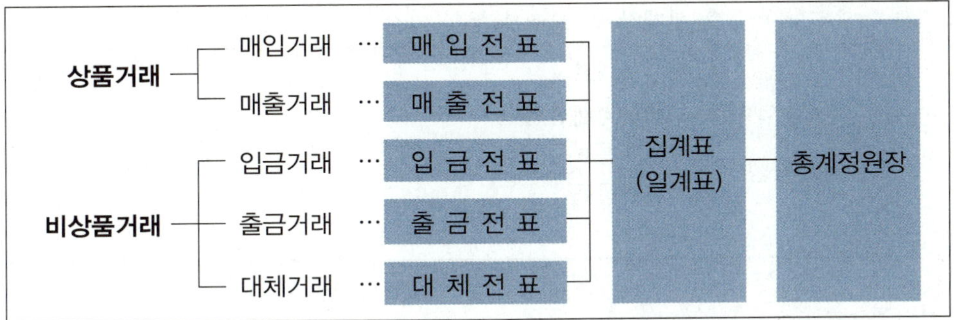

07 결산(決算)

1 결산(決算, closing)

일정기간(회계기간) 경과 후 기업의 재무상태와 경영성과를 파악하기 위하여 **장부를 정리·마감하는 절차**를 결산이라 한다.

2 결산절차

예비 절차	1. 시산표 작성 2. 재고조사표 작성(결산정리사항) 3. 총계정원장 수정 기입 4. 정산표 작성
본 절차	1. 총계정원장의 마감 ① 수익·비용 계정을 **손익** 계정에 대체 ② 손익 계정의 잔액(= 당기순손익)을 자본(금) 계정에 대체

본 절차	③ 자산·부채·자본 계정을 영미식이면 **'차기이월'**로 마감 ⇨ 이월시산표 작성 대륙식이면 '잔액' 계정에 대체 * 대체 : 어느 계정의 금액을 다른 계정으로 옮기는 것을 말한다. 　⇨ 대체시에는 반드시 대체분개 필요! 2. 분개장 및 보조부 등의 마감
(결산 후) 재무제표 작성	1. 재무상태표 2. 포괄손익계산서 3. 현금흐름표 4. 자본변동표 5. 주석

3 시산표(試算表, trial balance : T/B)

(1) 의 의

거래에 대한 분개와 총계정원장 기입이 정확하게 이루어졌는가, 즉 **차변합계금액과 대변합계금액이 일치하는지를 확인하기 위하여** 작성하는 일람표이다.

① **합계시산표** : 총계정원장의 차변 합계액과 대변 합계액을 모은 것이다.

② **잔액시산표** : 총계정원장의 잔액만을 모은 것이며, 자산과 비용은 차변에, 부채와 자본, 수익은 대변에 기입된다.

③ **합계잔액시산표** : 합계시산표와 잔액시산표를 합한 것으로 거래총액과 잔액을 모두 알 수 있다.

> 시산표 등식 : 기말자산 + 총비용 = 기말부채 + **기초자본** + 총수익
> 　　　　　　└─차변요소─┘　　└────대변요소────┘

시산표 작성시점에 따른 분류

1. 수정전시산표
   결산정리사항을 반영하기 전에 회계처리 과정의 오류를 검증하기 위해 작성하는 시산표

2. 수정후시산표
   결산정리사항을 반영한 후에 오류를 검증하기 위해 작성하는 시산표

3. 마감후시산표(이월시산표)
   총계정원장 마감후의 오류를 검증하기 위해 작성하는 시산표

예제

제5절 [예제3]의 자료(P.46)로 합계잔액시산표를 작성하시오.

합 계 잔 액 시 산 표

| 차 변 | | 원면 | 계 정 과 목 | 대 변 | |
잔 액	합 계			합 계	잔 액
530,000	1,550,000	1	현 금	1,020,000	
300,000	450,000	2	외 상 매 출 금	150,000	
500,000	1,300,000	3	상 품	800,000	
	300,000	4	외 상 매 입 금	600,000	300,000
		5	자 본 금	900,000	900,000
		6	매 출	950,000	950,000
800,000	800,000	7	매 출 원 가		
20,000	20,000	8	보 험 료		
2,150,000	4,420,000			4,420,000	2,150,000

* 합계란만 표시한 시산표 : 합계시산표
* 잔액란만 표시한 시산표 : 잔액시산표

(2) 시산표의 오류

시산표의 차변합계액과 대변합계액이 일치하지 않는다면 기록계산상의 오류가 있다는 것을 의미한다. 오류는 시산표 뿐만 아니라 분개장이나 총계정 원장에서 발생했을 수도 있기 때문에 장부기입의 역순으로 검토한다.

> **시산표 오류발견순서**
>
> 시산표 ⇨ 원장 ⇨ 분개장

① 시산표 차변합계액과 대변합계액의 정확여부 검산
② 원장 각 계정에서 시산표로의 이기가 올바른지 확인
③ 원장 각 계정의 합계액 또는 잔액 계산이 정확한지 검산
④ 분개장에서 원장에의 전기가 올바른지 확인
⑤ 거래에 대한 분개가 정확한지 검토

(3) 시산표에서 발견할 수 없는 오류

시산표는 차변과 대변합계액(잔액)이 일치하는 것을 확인하는 것으로 차변과 대변합계액(잔액)이 일치하면 정확하다고 본다. 그러나 합계액이 일치한다고 해도 다음과 같은 오류가 있을 수 있다. 이를 **시산표에서 발견할 수 없는 오류**라고 한다.

> ① 어떤 거래를 분개하지 않거나 전기하지 않은 경우(**누락**)
> ② 어떤 거래를 이중으로 분개하거나 전기한 경우(**중복**)
> ③ 대차를 반대로 분개했거나 전기한 경우
> ④ 실제와 다른 계정과목으로 분개했거나 전기한 경우
> ⑤ 대차 양변을 같은 금액으로 틀리게 분개했거나 전기한 경우
> ⑥ 두 가지 이상의 오류가 우연히 일치하여 상계된 경우
> ⑦ 회계거래가 아님에도 불구하고 회계거래로 판단하여 분개 및 전기한 경우

4 재고조사표(在庫調査表)

재고조사표에 기재된 원장잔액의 변동사항을 결산정리(기말정리)사항이라 하고, 이를 분개한 것을 정리분개(수정분개), 이를 원장 각 계정에 전기하는 것을 정리기입(수정기입)이라 한다.

> ① 재고자산(상품 등)의 조사와 평가
> ② 매출채권 등에 대한 손상차손 추정
> ③ 금융자산(유가증권)의 평가
> ④ 유형·무형자산의 감가상각
> ⑤ 수익·비용의 이연과 예상
> ⑥ 임시계정 및 평가계정의 정리
> ⑦ 법인세액의 추산
> ⑧ 외화자산·외화부채의 평가
> ⑨ 사채할인(할증)발행차금의 상각(환입)
> ⑩ 현재가치할인차금의 상각(환입) 등

5 정산표(精算表, working sheet : W/S)

잔액시산표를 기초로 하여 총계정원장의 마감 전에 손익계산서와 재무상태표를 작성하는 과정을 하나의 표로 나타내는 것이 정산표이다.

정산표작성의 주요목적은 재무상태표와 손익계산서의 작성을 정확하고 신속하게 하기 위한 것이다. 즉, 먼저 정산표에서 모든 결산절차를 예비적으로 수행하고, 이에 의하여 재무상태표와 손익계산서를 작성한 다음 정식결산 절차를 회계장부상에서 수행하는 것이 필요하다.

6 총계정원장의 마감방법

(1) (집합)손익계정의 설정

(집합)손익계정은 수익과 비용계정의 잔액을 모아서 이를 대응 비교함으로써 당기순손익을 산출하기 위한 임시적 집합계정으로 회계 연도 말에만 설정되며, 손익계산서 작성의 직접적 자료로 활용할 수 있다.

(2) 수익ㆍ비용계정 잔액을 '(집합)손익'계정에 대체(對替)

수익에 속하는 각 계정잔액은 손익계정 대변에 대체하고, 비용에 속하는 각 계정 잔액은 손익계정 차변에 대체하여 잔액을 '영(₩0)'으로 만들고 마감한다.

```
[수익계정 대체분개]
  (차) 수익계정 항목   ×××          (대) 손       익   ×××
[비용계정 대체분개]
  (차) 손       익   ×××          (대) 비용계정 항목   ×××
```

(3) 순손익을 자본계정에 대체

손익계정의 차변합계와 대변합계를 비교하여 대변이 많으면 당기순이익이므로 자본(자본금 또는 미처분이익잉여금) 계정의 대변에 대체하여 자본을 증가시키고, 차변이 많으면 당기순손실이므로 자본(자본금 또는 미처리결손금) 계정의 차변에 대체하여 자본을 감소시킨 후 손익계정을 마감한다.

```
[당기순이익인 경우(개인기업)]
  (차) 손       익   ×××          (대) 자  본  금   ×××
[당기순손실인 경우(개인기업)]
  (차) 자  본  금   ×××          (대) 손       익   ×××
```

(4) 자산ㆍ부채ㆍ자본계정의 마감

① 영미식(英美式, 우리나라에서 사용)

자산ㆍ부채ㆍ자본에 속하는 각 계정의 잔액을 '차기이월(次期移越)'이라 기입하고 대차를 일치시켜 마감하고, 다음 회계 연도 초에 '전기이월(前期移越)'로 개시 기입한다. 이월액의 계산과 기입이 정확한지를 확인하기 위하여 이월시산표(移越試算表)를 작성한다.

② **대륙식**(大陸式)

자산·부채·자본에 속하는 각 계정 잔액을 '잔액(殘額)'계정에 대체하여 마감하는 방법이다. 다음 회계 연도 초에 '개시잔액'으로 개시 기입한다.

[총계정원장의 마감 예]

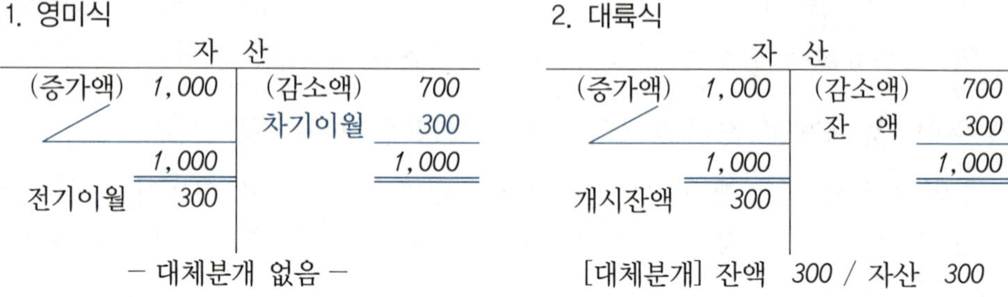

예제

제5절 [예제3](P.46)의 총계정원장을 마감하라.

총 계 정 원 장

현 금		1
① 자 본 금 900,000	② 상 품 700,000	
③ 매 출 500,000	⑥ 외상매입금 300,000	
⑦ 외상매출금 150,000	⑧ 보 험 료 20,000	

외상매출금		2
⑤ 매 출 450,000	⑦ 현 금 150,000	

상 품		3
② 현 금 700,000	③ 매 출 원 가 300,000	
④ 외상매입금 600,000	⑤ 매 출 원 가 500,000	

외상매입금		4
⑥ 현 금 300,000	④ 상 품 600,000	

자본금		5
	① 현 금 900,000	

매 출		6
	③ 현 금 500,000	
	⑤ 외상매출금 450,000	

매출원가		7
③ 상 품 300,000		
⑤ 상 품 500,000		

보 험 료		8
⑧ 현 금 20,000		

1. 수익 · 비용계정의 손익계정에 대체

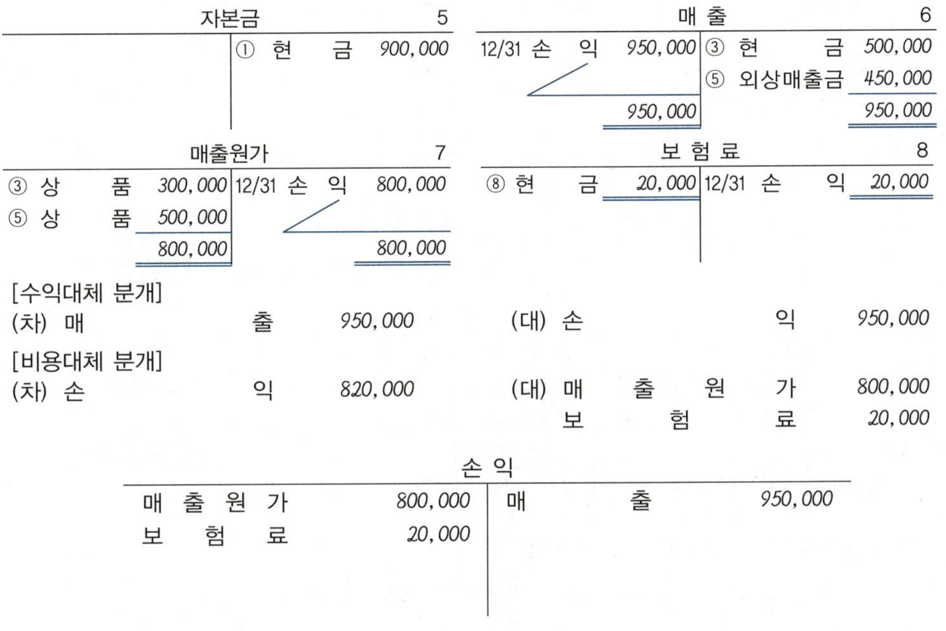

자본금			5
	① 현 금	900,000	

매 출			6
12/31 손 익	950,000	③ 현 금	500,000
		⑤ 외상매출금	450,000
	950,000		950,000

매출원가			7
③ 상 품	300,000	12/31 손 익	800,000
⑤ 상 품	500,000		
	800,000		800,000

보 험 료			8
⑧ 현 금	20,000	12/31 손 익	20,000

[수익대체 분개]
(차) 매 출 950,000 (대) 손 익 950,000

[비용대체 분개]
(차) 손 익 820,000 (대) 매 출 원 가 800,000
보 험 료 20,000

손 익			
매 출 원 가	800,000	매 출	950,000
보 험 료	20,000		

2. 손익계정의 잔액을 자본금계정에 대체

손 익			
매 출 원 가	800,000	매 출	950,000
보 험 료	20,000		
자 본 금	130,000		
	950,000		950,000

* 손익계정 대변잔액 ₩80,000은 당기순이익을 뜻한다.

[순손익 대체 분개]
(차) 손 익 80,000 (대) 자 본 금 80,000

자본금			5
	① 현 금	900,000	
	12/31 손 익	130,000	

3. 자산 · 부채 · 자본계정의 마감(영미식)

현 금			1
① 자 본 금	900,000	② 상 품	700,000
③ 매 출	450,000	⑥ 외상매입금	300,000
⑦ 외상매출금	150,000	⑦ 보 험 료	20,000
		12/31 차 기 이 월	530,000
	1,550,000		1,550,000
1/1 전 기 이 월	530,000		

외상매출금			2
⑤ 매 출	450,000	⑦ 현 금	150,000
		12/31 차기이월	300,000
	450,000		450,000
1/1 전기이월	450,000		

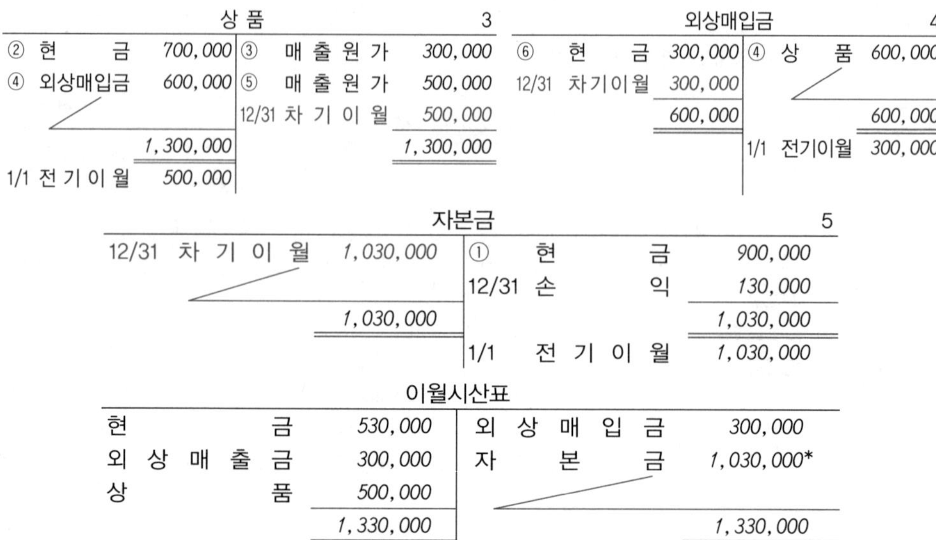

	상 품			3
② 현　금	700,000	③ 매 출 원 가	300,000	
④ 외상매입금	600,000	⑤ 매 출 원 가	500,000	
		12/31 차 기 이 월	500,000	
	1,300,000		1,300,000	
1/1 전 기 이 월	500,000			

	외상매입금			4
⑥ 현　금	300,000	④ 상　품	600,000	
12/31 차기이월	300,000			
	600,000		600,000	
		1/1 전기이월	300,000	

	자본금			5
12/31 차 기 이 월	1,030,000	① 현　금	900,000	
		12/31 손　익	130,000	
	1,030,000		1,030,000	
		1/1 전 기 이 월	1,030,000	

이월시산표

현　금	530,000	외 상 매 입 금	300,000
외 상 매 출 금	300,000	자　본　금	1,030,000*
상　품	500,000		
	1,330,000		1,330,000

* 기말자본금(= 기초자본 ₩1,000,000 + 당기순이익 ₩30,000)

4. 포괄손익계산서 및 재무상태표의 작성

포괄손익계산서

매 출 원 가	800,000	매　출	950,000
보 험 료	20,000		
당 기 순 이 익	130,000		
	950,000		950,000

재무상태표

현　금	530,000	외 상 매 입 금	300,000
외 상 매 출 금	300,000	자　본　금	1,030,000
상　품	500,000	(당기순이익	130,000)
	1,330,000		1,330,000

단원핵심정리

1 회계의 순환과정

거래 ⇨ 분개 ⇨ 전기 ⇨ 결산(시산표 ⇨ 총계정원장 마감 ⇨ 재무제표 작성)

2 거래(去來)

(1) 회계상의 거래

상품의 매매, 금전의 수입과 지출 등 결과적으로 기업의 자산·부채·자본의 증감변화를 일으키는 모든 사항을 말한다.

매매계약, 주문, 약속, 보관, 임직원 채용 등은 회계상의 거래가 아니다.

(2) 거래의 8요소

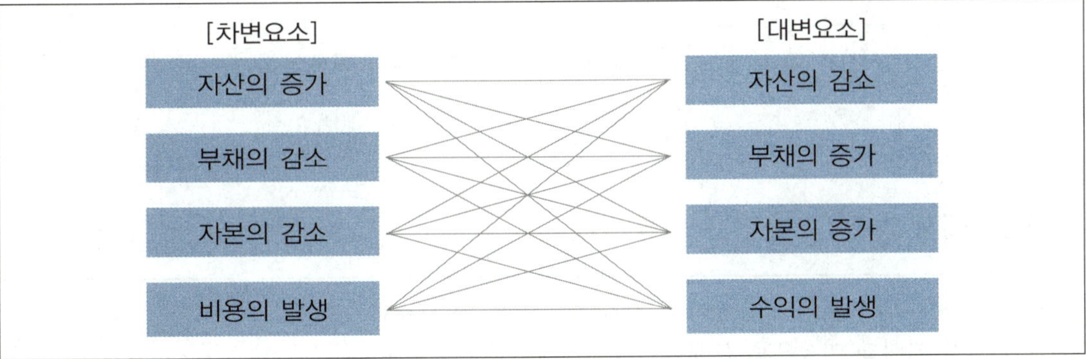

3 결산(決算, closing)

(1) 의 의

일정기간(회계기간) 경과 후 기업의 재무상태와 경영성과를 파악하기 위하여 장부를 정리·마감하는 절차를 결산이라 한다.

(2) 결산절차

예비 절차	1. 시산표 작성 3. 총계정원장 수정 기입	2. 재고조사표 작성(결산정리사항) 4. 정산표 작성
본 절차	1. 총계정원장의 마감 　① 수익·비용 계정을 '(집합)손익' 계정에 대체 　② (집합)손익 계정의 잔액(= 당기순손익)을 '자본' 계정에 대체 　③ 자산·부채·자본 계정을 '차기이월'로 마감 ⇨ 이월시산표 작성 2. 분개장 및 보조부 등의 마감	
(결산 후) 재무제표 작성	1. 재무상태표 3. 현금흐름표 5. 주석	2. 포괄손익계산서 4. 자본변동표

4 시산표(試算表, trial balance : T/B)

(1) 의 의

거래에 대한 분개와 총계정원장 기입이 정확하게 이루어졌는가(= 차·대변 합계금액이 정확한지)를 확인하기 위하여 작성하는 일람표이다.

> 시산표 등식: 기말자산 + 총비용 = 기말부채 + **기초자본** + 총수익
> 　　　　　　　　└──차변요소──┘　　　└────대변요소────┘

(2) 시산표에서 발견할 수 없는 오류

① 어떤 거래를 분개하지 않거나 전기하지 않은 경우(**누락**)
② 어떤 거래를 이중으로 분개하거나 전기한 경우(**중복**)
③ 대차를 반대로 분개했거나 전기한 경우
④ 실제와 다른 계정과목으로 분개했거나 전기한 경우
⑤ 대차 양변을 같은 금액으로 틀리게 분개했거나 전기한 경우
⑥ 두 가지 이상의 오류가 우연히 일치하여 상계된 경우
⑦ 회계거래가 아님에도 불구하고 회계거래로 판단하여 분개 및 전기한 경우

실전예상문제

01 회계상 거래에 해당하지 않는 것은? 제22회

① 재고자산을 ₩300에 판매하였으나 그 대금을 아직 받지 않았다.
② 종업원의 급여 ₩500 중 ₩200을 지급하였으나, 나머지는 아직 지급하지 않았다.
③ 거래처와 원재료를 1kg당 ₩100에 장기간 공급받기로 계약하였다.
④ 비업무용 토지 ₩1,200을 타회사의 기계장치 ₩900과 교환하였다.
⑤ 거래처의 파산으로 매출채권 ₩1,000을 제거하였다.

해설 계약, 주문, 보관, 약속, 채용 등은 회계상 거래에 해당되지 않는다.

02 ㈜한국의 회계상 거래 중 비용이 발생하고 부채가 증가하는 거래는? 제26회

① 전기에 토지를 처분하고 받지 못한 대금을 현금수취하였다.
② 화재로 인하여 자사 컴퓨터가 소실되었다.
③ 당해 연도 발생한 임차료를 지급하지 않았다.
④ 대여금에서 발생한 이자수익을 기말에 인식하였다.
⑤ 전기에 지급하지 못한 종업원 급여에 대하여 당좌수표를 발행하여 지급하였다.

해설

		차변			대변	
①	(차)	현금	×××	(대)	미수금	×××
		(자산의 증가)			(자산의 감소)	
②	(차)	재해손실	×××	(대)	비품	×××
		(비용의 발생)			(자산의 감소)	
③	(차)	임차료	×××	(대)	미지급임차료	×××
		(비용의 발생)			(부채의 증가)	
④	(차)	미수수익	×××	(대)	이자수익	×××
		(자산의 증가)			(수익의 발생)	
⑤	(차)	미지급급여	×××	(대)	당좌예금	×××
		(부채의 감소)			(자산의 감소)	

Answer

01 ③　　02 ③

03 자산을 증가시키면서 동시에 수익을 발생시키는 회계거래는? 　　　　제21회

① 상품판매계약을 체결하고 계약금을 수령하였다.

② 은행으로부터 설비투자자금을 차입하였다.

③ 건물에 대한 화재보험계약을 체결하고 1년분 보험료를 선급하였다.

④ 전기에 외상으로 매입한 상품 대금을 현금으로 지급하였다.

⑤ 경영컨설팅 용역을 제공하고 그 대금은 외상으로 하였다.

해설　① (차) 자산의 증가　　　(대) 부채의 증가
　　　　② (차) 자산의 증가　　　(대) 부채의 증가
　　　　③ (차) 비용의 발생　　　(대) 자산의 감소
　　　　④ (차) 부채의 감소　　　(대) 자산의 감소
　　　　⑤ (차) 자산의 증가　　　(대) 수익의 발생

04 자산과 비용에 모두 영향을 미치는 거래는? 　　　　제25회

① 당기 종업원급여를 현금으로 지급하였다.

② 비품을 외상으로 구입하였다.

③ 현금을 출자하여 회사를 설립하였다.

④ 매입채무를 당좌예금으로 지급하였다.

⑤ 기존 차입금에 대하여 추가 담보를 제공하였다.

해설　① (차) 급여(비용의 발생)　　　×××　　　(대) 현금(자산의 감소)　　　×××
　　　　② (차) 비품(자산의 증가)　　　×××　　　(대) 미지급금(부채의 증가)　　　×××
　　　　③ (차) 현금(자산의 증가)　　　×××　　　(대) 자본금(자본의 증가)　　　×××
　　　　④ (차) 매입채무(부채의 감소)　　　×××　　　(대) 당좌예금(자산의 감소)　　　×××
　　　　⑤ 담보 제공은 회계상 거래가 아니다.

05

㈜한국은 20X2년 3월 27일 정기 주주총회에서 20X1년 재무제표를 승인하면서 현금배당을 선언하고 즉시 지급하였다. 주주총회의 배당금 선언 및 지급이 ㈜한국의 재무제표에 미치는 영향으로 옳은 것은?

제25회

① 20X1년 말 현금을 감소시킨다.

② 20X1년 당기순이익을 감소시킨다.

③ 20X1년 말 자본을 감소시킨다.

④ 20X2년 당기순이익을 감소시킨다.

⑤ 20X2년 말 자본을 감소시킨다.

해설 **배당선언 및 지급 회계처리**

배당금선언 : (차) (전기이월)이익잉여금　×××　　(대) 미지급배당금　×××
배당금지급 : (차) 미지급배당금　×××　　(대) 현금　×××

20X1년의 이익잉여금을 처분하는 것은 20X1년이 아닌 20X2년 주주총회에서 이루어지므로, 배당의 선언과 지급이 20X1년에는 영향이 없고 20X2년 (전기이월)이익잉여금의 감소를 통해 자본이 감소한다.

06

다음 분개 중 적절하지 않은 것은?

제14회

	차　　　변		대　　　변	
①	매입채무	×××	현　금	×××
②	현　금	×××	이자수익	×××
③	장기차입금	×××	유동성장기부채	×××
④	현　금	×××	자본금	×××
⑤	현　금	×××	무형자산	×××
	무형자산처분이익	×××		

해설 무형자산처분이익은 수익과목으로서 대변에 나타나는 항목이다.

Answer

03 ⑤　04 ①　05 ⑤　06 ⑤

07 다음 중 거래를 추정한 것 중 틀린 것은?

현 금		받을어음	외상매입금
(1) 500,000 (4) 30,000		(2) 100,000	(4) 30,000
(2) 100,000 (5) 25,000			
(3) 50,000			

소 모 품	자 본 금	이자수익
(5) 25,000	(1) 500,000	(3) 50,000

① 현금 ₩500,000을 출자하여 상품매매업을 시작하였다.

② 받을어음 ₩100,000이 만기가 되어 현금으로 받다.

③ 이자 ₩50,000을 현금으로 받다.

④ 외상매입금 ₩30,000을 현금으로 지급하다.

⑤ 사무용 문구류 ₩25,000을 구입하고 대금을 현금으로 지급하다.

해설 (4) 현금계정 대변과 외상매입금계정 대변에 기입되어 있는 내용이 잘못되어 있다. 복식부기는 거래의 이중성에 의하여 어느 계정의 차변과 다른 계정의 대변에 기입되어야 한다.

08 수정전시산표에 관한 설명으로 옳지 않은 것은? 제20회

① 통상 재무제표를 작성하기 이전에 거래가 오류 없이 작성되었는지 자기검증하기 위하여 작성한다.

② 총계정원장의 총액 혹은 잔액을 한 곳에 모아놓은 표이다.

③ 결산 이전의 오류를 검증하는 절차로 원장 및 분개장과 더불어 필수적으로 작성해야 한다.

④ 복식부기의 원리를 전제로 한다.

⑤ 차변합계와 대변합계가 일치하더라도 계정분류, 거래인식의 누락 등에서 오류가 발생했을 수 있다.

해설 시산표는 기중 거래가 오류 없이 작성되었는지 대차평균원리로 합계나 잔액을 통해 검증하는 일람표이며 필수적 사항이 아니다.

09 시산표의 차변금액이 대변금액보다 크게 나타나는 오류에 해당하는 것은?   제23회

① 건물 취득에 대한 회계처리가 누락되었다.
② 차입금 상환에 대해 분개를 한 후, 차입금계정에는 전기를 하였으나 현금계정에는 전기를 누락하였다.
③ 현금을 대여하고 차변에는 현금으로 대변에는 대여금으로 동일한 금액을 기록하였다.
④ 미수금 회수에 대해 분개를 한 후, 미수금계정에는 전기를 하였으나 현금계정에는 전기를 누락하였다.
⑤ 토지 처분에 대한 회계처리를 중복해서 기록하였다.

해설 차입금 상환시 분개 : (차) 차입금   ×××   (대) 현금   ×××
차변에는 전기하였으나 대변에 전기를 누락하였으므로 차변금액이 대변금액보다 크게 나타난다.

10 다음 계정에서 마감이 옳게 된 것은?

① 매 출 채 권

손 익 5,000	제 좌 5,000

② 단기차입금

손 익 3,000	제 좌 3,000

③ 자 본 금

손 익 9,000	제 좌 9,000

④ 임 대 료

손 익 4,000	제 좌 4,000

⑤ 급 여

제 좌 3,500	차기이월 3,500

해설 포괄손익계산서계정의 마감 : 손익계정에 대체
재무상태표계정의 마감 : 차기이월로 마감
① 매출채권은 자산계정으로 대변잔액, 마감시는 차기이월
② 단기차입금은 부채계정으로 대변잔액, 마감시는 차기이월
③ 자본금은 자본계정으로 대변잔액, 마감시는 차기이월
④ 임대료는 수익계정으로 대변잔액, 마감시는 손익
⑤ 급여는 비용계정으로 차변잔액, 마감시는 손익

11 수정후시산표의 각 계정잔액이 존재한다고 가정할 경우, 장부마감 후 다음 회계연도 차변으로 이월되는 계정과목은?   제24회

① 이자수익   ② 자본금   ③ 매출원가
④ 매입채무   ⑤ 투자부동산

해설 잔액이 차변으로 이월되는 계정과목은 '자산'에 속하는 계정과목이다.

Answer
07 ④   08 ③   09 ②   10 ④   11 ⑤

12

차기 회계연도로 잔액이 이월되지 않는 계정과목은? 제18회

① 집합손익 ② 이익잉여금

③ 선수임대료 ④ 주식발행초과금

⑤ 기타포괄금융자산평가이익

해설 집합손익계정은 수익계정과 비용계정을 마감하기 위해 일시적으로 설정된 잔액이 존재하지 않는 계정이다.

잔액이 차기로 이월되는 계정
= 자산계정, 부채계정(③), 자본계정(②, ④, ⑤) = 실질계정 = 영구계정

Answer

12 ①

Memo

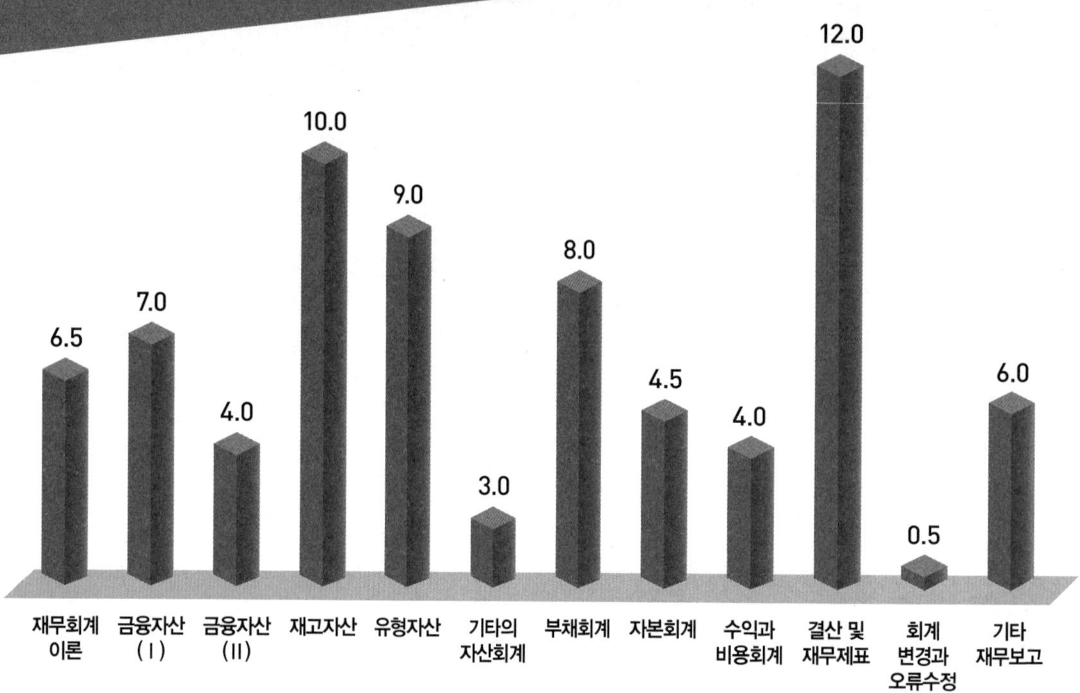

♔ 최근 5년간 기출문제 분석

금융자산, 유형자산 및 재고자산이 각각 10% 정도 출제되며, 결산 및 재무제표 관련 문제도 10% 이상 출제된다. 이 외에도 재무비율분석의 회계처리부터 결산 및 재무제표 작성에 이르기까지 재무회계이론, 부채회계도 비중있게 출제되고 있다.

따라서 자산, 부채, 자본의 회계처리부터 결산 및 재무제표 작성에 이르기까지 각 파트별 예제를 손으로 직접 풀어가며 익히고 재무회계이론, 재무제표 관련 이론을 정리하는 것이 필요하다.

재무회계이론

단·원·열·기

재무회계의 목적, 재무회계개념체계, 회계정보의 질적특성, 자산평가이론 및 회계감사 등 재무회계의 전반적인 이론체계와 개념을 묻는 문제가 매 회차 1~2문제씩 출제되고 있다. 특히 재무회계의 기본개념이 되는 단원이므로 재무회계의 목적과 회계정보의 질적 특성을 최소한 3회독 이상 반복하며 주요용어의 정리와 개념이해, 암기가 필수적이다.

재무회계이론

01 재무회계이론과 재무제표

02 재무보고를 위한 개념체계

03 유용한 재무정보의 질적특성

04 일반목적 재무제표

05 재무제표의 요소

06 자본 및 자본유지개념

07 화폐의 시간가치

08 회계관습

09 회계감사

10 회계주체이론(지분이론)

단·원·개·요

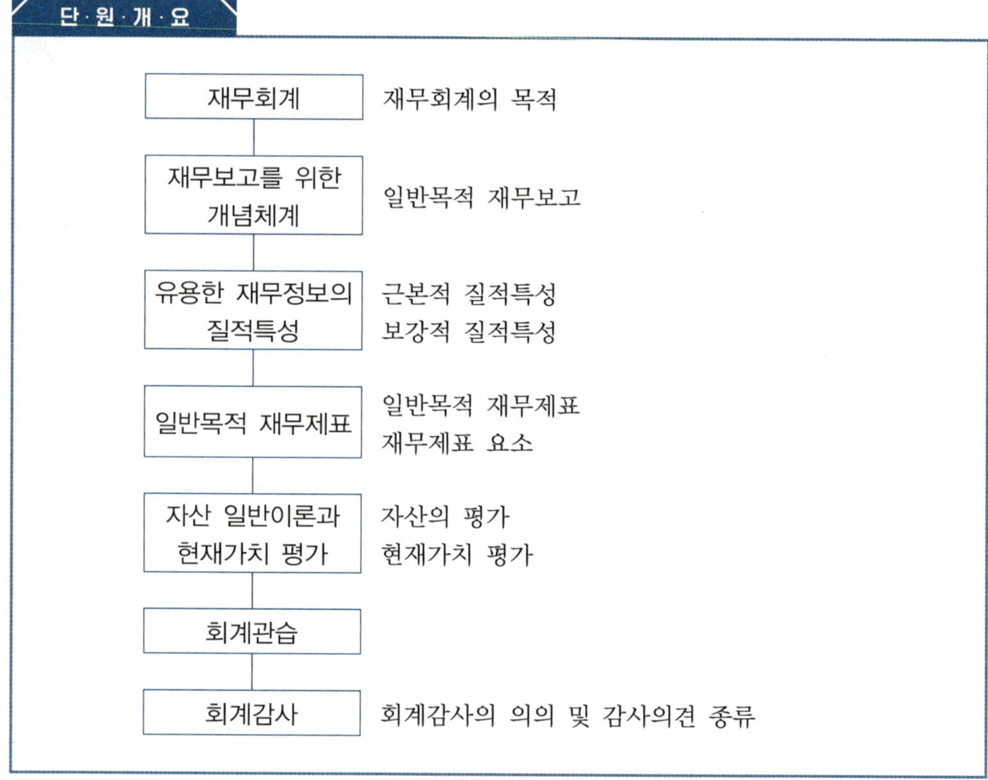

01 재무회계이론과 재무제표

1 재무회계의 목적

(1) 자원의 효율적 배분

재무회계는 기업의 재무상태와 경영성과에 대한 정보를 투자자와 채권자 등 외부 정보이용자들에게 제공하는 것을 목적으로 한다. 투자자와 채권자 등 외부 정보이용자들은 재무회계정보를 이용하여 보다 효율적이고 생산성이 높은 기업을 그렇지 못한 기업과 구분할 수 있게 된다. 이를 통해 투자자와 채권자 등 외부 정보이용자들은 자신들이 소유하고 있는 한정된 경제적 자원을 비효율적인 기업에서 효율적인 기업으로 배분할 수 있게 된다.

(2) 수탁책임보고

소유와 경영이 분리된 현대 기업경영에서 주주는 기업을 직접 경영하지 않고 전문경영자에게 위탁한다. 경영자는 주주들로부터 수탁한 기업의 경제적 자원을 효율적으로 관리하고 경영할 책임이 있는데, 이를 수탁책임(stewardship responsibility)이라고 한다. 경영자는 자신들이 수탁받은 경영책임을 효과적으로 수행하였는지 여부를 주주들에게 보고하기 위하여 재무회계정보를 작성한다.

2 회계의 분류

회계는 회계보고의 목적 또는 대상에 따라 재무회계와 관리회계로 분류된다.

구 분		재무회계	관리회계
목 적		외부정보이용자의 경제적 의사결정에 유용한 정보의 제공	경영자의 관리적 의사결정에 유용한 정보의 제공
보고대상		외부보고(객관성, 신뢰성)	내부보고(실용성, 목적적합성)
정보이용자		외부이해관계자(투자자, 채권자 등)	내부이해관계자(경영자, 관리자)
기준(원칙)		일반적으로 인정된 회계원칙(GAAP), 법률, 관습	통일된 회계원칙이나 이론이 없다. 회계학, 경제학, 의사결정과학
정보	* 시간성	과거지향적 정보	과거·미래지향적 정보
	* 자료범위	화폐적 정보	화폐적·비화폐적 정보
	* 정보범위	기업전체를 종합	부문별·제 구분별
보고 방법	* 양식	재무제표	관리회계보고서(제한없음)
	* 보고시점	보통 1년(정기적)	필요에 따라 수시

💡 **정보이용자**

1. 외부정보이용자
   (1) 주요이용자
      ① 현재 및 잠재적 투자자
      ② 대여자 및 그 밖의 채권자
   (2) 기타 이용자
      ① 종업원
      ② 거래처
      ③ 기타(고객, 정부 및 유관기관, 일반대중)
2. 내부정보이용자
   경영자 또는 관리자

일반적으로 인정된 회계원칙의 특징

① 보편타당성 및 이해조정적 성격
② 다수의 권위 있는 전문가의 합의(이해조정)
③ 회계실무의 지침
④ 귀납성(실용성)
⑤ 가변성(可變性)

일반적으로 인정된 회계원칙의 범위

기업회계기준(기업회계기준서, 기업회계기준해석서, 한국채택국제회계기준 등), 상법, 세법, 민법 등

국제회계기준

유럽연합이 중심이 된 국제회계기준위원회(IASB)가 국제증권감독자기구(IOSCO)와 연합하여 제정하였고, 우리나라는 2009년부터 국제회계기준의 자발적인 채택이 가능(금융기관 제외)하였으며, 2011년부터 모든 주권상장법인은 전면 도입하여 적용하고 있고 비상장법인은 선택적용할 수 있다.

국제회계기준의 필요성과 특징

1. 필요성
   ① 비용절감
   ② 회계정보의 국제적 비교가능성과 신뢰성 제고
   ③ 상호이해가능성의 증진
   ④ 자본시장의 활성화

2. 특징
   ① 원칙중심(재량부여)
   ② 기본재무제표 : 연결재무제표
   ③ 공정가치 측정 : 자산과 부채의 공정가치 적용 확대
   ④ 거래의 실질 회계처리
   ⑤ 주석공시의 강화(국가별 특성 반영, 비재무적 정보)

3 일반적으로 인정된 회계원칙

(1) 회계원칙

기업이 재무제표를 작성하는 데 있어서 준거해야 할 통일된 지침이며, 회계실무를 이끌어 가야 할 지도원리를 회계원칙(회계기준)이라고 한다. 이러한 회계원칙의 제정은 일반적으로 회계전문가의 합의와 이를 수용하는 과정을 거쳐서 이루어지는데, 이를 일반적으로 인정된 회계원칙(generally accepted accounting principles : GAAP)이라 한다.

(2) 한국채택국제회계기준

「한국채택국제회계기준」(Korean-International Financial Reporting Standards : K-IFRS)은 한국회계기준원 회계기준위원회가 국제회계기준을 근거로 제·개정한 회계기준을 말하며 주권상장법인과 은행 등을 포함한 금융회사 등의 회계처리에 적용하며, 재무제표의 작성과 표시를 위해 한국채택국제회계기준의 적용을 선택하거나 다른 법령에서 적용을 요구하는 기업의 회계처리에도 적용한다. 다만, 이를 선택하지 않은 경우에는 「일반기업회계기준」을 적용한다.

회계기준	적용기업	근거 법률
한국채택국제회계기준	상장기업 및 금융회사, 공기업 등	주식회사 외부감사에 관한 법률
일반기업회계기준	한국채택국제회계기준을 적용하지 않는 외부감사대상 주식회사	
중소기업회계기준	외부감사대상이 아닌 주식회사	상법

02   재무보고를 위한 개념체계

1 개념체계의 의의와 목적

(1) 의 의

재무보고를 위한 개념체계는 회계기준위원회가 일관성있는 회계기준을 제정·개정함에 있어 도움을 주며, 재무제표의 작성자가 회계기준이 정립되지 않은 새로운 거래에 대하여 회계정책을 개발하는데 준거체계를 제공하는 지침으로서의 역할을 수행한다.

(2) 목 적

재무보고를 위한 개념체계는 일반목적재무보고의 목적과 개념을 서술한다.
① **회계기준위원회**: 회계기준위원회가 일관된 개념에 기반하여 회계기준을 제정·개정하는 데 도움을 준다.
② **재무제표의 작성자**: 특정 거래나 사건에 적용할 회계기준이 없거나 회계기준에서 회계정책을 선택하는 것을 허용하는 경우에 재무제표 작성자가 일관된 회계정책을 개발하는 데 도움을 준다.
③ **모든 이해관계자**: 모든 이해관계자가 회계기준을 이해하고 해석하는 데 도움을 준다.

(3) 개념체계와 국제회계기준의 관계

① 개념체계는 국제회계기준이 아니다. 따라서 **개념체계의 어떠한 내용도 회계기준이나 회계기준의 요구사항에 우선하지 않는다.**
② 개념체계는 회계기준위원회가 관련 업무를 통해 축적된 경험을 토대로 수시로 개정될 수 있다. 개념체계가 개정되었다고 자동으로 회계기준이 개정되는 것은 아니다.
③ 재무제표를 작성하는 경우 우선적으로 국제회계기준의 규정에 근거해야 한다. 하지만, 특정 거래나 기타 사건 또는 상황에 대하여 구체적으로 적용할 수 있는 한국채택국제회계기준이 없는 경우, 경영진은 판단에 따라 회계정책을 개발 및 적용하여 회계정보를 작성할 수 있으며, 다음 사항을 순차적으로 참조하여 적용가능성을 고려해야 한다.

> ⊙ 다른 국제회계기준 : 내용상 유사하고 관련되는 회계논제를 다루는 한국채택국제회계기준의 규정
> ⊙ 재무보고를 위한 개념체계 : 자산, 부채, 수익, 비용에 대한 개념체계의 정의, 인식기준 및 측정개념

⑷ 회계기준위원회의 공식임무

개념체계에서 제시하고 있는 회계기준위원회의 공식 임무는 전 세계 금융시장에 투명성, 책임성, 효율성을 제공하는 회계기준을 개발하는 것이다.
① 회계투명성에 기여
② 수탁책임정보의 제공
③ 경제적 효율성에 기여

⑸ 개념체계의 구조

일반목적 재무보고의 목적	정보이용자의 경제적 의사결정에 유용한 정보제공
⇩	
유용한 재무정보의 질적특성	근본적 질적특성 : 목적적합성, 표현충실성 보강적 질적특성 : 비교가능성, 검증가능성, 적시성, 이해가능성
⇩	
재무제표 표시와 공시	보고실체와 재무제표, 재무제표의 요소와 인식, 제거 재무제표 요소의 측정, 표시와 공시
⇩	
이익의 측정과 자본유지개념	명목재무자본유지, 불변구매력재무자본유지, 실물자본유지

2 일반목적 재무보고

(1) 일반목적 재무보고의 목적

일반목적재무보고의 목적은 현재 및 잠재적 투자자, 대여자 및 기타 채권자가 기업에 자원을 제공하는 것에 대한 **의사결정을 할 때 유용한 보고 기업 재무정보를 제공하는** 것이다.

🔗 일반목적 재무보고의 주요정보이용자

구 분		보고기업의 관련 계정과목
주요정보이용자	투자자	자본금, 사채
	대여자	차입금
	그 밖의 채권자	매입채무, 미지급금 등
주요정보이용자가 아닌 이해관계자		보고기업의 경영진, 규제기관, 일반대중

(2) 일반목적 재무보고가 제공하는 정보 : 경제적 자원과 청구권 및 그 변동

① 경제적 자원과 청구권에 대한 정보
② 경제적 자원 및 청구권의 변동에 관한 정보
③ 재무성과에 의한 경제적 자원 및 청구권의 변동
  ㉠ 발생기준 회계가 반영된 재무성과
  ㉡ 과거 현금흐름이 반영된 재무성과
④ 재무성과에 의하지 않은 경제적 자원 및 청구권의 변동

(3) 일반목적 재무보고가 제공하는 정보 : 경제적 자원의 사용에 관한 정보

보고기업의 경영진이 기업의 경제적자원을 얼마나 효율적이고 효과적으로 사용하는 책임을 이행하고 있는지에 대한 정보는 이용자들이 해당 자원에 대한 경영자의 수탁책임을 평가할 수 있도록 도움을 준다.

🔗 일반목적재무보고서가 제공하는 정보

구 분			관련 재무제표
경제적자원과 청구권에 관한 정보			재무상태표
경제적자원과 청구권의 변동에 관한 정보	재무성과로 인한 변동	발생기준 회계 반영	포괄손익계산서
		과거 현금흐름 반영	현금흐름표
	재무성과 이외로 인한 변동		현금흐름표와 재무변동표
경제적자원 사용에 관한 정보			전체 재무제표

⑷ 일반목적 재무보고의 유용성과 한계

구 분	내 용
유용성	현재 및 잠재적 투자자, 대여자 및 기타 채권자는 그들에게 직접 정보를 제공하도록 보고기업에 요구할 수 없고, 그들이 필요로 하는 재무정보의 많은 부분을 일반목적재무보고서에 의존해야만 한다.
한계	① 정보이용자가 필요로 하는 모든 정보를 제공하지 않으며 제공할 수도 없다. ② 보고기업의 가치에 관한 정보를 제공하지 않는다. ③ 정보이용자 최대 다수의 수요를 충족하는 정보를 제공하기 위해 노력할 것이다. ④ 정확한 서술보다는 상당 부분 추정, 판단 및 모형에 근거한다.

03 유용한 재무정보의 질적 특성

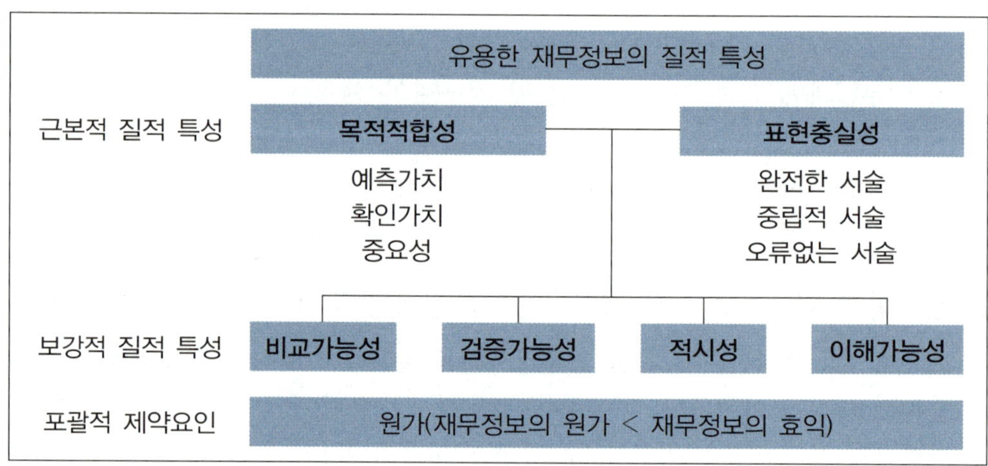

1 근본적 질적 특성

유용한 재무정보의 근본적 질적 특성은 **목적적합성**과 **충실한 표현**이다.

⑴ 목적적합성

① 목적적합한 재무정보는 정보이용자의 **의사결정에 차이가 나도록 할 수 있다.**
② 재무정보에 예측가치, 확인가치 또는 이 둘 모두가 있다면 그 재무정보는 의사결정에 차이가 나도록 할 수 있다.

③ 정보이용자들이 미래 결과를 예측하기 위해 사용하는 절차의 투입요소로 재무정보가 사용될 수 있다면, 그 재무정보는 예측가치를 갖는다. 재무정보가 예측가치를 갖기 위해서 그 자체가 예측치 또는 예상치일 필요는 없다.

④ 재무정보가 과거 평가에 대해 피드백을 제공한다면(과거 평가를 확인하거나 변경시킨다면) 확인가치를 갖는다.

⑤ 재무정보의 예측가치와 확인가치는 상호 연관되어 있다.

⑥ **중요성**: 정보가 누락되거나 잘못 기재된 경우 특정 보고기업의 재무정보에 근거한 정보이용자의 의사결정에 영향을 줄 수 있다면 그 정보는 중요한 것이다. 회계기준위원회는 중요성에 대한 획일적인 계량 임계치를 정하거나 특정한 상황에서 무엇이 중요한 것인지를 미리 결정할 수 없다.

(2) 표현충실성

① 재무보고서는 경제적 현상을 글과 숫자로 나타내는 것이다. 재무정보가 유용하기 위해서는 목적적합한 현상을 표현하는 것뿐만 아니라 나타내고자 하는 현상을 충실하게 표현해야 한다.

② 완전한 서술은 필요한 기술과 설명을 포함하여 정보이용자가 서술되는 현상을 이해하는 데 필요한 모든 정보를 포함하는 것이다.

③ 중립적 서술은 재무정보의 선택이나 표시에 편의가 없는 것이다. 중립적 서술은, 정보이용자가 재무정보를 유리하게 또는 불리하게 받아들일 가능성을 높이기 위해 편파적이 되거나, 편중되거나, 강조되거나, 경시되거나 그 밖의 방식으로 조작되지 않는다.

④ 오류가 없는 서술은 현상의 기술이나 절차상에 오류나 누락이 없는 정보를 제공하는 것을 말하며, 충실한 표현은 모든 면에서 정확한 것을 의미하지는 않는다.

⑤ 충실한 표현 그 자체가 반드시 유용한 정보를 만들어 내는 것은 아니다.

(3) 근본적 질적 특성의 적용절차

정보가 유용하기 위해서는 목적적합하고 나타내고자 하는 바를 충실히 표현해야 한다. 근본적 질적 특성을 적용하기 위한 가장 효율적이고 효과적인 절차는 다음과 같다.

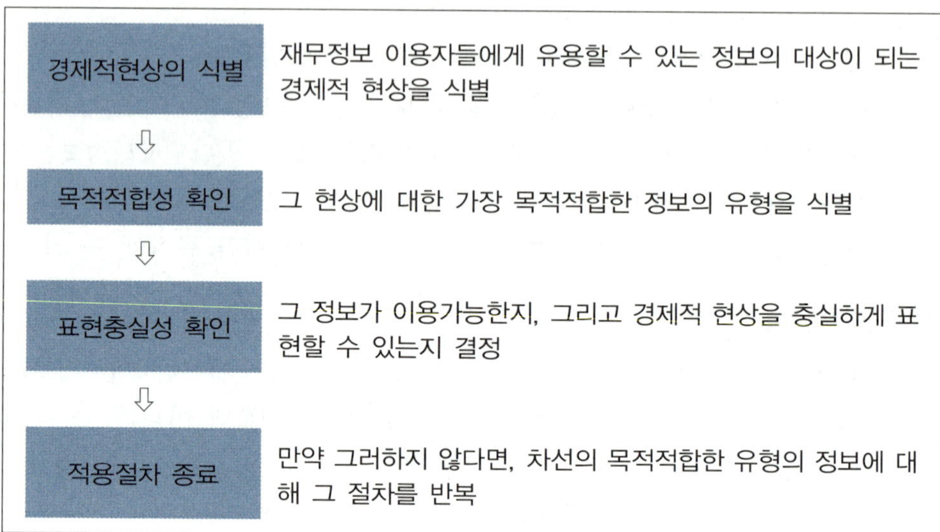

2 보강적 질적 특성

비교가능성, **검증가능성**, **적시성 및 이해가능성**은 목적적합하고 충실하게 표현된 정보의 유용성을 보강시키는 질적 특성이다.

(1) 비교가능성

① 의사결정에 더욱 유용한 정보가 되려면 제공되는 정보 항목 간의 유사점과 차이점을 정보이용자가 식별하고 이해할 수 있어야 한다.

② 정보이용자의 의사결정은 여러 대안들 중에서 선택을 하는 것이다. 따라서 정보는 다른 기업에 대한 유사한 정보와 비교(기업간 비교가능성)할 수 있고, 해당 기업에 대한 다른 기간이나 일자의 유사한 정보와 비교(기간간 비교가능성)할 수 있다면 더욱 유용하다. 비교하려면 최소한 두 항목이 필요하다.

③ 일관성은 비교가능성과 관련은 되어 있지만 동일하지는 않다. 일관성은 한 보고기업 내에서 기간 간 또는 같은 기간 동안에 기업 간, 동일한 항목에 대해 동일한 방법을 적용하는 것을 말한다. 비교가능성은 목표이고 일관성은 그 목표를 달성하는 데 도움을 준다.

④ 비교가능성은 통일성이 아니다. 정보가 비교가능하기 위해서는 비슷한 것은 비슷하게 보여야 하고 다른 것은 다르게 보여야 한다.

⑤ 근본적 질적 특성을 충족하면 어느 정도의 비교가능성은 달성될 수 있을 것이다.

⑥ 동일한 경제적 현상에 대해 대체적인 회계처리방법을 허용하면 비교가능성이 감소한다.

⑵ 검증가능성

① 검증가능성은 정보가 나타내고자 하는 경제적 현상을 충실히 표현하는지를 정보이용자가 확인하는 데 도움을 준다. 검증가능성은 합리적인 판단력이 있고 독립적인 서로 다른 관찰자가 어떤 서술이 충실한 표현이라는 데, 비록 반드시 완전히 일치하지는 못하더라도, 의견이 일치할 수 있다는 것을 의미한다. 계량화된 정보가 검증가능하기 위해서 단일점 추정치이어야 할 필요는 없다.

② 검증은 직접적 또는 간접적으로 이루어질 수 있다. 예를 들어, 투입요소(수량과 원가)를 확인하고 같은 원가흐름가정을 사용(예 선입선출법 사용)하여 기말 재고자산을 재계산하여 재고자산의 장부금액을 검증하는 것이다.

③ 어느 미래 기간 전까지는 어떤 설명과 미래전망 재무정보를 검증하는 것이 전혀 가능하지 않을 수 있다.

⑶ 적시성

적시성은 의사결정에 영향을 미칠 수 있도록 의사결정자가 정보를 제때에 이용가능하게 하는 것을 의미한다. 일반적으로 정보는 오래될수록 유용성이 낮아진다. 그러나 일부 정보는 보고기간 말 후에도 오랫동안 적시성이 있을 수 있다. 예를 들어, 일부 정보이용자는 추세를 식별하고 평가할 필요가 있을 수 있기 때문이다.

⑷ 이해가능성

① 정보를 명확하고 간결하게 분류하고, 특징지으며, 표시하면 이해가능하게 된다.

② 일부 현상은 본질적으로 복잡하여 이해하기 쉽게 할 수 없다. 그 현상에 대한 정보를 재무보고서에서 제외하면 그 재무보고서의 정보를 더 이해하기 쉽게 할 수 있다.

③ 재무보고서는 사업활동과 경제활동에 대해 합리적인 지식이 있고, 부지런히 정보를 검토하고 분석하는 정보이용자를 위해 작성된다. 때로는 박식하고 부지런한 정보이용자도 복잡한 경제적 현상에 대한 정보를 이해하기 위해 자문가의 도움을 받는 것이 필요할 수 있다.

3 유용한 재무보고에 대한 원가 제약(원가 < 효익)

① **원가**는 재무보고로 제공될 수 있는 정보에 대한 포괄적 제약요인이다.

② 재무정보의 보고에는 원가가 소요되고, 해당 정보 보고의 효익이 그 원가를 정당화한다는 것이 중요하다.

③ 원가는 재무정보 제공자 및 이용자뿐만 아니라 회계기준제정기구가 가능한 새로운 재무보고 요구사항의 효익을 고려할 때 염두에 두어야 할 포괄적 제약요인이다.

04 일반목적 재무제표

(1) 일반목적 재무제표의 목적과 제공하는 정보

재무제표의 목적은 보고기업에 유입될 미래순현금흐름에 대한 전망과 보고기업의 경제적 자원에 대한 경영진의 수탁책임을 평가하는 데 유용한 보고기업의 자산, 부채, 자본, 수익 및 비용에 대한 재무정보를 재무제표 이용자들에게 제공하는 것이다.

⊘ 일반목적 재무제표의 종류

구 분	내 용
재무보고를 위한 개념체계	재무상태표, 재무성과표, 그 밖의 재무제표와 주석
기준서 1001호 재무제표 표시	재무상태표, 포괄손익계산서, 자본변동표, 현금흐름표, 주석

(2) 재무제표 작성의 가정 : 계속기업

재무제표는 일반적으로 보고기업이 계속기업이며, 예측가능한 미래에 영업을 계속할 것이라는 가정하에 작성한다. 따라서 기업이 청산하거나 거래를 중단하려는 의도가 없으며, 그럴 필요도 없다고 가정한다.

역사적원가주의, 감가상각, 수익 · 비용대응 개념 및 유동성배열법은 모두 계속기업가정을 근거로 한 것이다.

⑶ **재무제표 작성의 기간** : 보고기간

재무제표는 특정기간의 보고기간에 대하여 작성되며, 기업의 자산, 부채 및 자본과 수익과 비용에 관한 정보를 제공한다. 또한 재무제표이용자들이 변화와 추세를 식별하고 평가하는 것을 돕기 위해, 재무제표는 최소한 직전 연도에 대한 비교정보를 제공한다.

⑷ **재무제표에 채택된 관점** : 보고기업

재무제표는 기업의 현재 및 잠재적 투자자, 대여자와 그 밖의 채권자 중 특정집단의 관점이 아닌 보고기업 전체의 관점에서 거래 및 그 밖의 사건에 대한 정보를 제공한다.

보고기업은 단일의 실체이거나 어떤 실체의 일부일 수 있으며, 둘 이상의 실체로 구성될 수도 있다. 보고기업이 반드시 법적 실체일 필요는 없다.

05 재무제표의 요소

1 재무제표의 요소

⑴ 재무상태

재무상태의 측정에 직접 관련되는 요소는 **자산, 부채 및 자본**이다.

① **자 산**

자산(Asset)은 과거 사건의 결과로 기업이 통제하는 현재의 경제적 자원이다. 여기서 경제적자원은 경제적효익을 창출할 잠재력을 지닌 권리이다. 자산으로 정의되기 위한 요건에는 현재권리의 존재와 경제적효익을 창출할 잠재력, 통제의 세 가지가 있다.

② **부 채**

부채(Liability)는 과거 사건의 결과로 기업이 경제적자원을 이전해야 하는 현재의무이다. 부채로 정의되기 위한 요건에는 현재의무의 존재, 경제적자원의 이전, 과거사건의 결과로 의무존재 세 가지가 있다.

③ **자 본**

자본(Equity)은 기업의 자산에서 모든 부채를 차감한 잔여지분이다.

(2) **경영성과**

① **수 익**

수익(revenue)은 자산의 유입이나 증가 또는 부채의 감소에 따라 자본의 증가를 초래하는 특정 회계기간 동안에 발생한 경제적 효익의 증가로서, 자본청구권 보유자의 출자와 관련된 것은 제외한다.

② **비 용**

비용은 자산의 유출이나 소멸 또는 부채의 증가에 따라 자본의 감소를 초래하는 특정 회계기간 동안에 발생한 경제적 효익의 감소로서, 자본청구권 보유자에 대한 분배와 관련된 것은 제외한다.

2 재무제표 요소의 인식과 제거

(1) 재무제표 요소의 인식

인식은 자산, 부채, 자본, 수익 또는 비용과 같은 재무제표 요소 중 하나의 정의를 충족하는 항목을 재무상태표나 재무성과표에 포함하기 위하여 포착하는 과정이다.

(2) 인식기준

자산, 부채 또는 자본의 정의를 충족하는 항목만이 재무상태표에 인식된다. 마찬가지로 수익이나 비용의 정의를 충족하는 항목만이 재무성과표에 인식된다.

🔗 **재무제표 요소의 인식요건**

구 분	내 용
정의 충족	자산, 부채, 자본과 수익, 비용의 정의를 충족하는 항목이
목적적합한 정보의 제공	자산, 부채, 수익, 비용 또는 자본변동에 대한 목적적합한 정보를 제공하며
표현충실한 정보의 제공	자산, 부채, 수익, 비용 또는 자본변동에 대한 표현충실한 정보를 제공하고
인식에 대한 원가제약	인식 효익이 인식의 원가를 초과하는 경우에만 자산이나 부채를 인식한다.

(3) 제거기준

제거는 기업의 재무상태표에서 인식된 자산이나 부채의 전부 또는 일부를 삭제하는 것이다. 제거는 일반적으로 해당 항목이 더 이상 자산 또는 부채의 정의를 충족하지 못할 때 발생한다.

① **자산의 제거**: 자산은 일반적으로 기업이 인식한 자산의 전부 또는 일부에 대한 통제를 상실하였을 때 제거한다.

② **부채의 제거**: 부채는 일반적으로 기업이 인식한 부채의 전부 또는 일부에 대한 현재의무를 더 이상 부담하지 않을 때 제거한다.

3 재무제표 요소의 측정

측정은 재무상태표와 포괄손익계산서에 인식되고 평가되어야 할 재무제표 요소의 화폐금액을 결정하는 과정이다. 측정기준은 역사적원가(historical cost)와 현행가치(current value)가 있으며, 측정대상과 주어진 상황에 따라 다양한 방법으로 결합되어 사용된다.

🔗 유입가치와 유출가치

시 점	유입가치	유출가치
과 거	역사적원가	해당사항 없음*
현 재	현행원가	공정가치
미 래	해당사항 없음*	사용가치 및 이행가치

* 과거에 유출된 자산과 미래에 유입될 자산은 현재 기업실체의 자산이 아니므로 측정할 필요가 없다.

(1) 역사적원가

① 자산을 취득하거나 창출할 때의 역사적 원가는 자산의 취득 또는 창출에 발생한 원가의 가치로서, 자산을 취득 또는 창출하기 위하여 **지급한 대가와 거래원가를 포함**한다. 부채가 발생하거나 인수할 때의 역사적 원가는 발생시키거나 인수하면서 **수취한 대가에서 거래원가를 차감**한 가치이다.

② 현행가치와 달리 역사적 원가는 자산의 손상이나 손실부담에 따른 부채와 관련되는 변동을 제외하고는 가치의 변동을 반영하지 않는다.

③ 시장 조건에 따른 거래가 아닌 사건의 결과로 자산을 취득하거나 창출할 때 또는 부채를 발생시키거나 인수할 때, 원가를 식별할 수 없거나 그 원가가 자산이나 부채에 관한 목적적합한 정보를 제공하지 못할 수 있다. 이러한 경우 그 자산이나 부채의 현행가치가 최초 인식시점의 간주원가로 사용되며 그 간주원가는 역사적 원가로 후속 측정할 때의 시작점으로 사용된다.

구 분	자 산	부 채
역사적원가	과거에 지급한 대가 + 거래원가	과거에 수취한 대가 − 거래원가

(2) 현행가치

현행가치 측정치는 측정일의 조건을 반영하기 위해 갱신된 정보를 사용하여 자산, 부채 및 관련 수익과 비용의 화폐적 정보를 제공한다. 이러한 갱신에 따라 자산과 부채의 현행가치는 이전 측정일 이후의 변동, 즉 현행가치에 반영되는 현금흐름과 그 밖의 요소의 추정치의 변동을 반영한다.

① **현행원가**

㉠ 자산의 현행원가는 측정일 현재 동등한 자산의 원가로서 측정일에 지급할 대가와 그 날에 발생할 거래원가를 포함한다. 부채의 현행원가는 측정일 현재 동등한 부채에 대해 수취할 수 있는 대가에서 그 날에 발생할 거래원가를 차감한다.

㉡ 현행원가는 역사적 원가와 마찬가지로 유입가치이다. 이는 기업이 자산을 취득하거나 부채를 발생시킬 시장에서의 가격을 반영한다. 이런 이유로, 현행원가는 유출가치인 공정가치, 사용가치 또는 이행가치와 다르다. 그러나 현행원가는 역사적 원가와 달리 측정일의 조건을 반영한다.

㉢ 일부의 경우, 현행원가는 활성시장에서 가격을 관측하여 직접 결정할 수 없으며 다른 방법을 통해 간접적으로 결정해야 한다(예 새로운 자산에 대한 가격만을 이용할 수 있는 경우).

구 분	자 산	부 채
현행원가	측정일에 동등한 자산의 원가로서 지급할 대가 + 거래원가	측정일에 동등한 부채에 대해 수취할 대가 − 거래원가

② **공정가치**

  ㉠ 공정가치는 측정일에 시장참여자 사이의 정상거래에서 자산을 매도할 때 받거나 부채를 이전할 때 지급하게 될 가격이다.

  ㉡ 공정가치는 기업이 접근할 수 있는 시장의 참여자 관점을 반영한다. 시장참여자가 경제적으로 최선의 행동을 한다면 자산이나 부채의 가격을 결정할 때 사용할 가정과 동일한 가정을 사용하여 그 자산이나 부채를 측정한다.

  ㉢ 일부의 경우, 공정가치는 활성시장에서 관측되는 가격으로 직접 결정될 수 있다. 다른 경우에는 다음의 요인을 모두 반영하는 측정기법(예 현금흐름기준 측정기법)을 사용하여 간접적으로 결정된다.

  ㉣ 공정가치는 자산이나 부채를 발생시킨 거래나 그 밖의 사건의 가격으로부터 부분적이라도 도출되지 않기 때문에, 공정가치는 자산을 취득할 때 발생한 거래원가로 인해 증가하지 않으며 부채를 발생시키거나 인수할 때 발생한 거래원가로 인해 감소하지 않는다. 또한 공정가치는 자산의 궁극적인 처분이나 부채의 이전 또는 결제에서 발생할 거래원가를 반영하지 않는다.

구 분	자 산	부 채
공정가치	측정일에 시장참여자 사이의 정상거래에서 자산을 매도시에 수령할 가격	측정일에 시장참여자 사이의 정상거래에서 부채를 이전시에 지급할 가격

③ **자산의 사용가치 및 부채의 이행가치**

  ㉠ 사용가치는 기업이 자산의 사용과 궁극적인 처분으로 얻을 것으로 기대하는 현금흐름 또는 그 밖의 경제적효익의 현재가치이다. 이행가치는 기업이 부채를 이행할 때 이전해야 하는 현금이나 그 밖의 경제적자원의 현재가치이다.

  ㉡ 사용가치와 이행가치는 미래현금흐름에 기초하기 때문에 자산을 취득하거나 부채를 인수할 때 발생하는 거래원가는 포함하지 않는다. 그러나 사용가치와 이행가치에는 기업이 자산을 궁극적으로 처분하거나 부채를 이행할 때 발생할 것으로 기대되는 거래원가의 현재가치가 포함된다.

  ㉢ 사용가치와 이행가치는 시장참여자의 가정보다는 기업 특유의 가정을 반영한다.

특정 측정기준에 의해 제공되는 정보의 성격

1. 역사적원가
   ① 측정이 단순하고 경제적
   ② 이해가능성, 검증가능성 높음
   ③ 다른 시점 취득(발생)한 자산(부채)으로써 비교가능성 저하

2. 현행원가
   ① 측정이 복잡하고 주관적이며 비경제적으로 검증가능성과 이해가능성 저하
   ② 미래 이익 예측에 더 유용
   ③ 기간간, 기업간 비교가능성 제고

3. 공정가치
   ① 예측가치와 확인가치
   ② 경제적 자원의 효율적 수행평가에 도움
   ③ 기간간, 기업간 비교가능성 제고

4. 사용가치와 이행가치
   ① 예측가치와 확인가치
   ② 개별기업의 관점 반영으로 비교가능성 저하

측정기준을 선택할 때 고려할 요인

자산이나 부채, 이와 관련된 수익과 비용의 측정기준을 선택할 때, 그 측정기준으로 재무상태표와 재무성과표에서 산출할 정보의 성격뿐만 아니라 그 밖의 요인을 고려할 필요가 있다.
측정기준에 의해 제공되는 정보는 재무제표이용자들에게 유용해야 한다. 이를 달성하기 위해서는 정보가 목적적합해야 하고 나타내고자 하는 바를 충실하게 표현해야 한다. 또한, 제공되는 정보는 가능한 한 비교가능하고 검증가능하며 적시성이 있고 이해가능해야 한다.

ⓔ 사용가치와 이행가치는 직접 관측될 수 없으며 현금흐름기준 측정기법으로 결정된다.

구 분	자 산	부 채
사용가치 (이행가치)	측정일에 자산의 사용과 처분으로 인해 유입될 기대현금흐름의 현재가격	측정일에 부채의 이행으로 인해 유출될 기대현금흐름의 현재가치

4 자본의 측정

자본의 총장부금액(총자본)은 직접 측정하지 않는다. 이는 인식된 모든 자산의 장부금액에서 인식된 모든 부채의 장부금액을 차감한 금액과 동일하다. 일반목적재무제표는 기업의 가치를 보여주도록 설계되지 않았기 때문에 자본의 총장부금액은 일반적으로 기업의 자본청구권에 대한 시가총액이나, 계속기업을 전제로 하여 기업 전체를 매각하여 조달할 수 있는 금액, 기업의 모든 자산을 매각하고 모든 부채를 상환하여 조달할 수 있는 금액과 동일하지 않을 것이다.

> 자산 − 부채 = 자본(순자산 장부금액)
> 순자산 장부금액 ≠ 순자산 공정가치 ≠ 발행주식의 시가총액

06 자본 및 자본유지개념

1 자본의 개념

대부분의 기업은 자본의 재무적 개념에 기초하여 재무제표를 작성한다. 자본을 투자된 화폐액 또는 투자된 구매력으로 보는 재무적 개념하에서 자본은 기업의 순자산이나 지분과 동의어로 사용된다. 자본을 조업능력으로 보는 자본의 실물적 개념 하에서 자본은 기업의 생산능력(예 1일 생산수량)으로 간주된다. 기업은 재무제표이용자의 정보요구에 기초하여 적절한 자본개념을 선택하여야 한다.

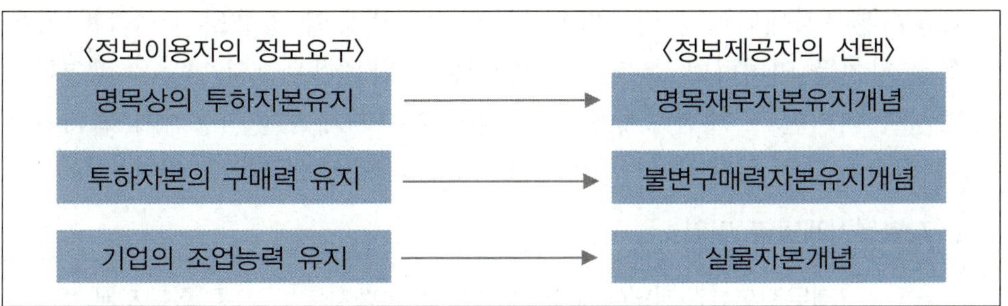

2 자본유지개념의 종류

자본유지개념은 경제학적 이익 개념을 회계에 도입한 것이다. 자본유지개념을 기업에 적용하면 특정 회계기간에 소유주의 추가출자나 소유주에 대한 자본의 환급을 제외한 상태에서 기초의 자본을 초과하는 기말의 자본을 이익이라고 할 수 있다. 즉, 기초의 자본이 유지해야 할 자본이며, 유지해야 할 자본을 초과한 금액을 이익으로 보는 것이다.

🔗 자본유지개념에 따른 이익의 결정

기초순자산		이익(초과액)
		기말순자산

기초순자산		손실(미달액)
		기말순자산

유지해야 할 자본개념은 재무자본유지(financial capital maintenance)와 실물자본유지(physical capital maintenance)로 구분할 수 있다.

재무자본유지	재무자본유지개념하에서 이익은 해당 기간 동안 소유주에게 배분하거나 소유주가 출연한 부분을 제외하고, 기말순자산의 재무적 측정금액(화폐금액)이 기초순자산의 재무적 측정금액(화폐금액)을 초과하는 경우에만 발생하며, 명목화폐단위 또는 불변구매력단위를 이용하여 측정가능하다.
실물자본유지	실물자본유지개념하에서 이익은 해당 기간 동안 소유주에게 배분하거나 소유주가 출연한 부분을 제외하고, 기업의 기말 실물생산능력이나 조업능력(또는 그러한 생산능력을 갖추기 위해 필요한 자원이나 기금)이 기초 실물생산능력을 초과하는 경우에만 발생한다.

재무자본유지개념에서 명목화폐단위는 물가변동의 영향을 고려하지 않은 명목상 가치를 의미하며, 불변구매력단위는 일반물가수준의 변동을 반영한 불변가치를 의미한다. 개념체계에서는 실물자본유지개념을 사용하기 위해서는 당해 실물자본은 **현행원가**기준에 따라 측정하도록 요구하고 있다.

🖉 자본유지개념과 이익

> 재무자본유지개념에서 이익 = 기말 화폐자본 − 기초 화폐자본
> 실무자본유지개념에서 이익 = 기말 실물자본 − 기초 실물자본

🖉 자본유지개념에 따른 이익의 종류

구 분	명목화폐단위	불변구매력단위
재무자본	명목재무자본 (역사적원가회계)	불변구매력재무자본 (일반물가수준회계)
실물자본	실물자본 (현행원가회계)	−

③ 자본유지개념과 측정기준 및 이익

재무자본유지개념과 실물자본유지개념의 주된 차이는 기업의 자산과 부채에 대한 가격변동 영향의 처리방법에 있다.

🖉 재무자본유지와 실물자본유지의 차이

구 분		가격변동 영향의 처리
재무자본 유지	명목화폐단위로 자본을 정의	이익은 해당 **기간 중 명목화폐단위의 증가액**을 의미한다. 따라서 기간 중 보유한 자산가격의 증가 부분 즉, 보유이익도 개념적으로 이익에 포함된다. 그러나 보유이익은 미실현이익에 해당되며 당해 자산이 교환거래에 따라 처분되기 전에는 이익으로 인식되지 않는다.
	불변구매력단위로 자본을 정의	이익은 해당 **기간 중 투자된 구매력의 증가**를 의미하므로 일반물가수준에 따른 가격상승을 초과하는 자산가격의 증가부분만 이익으로 간주되고, 그 이외의 가격증가 부분은 자본의 일부인 **자본유지조정**으로 처리한다.
실물자본유지		이익은 해당 **기간 중 실물생산능력의 증가**를 의미하므로 자산과 부채에 영향을 미치는 모든 가격변동은 해당 기업의 실물생산능력에 대한 측정치의 변동으로 간주되어 이익이 아니라 자본의 일부인 **자본유지조정**으로 처리한다.

💡 명목재무자본유지접근법과 배당불가능 이익잉여금

대부분의 기업은 명목재무자본유지개념을 선택하고 있다. 따라서 가격변동효과로 인한 보유이익이 이익에 포함되며, 이 경우 과다한 현금배당으로 인해 실물자본의 유지가 어려워질 수 있게 된다. 이에 대한 안전장치로 우리나라의 상법에서는 이익준비금 적립과 같은 현금배당 제한규정을 두고 있다.

측정기준과 자본유지개념의 선택에 따라 재무제표 작성에 사용되는 회계모형이 결정된다. 실무에서 일반적으로 사용하는 회계모형은 측정기준을 역사적원가로 하고, 자본유지개념을 명목화폐단위로 측정하는 재무자본유지개념으로 하는 모형이다.

4 자본유지조정

기업이 자산과 부채에 대한 재평가 또는 재작성을 하는 경우 자본의 증가나 감소를 초래하게 된다. 이와 같은 자본의 증가 또는 감소도 수익과 비용의 정의에는 부합하지만, 이 항목들은 특정 자본유지개념에 따라 포괄손익계산서에는 포함되지 않을 수 있다. 그 대신 자본유지조정 또는 재평가적립금으로 자본에 포함될 수 있다.

🔗 가격변동효과의 인식방법

기말자본		재무자본유지접근법		실물자본 유지접근법
		명목화폐단위	불변구매력단위	현행원가단위
가격변동효과초과분		투자이익	투자이익	투자이익
가격변동 효과	물가상승초과분			유지해야할 자본
	물가상승효과		유지해야할 자본	
명목재무자본		유지해야할 자본		

🔍 예제

자본유지개념 비교

A회사는 당기 초에 현금 ₩10,000을 출자하여 영업을 개시하였다. 기초에 재고자산 1개를 ₩10,000에 구입하여 기중에 ₩15,000에 판매하였다. 기초 물가지수는 100%이었고, 기말 물가지수는 120%이며, 기말 현재 동일한 재고자산의 구입가격은 ₩14,000이다.

물음] 명목재무자본유지개념, 불변구매력재무자본유지개념 및 실물자본유지개념에 따라 유지해야 할 자본과 이익을 측정하시오.

[해설]

구 분		명목재무자본	불변구매력재무자본	실물자본
이 익		₩5,000	₩3,000	₩1,000
유지해야 할 자본	자본유지조정	−	₩2,000	₩4,000
	명목재무자본	₩10,000	₩10,000	₩10,000
기말자본		₩15,000	₩15,000	₩15,000

각각의 자본유지개념에서 기초자본과 동일한 가치를 유지하기 위하여 조정한 금액(₩0, ₩2,000, ₩4,000)은 자본유지조정으로 처리되며, 이를 제외한 나머지 금액이 이익이 된다.

예제

재무자본유지와 실물자본유지 이익측정

B회사는 20X1년 초에 현금 ₩1,000,000을 출자하여 설립한 회사이다. 20X1년 초 현재 ₩1,000,000은 A회사가 판매할 재고자산 100개를 구입할 수 있는 금액이다. 20X1년 말 자본은 ₩1,500,000이고 20X1년도에 자본거래는 없었다. 20X1년 말에 A회사가 판매하는 재고자산의 개당 구입가격은 ₩13,000이고, 20X1년 초 물가지수를 100이라고 할 때 20X1년 말 물가지수는 110이다. A회사의 결산일은 매년 말이다.

물음] 재무자본유지개념 하에서 명목화폐단위와 불변구매력단위를 이용하여 측정할 경우 당기순이익과 실물자본유지개념하에서 당기순이익을 계산하시오.

해설

1. 기말자본(명목화폐단위)   ₩1,500,000
    기초자본(명목화폐단위)   (1,000,000)
    당기순이익   ₩500,000

    기초자본 ₩1,000,000이 유지해야 할 재무자본이며, 이를 초과한 ₩500,000이 당기순이익이다.

2. 기말자본(불변구매력단위)   ₩1,500,000
    기초자본(불변구매력단위)   (1,100,000) = ₩1,000,000 × 110/100
    당기순이익   ₩400,000

    기말 물가지수가 기초에 비해 10% 증가하였으므로 기초 명목금액 ₩1,000,000의 불변구매력(즉, 유지해야 할 재무자본)은 ₩1,100,000이다. 불변구매력자본 ₩1,100,000과 명목화폐자본 ₩1,000,000의 차이 ₩100,000은 자본유지조정으로 처리한다.

3. 기말자본(실물자본)   ₩1,500,000
    기초자본(실물자본)   (1,300,000) = 100개 × ₩13,000
    당기순이익   ₩200,000

    실물자본유지개념에서는 현행원가기준(기말재고자산 ₩13,000)에 따라 측정한다.
    기초실물자본 ₩1,300,000과 명목화폐자본 ₩1,000,000의 차이 ₩300,000은 자본유지조정으로 처리한다.

07 화폐의 시간가치

화폐의 시간가치란 동일한 금액의 화폐라고 하더라도 시간에 따라 가치가 달라진다는 것을 말한다. 예를 들어, 오늘 ₩10,000의 현금을 연이자율 10%의 예금에 넣어 둘 수 있다면 1년 후에는 원금 ₩10,000과 이자 ₩1,000을 수령할 수 있으므로 현재의 ₩10,000과 1년 후의 ₩11,000이 가치가 같으며, 현재의 ₩10,000이 1년 후의 ₩10,000보다 가치가 크다. 이처럼 화폐는 시간에 따라 가치가 달라지며 동일한 금액이라면 현재시점의 가치가 미래시점의 가치보다 크다.

1 일시금(목돈)의 미래가치와 현재가치

일시금이란 미래에 한번만 지급하거나 수령하는 금액을 말하는 것으로 목돈이라고도 한다. 일시금과 관련해서는 일시금을 미래가치와 현재가치를 계산할 수 있어야 한다.

(1) 일시금의 미래가치

'**일시금의 미래가치**(future value, FV)'란 현재 일시금으로 지급한 금액에 복리를 적용한 이자를 합한, 미래에 받을 원리금 합계액을 말한다. 예를 들어 ₩100,000의 현금을 10%의 정기예금에 가입하면 1년 후에 미래가치는 원금인 ₩100,000에 이자 ₩10,000을 합한 금액이 된다.

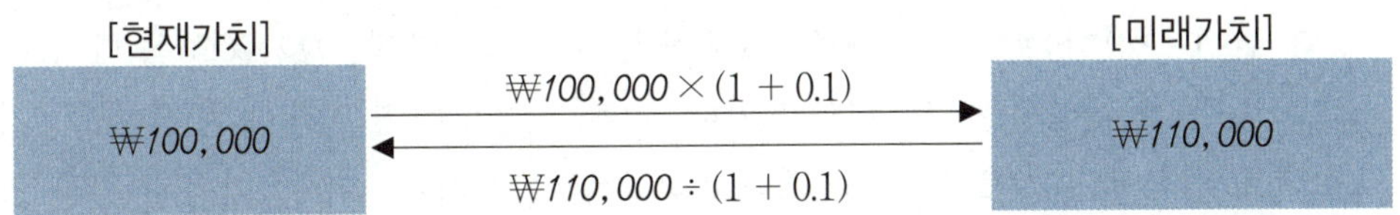

현재의 일시금 PV를 복리이자율 r로 계산한 n기간 말의 미래가치 FV를 계산하는 공식을 다음과 같이 표시할 수 있다.

$$FV_n = PV(1 + r)^n$$

미래가치를 계산하는 공식에 기초해서 현재일시금(PV) ₩1에 대하여 다양한 기간과 이자율을 적용해서 일일이 미래가치를 계산해서 표로 만들어 놓은 것을 '₩1의 복리이자표'라고 하며 다음의 표는 복리이자표의 일부를 발췌해서 표시한 것이다.

📎 1원의 복리이자표(미래가치)

기간 \ 이자율	1%	...	5%	...	10%	...
1	1.0100		1.0500		1.1000	
2	1.0201		1.1025		1.2100	
3	1.0303	...	1.1576	...	1.3310	...
4	1.0406		1.2155		1.4641	
5	1.0510		1.2763		1.6105	
...	...		...		...	

이와 같은 복리이자표를 이용하면 특정금액의 미래가치를 쉽게 계산할 수 있다. 예를 들어 ₩100,000의 원금을 연이자율 10%, 만기 3년의 정기예금에 가입했다면 미래가치는 다음과 같이 계산한다.

$$미래가치(FV_3) = 100,000 \times (1 + 0.1)^3 = 133,100$$
$$또는\ 미래가치(FV_3) = 100,000 \times 1.3310^* = 133,100$$

*10%, 3년의 미래가치

(2) 일시금의 현재가치

'**일시금의 현재가치**(present value, PV)'란 미래가치의 반대개념으로 미래 일시에 받을 금액에서 복리를 적용한 이자를 차감해서 현시점의 가치로 환산한 금액을 말한다. 예를 들어 10%의 이자율에서 2년 후에 받을 ₩121,000의 현재시점의 가치는 미래가치를 계산하는 과정을 반대로 다음과 같이 적용하면 된다. 2년 후에 수령하는 ₩121,000의 현재가치는 미래수령액 ₩121,000을 $(1 + 0.1)^2$으로 나누어 계산한 ₩100,000이 된다. 이를 일반화하면 미래에 수령하는 n기간 말의 일정금액 FV을 복리이자율 r로 계산한 현재가치 PV는 다음과 같은 공식으로 표시할 수 있다.

$$PV = \frac{FV_n}{(1 + r)^n}$$

현재가치 공식에 기초해서 미래일시금(FV) ₩1에 대하여 다양한 기간과 이자율을 적용해서 일일이 현재가치를 계산해서 표로 만들어 놓은 것을 '₩1의 현가표'라고 하며 다음의 표는 '₩1의 현가표'의 일부를 발췌해서 표시한 것이다.

✎ ₩1의 현가표

기간 \ 이자율	1%	...	5%	...	10%	...
1	.99011		.95238		.90909	
2	.98030		.90703		.82645	
3	.97059	...	.86384	...	.75131	...
4	.96098		.82270		.68301	
5	.95147		.78353		.62092	
...	...		...		...	

이와 같은 '₩1의 현가표'를 이용하면 미래 특정금액의 현재가치를 쉽게 계산할 수 있다. 예를 들어 10% 이자율하에서 3년후에 수령하는 ₩100,000의 현재가치는 다음과 같이 계산한다.

$$현재가치(PV) = 100,000 \div (1 + 0.1)^3 = 75,130$$
$$또는\ 현재가치(PV) = 100,000 \times 0.7513^* = 75,130$$
$$^* 10\%,\ 3년의\ 현가계수$$

2 연금의 현재가치

연금이란 **매년 일정한 현금을 지급하거나 받는 것**을 말한다. 연금과 유사하게 매년 일정액을 지급하거나 수령하는 거래가 회계에서 많이 발생하므로 연금의 현재가치를 계산하는 방법에 대해서 추가적으로 살펴보도록 하자.

연금의 현재가치를 이해하기 위해서 이자율이 10%이고 1년 후부터 3년간 매년 ₩100,000씩 유입되는 연금의 현재가치를 계산해보자.

수령시점	현재가치	현재가치(현가표 이용)
1년후	$₩100,000 \times \dfrac{1}{(1 + 0.1)^1} = ₩90,909$	$₩100,000 \times 0.90909 = ₩90,909$
2년후	$₩100,000 \times \dfrac{1}{(1 + 0.1)^2} = ₩82,645$	$₩100,000 \times 0.82645 = ₩82,645$
3년후	$₩100,000 \times \dfrac{1}{(1 + 0.1)^3} = ₩75,131$	$₩100,000 \times 0.75131 = ₩75,131$
	₩100,000, 3년 연금의 현재가치 ₩248,685	₩100,000, 3년 연금의 현재가치 ₩248,685

이와 같은 연금의 현재가치개념에 기초해서 연금 ₩1에 대해서 다양한 기간과 이자율을 적용해서 일일이 연금의 현재가치를 계산해서 표로 만들어 놓은 것은 '₩1의 연금현가표'라고 하며 다음의 표는 '₩1의 연금현가표'의 일부를 발췌해서 표시한 것이다.

₩1의 연금현가표

기간 \ 이자율	1%	…	5%	…	10%	…
1	0.99010		0.95238		0.90909	
2	1.97039		1.85941		1.73554	
3	2.94098	…	2.72325	…	2.48685	…
4	3.90197		3.54595		3.16987	
5	4.85343		4.32648		3.79079	
…	…		…		…	

'₩1의 연금현가표'를 이용하면 연금의 현재가치를 쉽게 계산할 수 있다. 예를 들어 10% 이자율에서 3년 동안 수령하는 ₩100,000의 현재가치는 다음과 같이 계산한다.

$$(PV) = ₩100,000 \times \frac{1}{(1+0.1)^1} + \frac{1}{(1+0.1)^2} + \frac{1}{(1+0.1)^3} = ₩248,685$$
$$= ₩100,000 \times 2.48685^* = ₩248,685$$
$$^* 3년, 10\%의 \ 연금현가계수$$

3 현재가치의 회계처리방법

(1) 기 준

현재가치에 대한 회계처리를 할 때 현재가치할인차금을 사용할 수도 있고 사용하지 않을 수도 있다. 한국채택국제회계기준에서는 현재가치할인차금을 사용할 것인지에 대해 회사의 선택에 맡기고 있다. 그러나 현행의 기업회계기준에서는 계정과목마다 그 사용여부를 규정하고 있다.

구 분	현행 기업회계기준	한국채택국제회계기준
장기채권, 장기채무	현재가치할인차금 사용	
사채 투자자	순액으로 회계처리	선택가능
사채 발행자	사채할인발행차금 사용	

(2) 장기성채권의 평가

① 장기연불조건의 매매거래, 장기금전대차거래 또는 이와 유사한 거래에서 발생된 채권·채무로서 **명목상의 가액과 현재가치의 차이가 중요한 경우에는 현재가치로 평가**한다. 이 경우의 현재 가치는 당해 자산의 공정한 가액 또는 당해 채권·채무로 인하여 미래에 수취하거나 지급될 총금액을 적정한 이자율로 할인한 가액을 의미한다.

② 현재가치란 이자 요소가 포함된 미래가치를 현재 시점의 화폐가치로 표시한 것이다.

③ 명목가액과 현재가치의 차액은 **현재가치할인차금의 과목으로 하여 당해채권·채무의 명목상의 가액에서 차감하는 형식으로 기재**하고 **유효이자율법을 적용하여 상각 또는 환입**한다.

④ 이자율은 유효이자율을 적용한다.

유효이자율법은 기초 장부금액에 유효이자율을 곱한 금액에서 표시이자를 차감한 금액을 현재가치할인차금 상각액으로 보는 방법을 말한다. 이 때 기초 장부금액에 유효이자율을 곱한 금액을 실질이자라고 하며, **이자수익이나 이자비용으로 인식**한다.

> 실질이자(이자수익 또는 이자비용) = 채권·채무의 기초 장부금액 × 유효이자율
> 표시이자 = 채권·채무의 명목금액 × 표시이자율
> 현재가치할인차금 상각액 = 실질이자 − 표시이자

⑤ 현재가치평가에서 보증금, 이연법인세자산(부채) 및 장기선급금과 장기선수금 등은 제외된다.

(3) 현재가치할인차금 계정

① **의의** : 채권·채무를 현재가치로 평가한 경우 명목상의 가치와 현재가치의 차액을 처리하는 계정이다.

② **재무상태표 표시** : 당해 채권·채무에서 차감하는 형식(적정 이자율, 기간 및 회계처리방법 등을 주석으로 기재)으로 기재한다.

③ **상각 또는 환입** : 유효이자율법(장부가액 × 유효이자율)에 의한다.

④ **상각액 또는 환입액** : 이자수익 또는 이자비용으로 인식한다.

💡 유효이자율

현재가치 평가에 적용되는 이자율은 유효이자율을 의미한다. 유효이자율이란 채권·채무의 미래현금흐름과 현재가치를 일치시키는 이자율을 말한다. 이는 금융자산의 미래현금흐름의 현재가치와 공정가치를 일치시키는 할인율로서 재무회계에서는 내재이자율과 동일한 의미로 사용된다. 또한 일반적으로 시장에서 합리적인 판단력과 거래의사가 있는 독립된 당사자간에 적용할 수 있는 이자율(시장이자율)이 있다면 이는 유효이자율과 일치한다.

[장기성 채권일 경우 회계처리]

채권발생시 : (차) 장기성매출채권　　1,000　　　(대) 매출　　　　　　　　　850
　　　　　　　　　　　　　　　　　　　　　　　　　현재가치할인차금　　　　150

차금상각시 : (차) 현재가치할인차금　　30　　　(대) 이자수익　　　　　　　30

재무상태표

장기성매출채권	1,000		
현재가치할인차금	120	880	

[장기성 채무일 경우 회계처리]

채무발생시 : (차) 매입　　　　　　　850　　　(대) 장기성매입채무　　　1,000
　　　　　　　　　현재가치할인차금　　150

차금상각시 : (차) 이자비용　　　　　 30　　　(대) 현재가치할인차금　　　30

재무상태표

		장기성매입채무	1,000
		현재가치할인차금	120	880

🔍 예 제

장기연불조건 매매

1. 상품 ₩10,000,000을 매출하고 대금은 5년 후 지급의 약속어음을 받다. 적정이자율은 10%이며, 복리현가율은 0.62, 복리연금현가율은 3.79이다.

매출시 : (차) 장 기 성 매 출 채 권　10,000,000　　(대) 매출　　　　　　 6,200,000[1]
　　　　　　　　　　　　　　　　　　　　　　　　 현재가치할인차금　 3,800,000

결산시 : (차) 현재가치할인차금　620,000[2]　　(대) 이자수익　　　　　　620,000

　　　　　1) ₩10,000,000 × 0.62 = ₩6,200,000
　　　　　2) (₩10,000,000 − 3,800,000) × 0.1 = ₩620,000

재 무 상 태 표

장기성매출채권	10,000,000	
현재가치할인차금	3,180,000*	6,820,000

* 3,800,000 − 620,000 = ₩3,180,000

2. 위 문제에서 대금을 매 회계연도 말에 ₩2,000,000씩 5회에 걸쳐 회수하기로 한 경우

매출시 : (차) 장기성매출채권　10,000,000　　(대) 매출　　　　　　　 7,580,000[1]
　　　　　　　　　　　　　　　　　　　　　　　　 현재가치할인차금　 2,420,000

결산시 : (차) 현금　　　　　　　 2,000,000　　(대) 장기성매출채권　 2,000,000
　　　　　　　 현재가치할인차금　 758,000[2]　　　　 이자수익　　　　　　 758,000

　　　　　1) 2,000,000 × 3.79 = ₩7,580,000
　　　　　2) (10,000,000 − 2,420,000) × 0.1 = ₩758,000

예제

장기할부판매

㈜한국은 20X3년 1월 1일 매년 말 ₩100,000씩 3년 간 수취조건으로 할부판매하였다. 당기에 매입한 상품의 원가는 ₩200,000이고 기초와 기말재고는 없다. 이자율 10%, 기간 3년의 현가계수는 0.7513이고 연금현가계수는 2.4868이다.
1. 상각표를 작성하고, 2. 각 회계연도의 회계처리를 하시오.

해설

1. 상각표 – 유효이자율법

일 자	① 현금수취액	② 이 자 (④×이자율)	③ 원금상환액 (① – ②)	④ 기말잔액 (④ – ③)
20X3년 1/ 1				248,680
20X3년 12/31	100,000	24,868	75,132	173,548
20X4년 12/31	100,000	17,355	82,645	90,903
20X5년 12/31	100,000	9,097*	90,903	—
계	300,000	51,320	248,680	

* 끝수조정

2. 회계처리
  ① 20X3. 1/1 (상품판매시)

(차) 장기성매출채권	300,000	(대) (할부)매출	248,680
		현재가치할인차금	51,320
(차) 매출원가	200,000	(대) 상 품	200,000

  ② 20X3. 12/31 (대금회수 및 상각시)

(차) 현 금	100,000	(대) 장기성매출채권	100,000
현재가치할인차금	24,868	이자수익	24,868

  ③ 20X4. 12/31 (대금회수 및 상각시)

(차) 현 금	100,000	(대) 장기성매출채권	100,000
현재가치할인차금	17,355	이자수익	17,355

  ④ 20X5. 12/31 (대금회수 및 상각시)

(차) 현 금	100,000	(대) 장기성매출채권	100,000
현재가치할인차금	9,097	이자수익	9,097

💡 **현재가치할인차금 계정을 사용하지 않을 경우**

① 20X3. 1/1 (상품판매시)

(차) 장기성매출채권	248,680	(대) (할부)매출	248,680
매출원가	200,000	상 품	200,000

② 20X3. 12/31 (대금회수 및 상각시)

(차) 현 금	100,000	(대) 장기성매출채권	75,132
		이자수익	24,868

③ 20X4. 12/31 (대금회수 및 상각시)

(차) 현금	100,000	(대) 장기성매출채권	82,645
		이자수익	17,355

④ 20X5. 12/31 (대금회수 및 상각시)

(차) 현 금	100,000	(대) 장기성매출채권	90,903
		이자수익	9,097

08 회계관습

회계관습이란 회계원칙으로 인정할 만큼 타당성을 입증할 수는 없으나 실무상 유용성이나 편의성 때문에 회계환경 또는 상황에 따라 불가피하게 인정되고 있는 회계상의 관습을 말한다.

1 중요성

중요성이란 회계정보가 정보이용자의 의사결정에 영향을 미치는가의 여부에 따라 판단되는데, **의사결정에 영향을 미치면 중요한 것**이다. 이는 금액, 수량, 비율상의 중요성인 양적 중요성과 특정사실의 존재여부(부도발생, 소송사건 등) 가 정보이용자의 의사결정에 영향을 미치는 질적 중요성으로 구분할 수 있다.

2 보수주의

보수주의란 어떤 거래에 대하여 두 개의 측정치가 있을 때 **재무적 기초를 견고히 하는 관점에서 이익을 낮게 보고하는 방법을 선택하는 것**을 말한다. 따라서 보수주의는 기업의 입장에서 볼 때 자산은 가능한 한 적게, 부채는 가능한 한 많게 기록하며, 수익은 가급적이면 적게, 비용은 될 수 있으면 많게 기록하는 입장이다. 이는 두 가지 방법이 모두 그 때의 경제적 상황을 충실히 대변해 줄 수 있다는 동일조건을 가지고 있을 때에 한해서 보다 안전한 방법을 선택하라는 의미인 것이다.

보수주의는 적용 초기에 이익을 적게 계상하지만 차기 이후 여러 기간에 걸쳐 반대효과가 나타나게 되어 장기적인 관점에서는 이익총액에 영향을 미치지 않는다.

(1) 장 점

① 기업의 재무적 기초를 견고히 할 수 있다.
② 보수주의의 적용에 의한 비관주의의 채택은 경영자의 낙관주의를 경계할 수 있다.

(2) 단 점

① 논리적 타당성이 결여되어 있다.

② 회계담당자의 자의성 개입으로 이익을 조작할 가능성이 있다.

③ 기간별 비교가능성(계속성), 기업별 비교가능성(통일성)을 저해한다.

④ 공식적으로 자의적인 회계처리를 인정하게 되므로 결국 표현의 충실성, 중립성에 위배된다.

(3) 보수주의 적용 예

① **재고자산의 평가**: 공정가액 하락시 **저가법**(저가평가시 종목별 기준 적용, 총액기준 불가)

② **재고자산 단가결정방법**: **물가상승시 후입선출법**

③ **재고자산 수량결정방법**: 물가상승시 실지재고조사법

④ **감가상각방법**: **초기 가속상각법**(정률법, 이중체감법, 연수합계법)

⑤ 자본적 지출보다는 수익적 지출로 처리

⑥ **사채발행차금의 상각**

구 분	발행회사	투자회사
할인발행	정 액 법	유효이자율법
할증발행	유효이자율법	정 액 법

⑦ **할부매출**: 회수기준

⑧ **계약공사수익**: 완성기준(계약손실 즉시 인식)

3 업종별 관행

업종별 관행이란 특정기업이나 산업에서 정상적인 회계원칙으로는 처리할 수 없는 사항에 대해서 특수하게 인정되어야 할 회계실무를 말한다. 예를 들어, 금융·증권·보험업·철도산업·광업 등에서는 위에서 나열한 회계원칙에 벗어난 그 업종 특성에 맞는 독특한 회계실무가 인정받고 있다.

💡 보수주의 vs 중요성

보수주의는 의도적으로 재무적 기초를 견고히 하는 회계처리를 택하는 것이고, 중요성은 금액이나 발생빈도 등에 의한 회계처리이다.

예를 들어 사무용 문구류 등을 구입하고 자산처리하지 않고 비용처리하는 것은 이익을 감소시키고자 하는 의도 때문이 아니라 소액의 경비이기 때문이므로 보수주의가 아니라 중요성에 의한 회계처리이다.

---

09 회계감사

1 의 의

회계감사란 기업회계기준에서 정하는 모든 재무제표에 대하여 자격을 가진 독립된 제3자가 사전에 설정된 일반적으로 인정된 회계원칙에 따라 적정하게 표시되었는가를 결정할 목적으로 행하여지는 감사를 말한다.

2 감사의견의 종류

(1) 적정의견

적정의견은 재무제표가 **기업회계기준을 준수하여 적정하게 작성**되었기 때문에 전혀 예외사항을 포함하고 있지 않을 때 표명할 수 있는 의견이다.

(2) 한정의견

감사인과 경영자간의 의견불일치(회계기준 위배)나 감사범위(의견표명에 필요한 충분한 증거의 수집)의 제한에 따른 영향이 중요할 경우, 이러한 **일정한 사항을 제외**하고는 재무제표가 전체적으로 적정하게 표시되어 있다고 판단될 때 표명한다. 이 경우 감사인은 중간문단이나 범위 문단에 그 내용을 기술하고 의견문단에서 감사의견을 표명한다. 한정의견의 경우 정보이용자는 반드시 한정사항을 반영한 수정 후 재무제표를 이용하여 재무제표를 분석해야 한다.

(3) 부적정의견

감사인과 경영자간의 **의견불일치(회계기준 위배)의 영향이 매우 중요하고 전반적**이어서 이를 수정하지 않는 한 재무제표 자체의 의미가 상실되거나 혹은 재무제표 전체를 오도할 가능성이 있다고 판단될 때 표명한다. 이 경우 감사인은 기업회계기준을 위반한 사항을 중간문단에 간단명료하게 설명하고, 의견 문단에서 중간문단에 기술된 내용이 매우 중대하여 부적정의견을 표명한다는 뜻을 기재한다.

(4) 의견거절(무의견)

감사범위 제한의 영향이 매우 중요하고 전반적이어서 감사인이 의견을 표현할 만큼 **충분한 근거를 갖지 못했을 때** 또는 **독립성이 결여**되었을 때 표명한다. 의견거절은 회사의 장부기재가 부실하거나 감사인에게 자료제출 거부 등의 사유로 감사인이 정보이용자에게 재무제표의 신뢰가능성에 대한 의견표명에 필요한 충분한 감사증거 수집을 못하였을 경우에 표명하는 감사의견이다.

보론 | **회계주체이론**(지분이론)

1 의 의

회계주체이론이란 경제적 실체의 지분에 관한 내용을 설명하고, 회계 행위를 누구의 입장에서 판단하고 실행할 것인가를 규명하는 이론이다. 즉 회계의 주체를 누구로 하며, 회계 정보이용자를 누구로 보느냐에 따라 부채·자본의 내용 및 이익의 측정치가 달라지기 때문에 회계 행위의 파악이나 회계처리를 할 때 누구의 입장과 이해 관계를 중시하느냐 하는 문제를 설명하는 이론이 회계주체이론이며 지분이론이라고도 한다.

2 자본주 이론

자본주(소유주)와 기업이 일체라고 보고 자본주의 입장에서 회계 행위를 판단하는 개념이다. 즉 기업의 자산은 자본주의 재산 총액으로, 부채는 자본주의 채무로, 자산과 부채와의 차액은 자본주의 재산 순액(순재산)으로, 수익은 자본주의 순재산을 증가시키는 것으로, 비용은 자본주의 순재산을 감소시키는 것으로 파악하는 회계주체이론이다. 이 이론은 개인 기업이나 조합 등 인적결합 형태의 기업에 적합하며 소유와 경영이 분리된 주식회사 등에는 적용에 한계가 있다.

(1) 회계등식

> 자산(적극적 재산) − 부채(소극적 재산) = 자본(자본주 지분, 순재산)

(2) 회계개념

① 자본주 지분(자본)의 변동이 중요하므로 재무상태표가 중시되며 자산은 현행가치로 평가한다.
② 이자비용과 법인세 등은 자본주의 비용이다.
③ 현금배당은 자본의 인출이며, 주식배당은 자본주 지분의 재분류이다.
④ 주당이익 및 주당계속사업이익의 공시

3 기업실체 이론

기업을 소유주와는 별도의 독립된 인격을 가진 실체로 보아 기업 자체의 입장에서 회계행위를 파악하는 개념이다. 즉 기업의 자산은 기업실체의 자산이고, 부채와 자본은 자산의 형성 원천으로 파악하는 회계주체이론이다. 따라서 부채는 채권자의 기업에 대한 청구권으로, 자본은 주주의 기업에 대한 청구권으로 파악된다. 이 이론은 주식회사 등 물적결합회사에의 적용이 적합하다.

(1) 회계등식

> 자산 = 부채(채권자 지분) + 자본(소유주 지분). 또는 자산 = 지분

(2) 회계개념

① 주주는 배당하기 전에는 이익을 인식하지 못하여 이자비용과 법인세는 배당과 같이 이익의 분배이다.

② 회계보고의 대상은 주주뿐만 아니라 채권자·채무자 등 여러 이해관계자들이다.

③ 순이익의 산출이 중요하므로 상대적으로 손익계산서가 중시된다.

④ 자산은 객관성을 중시하여 역사적 원가로 평가한다.

𝒫 자본주 이론과 기업실체 이론의 비교

구 분	자본주 이론	기업실체 이론
적용대상	인적기업(개인조합)	물적기업(주식회사)
전 제	기업 = 자본주	기업 = 자연인(독립된 실체)
등 식	자산 − 부채 = 자본	자산 = 부채 + 자본
회계 목적	자본주 부의 극대화	기업실체 부의 극대화
재무제표의 가정	청산가정	계속기업 가정
자산 평가방법	현행원가	역사적원가
중시 재무제표	재무상태표	손익계산서
이익측정	재산법(포괄주의)	손익법(당기업적주의)
이자비용, 법인세	자본주의 비용	기업의 이익분배
현금배당	자본주의 인출(환급)	주주의 이익(이익처분)
회계기준 예	이연법인세, 지분법	전환사채 전환, 연결재무제표

4 잔여지분 이론

보통주주를 제외한 모든 투자자는 외부자로 간주하며 회계의 주체를 보통주주로 보고 이들을 위해 회계기록 및 보고가 이루어진다고 보는 이론이다. 보통주지분이론이라고도 한다.

(1) 회계등식

자산 − 부채 − 우선주 지분 = 보통주주지분(잔여지분)

(2) 회계개념

① **법인세, 이자비용, 우선주 배당**: 비용으로 간주
② 재무상태표에는 보통주주와 우선주주 등 기타 지분소유주와 별도로 구분 표시 한다.

5 기타 지분이론

기타 지분이론으로는 자금(기금)이론, 기업체이론, 명령자(관리자)이론 등이 있다.

단원핵심정리

1 국제회계기준(IFRS) 특징

① **원칙중심**(재량부여)
② **기본재무제표**: **연결재무제표**
③ **공정가치 측정**: 자산과 부채의 공정가치 적용 확대
④ 주석공시의 강화(국가별 특성 반영, 비재무적 정보)

2 재무회계개념체계

개념체계는 한국채택국제회계기준(K-IFRS)이 아니므로 K-IFRS에 **우선할 수 없다**!

3 유용한 재무정보의 질적 특성

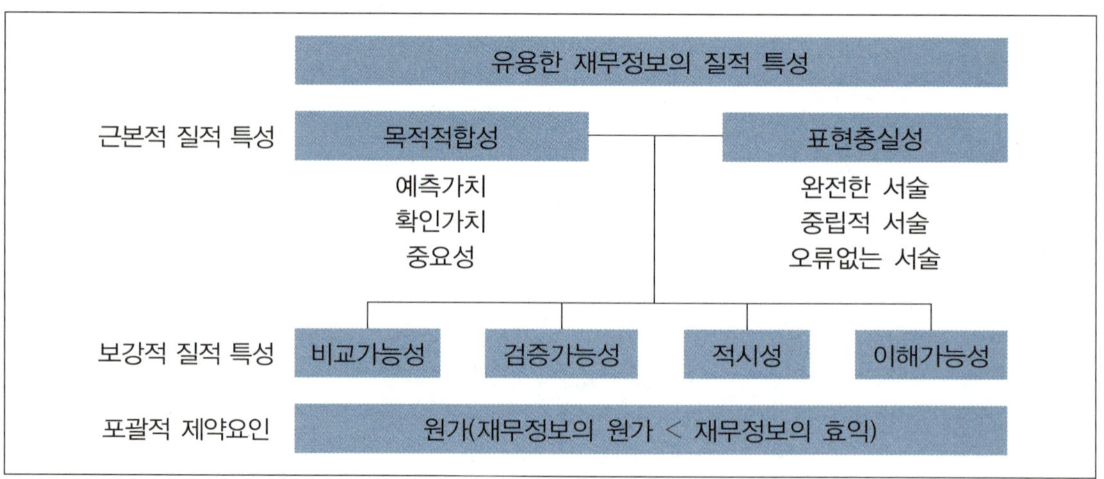

4 보수주의

(1) 의 의

어떤 거래에 대하여 두 개의 측정치가 있을 때 **재무적 기초를 견고히 하는 관점에서 이익을 낮게 보고하는 방법을 선택**하는 것

(2) 보수주의 적용 예

① **재고자산의 평가**: 공정가액 하락시 저가법
② **재고자산 단가결정방법**: 물가상승시 후입선출법
③ **감가상각방법**: 초기 가속상각법(정률법, 이중체감법, 연수합계법)
④ **자본적 지출보다는 수익적 지출로 처리**
⑤ **건설계약 공사수익**: 완성기준

5 회계감사의견의 종류

구 분			감사의견
기업회계기준	준 수		적 정
	위 배	경 미	한 정
		중 대	부적정
감사범위 제한, 독립성 결여			의견거절

실전예상문제

01 다음 중 회계에 관한 설명으로 옳지 않은 것은? 제15회

① 회계는 경영자의 수탁책임을 보고하는 기능을 수행한다.
② 관리회계는 기업내부정보이용자가 의사결정을 하는 데 유용한 정보를 제공한다.
③ 최고경영자의 사임은 중요한 경제적 사건이지만 회계거래는 아니다.
④ 회계정보는 거래의 인식 및 측정, 처리, 보고의 단계를 거쳐 산출된다.
⑤ 재무제표 작성을 위한 기본가정에는 계속기업과 현금주의가 있다.

> **해설** 재무제표 작성을 위한 기본가정에는 계속기업이 있다.

02 재무보고를 위한 개념체계의 관련 문단에서 발췌되거나 파생된 용어의 정의로 옳지 않은 것은? 제26회

① 근본적 질적특성 : 일반목적재무보고서의 주요 이용자들에게 유용하기 위하여 재무정보가 지녀야 하는 질적특성
② 미이행계약 : 계약당사자 모두가 자신의 의무를 전혀 수행하지 않았거나 계약당사자 모두가 동일한 정도로 자신의 의무를 부분적으로 수행한 계약이나 계약의 일부
③ 부채 : 현재사건의 결과로 실체의 경제적자원을 이전해야 하는 미래의무
④ 인식 : 자산, 부채, 자본, 수익 또는 비용과 같은 재무제표의 구성요소 중 하나의 정의를 충족하는 항목을 재무상태표나 재무성과표에 포함하기 위하여 포착하는 과정
⑤ 중요한 정보 : 정보가 누락되거나 잘못 기재된 경우 특정 보고실체의 재무정보를 제공하는 일반목적재무보고서에 근거하여 이루어지는 주요 이용자들의 의사결정에 영향을 줄 수 있는 정보

> **해설** ③ 현재사건 ⇨ 과거사건

03 근본적 질적특성에 해당하는 것은? 제27회

① 비교가능성 ② 이해가능성 ③ 검증가능성
④ 적시성 ⑤ 목적적합성

> **해설** 근본적 질적특성 : 목적적합성, 표현충실성

04 다음 내용 중 옳지 않은 것은?

① 명확하고 간결하게 분류되고 특징지어져 표시된 정보는 이해가능성이 높다.

② 어떤 재무정보가 예측가치나 확인가치 또는 이 둘 모두를 갖는다면 그 재무정보는 이용자의 의사결정에 차이가 나게 할 수 있다.

③ 검증가능성은 정보가 나타내고자 하는 경제적 현상을 충실히 표현하는지를 정보이용자가 확인하는데 도움을 주는 근본적 질적 특성이다.

④ 적시성은 정보이용자가 의사결정을 내릴 때 사용되며 그 결정에 영향을 줄 수 있도록 제때에 이용가능함을 의미한다.

⑤ 어떤 정보의 누락이나 오기로 인해 정보이용자의 의사결정이 바뀔 수 있다면 그 정보는 중요한 정보이다.

> **해설** ③ 검증가능성은 근본적 질적 특성이 아니라 보강적 질적 특성이다.

05 재무정보의 질적특성에 관한 설명으로 옳지 않은 것은?　　　　제25회

① 근본적 질적특성은 목적적합성과 표현충실성이다.

② 목적적합한 재무정보는 이용자들의 의사결정에 차이가 나도록 할 수 있다.

③ 재무제표에 정보를 누락할 경우 주요 이용자들의 의사결정에 영향을 주면 그 정보는 중요한 것이다.

④ 재무정보가 과거 평가에 대해 피드백을 제공한다면 확인가치를 갖는다.

⑤ 완벽한 표현충실성을 위해서는 서술에 완전성과 중립성 및 적시성이 요구된다.

> **해설** ⑤ 완벽한 표현충실성을 위해서는 서술에 완전성과 중립성, 그리고 오류가 없는 서술이 요구된다.

06 유용한 재무정보의 질적특성에 관한 설명으로 옳지 않은 것은?　　　　제23회

① 근본적 질적특성은 목적적합성과 표현충실성이다.

② 완벽한 표현충실성을 위해서는 서술이 완전하고, 중립적이며, 오류가 없어야 할 것이다.

③ 정보의 유용성을 보강시키는 질적특성에는 비교가능성, 검증가능성, 중요성 및 이해가능성이 있다.

④ 일관성은 비교가능성과 관련은 되어 있지만 동일하지는 않다.

⑤ 목적적합한 재무정보는 이용자들의 의사결정에 차이가 나도록 할 수 있다.

> **해설** ③ 보강적 질적특성에는 비교가능성, 검증가능성, 적시성 및 이해가능성이 있으며, 중요성은 근본적 질적특성 중 목적적합성의 하부 특성이다.

Answer

01 ⑤　02 ③　03 ⑤　04 ③　05 ⑤　06 ③

07 재무정보의 질적 특성 중 목적적합성에 관한 설명으로 옳지 않은 것은? 제21회

① 재무정보가 예측가치를 갖기 위해서는 그 자체가 예측가치 또는 예상치이어야 한다.
② 목적적합한 재무정보는 정보이용자의 의사결정에 차이가 나도록 할 수 있다.
③ 재무정보가 과거 평가에 대해 피드백을 제공한다면 확인가치를 갖는다.
④ 정보가 누락되거나 잘못 기재된 경우 특정 보고기업의 재무정보에 근거한 정보이용자의 의사결정에 영향을 줄 수 있다면 그 정보는 중요한 것이다.
⑤ 재무정보의 예측가치와 확인가치는 상호 연관되어 있다.

해설 ① 예측가치는 미래결과를 예측하기 위해 사용하는 절차의 투입요소로 사용되는 경우를 말하며 그 자체가 예측치일 필요는 없다.

08 다음 설명에 해당하는 재무정보의 질적 특성은? 제22회

> (가) 정보이용자가 항목 간의 유사점과 차이점을 식별하고 이해할 수 있게 한다.
> (나) 정보가 나타내고자 하는 경제적 현상을 충실히 표현하는지를 정보이용자가 확인하는 데 도움을 준다.

	(가)	(나)
①	비교가능성	검증가능성
②	중요성	일관성
③	적시성	중립성
④	중립성	적시성
⑤	검증가능성	비교가능성

해설 (가) 정보이용자가 항목 간의 유사점과 차이점을 식별하고 이해할 수 있게하는 질적특성은 비교가능성에 해당된다.
(나) 정보가 나타내고자 하는 경제적 현상을 충실히 표현하는지를 정보이용자가 확인하는 데 도움을 주는 질적특성은 검증가능성에 해당된다.

09 일반목적 재무보고에 관한 설명으로 옳지 않은 것은? 제25회

① 보고기업의 가치를 측정하여 제시하는 것을 주된 목적으로 한다.
② 현재 및 잠재적 투자자, 대여자 및 그 밖의 채권자가 주요이용자이다.
③ 보고기업의 경제적자원 및 보고기업에 대한 청구권에 관한 정보를 제공한다.
④ 한 기간의 보고기업의 현금흐름에 대한 정보는 이용자들이 기업의 미래 순현금유입 창출 능력을 평가하는 데 도움이 된다.
⑤ 보고기업의 경제적자원에 대한 경영진의 수탁책임을 평가하는 데에도 유용하다.

> **해설** ① 일반목적 재무보고는 보고기업의 가치를 측정하여 제시하는 것을 목적으로 하지 아니하며, 보고기업의 재무상태 및 경영성과 등의 자료를 통하여 가치를 추정하는 데 도움을 주기 위함이다.

10 재무제표 요소의 정의에 관한 설명으로 옳은 것은? 제24회

① 자산은 현재사건의 결과로 기업이 통제하는 미래의 경제적 자원이다.
② 부채는 과거사건의 결과로 기업이 경제적 자원을 이전해야 하는 과거의무이다.
③ 자본은 기업의 자산에서 모든 부채를 차감한 후의 잔여지분이다.
④ 수익은 자산의 감소 또는 부채의 증가로서 자본의 증가를 가져온다.
⑤ 비용은 자산의 증가 또는 부채의 감소로서 자본의 감소를 가져온다.

> **해설** ① 자산은 과거사건의 결과로 기업이 통제하는 미래의 경제적 자원이다.
> ② 부채는 과거사건의 결과로 기업이 경제적 자원을 이전해야 하는 현재의무이다.
> ④ 수익은 자산의 증가 또는 부채의 감소로서 자본의 증가를 가져온다.
> ⑤ 비용은 자산의 감소 또는 부채의 증가로서 자본의 감소를 가져온다.

Answer

07 ① 08 ① 09 ① 10 ③

11 **자산, 부채 및 자본에 관한 설명으로 옳지 않은 것은?** 제16회

① 자산은 과거 사건의 결과로 기업이 통제하고 있고 미래경제적효익이 기업에 유입될 것으로 기대되는 자원이다.

② 부채는 과거 사건에 의하여 발생하였으며 경제적효익을 갖는 자원이 기업으로부터 유출됨으로써 이행될 것으로 기대되는 과거의무이다.

③ 자본은 기업의 자산에서 부채를 차감한 후의 잔여지분이다.

④ 자본은 주식회사의 경우 소유주가 출연한 자본, 이익잉여금, 이익잉여금의 처분에 의한 적립금, 자본유지조정을 나타내는 적립금 등으로 구분하여 표시할 수 있다.

⑤ 자산이 갖는 미래경제적효익이란 직접으로 또는 간접으로 미래 현금 및 현금성자산의 기업에의 유입에 기여하게 될 잠재력을 말한다.

해설 ② 현재의무이다.

12 **재무제표 요소의 측정기준에 관한 설명으로 옳지 않은 것은?**

① 사용가치는 기업이 자산의 사용과 궁극적인 처분으로 얻을 것으로 기대하는 현금흐름 또는 그 밖의 경제적효익의 현재가치이다.

② 이행가치는 기업이 부채를 이행할 때 이전해야 하는 현금이나 그 밖의 경제적자원의 현재가치이다.

③ 공정가치는 활성시장에서 관측되는 가격으로 직접 결정될 수 있다. 만약 공정가치가 활성시장에서 직접 관측되지 않는 경우에는 현금흐름기준 측정기법 등을 사용하여 간접적으로 결정된다.

④ 사용가치와 이행가치는 공정가치와는 달리 시장참여자의 가정보다는 기업 특유의 가정을 반영한다. 따라서 공정가치와는 달리 직접 관측될 수 없으며 현금흐름기준 측정기법으로 결정된다.

⑤ 기업의 재무상태와 재무성과를 충실히 표현하는 목적적합한 정보를 제공하기 위해 자산이나 부채, 관련된 수익과 비용에 대해서는 항상 하나의 측정기준을 선택해야 한다.

해설 ⑤ 기업의 재무상태와 재무성과를 충실히 표현하는 목적적합한 정보를 제공하기 위해 자산이나 부채, 관련된 수익과 비용에 대해 하나 이상의 측정기준이 필요할 수도 있다.

13 재무보고를 위한 개념체계에서 제시한 측정기준에 관한 설명으로 옳은 것은? 제27회

① 공정가치는 자산을 취득할 때 발생한 거래원가로 인해 증가할 수 있다.
② 공정가치와 역사적 원가는 유입가치에 해당한다.
③ 사용가치는 기업 특유의 가정보다는 시장참여자의 가정을 반영한다.
④ 자산의 현행원가는 측정일 현재 동등한 자산의 원가로서 측정일에 지급할 대가와 그 날에 발생할 거래원가를 포함한다.
⑤ 역사적 원가를 기반으로 한 이익은 현행원가를 기반으로 한 이익보다 미래 이익을 예측하는 데 더 유용하다.

해설 ① 공정가치는 거래원가를 포함하지 않는다.
② 공정가치는 유출가치이다.
③ 시장참여자의 가정을 반영하는 것은 공정가치이다.
⑤ 역사적원가보다 현행원가를 기반으로 한 이익이 미래 이익을 예측하는 데 더 유용하다.

14 다음에 설명하는 재무제표의 측정기준으로 옳은 것은? 제26회

> 측정일에 시장참여자 사이의 정상거래에서 자산을 매도할 때 받거나 부채를 이전할 때 지급하게 될 가격이다.

① 역사적원가 ② 현행원가 ③ 이행가치
④ 사용가치 ⑤ 공정가치

해설 ⑤ 공정가치에 대한 설명이다.

15 유입가치를 반영하는 측정기준을 모두 고른 것은? 제23회

> ㄱ. 역사적원가 ㄴ. 공정가치 ㄷ. 사용가치
> ㄹ. 이행가치 ㅁ. 현행원가

① ㄱ, ㄷ ② ㄱ, ㅁ ③ ㄴ, ㄷ
④ ㄱ, ㄷ, ㄹ ⑤ ㄴ, ㄹ, ㅁ

해설 유입가치: 역사적원가, 현행원가
유출가치: 공정가치, 사용가치 및 이행가치

Answer
11 ② 12 ⑤ 13 ④ 14 ⑤ 15 ②

16 보강적 질적특성 중 비교가능성은 측정기준의 선택에 영향을 미친다. 다음 중 기업 간 비교가능성을 높이거나 향상시킬 수 있는 측정기준을 모두 고른 것은? 제24회

ㄱ. 역사적 원가	ㄴ. 공정가치	ㄷ. 사용가치
ㄹ. 이행가치	ㅁ. 현행원가	

① ㄱ, ㄴ　　　　② ㄴ, ㄷ　　　　③ ㄴ, ㅁ
④ ㄷ, ㄹ　　　　⑤ ㄷ, ㄹ, ㅁ

해설 기간 간 비교가능성은 계속성, 기업 간 비교가능성은 통일성이다.
측정기준 중 기업 간의 가치를 비교하는 데 유용한 측정기준은 시장에서 거래되는 공정가치와 현행원가이다.

17 ㈜한국은 20X1년 초 현금 ₩1,000,000을 출자하여 설립하였으며, 이는 재고자산 200개를 구입할 수 있는 금액이다. 기중에 물가가 3% 상승하였으며, 기말 순자산은 ₩1,500,000이다. 20X1년 말 동 재고자산을 구입할 수 있는 가격이 개당 ₩6,000이라면, 실물자본유지개념에 의한 당기이익은? (단, 기중 자본거래는 없다) 제26회

① ₩270,000　　　　② ₩300,000　　　　③ ₩320,000
④ ₩420,000　　　　⑤ ₩470,000

해설 **실물자본유지개념**
- 소유주와의 거래를 제외하고 회계기간 말의 실물생산능력이 회계기간 초의 실물생산능력을 초과할 때 그 초과액을 투자이익으로 측정한다.
- 자산 및 부채에 대해 인식한 가격변동 효과를 유지해야 할 자본의 일부로 간주하여 자본의 조정항목으로 처리한다.

기초자본		₩1,000,000	
유지해야 할 자본	200개 × @₩6,000	₩1,200,000	₩200,000 자본의 조정항목
기말자본		₩1,500,000	₩300,000 투자이익(배당가능이익)

18 회계정보의 기능 및 역할, 적용환경에 관한 설명으로 옳지 않은 것은? 제17회

① 외부 회계감사를 통해 회계정보의 신뢰성이 제고된다.

② 회계정보의 수요자는 기업의 외부이용자뿐만 아니라 기업의 내부이용자도 포함된다.

③ 회계정보는 한정된 경제적 자원이 효율적으로 배분되도록 도와주는 기능을 담당한다.

④ 회계감사는 재무제표가 일반적으로 인정된 회계기준에 따라 적정하게 작성되었는지에 대한 의견표명을 목적으로 한다.

⑤ 모든 기업은 한국채택국제회계기준을 적용하여야 한다.

해설 ⑤ 한국채택국제회계기준은 주로 상장기업들을 대상으로 적용되며 한국채택국제회계기준에 따라 회계처리하지 아니하는 대부분의 소기업은 일반기업회계기준을 적용한다.

19 외부감사인이 감사보고서에 표명하는 감사의견으로 옳지 않은 것은? 제26회

① 적정의견 ② 부적정의견 ③ 조정의견

④ 한정의견 ⑤ 의견거절

해설 ③ **감사의견**: 적정의견, 한정의견, 부적정의견, 의견거절

20 다음 각 설명에 해당하는 감사의견은? 제24회

> (가) 한국채택국제회계기준을 위배한 정도가 커서 재무제표가 중대한 영향을 받았을 때 표명된다.
>
> (나) 재무제표에 대한 감사범위가 부분적으로 제한되었거나 또는 재무제표가 한국채택국제회계기준을 부분적으로 위배하여 작성된 경우에 표명된다.

	(가)	(나)		(가)	(나)
①	적정의견	한정의견	②	한정의견	부적정의견
③	한정의견	의견거절	④	부적정의견	한정의견
⑤	부적정의견	의견거절			

해설 **감사의견의 종류**

한국채택국제회계기준에 적합		적정의견
한국채택국제회계기준에 부적합	중대한 경우	부적정의견
	경미한 경우	한정의견
감사범위의 제한, 독립성 결여된 경우		의견거절

(가) – 부적정의견, (나) – 한정의견

Answer

16 ③ **17** ② **18** ⑤ **19** ③ **20** ④

금융자산 Ⅰ

단·원·열·기

금융상품의 정의, 현금 및 현금성자산, 은행계정조정표, 채권 및 채무, 어음 할인 및 대손회계 등이 매회 평균 4문제 정도 출제된다. 특히, 금융상품의 정의를 숙지하고 금융자산과 금융부채를 구분할 수 있어야 한다. 또한, 회계상의 현금을 구분하고 현금 및 현금성자산의 종류를 숙지해야 한다. 마지막으로. 은행계정조정표 작성 원리와 수취채권 및 지급채무의 종류를 숙지하고, 손상에 관련된 회계처리를 이해하며, 손실(대손)충당금 계정 구조를 파악하는 것이 필요하다.

금융자산 Ⅰ

01 금융상품

02 현금 및 현금성자산

03 수취채권과 지급채무

04 어음상의 채권·채무

05 매출채권의 손상(대손)회계

단·원·개·요

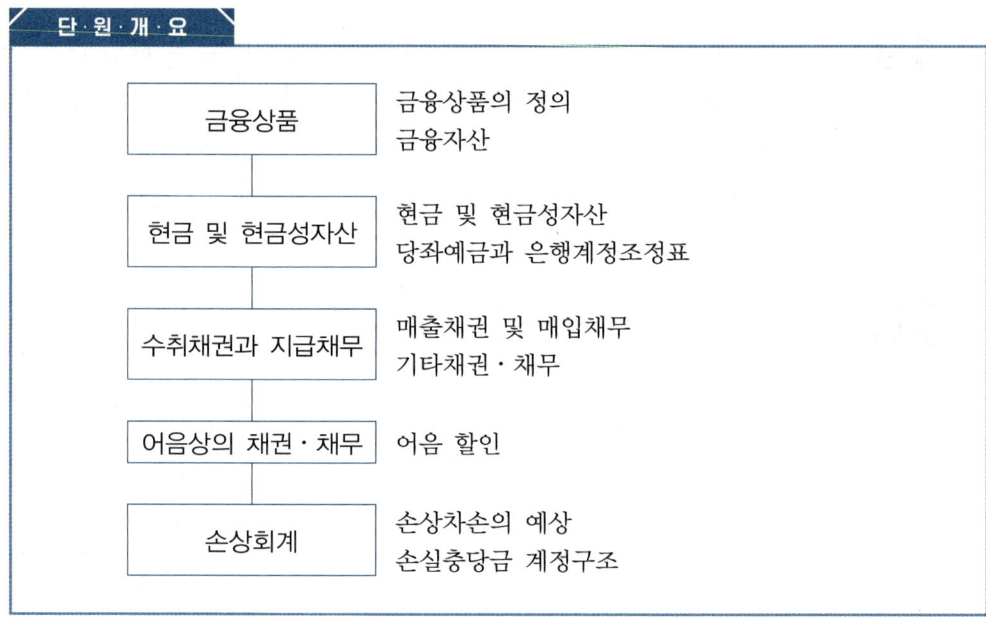

01   금융상품

1 금융상품의 정의

금융상품은 거래당사자 일방에게 금융자산을 발생시키고 동시에 다른 거래상 대방에게 금융부채나 지분상품을 발생시키는 모든 **계약**을 말한다.

금융자산	① 현금 ② 다른 기업의 지분상품 ③ 다음 중 하나에 해당하는 계약상 권리 　㉠ 거래상대방에게서 현금 등 금융자산을 수취할 계약상 권리 　　(매출채권 · 받을어음 · 미수금 · 대여금 및 투자채무상품 등) 　㉡ 잠재적으로 유리한 조건으로 거래상대방과 금융자산이나 금융부채를 교환하기로 한 계약상 권리 ④ 자기지분상품으로 결제되거나 결제될 수 있는 계약
금융부채	① 다음 중 하나에 해당하는 계약상 의무 　㉠ 거래상대방에게 현금 등 금융자산을 인도하기로 한 계약상 의무 　　(매입채무 · 지급어음 · 미지급금 · 차입금 · 사채 등) 　㉡ 잠재적으로 불리한 조건으로 거래상대방과 금융자산이나 금융부채를 교환하기로 한 계약상 의무 ② 자기지분상품으로 결제되거나 결제될 수 있는 계약
지분상품	기업의 자산에서 모든 부채를 차감한 후의 잔여지분을 나타내는 모든 계약을 말하며, 보통주 · 우선주 · 콜옵션(call option) 및 풋옵션(put option) 등이 있다.

2 금융자산

금융자산은 금융자산의 계약상 **현금흐름의 특성**과 금융자산 관리를 위한 **사업모형**이라는 두 가지 판단기준에 근거하여 분류한다.

현금흐름	원리금만으로 구성	원금과 원금잔액에 대한 이자지급만으로 구성된 계약상 현금흐름
	원리금이외로 구성	원리금 지급만으로 구성되지 않은 기타의 현금흐름
사업모형	수취목적	계약상 현금흐름을 수취하기 위해 보유함
	수취와 매도목적	계약상 현금흐름의 수취와 매도를 위해 보유함
	매도목적	매도 등 기타 목적을 위해 보유함

💡 금융상품 아닌 자산 · 부채

1. 실물자산 등
   실물자산(재고자산 유형자산 등), 무형자산(특허권, 개발비 등)
2. 재화나 용역을 수취하거나 제공해야 하는 계약상 권리나 의무
   ① 재화나 용역을 수취할 계약상 권리(선급금, 선급비용 등)
   ② 재화나 용역을 제공할 계약상 의무(선수금, 선수수익, 품질보증의무 등)
3. 세금관련자산과 부채
   ① 선급법인세 및 미지급법인세
   ② 소득세 예수금
   ③ 이연법인세자산 및 이연법인세부채 등

금융자산은 현금 및 현금성자산, 대여금 및 수취채권, 당기손익금융자산, 상각후원가금융자산, 기타포괄손익금융자산으로 분류할 수 있다.

① **상각후원가 측정 금융자산**(financial assets measured at amortized)

금융자산을 보유하는 기간 동안 원리금 지급만으로 구성되어 있는 현금흐름이 발생하며, 계약상 현금흐름을 수취하는 것을 목적으로 하는 사업모형 하에서 해당 금융자산을 보유하는 경우에는 상각후원가 측정 금융자산으로 분류한다.

② **기타포괄손익 − 공정가치 측정 금융자산**(fair value through other comprehensive income)

금융자산을 보유하는 기간 동안 원리금 지급만으로 구성되어 있는 현금흐름이 발생하며, 계약상 현금흐름을 수취하면서, 동시에 매도하는 것을 목적으로 하는 사업모형 하에서 해당 금융자산을 보유하는 경우에는 해당 금융자산을 기타포괄손익 − 공정가치 측정 금융자산으로 분류한다.

③ **당기손익 − 공정가치 측정 금융자산**(fair value through profit or loss)

금융자산을 상각후원가로 측정하거나 기타포괄손익 − 공정가치로 측정하는 경우가 아니라면, 당기손익 − 공정가치로 측정하는 금융자산으로 분류한다.

3 금융부채

금융부채는 당기손익인식금융부채와 기타금융부채로 분류할 수 있다.

① **상각후원가 금융부채**

모든 금융부채는 몇 가지 금융부채를 제외하고는 대부분 후속적으로 상각후원가로 측정한다. 상각후원가로 측정하는 대표적인 금융부채가 사채(bond)이다.

② **당기손익 − 공정가치 측정 금융부채**

단기매매목적으로 취득한 금융부채와 당기손익 − 공정가치 측정 항목으로 선택하여 지정한 금융부채는 후속적으로 공정가치 변동을 당기손익으로 인식한다.

③ **기타 특별한 기준을 적용하는 경우**

금융보증계약, 시장이자율보다 낮은 이자율로 대출하기로 한 약정 등은 상각후원가로 측정하지 않고 별도의 후속 측정 규정을 두고 있다.

02 현금 및 현금성자산

1 현금 및 현금성자산

자금의 유동성이 가장 높은 현금, 소액현금, 당좌예금, 보통예금, 현금성자산 등을 포함하여 재무상태표에 기입하는 계정이다.

2 현 금

회계상 현금은 ① 통화, ② 현금으로 취급될 수 있는 통화대용의 증권을 포함한다.

통 화	주화, 지폐
통화 대용증권	– 타인(동점)발행수표, 자기앞수표, 가계수표, 여행자수표, 송금수표 – 우편환증서, 송금환증서, 전신환증서 – 주식 배당금영수증, 공·사채 만기이자표 – 만기된 어음, 일람출급어음 – 국고지급통지서, 대체저금환급증서 등

3 현금과부족

현금의 장부잔액과 실지잔액이 일치하지 않을 경우에 설정하는 **임시계정(= 가계정)**이다. 현금보유액이 장부금액에 미달하면 현금과부족의 차변에 기록하고, 현금보유액이 장부금액을 초과하면 현금과부족계정의 대변에 기록하여 잔액이 차변·대변 어느 쪽이든 올 수 있다.

[현금부족시]

　(차) 현 금 과 부 족　　×××　　　(대) 현　　　　금　　×××

[현금과잉시]

　(차) 현　　　　금　　×××　　　(대) 현 금 과 부 족　　×××

현금과부족 계정은 원인이 판명되면 해당계정에 대체하고, 결산시까지 원인이 판명되지 않으면 잡이익 또는 잡손실 계정에 대체한다.

[현금부족액의 원인이 여비교통비로 확인된 경우]

　(차) 여 비 교 통 비　　×××　　　(대) 현 금 과 부 족　　×××

[결산시까지 현금부족액의 원인을 밝혀내지 못한 경우]

　(차) 잡　　손　　실　　×××　　　(대) 현 금 과 부 족　　×××

💡 **회계상 현금 아닌 것**

우표와 수입인지	비용(통신비, 세금과 공과), 선급비용 또는 소모품 등으로 처리
선일자수표	수취채권(받을어음 또는 미수금)으로 처리
차용증서 (IOU)	수취채권(단기, 장기 대여금)으로 처리
당좌차월	단기차입금으로 처리
급여 가불증	가지급금 또는 대여 금 등으로 처리
사용제한 보통예금	금융기관예치금으로 써 대여금으로 처리

💡 **내부통제제도**

내부통제란 기업의 자산을 보호하고 재무자료의 정확성과 신뢰성을 보장하며, 영업활동을 원활히 하기 위하여 기업이 취하는 모든 절차 및 조직을 말한다.
1. 현금보관자와 현금 관련 장부기록담당자의 구분(업무분담)
2. 최소한의 현금만 보유(현금수취액은 즉시 입금, 지출은 수표발행)
3. 모든 현금거래를 파악할 수 있는 제도 운영(현금출납장 작성)
4. 소액의 현금관리(소액현금제도)
5. 당좌예금의 회사측 잔액과 은행측 잔액 조정(은행계정조정표)
6. 보유하고 있는 현금에 대한 적절한 수익률 달성
7. 물리적인 현금의 통제(금고설치 등)

예제

현금과부족에 관한 회계처리

1. 부족시 회계처리(장부잔액 > 실지잔액)

① 가라상사의 현금출납장 장부잔액은 ₩950,000이었으나 실지잔액은 ₩900,000임을 발견하다.

② 상기 부족액 중 ₩30,000은 나나상사에 지급한 외상매입금의 지급을 누락한 것으로 밝혀지다.

③ 결산시까지 현금과부족계정의 잔액 ₩20,000의 원인을 알 수 없다.

④ 결산시 장부잔액과 실지잔액을 검증하는 과정에서 실지잔액이 ₩85,000 부족한 것을 발견하여 이를 회계처리 하다.

해설

① (차) 현 금 과 부 족	50,000	(대) 현 금	50,000
② (차) 외 상 매 입 금	30,000	(대) 현 금 과 부 족	30,000
③ (차) 잡 손 실	20,000	(대) 현 금 과 부 족	20,000
④ (차) 잡 손 실	85,000	(대) 현 금	85,000

2. 과잉시 회계처리(장부잔액 < 실지잔액)

① 비자상회의 현금출납장 장부잔액은 ₩950,000이었으나 실지잔액은 ₩1,050,000임을 발견하다.

② 상기 과잉액 중 ₩70,000은 모모상사에서 대여금에 대한 이자를 받은 것을 누락한 것으로 밝혀지다.

③ 결산시까지 현금과부족계정의 잔액 ₩30,000의 원인을 알 수 없다.

④ 결산시 장부잔액과 실지잔액을 검증하는 과정에서 실지잔액이 ₩55,000 초과한 것을 발견하여 이를 회계처리 하다.

해설

① (차) 현 금	100,000	(대) 현 금 과 부 족	100,000
② (차) 현 금 과 부 족	70,000	(대) 이 자 수 익	70,000
③ (차) 현 금 과 부 족	30,000	(대) 잡 이 익	30,000
④ (차) 현 금	55,000	(대) 잡 이 익	55,000

4 소액현금

(1) 소액현금 제도

당좌예금 계정을 이용하여 금전출납 사무를 모두 은행에 맡긴 경우에 일상적인 소액의 금전지급은 수표로 하기가 곤란한 경우가 많다. 따라서 일정기간의 소액지급 자금으로 필요예상액을 회계담당자에게 현금으로 선급하여 주고, 여기에서 교통비·통신비·사무용 소모품비 등을 지급하도록 하는 방법이 쓰인다.

(2) 소액현금 선급방법

① **정액자금선급법**(imprest system) : 회계과에서 일정기간(보통 1개월)동안 필요한 일정액을 용도계에 지급하는 방법을 말한다. 일정기간 후에 사용액을 보고 받고, 동액을 보급하여 매월 초에는 항상 일정액이 유지된다.

② **부정액자금선급법** : 수시(단순)자금 선급법이라고도 하고, 용도계의 요구에 따라 수시로 지급하는 방법이다.

(3) 회계처리 : 회계과에서 처리한다.

① **소액현금 지급시**

(차) 소액현금	1,000	(대) 당좌예금	1,000

② **사용내용 보고시**

(차) 여비교통비	250	(대) 소액현금	900
소모품비	350		
수도광열비	200		
잡비 (등)	100		

③ **소액현금 지급시**

(차) 소액현금	900	(대) 당좌예금	900

④ **보고 받고 즉시 지급하면**

(차) 여비교통비	250	(대) 당좌예금	900
소모품비	350		
수도광열비	200		
잡비 (등)	100		

5 당좌예금

(1) 당좌예금

기업이 은행과 당좌거래 계약을 맺고, 은행에 현금을 예입한 후 당좌수표를 발행하여 현금을 인출하는 요구불예금으로 자산계정이다. 당좌거래 계약에 따른 보증금은 사용이 제한된 예금으로 장기예금(장기금융상품)의 과목으로 하여 비유동자산으로 분류한다.

(2) 당좌예금출납장

당좌예금의 예입과 인출내역을 상세히 기입하는 보조기입장이다.

6 당좌차월

당좌예금 잔액을 초과하여 수표발행시의 그 초과액을 처리하는 계정이며, 재무상태표에는 **단기차입금** 계정으로 처리한다.

당좌차월 1계정제와 2계정제

당좌예금 잔액을 초과하여 수표 발행시

1. 당좌 1계정제
   대변에 당좌예금으로 적고, 차변잔액이면 당좌예금, 대변잔액이면 당좌차월로 파악하는 방법

2. 당좌 2계정제
   대변에 당좌예금과 당좌차월을 구분하여 분개하는 방법

예제

다음 연속된 거래를 분개하라.

1. 상품 ₩300,000을 매입하고 대금은 수표를 발행하여 지급하다(단, 당좌예금 잔액은 ₩200,000 임).

2. 현금 ₩150,000을 당좌예입하다.

해설

1. (차) 상 품	300,000	(대) 당좌예금	200,000
		당좌차월(단기차입금)	100,000
2. (차) 당좌차월(단기차입금)	100,000	(대) 현 금	150,000
당좌예금	50,000		

7 은행계정조정표

(1) 의 의

회사측의 당좌예금 잔액과 은행측의 잔액이 일치하지 않을 경우 이를 조정하기 위해 작성하는 표를 말한다.

(2) 불일치의 원인

① 회사나 은행의 입출금 기입이 통지미달 등으로 어느 한 쪽이 미기입된 경우
② 회사나 은행에서의 오기 또는 부정

(3) 작성방법

잘못 기장 하였거나 기장 되지 않은 측에서 조정한다.

🔗 은행계정 조정표 조정사항

불일치의 원인	조 정		수정분개 여부*
	회사측 잔액	은행측 잔액	
① 은행의 미기입예금		+	×
② 기발행 미지급수표		−	×
③ 은행측 기장오류		±	×
④ 미통지입금	+		○
⑤ 부도수표 · 부도어음	−		○
⑥ 은행수수료, 이자비용	−		○
⑦ 회사측 기장오류	±		○

* 회계주체는 은행이 아니라 회사이므로 은행계정조정표상의 회사측 잔액에서 조정하는 항목만이 수정분개 대상이 된다.

예제

20X1년 5월 31일 현재 합격상사의 당좌예금출납장 잔액은 ₩246,000인데 은행의 잔액증명서 잔액은 ₩270,000이다. 불일치의 원인을 조사한 결과 다음의 사실이 판명되었다. 정확한 당좌예금 잔액은 얼마인가?

> ㉠ 한강상회의 외상매입금을 지급하기 위하여 발행한 수표 ₩10,000이 지급되지 않았다.
> ㉡ 금강상회에 상품발송 운임으로 발행한 수표 ₩20,000이 교부되지 않고 보관 중에 있다.
> ㉢ 거래처 설악상사로부터 외상매출금 ₩70,000이 은행에 대체입금되었으나 당점에 통지가 미달되었다.
> ㉣ 당좌차월에 대한 이자 ₩5,000이 차감되었으나, 당점에 통지미달이다.
> ㉤ 5월 31일 현금 ₩71,000을 당좌예금 하였으나 은행에는 6월 1일 예입한 것으로 처리되었다.

해설

[은 행 계 정 조 정 표]

회사측의 잔액	246,000	은행측의 잔액		270,000
㉡ 발행수표 미교부	20,000	㉠ 기발행 수표 미지급분		− 10,000
㉢ 입금 통지미달	70,000	㉤ 예입액 미기입분		71,000
㉣ 차월이자 차감 통지미달	− 5,000			
조정 후의 잔액	331,000	조정 후의 잔액		331,000

(분개) 회사측

㉡ (차) 당 좌 예 금	20,000	(대) 운 반 비	20,000
㉢ (차) 당 좌 예 금	70,000	(대) 외 상 매 출 금	70,000
㉣ (차) 이 자 비 용	5,000	(대) 당 좌 예 금	5,000

8 현금성자산

현금성자산은 유동성이 매우 높은 단기투자자산(유가증권 및 단기금융상품)으로서 확정된 금액의 현금으로 전환이 용이하고 가치변동의 위험이 중요하지 않은 자산을 말한다. 단기투자자산은 **취득일로부터 만기일 또는 상환일이 3개월 이내**인 경우에만 현금성자산으로 분류된다.

> ① 취득당시의 만기가 3개월 이내에 도래하는 채권
> ② 취득당시 상환일까지의 기간이 3개월 이내인 상환우선주
> ③ 환매조건부채권(＝ 환매채, 취득당시 만기가 3개월 이내의 환매조건)
> ④ 취득당시 3개월 이내에 만기가 도래하는 단기예치금(CD, 정기예금, MMF 등)

9 선일자수표와 부도수표

(1) **선일자수표**(= 선수표, 연수표)

수취인의 동의를 얻어 미래의 날짜로 발행하는 수표로서 약속어음과 같이 회계처리 한다.

선수표를 발행하면 :   (대) 지급어음(지급선수표) ×××
선수표를 받으면   : (차) 받을어음(받을선수표) ×××

(2) **부도수표**

소지하고 있던 수표가 부도(지급거절)되면 현금계정에서 채권인 부도수표 계정으로 대체한다. 대금청구시 발생하는 제비용을 부도수표 계정에 포함한다.

10 단기금융상품

기업이 보유하고 있는 현금은 수익을 창출하지 못하는 자산이다. 따라서 기업은 당장 사용하지 않는 현금을 다양한 금융상품에 투자하여 투자수익을 올리려고 하게 된다. 금융상품의 대표적인 예로는 정기예금과 정기적금 등이 있다.

> 양도성예금증서(CD), 금전신탁, 어음관리계좌(CMA), 머니마켓펀드(MMF), 환매채(환매조건부채권, RP), 기업어음(CP), 표지어음 등

💡 **사용제한 예금**

금융상품 중에는 사용이 제한되어 있는 경우가 있는데, 사용이 제한되어 있는지 여부는 금융자산의 분류와 무관하다. 다만, 사용이 제한되어 있는 금융상품은 어떠한 경우에도 현금성자산으로 분류될 수 없다.

🔗 예금 및 기타 정형화된 금융상품의 종류와 분류

종 류	만기	분류
요구불예금 (보통예금, 당좌예금)	–	현금 및 현금성자산(유동자산)
정기예금 · 정기적금 기타 정형화된 금융상품	취득일로부터 3개월 이내	현금 및 현금성자산(유동자산)
	보고기간 말로부터 12월 이내	단기금융상품(유동자산)
	보고기간 말로부터 12월 초과	장기금융상품(비유동자산)

03 ## 수취채권과 지급채무

1 수취채권과 지급채무

(1) 수취채권

수취채권이란 기업이 영업활동이나 투자활동을 수행하는 과정에서 재화나 용역을 신용판매하고 그 대가로 미래에 현금을 수취할 권리를 말한다.

기간의 장단에 따라	단기수취채권	외상매출금, 받을어음, 단기대여금, 미수금 등
	장기수취채권	장기성받을어음, 장기대여금 등
상품과의 관련여부 (주된 영업활동)에 따라	매출채권	외상매출금, 받을어음
	기타채권	일반적인 상거래 이외의 거래에서 발생하는 채권, 대여금, 미수금 등

(2) 지급채무

지급채무란 타 실체로부터 재화나 용역을 제공받고 그 대금을 지급할 의무를 말한다.

기간의 장단에 따라	단기지급채무	외상매입금, 지급어음, 단기차입금, 미지급금 등
	장기지급채무	장기성지급어음, 장기차입금 등
상품과의 관련여부 (주된 영업활동)에 따라	매입채무	외상매입금, 지급어음
	기타채무	일반적인 상거래 이외의 거래에서 발생하는 채무, 차입금, 미지급금 등

💡 영업활동(일반적 상거래)

일반적인 상거래는 기업이 사업 목적을 위한 정상적인 영업활동에서 발생하는 거래를 말한다. **예** 일반상기업의 상품의 매입 및 매출활동, 제조업의 원재료 구입 및 제품제조·판매활동 등 재무회계에서는 주로 상품매매기업을, 원가회계에서는 주로 제조업을 학습하게 된다.

2 매출채권과 매입채무

(1) 외상매출금 계정과 외상매입금 계정

<table>
<tr><td colspan="2" align="center">외상매출금</td><td colspan="2" align="center">외상매입금</td></tr>
<tr><td>기초잔액
매 출 액</td><td>회 수 액
대손발생
기말잔액</td><td>지 급 액
기말잔액</td><td>기초잔액
매 입 액</td></tr>
</table>

(2) 받을어음 계정과 지급어음 계정

<table>
<tr><td colspan="2" align="center">받을어음</td><td colspan="2" align="center">지급어음</td></tr>
<tr><td>기초잔액
어음채권의 발생</td><td>어음채권의 소멸
(회수, 양도, 대손)
기말잔액</td><td>어음채무의 소멸
기말잔액</td><td>기초잔액
어음채무의 발생</td></tr>
</table>

3 상품거래 이외의 채권·채무

구 분	차 변	대 변	내 용
채권 및 채무	단 기 대 여 금	단 기 차 입 금	금전의 대여, 차입
	선 급 금	선 수 금	계약금의 지급, 수입
	미 수 금	미 지 급 금	상품 이외의 외상매출대금, 외상매입대금
	선 대 금	－	종업원에게 지급한 일시 대여금(= 가불)
	－	예 수 금	소득세, 보험료 등의 원천징수액
	－	(상품권)선수금	후에 상품을 인도할 조건으로 발행한 상품권
임시 계정	가 지 급 금	－	처리할 과목 또는 금액이 불확실한 금전의 지출
	－	가 수 금	처리할 과목 또는 금액이 불확실한 금전의 수입

(1) 단기대여금과 단기차입금 : 차용증서에 의한 금전의 대·차

① **차용증서에 의한 금전대여**

(차) 단 기 대 여 금　5,000　　(대) 현　　　　　　금　5,000

② **대여금과 이자 회수**

(차) 현　　　　　　금　6,000　　(대) 단 기 대 여 금　5,000
　　　　　　　　　　　　　　　　　　이 자 수 익　1,000

③ **차용증서에 의한 금전차입**

(차) 현　　　　　　　　금　10,000　　　(대) 단 기 차 입 금　10,000

④ **차입금과 이자지급**

(차) 단 기 차 입 금　10,000　　　(대) 현　　　　　　　　금　12,000
　　이 자 비 용　　2,000

(2) **선급금과 선수금** : 상품매매시의 계약금(착수금) 수·수

① **상품주문을 하고 계약금 지급**

(차) 선　　　급　　　금　1,000　　　(대) 현　　　　　　　　금　1,000

② **상품도착, 인수**

(차) 매　　　　입(상품)　1,000　　　(대) 선　　　급　　　금　1,000
　　　　　　　　　　　　　　　　　　　　외 상 매 입 금　9,000

③ **상품주문을 받고 계약금 수취**

(차) 현　　　　　　　　금　2,000　　　(대) 선　　　수　　　금　2,000

④ **상품발송**

(차) 선　　　수　　　금　2,000　　　(대) 매　　　　　　　출　15,000
　　외 상 매 출 금　13,000

(3) **미수금과 미지급금** : 상품매매 이외의 외상거래시의 채권·채무

① **영업용 건물의 외상처분**

(차) 미　　　수　　　금　3,000　　　(대) 건　　　　　　　　물　3,000

② **건물대금 회수**

(차) 현　　　　　　　　금　3,000　　　(대) 미　　　수　　　금　3,000

③ **영업용 차량의 외상구입**

(차) 차 량 운 반 구　2,000　　　(대) 미　　지　　급　　금　2,000

④ **차량대금 지급**

(차) 미　　지　　급　　금　2,000　　　(대) 현　　　　　　　　금　2,000

(4) **선대금과 예수금** : 종업원에 대한 가불과 급여지급시의 원천징수

  ① **급여에서 차감하기로 하고 선대(가불)시**

    (차) (종업원)선 대 금 3,000   (대) 현 금 3,000

  ② **급여 지급시**

    (차) 급 여 20,000   (대) (종업원)선 대 금 3,000
                                     소 득 세 예 수 금 1,500
                                     보 험 료 예 수 금 500
                                     현 금 15,000

  ③ **원천징수한 소득세 등의 납부**

    (차) 소 득 세 예 수 금 1,500   (대) 현 금 2,000
       보 험 료 예 수 금 500

(5) **상품권**(= 선수금계정으로 처리) : 후에 상품인도를 조건으로 발행한 상품권

  ① **상품권 발행시**

    (차) 현 금 50,000   (대) (상품권)선 수 금 50,000

  ② **상품매출하고 상품권 수취**

    • 매출액 > 상품권

      (차) (상품권)선 수 금 50,000   (대) 매 출 70,000
         현 금 20,000

    • 매출액 < 상품권

      (차) (상품권)선 수 금 50,000   (대) 매 출 40,000
                                         현 금 10,000

💡 **상품권을 할인판매하는 경우**
① 상품권 판매시
  (차) 현금 95,000   (대) (상품권)선수금 100,000
      상품권할인액 5,000
② 상품매출시
  (차) (상품권)선수금 100,000   (대) 매출 100,000
      매출 5,000   상품권할인액 5,000
③ 상품권 할인액 계정
  • 상품교환 이전 − 재무상태표상 상품권 선수금 계정에서 차감표시
  • 상품교환 이후 − 매출에누리 성격으로 보아 매출액에서 차감표시

(6) **가지급금과 가수금** : 처리할 과목이나 금액이 불확실한 금전의 수수

  ① **종업원 출장비 지급**(개산액)

    (차) 가 지 급 금 50,000   (대) 현 금 50,000

  ② **내용불명의 현금수취**

    (차) 현 금 180,000   (대) 가 수 금 180,000

💡 **임시계정**
가지급금, 가수금 등의 임시계정은 재무상태표에 계상할 수 없다.

③ 출장여비 정산
- 개산액 > 정산액

  (차) 여 비 교 통 비　45,000　　(대) 가　지　급　금　50,000
  　　현　　　　　금　 5,000

- 개산액 < 정산액

  (차) 여 비 교 통 비　60,000　　(대) 가　지　급　금　50,000
  　　　　　　　　　　　　　　현　　　　　금　10,000

④ 가수금 원인판명(상품주문 대금 ₩30,000과 외상매출 회수 ₩150,000)

  (차) 가　　수　　금　180,000　　(대) 선　　수　　금　 30,000
  　　　　　　　　　　　　　　외 상 매 출 금　150,000

04 어음상의 채권 · 채무

1 어음의 분류

구 분		차 변	대 변
상업 어음	상품매매에서 발행	받을어음(매출채권)	지급어음(매입채무)
	상품매매 이외의 발행	어음미수금(미수금)	어음미지급금(미지급금)
금융어음(융통어음) : 금전의 대 · 차시 발행		어음대여금(단기대여금)	어음차입금(단기차입금)

2 약속어음과 환어음

(1) 약속어음

약속어음은 발행인이 수취인에게 일정한 금액을 일정한 기일에 **무조건 지급할 것을 약속**하는 증서로 발행인이 어음상의 채무자, 수취인이 어음상의 채권자가 된다.

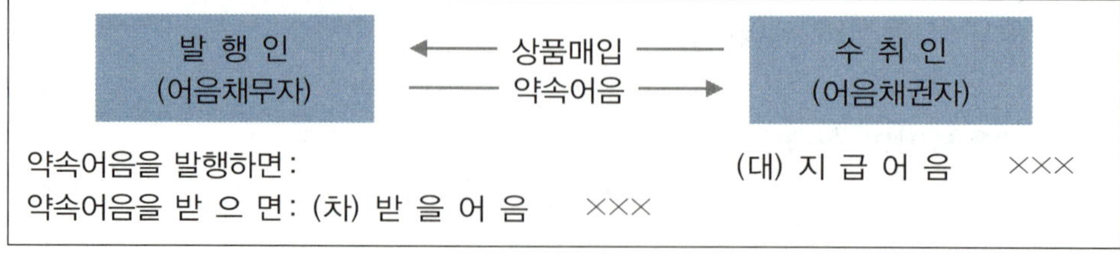

⑵ 환어음

환어음은 발행인이 지명인에게 일정한 금액을 일정한 기일에 수취인에게 **무조건 지급할 것을 위탁**하는 증서로 발행인은 어음상의 채권·채무가 발생하지 않으며, 지명인이 어음상의 채무자, 수취인이 어음상의 채권자가 된다.

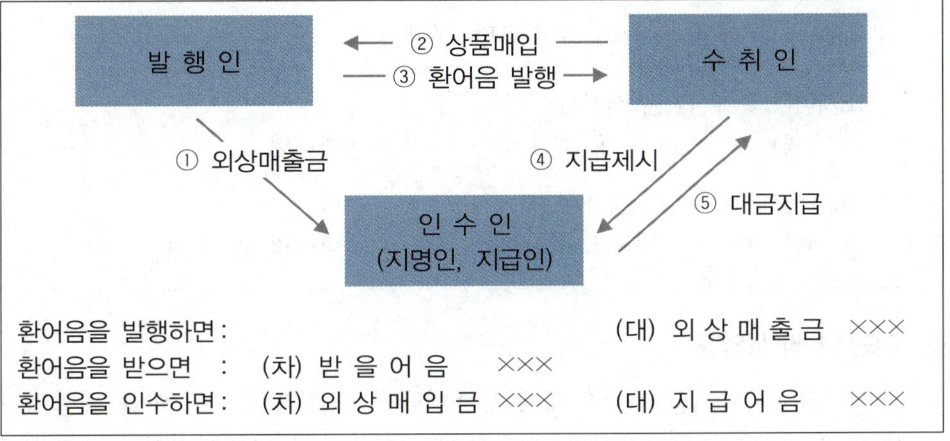

3 받을어음 계정과 지급어음 계정

어음상의 채권은 받을어음 계정에, 어음상의 채무는 지급어음 계정에 기입한다.

받 을 어 음

기초 잔액(전기이월)	어음대금의 회수(추심)
약속어음의 수취	어음의 배서양도
환어음의 수취	어음의 할인
어음의 배서양수	소유 어음의 부도
자기지시환어음의 발행	기말 잔액(차기이월)

지 급 어 음

어음대금의 지급	기초 잔액 (전기이월)
①, ②, ③의 회수	① 약속어음의 발행
기말 잔액 (차기이월)	② 환어음의 인수
	③ 자기앞환어음의 발행

4 어음의 배서

(1) 추심위임 배서

소지하고 있는 어음 대금의 추심(회수)을 거래은행에 의뢰하고 배서하는 것을
추심위임 배서라고 한다. 추심위임 배서는 어음상의 채권이 소멸된 것이 아니
기 때문에 분개하지 않고 수수료만 분개한다.

소지어음의 추심위임 배서시

  (차) 수 수 료 비 용 ×××   (대) 현   금 ×××

어음대금의 추심 통지를 받으면

  (차) 당 좌 예 금 ×××   (대) 받 을 어 음 ×××

(2) 어음의 배서양도

소지하고 있는 어음을 타인에게 상품대금 등으로 양도하고 어음 뒷면에 기명
날인(배서)하는 것을 말한다. 어음을 배서양도하면 어음채권의 소멸로 받을어
음계정 대변에 기입한다.

(상품을 매입하고)소지어음을 배서양도하면

  (차) (매 입) ×××   (대) 받 을 어 음 ×××

(상품을 매출하고)어음을 양수하면

  (차) 받 을 어 음 ×××   (대) (매 출) ×××

(3) 어음의 할인

소지하고 있는 어음을 **만기 이전에 현금화**하기 위해 거래은행에 배서양도하고
자금을 융통하는 것을 어음의 할인이라 한다. 할인시에 발생하는 이자를 할인
료라 하고 액면에서 할인료를 차감한 잔액을 실수금이라 한다.

소지어음을 할인받으면 - 매각거래

  (차) 당 좌 예 금 ×××[3]   (대) 받 을 어 음 ×××[1]

   매출채권처분손실 ×××[2]   이 자 수 익 ×××[1]

 1) 만기수취액 : 액면가액 + 만기이자(이자부어음인 경우)
 2) 할인료 : 만기수취액 × 할인율 × (할인월수/12월)
 3) 실수금(현금수령액) : 만기수취액 - 할인료
 4) 매출채권처분손실 : 대차차액 또는 할인료 - 미경과이자

예제

받을어음의 할인 − 이자부어음

H상사는 액면가액 ₩600,000, 만기 6개월의 받을어음을 20X1년 3월 1일 A사로부터 받아 2개월간 보유하다가 20X1년 5월 1일 운전자금이 필요하여 거래은행으로부터 연 10%로 할인 받았다.

(1) 무이자부 어음일 경우

(2) 액면이자율 연 8%의 이자부 어음일 경우

해설

1. 무이자부 어음일 경우

   * 어음의 만기가액 :   ₩600,000
   * 할   인   액 : ₩600,000 × 10% × 4/12   ₩20,000
   * 현 금 수 령 액 :   ₩580,000

구 분	제거조건을 충족하는 경우		제거조건을 충족하지 못하는 경우	
할인시	(차) 현금 매출채권처분손실 (대) 매출채권	580,000 20,000 600,000	(차) 현금 이자비용 (대) 단기차입금	580,000 20,000 600,000
만기시	분개없음		(차) 단기차입금 (대) 매출채권	600,000 600,000

2. 이자부 어음일 경우

   * 어음의 만기가액 : ₩600,000 + ₩600,000 × 8% × 6/12   ₩624,000
   * 할   인   액 : ₩624,000 × 10% × 4/12   ₩20,800
   * 현 금 수 령 액 :   ₩603,200

구 분	제거조건을 충족하는 경우		제거조건을 충족하지 못하는 경우	
할인시	(차) 현금 매출채권처분손실 (대) 매출채권 이자수익 *600,000 × 8% × 2/12 = ₩8,000(실현)	603,200 4,800 600,000 8,000*	(차) 현금 이자비용 (대) 단기차입금 이자수익	603,200 4,800 600,000 8,000
만기시	분개없음		(차) 단기차입금 (대) 매출채권	600,000 600,000

5 어음의 부도

소지하고 있던 어음 대금을 만기일에 받지 못하는 것을 어음의 부도라 한다. 소지어음이 부도되면 어음금액·어음상의 기재이자·상환청구비용·만기 후의 법정이자 등을 발행인에게 청구할 수 있다.

어음 부도시
```
(차) 부  도  어  음  ×××*        (대) 받  을  어  음  ×××
     *제비용 포함                      현        금  ×××
```
대금 회수시
```
(차) 현        금  ×××          (대) 부  도  어  음  ×××
```

05 매출채권의 손상(대손)회계

1 손 상

매출채권을 포함한 금융자산은 채무자의 파산, 사망, 기타의 원인으로 회수하지 못할 수 있다. 이러한 금융자산의 손실을 **손상** 또는 **대손**이라고 한다.
손상의 회계처리방법은 기대신용손실 추정액을 손실충당금으로 처리하여 당해 매출채권의 차감계정으로 인식한다.

신용손상의 정보
① 발행자나 차입자의 유의적인 재무적 어려움
② 채무불이행이나 연체 같은 계약 위반
③ 차입자의 재무적 어려움에 관련된 경제적 또는 계약상 이유로 당초 차입조건의 불가피한 완화
④ 차입자의 파산가능성이 높아지거나 그 밖의 재무구조조정 가능성이 높아짐
⑤ 재무적 어려움으로 해당 금융자산에 대한 활성시장의 소멸
⑥ 이미 발생한 신용손실을 반영하여 크게 할인한 가격으로 금융자산을 매입하거나 창출하는 경우

2 기대신용손실

손상차손 인식대상 금융자산에 대해서 기대신용손실을 추정하여 손실충당금(대손충당금)으로 인식해야 하는데, 기대신용손실은 다음과 같이 추정한다.

* 기대신용손실 : 신용손실 × 개별 채무불이행 발생위험(발생확률)
* 신용손실 : 현금부족액의 현재가치
* 현금부족액 : 계약에 따라 수취하기로 한 현금흐름과 수취할 것으로 예상되는 현금흐름의 차이

금융자산의 보유자는 매 보고기간 말에 기대신용손실을 추정해야 하는데, 추정을 해야 할 미래의 기간이 길면 길수록 추정이 어렵고 복잡해질 것이다. 이러한 점을 고려하여 기준서에서는 신용위험의 유의적 증가 여부 또는 신용손상 발생 여부에 따라 기대신용손실의 추정기간을 다음과 같이 달리 두고 있다.

구 분	1단계	2단계	3단계
신용위험의 정도	유의적으로 증가하지 않음	유의적으로 증가함 (연체일수 30일 초과)	신용이 손상됨 (연체일수 90일 초과 채무불이행)
추정기간	12개월	전체기간	

3 손상(대손)의 예상

기말현재 수취채권잔액의 순실현가치를 표시하기 위해 수취채권잔액에 과거의 경험률에 의한 손상추정률을 적용하여 손상예상액을 추정하여 비용으로 처리하는 방법이다.

[손상 예상시의 회계처리]
(1) 손상추산액 > 충당금 잔액
  (차) 손상차손   ×××*   (대) 손실충당금   ×××
     (대손상각비)   (대손충당금)
(2) 손상추산액 < 충당금 잔액
  (차) 손실충당금   ×××   (대) 손실충당금환입   ×××*
                                      (손상차손환입)

* 손상추산액(목표충당금)과 장부상 손실충당금잔액과의 차액이 분개할 금액이며, 이러한 방법을 **보충법**이라고 한다.

[재무제표 표시]

① **손상차손**: 당기비용(매출채권 이외의 경우에는 영업외비용)

② **손실충당금**: ┌ 매출채권의 차감적 평가계정
　　　　　　　　 └ 재무상태표: 매출채권에서 차감하는 형식으로 표시

③ **손실충당금환입**: 판매비와관리비의 차감항목(매출채권 이외의 경우에는 기타 영업외수익)

재 무 상 태 표

매 출 채 권	100,000	
손 실 충 당 금	2,000	98,000

↳ 장부금액(순실현가능액)

4 손상의 발생

손상(대손)이 발생하면 **손실충당금과 상계(충당)**하고 손실충당금이 부족한 경우에는 그 부족액을 손상차손(대손상각비)로 처리한다.

(차) 손실충당금	×××	(대) 외상매출금	×××
손상차손	×××		

5 상각채권의 추심(회수)

손상으로 처리한 채권의 회수시에는 손실충당금을 증가시킨다.

(차) 현금	×××	(대) 손실충당금	×××

6 손실충당금과 재무제표 표시

손 실 충 당 금

손상발생	×××	기초잔액	×××
손실충당금 환입액	×××	상각채권 회수액	×××
기말잔액	×××	당기 추가설정액	×××
(당기말 손상추산액)			
	×××		×××

부분 재무상태표		부분손익계산서	
매출채권	×××	손상차손	×××
손실충당금	(×××)		

예 제

기말 결산시 매출채권 잔액 ₩100,000에 대하여 2%의 손상을 예상하다.

① 손실충당금 잔액이 없는 경우
② 손실충당금 잔액이 ₩800 있는 경우
③ 손실충당금 잔액이 ₩2,000 있는 경우
④ 손실충당금 잔액이 ₩2,500 있는 경우

해설

① (차) 손상차손	2,000	(대) 손실충당금	2,000
② (차) 손상차손	1,200	(대) 손실충당금	1,200
③ 분 개 없 음			
④ (차) 손실충당금	500	(대) 손실충당금환입	500

* 손상예상액 − 손실충당금 잔액 = 분개할 금액(⊖ : 환입)

예제

거래처의 파산으로 거래처에 대한 외상매출금 ₩10,000이 회수불능되다.

① 손실충당금 잔액이 없는 경우
② 손실충당금 잔액이 ₩10,000 있는 경우
③ 손실충당금 잔액이 ₩13,000 있는 경우
④ 손실충당금 잔액이 ₩8,000 있는 경우

해설

① (차) 손상차손	10,000	(대) 외 상 매 출 금	10,000
② (차) 손실충당금	10,000	(대) 외 상 매 출 금	10,000
③ (차) 손실충당금	10,000	(대) 외 상 매 출 금	10,000
④ (차) 손실충당금	8,000	(대) 외 상 매 출 금	10,000
손상차손	2,000		

예제

연령분석법에 의한 손실충당금의 설정
20X5. 12. 31. 기말 외상매출금 잔액 ₩2,500,000에 대한 경과기간과 기대신용손실률이 다음과 같고, 손실충당금 잔액이 ₩50,000인 경우의 기말정리분개는?

외상매출금	경 과 기 간	기대손실예상률
₩1,000,000	회수기일 미경과	0.5%
₩500,000	1일 ~ 30일	0.8%
₩400,000	31일 ~ 90일	1%
₩300,000	91일 ~ 180일	2%
₩300,000	181일 이상 경과	5%

해설

손상추정액	₩1,000,000	0.5%	₩5,000
	₩500,000	0.8%	₩4,000
	₩400,000	1%	₩4,000
	₩300,000	2%	₩6,000
	₩300,000	5%	₩15,000
계			₩34,000

* 손상추산액 ₩34,000 − 손실충당금 잔액 ₩50,000 = 손상차손환입액 ₩16,000
  분개 : (차) 손실충당금 16,000 (대) 손상차손환입(손실충당금환입) 16,000

단원핵심정리

1 현금 및 현금성자산

현금 + 소액현금 + 당좌예금 + 보통예금 + 현금성자산

2 은행계정조정표

① 당좌예금의 회사측 잔액과 은행측 잔액이 일치하지 않을 경우 잔액을 일치시키기 위해 작성
② 잘못 기입하였거나 기입되지 않은 측에서 조정

3 외상매출금 계정과 외상매입금 계정

외상매출금		외상매입금	
기초잔액	회 수 액	지 급 액	기초잔액
외상매출액	대손발생	기말잔액	외상매입액
(현금매출액 ×)	기말잔액		(현금매입액 ×)

4 어음 할인

소지어음을 할인받으면(제거요건 충족시, 매각거래)

(차) 당 좌 예 금 ×××   (대) 받 을 어 음   ×××
　　 매출채권처분손실 ×××　　　　　 이 자 수 익   ×××

1. 만기수취액 : 액면가액 + 만기이자(액면가액×액면이자율×어음만기÷12월)
2. 이자수익 : 액면가액 × 액면이자율 × (**경과**월수/12월)
3. 할인료 : 만기수취액 × 할인율 × (**미경과**월수/12월)
4. 실수금(현금수령액) : 만기수취액 − 할인료
5. 매출채권처분손실 : 대차차액 또는 '할인료 − 미경과이자'

5 손상(대손)회계

구 분		차 변		대 변	
손상의 예상	**추산액 > 충당금**	손 상 차 손	×××	손 실 충 당 금	×××
	추산액 < 충당금	손 실 충 당 금	×××	손 상 차 손 환 입	×××
손상의 발생		손 실 충 당 금 손 상 차 손	××× ×××	외 상 매 출 금	×××
상각채권의 추심		현　　　　　금	×××	손 실 충 당 금	×××

01 금융자산에 해당하지 않는 것은? 제27회

① 매출채권
② 투자사채
③ 다른 기업의 지분상품
④ 당기법인세자산
⑤ 거래상대방에게서 국채를 수취할 계약상의 권리

> **해설** ④ 당기법인세자산, 이연법인세자산은 금융자산에 해당하지 않는다.

02 금융자산에 해당하지 않는 것은? 제22회

① 미수이자
② 다른 기업의 지분상품
③ 만기까지 인출이 제한된 정기적금
④ 거래상대방에게서 국채를 수취할 계약상의 권리
⑤ 선급금

> **해설** ⑤ 선급금, 선수금, 미지급법인세, 충당부채, 재고자산, 유형자산, 무형자산, 투자부동산 등은 금융자산 또는 금융부채가 아니다.

03 ㈜한국의 20X1년 말 재무상태표에 표시된 현금 및 현금성자산은 ₩500이다. 다음 자료를 이용할 경우 보통예금은? 제27회

• 통화	₩50	• 송금수표	₩100
• 선일자수표	150	• 보통예금	?
• 당좌개설보증금	150	• 우편환증서	100
• 양도성예금증서(취득일 20X1년 10월 1일, 만기일 20X2년 1월 10일)			150

① ₩200   ② ₩250   ③ ₩300
④ ₩350   ⑤ ₩400

> **해설** 현금및현금성자산 ₩500 = 50 + 100 + (?) + 100 ⇨ ₩250

04 ㈜한국이 20X1년 말 보유하고 있는 자산이 다음과 같을 때, 20X1년 말 재무상태표에 표시될 현금및 현금성자산은?

제24회

• 통화	₩1,000	• 보통예금	₩1,500
• 자기앞수표	₩2,000	• 받을어음	₩500
• 우편환증서	₩600	• 당좌개설보증금	₩800
• 정기예금(가입 : 20X0년 3월 1일, 만기 : 20X2년 2월 28일)			₩900
• 양도성예금증서(취득 : 20X1년 12월 1일 만기 : 20X2년 1월 31일)			₩1,000

① ₩4,500   ② ₩5,100   ③ ₩5,900

④ ₩6,100   ⑤ ₩7,000

해설 ④ 현금 및 현금성자산 : ₩1,000 + ₩1,500 + ₩2,000 + ₩600 + ₩1,000 = ₩6,100

05 다음 현금계정의 기입내용을 보고 날짜별로 발생한 거래 추정으로 옳지 않은 것은?

현 금

1/3 자 본 금	1,000,000	1/10 상 품	200,000
1/15 외 상 매 출 금	200,000	1/25 단 기 차 입 금	500,000
		1/28 광 고 선 전 비	100,000

① 1/3 현금 ₩1,000,000을 출자하여 영업을 개시하다.

② 1/10 상품 ₩200,000을 매입하고 대금을 현금으로 지급하였다.

③ 1/15 거래처의 외상매출금 ₩200,000을 현금 회수하였다.

④ 1/25 차입금 ₩500,000을 3개월 후에 갚기로 하고 차입하였다.

⑤ 1/28 광고비 ₩100,000을 현금으로 지급하다.

해설 ④ 1/25 현금계정에 기입되어 있으므로 현금이 지출된 것이고 거래를 추정하면 "단기차입금 ₩500,000을 현금으로 상환하다"이다.

Answer

01 ④   02 ⑤   03 ②   04 ④   05 ④

06 수정 후 잔액시산표의 당좌예금 계정잔액이 대변에 존재할 경우 기말 재무상태표에 표시되는 계정과목은?

제22회

① 현금 및 현금성자산　　　　　　　② 단기차입금
③ 장기대여금　　　　　　　　　　　④ 선수금
⑤ 예수금

해설 당좌예금은 자산계정이므로 잔액이 차변에 존재해야 하는데, 잔액이 대변에 존재한다는 것은 '당좌차월'을 의미하고, 재무상태표에는 단기차입금 계정에 포함하여 공시한다.

07 ㈜한국은 12월 1일 상품매입 대금 ₩30,000에 대해 당좌수표를 발행하여 지급하였다. 당좌수표 발행 당시 당좌예금 잔액은 ₩18,000이었고, 동 당좌계좌의 당좌차월 한도액은 ₩20,000이었다. 12월 20일 거래로부터 매출채권 ₩20,000이 당좌예금으로 입금되었을 때 회계처리로 옳은 것은?

제23회

	차 변	대 변		차 변	대 변
①	당좌예금 20,000	매출채권 20,000	②	당좌차월 20,000	매출채권 20,000
③	당좌예금 12,000	매출채권 20,000	④	당좌예금 8,000	매출채권 20,000
	당좌차월 8,000			당좌차월 12,000	
⑤	당좌예금 18,000	매출채권 20,000			
	당좌차월 2,000				

해설

		차 변		대 변	
12/ 1	상품(매입)	30,000	당좌예금		18,000
			당좌차월		12,000
12/20	당좌차월	12,000	매출채권		20,000
	당좌예금	8,000			

08 A아파트 관리사무소장은 7월초 유지보수팀에 소액현금제도를 도입하였다. 소액현금한도는 ₩100,000이며, 매월 말에 지출증빙과 사용내역을 받아 소액현금을 보충한다. 7월 지출내역은 교통비 ₩25,000과 회식비 ₩59,000이었다. 7월말 소액현금 실사잔액은 ₩10,000이었으며, 부족분에 대해서는 원인이 밝혀지지 않았다. 7월말 소액현금의 보충시점에서 적절한 분개는?

제14회

	차 변		대 변	
①	현 금	84,000	당좌예금	84,000
②	교통비	25,000	당좌예금	84,000
	복리후생비	59,000		
③	교통비	25,000	당좌예금	100,000
	복리후생비	59,000		
	잡손실	16,000		
④	교통비	25,000	당좌예금	90,000
	복리후생비	59,000		
	잡손실	6,000		
⑤	현 금	84,000	당좌예금	90,000
	잡손실	6,000		

해설

월초보급	(차) 교통비	×××	(대) 소액현금	×××
	복리후생비 등	×××		
월말보급	(차) 교통비	×××	(대) 당좌예금	×××
	복리후생비 등	×××		

(1) 사용액 : 교통비 25,000 + 회식비(복리후생비) 59,000 = ₩84,000
(2) 소액현금 잔액 : 100,000 − 84,000 = ₩16,000
(3) 현금부족액 : 16,000 − 10,000(실사잔액) = ₩6,000
(4) 월말보급시 회계처리

(차) 교통비	25,000	(대) 당좌예금	90,000
복리후생비	59,000		
잡손실	6,000		

Answer

06 ② 07 ④ 08 ④

09 ㈜한국의 20X1년 말 현재 당좌예금 잔액은 ₩1,000이고, 은행측 잔액증명서상 잔액은 ₩1,550이다. 기말 현재 그 차이 원인이 다음과 같을 때, 올바른 당좌예금 잔액은?　제17회

> (1) ㈜한국이 발행한 수표 ₩100이 미인출상태다.
> (2) ㈜한국이 거래처A로부터 받아 은행에 입금한 수표 ₩200이 부도처리 되었으나, 은행으로부터 통지받지 못하였다.
> (3) 거래처B로부터 입금된 ₩300을 ㈜한국은 ₩30으로 잘못 기록하였다.
> (4) 거래처C에 대한 외상판매대금 ₩400을 은행이 추심하였고, 추심수수료 ₩20이 인출되었다. 그러나 ㈜한국은 추심 및 추심수수료를 인식하지 못하였다.

① ₩1,070　　　② ₩1,350　　　③ ₩1,450
④ ₩1,570　　　⑤ ₩1,650

해설

은행계정조정표

회사측 수정전 잔액	₩1,000	은행측 수정전 잔액	₩1,550
부도수표	− 200	기발행 미결제수표	− 100
오류기장	270		
추심액과 수수료 미기입	380		
수정후 잔액	₩1,450	수정후 잔액	₩1,450

10 ㈜한국이 은행으로부터 통지받은 은행 예금잔액증명서상 잔액은 ₩10,000이고, 장부상 당좌예금 잔액과 차이가 있다. 당좌예금계정 잔액의 불일치 원인이 다음과 같을 때, ㈜한국의 조정전 당좌예금 계정 잔액은?　제27회

> • ㈜한국이 거래처에 발행하였으나 은행에서 미인출된 수표　₩2,000
> • ㈜한국은 입금처리하였으나 은행에서 미기록한 예금　1,000
> • ㈜한국에서 회계처리하지 않은 은행수수료　300
> • 타회사가 부담할 수수료를 ㈜한국의 계정에서 차감한 은행의 오류　400
> • ㈜한국에서 회계처리하지 않은 이자비용　500

① ₩8,600　　　② ₩9,400　　　③ ₩9,800
④ ₩10,000　　　⑤ ₩10,200

해설

은행계정조정표

회사측 잔액	〈10,200〉	은행측 잔액	10,000
은행수수료	− 300	기발행 미인출 수표	− 2,000
이자비용	− 500	은행 미기록 예금	1,000
		수수료차감 오류	400
조정 후 잔액	₩9,400	조정 후 잔액	₩9,400

11 ㈜한국의 기말 장부상 당좌예금계정 잔액은 ₩130,000이며, 은행으로부터 통지받은 잔액은 ₩10,000으로 불일치하였다. 불일치 원인이 다음과 같을 때, ㈜한국이 장부에 잘못 기록한 매출채권 회수액(A)은?

제26회

- 매출처로부터 수취하여 은행에 예입한 수표 ₩60,000이 부도 처리되었으나, 기말 현재 은행으로부터 통보받지 못하였다.
- 은행 업무시간 이후에 ₩70,000을 입금하였으나, 기말 현재 은행 측이 미기입 하였다.
- 매입채무를 지급하기 위하여 ₩30,000의 수표를 발행하였으나, 기말 현재 아직 은행에서 결제되지 않았다.
- 은행수수료가 ₩500 발생하였으나, 기말 현재 회사측 장부에 반영되지 않았다.
- 매출처로부터 매출채권 회수액으로 받은 ₩50,000의 수표를 예입하면서, 회사 직원이 A금액으로 잘못 기록하였다.

① ₩30,500　　　　② ₩69,500　　　　③ ₩70,500

④ ₩88,500　　　　⑤ ₩100,500

해설

은행계정조정표

조정 전 회사측 잔액	130,000	조정 전 은행측 잔액	10,000
부도수표	− 60,000	예입액 미기입분	70,000
은행수수료	− 500	기발행 미인출수표	− 30,000
예입액 오기*	− 19,500		
조정 후 금액	50,000	조정 후 금액	50,000

* 예입액 오기입액(과다기입) : ₩50,000 + ₩19,500 = ₩69,500

12 ㈜한국은 20X1년 1월 1일 거래처로부터 액면금액 ₩120,000인 6개월 만기 약속어음(이자율 연 6%)을 수취하였다. ㈜한국이 20X1년 5월 1일 동 어음을 은행에 양도(할인율 연 9%)할 경우 수령할 현금은? (단, 동 어음양도는 금융자산 제거조건을 충족하며, 이자는 월할계산한다)

제22회

① ₩104,701　　　　② ₩118,146　　　　③ ₩119,892

④ ₩121,746　　　　⑤ ₩122,400

해설 (1) 만기금액 : 액면가액 + 액면(표시)이자
= 120,000 + (120,000 × 0.06 × 6/12) = ₩123,600
(2) 할인료 : (1) × 0.09 × 2/12 = ₩1,854
(3) 현금수령액 : (1) − (2) = ₩121,746

Answer

09 ③　**10** ⑤　**11** ②　**12** ④

13 ㈜한국은 20X1년 4월 1일 다음과 같은 받을어음을 은행에서 할인하고, 할인료를 제외한 금액을 현금으로 수취하였다. 동 어음할인으로 매출채권처분손실이 ₩159 발생한 경우, ㈜한국이 수취한 현금은? (단, 금융자산의 양도는 제거조건을 충족하며, 이자는 월할계산한다) 제24회

> • 액면금액 : ₩10,000   • 표시이자율 : 연 6%(이자는 만기에 수취)
> • 어음발행일 : 20X1년 1월 1일   • 어음만기일 : 20X1년 6월 30일

① ₩9,841   ② ₩9,991   ③ ₩10,141
④ ₩10,159   ⑤ ₩10,459

해설 할인 시 회계처리

(차)	현금	9,991	(대)	받을어음	10,000
	매출채권처분손실	159		이자수익	150*

* 실현이자수익 : ₩10,000 × 0.06 × 3/12 = ₩150

14 ㈜한국의 전기 말 외상매출금과 손실충당금은 각각 ₩35,000과 ₩2,500이다. 당기 매출액은 ₩82,000(전액 외상)이며 외상매출금 회수액은 ₩89,000이다. ㈜한국이 외상매출금 기말잔액의 10%를 대손충당금으로 설정할 경우, 당기의 손상차손은? 제16회

① ₩100   ② ₩200   ③ ₩300
④ ₩2,500   ⑤ ₩2,800

해설 기말 외상매출금 잔액 : 기초 35,000 + 매출 82,000 − 회수 89,000 = ₩28,000

대손충당금(손실충당금)

대손발생	−	기초잔액	2,500
		추가설정	300
기말잔액(기말추산액)	2,800	(I/S 상 손상차손)	
	2,800		2,800

15 ㈜한국의 20X1년 초 매출채권은 ₩800,000이며, 매출채권에 대한 손실충당금은 ₩15,000이다. 20X1년도 매출채권 관련 자료가 다음과 같을 때, ㈜한국이 매출채권과 관련하여 20X1년도 포괄손익계산서에 인식할 손상차손은? (단, 매출채권에는 유의적 금융요소를 포함하고 있지 않다고 가정한다)

제26회

- 20X1년도 매출액은 ₩1,000,000이며, 이 중 외상매출액은 ₩700,000이다.
- 20X1년도에 감소된 매출채권은 총 ₩1,020,000으로, 이는 현금으로 회수된 ₩1,000,000과 회수불능이 확정되어 제거된 ₩20,000이다.
- 20X1년 말 매출채권에 대한 기대신용손실은 매출채권 잔액의 2%이다.

① ₩9,600 ② ₩10,600 ③ ₩14,600

④ ₩15,600 ⑤ ₩20,600

해설

매출채권

기초잔액	800,000	회수액	1,000,000
외상매출액	700,000	대손발생액	20,000
		기말잔액	480,000
	1,500,000		1,500,000

손실충당금(대손충당금)

대손발생액	20,000	기초잔액	15,000
기말잔액*	9,600	손상차손	14,600
	29,600		29,600

* 기말잔액 : ₩480,000 × 2% = ₩9,600

16 ㈜한국은 모든 매출거래를 매출채권 증가로 처리한다. 20X1년과 20X2년 중 회수불능이 확정되어 제거된 매출채권은 없으며, 회수불능으로 회계처리했던 매출채권을 현금으로 회수한 내역도 없을 때, 다음 중 옳지 않은 것은?   제27회

계정과목	20X1년	20X2년
기말 매출채권	₩95,000	₩100,000
기말 손실충당금	15,500	17,000
매출액	950,000	980,000
손상차손	15,500	?

① 20X2년 초 매출채권의 전기이월액은 ₩95,000이다.
② 20X1년 초 손실충당금의 전기이월액은 ₩0이다.
③ 20X2년 손상차손은 ₩1,500이다.
④ 20X2년 초 손상차손의 전기이월액은 ₩0이다.
⑤ 20X2년 중 현금 회수된 매출채권은 ₩976,500이다.

> **해설** ⑤ 20X2년 중 현금회수된 매출채권은 ₩975,000(= 95,000 + 980,000 − 100,000)이다.

17 ㈜한국의 20X1년 말 매출채권 잔액은 ₩150,000이며, 매출채권에 대한 기대신용 손실을 계산하기 위한 연령별 기대신용손실률은 다음과 같다.

연체기간	금액	기대신용손실률
연체되지 않음	₩120,000	0.4%
1일~60일	25,000	2.0%
61일 이상	5,000	8.0%
합계	₩150,000	

㈜한국의 20X1년 초 매출채권에 대한 손실충당금 잔액이 ₩2,500이고, 20X1년중 매출채권 ₩1,000이 회수불능으로 확정되어 제거되었다. 20X1년 포괄손익계산서에 보고할 매출채권 손상차손(또는 손상차손환입)은?   제25회

① 손상차손환입 ₩120   ② 손상차손환입 ₩380
③ 손상차손 ₩120   ④ 손상차손 ₩1,120
⑤ 손상차손 ₩1,380

> **해설** (1) 기대신용손실 추정액
> $$120,000 \times 0.4\% + 25,000 \times 2.0\% + 5,000 \times 8.0\% = 1,380$$
> (2) 기말 손실충당금 잔액
> $$2,500 − 1,000 = 1,500$$
> (3) 매출채권 손상차손(환입)
> $$1,380 − 1,500 = (−)120 \text{ 환입}$$

18 기업이 종업원에게 급여를 지급하면서 소득세 등을 원천징수하여 일시적으로 보관하기 위한 계정과목은?

제27회

① 예수금　　　　　② 선수금　　　　　③ 선급금
④ 미수금　　　　　⑤ 미지급금

해설　① 예수금에 대한 설명이다.

19 임직원에게 급여를 지급하면서 근로소득세와 4대 보험 등을 일시적으로 원천징수하였을 경우 사용하는 계정과목은?

제21회

① 선급금　　　　　② 미수금　　　　　③ 가수금
④ 선수금　　　　　⑤ 예수금

해설　⑤ 예수금은 정상적인 영업활동 이외에서 발생한 일시적인 예수액을 말한다. 특히 회사가 부담하는 세금은 아니지만 종업원이나 거래처 등으로부터 원천징수한 예로 종업원에 대한 소득세 원천징수, 부가가치세 원천징수, 건강보험료 원천징수 등이 있다. 이들은 상거래 이외에서 발생한 예수금의 성격을 가지므로 소득세예수금, 부가가치세예수금 등의 과목으로 회계처리한다.

Answer

16 ⑤　　17 ①　　18 ①　　19 ⑤

금융자산 Ⅱ

단·원·열·기

지분증권 및 채무증권의 분류, 최초 원가 및 후속측정(평가)에 대한 문제가 매년 1~2문제 정도 출제된다. 특히 지분증권 및 채무증권의 분류와 당기손익 − 공정가치 측정 금융자산의 취득과 평가 및 처분에 대한 전반적인 회계처리를 숙지해야 한다.

또한, 기타포괄손익 − 공정가치 측정 금융자산의 취득, 평가 및 처분에 대한 전반적인 회계처리의 이해가 필요하다. 마지막으로, 상각후원가 측정 금융자산의 회계처리와 지분법 회계처리에 대한 연습이 필요하다.

금융자산Ⅱ

01 당기손익−공정가치 측정 금융자산

02 기타포괄손익−공정가치 측정 금융자산

03 상각후원가 측정 금융자산

04 손상

05 재분류

06 제거

07 관계기업투자

단·원·개·요

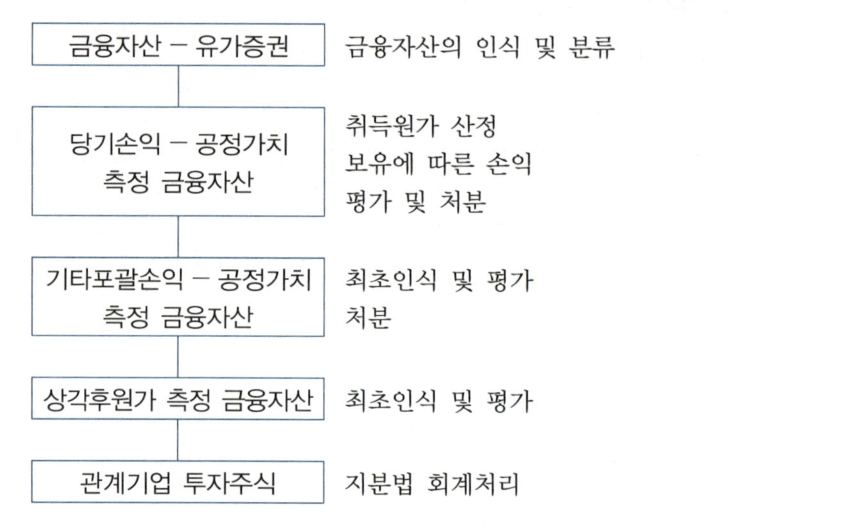

1 금융자산 − 유가증권

💡 **유가증권(有價證券)**

1. 화폐증권
   수표 및 어음

2. 물품증권(상품증권)
   화물상환증, 선하증권, 창고증권

3. 자본증권 ⇨ **회계상 유가증권**
   지분증권(주식) 및 채무증권(채권)

금융자산이란 **미래에 현금을 수취할 계약상 권리**를 말하며, 금융자산 중 유가증권이란 재산권을 나타내는 증권으로서 보통주나 우선주 등의 지분상품과 국·공채나 회사채 등의 채무상품으로 분류되며 물품에 대한 권리를 나타내는 창고증권, 화물상환증 및 선하증권 등은 유가증권에 포함되지 않는다.

2 금융자산의 인식

(1) 인 식

금융자산은 **금융상품의 계약당사자가 되는 때에만** 재무상태표에 자산으로 인식한다.

한편, 금융자산의 정형화된 매입은 매매일 또는 결제일에 인식한다. 매매일은 자산을 매입하기로 약정한 날을 말하며, 결제일은 자산을 인수하는 날을 말한다.

(2) 취득원가

금융자산의 취득원가는 최초 인식시점의 공정가치로 측정한다. 공정가치 - 당기손익 측정 금융자산(FVPL)이 아닌 경우 당해 금융자산의 취득과 직접 관련되는 거래원가는 최초 인식하는 공정가치에 가산하여 측정한다. 따라서 FVPL **금융자산의 취득과 직접 관련된 거래원가는 당기비용으로 처리**한다.

> 금융자산의 취득원가 = 최초 인식시점의 공정가치 + 거래원가*
>
> *FVPL 금융자산인 경우에는 당기비용으로 처리

3 금융자산 - 유가증권의 분류

유가증권은 계약상 현금흐름과 사업모형에 따라 다양하게 분류된다.

구 분	분류기준		계정과목
채무상품	원리금을 지급하고 계약상현금흐름을 수취목적		상각후원가 측정 금융자산 (AC 금융자산)
	원리금을 지급하고 계약상현금흐름을 수취 및 매도목적		기타포괄손익 - 공정가치 측정 금융자산(FVOCI 금융자산)
	그 외 경우		당기손익 - 공정가치 측정 금융자산 (FVPL 금융자산)
지분상품	피투자회사에 중대한 영향력을 행사할 수 있는 경우		관계기업투자
	그 외	원칙	당기손익 - 공정가치 측정 금융자산 (FVPL 금융자산)
		최초 인식시점 단기매매목적이 아닌 경우	기타포괄손익 - 공정가치 측정 금융자산(FVOCI 금융자산)

💡 **사업모형**

1. 현금흐름
   원금과 이자 지급만으로 구성되어 있는지 여부
2. 사업모형(취득 및 보유목적)
   현금흐름을 창출하기 위해 금융자산을 관리하는 방식을 의미한다.
   ① 계약상 현금흐름을 수취하기 위해 금융자산을 보유하는 목적인 사업모형
   ② 계약상 현금흐름의 수취와 매도 둘 다를 목적으로 하는 사업모형
   ③ 그 밖의 목적으로 보유하는 사업모형

01 당기손익 − 공정가치 측정 금융자산

1 당기손익 − 공정가치 측정 금융자산의 취득원가의 산정

당기손익 − 공정가치 측정 금융자산은 취득을 위하여 제공한 대가의 시장가격을 취득원가로 한다. **취득과 관련하여 발생하는 거래원가는 당기비용**으로 처리한다.

채무상품을 이자지급일 사이에 취득하는 경우 채무상품의 구입가격에는 직전 이자지급일부터 취득일까지의 경과이자가 포함되어 있으므로 동 경과이자를 미수이자의 과목으로 하여 별도로 구분하고 취득원가에서 제외하여야 한다.

> 채무증권의 취득원가 = 채무상품의 구입가격 − 취득일까지의 경과이자

(차) FVPL 금융자산	×××	(대) 현 금	×××
미수이자*	×××		

* 직전 이자지급일부터 취득일까지의 경과이자

$$* \; 경과이자 = 액면가액 \times 액면이자율 \times \frac{경과일수}{365일}$$

예제

유가증권의 취득 − 지분증권
㈜강변의 주식 10,000주(주당 액면금액 @₩500)를 주당 @₩650에 매입하고, 동시에 수수료 ₩50,000을 현금으로 지급하다.

해설

(차) FVPL 금융자산	6,500,000	(대) 현 금	6,550,000
수수료비용	50,000		

* 거래원가는 당기비용으로 처리한다.

금융자산의 단위당 취득원가 결정

금융자산을 수 회에 걸쳐 다른 가격으로 취득한 경우 당해 금융자산의 단위당 취득원가는 개별법, 총평균법, 이동평균법 등 원가흐름의 가정을 사용하여 종목별로 산정하되 동일한 방법을 매기 계속 적용한다.

2 보유에 따른 손익

(1) 배당수익

현금배당은 지분상품의 발행회사가 배당을 선언하는 경우 **배당금수익**의 과목으로 하여 당기손익으로 처리하고, 동 금액을 미수배당금으로 인식한다. 미수배당금으로 인식한 금액은 배당금수령일에 배당금으로 수령한 현금액과 상계한다.

주식배당을 통해서 무상주를 수령하는 경우에는 이를 자산의 증가로 보지 않기 때문에 배당금 수익으로 인식하지 않는다. 무상주 수령에 대한 수익은 향후 당해 지분증권을 처분하는 시점에 처분이익으로 반영한다.

```
배당선언일    : (차) 미 수 배 당 금   ×××      (대) 배 당 금 수 익   ×××
배당금 수령일: (차) 현          금   ×××      (대) 미 수 배 당 금   ×××
```

(2) 이자수익

채무상품의 보유로 수령하는 약정이자는 투자회사의 보유기간에 해당하는 금액만 이자수익으로 인식한다. 취득일 이후 최초로 이자를 수령하는 경우에는 현금수령액에서 취득당시 직전 소유자에게 대신 지급함으로써 미수이자로 인식한 금액을 차감한 금액을 이자수익으로 인식한다.

```
이자수취시: (차) 현          금   ×××      (대) 미 수 이 자*  ×××
                                          이 자 수 익   ×××
* 직전 이자지급일부터 취득일까지의 경과이자
```

3 평가와 처분

(1) 평 가

당기손익 − 공정가치 측정 금융자산은 **공정가치로 평가**하고, 공정가치와 장부금액과의 차액은 당기손익 − 공정가치 측정 금융자산평가손익의 과목으로 하여 **당기손익**으로 처리한다. 당기손익 − 공정가치 측정 금융자산의 장부금액은 당기에 취득한 경우 취득원가를 말하며, 전기이전에 취득한 경우에는 **전기말 공정가치**를 말한다.

[장부금액 > 공정가치]

　(차) FVPL금융자산평가손실　　×××　　　　(대) FVPL금융자산　　×××

[장부금액 < 공정가치]

　(차) FVPL금융자산　　×××　　　　(대) FVPL금융자산평가이익　　×××

💡 **원가법, 시가법(공정가치법), 저가법의 이해**

📝 예 취득원가 ₩10,000, 기말 공정가치 ① ₩15,000, ② ₩7,000인 경우

구 분	장부금액	기말 공정가치 ① ₩15,000인 경우	② ₩7,000인 경우
원가법	₩10,000	₩10,000(　－　)	₩10,000(　－　)
시가법	₩10,000	₩15,000(₩5,000 평가이익)	₩7,000(₩3,000 평가손실)
저가법	₩10,000	₩10,000(　－　)	₩7,000(₩3,000 평가손실)

🔍 **예 제**

유가증권의 평가 - 공정가액법

㈜SS의 FVPL금융자산에 대한 다음 자료에 의하여 기말평가에 대한 분개를 하시오.

종 목	수 량	주당액면	주당원가	주당공정가치
A사 보통주	2,000주	₩5,000	₩12,000	₩10,000
B사 보통주	10,000	500	600	800
C사 보통주	2,000	5,000	5,500	8,000

해설

(1) 유가증권의 평가

종 목	취득원가	기말공정가치	평가이익(손실)
A사 보통주	₩24,000,000	₩20,000,000	(₩4,000,000)
B사 보통주	6,000,000	8,000,000	2,000,000
C사 보통주	11,000,000	16,000,000	5,000,000
계	₩41,000,000	₩44,000,000	₩3,000,000

(2) 회계처리

　(차) FVPL금융자산　　7,000,000　　　　(대) 금융자산평가이익　　7,000,000

　(차) 금융자산평가손실　　4,000,000　　　　(대) FVPL금융자산　　4,000,000

또는

　(차) FVPL금융자산　　3,000,000　　　　(대) 금융자산평가이익　　3,000,000

(2) 처 분

당기손익 − 공정가치 측정 금융자산을 처분하는 경우 **처분금액과 장부금액과의 차액은 금융자산처분손익의 과목으로 하여 당기손익으로 인식**한다. 당기손익 − 공정가치 측정 금융자산을 처분하는 경우에 발생하는 처분부대비용은 처분금액에서 차감하여 처분손익에 가감한다.

한편, 채무상품을 이자지급일 사이에 처분하는 경우 채무상품의 처분대가 중에는 직전 거래일부터 처분일까지의 경과이자가 포함되어 있으므로 동 금액을 처분금액에서 분리하여 이자수익으로 인식하고 잔액을 금융자산처분손익으로 인식한다.

FVPL금융자산 처분손익 = 처분금액(부대비용 차감후) − 장부금액

[지분상품 처분시]

(차) 현　　　　　금　　×××　　　(대) FVPL금융자산　　　×××
　　　　　　　　　　　　　　　　　　 금융자산처분이익　　×××

[채무상품 처분시]

(차) 현　　　　　금　　×××　　　(대) FVPL금융자산　　　×××
　　　　　　　　　　　　　　　　　　 이 자 수 익*　　　　×××
　　　　　　　　　　　　　　　　　　 금융자산처분이익　　×××

* 직전 이자지급일부터 처분일까지의 경과이자

🔍 예제

평가 및 처분

1. ㈜BB의 20X1년 12월 31일(결산일) 현재 단기매매를 목적으로 보유하고 있는 지분증권의 원가와 기말공정가치에 대한 자료는 다음과 같다. 평가손익에 대한 분개를 하라.

종 목	수량(주)	취득원가	기말공정가치	차 이
A주식	1	₩10,000	₩6,000	(₩4,000)
B주식	1	20,000	25,000	5,000
C주식	1	30,000	27,000	(3,000)
계		₩60,000	₩58,000	(₩2,000)

2. ㈜BB는 20X2년 3월에 B회사 주식을 ₩23,000에 처분하였다. 분개는?

3. ㈜BB는 20X2년 6월에 C회사 주식을 ₩28,000에 처분하였다. 분개는?

4. 20X2년 12월 31일(결산일) 현재 A회사 주식의 시가는 ₩8,000이다. 평가손익 분개는?

1. (차) 금융자산평가손실　　　　　　2,000　　　(대) FVPL금융자산　　　　　　2,000
2. (차) 현금　　　　　　　　　　　23,000　　　(대) FVPL금융자산　　　　　25,000*
　　　금융자산처분손실　　　　　2,000
　　　＊공정가치법에 의해 평가하였기 때문에 B주식의 장부가액은 ₩25,000이다.
3. (차) 현금　　　　　　　　　　　28,000　　　(대) FVPL금융자산　　　　　27,000*
　　　　　　　　　　　　　　　　　　　　　　　　금융자산처분이익　　　　1,000

　　　＊C주식의 장부가액 ₩27,000(공정가치법)
4. (차) FVPL금융자산　　　　　　　2,000　　　(대) 금융자산평가이익　　　　2,000*
＊20X1년말의 A주식 장부가액 ₩6,000이고, 20X2년말의 A주식 장부가액 ₩8,000이므로 평가이익
　₩2,000발생

예제

채무증권의 매매

㈜대차는 20X5년 4월 1일 액면 ₩10,000,000인 사채(액면이자율 연 12%, 만기 3년, 이자
지급방법 : 매년 6월 30일, 12월 31일에 분할 지급)를 **단기보유를 목적으로** ₩9,800,000
(경과이자 포함)**에 현금매입 하였으며, 이것을 20X5년 11월 1일** ₩10,000,000(경과이자
포함)**에 현금매각 하였다. 취득일, 이자수입일, 처분일의 분개를 하라.**

4/1　　(차) FVPL금융자산　　　　9,500,000　　　(대) 현 금　　　　　　　　9,800,000
　　　　　미수이자　　　　　　　300,000[1)]
　　　　　1) 10,000,000 × 12% × 3/12 = ₩300,000
6/30　　(차) 현 금　　　　　　　　600,000[2)]　　(대) 미수이자　　　　　　　300,000
　　　　　　　　　　　　　　　　　　　　　　　　　이자수익　　　　　　　300,000

　　　　　2) 10,000,000 × 12% × 6/12 = ₩600,000
11/1　　(차) 현 금　　　　　　　10,000,000　　　(대) FVPL금융자산　　　　9,500,000
　　　　　　　　　　　　　　　　　　　　　　　　　이자수익　　　　　　　400,000[3)]
　　　　　　　　　　　　　　　　　　　　　　　　　금융자산처분이익　　　100,000

　　　　　3) 10,000,000 × 12% × 4/12 = ₩400,000

---

02 기타포괄손익 − 공정가치 측정 금융자산

1 의 의

채무상품(사채)의 **계약상 현금흐름이 원금과 이자로만 구성**되어 있으며, **원리금을 수취하면서 동시에 매도할 목적으로 하는 사업모형** 하에서 채무상품을 보유하는 경우에는 기타포괄손익 − 공정가치 측정 금융자산(FVOCI 금융자산)으로 분류한다.

한편, 서로 다른 기준에 따라 자산이나 부채를 측정하거나 그에 따른 손익을 인식하는 경우에 **측정이나 인식의 불일치**가 발생할 수 있다. 이러한 상황에서 금융자산을 당기손익 − 공정가치 측정 항목으로 지정한다면 이와 같은 불일치를 제거하거나 유의적으로 줄일 수 있는 경우에는 최초 인식시점에 해당 금융자산을 당기손익 − 공정가치 측정 항목으로 지정할 수 있으며, 한번 지정하면 이를 취소할 수 없다.

지분상품(주식)의 경우 당기손익 − 공정가치로 측정되는 지분상품에 대한 특정 투자에 대하여는 후속적인 공정가치 변동을 기타포괄손익으로 표시하도록 **최초 인식시점에 선택(지정)**할 수도 있다. 다만 한번 선택하면 이를 취소할 수 없다.

2 최초인식 및 후속측정

(1) **최초인식**(취득)

최초 인식과 후속측정시 모두 **공정가치로 측정**하며, **취득과 관련된 거래원가는 최초 인식하는 공정가치에 가산**하여 측정한다.

(차) FVOCI 금융자산	×××	(대) 현　　　　　금	×××

(2) **후속측정**(평가)

① 채무상품은 **유효이자율을 적용하여 상각후원가로 측정하여 이자수익을 먼저 인식**한 후, 후속측정일의 상각후원가와 공정가치의 차액을 재측정손익(평가손익)으로 인식한다.

후속측정에 따른 평가손익은 **자본(기타포괄손익)으로 인식**하고 금융자산을 제거할 때 인식한 기타포괄손익누계액을 재분류조정으로 자본에서 **당기손익으로 재분류**한다.

💡 계정과목

회계에서 계정과목을 절대적인 명칭이 아니므로 상황에 따라 다르게 표시될 수 있다.
'FVOCI 금융자산평가손익'을 '기타포괄평가손익', '금융자산평가손익(OCI)' 등으로 표시할 수 있다.

② 지분상품은 보고기간 말 공정가치로 평가하고 공정가치 변동액은 **자본(기타포괄손익)으로 인식**한다. 또한 금융자산을 제거할 때 인식한 기타포괄손익누계액은 기타포괄손익에 영향을 미치지만 당기손익에 영향을 미치지 아니하므로 재분류조정을 하지 않고 **이익잉여금으로 대체**할 수 있다.

공정가치 상승
(차) FVOCI 금융자산　　　　×××　　　　(대) FVOCI 금융자산평가이익　×××

공정가치 하락
(차) FVOCI 금융자산평가손실　×××　　　　(대) FVOCI 금융자산　　　　×××

＊FVOCI 금융자산의 평가이익과 평가손실은 상계처리한다.

---

③ 처분(제거)

(1) 채무상품의 처분

기타포괄손익 − 공정가치 측정 금융자산이 채무상품인 경우 처분 시 장부가액은 처분일의 상각후원가로 측정한 후, 처분일의 상각후원가와 처분금액(처분일의 공정가치)의 차액을 처분손익으로 처리한다. 이 때 자본에 누적된 기타포괄손익누계액은 금융자산을 제거할 때 재분류조정으로 자본에서 당기손익으로 재분류한다.

🔍 예제

기타포괄손익금융자산 − 채무증권

(1) 20X1년 1월 1일 ㈜대한은 ㈜한국이 발행한 사채를 ₩95,026에 취득하고 기타포괄손익 − 공정가치 측정 금융자산으로 분류하였다.

・액면금액 : ₩100,000　　　　・만기일 : 20X3년 12월 31일
・표시이자율 : 8%　　　　　　・유효이자율 : 10%
・이자지급일 : 매년 12월 31일

---

(2) 20X1년 말 ㈜한국이 발행한 사채의 공정가치는 ₩97,000이다.

(3) 20X2년 초 ㈜대한은 사채를 ₩98,000에 처분하였다.

해설

(1) 할인차금 상각표

일 자	유효이자(10%)	액면이자(8%)	차금상각액	장부금액
20X1년 초				₩95,026
20X1년 말	₩9,503[*1]	₩8,000	₩1,503[*2]	96,529[*3]
20X2년 말	9,653	8,000	1,653	98,182
20X3년 말	9,818	8,000	1,818	100,000
계	₩28,974	₩24,000	₩4,974	

*1 ₩95,026 × 10% = ₩9,503

*2 ₩9,503 − ₩8,000 = ₩1,503

*3 ₩95,026 + ₩1,503 = ₩96,529

(2) 회계처리

20X1년초	(차) FVOCI금융자산	95,026	(대) 현　　　금	95,026
20X1년말	(차) 현　　　금	8,000	(대) 이 자 수 익	9,503
	FVOCI금융자산	1,503		
	(차) FVOCI금융자산	471	(대) 금융자산평가이익(OCI)	471
20X3년초	(차) FVOCI금융자산	1,000	(대) 금융자산평가이익(OCI)	1,000
	(차) 현　　　금	98,000	(대) FVOCI금융자산	98,000
	(차) 금융자산평가이익(OCI)	1,471	(대) 금융자산처분이익	1,471

(2) 지분상품의 처분

기타포괄손익 − 공정가치 측정 금융자산이 **지분상품인 경우 처분 시 장부가액은 처분일의 공정가치로 평가하여 평가손익을 기타포괄손익으로 인식**한다. 이후 수취한 대가와 처분일에 재측정된 금융자산의 장부금액의 차이를 당기손익으로 인식한다. 다만 일반적으로 처분일의 공정가치와 처분금액은 일치하므로 **처분손익은 발생하지 않는다**. 만약 처분시 거래원가가 발생하는 경우 해당 금융자산의 처분으로 수취한 대가에서 차감하여 추가로 당기손익이 발생할 수도 있다.

한편 금융자산의 제거시점에 기인식한 기타포괄손익누계액은 이익잉여금으로 대체할 수 있다.

🔗 FVOCI금융자산의 처분

구 분	처분손익	재분류조정
채무상품	처분금액 − 장부금액(= 처분일의 상각후원가)	○
지분상품	처분금액 − 장부금액(= 처분일의 공정가치)	×

기타포괄손익금융자산 − 지분증권

(1) 20X1년 7월 1일 ㈜대한은 유가증권시장에 상장되어 있는 B사 주식을 ₩20,000에 현금으로 취득하고 기타포괄손익 − 공정가치 측정 금융자산으로 분류하였다.

(2) 20X1년 말 ㈜대한이 보유중인 B사 주식의 공정가치는 ₩18,000이다.

(3) 20X2년 말 ㈜대한이 보유중인 B사 주식의 공정가치는 ₩23,000이다.

(4) 20X3년 2월 5일 ㈜대한은 보유중인 B사 주식을 전액 ₩25,000에 처분하였다.

해설

	(차)			(대)	
(1)	FVOCI 금융자산	20,000	현금		20,000
(2)	기타포괄평가손실	2,000	FVOCI 금융자산		2,000
(3)	FVOCI 금융자산	5,000	기타포괄평가손실		2,000
			기타포괄평가이익		3,000

* 기타포괄손익 금융자산의 평가이익과 평가손실은 상계처리한다.

	(차)			(대)	
(4)	FVOCI 금융자산	2,000	기타포괄평가이익		2,000
	현금	25,000	FVOCI 금융자산		25,000
	기타포괄평가이익	5,000	이익잉여금		5,000

* 처분일의 공정가치(처분금액)로 재측정하고 기타포괄손익누계액은 이익잉여금으로 대체한다.

03 상각후원가 측정 금융자산

1 의 의

채무상품의 **현금흐름이 원금과 이자만으로 구성**되어 있으며, **원리금을 수취할 목적**으로 하는 사업모형 하에서 채무상품을 만기(또는 특정일)까지 보유할 목적으로 취득한 경우에는 상각후원가 측정 금융자산(AC 금융자산)으로 분류한다.

2 최초인식 및 후속측정

(1) 최초인식(취득)

상각후원가 측정 금융자산의 최초인식은 취득시점의 공정가치로 측정하여 인식한다. 취득시점의 공정가치는 시장이자율(유효이자율)로 할인한 미래현금흐름의 현재가치로 결정된다.

한편 취득시 발생하는 거래원가는 최초인식 공정가치에 가산하며, 후속적으로 유효이자율법을 적용하여 금융상품의 존속기간에 걸쳐 당기손익으로 반영한다.

(2) **후속측정**(평가)

상각후원가 측정 금융자산은 유효이자율법을 적용하여 **상각후원가로 측정하여 재무상태표에 보고**한다. 상각후원가법에서는 취득원가와 만기액면금액의 차액을 상환기간에 걸쳐 유효이자율법으로 상각하여 취득원가와 이자수익에 가감한다. 상각후원가 측정 금융자산은 공정가치로 평가하지 않으므로 평가손익이 발생하지 않는다.

> 이자수익(유효이자) : 기초장부금액 × 유효이자율
> 차금상각액 : 유효이자 − 액면이자
> 상각후원가 : 기초장부금액 ± 할인 및 할증차금 상각(환입)액

🔍 예제

상각후원가 측정 금융자산의 평가와 처분

(1) ㈜BB는 20X1년 1월 1일에 세무상사가 발행한 액면금액 ₩100,000(만기일 20X3년 12월 31일, 표시이자율 8%, 유효이자율 10%, 이자지급일은 매년 12월 31일)의 사채를 ₩95,026에 취득하고 상각후원가 측정 금융자산으로 분류하였다.

(2) 20X3년 1월 1일, ㈜BB는 세무상사 사채를 ₩99,000에 처분하였다.

해설

(1) 할인차금 상각표

일 자	유효이자(10%)	액면이자(8%)	차금상각액	장부금액
20X1년 초				₩95,026
20X1년 말	₩9,503*1	₩8,000	₩1,503*2	96,529*3
20X2년 말	9,653	8,000	1,653	98,182
20X3년 말	9,818	8,000	1,818	100,000
계	₩28,974	₩24,000	₩4,974	

*1 ₩95,026 × 10% = ₩9,503
*2 ₩9,503 − ₩8,000 = ₩1,503
*3 ₩95,026 + ₩1,503 = ₩96,529

(2) 회계처리

20X1년 초	(차) AC금융자산	95,026	(대) 현　　　금	95,026
20X1년 말	(차) 현　　　금 AC금융자산	8,000 1,503	(대) 이 자 수 익	9,503
20X2년 말	(차) 현　　　금 AC금융자산	8,000 1,653	(대) 이 자 수 익	9,653
20X3년 초	(차) 현　　　금	99,000	(대) AC금융자산 AC금융자산처분이익	98,182 818

04 손 상

금융자산의 발행자(또는 채무자)의 신용위험(Credit risk)이 증가함으로써, 금융자산의 계약상 미래 현금흐름(원금과 이자)에 대한 회수가능성이 감소하게 되는데, 이와 같은 신용위험에 따른 기대신용손실을 손상차손(당기손익)으로 인식해야 한다. 손상대상 금융자산은 계약에 의해 미래현금흐름이 발생하는 채무상품과 대여금 및 수취채권이며 다음의 경우에는 손상을 인식하지 않는다.

① 지분상품(계약상 현금흐름의 발생하지 않음)
② 당기손익 – 공정가치 측정 금융자산(공정가치 변동을 당기손익에 반영하기 때문에 손상의 효과가 평가손실로 반영됨)

1 상각후원가 측정 금융자산의 손상

상각후원가 측정 금융자산은 보고기간 말에 신용손실(손상)의 객관적인 증거가 있는지를 판단하여 신용손실을 인식하거나 신용위험이 유의적으로 증가 또는 신용위험이 유의적으로 증가하지 아니한 경우에도 기대신용손실에 해당하는 금액을 손실충당금으로 인식한다.

| 손상발생 | (차) 손상차손 | ××× | (대) 손실충당금 | ××× |
| 손상환입 | (차) 손실충당금 | ××× | (대) 손상차손환입 | ××× |

* 손상차손(환입) 인식금액 : 당기말 기대신용손실 – 전기말 기대신용손실
* 상각후원가 : 총장부금액 – 기말 기대신용손실

2 기타포괄손익 – 공정가치 측정 금융자산의 손상

손상차손을 인식하면서 상대계정으로 회계처리하는 손실충당금은 금융자산의 차감계정이다. 재무상태표에는 손실충당금을 차감한 순액으로 금융자산을 표시하는 것이 일반적이다. 그런데 FVOCI 금융자산에 대해서 인식하는 손상차손은 손실충당금으로 인식하지 않고 기타포괄손익(FVOCI 금융자산평가손익)에서 조정한다.

| 평가손실 | (차) 금융자산평가손실(OCI) ××× | (대) FVOCI 금융자산 | ××× |
| 손상발생 | (차) 손상차손 | ××× | (대) 금융자산평가손실(OCI) ××× |

* 손상차손(환입) 인식금액 : 당기말 기대신용손실 – 전기말 기대신용손실
* 상각후원가 : 총장부금액 – 기말 기대신용손실

🔆 기대신용손실

기대신용손실의 측정은 금융상품의 기대존속기간에 걸친 신용손실(현금부족액의 현재가치)의 확률가중추정치이다.
① 신용손실 = 현금부족액의 현재가치
  * 현금부족액 = 계약상 수취하기로 한 현금흐름의 현재가치 – 수취할 것으로 예상하는 현금흐름의 현재가치
② 기대신용손실 = 신용손실을 기대존속기간에 따른 확률가중평균치로 산정한 금액
③ 기대신용손실을 추정하는 기간
  ㉠ 최초 인식 후에 신용위험이 유의적으로 증가하지 않은 경우 : 12개월
  ㉡ 최초 인식 후에 신용위험이 유의적으로 증가한 경우 : 전체기간
  ㉢ 취득 시 신용 손상이 있는 금융자산 : 전체기간
  ㉣ 간편법을 적용하는 매출채권 등 : 전체기간
④ 손실충당금을 조정하기 위한 기대신용손실액(또는 환입액)은 손상차손(환입)으로 당기손익으로 인식한다.

🔆 FVOCI 금융자산 손상차손

FVOCI 금융자산의 보고기간 말의 장부금액은 공정가치로 표시되어야 하는데, 손상차손(환입)을 인식하면서 이를 손실충당금의 변동으로 회계처리하면 재무상태표상 금융자산의 장부금액(손실충당금이 차감된 순액)이 공정가치와 다른 금액으로 표시되는 문제가 발생한다. 따라서 FVOCI 금융자산의 손상차손은 상대계정으로 손실충당금 대신 기타포괄손익으로 인식했던 금융자산평가손익에서 조정한다.

예 기타포괄손익 − 공정가치 측정 금융자산의 공정가치 하락이 ₩100,000이며, 이 중 신용위험으로 인한 손상효과가 ₩40,000으로 가정

(차) 손상차손	40,000	(대) FVOCI 금융자산	100,000
금융자산평가손실(OCI)	60,000		

대표적인 금융자산인 채무상품과 지분상품의 분류 및 후속측정, 그리고 기타포괄손익의 후속적인 당기손익 재분류 여부와 손상차손 인식 여부를 요약하면 다음과 같다.

구 분	분 류	공정가치 변동 인식	기타포괄손익의 당기손익 재분류	손상차손 인식 여부
채무상품	AC 금융자산	×	−	인식
	FVOCI 금융자산	기타포괄손익	재분류(○)	인식
	FVPL 금융자산	당기손익	−	×
지분상품	FVPL 금융자산	당기손익	−	×
	FVOCI 금융자산	기타포괄손익	재분류 불가	×

손상차손을 인식한 금융자산에 대해서도 유효이자율법을 적용하여 이자수익을 인식한다.

구 분	1단계	2단계	3단계
신용위험	유의적으로 증가하지 않음	유의적으로 증가함	신용이 손상됨
추정기간	12개월	전체기간	
이자수익	총장부금액 × 유효이자율		상각후원가 × 유효이자율

* 총장부금액 : 손실충당금 차감 전 금융자산의 상각후원가
* 상각후원가 : 손실충당금 차감 후 금융자산의 상각후원가
* 유효이자율 : 최초 인식시점에 산정한 유효이자율

05 재분류

취득한 금융자산은 취득시점에 금융자산의 현금흐름 특성과 기업의 금융자산 관리를 위한 사업모형에 따라 상각후원가 측정 금융자산(AC 금융자산)과 기타포괄손익 – 공정가치 측정 금융자산(FVOCI 금융자산), 당기손익 – 공정가치 측정 금융자산(FVPL 금융자산)의 세 가지 항목으로 분류하고, 최초인식과 후속측정을 수행한다. 따라서 기업이 금융자산을 관리하는 **사업모형을 변경하는 경우**에는 영향을 받는 모든 금융자산을 재분류해야 한다. 한편, 현금흐름이 원금과 이자만으로 구성되어 있지 않는 **지분상품이나 파생상품은 사업모형을 선택할 수 없으므로 재분류가 불가능하다.**

금융자산을 재분류하는 경우에는 그 재분류를 재분류일(변경 후 첫 번째 보고기간의 첫 번째 날)부터 전진적으로 적용한다. 또한 재분류 전에 인식한 당기손익(손상차손이나 손상환입을 포함)이나 이자는 수정하지 않는다.

1 FVPL 금융자산에서 다른 범주로 재분류되는 경우

> **💡 FVPL ⇨ AC 재분류시 유효이자율**
>
> FVPL 금융자산에 대해서는 이자수익과 손상차손(환입)을 구분하여 회계처리하지 않기 때문에 FVPL 측정 범주에서 다른 범주로 재분류하는 경우 유효이자율을 재분류일의 공정가치에 기초하여 계산하여야 한다.

① AC 금융자산으로 재분류하는 경우 재분류일의 공정가치가 새로운 총장부금액이 되며, 공정가치 변동손익은 당기손익으로 인식한다. 이후 총장부금액을 기초로 유효이자율을 다시 계산하여 이자수익을 인식한다.

② FVOCI 금융자산으로 재분류하는 경우 계속 공정가치로 측정하고, 공정가치 변동손익은 당기손익으로 인식한다. 이후 재분류일의 공정가치에 기초하여 유효이자율을 다시 계산한다.

2 FVOCI 금융자산에서 다른 범주로 재분류되는 경우

① AC 금융자산으로 재분류하는 경우 재분류일의 공정가치로 측정하고, 재분류 전에 인식한 기타포괄손익누계액은 자본에서 제거하고 재분류일의 금융자산 공정가치에서 조정한다. 따라서 최초 인식시점부터 상각후원가로 측정했던 것처럼 재분류일에 금융자산을 측정하는 것이 된다. 이러한 조정은 기타포괄손익에 영향을 미치지만 당기손익에는 영향을 미치지 않으므로 재분류조정에 해당하지 않는다.

② FVPL 금융자산으로 재분류하는 경우 계속 공정가치로 측정하고, 공정가치 변동손익은 당기손익으로 인식한다. 재분류 전에 인식한 기타포괄손익누계액은 재분류일에 재분류조정으로 자본에서 당기손익으로 재분류한다.

3 AC 금융자산에서 다른 범주로 재분류되는 경우

① FVPL 금융자산으로 재분류하는 경우 재분류일의 공정가치로 측정하고, 재분류 전 상각후원가와 공정가치의 차이를 당기손익으로 인식한다.
② FVOCI 금융자산으로 재분류하는 경우 재분류일의 공정가치로 측정하고, 재분류 전 상각후원가와 공정가치의 차이를 기타포괄손익으로 인식한다. 재분류에 따라 유효이자율과 기대신용손실 측정치는 조정하지 않는다.

🔗 금융자산의 분류변경

구 분		재분류일의 회계처리
재분류 전	재분류 후	
FVPL 금융자산	AC 금융자산	공정가치로 측정후 변동손익은 당기손익 처리 ⇨ 새로운 유효이자수익 인식
	FVOCI 금융자산	공정가치로 측정후 변동손익은 당기손익 처리 ⇨ 새로운 유효이자수익 인식
FVOCI 금융자산	FVPL 금융자산	공정가치로 측정후 변동손익은 당기손익 처리 ⇨ 표시이자수익 인식
	AC 금융자산	공정가치평가를 취소 후 상각후원가로 환원 ⇨ 기존 유효이자수익 인식
AC 금융자산	FVPL 금융자산	공정가치로 측정후 변동손익은 당기손익 처리 ⇨ 표시이자수익 인식
	FVOCI 금융자산	공정가치로 측정후 변동손익은 기타포괄손익 처리 ⇨ 기존 유효이자수익 인식

06 | 제 거

1 | 금융자산 제거

금융자산의 제거란 인식과 반대의 개념으로서 **금융자산의 권리가 소멸되거나 금융자산을 양도함으로써 금융자산을 재무제표에서 제거**하는 것을 말한다. 금융자산의 제거와 관련된 회계처리의 핵심은 금융자산 양도거래의 실질이 매각에 해당되는지의 여부를 판단하는 것이다.

2 | 금융자산 제거 사유

권리의 소멸과 제각	소멸	금융자산에 대한 계약상 권리의 현금 회수
	제각	금융자산 전체나 일부의 회수를 합리적으로 예상할 수 없는 경우에는 해당 금융자산의 총장부금액을 직접 차감
권리의 양도		금융자산이 실제 양도되었는지 여부를 판단하고, 양도된 금융자산이 제거조건을 충족하는지를 추가로 판단하여야 한다. (1) 권리의 이전 (2) 의무를 부담하는 권리의 보유

💡 **위험과 보상의 대부분을 이전하는 경우의 예**

(1) 금융자산을 아무런 조건 없이 매도한 경우
(2) 양도자가 매도한 금융자산을 재매입시점의 공정가치로 재매입할 수 있는 권리를 보유하고 있는 경우
(3) …

💡 **위험과 보상의 대부분을 보유하는 경우의 예**

(1) 양도자가 매도 후에 미리 정한 가격으로 또는 매도가격에 양도자에게 금전을 대여하였더라면 그 대가로 받았을 이자수익을 더한 금액으로 양도자산을 재매입하는 거래의 경우
(2) 유가증권대여계약을 체결한 경우
(3) 양도자가 발생 가능성이 높은 신용손실의 보상을 양수자에게 보증하면서 단기 수취채권을 매도한 경우
(4) …

3 | 금융자산의 양도

거래의 종류		회계처리
금융자산 소유에 따른 위험과 보상의 대부분 이전		금융자산 제거 후 제거손익 인식
금융자산 소유에 따른 위험과 보상의 대부분 보유		금융자산 계속 인식 후 금융부채 인식
위험과 보상을 대부분 보유하지도 않고, 이전하지도 않은 경우(일부이전)	통제권행사 가능	지속적 관여정도까지는 금융자산 계속인식
	통제권행사 불가능	금융자산 즉시 제거 후 제거손익 인식

07 관계기업투자

1 관계기업과 공동기업에 대한 투자

(1) 관계기업과 공동기업

투자자가 피투자자에 대하여 **유의적인 영향력을 행사**할 수 있는 지분을 소유하여 관계기업이 되거나 공동지배력을 행사할 수 있는 지분을 소유하여 공동기업이 되는 경우, 투자자는 당해 관계기업이나 공동기업의 영업·투자·재무의사결정에 영향을 주게 된다.

이 경우 투자자는 관계기업투자계정에 대하여 **지분법**을 적용하여 회계처리 하여야 한다.

지분법은 투자자산을 최초에 취득원가로 인식하고, 취득시점 이후 발생한 피투자자의 순자산 변동액 중 투자자의 몫을 해당 투자자산에 가감하여 보고하는 회계처리방법이다.

(2) 유의적인 영향력이 있는 경우

유의적인 영향력이 있는 경우는 투자자가 피투자기업의 재무정책과 영업정책에 관한 의사결정에 참여할 수 있는 능력이 있는 경우를 말하며 지분율기준과 실질기준으로 판단한다.

① **보유지분율 기준**

투자자가 직접으로 또는 간접(예 종속기업을 통하여)으로 피투자자에 대한 **의결권의** 20% **이상**을 소유하고 있는 경우

② **잠재적 의결권의 행사가능성 기준**

투자자가 다음 중 하나 이상에 해당하는 경우 지분율이 20% 미만인 경우에도 일반적으로 유의적인 영향력이 있는 것으로 본다.

> ㉠ 피투자자의 이사회나 이에 준하는 의사결정기구에 참여
> ㉡ 배당이나 다른 분배에 관한 의사결정에 참여하는 것을 포함하여 정책결정 과정에 참여
> ㉢ 투자자와 피투자자 사이의 중요한 거래
> ㉣ 경영진의 상호 교류
> ㉤ 필수적 기술정보의 제공

예외적으로 유의적인 영향력을 행사할 수 있음에도 불구하고 12개월 이내에 매각예정으로 분류된 관계기업에 대한 투자자산의 경우에는 지분법을 적용하지 않는다.

2 지분법 회계처리

(1) 기본적 회계처리

지분법은 투자자산을 최초에 원가로 인식하고, 취득시점 이후 발생한 피투자자의 순자산 변동액 중 투자자의 지분을 해당 투자자산에 가감하여 보고하는 회계처리방법을 말한다.

취 득 시 : (차) 관계기업투자	×××	(대) 현 금	×××
순이익 보고시 : (차) 관계기업투자	×××	(대) 지분법이익	×××
순손실 보고시 : (차) 지분법손실	×××	(대) 관계기업투자	×××
배당금 결의시 : (차) 미수배당금	×××	(대) 관계기업투자	×××
배당금 지급시 : (차) 현 금	×××	(대) 미수배당금	×××

지분법손익 = 피투자자의 당기순손익 × 지분율
관계기업투자주식의 장부금액
  = 취득원가 + (피투자자의 당기순손익 − 배당금) × 지분율

(2) 관계기업의 순자산변동

관계기업의 순자산 변동 중 투자자 지분해당액을 관계기업주식에 반영할 때는 **순자산의 변동 원인별로 구분처리**해야 한다.

① **관계기업의 당기순손익과 현금배당**

관계기업의 당기순손익 중 투자자의 지분에 해당하는 금액을 장부금액에 가감하며, **관계기업의 당기순손익 중 투자자의 지분상당액은 투자자의 당기순손익으로 인식**한다. 투자자는 관계기업이 **배당금지급을 결의한 시점에** 수취하게 될 배당금 금액을 **관계기업투자주식에서 직접 차감**한다.

② **관계기업의 기타포괄손익**

관계기업의 순자산변동이 기타포괄손익의 증감으로 발생하는 경우에도 그러한 자본 변동분 중 지분율에 해당하는 금액을 투자자산의 장부금액에 반영해야 한다. 이러한 **관계기업의 기타포괄손익 변동액 중 투자자의 지분은 투자자의 기타포괄손익으로 인식**한다.

🔗 관계기업의 순자산 변동

관계기업		투자기업			
		⇨ 관계기업주식 ×× / 현금			××
	납입자본 변동	⇨ 관계기업주식 ×× / 현금			××
	자본조정항목 변경	⇨ 관계기업주식 ×× / 지분법자본조정			××
순자산 BV	기타포괄손익 변동	⇨ 관계기업주식 ×× / 지분법기타포괄이익			××
	이익잉여금 직접변동	⇨ 관계기업주식 ×× / 지분법이익잉여금			××
	당기순이익	⇨ 관계기업주식 ×× / 지분법이익			××
	현금배당지급	⇨ 현금 ×× / 관계기업주식			××

🔍 예제

관계기업투자의 평가

(1) 20X1년 1월 1일 ㈜대한은 BB사의 발행주식 중 30%를 ₩200,000에 현금취득하여 유의적인 영향력을 행사할 수 있게 되었다.

(2) 20X1년 3월 20일 BB사는 당기순이익으로 ₩180,000을 보고하였다.

(3) 20X1년 4월 1일 BB사는 현금배당 ₩80,000을 지급할 것을 결의하였다.

(4) 20X1년 4월 18일 BB사로부터 배당금이 보통예금 계좌로 입금되었다.

해설

(1) (차) 관계기업투자	200,000	(대) 현금	200,000
(2) (차) 관계기업투자	54,000	(대) 지분법이익	54,000
(3) (차) 미수배당금	24,000	(대) 관계기업투자	24,000
(4) (차) 보통예금	24,000	(대) 미수배당금	24,000

* 관계기업투자 장부금액: 200,000 + 54,000 − 24,000 = ₩230,000

단원핵심정리

1 금융자산의 분류

금융자산(유가증권)은 계약상 **현금흐름과 사업모형에 따라** 분류된다.

구 분	계정과목
채무상품	상각후원가 측정 금융자산 당기손익 − 공정가치 측정 금융자산 기타포괄손익 − 공정가치 측정 금융자산
지분상품	당기손익 − 공정가치 측정 금융자산 기타포괄손익 − 공정가치 측정 금융자산 관계기업투자

2 최초인식

금융자산의 취득과 관련된 **거래원가는 최초 인식하는 공정가치에 가산**하여 측정한다. 다만 당기손익 − 공정가치 측정 금융자산의 취득과 관련하여 발생하는 **거래원가는 당기비용으로 처리**한다.

(1) 채무증권

구 분	취득원가
FVPL 금융자산	**공정가치(거래원가 : 당기비용)**
FVOCI 금융자산	공정가치 + 거래원가
AC 금융자산	공정가치 + 거래원가

(2) 지분증권

구 분	취득원가
FVPL 금융자산	**공정가치(거래원가 : 당기비용)**
FVOCI 금융자산	공정가치 + 거래원가

3 후속측정

- 당기손익 – 공정가치 측정 금융자산은 **공정가치로 평가**하고, 공정가치 변동액은 **당기손익으로 인식**한다.
- 기타포괄손익 – 공정가치 측정 금융자산으로 분류된 채무상품은 먼저 **상각후원가로 측정**한 후, **공정가치 평가**하고 공정가치 변동액은 **자본(기타포괄손익)으로 인식**한다.
- 기타포괄손익 – 공정가치 측정 금융자산으로 분류된 지분상품은 **공정가치 평가**하고 공정가치 변동액은 **자본(기타포괄손익)으로 인식**한다.
- 상각후원가 측정 금융자산은 **유효이자율법을 적용한 상각후원가로 측정**하여 재무상태표에 보고한다.

(1) 채무증권

구 분	평 가	평가손익	이자수익
FVPL 금융자산	**공정가치**	**당기손익**	**표시이자**
FVOCI 금융자산	**공정가치**	기타포괄손익	유효이자
AC 금융자산	상각후원가	–	유효이자

(2) 지분증권

구 분	평 가	평가손익	배당금수익
FVPL 금융자산	**공정가치**	**당기손익**	**당기손익**
FVOCI 금융자산	**공정가치**	기타포괄손익	**당기손익**

4 제거(처분)

① 기타포괄손익 – 공정가치 측정 금융자산으로 분류된 채무상품의 처분 시 장부금액은 처분일의 상각후원가로 측정한 후, **처분일의 상각후원가와 처분금액(처분일의 공정가치)의 차액을 처분손익(당기손익)으로 인식**한다.

② 기타포괄손익 – 공정가치 측정 금융자산으로 분류된 지분상품의 경우 **처분 시 장부금액은 처분일의 공정가치로 평가**하여 평가손익을 기타포괄손익으로 인식하며 처분손익은 인식하지 않는다. 기타포괄손익누계액으로 인식된 평가손익은 이익잉여금으로 직접 대체할 수 있다. 처분수수료가 발생하지 않는 한 **처분손익은 발생하지 않는다.**

(1) 채무증권

구 분	처분손익
FVPL 금융자산	처분금액 − 처분 직전 장부금액
FVOCI 금융자산	처분금액 − 처분 직전 상각후원가 (이 경우 기타포괄손익누계액의 누적된 평가손익을 처분손익(당기손익)으로 재분류조정한다)
AC 금융자산	처분금액 − 처분 직전 상각후원가

(2) 지분증권

구 분	처분손익
FVPL 금융자산	처분금액 − 처분 직전 장부금액
FVOCI 금융자산	처분손익을 인식하지 않는다. (처분시 수수료가 발생할 경우 처분손실로 인식한다. 기인식된 기타포괄손익누계액은 제거시점에 이익잉여금에 대체할 수 있으며 당기손익에 영향을 주지 못한다)

5 관계기업 투자

투자자가 피투자자에 대하여 **유의적인 영향력을 행사**할 수 있는 지분을 소유하는 경우 투자자는 관계기업투자계정에 대하여 **지분법을 적용하여 회계처리**한다.

> 지분법손익 = 피투자자의 당기순손익 × 지분율
> 관계기업투자주식의 장부금액
>   = 취득원가 + (피투자자의 당기순손익 − 배당금) × 지분율

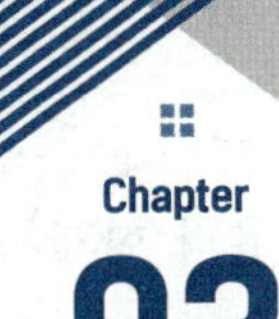

실전예상문제

01 다음은 금융자산의 인식과 측정에 대한 설명이다. 이 중 틀린 것은?

① 금융자산은 금융상품의 계약당사자가 되는 때에만 재무상태표에 인식한다.

② 금융자산은 최초 인식시 공정가치로 측정한다.

③ 당기손익금융자산이 아닌 금융자산의 취득과 직접 관련되는 거래원가는 최초 인식하는 공정가치에 가산하여 측정한다.

④ 최초 인식 후, 후속 측정 금융자산은 공정가치로 측정한다.

⑤ 후속측정 금융자산의 공정가치는 매도 등에서 발생할 수 있는 거래원가를 차감한 금액이다.

해설 ⑤ 후속측정 금융자산의 공정가치는 매도 등에서 발생할 수 있는 거래원가를 차감하지 않은 금액이다.

02 당기손익 − 공정가치 측정 금융자산에 관한 설명으로 옳지 않은 것은?   제16회

① 당기손익금융자산의 취득과 직접 관련되는 거래원가는 최초 인식하는 공정가치에 가산한다.

② 당기손익금융자산의 처분에 따른 손익은 포괄손익계산서에 당기손익으로 인식한다.

③ 당기손익금융자산은 재무상태표에 공정가치로 표시한다.

④ 당기손익금융자산의 장부금액이 처분금액보다 작으면 처분이익이 발생한다.

⑤ 당기손익금융자산의 평가에 따른 손익은 포괄손익계산서에 당기손익으로 인식한다.

해설 ① 당기손익금융자산의 취득관련 거래원가는 당기손익으로 처리한다.

Answer

01 ⑤   02 ①

03 취득한 사채(채무상품)를 기타포괄손익 − 공정가치측정 금융자산으로 분류한 경우의 회계처리로 옳지 않은 것은? (단, 손상은 고려하지 않는다)

제26회

① 취득과 관련되는 거래원가는 최초 인식시점의 공정가치에 가산한다.

② 처분할 경우 기타포괄손익누계액에 누적된 평가손익을 당기손익으로 재분류한다.

③ 당기손익으로 인식하는 금액은 상각후원가측정 금융자산으로 분류하였을 경우 당기손익으로 인식하는 금액과 차이가 없다.

④ 액면금액 미만으로 취득(할인취득)한 경우 이자수익 인식금액이 현금으로 수취하는 이자금액보다 크다.

⑤ 이자수익은 매 보고기간 말의 현행 시장이자율을 이용하여 인식한다.

해설 ⑤ 이자수익은 발행(취득) 당시의 시장이자율을 이용하여 인식한다.

04 ㈜한국(회계기간 1/1~12/31)이 보유한 당기손익 − 공정가치 측정 금융자산에 대한 자료에 의한 20X5년 결산시 인식해야 할 당기손익금융자산의 평가손익은?

20X4. 10. 10	취득가액	매입가액 ₩2,000,000(매입수수료 ₩20,000)
20X4. 12. 31	공정가액	₩2,100,000
20X5. 12. 31	공정가액	₩2,500,000

① 당기손익금융자산평가이익　500,000

② 당기손익금융자산평가이익　300,000

③ 당기손익금융자산평가이익　400,000

④ 당기손익금융자산평가손실　100,000

⑤ 평가손익 없음

해설 ③ 20X5년 말 평가손익: ₩2,500,000(기말 공정가액) − ₩2,100,000(전기말 공정가액) = ₩400,000(이익)

05 ㈜대한이 보유하고 있는 ㈜민국(코스닥상장법인임)의 주식에 관한 거래 자료이다. 20X2년 2월 10일 ㈜대한의 회계처리로 옳은 것은?

> • 20X1년 11월 1일: 단기투자목적으로 시장성 있는 주식을 ₩1,500에 취득
> • 20X1년 12월 31일: 주식의 공정가치를 ₩2,530에 평가
> • 20X2년 2월 10일: 주식 전부를 ₩2,400에 처분

① (차) 현　　　금　　　2,400　　(대) FVPL금융자산　　　1,500
　　　　　　　　　　　　　　　　　　　　　FVPL금융자산처분이익　　 900

② (차) 현　　　금　　　2,400　　(대) FVPL금융자산　　　2,530
　　　　FVPL금융자산처분손실　 130

③ (차) 현　　　금　　　2,400　　(대) FVOCI금융자산　　　1,500
　　　　　　　　　　　　　　　　　　　　　FVOCI금융자산처분이익　　 900

④ (차) 현　　　금　　　2,400　　(대) FVOCI금융자산　　　2,530
　　　　FVOCI금융자산처분손실　 130

⑤ (차) 현　　　금　　　2,400　　(대) FVPL금융자산　　　2,400

해설　당기손익 − 공정가치 측정 금융자산은 기말공정가치로 평가하므로 장부금액은 전기말 공정가치인 ₩2,530이다. 따라서 대변에 장부금액 ₩2,530을 적고, 차변의 처분금액과의 차액을 당기손익금융자산 처분손실로 처리한다.

06 ㈜한국은 20X1년 11월 1일 ㈜대한의 보통주 100주를 ₩600,000에 취득하고 수수료 ₩10,000을 현금으로 지급하였다. ㈜한국은 취득한 보통주를 당기손익 − 공정가치 측정 금융자산으로 분류하였으며, 20X1년 말 ㈜대한의 보통주 공정가치는 주당 ₩5,000이었다. ㈜한국이 20X2년 5월 10일 ㈜대한의 주식 전부를 주당 ₩5,600에 처분할 경우 20X2년도 당기순이익에 미치는 영향은?

제21회

① 40,000 감소　　　② 60,000 증가　　　③ 80,000 증가

④ 100,000 감소　　　⑤ 110,000 감소

해설　20X2년 FVPL금융자산 처분이익 : (5,600 − 5,000) × 100주 = ₩60,000 당기순이익 증가
FVPL금융자산의 경우 기말 공정가치 측정으로 인한 평가손익이 당기손익에 반영되므로 처분직전의 장부금액은 공정가치 평가액이다.

Answer

03 ⑤　　**04** ③　　**05** ②　　**06** ②

07 ㈜한국은 20X1년 7월 1일 ㈜대한의 주식 200주를 취득일의 공정가치인 주당 ₩1,000에 취득하였다. 취득시 추가로 ₩5,000의 거래원가가 발생하였으며, ㈜한국은 해당 주식을 당기손익 − 공정가치측정 금융자산으로 분류하였다. 20X1년 9월 1일 ㈜한국은 취득한 주식의 50%를 처분일의 공정가치인 주당 ₩800에 처분하였다. 20X1년 말 ㈜대한 주식의 주당 공정가치가 ₩1,300일 때, 동 주식과 관련하여 ㈜한국의 20X1년 포괄손익계산서의 당기순이익 증가액은?

제26회

① ₩1,000   ② ₩2,000   ③ ₩3,000
④ ₩4,000   ⑤ ₩5,000

해설 FVPL금융자산 취득원가: 200주 × ₩1,000 = ₩200,000
* FVPL금융자산 취득시 거래원가는 당기손익으로 처리한다.
FVPL금융자산 처분손익: 200주 × 50% × (₩800 − ₩1,000) = (−)₩20,000
FVPL금융자산 평가손익: 200주 × 50% × (₩1,300 − ₩1,000) = ₩30,000
당기순이익 증가액: (−)₩5,000 + (−)₩20,000 + ₩30,000 = ₩5,000

08 ㈜한국은 20X1년 5월 1일 주식A 100주를 취득일의 공정가치인 주당 ₩100에 취득하고 당기손익 − 공정가치측정 금융자산으로 분류하였다. 20X1년 말과 20X2년 말의 주식A의 공정가치는 다음과 같다.

구 분	20X1년 말	20X2년 말
주식A 공정가치	₩120	₩140

㈜한국은 20X2년 5월 1일 주식A 50주를 처분일의 공정가치인 주당 ₩110에 처분하고, 나머지 50주는 계속 보유하고 있다. 20X2년 당기순이익에 미치는 영향은?

제27회

① 영향 없음   ② ₩500 감소   ③ ₩500 증가
④ ₩1,000 감소   ⑤ ₩1,000 증가

해설 FVPL금융자산 처분손익: 50주 × (₩110 − ₩120) = ₩500 손실
FVPL금융자산 평가손익: 50주 × (₩140 − ₩120) = ₩1,000 이익
20X2년 당기순이익: (−)₩500 + ₩1,000 = ₩500 증가

09 ㈜한국은 20X1년 중에 취득하여 20X1년 말에 보유하고 있는 금융자산(주식)은 다음과 같다. 동 금융자산의 기말평가가 20X1년 포괄손익계산서상 당기순이익에 미치는 영향은?   제19회

구 분	취득원가	공정가치(20X1년 말)
당기손익 – 공정가치 측정 금융자산	₩69,000	₩89,000
기타포괄손익 – 공정가치 측정 금융자산	36,000	46,000

① 영향없음   ② ₩10,000 감소   ③ ₩10,000 증가
④ ₩20,000 감소   ⑤ ₩20,000 증가

해설 (1) 당기손익금융자산평가이익 : ₩20,000 당기손익항목
     (2) 기타포괄손익금융자산평가이익 : ₩10,000 기타포괄손익항목

10 ㈜한국은 A주식을 20X1년 초 ₩1,000에 구입하고 취득수수료 ₩20을 별도로 지급하였으며, 기타포괄손익 – 공정가치 측정 금융자산으로 선택하여 분류하였다. A주식의 20X1년 말 공정가치는 ₩900, 20X2년 말 공정가치는 ₩1,200이고, 20X3년 2월 1일 A주식 모두를 공정가치 ₩1,100에 처분하였다. A주식에 관한 회계처리결과로 옳지 않은 것은?   제22회

① A주식 취득원가는 ₩1,020이다.
② 20X1년 총포괄이익이 ₩120 감소한다.
③ 20X2년 총포괄이익이 ₩300 증가한다.
④ 20X2년 말 재무상태표상 금융자산평가이익(기타포괄손익누계액)은 ₩180이다.
⑤ 20X3년 당기순이익이 ₩100 감소한다.

해설 ⑤ 기타포괄손익 – 공정가치 측정 금융자산은 처분시 당기순이익에 미치는 영향은 없다.
     ① A주식 취득원가 : 1,000 + 20 = ₩1,020
     ② 20X1년 평가손실 : 900 – 1,020 = (₩120)   총포괄이익이 ₩120 감소
     ③ 20X2년 평가이익 : 1,200 – 900 = ₩300   총포괄이익이 ₩300 증가
     ④ 20X2년 말 재무상태표상 금융자산평가이익(기타포괄손익누계액)
         = 기말공정가치 – 취득원가 = 1,200 – 1,020 = ₩180

[회계처리]

연도	회 계 처 리			
x1년 초	(차) 기타포괄금융자산	1,020	(대) 현금	1,020
x1년 말	(차) 기타포괄평가손실	120	(대) 기타포괄금융자산	120
x2년 말	(차) 기타포괄금융자산	300	(대) 기타포괄평가손실	120
			기타포괄평가이익	180
x3년 초	(차) 기타포괄평가이익	100	(대) 기타포괄금융자산	100
	현금	1,100	기타포괄금융자산	1,100
	기타포괄평가이익	80	미처분이익잉여금	80

Answer

07 ⑤   08 ③   09 ⑤   10 ⑤

11 ㈜한국은 20X1년 중 금융자산을 취득하고 주식A는 당기손익 − 공정가치 측정 금융자산으로, 주식B는 기타포괄손익 − 공정가치 측정 금융자산으로 분류하였다. 20X1년 중 주식A는 전부 매각하였고, 주식B는 20X1년 말 현재 보유하고 있다. 주식A의 매각금액과 20X1년 말 주식B의 공정가치가 다음과 같을 때, 20X1년 당기순이익에 미치는 영향은? 제25회

	20X1년 중 취득원가	비 고
주식A	₩250	매각금액 ₩230
주식B	₩340	20X1년 말 공정가치 ₩380

① ₩20 증가　　　② ₩40 증가　　　③ ₩60 증가
④ ₩20 감소　　　⑤ ₩40 감소

> **해설** (1) 당기손익 − 공정가치 측정 금융자산
> 　　　처분손익: ₩230 − ₩250 = (−)₩20　당기순이익 감소
> 　　(2) 기타포괄손익 − 공정가치 측정 금융자산
> 　　　평가손익: ₩380 − ₩340 = ₩40 기타포괄이익 증가
> 　　(3) 20X1년 당기순이익에 미치는 영향
> 　　　(1)의 당기손익 − 공정가치 측정 금융자산 처분손실 ₩20 감소

12 ㈜한국은 20X1년 초 3년 후 만기가 도래하는 사채(액면금액 ₩1,000,000, 표시이자율 연 10%, 유효이자율 연 12%, 이자는 매년 말 후급)를 ₩951,963에 취득하고 상각후원가측정금융자산으로 분류하였다. ㈜한국이 20X1년도에 인식할 이자수익은? (단, 금액은 소수점 첫째자리에서 반올림하며 단수차이가 있으면 가장 근사치를 선택한다) 제19회

① ₩100,000　　　② ₩114,236　　　③ ₩115,944
④ ₩117,857　　　⑤ ₩120,000

> **해설** 이자수익: 951,963 × 12% = ₩114,236

13 ㈜한국은 20X1년 초 회사채(액면금액 ₩100,000, 표시이자율 5%, 이자는 매년 말 후급, 만기 20X3년 말)를 ₩87,566에 구입하고, 상각후원가 측정 금융자산으로 분류하였다. 20X1년 이자수익이 ₩8,757일 때, 20X2년과 20X3년에 인식할 이자수익의 합은? (단, 단수차이가 발생할 경우 가장 근사치를 선택한다) 제22회

① ₩10,000　　　② ₩17,514　　　③ ₩17,677
④ ₩18,514　　　⑤ ₩18,677

> **해설** (1) 총이자수익 = (100,000 × 5% × 3년) + (100,000 − 87,566) = ₩27,434
> 　　(2) 20X2년, 20X3년 이자수익 = 27,434 − 8,757(기인식분) = ₩18,677

14 ㈜한국은 20X1년 1월 1일에 ㈜대한이 발행한 사채(액면금액 ₩10,000, 표시이자율 연 10%, 이자는 매년 12월 31일 지급, 만기 3년)를 공정가치로 취득하고 상각후원가 측정 금융자산으로 분류하였다. 취득당시 유효이자율은 연 12%이다. 동금융자산과 관련하여 ㈜한국이 20X2년 12월 31일에 인식할 이자수익과 20X2년 12월 31일 금융자산 장부금액은? (단, 사채발행일과 취득일은 동일하며, 단수차이가 발생할 경우 가장 근사치를 선택한다) 제25회

기간	단일금액 ₩1의 현재가치		정상연금 ₩1의 현재가치	
	10%	12%	10%	12%
3	0.7513	0.7118	2.4869	2.4019

	이자수익	장부금액		이자수익	장부금액
①	₩952	₩9,520	②	₩1,000	₩9,620
③	₩1,142	₩9,662	④	₩1,159	₩9,821
⑤	₩1,178	₩10,000			

해설 (1) 상각후원가 측정 금융자산 취득원가
(₩10,000 × 0.7118) + (₩10,000 × 0.1 × 2.4019) = ₩9,520
(2) 20X1년 말 장부금액
₩9,520 × (1 + 0.12) − (₩10,000 × 0.1) = ₩9,662
(3) 20X2년 이자수익
₩9,662 × 0.12 = ₩1,159
(4) 20X2년 말 장부금액
₩9,662 × (1 + 0.12) − (₩10,000 × 0.1) = ₩9,821

15 서울㈜는 20X4년 1월 1일 용인㈜ 발행주식의 40%인 400주를 주당 ₩10,000에 매입하였다. 20X4년 용인㈜의 당기순이익은 ₩4,000,000이고 주주에게 배당금으로 ₩3,000,000을 현금으로 지급하였다. 20X4년 12월 31일 서울㈜는 용인㈜ 발행주식 400주의 장부금액으로 얼마를 계상하고 있어야 하는가? 제8회

① ₩3,600,000 ② ₩4,000,000 ③ ₩4,400,000
④ ₩5,200,000 ⑤ ₩5,600,000

해설 지분이 20%를 초과하는 경우에는 특별한 경우가 아닌 한 지분법을 적용한다.

취득원가	₩4,000,000	(= 400주 × 10,000)
당기순이익	₩1,600,000	(= 4,000,000 × 40%)
배당금	(−)₩1,200,000	(= 3,000,000 × 40%)
투자주식 장부금액	₩4,400,000	

Answer
11 ④ **12** ② **13** ⑤ **14** ④ **15** ③

16 20X1년 1월 1일 ㈜합격은 종로㈜의 발행주식 40%를 ₩2,000,000에 매입하였다. 한편 20X1년 12월 31일 종로㈜는 당년도에 총 ₩800,000의 당기순이익을 보고하였으며, 동일자에 ₩600,000의 현금배당을 선언하였다. 20X1년 12월 31일 현재 지분법하에서 ㈜합격이 당기손익으로 인식할 금액은?

① ₩160,000 ② ₩240,000

③ ₩320,000 ④ ₩400,000

⑤ ₩2,160,000

해설 당기손익으로 인식할 금액은 지분법이익이다.
지분법이익 : ₩1,000,000 × 40% = ₩400,000

재고자산

재고자산의 의의와 범위, 취득원가 결정, 매출원가 및 매출총이익 계산구조, 재고자산의 단가결정방법(선입선출법, 가중평균법), 추정에 의한 재고자산 평가(매출총이익률법), 재고자산 감모손실 및 평가손실 등이 매년 평균 4문제 정도 출제되고 있다. 특히, 재고자산의 의의, 분류, 범위와 재고자산 관련 용어, 취득원가 결정방법을 숙지해야 한다. 또한, 상품계정 구조와 재고자산의 단가결정방법(선입선출법 및 가중평균법)에 대한 이해가 필요하다. 마지막으로 매출총이익률법과 원가이익률, 매가환원법, 재고자산의 저가법 평가, 그리고 감모손실과 평가손실 회계처리를 익히는 것이 중요하다.

단·원·개·요

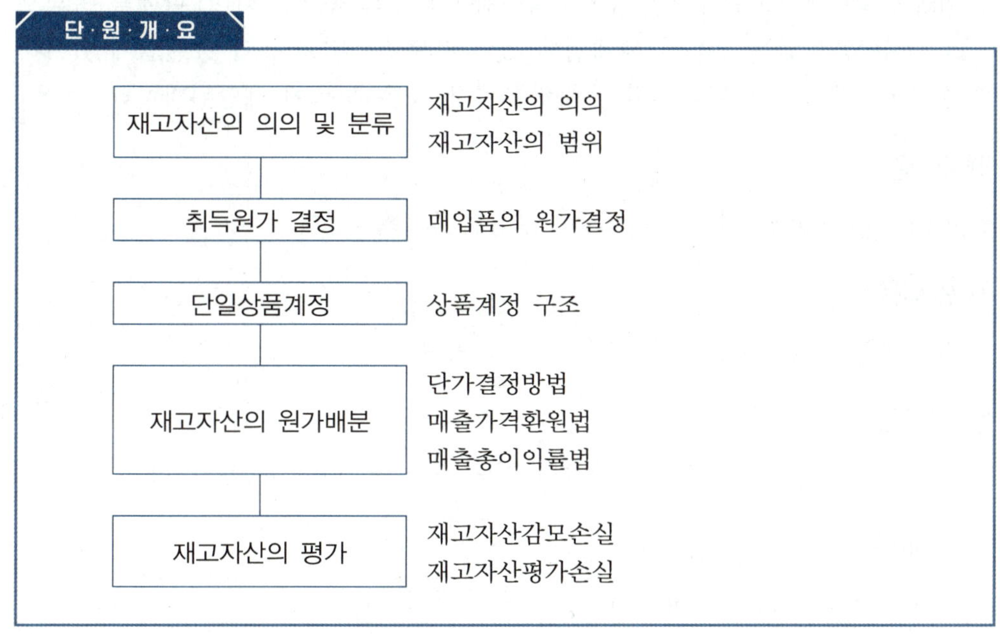

재고자산

01 재고자산의 의의 및 분류
02 재고자산의 취득원가 결정
03 단일상품 계정
04 분할상품 계정
05 재고자산의 원가배분
06 추정에 의한 재고자산 평가
07 재고자산의 평가

01 재고자산의 의의 및 분류

1 재고자산의 의의

재고자산이란 기업의 정상적인 영업과정에서 **판매를 위하여 보유하거나 생산과정에 있는 자산** 및 생산 또는 용역제공에 사용될 원재료나 소모품의 형태로 존재하는 자산을 말한다. 용역제공기업의 재고자산에는 관련된 수익이 인식되기 전의 용역원가가 포함된다.

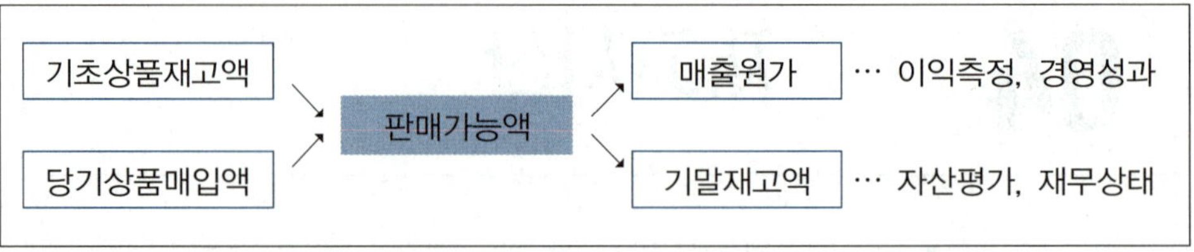

2 기업회계기준상 재고자산의 과목

(1) 상 품

판매를 목적으로 구입한 상품·미착상품·적송품 등으로 하며, 판매를 목적으로 소유하고 있는 부동산 매매업에 있어서 토지·건물 등과 증권업에 있어서 주식·사채와 차량판매회사의 차량운반구 등은 상품에 해당된다.

(2) 제 품

판매를 목적으로 제조한 생산품·부산물 등으로 한다.

(3) 반제품

자가제조한 중간제품과 부분품 등으로 한다.

(4) 재공품

제품 또는 반제품의 제조를 위하여 재공과정에 있는 것으로 한다.

(5) 원재료

원료·재료·매입부분품·미착원재료 등으로 한다.

(6) 저장품

소모품·소모공구기구비품·수선용 부분품 및 기타 저장품으로 한다.

(7) 기타의 재고자산

위에 속하지 아니하는 재고자산으로 한다.

3 재고자산의 범위

(1) 미착상품

미착상품은 운송 중에 있어 아직 도착하지 않은 상품으로 법률적인 소유권의 유무에 따라서 재고자산 포함여부를 결정한다. 선적지인도조건(F.O.B. shipping point)의 미착상품은 선적된 시점에 소유권이 매입자에게 이전되므로 매입자의 재고자산에 포함된다. 그러나 도착지인도조건(F.O.B. destination)의 미착상품은 목적지에 도착하여 매입자가 인수한 시점에서 소유권이 매입자에게 이전되므로 매입자의 재고자산에 포함되지 않는다.

🔗 미착상품에 대한 기말재고자산 포함여부

구 분	매입자	매출자
선적지인도조건	포 함	불포함
도착지인도조건	불포함	포 함

(2) 위탁판매상품(= 적송품)

수탁자가 위탁품을 판매하기 전까지 위탁자의 재고자산에 포함

(3) 할부판매상품

상품(제품)의 인도시점에서 매출로 인식하므로 판매자의 재고자산에서 제외

(4) 시용판매상품(= 시송품)

구매자의 매입의사표시를 받기 전까지 판매자의 재고자산

(5) 특별주문상품

구매자로부터 특별주문을 받은 상품은 아직 인도되지 않았더라도 일반적인 타 재고자산으로부터 구분할 수 있는 상태에 있으면 팔린 것으로 간주하여 재고자산에 불포함

(6) 타처보관상품

판매되지 않은 타처 보관상품도 재고자산에 포함

(7) 저당상품

금융기관 등으로부터 자금을 차입하고 그 담보로 제공된 저당상품은 저당권이 실행되어 소유권이 이전되기 전까지는 담보제공자의 재고자산에 포함

(8) 반품률이 높은 재고자산

일부 계약에서는 기업이 고객에게 제품에 대한 통제를 이전하고, 다양한 이유로 제품을 반품할 권리와 함께 ① 금액환불, ② 채무공제, ③ 제품교환 등을 조합하여 받을 권리를 고객에게 부여한다.

① 반품가능성을 예측할 수 있는 경우

반품가능성을 예측할 수 있는 경우 반품이 예상되지 않는 부분에 대하여는 고객에게 수행의무를 이행한 것으로 볼 수 있으므로 수익(매출)과 비용(매출원가)으로 인식한다. 하지만 반품이 예상되는 제품에 대해서는 고객에게 수행의무를 이행한 것으로 볼 수 없으므로, 고객에게 제품을 이전할 때 **수익으로 인식하지 않고 환불부채로 인식**한다. 또한 관련 매출원가도 비용으로 인식하지 않고 제품을 회수할 권리에 대하여 **별도자산인 반환재고회수권(반품자산)으로 인식**한다.

② 반품가능성을 예측할 수 없는 경우

반품가능성을 예측할 수 없는 경우 불확실성으로 인해 고객에게 제품에 대한 통제를 이전한 경우에도 수익을 인식할 수 없다. 이 경우 **수익은 반품권이 소멸되는 시점에 인식**한다.

구 분			회계처리
반품가능성의 예측이 가능	판매예상 부분	판매가	매출로 인식
		원가	매출원가로 인식
	반품예상 부분	판매가	환불부채를 인식
		원가	반환제품회수권으로 인식
반품가능성의 예측이 불가능		판매가	환불부채를 인식
		원가	반환제품회수권으로 인식

02 　재고자산의 취득원가 결정

1 매입품의 원가결정

재고자산의 취득원가에 포함될 지출은 상품의 매입원가뿐만 아니라 전환원가 및 재고자산을 **현재의 장소에 이르게 하는 데 발생한 기타 원가를 모두 포함**한다.

> 재고자산의 취득원가 = 매입가액 + 전환원가 + 기타원가

(1) 매입원가

외부로부터 구입하는 재고자산(상품, 원재료)의 취득원가는 매입원가로 한다. 매입원가는 매입가격에 수입관세와 각종 제세금, 매입운임, 하역료 그리고 완제품, 원재료 및 용역의 **취득과정에 직접 관련된 기타 원가를 가산**한 금액이다. 이 경우 매입원가에 매입할인, 리베이트 및 기타 유사한 항목이 있는 경우 동 금액은 매입원가에서 **차감**하여야 하며, 재고자산을 장기연불조건으로 취득하는 경우에는 현금가격상당액만 매입원가에 포함하고 이자상당액은 기간경과에 따라 이자비용으로 인식한다.

(2) 전환원가

자가제조하는 재고자산(제품, 반제품, 재공품)의 취득원가는 원재료의 매입원가와 전환원가의 합계로 한다. 전환원가는 직접노무원가 등 생산량과 직접 관련된 원가와 원재료를 완제품으로 전환하는데 발생하는 고정제조간접원가 및 변동제조간접원가의 체계적인 배부액을 포함한다. 전환원가에 대한 체계적인 배부절차는 원가회계의 영역이다.

(3) 기타원가

기타원가에는 재고자산을 현재의 장소에 현재의 상태로 이르게 하는 데 발생한 범위 내에서만 취득원가에 포함된다. 다음의 원가는 재고자산의 취득원가에 포함할 수 없으며 발생기간의 비용으로 인식하여야 하는 원가의 예는 다음과 같다.

① 재료원가, 노무원가 및 기타 제조원가 중 비정상적으로 낭비된 부분
② 후속 생산단계에 투입하기 전에 보관이 필요한 경우 이외의 보관원가
③ 재고자산을 현재의 장소에 현재의 상태로 이르게 하는데 기여하지 않은 관리간접원가
④ 판매원가

(4) 생물자산에서 수확한 농림어업 수확물의 취득원가

생물자산에서 수확한 농림어업 수확물로 구성된 재고자산은 공정가치에서 예상되는 판매비용을 차감한 순공정가치로 측정하여 수확시점에 최초로 인식한다.

(5) 표준원가법과 소매재고법

표준원가법이나 소매재고법 등의 원가측정방법은 그러한 방법으로 평가한 결과가 실제 원가와 유사한 경우에 편의상 사용할 수 있다.

소매재고법은 이익률이 유사하고 품종변화가 심한 다품종 상품을 취급하는 유통업에서 실무적으로 다른 원가측정법을 사용할 수 없는 경우에 흔히 사용한다.

2 매입관련 조정사항

(1) 매입운임(인수운임)

매입시 부담하는 운임으로서 **매입원가에 포함**한다.

(2) 매입환출

매입한 상품 중 하자 또는 기타 이유로 인하여 수량을 반품하는 경우를 말하며 매입액에서 차감한다.

(3) 매입에누리

매입한 상품중 하자 기타 이유로 인하여 할인하는 경우를 말하며 에누리시에는 수량은 불변이며 단가는 하향조정되며 매입액에서 차감한 금액을 손익계산서에 기입한다.

(4) 매입할인(현금할인)

매입채무를 약정에 의하여 **조기결제**하여 할인받는 것을 말하며 매입액에서 차감한다.

> ♡ **조기결제조건[2/10, n/30]**
>
> [2/10, n/30]이란 구입시점 이후 10일 이내 대금 결제시에는 2%를 할인하고, 할인기간(10일)이 경과하면 할인혜택이 없으며 30일은 지급기한을 의미한다. 참고로 [2/10, E.O.M]이란 당월 매입대금을 당월말 시점(end-of-month)으로부터 10일 내 현금 지급하면 2%를 할인한다는 의미이다.

> **예** 5월 1일 서울상점에서 상품 ₩100,000을 외상으로 매입[2/10, n/30]하였다가, 5월 9일에 외상대금을 현금으로 지급하였다. 5월 1일과 5월 9일의 회계처리는?
>
> | | | | | | |
> |---|---|---|---|---|---|
> | 5/1 | (차) 매입(또는 상품) | 100,000 | (대) 외상매입금 | | 100,000 |
> | 5/9 | (차) 외상매입금 | 100,000 | (대) 매입할인(또는 매입) | | 2,000 |
> | | | | 현　금 | | 98,000 |

⑸ **거래할인**(매매할인, 수량할인)

특정고객(종업원 또는 단골)에게 표시가격에서 일정률을 할인(예 정상가 ₩10,000 을 ₩9,000에 매입)하여 매입하거나 일정수량을 부가하여 매입(예 정상수량 100개에 10개를 덤으로 하여 110개 수취)하는 경우가 있다. 전자를 매매할인이라 하고 후자 를 수량할인이라고 한다. 거래할인은 별도의 회계처리를 하지 않는다.

> 순매입액 = 총매입액(매입액 + 부대비용) − 매입에누리와 환출, 매입할인

3 매출관련 조정사항

⑴ **매출운임**(발송운임)

매출시 부담하는 운임으로서 운반비계정(판매관리비용)으로 처리한다.

⑵ **매출환입** ⇨ **매가**(원가 + 이익)

매출한 상품 중 하자 또는 기타 이유로 인하여 수량이 반품되는 경우를 말하며 매출액에서 차감한다.

⑶ **매출에누리** ⇨ **매가**(이익)

매출한 상품 중 하자 또는 기타 이유로 인하여 할인하는 경우를 말하며 매출액 에서 차감한다.

⑷ **매출할인**(현금할인) ⇨ **매가**(이익)

매출채권을 약정에 의하여 **조기결제**하여 할인해주는 것을 말하며 매출액에서 차감한다.

> 예 5월 1일 대전상점에 상품 ₩100,000을 외상으로 매출(2/10, n/30)하였다가, 5월 9일에 외상대금을 현금으로 회수하였다. 5월 1일과 5월 9일의 회계처리는?
>
> | 5/1 | (차) 외상매출금 | 100,000 | (대) 매   출 | 100,000 |
> |---|---|---|---|---|
> | 5/9 | (차) 매출할인(또는 매출) | 2,000 | (대) 외상매출금 | 100,000 |
> | | 현   금 | 98,000 | | |

⑸ **거래할인**(매매할인, 수량할인)

특정고객(종업원 또는 단골)에게 표시가격에서 일정률을 할인(예 정상가 ₩10,000을 ₩9,000에 매출)하여 매출하거나 일정수량을 부가하여 매출(예 정상수량 100개에 10개를 덤으로 하여 110개 지급)하는 경우가 있다. 전자를 매매할인이라 하고 후자를 수량할인이라고 한다. 거래할인은 별도의 회계처리를 하지 않는다.

> 순매출액 = 총매출액 − 매출에누리와 환입, 매출할인

> **상품매출손익계산**
> ① 총매입액 − 환출 및 매입에누리와 매입할인 = 순매입액
> ② 기초재고액 + 순매입액 − 기말재고액 = 매출원가
> ③ 총매출액 − 환입 및 매출에누리와 매출할인 = 순매출액
> ④ 순매출액 − 매출원가 = 매출총이익(상품매출이익)

03 단일상품 계정

상품매매를 하나의 상품계정만으로 처리하는 것을 단일 상품계정이라 하고, 순수계정(분기법)과 혼합계정(총기법)이 있다.

1 순수계정(분기법)

상품계정에는 순수한 상품의 원가만을 기장하는 방법이다.

매출시마다 원가(= 매출원가)와 매출이익을 분리하여 기장하므로 수시로 매출원가와 매출이익을 산출할 수 있어 별도의 이익계산 절차가 필요 없으나, 거래량이 많을 경우 매출시마다 원가와 이익을 분리하여 기장 한다는 것이 오히려 불편하다.

① **외상매입**: (차) 상　　　품 ×××　　　(대) 외상매입금 ×××
② **외상매출**: (차) 외상매출금 ×××　　　(대) 상　　　품 ×××(원가)
　　　　　　　　　　　　　　　　　　　　 상품매출이익 ×××(이익)

[분기법에 의한 상품계정 기입]

상 품		상 품 매 출 이 익	
기초재고액	매 출 원 가		매 출 이 익
매 입 액			
	기말재고액		

* 상품매출 이익이 상품매출이익계정에 기입되어 별도의 계산절차가 필요 없다.

2 혼합계정(총기법)

상품계정에 매출상품의 원가와 매출이익을 혼합하여 매가로 기장하는 방법이다. 매출시마다 원가와 이익을 분리하지 않고 매가로 기장 하였다가 후에 매출원가와 매출이익을 산정하는 방법으로 거래량이 많은 경우에 편리하다. 이 경우의 상품계정은 순수한 상품의 원가만 기입된 것이 아니라 매출이익(또는 손실)이 포함되었기 때문에 순수 자산계정이 아니다. 기말재고액 기입 후 대변 잔액이면 상품매출이익, 차변 잔액이면 상품매출손실이 된다.

① **외상매입**: (차) 상   품 ×××   (대) 외상매입금 ×××
② **외상매출**: (차) 외상매출금 ×××   (대) 상   품 ×××(매가)

[총기법에 의한 상품계정 기입]

상 품	
기초재고액(전기이월)	당기매출액
당기매입액 매입제비용(운임)	
	매입환출 및 매입에누리, 매입할인
매출환입 및 매출에누리, 매출할인	기말재고액(차기이월)
매출총이익	

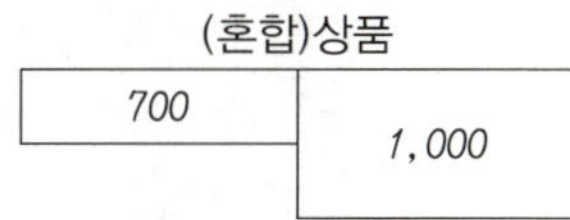

혼합상품 계정 차변잔액과 대변잔액

(혼합)상품

700	
	1,000

⇨ 대변잔액 300
= 상품매출이익(매출총이익)

(혼합)상품

	700
1,000	

⇨ 차변잔액 300
= 상품매출손실(매출총손실)

다음 자료에 의하여 상품매출손익을 계산하시오.

전기이월액	₩1,000,000	총매출액	₩5,500,000
총매입액	4,000,000	매입에누리	100,000
매출에누리	250,000	매입운임	450,000
매출운임	550,000	매입환출액	300,000
매출환입액	100,000	매입할인액	200,000
매출할인액	350,000	기말재고액	800,000

해설

1. 공식법
   - (1) 순매입액 : ₩4,000,000 + 450,000 − 100,000 − 300,000 − 200,000 = ₩3,850,000
   - (2) 순매출액 : ₩5,500,000 − 250,000 − 100,000 − 350,000 = ₩4,800,000
   - (3) 매출원가 : ₩1,000,000 + 3,850,000 − 800,000 = ₩4,050,000
   - (4) 매출총이익 : ₩4,800,000 − 4,050,000 = ₩750,000

2. 계정분석법

혼 합 상 품(총기법)

전기이월액	1,000,000	총매출액	5,500,000
총매입액	4,000,000	매입에누리액	100,000
매출에누리액	250,000	매입환출액	300,000
매입운임	450,000	매입할인액	200,000
매출환입액	100,000	기말재고액	800,000
매출할인액	350,000		
상품매출이익	750,000		
	6,900,000		6,900,000

* 매출운임은 운반비계정으로 처리되며 상품매출손익계산과 무관하다.

※ 상품계정을 이용하여 산출한 매출총이익 역시 ₩750,000으로 공식을 이용하여 산출한 상품매출이익과 일치한다.

04 분할상품 계정

1 3분법

상업기업에서 가장 자주, 많이 발생하는 거래가 상품거래이다. 상품거래를 하나의 계정만으로 처리하기에는 무리가 있기 때문에 일반적으로 상품계정을 이월상품, 매입, 매출계정으로 3분할하여 처리하는 3분법을 이용한다.

① **외상매입** : (차) 매 입 ××× (대) 외상매입금 ×××
② **매입품 환출** : (차) 외상매입금 ××× (대) 매 입 ×××
③ **매입에누리** : (차) 외상매입금 ××× (대) 매 입 ×××
④ **외상매출** : (차) 외상매출금 ××× (대) 매 출 ×××(매가)
⑤ **매출품 환입** : (차) 매 출 ×××(매가) (대) 외상매출금 ×××
⑥ **매출에누리** : (차) 매 출 ×××(매가) (대) 외상매출금 ×××

✐ 3분법에 의한 상품계정 기입

이월상품(자산)

기초재고액 (전기이월)	

매 입(비용)

총매입액 매입제비용	매입환출 매입에누리 매입할인
	) 순매입액

매 출(수익)

매출환입 매출에누리 매출할인	총매출액
순매출액 (	

2 상품매출손익의 계산(기말수정사항)

상품계정을 3분법으로 분할하여 회계처리하면 기초재고액과 회계연도 중에 발생한 매출액과 매입액을 이월상품계정과 매입계정 및 매출계정을 확인하여 손쉽게 알아낼 수 있다. 그러나 상품매출손익(= 순매출액 − 매출원가)을 파악하기 위해서는 매출원가(cost of goods sold)를 별도로 계산하는 절차를 거쳐야 한다.

3분법에 의한 상품매출손익 계산 방법에는 총액법과 순액법이 있다.

총액법은 매출원가와 순매출액을 집합손익계정에 대체하여 매출손익을 손익계정에서 산출하고, 순액법은 매출원가를 매출계정에 대체하여 매출손익을 매출계정에서 산출한다.

총액법의 매출손익 계산절차는 다음과 같다.

① 기초재고액을 매입계정 차변에 대체한다.

  (차) 매   입   ×××   (대) 이 월 상 품   ×××

② 기말재고액을 매입계정 대변에 대체한다.

  (차) 이 월 상 품   ×××   (대) 매   입   ×××

③ 매입계정에서 산출된 매출원가를 손익계정 차변에 대체한다.

  (차) 손   익   ×××   (대) 매   입   ×××

④ 매출계정에서 산출된 순매출액을 손익계정 대변에 대체한다.

  (차) 매   출   ×××   (대) 손   익   ×××

예 제

다음 자료에 의하여 총액법에 의한 상품매출손익계산 과정을 표시하시오(단 모든 상품의
매입과 매출은 외상거래임).

기초재고액	₩100,000	매 입 액	₩650,000
매입환출액	15,000	매입에누리	5,000
매 출 액	950,000	매출환입액	20,000
매출에누리	10,000	기말재고액	150,000

해설

(1) 총액법

```
        이 월 상 품                              매      입
전기이월   100,000  │                  외상매입금  650,000 │ 외상매입금   15,000
                   │                                     │ 외상매입금    5,000


        매        출                              손      익
외상매출금   20,000 │ 외상매출금  950,000
외상매출금   10,000 │
```

〈대체분개〉

① (차) 매 입	100,000	(대) 이 월 상 품	100,000
② (차) 이 월 상 품	150,000	(대) 매 입	150,000
③ (차) 손 익	580,000	(대) 매 입	580,000
④ (차) 매 출	920,000	(대) 손 익	920,000

```
        이 월 상 품                                  매        입
전기이월   100,000 │ 매   입   100,000      외상매입금  650,000 │ 외상매입금     15,000
매   입   150,000 │ 차기이월  150,000      이월상품    100,000 │ 외상매입금      5,000
          250,000 │          250,000                          │ 이 월 상 품   150,000
                                                              │ 손       익   580,000
                                            750,000 │           750,000

        매        출                                  손        익
외상매출금   20,000 │ 외상매출금  950,000      매   입   580,000 │ 매   출   920,000
외상매출금   10,000 │
손       익 920,000 │
            950,000 │            950,000
```

05 재고자산의 원가배분

상품의 매출원가를 산출하기 위해서는 기말재고액을 정확히 계산하여야 한다. 기말재고액은 기말재고수량에 단가를 곱하여 계산한다.

재고자산 수량 결정방법	계속기록법 실지재고조사법	
재고자산 단가 결정방법	개별법, 선입선출법, 이동평균법, 총평균법, 매출가격환원법	기업회계기준으로 규정
	후입선출법, 단순평균법, 매출총이익률법, 기준재고조사법	

1 수량결정방법

기말재고자산의 수량을 결정하는 방법으로는 실지재고조사법과 계속기록법이 있다.

(1) 계속기록법(장부재고조사법)

상품의 입출고 내용을 장부(상품재고장)상에 계속적으로 기록하여 출고 수량은 출고 시점별로 파악되며, 재고 수량도 장부상의 잔고로 결정되는 방법이다.

> 전기 이월수량 + 당기 매입수량 − 당기 매출수량 = 기말 재고수량

재고자산

기초재고액	×××	매출원가	×××	← ① 판매될 때마다 기록
당기매입액	×××	기말재고액	×××	← ② 자동으로 산출
	×××		×××	

장 점	출고 및 재고 수량을 항상 장부에 의하여 파악할 수 있다.
단 점	다종·다량의 상품을 취급하는 경우 기장이 번잡하여 실무상 불편하며, 실지재고조사를 병행하지 않는 경우 도난·파손 등으로 없어진 상품이 기말재고액에 포함된다.

(2) **실지재고조사법**(실사법)

정기적으로 일정 시점(기말 또는 월말)마다 실지로 재고 수량을 조사하여 파악하고 이를 자료로 출고 수량을 산출하는 방법이다.

> 전기 이월수량 + 당기 매입수량 − 당기말 실사량 = 당기 매출수량

재고자산

기초재고액	$\times\times\times$	매출원가	$\times\times\times$	← ② 자동으로 산출
당기매입액	$\times\times\times$	기말재고액	$\times\times\times$	← ① 실사를 통하여 먼저 확정
	$\times\times\times$		$\times\times\times$	

장 점	출고 내용을 장부에 기록하지 않아도 되므로 실무상 간편하다.
단 점	도난·파손·변질 등으로 없어진 상품을 알 수 없을 뿐만 아니라, 이러한 것들이 매출된 것으로 간주되어 매출원가에 포함된다.

구 분	계속기록법		실지재고조사법	
	차변	**대변**	**차변**	**대변**
매입시	상　품　$\times\times$	현　금　$\times\times$	매　　입　$\times\times$	현　금　$\times\times$
매출시	현　금　$\times\times$ 매출원가　$\times\times$	매　출　$\times\times$ 상　품　$\times\times$	현　　금　$\times\times$	매　출　$\times\times$
결산시 수정분개	분개없음		매 출 원 가　$\times\times$ 매 출 원 가　$\times\times$ 상품(기말)　$\times\times$	상품(기초)　$\times\times$ 매　입　$\times\times$ 매 출 원 가　$\times\times$

(3) **병행법**

병행법이란 기중에는 계속기록법을 적용하다가 기말에 실지재고조사를 통하여 감모수량과 기말재고수량을 결정짓고 나머지 수량을 판매된 수량으로 간주하는 방법이다.

2 원가 기준에 의한 가격 결정 방법

기업회계기준에 의하면 통상적으로 상호 교환될 수 없는 재고자산항목의 원가와 특정 프로젝트별로 생산되고 분리되는 재화 또는 용역의 원가는 개별법을 사용하여 결정하며, 개별법을 적용할 수 없는 재고자산의 단위원가는 선입선출법이나 가중평균법을 사용하여 결정한다. 한편, 성격과 용도 면에서 유사한 재고자산에는 동일한 단위원가 결정방법을 적용하여야 하며, 성격이나 용도면에서 차이가 있는 재고자산에는 서로 다른 단위원가 결정방법을 적용할 수 있다.

(1) 개별법(specific identification method)

개별법은 각 재고자산별로 취득단가를 결정하는 방법이다. 즉 각각의 재고자산에 가격표 등의 번호표를 붙여 재고로 있는 것과 매출된 것을 구분하여 재고관리를 하는 것을 말한다. 통상적으로 상호 교환될 수 없는 제품이나 특정 프로젝트별로 생산되는 제품 또는 서비스의 원가는 개별법을 사용하여 결정한다. 예를 들어 특수기계를 주문 생산하는 경우, 귀금속이나 부동산 등과 같이 제품별로 원가를 식별할 수 있는 때는 개별법을 사용하여 원가를 결정한다.

장 점	① 원가흐름이 추정이 아닌 실제물량흐름이므로 가장 정확한 재고자산 평가방법이다. ② 수익과 비용의 대응원칙에 가장 이상적인 방법이다.
단 점	① 재고자산의 종류와 수량이 많고 단가가 상대적으로 적을 때는 비효율적이다. ② 경영자가 임의적으로 특정재고를 판매된 것으로 간주하여 매출원가와 기말재고액을 조작할 가능성이 있다.

(2) 선입선출법(first-in first-out method : FIFO)

매입순법이라고도 하며 먼저 매입된 상품이 먼저 매출되는 것으로 가정하여 출고 및 재고 단가를 결정하는 방법이다. 기업은 일반적으로 먼저 구입한 재고자산을 먼저 처분하려는 경향이 있으므로 선입선출가정은 실제물량 흐름과 가장 유사하다.

장 점	① 재고자산의 실제흐름과 대체적으로 일치한다. ② 기말재고액이 가장 최근의 시가로 표시된다.
단 점	① 물가상승(인플레이션, 화폐가치 하락) 시 이익이 과대표시 된다. ② 수익과 비용의 대응원칙에 적합하지 않다. 즉, 현재의 매출액(수익)에 과거의 매출원가(비용)가 대응되기 때문이다.

(3) **후입선출법**(last-in first-out method : LIFO)

매입역법이라고도 하고 나중에 매입된 상품이 먼저 매출되는 것으로 가정하여 출고 및 재고 단가를 결정하는 방법이다.

장 점	① 재고자산 매출시 최근의 시가(= 현행원가)로 매출원가가 계상되어 수익·비용의 대응원칙에 부합하다. ② 물가상승(인플레이션) 시에 이익이 적게 표시하여 법인세의 이연효과가 있다.
단 점	① 재고자산의 일반적인 실제 흐름과 반대이다. ② 기말재고액이 최근의 시가가 아니고 과거의 매입원가로 표시되어 비현실적이다. ③ 판매량이 급증하여 기초재고가 판매된 경우, 과거의 원가로 계상되어 있는 재고자산층이 일부 청산되어 매출원가가 감소하고 순이익이 증가하는 후입선출청산현상이 발생하며, 후입선출청산현상을 이용한 경영자의 손익조작 가능성이 존재한다. 또한 일반적인 실물흐름과도 일치하지 않기 때문에 표현의 충실성이 저하된다. 따라서 기업회계기준서에서도 이를 금지하고 있다.

(4) **이동평균법**(moving average method)

상품의 매입 단가가 다를 때마다 가중 평균 단가를 계산하여 출고 및 재고단가를 결정하는 방법이다.

$$이동평균단가 = \frac{매입직전의\ 재고금액\ +\ 매입금액}{매입직전의\ 재고수량\ +\ 매입수량}$$

장 점	① 상품재고장의 작성이 쉽고 객관적이다. ② 상품의 물량흐름이 현실적으로 불가능한 경우 평균단가에 의한 것이 합리적이다. ③ 매출상품과 재고상품의 평균화가 이루어져 합리적이다.
단 점	단가가 서로 다른 상품매입 거래가 빈번한 경우 평균단가를 계속적으로 조정해야 하고 단수를 계속 조정하기 때문에 복잡하다.

(5) 총평균법(weighted average method)

일정 기간 전체를 대상으로 상품의 평균 단가를 계산하여 출고 및 재고 단가를 결정하는 방법이다.

$$총평균단가 = \frac{기초\ 재고금액 + 일정기간\ 매입금액}{기초\ 재고수량 + 일정기간\ 매입수량}$$

장 점	① 상품재고장의 작성이 쉽고 객관적이다. ② 상품 출고단가가 일정기간 변하지 않아 계산이 쉽다.
단 점	일정기간 후에 즉, 기말이 되어야만 총평균단가가 계산되므로 상품출고 시마다 출고단가(매출원가)와 재고액을 파악할 수 없다.

(6) 최종매입원가법

최종매입원가법은 기말재고수량에 가장 최근에 매입한 단가를 곱하여 기말재고액을 산출하는 방법으로서 기말재고자산이 가장 크게 계상된다.

⊘ 수량과 단가결정방법의 관계

단가　　　수량	계속기록법	실지재고조사법
개 별 법	○	○
선입선출법	○	○
후입선출법	○	○
이동평균법	○	×
총평균법, 기타	×	○

예제

다음 자료에 의하여 계속기록법과 실지재고조사법하에서 다음의 각 방법에 의한 기말재고액을 파악하라.

5/ 1	전	기	이	월	100개	@₩1,000
5	매		입		200개	@₩1,300
10	매		출		200개	@₩2,000
15	매		입		300개	@₩1,500
20	매		출		300개	@₩2,000
25	매		입		100개	@₩1,700

♀ 가중평균법

* 가중평균법 + 계속기록법 = 이동평균법

* 가중평균법 + 실지재고조사법 = 총평균법

해설

1. 선입선출법(계속기록법)

월일	적요	입고			출고			재고		
		수량	단가	금액	수량	단가	금액	수량	단가	금액
5/1	이월	100	1,000	100,000				100	1,000	100,000
5/5	매입	200	1,300	260,000				100	1,000	100,000
								200	1,300	260,000
5/10	매출				100	1,000	100,000			
					100	1,300	130,000	100	1,300	130,000
5/15	매입	300	1,500	450,000				100	1,300	130,000
								300	1,500	450,000
5/20	매출				100	1,300	130,000			
					200	1,500	300,000	100	1,500	150,000
5/25	매입	100	1,700	170,000				100	1,500	150,000
								100	1,700	170,000
5/31	이월				100	1,500	150,000			
					100	1,700	170,000			
		700		980,000	700		980,000			
결과		기초재고 + 순매입 ₩980,000			매출원가 ₩660,000			기말재고액 ₩320,000		

2. 선입선출법(실지재고조사법)

입고			출고			재고		
100	@₩1,000	100,000	100	@₩1,000	100,000	100	@₩1,500	150,000
200	@₩1,300	260,000	200	@₩1,300	260,000	100	@₩1,700	170,000
300	@₩1,500	450,000	200	@₩1,500	300,000			
100	@₩1,700	170,000						
기초재고 + 순매입 ₩980,000			매출원가 ₩660,000			기말재고액 ₩320,000		

3. 후입선출법(계속기록법)

월일	적요	입고			출고			재고		
5/1	이월	100	@₩1,000	100,000				100	@₩1,000	100,000
5/5	매입	200	@₩1,300	260,000				100	@₩1,000	100,000
								200	@₩1,300	260,000
5/10	매출				200	@₩1,300	260,000	100	@₩1,000	100,000
5/15	매입	300	@₩1,500	450,000				100	@₩1,000	100,000
								300	@₩1,500	450,000
5/20	매출				300	@₩1,500	450,000	100	@₩1,000	100,000
5/25	매입	100	@₩1,700	170,000				100	@₩1,000	100,000
								100	@₩1,700	170,000
결과		기초재고 + 순매입 ₩980,000			매출원가 ₩710,000			기말재고액 ₩270,000		

4. 후입선출법(실지재고조사법)

입　고			출　고			재　고		
100	@₩1,000	100,000	100	@₩1,700	170,000	100	@₩1,300	130,000
200	@₩1,300	260,000	300	@₩1,500	450,000	100	@₩1,000	100,000
300	@₩1,500	450,000	100	@₩1,300	130,000			
100	@₩1,700	170,000						
기초재고 + 순매입		₩980,000	매출원가		₩750,000	기말재고액		₩230,000

5. 이동평균법(계속기록법), 실지재고조사법은 적용되지 않음

월일	적요	입　고			출　고			재　고		
5/1	이 월	100	@₩1,000	100,000				100	@₩1,000	100,000
5/5	매 입	200	@₩1,300	260,000				300	@₩1,200	360,000
5/10	매 출				200	@₩1,200	240,000	100	@₩1,200	120,000
5/15	매 입	300	@₩1,500	450,000				400	@₩1,425	570,000
5/20	매 출				300	@₩1,425	427,500	100	@₩1,425	142,500
5/25	매 입	100	@₩1,700	170,000				200	@₩1,562.50	312,500
결 과		기초재고 + 순매입		₩980,000	매출원가		₩667,500	기말재고액		₩312,500

6. 총평균법(실지재고조사법), 계속기록법은 적용되지 않음

입　고			출　고			재　고		
100	@₩1,000	100,000	500	@₩1,400	700,000	200	@₩1,400	280,000
200	@₩1,300	260,000						
300	@₩1,500	450,000						
100	@₩1,700	170,000						
700	@₩1,400	980,000	매출원가		₩700,000	기말재고액		₩280,000

7. 기 타

종　목	계속기록법	실지재고조사법
단순평균법	적용되지 않음	$(1,000 + 1,300 + 1,500 + 1,700)/4 = $ @₩1,375 200개 @₩1,375　₩275,000
최종매입원가법	적용되지 않음	200개 @₩1,700*　₩340,000

* 최종매입원가(가장 최근에 매입한 상품의 단위당 원가를 적용)

💡 **물가상승(인플레이션)시의 기말재고액 크기**

> 최종매입원가법　≥　선입선출법　≥　이동평균법　≥　총평균법　≥　후입선출법
> 　　　　　　　　(계속기록법 = 실사법)　　　　　　　　　　　　　　(계속기록법 ≥ 실사법)
>
> ※ 기말재고액 증가 ⇨ 매출원가 감소 ⇨ 매출총이익(당기순이익) 증가 ⇨ 법인세 증가

(7) 원가흐름의 가정과 당기순이익 및 현금흐름의 크기 비교

물가가 지속적으로 상승하고, 재고청산이 없는 경우에 원가흐름의 가정에 따른 기말재고자산, 당기순이익 및 현금흐름 등의 크기는 다음과 같다.

판매가능재고		선입선출법 = 이동평균법 = 총평균법 = 후입선출법
기말재고자산		선입선출법 > 이동평균법 > 총평균법 > 후입선출법
매출원가		선입선출법 < 이동평균법 < 총평균법 < 후입선출법
당기순이익		선입선출법 > 이동평균법 > 총평균법 > 후입선출법
법인세		선입선출법 > 이동평균법 > 총평균법 > 후입선출법
현금흐름	법인세 無	선입선출법 = 이동평균법 = 총평균법 = 후입선출법
	법인세 有	선입선출법 < 이동평균법 < 총평균법 < 후입선출법

원가흐름의 가정과 현금흐름은 무관하다. 그러나 법인세가 있는 경우에는 당기순이익이 크면 법인세부담액이 증가하므로 현금흐름은 감소하게 된다.

---

06 추정에 의한 재고자산 평가

1 매출가격환원법(소매재고조사법)

(1) 의 의

상품의 종류와 수량이 많은 경우에 이용하는 재고자산 평가방법으로서, 기말재고액을 매출가격기준으로 산출하고 여기에 원가율을 곱하여 기말재고액의 원가를 계산하는 방법이다.

① 매출가격 기준의 기말재고액 산출

계속기록법	매출가격 기준의 판매가능상품액 − 당기 매출액 = 기말 재고액(매가) = 기초재고액(매가) + 당기매입액(매가) + 순인상액 − 순인하액 − 매출액 = 기말재고액(매가)
실사법	상품별 매출가격에 의한 실지재고조사액 = 기말재고액(매가)

② 원가율의 산출

$$원가율 = \frac{원가:\ 기초재고 + 당기매입}{매가:\ 기초재고 + 당기매입}$$

③ 기말재고액의 원가 산출

기말재고액(매가) × 원가율 = 기말재고액(원가)

장 점	① 재고조사가 불가능하거나 비경제적일 경우에 사용할 수 있다. ② 다품종의 상품을 취급하는 백화점, 할인점 등의 **유통업에서만 적용가능**하다. ③ 반기나 분기재무제표를 작성할 경우 실지재고조사를 하지 않고 기말재고액을 파악할 수 있다. ④ 장부에 소매가로 기록하기 때문에 기장이 간편해진다. ⑤ 천재지변시 손실액이나 보험금결정에 유용하다.
단 점	① 실지 재고조사를 하지 않을 경우 재고감모손실이 기말재고에 포함되어 기말재고액과 당기순이익이 과대계상된다. ② 기업내에 여러 가지 다른 매출총이익을 평균화하여 부분별 성과결정을 곤란하게 할 수 있다.

(2) 매가환원법 적용시 고려해야 할 특수항목

재　고　자　산

과목	원가	매가	과목	원가	매가
기초재고	×××	×××	매출액		×××
당기매입	×××	×××	매출환입		(×××)
매입운임	×××		매출에누리		(×××)
매입환출	(×××)	(×××)	매출할인	×××③	(×××)
매입에누리	(×××)		종업원할인		×××
매입할인	(×××)		정상파손		×××
순인상액		×××			
순인하액		(×××)	기말재고	×××②	×××①
비정상파손	(×××)	(×××)			
계	×××	×××	계	×××	×××

① 순인상액과 순인하액

순인상액은 매가인상액에서 매가인상취소액을 차감한 가액이고, 순인하액은 매가인하액에서 매가인하취소액을 차감한 가액이다. 순인상액과 순인하액은 매가의 변동을 의미하므로 차변에서 가감조정하며, 그 결과 자연스럽게 매가기준 매출액과 기말재고에 반영된다. 다만, 순인상액과 순인하액은 매가의 변동이므로 원가에는 영향을 미치지 않는다.

② **매입운임, 매입환출 매입에누리 및 매입할인**

이들 항목은 매입의 가산 또는 차감항목이므로 원가에 가산하거나 차감하면 된다. 매입환출의 경우에는 환출을 하면 상품자체가 반품이 되므로 원가와 매가 모두에서 차감하여야 한다. 다만, 매입환출에 대한 매가 자료가 제시되지 않은 경우에는 원가에서만 차감한다.

③ **비정상파손**

비정상파손은 비정상으로 발생한 파손, 감손, 도난 등을 말하는 것으로 정상적인 영업활동과 무관하게 발생한 것이다. 따라서 기타비용으로 처리하여야 하므로 처음부터 구입하지 않은 것처럼 원가와 매가에서 각각 차감한다.

④ **매출환입, 매출에누리 및 매출할인**

이들 항목은 매출액의 차감항목이므로 매출액에서 차감한다. 다만, 원가에 대하여는 고려할 필요가 없다. 이는 전적으로 매가에서 조정될 항목이다. 매출원가의 계산과정상 이들의 원가는 매출원가에서 자동적으로 제거된다.

⑤ **종업원할인 및 정상파손**

종업원할인이나 정상파손은 정상적인 영업활동에서 발생한 것이므로 매출원가로 처리하여야 한다. 그런데 동 금액을 조정하지 않은 경우에는 기말재고매가가 과대평가된다. 따라서 기말재고매가를 적정하게 평가하기 위하여 종업원할인과 정상파손은 매출액에 가산하는 형식으로 표시하다. 다만, 이들 항목의 원가에 대하여는 고려할 필요가 없다. 매출원가의 계산과정상 이들의 원가는 매출원가에 자동적으로 포함된다.

(3) 원가율의 산정방법

① **평균원가소매재고법**

기초재고와 당기매입분이 평균적으로 판매된다고 가정한다. 따라서 원가율은 기초재고, 당기매입액, 순인상액과 순인하액을 모두 고려하여 계산한다.

$$\text{원가율} = \frac{\text{원가: 기초재고} + \text{당기매입}}{\text{매가: 기초재고} + \text{당기매입} + \text{순인상액} - \text{순인하액}}$$

② **선입선출소매재고법**

선입선출소매재고법은 먼저 구입한 자산이 먼저 판매된다고 보아 기말재고자산이 전부 당기매입분으로만 구성되어 있다고 가정한다. 따라서 원가율 산정시 기초재고자산은 고려하지 않는다.

주의할 점은 기말재고(매가)는 어떤 원가흐름의 가정(평균법, FIFO, LIFO)을 적용하든지 어떤 자산평가방법(원가법, 저가법)을 적용하든지 그 금액이 동일하다는 것이다.

$$\text{원가율} = \frac{\text{원가: 당기매입}}{\text{매가: 당기매입 + 순인상액 − 순인하액}}$$

③ **후입선출소매재고법**

후입선출소매재고법은 나중에 구입한 자산이 먼저 판매된다고 가정하므로 기말재고자산은 기초재고자산으로만 구성될 수도 있고, 기초재고분과 당기매입분으로 구성될 수도 있다.

기초재고(매가) > **기말재고**(매가)

$$\text{기말재고(원가)} = \text{기말재고(매가)} \times \frac{\text{원가: 기초재고(원가)}}{\text{매가: 기초재고(매가)}}$$

기초재고(매가) < **기말재고**(매가)

$$\text{기말재고(원가)} = \text{기초재고(원가)} + \text{당기증가분} \times \text{원가율(FIFO)}^*$$

* 당기매입분에 대한 원가율로서 선입선출소매재고법에 의한 원가율과 동일하다.

④ **저가기준소매재고법**

저가기준소매재고법은 전통적소매재고조사법이라고도 불리는 방법으로서 **원가율산정시 순인하액을 제외**시켜 원가율을 낮게 계상함으로써 기말재고(원가)가 낮게 평가되도록 하는 방법이다.

$$\text{원가율} = \frac{\text{원가: 기초재고 + 당기매입}}{\text{매가: 기초재고 + 당기매입 + 순인상액}}$$

예제

다음 자료에 의하여 매출가격환원법에 의한 기말재고자산을 다음 각각의 방법에 따라 계산하라.

	원 가	매 가
기초상품재고액	₩400,000	₩500,000
당 기 매 입 액	1,600,000	2,200,000
매 가 인 상 액	−	150,000
매가인상취소액	−	50,000
매 가 인 하 액	−	350,000
매가인하취소액	−	50,000
당 기 매 출 액	−	1,800,000

해설

1. 평균(원가소매재고)법에 의한 기말재고액
   (1) 기말재고(매가) : $500,000 + 2,200,000 + 150,000 - 50,000 - 350,000 + 50,000 - 1,800,000$
      $= ₩700,000$
   (2) 원가율 : $\dfrac{원가 : 400,000 + 1,600,000}{매가 : 500,000 + 2,200,000 + 150,000 - 50,000 - 350,000 + 50,000} = 80\%$
   (3) 기말재고와 매출원가
      • 기말재고액(원가) : $₩700,000 \times 80\% = ₩560,000$
      • 매출원가 : $₩400,000 + 1,600,000 - 560,000 = ₩1,440,000$

2. 선입선출소매재고법
   (1) 기말재고(매가) : ₩700,000
   (2) 원가율 : $\dfrac{원가 : 1,600,000}{매가 : 2,200,000 + 150,000 - 50,000 - 350,000 + 50,000} = 80\%$
   (3) 기말재고와 매출원가
      • 기말재고액(원가) : $₩700,000 \times 80\% = ₩560,000$
      • 매출원가 : $₩400,000 + 1,600,000 - 560,000 = ₩1,440,000$

3. 후입선출소매재고법
   (1) 기말재고(매가)
      • '기초재고(매가) < 기말재고(매가)'이므로 당기증가분에 대해서는 당기매입분에 대한 원가율을 적용한다.
      • 기말재고액 : $₩400,000 + 200,000 \times 80\% = ₩560,000$
   (2) 매출원가 : $₩400,000 + 1,600,000 - 560,000 = ₩1,440,000$

4. 저가기준소매재고법
   (1) 기말재고(매가) : ₩700,000
   (2) 원가율 : $\dfrac{원가 : 400,000 + 1,600,000}{매가 : 500,000 + 2,200,000 + 150,000 - 50,000} = 71.43\%$
   (3) 기말재고와 매출원가
      • 기말재고액(원가) : $₩700,000 \times 71.43\% = ₩500,010$
      • 매출원가 : $₩400,000 + 1,600,000 - 500,010 = ₩1,499,990$

💡 **매출총이익률**

㉾ 매출총이익률 30%
= 순매출액 × 0.3 = 매출
총이익
= 순매출액 × (1 − 0.3) =
매출원가
= 매출원가 ÷ (1 − 0.3) =
순매출액

💡 **원가에 대한 이익률**

㉾ 원가의 30% 이익을 가산하여
매출하다.
⇨ 매출원가 × (1 + 0.3)
= 매출액
⇨ 매출액 ÷ (1 + 0.3)
= 매출원가

2 매출총이익률법

매출총이익률법이란 매출총이익률을 이용하여 재고자산의 가액을 추정하는 방법이다. 매출총이익률법은 화재나 도난 등으로 인하여 기말재고에 대한 적절한 자료를 이용할 수 없는 경우나, 재고 실사를 하지 않고 내부관리 목적으로 결산을 실시하는 경우에 이용가능한 방법이다.

$$매출총이익률 = \frac{매출총이익}{순매출액} \times 100$$

장 점	① 반기 또는 분기재무제표를 작성할 경우 재고자산의 결정에 유용하다. ② 천재지변이 발생되었을 때 재고자산을 추정할 수 있다.
단 점	① 추정에 의한 방법이므로 신뢰성을 약화시킬 수 있다. ② 이 방법에서 사용되는 매출총이익률은 과거의 자료이다.

예제

JH사의 과거 3년 동안의 평균 매출총이익률은 40%이다. 다음 자료에 의해 매출총이익률법을 적용한 JH사의 기말재고액을 계산하라.

기초상품재고액	₩150,000	당기총매입액	₩620,000
매입에누리와 환출	₩40,000	당기총매출액	₩1,000,000
매출에누리와 환입	₩100,000		

해설

상 품

기초상품재고액	150,000	매입에누리와 환출	40,000
당기총매입액	620,000	당기총매출액	1,000,000
매출에누리와 환입	100,000	기말재고액	(190,000)
매출총이익	360,000		
	1,230,000		1,230,000

* 매출총이익: 순매출액(1,000,000 − 100,000) × 0.4 = ₩360,000

예제

㈜합격의 20X1년 12월 중의 상품 관련 자료는 다음과 같다. ㈜합격의 12월 말 상품재고액은 얼마인가?

기초상품재고액	₩3,000	당기상품매입액	₩9,000
매입상품환출액	₩500	당기상품매출액	₩14,000
매출에누리액	₩1,000		

단, ㈜합격은 원가에 30% 이익을 가산하여 매출한다.

해설

상   품

기 초 상 품	3,000	매 출 원 가	(10,000)
순 매 입 액	8,500	기 말 상 품	(1,500)
	11,500		11,500

매출원가 × (1 + 0.3) = 순매출액 ₩13,000이며, 매출원가는 ₩13,000 ÷ 1.3 = ₩10,000이므로 기말재고액은 ₩1,500이다.

07 재고자산의 평가

1 재고자산 감모손실(수량부족)

(1) 수량부족

재고자산은 기말 재고수량과 이에 적용할 단가를 결정함으로써 평가된다. 기말 재고수량은 실사법과 계속기록법에 의해서 결정되는데 이 중 계속기록법의 경우 결정된 수량은 장부상 수량이므로 실제 창고에 보관되어 있는 재고수량과 다를 수 있다. 수량부족의 원인에는 자연감모나 파손, 도난, 훼손 등이 있다.

재고자산감모손실 = (장부상 수량−실제 수량) × 장부상 단가
　　　　　　　　　 = 장부상 수량에 대한 취득원가−실제수량에 대한 취득원가

💡 **재고자산감모손실**

K-IFRS에서는 재고자산감모손실을 발생한 기간의 비용으로 처리한다고 규정하고 있으며 정상 및 비정상감모손실에 대한 분류표시를 상세히 제시하지는 않고 있다.

💡 **감모손실의 매출원가 산입**

예를 들어 배추 100포기를 ₩100,000에 판매하려고 한다고 가정하자. 이 때 배추 100포기 중 10포기는 경험적으로 판매되지 않아 폐기처분된다면 배추판매업자는 배추 90포기를 판매함으로써 ₩100,000을 획득하려고 할 것이다. 따라서 정상적으로 예측되는 감모손실분은 매출원가에 가산되어야 하며 그렇게 할 경우에만 수익과 비용이 적절히 대응될 것이다.

💡 재고자산의 저가법 평가 이유

자산을 저가로 평가하는 이론적인 근거는 보수주의이다. 보수주의란 대체적인 회계처리방법이 있을 경우 가능한 한 재무적 기초를 견고히 하도록 회계처리하는 방법을 말한다. 예를 들어 기말재고자산을 저가평가하면 상대적으로 매출원가가 높아져서 당기순이익이 감소하고 그 결과 배당이 감소하여 사내유보이익이 많아지므로 기업의 재무적 기초를 견고히 할 수 있다. 이와 같은 저가평가는 곧 채권자 보호사상을 바탕으로 하는 보수주의의 예가 된다.

💡 원재료의 저가법 적용

사용목적으로 보유하는 원재료의 경우 순실현가능가치에 대한 최선의 이용가능한 측정치로 현행대체원가를 사용한다.

1. 완성할 제품의 순실현가능가치 > 완성할 제품원가 ⇨ 저가법 적용(×)
2. 완성할 제품의 순실현가능가치 < 완성할 제품원가 ⇨ 저가법 적용(○)

💡 순공정가치 vs 순실현가능가치

순실현가능가치(net realizable value)는 특정기업이 통상적인 영업과정에서 재고자산의 판매를 통해 실현할 것으로 기대하는 순매각금액을 말한다. 공정가치는 측정일에 재고자산의 주된 (또는 가장 유리한) 시장에서 시장참여자 사이에 일어날 수 있는 그 재고자산을 판매하는 정상거래의 가격을 반영한다. 순실현가능가치는 기업의 특유한 측정치이지만, 순공정가치는 시장에서의 측정치이다. 따라서 재고자산의 기업특유가치인 순실현가능가치는 시장측정치인 순공정가치와 일치하지 않을 수도 있다.

(2) 회계처리

재고자산감모손실 중 정상적으로 발생한 감모손실은 재고자산 수량부족이 사전에 예측된 것이므로 매출원가로 처리하여야 한다. 왜냐하면 정상적인 감모수량에 대한 판매가격은 매출액에 이미 반영되어 있기 때문이다.

한편, 사전에 예측하지 못한 비정상적인 감모손실은 회사가 매출가격에 반영시킬 수 없었을 것이다. 따라서 비정상적인 감모손실은 기타비용으로 처리하여야 한다.

정상적 감모손실: (차) 매 입(매출원가) ×××　　(대) 이월상품(재고자산) ×××
비정상적 감모손실: (차) 재고자산감모손실 ×××　　(대) 이월상품(재고자산) ×××

② 재고자산평가손실(순실현가능가치 하락)

재고자산의 순실현가능가치가 원가보다 하락한 경우에는 **저가법을 사용**하여 재고자산의 재무상태표가액을 결정한다. 재고자산의 순실현가능가치가 원가보다 하락한 경우의 예는 다음과 같다.

> ① 물리적 손상을 입은 경우
> ② 보고기간말(재무상태표일)로부터 1년 또는 정상영업주기 내에 판매되지 않았거나 생산에 투입할 수 없어 장기체화된 경우
> ③ 완전히 또는 부분적으로 진부화 된 경우
> ④ 판매가격이 하락한 경우 또는 완성하거나 또는 판매하는데 필요한 원가가 상승하는 경우

① 저가법 적용시 적용되는 순실현가능가치

상품, 제품	순실현가능가치(= 판매가격 − 판매비용)
재공품	순실현가능가치(= 판매가격 − 판매비용 − 추가완성원가)
원재료	현행대체원가(= 현재시점에서 매입할 경우 소요예상 비용) 단, 원재료를 투입하여 완성할 제품의 시가가 원가보다 높을 경우에는 원재료에 대하여 저가법을 적용하지 않는다. 그러나 원재료 가격이 하락하여 제품의 원가가 순실현가능가치를 초과할 것으로 예상된다면 해당 원재료를 순실현가능가치로 감액한다.
확정판매계약	1. 확정판매계약의 이행을 위해 보유하는 재고자산 ⇨ 계약가격에 기초하여 추정 2. 확정판매계약의 이행에 필요한 수량을 초과하는 재고자산 ⇨ 일반판매가격에 기초하여 추정

② **저가법 적용방법**

원 칙	종목별 기준(가장 보수적인 방법)
예 외	서로 유사하거나 관련된 경우에는 조별 기준을 적용하며 총계기준은 인정하지 않는다.

③ **회계처리**

재고자산의 순실현가능가치가 원가 이하로 하락하여 발생한 평가손실은 재고자산의 차감계정으로 표시하고 매출원가에 가산하며, 순실현가능가치는 매 회계기간 말에 새로 추정한다.

저가법의 적용에 따라 평가손실을 초래했던 상황이 해소되어 새로운 순실현가능가치가 장부가액보다 상승한 경우에는 **최초의 장부가액을 초과하지 않는 범위 내에서 평가손실을 환입**한다.

$$재고자산평가손실 = 실제수량 \times (단위당\ 원가 - 단위당\ 순실현가능가치)$$
$$= 실제수량의\ 원가 - 실제수량의\ 순실현가능가치$$

시가 하락: (차) 매입[매출원가] ×××   (대) 재고자산평가충당금 ×××
　　　　　　　　(재고자산평가손실)

시가 회복: (차) 재고자산평가충당금 ×××   (대) 매입[매출원가] ×××
　　　　　　　　　　　　　　　　　　　　　　　(재고자산평가충당금환입)

* 재고자산평가손실 : 매출원가에 가산
* 재고자산평가충당금 : 재고자산의 차감적 평가계정(F/P : 재고자산에서 차감형식으로 기재)
* 재고자산평가충당금환입 : 매출원가에서 차감

재고자산

판매가능재고	기초재고 / 당기매입	원가 NRV	매출원가 / 평가손실 / 기말재고 / 감모손실	원가배분과정

실지수량 　 장부수량

💡 **총계기준**
총계기준을 적용하면 취득원가에 대한 순실현가능가치 상승분이 순실현가능가치 하락분과 상계되어 저가법 평가효과가 감소하므로 보수주의 기본 취지에 어긋나게 된다.

PART
02

💡 **재고자산평가손실을 매출원가로 분류하는 것이 일반적인 이유**
재고자산평가손실은 매출원가의 인식시기를 조정하는 개념이지 매출원가와 영업외비용의 비용분류를 조정하는 개념이 아니다. 즉 재고자산평가손실은 미래에 당해 재고자산을 처분하는 경우 인식할 매출원가를 보수주의 논리를 적용하여 조기 인식하는 개념이다. 따라서 재고자산평가손실은 매출원가에 가산하여 포괄손익계산서에 보고해야 논리적인 일관성이 있다.

예제

재고자산 감모손실과 평가손실의 회계처리와 부분 재무제표
다음 자료에 의하여 각각의 경우에 따른 회계처리와 계정기입, 부분 재무제표를 표시하라.

기초상품재고액		₩100,000		
당기매입액		₩1,000,000		
당기매출액		₩1,500,000		
기말상품재고액	장부수량	1,500개	실지수량	1,400개
	단위당원가	₩100	단위당 순현실가치	₩90

해설

기말상품재고액

－ 장부재고액	1,500개 × ₩100	₩150,000	감모손실 ₩10,000	
－ 실지재고액	1,400개 × ₩100	₩140,000		
－ 순실현가치	1,400개 × ₩90	₩126,000	평가손실 ₩14,000	

1. 재고자산감모손실 정상적일 경우

재고자산

기초재고 100,000	판매로 인한 감소 950,000
	평가손실 10,000 / 정상감모 10,000
당기매입 1,000,000	기말재고 130,000 / 비정상감모 0

1,400개　　1,500개

(차) 매출원가	950,000	(대) 재고자산(기초)	100,000
재고자산(기말)	150,000	매입	1,000,000
매출원가(감모손실)	10,000	재고자산	10,000
매출원가(평가손실)	10,000	재고자산평가충당금	10,000

(부분)재무상태표		
…		
상　품	140,000	
상품평가충당금	10,000	130,000

(부분)손익계산서		
매 출 액		1,500,000
매출원가		(970,000)
기초상품재고액	100,000	
당기상품매입액	1,000,000	
판매가능상품원가	1,100,000	
기말상품재고액	(130,000)	
매출총이익		530,000
…		…

2. 재고자산감모손실 비정상적일 경우

재고자산

| 기초재고 | 100,000 |
| 당기매입 | 1,000,000 |

판매로 인한 감소 950,000

| 평가손실 10,000 | 정상감모 0 |
| 기말재고 130,000 | 비정상감모 10,000 |

1,400개   1,500개

(차) 매출원가	950,000	(대) 재고자산(기초)	100,000
재고자산(기말)	150,000	매입	1,000,000
재고자산감모손실	10,000	재고자산	10,000
매출원가(평가손실)	10,000	재고자산평가충당금	10,000

(부분)재무상태표

…		
상 품	140,000	
상품평가충당금	10,000	130,000

(부분)손익계산서

매 출 액		1,500,000
매출원가		(960,000)
기초상품재고액	100,000	
당기상품매입액	1,000,000	
판매가능상품	1,100,000	
기말상품재고액	(130,000)	
매출이외의 재고감소	(10,000)	
매출총이익		540,000
…		…
상품감모손실	10,000	10,000
당기순이익		530,000

Q 예제

재고자산의 평가손실과 환입

1. 20X5년 말의 상품재고액은 ₩800,000이었으나 순실현가능가액이 ₩650,000으로 하락되었음을 발견하다.

2. 20X6년 말 상품재고액의 순실현가치가 상승되었다.
   (1) ₩750,000으로 상승된 경우
   (2) ₩950,000으로 상승된 경우

해설

20X5년 말	(차) 매입[매출원가]	150,000	(대) 재고자산평가충당금	150,000
	(재고자산평가손실)		(재고자산의 차감적 평가계정)	
20X6년 말 (1)	(차) 재고자산평가충당금	100,000	(대) 매입[매출원가]	100,000
			(재고자산평가충당금환입)	
(2)	(차) 재고자산평가충당금	150,000	(대) 매입[매출원가]	150,000*
			(재고자산평가충당금환입)	

* 최초의 장부가액 ₩800,000을 초과하지 않는 범위 내에서 ₩150,000(= ₩800,000 − 650,000)만 환입한다.

💡 종목별 vs 총계기준

예제의 끝 두 줄을 보면 기말재고자산의 평가액은 총계기준 > 조별기준 > 종목별기준의 순서이고 재고자산평가손실은 그 역순이다.

조별기준에서는 일부 종목의 가치하락이 다른 종목의 가치상승으로 상쇄되기 때문에 종목별기준보다는 평가손실이 작다. 이러한 상쇄가능성은 집단 내의 종목 수가 많으면 많을수록 더 크다. 따라서 모든 종목을 하나의 집단으로 하는 총계기준에서의 평가손실이 세 방법 중 가장 작은 것은 당연하다. 이를 보면 종목별 기준은 평가손실을 가장 크게 보고하는 보수적 평가방법인 셈이다.

예제

저가기준 : 종목별기준, 조별(집단별)기준, 총계기준

다음 자료를 이용하여 종목별기준, 조별기준, 총계기준에 의한 저가기준으로 재고자산을 평가하라.

		원가	최종판매가치	판매비용
집단 A	품목 A1	₩1,200	₩1,900	₩100
	품목 A2	₩2,300	₩2,200	₩200
집단 B	품목 B1	₩4,500	₩4,700	₩500
	품목 B2	₩4,000	₩3,900	₩300

해설

		원 가	순실현가능가액	저가기준 적용		
				종목별	조 별	총재고자산
집단 A	품목 A1	₩1,200	₩1,800	₩1,200		
	품목 A2	₩2,300	₩2,000	₩2,000		
	소 계	₩3,500	₩3,800		₩3,500	
집단 B	품목 B1	₩4,500	₩4,200	₩4,200		
	품목 B2	₩4,000	₩3,600	₩3,600		
	소 계	₩8,500	₩7,800		₩7,800	
	합 계	₩12,000	₩11,600			₩11,600
기말재고자산 평가액				₩11,000	₩11,300	₩11,600
취득원가				(₩12,000)	(₩12,000)	(₩12,000)
재고자산평가손실				(₩1,000)	(₩700)	(₩400)

1 재고자산

기업의 정상적인 영업과정에서 **판매를 위하여** 보유하거나 생산과정에 있는 자산

2 재고자산의 취득원가

재고자산의 취득원가에 포함될 지출은 상품의 **매입원가뿐만 아니라 전환원가 및 재고자산을 현재의 장소에 이르게 하는 데 발생한 기타 원가를 모두 포함**한다.

3 재고자산의 T계정 구조

매출원가(순수상품계정)	매출총이익(혼합상품계정)

상 품

기초재고액	매출원가
당기매입액	
	기말재고액

상 품

기초재고액	당기매출액
당기매입액 매입제비용(운임)	
매출환입 및 매출에누리, 매출할인	매입환출 및 매입에누리, 매입할인
매출총이익	기말재고액

4 물가상승(인플레이션)시의 기말재고액 크기

선입선출법 ≥ 이동평균법 ≥ 총평균법 ≥ 후입선출법

5 매출총이익률법

매출총이익률	* 매출총이익률 30% = 순매출액 × 0.3 = 매출총이익 = 순매출액 × (1 − 0.3) = 매출원가
원가이익률	* 원가의 30% 이익을 가산하여 매출 = 매출원가 × (1 + 0.3) = 매출액

6 재고자산 감모손실과 평가손실

감모손실 (수량부족)	* 재고자산감모손실 = (장부상 수량 − 실제 수량) × 장부상 단가 * 당기비용(정상적일 경우 매출원가에 포함) 처리
평가손실 (시가하락)	* 재고자산평가손실 = 실제수량 × (장부상 단가 − 단위당 시가) * 당기비용(매출원가에 포함) 처리

실전예상문제

01 재고자산에 관한 설명으로 옳은 것은? 제27회

① 재고자산은 취득원가와 순실현가능가치 중 높은 금액으로 측정한다.
② 개별법이 적용되지 않는 재고자산의 단위원가는 선입선출법, 가중평균법 및 후입선출법을 사용하여 결정한다.
③ 재고자산의 수량결정방법 중 실지재고조사법만 적용 시 파손이나 도난이 있는 경우 매출원가가 과소평가 될 수 있는 문제점이 있다.
④ 부동산매매를 주된 영업활동으로 하는 부동산매매기업이 보유하고 있는 판매목적의 건물과 토지는 재고자산으로 분류되어야 한다.
⑤ 물가가 지속적으로 상승하고 재고청산이 발생하지 않는 경우, 선입선출법의 매출원가가 다른 방법에 비해 가장 크게 나타난다.

해설 ① 높은 ⇨ 낮은
② 후입선출법은 인정되지 않는다.
③ 기말재고액이 과소평가 될 수 있다.
⑤ 크게 ⇨ 작게

02 재고자산에 관한 설명으로 옳지 않은 것은? 제13회

① 원가측정방법으로 소매재고법은 그 평가결과가 실제원가와 유사한 경우에 편의상 사용할 수 있다.
② 재고자산의 단위원가 결정방법으로 후입선출법을 사용할 수 있다.
③ 정상적인 영업과정에서 판매를 위하여 보유중인 자산은 재고자산이다.
④ 재고자산의 판매시, 관련된 수익을 인식하는 기간에 재고자산의 장부금액을 비용으로 인식한다.
⑤ 매입운임은 재고자산의 취득원가에 포함된다.

해설 한국채택국제회계기준은 재고자산의 단가결정방법으로 후입선출법을 금지하고 있다.

Answer
01 ④　　02 ②

03 재고자산 회계처리에 관한 설명으로 옳지 않은 것은? 　　　　제23회

① 재고자산의 취득원가는 매입원가, 전환원가 및 재고자산을 현재의 장소에 현재상태에 이르게 하는 데 발생한 기타원가 모두를 포함한다.

② 재고자산을 순실현가능가치로 감액하는 저가법은 항목별로 적용한다.

③ 재고자산을 순실현가능가치로 감액한 평가손실과 모든 감모손실은 감액이나 감모가 발생한 기간에 비용으로 인식한다.

④ 도착지 인도기준의 미착상품은 판매자의 재고자산으로 분류한다.

⑤ 기초재고수량과 기말재고수량이 같다면, 선입선출법과 가중평균법을 적용한 매출원가는 항상 같게 된다.

> **해설** ⑤ 기초재고수량과 기말재고수량이 동일하더라도 매입단가가 다르거나, 물가 상승 또는 하락에 따라 선입선출법과 가중평균법을 적용한 기말재고액과 매출원가 금액은 일치하지 않을 수 있다.

04 재고자산의 회계처리에 관한 설명으로 옳지 않은 것은? 　　　　제25회

① 재고자산은 취득원가와 순실현가능가치 중 낮은 금액으로 측정한다.

② 통상적으로 상호 교환될 수 없는 재고자산항목의 원가와 특정 프로젝트별로 생산되고 분리되는 재화의 원가는 개별법을 사용하여 결정한다.

③ 재고자산의 취득원가는 매입원가, 전환원가 및 재고자산을 현재의 장소에 현재의 상태로 이르게 하는 데 발생한 기타 원가 모두를 포함한다.

④ 완성될 제품이 원가 이상으로 판매될 것으로 예상하는 경우에는 그 생산에 투입하기 위해 보유하는 원재료 및 기타 소모품을 감액하지 아니한다.

⑤ 재고자산의 매입원가는 매입가격에 매입할인, 리베이트 및 기타 유사한 항목을 가산한 금액이다.

> **해설** ⑤ 재고자산의 매입원가는 매입가격에서 매입할인, 리베이트 및 기타 유사한 항목을 차감한 금액이다.

05 다음은 ㈜한국의 20X1년 상품(원가) 관련 자료이다. ㈜한국의 20X1년 기말 재고자산은?

제21회

• 20X1년 말 창고에 보관 중인 ㈜한국의 상품(실사금액)	₩500,000
• ㈜한국이 수탁자에게 적송한 상품 중 20X1년 말 판매되지 않은 적송품	20,000
• ㈜한국이 시용판매를 위해 고객에게 발송한 상품 ₩130,000 중 20X1년 말 매입의사 표시가 없는 시송품	50,000
• 20X1년 말 선적지인도조건으로 ㈜한국이 판매하여 운송 중인 상품	100,000
• 20X1년 말 선적지인도조건으로 ㈜한국이 매입하여 운송 중인 상품	120,000

① ₩570,000   ② ₩620,000   ③ ₩690,000
④ ₩720,000   ⑤ ₩770,000

해설 선적지인도조건의 경우 운송중인 미착상품은 구매자의 재고자산이다.
올바른 기말재고액 : 500,000(실사액) + 20,000 + 50,000 + 120,000 = ₩690,000

06 다음은 화장품 제조판매업을 영위하고 있는 ㈜한국의 20X1년 말 자료이다. ㈜한국의 20X1년 기말재고자산은? (단, 제시된 금액은 모두 원가 금액이다)

제26회

• 판매를 위하여 창고에 보관중인 ㈜한국의 화장품	₩700,000
• 전시관 내 홍보목적으로 제공하고 있는 ㈜한국의 화장품	₩10,000
• 화장품 생산에 사용하는 ㈜한국의 원재료	₩120,000
• 선적지인도조건으로 판매한 ㈜한국의 화장품 중 현재 선적후 운송 중인 화장품	₩90,000
• 위탁판매계약을 하고 수탁자에게 보낸 ㈜한국의 화장품 중 기말 현재 판매되지 않은 화장품	₩50,000
• 시용판매를 위해 고객에게 보낸 ㈜한국의 화장품 중 매입의사표시를 받지 못한 시송품	₩30,000

① ₩900,000   ② ₩910,000   ③ ₩990,000
④ ₩1,010,000   ⑤ ₩1,070,000

해설 기말재고자산 : ₩700,000 + ₩120,000 + ₩50,000 + ₩30,000 = ₩900,000

Answer
03 ⑤   04 ⑤   05 ③   06 ①

07 ㈜한국이 20X1년 말 실지재고조사한 재고자산 원가는 ₩50,000으로 파악되었다. ㈜한국이 재고자산과 관련하여 다음 추가사항을 고려할 경우 정확한 기말재고자산은? (단, 재고자산감모손실과 재고자산평가손실은 없다)

제27회

> • 20X1년 12월 27일 ㈜대한으로부터 FOB 선적지 인도조건으로 매입하여 운송 중인 상품의 원가는 ₩15,000이며, 이 상품은 20X2년 초 ㈜한국에 도착할 예정이다.
> • ㈜한국이 20X1년 중 구매자에게 시용판매의 목적으로 인도한 상품의 원가는 ₩20,000이며, 기말 현재 구매자는 이 상품에 대해 30%의 구매의사 표시를 하였다.
> • ㈜한국의 20X1년 말 실사한 재고자산 중 ₩20,000은 주거래은행의 차입금에 대한 담보로 제공 중이며, 저당권은 아직 실행되지 않았다.
> • ㈜한국이 20X1년 중 위탁판매를 위해 수탁자인 ㈜민국에게 적송한 상품의 원가는 ₩15,000원이며, 기말 현재 ㈜민국은 60%의 판매완료를 통보해 왔다.

① ₩70,000　　　　② ₩77,000　　　　③ ₩85,000
④ ₩91,000　　　　⑤ ₩105,000

해설 기말재고자산 : $50,000 + 15,000 + (20,000 \times 70\%) + (15,000 \times 40\%) = ₩85,000$

08 ㈜한국의 다음 재고자산 관련 자료를 이용하여 구한 재고자산의 취득원가는?

제27회

> | | | | |
> |---|---|---|---|
> | • 매입가격 | ₩500,000 | • 매입운임 | ₩2,500 |
> | • 매입할인 | 15,000 | • 하역료 | 10,000 |
> | • 수입관세(과세당국으로부터 추후 환급받을 금액 ₩7,500 포함) | | | 10,000 |
> | • 재료원가, 기타 제조원가 중 비정상적으로 낭비된 부분 | | | 4,000 |
> | • 후속 생산단계에 투입 전 보관이 필요한 경우 이외의 보관원가 | | | 1,000 |

① ₩500,000　　　　② ₩505,000　　　　③ ₩514,000
④ ₩522,500　　　　⑤ ₩529,000

해설 재고자산 취득원가 : $500,000 + 2,500 - 15,000 + 10,000 + (10,000 - 7,500) = ₩500,000$

09 ㈜한국은 20X1년 12월 1일 ₩1,000,000의 상품을 신용조건(5/10, n/60)으로 매입하였다. ㈜한국이 20X1년 12월 9일에 매입대금을 전액 현금 결제한 경우의 회계처리는? (단, 상품매입 시 총액법을 적용하며, 실지재고조사법으로 기록한다) 제21회

	차 변			대 변	
①	매 입 채 무	900,000	현 금		900,000
②	매 입 채 무	950,000	현 금		950,000
③	매 입 채 무	1,000,000	현 금		1,000,000
④	매 입 채 무	1,000,000	현 금		900,000
			매 입 (할 인)		100,000
⑤	매 입 채 무	1,000,000	현 금		950,000
			매 입 (할 인)		50,000

해설 신용거래의 경우 구매자가 조기 지급하는 경우 할인받게 되는 것을 매입할인이라고 한다. 이 경우 지급액은 할인액을 차감한 금액을 지급하게 된다.

10 ㈜한국의 20X1년 초 상품재고는 ₩100,000이고 당기 상품매입액은 ₩400,000이다. ㈜한국의 당기 상품매출은 ₩500,000이고 20X1년 말 상품재고가 ₩200,000일 때, 20X1년 상품매출원가는? (단, 재고자산감모손실과 재고자산평가손실 및 재고자산평가충당금은 없다) 제25회

① ₩100,000 ② ₩200,000 ③ ₩300,000
④ ₩400,000 ⑤ ₩500,000

해설 매출원가: ₩100,000 + ₩400,000 − ₩200,000 = ₩300,000

11 ㈜한국의 20X1년 매출액은 ₩1,000,000이고 매출원가는 ₩630,000이다. 총매입액은 ₩600,000이며 매입환출 및 에누리는 ₩60,000이다. 기초재고자산이 ₩400,000일 경우 기말재고자산은? 제15회

① ₩240,000 ② ₩275,000 ③ ₩300,000
④ ₩310,000 ⑤ ₩335,000

해설

재고자산			
기초	400,000	매출원가	630,000
		환출 및 에누리	60,000
총매입	600,000	기말	310,000
	1,000,000		1,000,000

Answer
07 ③ 08 ① 09 ⑤ 10 ③ 11 ④

12 다음 자료를 이용하여 계산한 매출총이익은?

제16회

• 기초재고	₩70,000	• 기말재고	₩20,000
• 총매입	40,000	• 매입환출	10,000
• 매출	120,000		

① ₩10,000 ② ₩20,000 ③ ₩30,000
④ ₩40,000 ⑤ ₩50,000

해설

혼합상품

기초재고	70,000	매입환출	10,000
총매입	40,000	매출	120,000
매출총이익	(?)	기말재고	20,000
	150,000		150,000

13 다음 자료를 이용하여 계산한 총 매출액은?

제23회

• 기초재고	₩50,000	• 매출할인	₩6,000
• 기말재고	30,000	• 매출운임	4,000
• 매입에누리	5,000	• 매출환입	7,000
• 매입할인	2,000	• 매출총이익	80,000
• 총매입액	400,000		

① ₩493,000 ② ₩500,000 ③ ₩506,000
④ ₩510,000 ⑤ ₩513,000

해설

재고자산

기초재고	50,000	총매출액	(?)
총매입액	400,000		
매출할인	6,000	매입에누리	5,000
매출환입	7,000	매입할인	2,000
매출총이익	80,000	기말재고	30,000
	543,000		543,000

14 실지재고조사법을 적용하는 ㈜한국은 20X1년 기말재고자산(상품) ₩10,000(원가)을 누락하여 과소계상 하였다. 해당 오류가 향후 밝혀지지 않을 경우, 다음 설명 중 옳은 것은?

제24회

① 20X1년 매출원가는 ₩10,000 과대계상 된다.
② 20X1년 영업이익은 ₩10,000 과대계상 된다.
③ 20X2년 기초재고자산은 ₩10,000 과대계상된다.
④ 20X2년 매출원가는 ₩10,000 과대계상된다.
⑤ 누락된 기말재고자산이 20X2년 중 판매되었다면, 20X3년 매출총이익은 ₩10,000 과대계상 된다.

해설 20X1년 기말재고자산의 과소계상 ⇨ 20X1년 매출원가 과대계상(①) ⇨ 20X1년 매출총이익 과대계상
20X2년 기초재고자산(20X1년 기말재고자산)의 과소계상 ⇨ 20X2년 매출원가 과소계상 ⇨ 20X2년 매출총이익 과소계상

15 재고자산에 관한 설명으로 옳은 것은? (단, 재고자산감모손실 및 재고자산평가손실은 없다)

제18회

① 선입선출법 적용시 물가가 지속적으로 상승한다면, 계속기록법에 의한 기말재고자산 금액이 실지재고조사법에 의한 기말재고자산 금액보다 작다.
② 선입선출법 적용 시 물가가 지속적으로 상승한다면, 계속기록법에 의한 기말재고자산 금액이 실지재고조사법에 의한 기말재고자산 금액보다 크다.
③ 재고자산 매입시 부담한 매입운임은 운반비로 구분하여 비용처리한다.
④ 컴퓨터 제조기업이 고객관리목적으로 사용하고 있는 자사가 제조한 컴퓨터는 재고자산이다.
⑤ 부동산매매기업이 정상적인 영업과정에서 판매를 목적으로 보유하는 건물은 재고자산으로 구분한다.

해설 ①② 선입선출법을 적용할 경우 계속기록법과 실지재고조사법의 기말재고액은 동일하다.
③ 운반비로 구분하여 비용처리한다. ⇨ 매입원가에 가산한다.
④ 영업활동에 사용할 목적의 자산은 재고자산이 아니라 유형자산이다.

Answer

12 ④　13 ③　14 ①　15 ⑤

16 ㈜한국의 20X1년 상품 A의 거래내역은 다음과 같다. 상품 A에 대하여 계속기록법에 의한 선입선출법을 사용할 경우 20X1년 매출원가는?

제15회

날 짜	내 용	수 량	매입단가
1. 1	기초재고	200개	₩1,000
3. 8	매입	300	1,200
5. 27	판매	400	—
6. 16	매입	700	1,300
9. 21	판매	300	—

① ₩360,000 ② ₩440,000 ③ ₩650,000
④ ₩700,000 ⑤ ₩820,000

해설 선입선출법의 경우에는 계속기록법과 실지재고조사법의 결과금액이 같다. 따라서 실사법으로 계산하면 간편하다.
매출원가(판매된 700개) : 200개×@₩1,000 + 300개×@₩1,200 + 200개×@₩1,300 = ₩820,000

17 ㈜한국의 20X1년 재고자산 매입과 매출에 관한 자료는 다음과 같다.

일 자	적 요	수 량(개)	단위당 원가
1월 1일	기초재고	20	₩100
3월 1일	매 입	50	110
6월 1일	매 출	40	
9월 1일	매 입	80	120
12월 1일	매 출	30	

㈜한국이 계속기록법을 적용하면서 선입선출의 단위원가결정방법을 사용할 때, 20X1년 기말 재고자산은? (단, 장부상 재고수량과 실지재고수량은 일치하며, 재고자산평가손실은 없다)

제25회

① ₩8,700 ② ₩9,120 ③ ₩9,320
④ ₩9,600 ⑤ ₩9,700

해설 기말재고수량 : 20개 + 50개 − 40개 + 80개 − 30개 = 80개
기말재고자산 : 80개 × ₩120 = ₩9,600

18 ㈜한국의 다음 재고자산 관련 거래내역을 계속기록법에 의한 이동평균법을 적용할 경우 기말 재고액은? (단, 재고자산감모손실과 재고자산평가손실은 없으며, 재고자산 단가는 소수점 둘 째자리에서 반올림한다)   제27회

일 자	적 요	수량(단위)	단위당 원가	단위당 판매가격
1월 1일	기초재고	500	₩75	
6월 1일	매 출	250		₩100
8월 1일	매 입	250	₩90	
12월 1일	매 출	300		₩100

① ₩15,000   ② ₩16,000   ③ ₩16,500

④ ₩18,000   ⑤ ₩18,500

해설 8월 1일 이동평균단가: $(250 \times 75 + 250 \times 90) \div 500$단위 = @₩82.5

기말재고액: 200단위 × @₩82.5 = ₩16,500

19 다음은 ㈜한국의 1월 동안 거래내역이다. 선입선출법과 이동평균법에 따라 계산된 매출원가는?   제17회

일 자	구 분	수량(개)	단 가
1월 1일	기초	50	₩100
1월 10일	매입	150	108
1월 15일	판매	120	160

	선입선출법	이동평균법		선입선출법	이동평균법
①	₩12,960	₩12,840	②	₩12,560	₩12,840
③	₩12,720	₩12,560	④	₩12,840	₩12,720
⑤	₩12,560	₩12,720			

해설 (1) 선입선출법

매출원가: $(50개 \times ₩100) + (70개 \times ₩108) = ₩12,560$

(2) 이동평균법

$$이동평균단가 = \frac{(50개 \times ₩100) + (150개 \times ₩108)}{50개 + 150개} = @₩106$$

매출원가: $120개 \times @₩106 = ₩12,720$

Answer

16 ⑤   **17** ④   **18** ③   **19** ⑤

20 다음은 ㈜한국의 20X1년도 재고자산의 매입과 매출 관련 거래내역이다. 실지재고조사법에 의한 가중평균법을 적용할 경우 매출원가는? (단, 재고자산감모손실과 평가손실은 없다) 제26회

일 자	적 요	수량(단위)	단위당 원가
1월 1일	기초재고	60	₩10
3월 1일	매입	40	₩15
6월 1일	매출	80	
9월 1일	매입	60	₩20
12월 1일	매출	50	

① ₩1,800　　　　② ₩1,860　　　　③ ₩1,900

④ ₩1,950　　　　⑤ ₩2,100

해설 실지재고조사법 + 가중평균법 = 총평균법

총평균단가 : $\dfrac{60 \times ₩10 + 40 \times 15 + 60 \times ₩20}{60 + 40 + 60} = ₩15$

매출원가 : $130 \times ₩15 = ₩1,950$

21 다음 자료를 이용하여 계산한 총매출액은? 제26회

• 기초상품재고	₩6,000	• 매출에누리	₩1,500
• 총매입액	₩14,000	• 매출할인	₩2,500
• 매입환출	₩1,000	• 매출운임	₩3,000
• 매입할인	₩2,000	• 매출총이익률	20%
• 기말상품재고	₩9,000		

① ₩12,500　　　　② ₩12,750　　　　③ ₩14,000

④ ₩15,250　　　　⑤ ₩17,000

해설 순매입액 : ₩14,000 − ₩1,000 − ₩2,000 = ₩11,000
매출원가 : ₩6,000 + ₩11,000 − ₩9,000 = ₩8,000
순매출액 : ₩8,000/(1 − 0.2) = ₩10,000
총매출액 : ₩10,000 + ₩1,500 + ₩2,500 = ₩14,000

상품(재고자산)

기초상품재고	6,000	순매출액	x
순매입액	11,000		
매출총이익	$0.2x$	기말상품재고	9,000

₩8,000 = 0.8x　　　x = ₩10,000

* 순매입액 : ₩14,000 − ₩1,000 − ₩2,000 = ₩11,000
* 총매출액 : ₩10,000 + ₩1,500 + ₩2,500 = ₩14,000
* 매출운임은 판매비와관리비로 처리한다.

22 다음의 자료를 이용하여 매출총이익법으로 추정한 기말재고액은? 제20회

| • 기초재고액 | ₩2,200 | • 당기매입액 | ₩4,300 |
| • 당기매출액 | ₩6,000 | • 원가에 대한 이익률 | 20% |

① ₩500   ② ₩1,200   ③ ₩1,500
④ ₩1,700   ⑤ ₩2,200

해설

재고자산

| 기초재고 | 2,200 | 매출원가 | ① 5,000 | ← 6,000 ÷ (1 + 0.2) |
| 당기 매입액 | 4,300 | 기말재고 | ② 1,500 | |

23 ㈜한국은 실지재고조사법을 적용하고 있다. 20X1년 8월 2일 폭우로 창고가 침수되어 보관 중인 상품이 모두 소실되었다. 다음은 ㈜한국의 총계정원장과 전년도 포괄손익계산서에서 얻은 자료이다. 전년도의 매출총이익률이 20X1년에도 유지된다고 가정할 때, 20X1년도 재해로 인해 소실된 추정 상품재고액은? 제26회

20X1년 8월 2일 현재 총계정원장 자료		전년도 포괄손익계산서 자료	
• 상품계정 차변잔액	₩30,000	• 매출액	₩900,000
• 매입계정 차변잔액	₩400,000	• 매출원가	₩630,000
• 매입환출계정 대변잔액	₩20,000		
• 매출계정 대변잔액	₩500,000		
• 매출환입계정 차변잔액	₩30,000		

① ₩51,000   ② ₩60,000   ③ ₩80,000
④ ₩81,000   ⑤ ₩101,000

해설

상품(재고자산)

기초재고액	30,000	매입환출	20,000
매입액	400,000	매출액	500,000
매출환입	30,000		
매출총이익*	141,000	기말재고액	81,000
	601,000		601,000

* 매출총이익률: (₩900,000 − ₩630,000)/₩900,000 = 30%
  매출총이익: (₩500,000 − ₩30,000) × 30% = ₩141,000

Answer

20 ④   21 ③   22 ③   23 ④

24 외상판매만을 수행하는 ㈜한국은 20X1년 12월 31일 화재로 인해 창고에 있던 상품을 전부 소실하였다. ㈜한국의 매출채권회전률은 500%이고, 매출총이익률은 30%로 매년 동일하다. 20X1년 ㈜한국의 평균매출채권은 ₩600,000이고 판매가능상품(기초재고와 당기순매입액의 합계)이 ₩2,650,000인 경우, 20X1년 12월 31일 화재로 소실된 상품 추정액은?　제24회

① ₩350,000　　　　　　② ₩400,000　　　　　　③ ₩450,000
④ ₩500,000　　　　　　⑤ ₩550,000

해설 매출채권회전률 500% = 매출액 ÷ 평균매출채권 ₩600,000 ⇨ 매출액 ₩3,000,000
매출총이익률 30% = 매출총이익 ÷ 매출액 ₩3,000,000 ⇨ 매출총이익 ₩900,000
매출원가 : ₩3,000,000 − ₩900,000 = ₩2,100,000
소실상품 추정액(기말재고자산) : ₩2,650,000 − ₩2,100,000 = ₩550,000

25 다음은 ㈜대한의 당기 재고자산 관련 자료이다. 가중평균 소매재고법에 따른 당기 매출원가는?　제18회

	원 가	매 가
기초재고	₩1,800	₩2,000
매입	6,400	8,000
매출	?	6,000
기말재고	?	4,000

① ₩4,800　　　　　　② ₩4,920　　　　　　③ ₩5,100
④ ₩5,400　　　　　　⑤ ₩6,000

해설 (1) 가중평균법에 의한 원가율

$$\frac{\text{원가} : 1,800 + 6,400}{\text{매가} : 2,000 + 8,000} = 82\%$$

(2) 기말재고(원가) : 4,000 × 82% = ₩3,280
(3) 매출원가 : 1,800 + 6,400 − 3,280 = ₩4,920

26 ㈜한국은 재고자산을 항목별 저가기준으로 평가하고 있다. 아래의 기말 자료를 이용하여 재고자산평가손실을 구하면 얼마인가?

제13회

항 목	재고수량	단위당 취득원가	단위당 추정판매가격	단위당 추정판매비용
A	120개	₩4,000	₩5,500	₩600
B	150개	₩3,400	₩3,400	₩500
C	130개	₩2,300	₩2,500	₩300
D	100개	₩3,500	₩4,600	₩600

① ₩88,000   ② ₩89,000   ③ ₩98,000
④ ₩99,000   ⑤ ₩109,000

해설

항 목	재고수량	단위당 취득원가	단위당 추정판매가격	단위당 추정판매비용	순실현가치	항목별 저가	재고자산 평가손실
A	120개	₩4,000	₩5,500	₩600	₩4,900	₩4,000	−
B	150개	₩3,400	₩3,400	₩500	₩2,900	₩2,900	₩75,000
C	130개	₩2,300	₩2,500	₩300	₩2,200	₩2,200	₩13,000
D	100개	₩3,500	₩4,600	₩600	₩4,000	₩3,500	−
계							₩88,000

27 다음은 ㈜한국의 20X1년 말 재고자산(상품) 관련 자료이다. ㈜한국의 재고자산평가손실은? (단, 기초재고는 없으며, 단위원가 계산은 총평균법을 따른다)

제21회

장부상 자료		실사 자료	
수 량	총 장부금액	수 량	순실현가능가치 총액
80개	₩2,400	75개	₩1,850

① ₩30   ② ₩150   ③ ₩400
④ ₩550   ⑤ ₩600

해설 재고자산평가손실은 실제수량하에서의 재고금액보다 순실현가능가치 평가액이 하락한 경우 공정가치 하락으로 인한 손실액을 인식하고 당기비용으로 회계처리한다.
(1) 장부상 취득단가 : ₩2,400 ÷ 80개 = ₩30
(2) 재고자산평가손실 : (₩30 × 75개) − ₩1,850 = ₩400

Answer

24 ⑤	25 ②	26 ①	27 ③

28 ㈜한국의 기초재고자산은 ₩80,000이고, 당기순매입액은 ₩120,000이다. 기말재고 관련 자료가 다음과 같을 때, 매출원가는? (단, 정상감모손실은 매출원가로, 비정상감모손실은 기타비용으로 처리한다)

제22회

- 장부상재고 수량   300개
- 기말재고 단위당 원가   ₩200
- 실제재고 수량   250개
- 재고자산 감모의 20%는 정상적인 감모로 간주한다.

① ₩148,000   ② ₩142,000   ③ ₩140,000
④ ₩138,000   ⑤ ₩132,000

해설 수정된 매출원가: 80,000 + 120,000 − (250개 × ₩200) − 8,000* = ₩142,000
*(1) 재고자산감모손실: (300개 − 250개) × ₩200 = ₩10,000
(2) 비정상감모손실: 10,000 × 0.8 = ₩8,000

29 ㈜한국은 재고자산감모손실 중 40%는 비정상감모손실(기타비용)로 처리하며, 정상감모손실과 평가손실은 매출원가에 포함한다. ㈜한국의 20X1년 재고자산 관련 자료가 다음과 같을 때, 매출원가는?

제25회

- 기초재고자산   ₩10,000(재고자산평가충당금 ₩0)
- 당기매입액   ₩80,000
- 기말장부수량   20개(단위당 원가 ₩1,000)
- 기말실제수량   10개(단위당 순실현가능가치 ₩1,100)

① ₩74,000   ② ₩74,400   ③ ₩76,000
④ ₩76,600   ⑤ ₩88,000

해설 재고자산감모손실: (20개 − 10개) × ₩1,000 = ₩10,000
매출원가: ₩10,000 + ₩80,000 − ₩20,000 + ₩4,000(정상 감모손실 60%) = ₩76,000

Answer

28 ②   29 ③

유형자산

평균 4문제 이상이 출제되어 가장 큰 비중을 나타내는 단원이다. 유형자산의 최초원가, 후속원가, 감가상각, 처분, 손상차손, 재평가모형 등 유형자산 전반에 걸쳐 고르게 출제되고 있다. 특히, 유형자산의 최초원가(취득원가)에 대한 내용을 충분히 반복 학습하고, 일괄구입, 자산교환, 정부보조금 등 모든 관련 내용을 숙지해야 한다. 또한, 후속원가의 회계처리를 완벽하게 이해하고, 감가상각 관련 이론 및 계산 방법과 유형자산의 손상차손에 대한 개념과 회계처리를 숙지해야 한다. 마지막으로, 원가모형과 재평가모형에 따른 회계처리에 대한 철저한 이해가 필요하다.

💡 화폐성자산

1. 화폐성자산
   기간의 경과나 화폐가치의 변동에 관계없이 항상 일정한 화폐액으로 표시되는 자산
   – 현금및현금성자산, 매출채권, FVPL 및 FVOCI금융자산(채권), 미수금 등

2. 비화폐성자산
   기간의 경과나 화폐가치의 변동에 따라 자산의 화폐평가액도 변동하는 자산
   – 재고자산, FVPL 및 FVOCI금융자산(주식), 유형자산, 무형자산, 투자부동산, 선급금 등

01 유형자산의 개념

1 유형자산의 의의

유형자산(tangible assets)이란 재화의 생산, 용역의 제공, 타인에 대한 임대 또는 관리활동에 사용할 목적으로 보유하는 물리적 형체가 있는 자산으로서 한 회계기간을 초과하여 사용할 것이 예상되는 자산을 말한다.

유형자산은 기업의 영업활동과정에서 사용을 통하여 수익 창출에 기여하거나 원가절감에 기여함으로써 미래경제적효익을 창출한다. 유형자산의 특징은 다음과 같은 점에서 찾을 수 있다.

① 정상영업활동 과정에서 사용할 목적으로 보유하는 자산이다.

② 효익 제공기간이 장기이다.

③ 대부분의 유형자산은 감가상각대상자산이다. 토지와 건설중인자산을 제외한 대부분의 유형자산은 감가상각의 대상이 되는 자산이다.

④ 비화폐성자산이며, 비금융자산이다.

2 유형자산의 종류

(1) 상각여부에 따라

① **상각성 자산**: 대부분의 유형자산

② **비상각성 자산**: 토지, 건설중인자산

(2) 기업회계기준상 유형자산의 과목

유형자산은 유사한 성격과 용도로 분류한다. 유형자산 분류의 예는 다음과 같으며, 업종의 특성 등을 반영하여 과목을 신설하거나 통합할 수 있다.

종 류	내 용
토 지	
건 물	건물, 냉난방, 전기, 통신 및 기타의 건물부속설비 등
구축물	토지에 부착하여 설치되는 건물 이외의 구조물, 토목설비 또는 공작물을 말한다. (도로, 철도, 교량, 담장, 굴뚝, 수조탱크, 송유관, 조선대, 궤도, 부교, 저수지, 갱도, 상하수도설비, 주차장, 정원설비 등)
기계장치	기계장치·운송설비(콘베어, 호이스트, 기중기 등)와 기타의 부속설비 등
선박이나 항공기	
차량운반구	
집기나 사무용비품	
건설중인자산	유형자산의 건설을 위한 재료비, 노무비 및 경비로 하되, 건설을 위하여 지출한 도급금액 등을 포함한다.

유형자산을 재무상태표에 표시할 경우에는 총금액을 재무상태표에 표시하고 세부항목별 내역을 주석으로 기재하거나, 세부항목을 각각 재무상태표에 표시할 수 있다. 세부항목을 재무상태표에 표시하는 경우에는 중간합계를 표시한다.

02 유형자산의 인식과 측정

1 유형자산의 인식

유형자산으로 인식하기 위해서는 다음의 인식조건을 모두 충족하여야 한다.

> ① 자산으로부터 발생하는 미래 경제적 효익이 기업에 유입될 가능성이 높다.
> ② 자산의 취득원가를 신뢰성 있게 측정할 수 있다.

유형자산을 인식할 때는 다음과 같은 사항을 고려하여야 한다.

(1) 예비부품과 수선용구의 인식

예비부품과 수선용구는 일반적으로 재고자산으로 인식하고 사용되는 시점에 당기손익으로 인식한다. 다만 중요한 예비부품과 대기성 장비로서 한 회계기간 이상 사용할 것으로 예상되는 경우에는 이를 유형자산으로 인식한다. 이와 유사하게, 예비부품과 수선용구가 특정 유형자산에만 연계되어 사용될 수 있다면 유형자산으로 인식한다.

(2) 유형자산 항목의 통합인식

유형자산 항목을 구성하는 범위에 대한 인식기준을 적용할 때는 해당 기업의 특수한 상황을 고려하여야 한다. 금형, 공구 및 틀 등과 같이 개별적으로 중요하지 않은 항목은 개별적으로 인식하지 않고 통합하여 그 전체가치에 대하여 인식기준을 적용하는 것이 적절하다.

(3) 규제상 취득하는 자산의 인식

안전 또는 환경상의 이유로 취득하는 유형자산은 그 자체로는 직접적인 미래 경제적효익을 얻을 수 없지만, 다른 자산에서 미래경제적효익을 얻기 위하여 필요할 수 있다. 이러한 유형자산은 당해 유형자산을 취득하지 않았을 경우보다 관련 자산으로부터 미래경제적효익을 더 많이 얻을 수 있게 해주기 때문에 자산으로 인식할 수 있다.

(4) 최초인식일 이후의 후속원가 인식

유형자산과 관련된 모든 원가는 그 발생시점에 인식원칙을 적용하여 측정한다. 이러한 원가에는 유형자산을 매입하거나 건설할 때 최초로 발생하는 최초원가뿐만 아니라 후속적으로 증설, 대체 또는 수선ㆍ유지와 관련하여 발생하는 후속원가를 포함한다.

(5) 인식시점 이후의 측정

기업은 유형자산의 인식일 이후 원가모형이나 재평가모형 중 하나를 회계정책으로 선택하여 유형자산 분류별로 동일하게 적용한다.

2 최초원가(취득원가)

인식하는 유형자산은 **원가로 측정하는 것을 원칙**으로 한다. 원가는 자산을 취득하기 위하여 자산의 취득시점이나 건설시점에서 지급한 현금 또는 현금성자산이나 제공한 기타 대가의 공정가치를 말한다. 여기서 원가는 다음에 제시하는 구입가격과 직접관련원가 그리고 추정복구원가를 모두 포함하는 개념이다.

[일반적인 유형자산의 취득원가]

(차) 유형자산	×××	(대) 제공하는 현　　금	×××(공정가치)
		제공하는 기타자산	×××(공정가치)
		부담하는 부　　채	×××(공정가치)

---

(1) 구입가격

구입가격은 관세 및 환급불가능한 취득 관련 세금을 가산하고 매입할인과 리베이트 등을 차감한 순구입가격을 말한다.

(2) 직접관련원가

직접관련원가는 경영진이 의도하는 방식으로 자산을 가동하는 데 필요한 장소와 상태에 이르게 하는 데 직접 관련되는 원가를 말하며 취득부대비용이라고도 한다. 그 예는 다음과 같다.

① 유형자산의 매입 또는 건설과 직접적으로 관련되어 발생한 종업원급여
② 설치장소 준비원가
③ 최초의 운송 및 취급관련원가
④ 설치원가 및 조립원가
⑤ 유형자산이 정상적으로 작동되는지 여부를 시험하는 과정에서 발생하는 시험원가. 단, 시험과정에서 생산된 재화(예 장비의 시험과정에서 생산된 시제품)의 순매각금액과 관련원가는 당기손익으로 인식한다.
⑥ 유형자산의 취득과 관련하여 전문가에게 지급하는 수수료

여기서 주의할 점은 취득하는 과정 중에 발생한 원가의 경우에도 유형자산의 취득과 직접 관련이 없는 다음의 관리원가 및 기타 일반간접원가는 유형자산의 원가에 포함하지 않는다는 것이다.

> ① 새로운 시설을 개선하는 데 소요되는 원가
> ② 새로운 상품과 서비스를 소개하는 데 소요되는 원가(예 광고 및 판촉활동과 관련된 원가)
> ③ 새로운 지역에서 또는 새로운 고객층을 대상으로 영업을 하는 데 소요되는 원가 (예 직원 교육훈련비)
> ④ 관리 및 기타 일반간접원가
> ⑤ 유형자산을 사용하거나 이전하는 과정에서 발생하는 원가
>   ㉠ 유형자산이 경영진이 의도하는 방식으로 가동될 수 있으나 아직 실제로 사용되지 않고 있는 경우 또는 가동수준이 완전조업도 수준에 미치지 못하는 경우에 발생하는 원가
>   ㉡ 유형자산과 관련된 산출물에 대한 수요가 형성되는 과정에서 발생하는 가동손실과 같은 초기 가동손실
>   ㉢ 기업의 영업 전부 또는 일부를 재배치하거나 재편성하는 과정에서 발생하는 원가

(3) 차입원가

의도한 용도로 사용가능한 상태에 이르게 하는 데 상당한 기간을 필요로 하는 유형자산의 취득, 건설, 생산과 직접 관련된 차입원가는 취득원가에 포함한다.

(4) 복구원가

복구원가란 자산을 해체, 제거하거나 부지를 복구하는 데 소요될 것으로 최초에 추정되는 원가를 말한다. 부채의 인식조건을 충족한 경우에 복구원가의 현재가치를 유형자산의 원가에 포함하고 충당부채로 인식한다.

3 상황별 유형자산의 취득

(1) 유형자산의 자가건설

자가건설한 유형자산의 원가는 외부에서 구입한 유형자산에 적용하는 것과 같은 기준을 적용하여 결정한다. 따라서 자가건설에 따른 내부이익과 자가건설 과정에서 원재료, 인력 및 기타 자원의 낭비로 인한 비정상적인 원가는 자산의 원가에 포함하지 않는다.

> 자가건설자산 취득원가: 직접재료원가 + 직접노무원가 + 제조간접원가
> + 자본화한 차입원가

> 원가발생시점: (차) 건설중인자산 ××× (대) 현금 등 ×××
> 제작완료시점: (차) 건물 등 ××× (대) 건설중인자산 ×××

적격자산의 취득, 건설 또는 제조와 직접 관련되는 이자(차입원가)는 당해 자산의 취득원가에 포함한다.

(2) 토지의 외부구입

토지의 취득원가는 구입가격에 취득부대비용을 가산하여 결정한다. 취득부대 비용에는 취득세, 등록세 등 취득과 직접 관련된 제세공과금과 중개수수료 및 법률비용이 포함된다. 그리고 토지를 사용가능한 상태에 이르게 하기 위하여 발생하는 구획정리비용과 개발부담금, 하수종말처리장 분담금 등의 직접관련 원가도 취득원가에 포함한다.

한편, 토지를 취득한 이후에 이루어지는 진입도로개설, 도로포장, 조경공사 등으로 인한 비용은 내용연수와 유지·보수책임이 없으면(지방자치단체의 책임) 토지원가에 가산하고, 내용연수가 한정되어 있거나 유지·보수책임이 있는 경우(회사의 책임)에는 구축물로 계상한 후 감가상각한다.

(3) 건물의 외부구입

① 건물을 외부에서 구입한 경우 취득원가는 구입가격과 제세공과금 등의 취득부대비용으로 구성되며, 자가건설한 경우에는 건설공사에 사용·지출된 재료원가, 노무원가, 기타경비와 설계비, 허가비 및 등기비용 등으로 구성된다.

② 건물을 신축하기 위하여 사용중인 기존 건물을 철거하는 경우 그 건물의 장부금액과 철거비용은 전액 당기 비용(유형자산처분손실)으로 처리한다.

(4) 일괄구입

두 종류 이상의 자산을 한 가격에 구입하는 것을 일괄구입이라 한다. 일괄구입 가격은 **각 자산의 상대적 공정가치에 의하여 개별자산에 배분**하여 결정한다. 토지와 건물을 일괄구입하는 경우 건물을 사용할 목적이면 이들은 분리가능한 자산이므로 각 자산의 공정가치를 기준으로 취득원가에 안분계산하고, 건물을 사용할 목적이 아니라서 철거하면 일괄구입가격은 전액 토지에 배분하고 건물의 철거비용도 토지원가에 가산한다. 다만, 철거과정에서 수거된 철근 등을 처분하여 잡수익이 발생하는 경우에는 이를 토지원가에서 차감한다.

🔍 예 제

㈜서울은 공장신축을 위하여 기존 건물이 있는 토지를 ₩100,000에 구입하였다. 그 후 토지에 있던 구건물을 철거하고 새 건물을 완공하였다. 이 기간동안 발생한 원가는 다음과 같다. 토지와 새 건물의 원가는 각각 얼마인가?

구건물철거비	₩10,000	구입계약 및 소유권조사비용	₩3,000
건축설계비	₩25,000	건설원가	₩450,000
구건물 철거로 발생한 폐기물 처분수익			₩2,000

해설

- 토지원가: $100,000 + (10,000 - 2,000) + 3,000 = ₩111,000$
- 건물원가: $25,000 + 450,000 = ₩475,000$

🔍 예 제

JH사는 건물, 설비, 토지를 ₩600,000에 일괄구입하고 대금은 수수료 ₩60,000과 함께 수표발행하여 지급하다. 각 자산의 공정가치는 다음과 같다. 각 자산의 취득원가는?

토　지	₩600,000	건　물	₩400,000
설　비	₩200,000		

해설

- 토지: $660,000 \times \dfrac{600,000}{600,000 + 400,000 + 200,000} = ₩330,000$

- 건물: $660,000 \times \dfrac{400,000}{600,000 + 400,000 + 200,000} = ₩220,000$

- 설비: $660,000 \times \dfrac{200,000}{600,000 + 400,000 + 200,000} = ₩110,000$

(5) 장기연불구입

유형자산을 장기연불조건으로 구입하거나, 대금지급기간이 일반적인 신용기간보다 긴 경우 원가는 인식시점의 현금가격상당액으로 한다. 대금지급이 일반적인 신용기간을 초과하여 이연되는 경우, 현금가격상당액과 실제 총지급액과의 차액은 '차입원가의 자본화' 규정에 따라 자본화하지 않는 한 신용기간에 걸쳐 이자로 인식한다.

예제

20X1년 초에 차량을 구입하고 2년 후에 ₩12,100을 일시불로 지급하기로 하였다. 차량대금에는 연 10%(시장이자율)의 복리이자가 포함되어 있다. 회계처리는?

20X1년 초

(차) 차량운반구	10,000*	(대) 장기성미지급금	12,100
현재가치할인차금	2,100		

* ₩12,100 ÷ $(1 + 0.1)^2$ = ₩10,000(차량의 현재가치)
또는 시장이자율 10%, 기간 2년의 목돈 ₩1의 현재가치 0.8264를 이용하여, ₩12,100 × 0.8264 = ₩10,000

20X1년 말

(차) 이자비용	1,000*	(대) 현재가치할인차금	1,000

* ₩10,000(= 12,100 − 2,100) × 10% = ₩1,000

20X2년 말

(차) 이자비용	1,100*	(대) 현재가치할인차금	1,100
장기성미지급금	12,100	현 금	12,100

* ₩11,000(= 12,100 − 1,100) × 10% = ₩1,100

(6) 국·공채 등의 의무매입

유형자산 등의 취득과 관련하여 기업은 국·공채 등을 공정가치보다 높은 가격으로 불가피하게 매입하는 경우가 있다. 이 경우 국·공채의 매입가액과 당해 국·공채의 공정가치의 **차액**은 환급불가능한 취득 관련 세금으로 보아 유형자산의 원가에 가산하여야 한다.

예제

국·공채 등의 의무매입
갑부상사로부터 토지를 ₩800,000에 취득하면서 액면가액 ₩10,000인 채권(단기보유목적)**을 구입하고 대금은 전액 현금으로 지급하였다. 이 채권의 현재가치는 ₩6,000으로 측정되었다.**

(차) 토 지	804,000	(대) 현 금	810,000
FVPL금융자산	6,000		

⑺ 저가구입, 고가구입 및 무상취득

독립된 당사자간에는 공정가치로 거래가 이루어진다. 이때 공정가치란 합리적인 판단력과 거래의사가 있는 독립된 당사자간에 거래될 수 있는 교환가격을 말한다. 그러나 상대방과 특수관계가 있거나 법률상의 특권 등으로 인하여 공정가치보다 현저하게 낮은 가격이나 높은 가격 또는 무상으로 자산을 취득하는 경우에는 다음과 같이 처리한다.

저가구입 : (차) 유형자산(공정가치) ×××	(대) 현금 ×××		
	자산수증이익 ×××		
고가구입 : (차) 유형자산(공정가치) ×××	(대) 현금 ×××		
기부금 ×××			
무상취득 : (차) 유형자산(공정가치) ×××	(대) 자산수증이익 ×××		

⑻ 현물출자에 의한 취득

기업이 자산을 취득하고 그 대가로 주식을 발행하여 교부하는 경우를 현물출자라 한다.

현물출자로 취득한 유형자산은 증여나 무상으로 취득한 유형자산과 마찬가지로 취득하는 자산의 공정가치를 원가로 측정하면 된다. 그러나 취득하는 자산의 공정가치가 명확하지 않은 경우에는 예외적으로 발행하는 주식의 공정가치를 주식의 발행가액으로 한다.

현물출자 : (차) 유형자산(공정가치) ×××	(대) 자본금(액면가액) ×××	
	주식발행초과금 ×××	

4 교환에 의한 취득

유형자산을 취득하면서 취득자가 보유하고 있는 다른 유형자산을 제공하는 것을 교환에 의한 취득이라 한다. 기업회계기준은 교환거래로 자산을 취득하는 경우 당해 유형자산의 원가는 **공정가치로 측정하는 것을 원칙**으로 한다. 다만 다음 중 하나에 해당하는 경우에는 취득한 자산을 공정가치로 측정하지 않고 제공한 자산의 장부금액으로 원가를 측정한다.

① 교환거래에 상업적 실질(commercial substance)이 결여된 경우
② 취득한 자산과 제공한 자산 모두의 공정가치를 신뢰성 있게 측정할 수 없는 경우

---

§ **상업적 실질 존재여부 판단기준**

다음 ① 또는 ②에 해당하면서 ③을 충족하는 경우에 교환거래는 상업적 실질이 있는 거래이다.
① 취득한 자산과 관련된 현금흐름의 구성(위험, 유출입시기, 금액)이 제공한 자산과 관련된 현금흐름의 구성과 다르다.
② 교환거래의 영향을 받는 영업 부분의 기업특유가치가 교환거래의 결과로 변동한다.
③ 위 ①이나 ②의 차이가 교환된 자산의 공정가치에 비하여 중요하다.

(1) 상업적 실질이 있는 경우

당해 교환거래가 상업적 실질이 존재하는 경우에는 **공정가치법으로 취득원가를 측정**하고, 기존 자산의 수익창출활동이 종료되었기 때문에 **처분손익을 인식**한다.

① **원칙**: 제공한 자산의 공정가치를 측정할 수 있는 경우

> 취득자산의 원가 : 제공한 자산의 공정가치 + 현금지급액 − 현금수수액

② **예외**: 취득한 자산의 공정가치가 더 명확한 경우

> 취득자산의 원가 : 취득한 자산의 공정가치(현금수수액 고려 X)

교환은 독립된 거래 당사자간의 등가교환을 전제로 할 때 교환되는 자산의 공정가치에 차이가 발생하는 경우에는 공정가치의 차이에 대하여 현금이 추가로 수수되어야 거래가 이루어질 수 있다. 자산의 교환에 현금수수액이 있는 경우에는 현금수수액을 반영하여 취득하는 자산의 원가를 결정하여야 한다. 여기서 주의할 점은 취득한 자산의 공정가치가 더 명확한 경우에는 취득원가를 공정가치로 인식하므로, 현금수수액은 제공한 자산의 처분손익에서 가감해야 한다는 것이다.

(2) 상업적 실질이 결여된 경우

당해 교환거래에 상업적 실질이 결여된 경우나 취득한 자산과 제공한 자산 모두의 공정가치를 신뢰성있게 측정할 수 없는 경우에는 **제공한 자산의 장부금액**을 취득한 자산의 취득원가로 인식한다.

> 취득자산의 원가 : 제공한 자산의 장부금액 + 현금지급액 − 현금수수액

⊘ 교환으로 취득한 자산의 원가

구 분		취득한 자산의 원가	교환손익
원칙	제공한 자산의 공정가치가 명확한 경우	제공한 자산의 공정가치 ± 현금	인식(○)
	취득한 자산의 공정가치가 명확한 경우	취득한 자산의 공정가치	
교환거래에 상업적실질이 결여된 경우		제공한 자산의 장부금액 ± 현금	인식(×)
자산의 공정가치를 모두 측정할 수 없는 경우			

예제

교환에 의한 취득

20X1년초에 A회사는 그 동안 사용해오던 기계장치A(취득원가 ₩100,000, 감가상각누계액 ₩20,000)**를 B회사의 유형자산B와 교환하였다.**

다음 상황은 각각 독립적이다. 기업회계기준에 따라 교환으로 취득한 유형자산B의 취득원가를 결정하시오.

1. 유형자산B가 건물이며, 제공한 기계장치A의 공정가치는 ₩85,000이다. A회사는 교환시 현금 ₩20,000을 지급하였다. 단, 이 거래는 상업적실질이 존재하는 교환거래이다.

2. 유형자산B가 토지이며, 기계장치A의 공정가치가 ₩90,000이다. A회사는 교환시 현금 ₩25,000을 수령하였다. 단, 이 거래는 상업적실질이 존재하는 교환거래이다.

3. 유형자산B가 동종의 기계장치이며, 기계장치A의 공정가치가 ₩90,000이다. A회사는 교환시 현금 ₩20,000을 수령하였다. 단, 이 거래는 상업적실질이 존재하지 않는 교환거래이다.

해답

상황1.

교환시:	(차)	감가상각누계액	20,000	(대)	기계장치(A)	100,000
		건물(B)	105,000		현금	20,000
					유형자산처분이익	5,000

상황2.

교환시:	(차)	감가상각누계액	20,000	(대)	기계장치(A)	100,000
		토지(B)	65,000		유형자산처분이익	10,000
		현금	25,000			

상황3.

교환시:	(차)	감가상각누계액	20,000	(대)	기계장치(A)	100,000
		현금	20,000			
		기계장치(B)	60,000			

5 정부보조금을 이용한 유형자산 취득

정부보조금(government grants)은 기업의 영업활동과 관련하여 과거에 일정한 요건을 충족한 경우나 미래에 일정한 요건을 충족하는 경우 해당 기업에게 자원을 이전하는 형식의 정부지원을 말한다.

(1) 정부보조금의 인식

정부보조금은 정부보조금에 부수되는 조건의 준수와 보조금 수취에 대한 합리적인 확신이 있을 경우에만 인식한다. 여기서 주의할 점은 단순히 보조금을 수취했다는 사실만으로 정부보조금을 인식할 수 없다는 것이다.

⑵ 정부보조금의 회계처리

① 자산관련보조금

자산관련보조금은 재무상태표에 이연수익으로 표시하여 부채로 공시하는 방법과 당해 자산에서 차감하는 형식으로 표시하는 방법 모두 인정된다. 이연수익법의 경우에는 이연수익을 자산의 내용연수에 걸쳐 체계적이고 합리적인 기준으로 수익을 인식하며, 결과적으로 보조금관련 수익을 별도로 인식하는 방법이다. 또한 자산차감법의 경우에는 감가상각자산의 내용연수에 걸쳐 **감가상각비를 감소**시키는 방식으로 보조금을 수익으로 인식하며, 결과적으로 비용을 차감하면서 수익을 인식하는 방법이다.

[이연수익으로 인식하는 자산관련 정부보조금의 회계처리]			
수 령 시: (차) 현금 ×××		(대) 정부보조금(부채) ×××	
자산취득시: (차) 기계장치 ×××		(대) 현금 ×××	
감가상각시: (차) 감가상각비 ×××		(대) 감가상각누계액 ×××	
정부보조금* ×××		정부보조금수령이익 ××× (기타수익)	

$$\text{* 정부보조금환입액 : 감가상각비} \times \frac{\text{정부보조금}}{\text{감가상각대상금액}}$$

[자산의 차감형식으로 표시하는 자산관련 정부보조금의 회계처리]
수 령 시: (차) 현금 ×××　　　(대) 정부보조금(자산⊖) ×××
자산취득시: (차) 기계장치 ×××　　　(대) 현금 ×××
감가상각시: (차) 감가상각비 ×××　　　(대) 감가상각누계액 ×××
　　　　　　　정부보조금* ×××　　　　감가상각비 ×××

$$\text{* 정부보조금환입액 : 감가상각비} \times \frac{\text{정부보조금}}{\text{감가상각대상금액}}$$

② 수익관련 보조금

수익관련보조금의 경우에도 자산관련보조금과 동일하게 포괄손익계산서에 별도로 수익으로 인식하는 방법과 관련비용을 직접 차감하여 인식하는 방법이 모두 인정된다.

🔗 **정부보조금의 표시와 수익인식방법**

구 분		수익인식 시기
자산관련 보조금	이연수익법	관련자산의 내용연수에 걸쳐 수익으로 인식
	자산차감법	관련자산의 감가상각비와 상계하면서 수익으로 인식
수익관련 보조금	수익인식법	포괄손익계산서에 별도로 수익으로 인식
	비용차감법	관련비용을 직접 상계하면서 수익으로 인식

K주식회사는 20X1년 1월 1일에 정부로부터 연구시설 취득자금으로 보조금 ₩600,000을 지원받아 기계장치를 ₩900,000에 취득하였다. 기계장치의 내용연수는 3년이며, 잔존가치는 없고 정액법으로 상각한다. 단, 결산일은 12월 31일이다.

1. 20X1~20X3년 말까지 분개를 하시오.

2. 20X2년 말 기계장치를 ₩500,000에 처분하였다면 처분손익은?

해설

1. 자산차감법

(1) 회계처리

① 20X1. 1. 1

| (차) 현금 | 600,000 | (대) 정부보조금(자산차감) | 600,000 |
| 기계장치 | 900,000 | 현금 | 900,000 |

재 무 상 태 표

| 기계장치 | 900,000 | |
| 정부보조금 | △600,000 | 300,000 |

② 20X1. 12. 31

| (차) 감가상각비 | 300,000[1) | (대) 감가상각누계액 | 300,000 |
| 정부보조금 | 200,000[2) | 감가상각비 | 200,000 |

1) ₩900,000 × 1/3 = ₩300,000
2) ₩600,000 × 1/3 = ₩200,000

재 무 상 태 표

기계장치	900,000	
감가상각누계액	△300,000	
정부보조금	△400,000	200,000

③ 20X2. 12. 31 − 분개는 동일

재 무 상 태 표

기계장치	900,000	
감가상각누계액	△600,000	
정부보조금	△200,000	100,000

④ 20X3. 12. 31 − 분개는 동일

재 무 상 태 표

기계장치	900,000	
감가상각누계액	△900,000	
정부보조금	△	0	0

(2) 20X2년 말 기계처분시 분개

(차) 감가상각누계액	600,000	(대) 기계장치	900,000
정부보조금	200,000	유형자산처분이익	400,000
현금	500,000		

2. 이연수익법
 (1) 회계처리
  ① 20X1. 1. 1

| (차) 현금 | 600,000 | (대) 정부보조금(부채) | 600,000 |
| 기계장치 | 900,000 | 현금 | 900,000 |

재 무 상 태 표

| 기계장치 | 900,000 | 정부보조금 | 600,000 |

  ② 20X1. 12. 31

| (차) 감가상각비 | 300,000[1] | (대) 감가상각누계액 | 300,000 |
| 정부보조금 | 200,000[2] | 정부보조금수령이익 | 200,000 |

  1) ₩900,000 × 1/3 = ₩300,000
  2) ₩600,000 × 1/3 = ₩200,000

재 무 상 태 표

| 기계장치 | 900,000 | 정부보조금 | 400,000 |
| 감가상각누계액 | △300,000 | | |

  ③ 20X2. 12. 31 − 분개는 동일

재 무 상 태 표

| 기계장치 | 900,000 | 정부보조금 | 200,000 |
| 감가상각누계액 | △600,000 | | |

  ④ 20X3. 12. 31 − 분개는 동일

재 무 상 태 표

| 기계장치 | 900,000 | 정부보조금 | − |
| 감가상각누계액 | △900,000 | | |

 (2) 20X2년 말 기계처분시 분개

(차) 감가상각누계액	600,000	(대) 기계장치	900,000
정부보조금	200,000	정부보조금수령이익	200,000
현금	500,000	유형자산처분이익	200,000

6 차입원가의 자본화

(1) 차입원가

차입원가는 자금의 차입과 관련하여 발생하는 이자 및 기타원가를 말한다. 차입원가의 자본화란 의도된 용도로 사용하거나 판매가능한 상태에 이르게 하는 데 상당한 기간을 필요로 하는 자산인 일정한 요건을 갖춘 적격자산의 취득기간 중에 발생한 차입원가를 취득원가로 인식하는 것을 말한다. 그러나 기타 차입원가는 당기비용으로 인식한다.

(2) 적격자산

적격자산이란 의도된 용도로 사용하거나 판매가능한 상태에 이르게 하는 데 상당한 기간을 필요로 하는 재고자산, 유형자산, 무형자산, 투자부동산을 말한다. 단, 금융자산이나 생물자산과 같이 최초 인식시점에 공정가치나 순공정가치로 측정하는 자산은 적격자산에 해당하지 않으며, 단기간 내에 제조되거나 다른 방법으로 생산되는 재고자산은 적격자산에 해당하지 아니한다. 또한 취득시점에 의도된 용도로 사용할 수 있거나 판매 가능한 상태에 있는 자산인 경우에도 적격자산에 해당하지 아니한다.

(3) 차입원가 산정

적격자산을 취득할 목적으로 직접 차입한 자금을 특정차입금이라 하고, 일반적인 목적으로 차입한 자금 중 적격자산의 취득에 소요되었다고 볼 수 있는 자금을 일반차입금이라 한다. 적격자산에 대한 지출은 먼저 특정차입금을 사용하고 그 다음에 일반차입금 및 자기자본 순서로 사용한다는 가정하에 자본화할 차입원가를 산정한다.

① 특정차입금에 대하여 자본화할 차입원가

자본화기간 중 발생한 특정차입금의 차입원가 − 특정차입금의 일시투자수익

② 일반차입금에 대하여 자본화할 차입원가

$$\text{Min} \begin{bmatrix} (\text{평균지출액} - \text{특정차입금을 사용한 평균지출액}) \times \text{자본화이자율} \\ \text{해당 회계기간에 발생한 일반차입금의 차입원가} \end{bmatrix}$$

* 자본화이자율 : 당기 일반목적차입금 이자비용 ÷ 당기 일반목적차입금 연평균금액
* 일반차입금에 대하여는 일시투자수익이 있더라도 차입원가에서 차감하지 않는다.

차입원가의 자본화

K회사는 취득한 토지에 신사옥을 건설하고자 한다. 20X1년 2월 1일에 건설공사를 시작하여 20X1년 12월 31일에 완공하였다. 관련 자료는 다음과 같다.

1. 공사대금 지출액

날 짜	지출액
20X1년 2월 1일	₩600,000
20X1년 10월 1일	₩300,000

2. 차입금 상황

차입처	차입일	차입금	이자율	차입기간
A은행	20X1년 2월 1일	₩600,000	10%	2년
B은행	20X1년 7월 1일	₩500,000	12%	3년

3. 기타자료

차입금은 모두 만기 일시상환조건이며, 이자는 연말 또는 만기에 1회 지급되며, 회사의 결산일은 12월 31일이다. A은행 차입금은 특정차입금이고 B은행 차입금은 일반차입금이다.

4. 평균지출액이나 이자비용 등은 필요한 경우 월할계산 하시오.

20X1년에 자본화할 차입원가를 구하시오.

1. 자본화할 차입원가

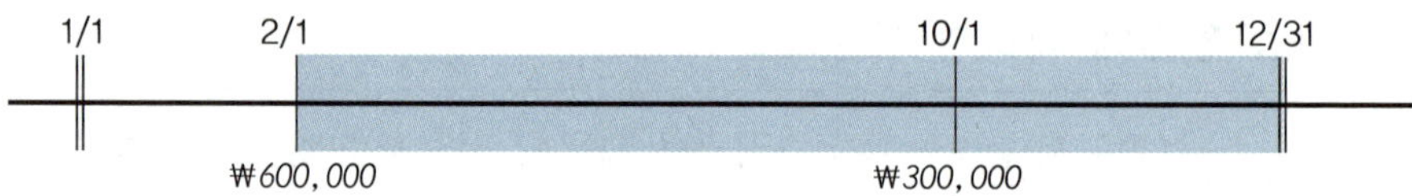

(1) 평균지출액

지 출 일	지 출 액	기 간	연평균지출액
20X1년 2월 1일	₩600,000	11/12	₩550,000
20X1년 10월 1일	300,000	3/12	75,000
	₩900,000		₩625,000

(2) 특정차입금 관련 자본화할 차입원가

차입금	차입액	기간	연평균차입액	이자율	자본화할 차입원가
A	₩600,000	11/12	₩550,000	10%	₩55,000

(3) 일반차입금 관련 자본화할 차입원가

차입금	차입액	기간	연평균차입액	이자율	차입원가
B	₩500,000	6/12	₩250,000	12%	₩30,000

$$* \text{자본화이자율}: \frac{\text{총차입원가}}{\text{연평균차입금 총액}} = \frac{30,000}{250,000} = 12\%$$

$$\text{자본화할 차입원가}: \text{Min} \begin{bmatrix} (625,000 - 550,000) \times 12\% = ₩9,000 \\ ₩30,000 \end{bmatrix} = ₩9,000$$

(4) 자본화할 총차입원가

$$55,000 + 9,000 = ₩64,000$$

7 복구비용

(1) 복구비용의 개념

복구비용이란 해당 유형자산의 경제적 사용이 종료된 후에 원상회복을 위하여 그 자산을 제거, 해체하거나 또는 부지를 복원하는데 소요될 것으로 추정되는 비용이 충당부채의 요건을 충족하는 경우 그 지출의 **현재가치**를 말한다. 복구비용에 대한 충당부채는 유형자산을 취득하는 시점에서 해당 유형자산의 취득원가에 반영한다.(예) 쓰레기매립장, 원자력발전소, 해상구조물, 저유설비 등)

(2) 복구비용 회계처리

① 취득시

유형자산의 취득·건설·개발에 따른 복구원가에 대한 충당부채는 유형자산을 취득하는 시점에서 유형자산의 취득원가에 반영한다.

```
취득시 : (차) 구 축 물(등)  ×××   (대) 현    금(등)   ×××
                                   복구충당부채    ×××(= 현재가치)
```

② 감가상각과 복구충당부채전입액

유형자산의 취득가액에 근거하여 감가상각을 하는 한편 복구충당부채에 유효이자율을 적용하여 매기 복구충당부채전입액(이자비용으로 처리)을 인식한다.

```
결산시 : (차) 감가상각비     ×××    (대) 감가상각누계액    ×××
             이 자 비 용     ×××        복구충당부채     ×××
```

③ 복구와 잔존가치의 처분

내용연수 종료 후에 복구할 때는 실제로 발생한 복구원가와 복구충당부채를 상계하고 차액은 복구공사손실 또는 복구공사이익(복구공사손실환입)으로 하여 당해연도의 손익으로 처리한다.

```
복구시 : ┌ 손실발생 :(차) 복구충당부채  ×××   (대) 현금, 재고자산(등) ×××
        │               복구공사손실  ×××
        └ 이익발생 :(차) 복구충당부채  ×××   (대) 현금, 재고자산(등) ×××
                                               복구공사이익     ×××
```

03 후속원가

유형자산을 취득한 이후에 사용하는 과정에서 수선유지비용, 개량, 증설, 이전비용 등 각종의 지출이 발생하는데, 이 때 발생하는 지출을 자산으로 계상할 것인가 또는 당기 비용으로 계상할 것인가의 문제가 자본적 지출과 수익적 지출의 문제다. 일상적인 수선유지비용은 당기비용으로 처리한다. 그러나 자산의 본래 용도를 변경하거나, 생산성(능률)을 향상시킴으로써 자산으로부터 발생하는 미래 경제적 효익이 기업에 유입될 가능성이 높고, 자산의 원가를 신뢰성 있게 측정할 수 있는 추가적 지출에 대해서는 최초인식과 동일한 인식기준을 적용하여 인식한다.

1 자본적 지출

자본적 지출은 유형자산의 지출의 결과 그 지출로 인한 효익이 차기 이후의 기간까지 지속적으로 미치는 것으로서 유형자산의 취득원가에 가산하여 처리하였다가 유형자산의 사용으로 인하여 수익이 실현되는 시점에서 감가상각비(비용)로 처리한다.

⊘ 취득 후 지출(후속원가)의 회계처리

취득 후 지출	회계처리
증설원가	유형자산의 장부금액에 포함
일상적인 수선·유지원가	발생시점에 당기손익으로 인식
주요 부품 등 정기적인 대체원가	자산 인식기준을 충족한 경우에는 유형자산의 장부금액에 포함
결함에 대한 정기적인 종합검사원가	자산 인식기준을 충족한 경우에는 유형자산의 장부금액에 포함

2 수익적 지출

수익적 지출은 유형자산에 대한 지출의 효익이 당기에만 미치는 것으로서 당해 지출 전액을 당기비용으로 처리한다. 기업회계기준에서는 원상을 회복시키거나 능률유지를 위한 지출은 수익적 지출로 처리하도록 규정하고 있다.

🔗 자본적 지출과 수익적 지출

구 분	자본적 지출	수익적 지출
의 의	자산의 인식기준 충족한 지출 ① 자산의 실질가치 증가 ② 내용연수의 연장	자산의 인식기준 충족하지 못한 지출 ① 원상회복 ② 능률유지
사 례	① 용도변경을 위한 개조 ② 증설(엘리베이터, 냉난방, 피난시설 등) ③ 증축, 개량 및 대체 ④ 재해·화재 등으로 인하여 건물, 기계, 설비 등의 멸실 또는 훼손되어 당해 자산의 본래 용도에 이용가치가 없는 것의 복구비용	① 건물 또는 외벽의 도장 ② 경상적 수선유지비 ③ 파손된 유리, 기와의 대체 등 ④ 소모성 부속품 대체 ⑤ 기타 원상회복이나 능률유지를 위한 지출
회계처리	해당자산의 원가에 산입(= 자본화)	비용(수선비) 처리

🔗 자본적 지출과 수익적 지출의 오류 영향

오류발생	자 산	비 용	순이익	비 고
자본적 지출을 수익적 지출로 처리	과 소	과 대	과 소	비밀적립금 발생
수익적 지출을 자본적 지출로 처리	과 대	과 소	과 대	가공이익(혼수자본) 발생

💡 **비밀적립금과 혼수자본**

1. 비밀적립금: 자산의 과소계상, 부채의 과대계상 등으로 자본이 과소계상되는 것

2. 혼수자본: 자산의 과대계상, 부채의 과소계상 등으로 자본이 과대계상되는 것

04 감가상각

1 감가상각의 의의

감가상각이란 유형자산의 가치감소(소멸)액을 자산 원가에서 차감하는 절차로서 해당 유형자산의 **취득원가를 경제적 효익을 받는 기간에 걸쳐 합리적·체계적으로 배분하는 과정**이다[**원가배분과정**]. 즉, 유형자산이 수익창출 활동에 사용하는 기간동안에 유형자산의 사용액을 비용으로 인식함으로써 각 회계기간의 기간손익을 정확하게 인식하자는 것이다[수익·비용의 대응].

2 감가상각의 계산요소

① **취득원가**

자산을 취득하기 위하여 자산의 취득시점이나 건설시점에서 지급한 현금및현금성자산 또는 제공하거나 부담할 기타 대가의 공정가치를 말한다. 취득원가에는 취득가액뿐만 아니라 취득부대비용과 취득일 이후에 발생한 자본적 지출도 포함된다.

② **내용연수**(useful life)

내용연수는 자산의 예상사용기간 또는 자산으로부터 획득할 수 있는 생산량이나 이와 유사한 단위를 말한다. 회계학에서 말하는 내용연수는 경제적(효익>비용)으로 자산을 사용할 수 있는 예상기간인 경제적 내용연수를 의미한다.

③ **잔존가치**(salvage value)

내용연수 경과 후 유형자산 처분시의 추정 처분가액에서 처분과 관련된 비용을 차감한 가치를 말하며, 회사는 자산의 성격과 업종 등을 고려하여 객관적이고 합리적으로 정하여야 한다.

유형자산의 내용연수와 잔존가치는 적어도 **매 회계연도말에 재검토**하여야 한다. 재검토결과 추정치가 종전 추정치와 다르다면 그 차이는 **회계추정의 변경**으로 회계처리한다.

> 감가상각 대상액 = 취득원가 − 잔존가치

감가의 원인

구분	감가원인
물리적 원인	① 사용에 의한 마멸 ② 시간의 경과에 따른 노후화, 부식 등
기능적 원인 (경제적 원인)	① 진부화(구식화) ② 부적응화 등

3 감가상각비의 계산 방법

시간경과 기준법	정액법(직선법)		매년 일정
	가속상각법 (체감잔액법)	정률법	초기 감가상각비는 크고 기간경과에 따라 감소
		연수합계법	
		이중체감법	
비례법	작업시간 비례법		조업도에 비례
	생산량 비례법		
기타 방법	폐기법과 갱신법(대체법), 종합(조별)상각법, 재고법, 연금법, 상각기금법 등		

(1) 정액법

$$매기\ 감가상각비 = \frac{취득원가 - 잔존가치}{내용연수}$$

(2) 가속상각법(체감상각법)

① 정률법(미상각 잔액법)

$$매기\ 감가상각비 = (취득원가 - 감가상각누계액) \times 정률\%$$
$$= 미상각\ 잔액 \times 정률\%$$
$$= 장부금액 \times 정률\%$$
$$* 정률 = 1 - \sqrt[n]{\frac{잔존가액}{취득원가}}$$

② 이중체감법(정액법의 배법)

$$매기\ 감가상각비 = 미상각\ 잔액 \times 상각률\,{}^*$$
$$* 상각률 = \frac{1}{내용연수} \times 2 = \frac{2}{내용연수}$$

③ 연수합계법(급수법)

$$매기\ 감가상각비 = (취득원가 - 잔존가치) \times \frac{잔여\ 내용연수}{내용연수\ 합계}$$
$$* 내용연수합계 = \frac{n(n+1)}{2}$$

💡 **정액법의 장단점**

장점	• 계산이 간편하다 • 수선유지비가 매기 일정하게 발생한 경우에 타당하다. • 자산의 진부화가 느린 경우 자산의 경제적 유용성은 매기 비슷하다.
단점	• 수익·비용 대응의 원칙에 위배된다. • 매기 발생하는 수선유지비용이 불규칙하다. • 조업도(가동률, 사용정도)의 영향을 무시하고 있다.

💡 **가속상각법의 장단점**

장점	• 수익·비용의 대응원칙에 부합된다. 감가상각비가 초기에 많이 계상되나 수선유지비용은 일반적으로 증가하므로 총비용이 평준화된다. • 감가상각비를 초기에 많이 계상하여 세금을 줄일 수 있어 법인세 이연효과가 있다(재무적 기초를 견고히 한다).
단점	• 계산 및 기장이 복잡하다. • 감가상각비와 수선유지비를 상쇄하려는 것은 우연의 일치를 제외하고는 잘 맞지 않는다.

💡 **정률법, 이중체감법의 감가상각비 간편계산법**

당기 감가상각비 = 전기의 감가상각비 × (1 − 상각률)

💡 감가상각방법 비교

1. 기업회계기준에 의한 유형자산의 상각방법 : 정액법, 정률법, 생산량비례법 등 합리적인 방법 선택
2. 감가상각 방법별 초기 상각액의 크기: 이중체감법 > 정률법 > 연수합계법 > 정액법

💡 월할상각(월할계산)

회계기간 중에 취득하여 사용기간이 1년 미만인 경우에는 **사용한 월수만큼** 감가상각비를 계산하여야 한다.

*1년 감가상각비×사용월수/12월

🔍 예 제

감가상각비 계산

다음 자료에 의하여 ① 정액법, ② 정률법, ③ 이중체감법, ④ 연수합계법에 의한 감가상각비를 계산하라.

취득원가 : ₩100,000	잔존가치 : ₩10,000
내용연수 : 5년	정률 : 36.9%

해설

① 정액법
- 1차년도 : $(100,000 - 10,000) \div 5년 = ₩18,000$
- 2차년도 : $(100,000 - 10,000) \div 5년 = ₩18,000$
- 3차년도 : $(100,000 - 10,000) \div 5년 = ₩18,000$
- 4차년도 : $(100,000 - 10,000) \div 5년 = ₩18,000$
- 5차년도 : $(100,000 - 10,000) \div 5년 = ₩18,000$

② 정률법
- 1차년도 : $10,000 \times 0.369 = ₩36,900$
- 2차년도 : $(100,000 - 36,900) \times 0.369 = ₩23,284$
- 3차년도 : $(100,000 - 60,184) \times 0.369 = ₩14,692$
- 4차년도 : $(100,000 - 74,876) \times 0.369 = ₩9,271$
- 5차년도 : $(100,000 - 84,147) \times 0.369 = ₩5,853$*(*금액 차이는 단수 조정)

③ 이중체감법
상각률 : 정액법상각률 × 2배 = (1/5) × 2 = 40%
- 1차년도 : $100,000 \times 0.4 = ₩40,000$
- 2차년도 : $(100,000 - 40,000) \times 0.4 = ₩24,000$
- 3차년도 : $(100,000 - 64,000) \times 0.4 = ₩14,400$
- 4차년도 : $(100,000 - 78,400) \times 0.4 = ₩8,640$
- 5차년도 : $(100,000 - 87,040) - 10,000$* $= ₩2,960$

(*정률법과 같이 잔존가치를 고려치 않았기 때문에 마지막 연도에 장부가액에서 잔존가치를 차감한 잔액을 모두 상각한다.)

④ 연수합계법
- 1차년도 : $(100,000 - 10,000) \times \dfrac{5}{15^*} = ₩30,000$ (*1 + 2 + 3 + 4 + 5 = 15)
- 2차년도 : $(100,000 - 10,000) \times \dfrac{4}{15} = ₩24,000$
- 3차년도 : $(100,000 - 10,000) \times \dfrac{3}{15} = ₩18,000$
- 4차년도 : $(100,000 - 10,000) \times \dfrac{2}{15} = ₩12,000$
- 5차년도 : $(100,000 - 10,000) \times \dfrac{1}{15} = ₩6,000$

---

(3) 비례법

내용연수를 기준으로 하지 않고 생산량 또는 사용량에 비례하여 감가상각비를 계산하는 방법이다.

① 생산량 비례법

$$매기\ 감가상각비 = (취득원가 - 잔존가치) \times \frac{실제\ 생산량}{추정\ 총\ 생산량}$$

② 작업시간 비례법

$$매기\ 감가상각비 = (취득원가 - 잔존가치) \times \frac{실제\ 작업시간수}{추정\ 총\ 작업시간수}$$

(4) 기타 상각법

① **폐기법과 갱신법**: 폐기법과 갱신법은 전신주, 가스검침기, 철도 등 상대적으로 소액이면서 많은 항목으로 구성된 자산에 적용한다.

  ㉠ 폐기법: 자산이 처분되는 해에 폐기된 자산의 원가에서 잔존가치를 차감한 금액으로 감가상각비를 결정하는 방법으로 먼저 구입된 자산이 먼저 비용화 되어 선입선출법과 유사

$$감가상각비 = 구자산의\ 취득원가 - 구자산의\ 잔존가치$$

  ㉡ 갱신법(교체법): 구자산이 처분되고 신자산이 구입되는 해에 신자산의 원가에서 구자산의 잔존가치를 차감한 금액으로 감가상각비를 결정하는 방법으로 후입선출법과 유사

$$감가상각비 = 신자산의\ 취득원가 - 구자산의\ 잔존가치$$

② **종합상각법**: 종합상각법은 감가상각의 회계처리를 단순화시키기 위하여 유사한 성질의 자산을 묶어서 감가상각하는 방법이다.

$$매기\ 감가상각비 = 취득원가 \times 종합상각률$$

$$* 종합상각률 : \frac{각\ 자산의\ 연간\ 감가상각비\ 합계}{각\ 자산의\ 취득원가\ 합계}$$

$$* 종합내용연수 : \frac{(취득원가 - 잔존가치)의\ 합계}{각\ 자산의\ 연간\ 감가상각비\ 합계}$$

💡 **비례법의 장단점**

장점	• 수익·비용의 대응원칙에 적합하다. • 감가가 사용 생산량에 비례하여 발생할 때 적절한 방법이다. • 감가의 원인이 경제적 원인보다 물리적 원인에 의해 발생할 때 적절한 방법이다.
단점	• 감가가 시간의 경과에 따라 발생할 때 적용하기 곤란하다. • 수선유지비의 개념을 고려하지 않고 있다.

기업이 선택한 유형자산의 감가상각방법은 적어도 **매 회계연도말에 재검토**한다. 재검토결과 자산에 내재된 미래경제적효익이 예상되는 소비형태에 중요한 변동이 있다면, 변동된 소비형태를 반영하기 위하여 감가상각방법을 변경한다. 그러한 변경은 **회계추정의 변경**으로 회계처리한다.

예 제

한국주식회사의 다음 자료에 의하여 종합상각법을 사용할 경우에 종합상각률과 종합내용연수, 감가상각비를 계산하라.

구 분	취득원가	잔존가치	감가상각대상액	내용연수	연간감가상각비
A자산	₩550,000	₩50,000	₩500,000	5년	₩100,000
B자산	1,000,000	100,000	900,000	10년	90,000
C자산	450,000	30,000	420,000	6년	70,000
계	₩2,000,000	₩180,000	₩1,820,000		₩260,000

해설

종합상각률 : $\dfrac{260,000}{2,000,000} = 13\%$

종합내용연수 : $\dfrac{1,820,000}{260,000} = 7년$

감가상각비 : ₩2,000,000 × 13% = ₩260,000

4 감가상각과 관련된 기타의 문제

(1) 기중 취득하는 경우의 감가상각

유형자산을 기중에 취득하는 경우에는 1년치 감가상각비를 다 인식하는 것보다는 취득시점부터 기말까지의 기간에 대하여만 감가상각비를 인식하는 것이 더 합리적이다. 즉, 1년치 감가상각비를 구한 후에 두 연도에서 차지하는 기간의 비율에 따라 안분한다. 이때 일단위, 주단위, 월단위 등을 사용할 수 있는데 특별한 언급이 없는 경우에는 **월단위로 안분**한다.

예제

기중 취득한 경우의 감가상각

K회사는 20X1년 4월 1일에 기계장치 1대(내용연수 5년, 잔존가치 10%)를 ₩1,000,000에 구입하였다.

요구사항

다음 각 방법으로 감가상각을 할 경우에 20X1년과 20X2년의 감가상각비를 구하시오.

1. 정액법
2. 정률법(상각률 : 0.369)
3. 연수합계법

해답

1. 정액법

   감가상각대상금액 : $1,000,000 - 100,000 = ₩900,000$

   20X1년 : $900,000 \times 1/5 \times 9/12 = ₩135,000$

   20X2년 : $900,000 \times 1/5 = ₩180,000$

   (별 해) : $900,000 \times 1/5 \times 3/12 + 900,000 \times 1/5 \times 9/12 = ₩180,000$

2. 정률법

   20X1년 : $1,000,000 \times 0.369 \times 9/12 = ₩276,750$

   20X2년 : $(1,000,000 - 276,750) \times 0.369 = ₩266,879$

   (별 해) : $1,000,000 \times 0.369 \times 3/12 + (1,000,000 - 369,000) \times 0.369 \times 9/12 = ₩266,879$

3. 연수합계법

   20X1년 : $900,000 \times 5/15 \times 9/12 = ₩225,000$

   20X2년 : $900,000 \times 5/15 \times 3/12 + 900,000 \times 4/15 \times 9/12 = ₩255,000$

해설

1. 정액법과 정률법은 기간별로 적용되는 상각률이 동일하므로 기중 취득의 경우 2차 연도부터는 1년치를 구하든 〈별해〉처럼 안분하여 구하든 결과는 동일하다. 그러나 연수합계법은 기간별로 적용되는 상각률이 상이하므로 반드시 안분하여 구하여야 한다.

2. 연수합계법의 경우 기중에 취득하면 상각률이 변하는 기간과 비용을 인식할 회계기간이 일치하지 않기 때문에 상각률이 변하는 기간을 중심으로 감가상각비를 계산한 후에 경과기간에 따라 감가상각비를 안분하여 회계연도별로 감가상각비를 인식하여야 한다.

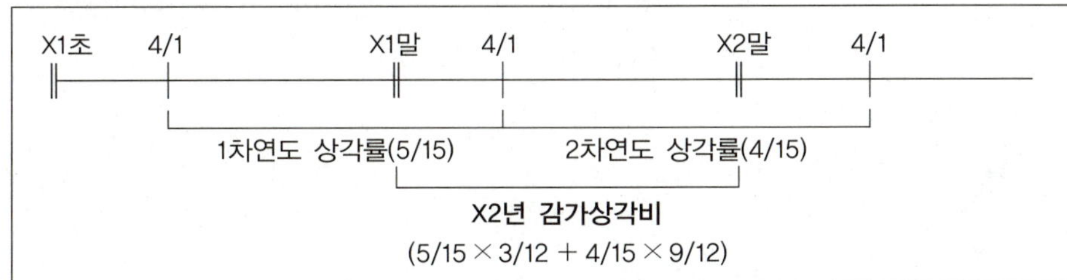

상각률에 따라 1차연도의 감가상각비 $₩900,000 \times 5/15$와 2차연도의 감가상각비 $₩900,000 \times 4/15$를 계산한 후에 경과기간에 따라 안분하여 회계연도별로 감가상각비를 인식한다. 따라서 20X2년에는 $₩900,000 \times 5/15 \times 3/12 + ₩900,000 \times 4/15 \times 9/12$를 감가상각비로 인식한다.

(2) 사용을 중단하여 매각예정된 유형자산

내용연수 도중에 사용을 중단하고, 처분할 예정이며 당해 유형자산의 장부금액이 계속사용이 아닌 매각거래를 통하여 주로 회수될 것이라면 **감가상각을 중단하고, 이를 매각예정비유동자산으로 별도로 분류**하여 재무상태표에 공시한다.

매각예정비유동자산으로 분류된 유형자산은 사용을 중단한 시점에 순공정가치와 장부금액 중 작은 금액으로 측정하고, 재분류 시점의 순공정가치의 하락액과 향후 순공정가치의 하락액을 손상차손으로 인식한다. 향후 순공정가치가 회복되는 경우 기인식손상차손을 한도로 하여 손상차손환입을 인식한다.

5 감가상각비의 회계처리

직접법 : (차) 감가상각비	×××		(대) 건물(등)	×××	
간접법 : (차) 감가상각비	×××		(대) 감가상각누계액	×××	

* 감가상각비 : 당기비용
* 감가상각누계액 ┌ 해당 자산의 차감적 평가계정
　　　　　　　　 └ F/P표시 ⇨ 해당 계정에서 차감하는 형식으로 표시

💡 **재무상태표 표기방법**(예 건물 취득원가 ₩10,000, 감가상각액 ₩3,000)

직접법 F/P		간접법 F/P	
건　물　7,000		건　　　　물　10,000	
		감가상각누계액　3,000　7,000	
		↳ 장부금액	

05 　유형자산의 제거(처분)

1 유형자산의 처분

사용하던 유형자산이나 내용연수가 종료된 유형자산을 처분하는 경우에는 당해 유형자산과 유형자산의 감가상각누계액을 장부에서 제거하는 회계처리를 하여야 한다. 이 경우에 **유형자산의 장부금액(= 취득원가 − 감가상각누계액)**과 **처분금액(= 처분가격 − 부대비용)**과의 차액은 유형자산처분손익으로 계상하여야 한다.

① 처분시점까지의 감가상각비를 계산한다.
② 처분시점의 장부금액 계산을 위하여 취득원가와 감가상각누계액을 파악한다.
③ 처분금액과 장부금액을 비교하여 유형자산처분손익을 계산한다.

예제

유형자산의 처분
A회사는 20X2년 1월 1일 취득원가 ₩1,000,000(감가상각누계액 ₩200,000)에 해당하는 기계장치를 보유하고 있었는데, 3월 31일 처분하며 ₩650,000을 현금 수령하였다. 또한 A회사는 처분수수료로 ₩30,000을 현금으로 지출하였다. A회사는 상기 기계장치에 대하여 취득시점부터 5년간 잔존가치 없이 정액법으로 감가상각(월할상각)하고 있다. 20X2년 3월 31일에 A회사의 회계처리를 하시오.

해답

(차) 감가상각비	50,000*	(대) 감가상각누계액	50,000

　* ₩1,000,000 × 1/5 × 3개월/12개월 = ₩50,000

(차) 감가상각누계액	250,000	(대) 기계장치	1,000,000
현금	620,000*		
유형자산처분손실	130,000		

　* 처분금액(₩650,000) − 처분수수료(₩30,000)

2 폐 기

주된 영업활동에 사용하던 유형자산을 더 이상 사용하는 것이 비경제적이라고 판단할 경우에는 이를 폐기하게 된다. 이때에는 폐기되는 시점에서의 유형자산 장부금액이 유형자산처분손실로 계상된다. 또한 폐기로 인하여 발생하는 폐기비용은 유형자산처분손실에 가산하고, 폐기로 인한 현금수입은 유형자산처분손실에서 차감한다.

3 비자발적 처분

홍수, 화재 등의 재난이나 정부기관에 의한 수용·몰수 등으로 유형자산의 용역잠재력이 소멸되는 경우를 비자발적 처분이라고 한다. 이 경우에는 기업이 이러한 비자발적 처분에 대비한 보험의 가입여부에 관계없이 재해 직전의 장부금액을 '재해손실'로 처리하고, 차후에 보험금의 확정액을 '보험차익(또는 보험금수익)'으로 처리한다.

06 유형자산의 손상

1 유형자산의 손상차손

유형자산은 원칙적으로 역사적원가로 기록하고 공정가치로 평가하지 않는다. 다만, 원가모형을 선택하여 유형자산을 측정하고 있는 경우에도 자산의 진부화 또는 시장가치의 급격한 하락 등으로 인하여 유형자산의 미래 경제적효익이 장부금액에 현저하게 미달하는 경우에는 실현된 손실로 보아 **손상차손**을 인식한다.

(1) 자산손상에 대한 징후

유형자산은 매 보고기간말마다 자산손상을 시사하는 징후가 있는지를 검토한다. 만약 그러한 징후가 있다면 당해 자산의 회수가능액을 추정한다. 자산손상을 시사하는 징후가 있는지를 검토할 때는 외부정보와 내부정보를 고려한다.

(2) 손상차손의 인식

손상징후가 있으며, 회수가능액이 당해 유형자산의 장부금액에 미달한다면 **장부금액을 회수가능액으로 조정하고 감소금액은 손상차손의 과목으로 하여 당기손익으로 인식**한다.

① **회수가능액**

자산의 회수가능액은 당해 자산의 **순공정가치와 사용가치 중 큰 금액**으로 한다. 순공정가치는 합리적인 판단력과 거래의사가 있는 독립된 당사자 사이의 거래에서 자산의 매각으로부터 수취할 수 있는 금액에서 처분부대원가를 차감한 금액을 말한다. 사용가치는 자산의 계속적인 사용과 최종 처분에서 기대되는 미래 현금흐름을 추정하고 적절한 할인율로 할인한 현재가치를 말한다.

자산손상을 시사하는 징후

① 회계기간 중에 자산의 시장가치가 시간의 경과나 정상적인 사용에 따라 하락할 것으로 기대되는 수준보다 중요하게 더 하락하였다.

② 기업 경영상의 기술·시장·경제·법률 환경이나 해당 자산을 사용하여 재화나 용역을 공급하는 시장에서 기업에 불리한 영향을 미치는 중요한 변화가 회계기간 중에 발생하였거나 가까운 미래에 발생할 것으로 예상된다.

③ 시장이자율이 회계기간 중에 상승하여 자산의 사용가치를 계산하는 데 사용되는 할인율에 영향을 미쳐 자산의 회수가능액을 중요하게 감소시킬 가능성이 있다.

④ 기업의 순자산 장부금액이 당해 시가총액보다 크다.

⑤ 자산이 진부화되거나 물리적으로 손상된 증거가 있다.

⑥ 회계기간 중에 기업에 불리한 영향을 미치는 중요한 변화가 자산의 사용범위 및 사용방법에서 발생하였거나 가까운 미래에 발생할 것으로 예상된다. (예) 자산의 유휴화, 영업부문을 중단, 구조조정 계획, 자산의 조기처분 계획, 비한정 내용연수를 유한 내용연수로 재평가하는 것)

⑦ 자산의 경제적 성과가 기대 수준에 미치지 못하거나 못할 것으로 예상되는 증거를 내부보고를 통해 얻을 수 있다.

② **장부금액**

장부금액은 정상적인 감가상각을 한 후에 손상차손을 인식하기 직전 시점에서의 장부금액을 의미한다. 즉, **먼저 감가상각을 하고 난 후에 손상차손을 인식**한다.

> 손상차손 = Max{순공정가치, 사용가치} − 손상전 장부금액

③ **회계처리 및 공시**

손상차손에 대한 회계처리는 다음과 같으며, 이 경우 손상차손누계액은 감가상각누계액과 마찬가지로 당해 유형자산에서 차감하는 형식으로 기재한다.

손상	(차) 유형자산손상차손	×××	(대) 손상차손누계액	×××

2 유형자산의 손상차손환입

손상차손을 인식한 이후에도 감가상각대상 자산의 경우에는 수정된 장부금액에서 잔존가치를 차감한 금액을 자산의 잔여내용연수에 걸쳐 감가상각비를 인식한다. 또한 매 보고기간말마다 유형자산에 대해 과거에 인식한 손상차손이 더 이상 존재하지 않거나 감소된 것을 시사하는 징후가 있는지를 검토하여 손상차손환입의 인식여부를 고려하여야 한다.

(1) 손상차손환입에 대한 징후

유형자산의 손상차손환입에 대한 징후가 있는지를 검토하는 경우에는 시장가치, 법률환경의 변화, 시장이자율 등의 외부정보를 고려하여야 한다.

(2) 손상차손환입의 인식

손상된 자산의 회수가능액이 당해 장부금액을 초과하는 경우에는 과거에 **손상차손을 인식하기 전 장부금액의 감가상각후잔액을 한도**로 하여 그 초과액을 손상차손환입의 계정으로 하여 당기손익으로 인식한다.

> 손상차손환입 = Min{회수가능액, 손상되지 않았을 경우의 장부금액} − 환입전 장부금액

① **손상되지 않았을 경우의 장부금액**(한도)

이는 **손상차손을 인식하지 않고 정상적으로 계속 감가상각 했을 경우의 장부금액**을 의미한다. 즉, 회수가능액이 회복된 경우에는 취득원가주의 입장에서 손상차손을 인식하지 않고 정상적으로 상각했을 경우의 금액까지 자산을 증가시키는 것을 인정하겠다는 의미이다.

② 환입전 장부금액

환입전 장부금액은 **손상차손을 인식한 후의 장부금액을 기준으로 잔존내용연수에 걸쳐 정상적으로 감가상각비를 인식한 후의 환입 직전의 장부금액**을 의미한다.

③ 회계처리

환입	(차) 손상차손누계액	×××	(대) 손상차손환입	×××

💡 **손상차손 환입액 발생시**

손상차손을 인식하기 전 장부금액의 감가상각후 잔액을 한도로 하여 손상차손환입을 인식(당기손익)하고, 초과하는 부분은 재평가잉여금(기타포괄손익)으로 인식한다.

예제

유형자산손상차손

나래상사는 20X1년 초에 내용연수 5년, 잔존가치 없는 기계장치를 ₩10,000,000에 구입하였는데, 20X2년 말에 기계장치의 진부화로 인하여 이 기계장치의 미래 회수가능가액이 ₩1,500,000으로 급격히 하락하였음을 발견하였다.

요구사항

1. 나래상사가 20X2년 말에 행할 분개를 표시하시오.
2. 20X3년 말에 기계장치의 회수가능가액이 각각 ₩2,000,000과 ₩5,000,000으로 증가하였다고 가정할 경우 각각에 따른 분개를 표시하시오.

해설

1. 20X1년 초

(차) 기계장치	10,000,000	(대) 현 금	10,000,000

2. 20X1년 말

(차) 감가상각비	2,000,000	(대) 감가상각누계액	2,000,000

3. 20X2년 말

(차) 감가상각비	2,000,000	(대) 감가상각누계액	2,000,000
유형자산손상차손	4,500,000[*1]	손상차손누계액	4,500,000

*1 20X2년 말 장부가액(10,000,000 − 4,000,000)   ₩6,000,000
   회수가능가액   ₩1,500,000
   손상차손   ₩4,500,000

재 무 상 태 표

기 계 장 치	10,000,000		
감가상각누계액	4,000,000		
손상차손누계액	4,500,000	1,500,000	

4. 20X3년 말 − ₩2,000,000으로 증가하였을 경우

(차) 감가상각비	500,000[*2]	(대) 감가상각누계액	500,000
손상차손누계액	1,000,000	손상차손환입	1,000,000[*3]

$$*2\ (10,000,000 - 2,000,000 - 2,000,000 - 4,500,000) \times \frac{1}{(5-2)} = ₩500,000$$

*3 회수가능가액   ₩2,000,000
   장부가액(10,000,000 − 4,000,000 − 4,500,000 − 500,000)   ₩1,000,000
   손상차손환입   ₩1,000,000

```
              재 무 상 태 표
기 계 장 치        10,000,000
감가상각누계액      4,500,000
손상차손누계액      3,500,000   2,000,000
```

5. 20X3년 말 − ₩5,000,000으로 증가하였을 경우

```
(차) 감가상각비          500,000    (대) 감가상각누계액          500,000
    손상차손누계액      3,000,000        손상차손환입        3,000,000*4
```

    *4 회수가능가액이 회복되었을 경우 손상되지 않았을 경우의 장부가액을 한도로 환입한다.
      손상되지 않았을 경우의 장부가액: ₩10,000,000 − ₩6,000,000(3년 상각누계액) =
      ₩4,000,000
      손상손실환입액: 4,000,000 − 1,000,000 = ₩3,000,000

```
              재 무 상 태 표
기 계 장 치        10,000,000
감가상각누계액      4,500,000
손상차손누계액      1,500,000   4,000,000
```

💡 손상차손을 인식한 후에 손상차손환입액이 발생하여 손상되지 않았을 경우의 장부금액까지 자산이
증대되는 경우에도 손상차손누계액이 전액 해소되지 않는다. 왜냐하면 손상차손으로 인하여 감가
상각대상금액이 감소하여 손상차손을 인식한 이후에는 감가상각비를 적게 계상하였기 때문이다.

07 재평가모형

기업은 유형자산의 인식일 이후의 측정방법으로 **원가모형과 재평가모형 중 하나
를 회계정책으로 선택하여 유형자산 분류별로 동일하게 적용**할 수 있다. 원가모형
은 유형자산을 취득원가에서 감가상각누계액과 손상차손누계액을 차감한 금액을
장부금액으로 공시하는 방법을 말한다.

1 원가모형

원가모형이란 최초 인식 후에 취득원가에서 감가상각누계액과 손상차손누계
액을 차감한 금액을 장부금액으로 하는 모형을 말한다.

> 장부금액 = 취득원가 − 감가상각누계액 − 손상차손누계액

2 재평가모형

재평가모형이란 취득일 이후 공정가치를 신뢰성있게 측정할 수 있는 유형자산에 대하여는 재평가일의 공정가치로 해당 자산금액을 수정하고, 당해 공정가치에서 재평가일이후의 감가상각누계액과 손상차손누계액을 차감한 금액을 장부금액으로 공시하는 방법을 말한다.

재평가는 보고기간말에 자산의 장부금액이 공정가치와 중요하게 차이가 나지 않도록 주기적(매 3년이나 5년마다)으로 수행해야 하며, **특정 유형자산을 재평가할 때에는 해당 자산이 포함되는 유형자산 분류 전체를 동시에 재평가**한다.

3 재평가손익의 회계처리

(1) 재평가이익

자산의 장부금액이 재평가로 인하여 증가된 경우에 그 증가액은 기타포괄이익으로 인식하고 **재평가잉여금의 과목으로 하여 자본(기타포괄손익누계액)**에 가산한다.

(2) 재평가손실

자산의 장부금액이 재평가로 인하여 감소된 경우에 그 감소액은 당기손실로 인식한다. 그러나 동일한 자산에 대하여 이전에 기타포괄이익으로 인식한 재평가잉여금의 잔액이 있다면 그 금액을 한도로 **재평가잉여금과 우선 상계**한다.

(3) 재평가잉여금의 처리방법

유형자산과 관련하여 자본(기타포괄손익누계액)에 계상된 재평가잉여금은 당해 자산이 폐기되거나 처분될 때 **일괄적으로 이익잉여금으로 대체**한다. 또한 당해 자산을 사용하면서 재평가잉여금의 일부를 이익잉여금으로 대체할 수도 있다. 이 경우 재평가된 금액에 근거한 감가상각액과 최초 취득원가에 근거한 감가상각액의 차이를 계산하여 이익잉여금으로 대체해야 한다. 재평가잉여금을 이익잉여금으로 대체하는 경우 당해 금액은 어떠한 경우에도 당기손익으로 인식하지 않는다.

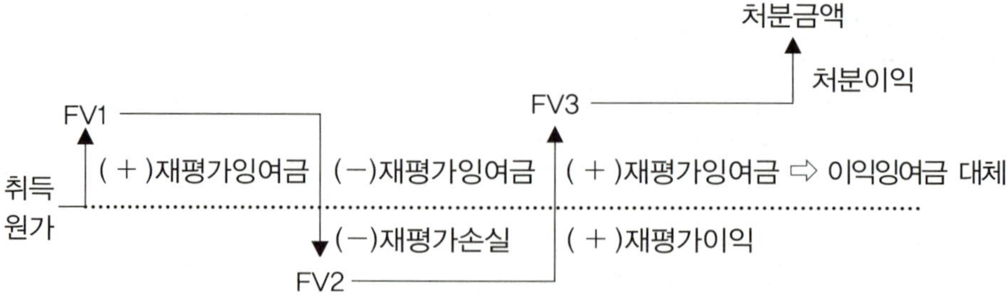

4 장부금액의 수정방법

재평가모형을 이용하여 유형자산을 측정하는 경우 취득원가와 감가상각누계액을 수정하는 회계처리는 다음의 두 가지 방법이 있으며 모두 인정된다.

(1) 비례수정법

재평가 후 자산의 장부금액이 재평가금액과 일치하도록 감가상각누계액과 총장부금액을 비례적으로 수정하는 방법

(2) 전액제거법

총장부금액에서 기존의 감가상각누계액의 전부를 제거하여 자산의 순장부금액이 재평가금액이 되도록 수정하는 방법

예제

재평가모형의 회계처리

K회사는 20X1년 초에 기계장치 1대를 ₩10,000에 구입하였다. 동 기계장치의 내용연수는 5년이고, 잔존가치는 없으며 감가상각방법은 정액법이다. K회사는 기계장치에 대하여 재평가모형을 이용하여 회계처리하고 있으며 연도말 K회사의 기계장치 공정가치는 다음과 같다.

20X1년 말	20X2년 말
₩12,000	₩4,500

요구사항

다음 각각의 방법에 의하여 20X1년부터 20X2년에 필요한 회계처리를 하시오.

1. 재평가모형(비례수정법)
2. 재평가모형(전액제거법)

해답

1. 재평가모형(비례수정법)

X1년 초	(차) 기계장치	10,000	(대) 현금	10,000
X1년 말	(차) 감가상각비	2,000	(대) 감가상각누계액	2,000
	(차) 기계장치	5,000*2	(대) 감가상각누계액	1,000*3
			재평가잉여금	4,000*1

$$*1 \quad 12,000 - 8,000 = ₩4,000$$
$$*2 \quad 비례수정비율: (12,000 - 8,000) \div 8,000 = 50\%$$
$$\therefore \ 취득원가: \ 10,000 \times 50\% = ₩5,000$$
$$*3 \quad 감가상각누계액: 2,000 \times 50\% = ₩1,000 \ or \ 대차차액$$

X2년 말	(차) 감가상각비	3,000*4	(대) 감가상각누계액	3,000
	(차) 감가상각누계액	3,000*7	(대) 기계장치	7,500*6
	재평가잉여금	4,000*5		
	재평가손실	500*5		

$$*4 \quad 12,000 \div 4년 = ₩3,000$$
$$*5 \quad 4,500 - (12,000 - 3,000) = \triangle ₩4,500$$
$$*6 \quad 비례수정비율: (4,500 - 9,000) \div 9,000 = \triangle 50\%$$
$$\therefore \ 취득원가: \ 15,000 \times \triangle 50\% = \triangle ₩7,500$$
$$*7 \quad 감가상각누계액: 6,000 \times \triangle 50\% = \triangle ₩3,000 \ or \ 대차차액$$

2. 재평가모형(전액제거법)

X1년 초	(차) 기계장치	10,000	(대) 현금	10,000
X1년 말	(차) 감가상각비	2,000	(대) 감가상각누계액	2,000
	(차) 감가상각누계액	2,000*2	(대) 재평가잉여금	4,000*1
	기계장치	2,000*3		

    *1 12,000 − 8,000 = ₩4,000
    *2 감가상각누계액 잔액　　　　　*3 대차차액

X2년 말	(차) 감가상각비	3,000*4	(대) 감가상각누계액	3,000
	(차) 감가상각누계액	3,000*6	(대) 기계장치	7,500*7
	재평가잉여금	4,000*5		
	재평가손실	500*5		

    *4 12,000 ÷ 4년 = ₩3,000
    *5 4,500 − (12,000 − 3,000) = △₩4,500
    *6 감가상각누계액 잔액
    *7 대차차액

해설

1. 재평가는 아래와 같이 순액으로 접근하는 것이 이해하기 쉽다.

X1년 초	(차) 기계장치	10,000	(대) 현금	10,000
X1년 말	(차) 감가상각비	2,000	(대) 기계장치	2,000
	(차) 기계장치	4,000	(대) 재평가잉여금	4,000*1

    *1 12,000 − 8,000 = ₩4,000

X2년 말	(차) 감가상각비	3,000*2	(대) 기계장치	3,000
	(차) 재평가잉여금	4,000	(대) 기계장치	4,500*3
	재평가손실	500		

    *2 12,000 ÷ 4년 = ₩3,000
    *3 4,500 − (12,000 − 3,000) = △₩4,500

2. 비례수정법의 기계장치 장부금액 변동을 요약하면 다음과 같다.

계정과목	20X1말	수정비율	재평가후	20X2말	수정비율	재평가후
기계장치	10,000	50%증가	15,000	15,000	50%감소	7,500
감가상각누계액	(2,000)		(3,000)	(6,000)		(3,000)
장부금액	8,000	50%증가	12,000	9,000	50%감소	4,500

3. 전액제거법의 기계장치 장부금액 변동을 요약하면 다음과 같다.

계정과목	20X1말	수정금액	재평가후	20X2말	수정금액	재평가후
기계장치	10,000	2,000	12,000	12,000	(7,500)	4,500
감가상각누계액	(2,000)	2,000	—	(3,000)	3,000	—
장부금액	8,000	4,000	12,000	9,000	(4,500)	4,500

1 유형자산의 취득원가

① 인식하는 유형자산은 **원가로 측정하는 것을 원칙**으로 한다.
② 최초원가 = 구입가격 + 직접관련원가 + 차입원가 + 복구원가

2 상황별 유형자산의 취득

(1) 일괄구입

① 일괄구입가격은 **각 자산의 상대적 공정가치에 의하여 개별자산에 배분**하여 결정한다.
② 건물과 토지 일괄구입 후 기존 건물 철거시 전액 토지 취득원가에 포함

(2) 교 환

구 분	취득원가
상업적 실질있는 경우	• 원칙: 제공한 자산의 공정가치 + 현금지급액 − 현금수수액 • 예외: 취득한 자산의 공정가치(현금수수액 고려×)
상업적 실질 결여된 경우	제공한 자산의 장부금액 + 현금지급액 − 현금수수액

3 감가상각

구 분		매기 감가상각비
정액법(직선법)		$\dfrac{\text{취득원가} - \text{잔존가치}}{\text{내용연수}}$
가속상각법 (체감잔액법)	정률법	(취득원가 − 감가상각누계액) × 정률%
	연수합계법	(취득원가 − 잔존가치) × $\dfrac{\text{잔여 내용연수}}{\text{내용연수 합계}}$
	이중체감법	(취득원가 − 감가상각누계액) × 상각률$(2/n)$%

4 유형자산의 처분

① 처분시점까지의 감가상각비를 계산한다.
② 유형자산처분손익 = **처분금액**(= 처분가격 − 부대비용) − **장부금액**(= 취득원가 − 감가상각누계액)

5 유형자산의 손상

① 손상징후가 있으며, 회수가능액이 당해 유형자산의 장부금액에 미달한다면 **장부금액을 회수가능액으로 조정**하고 감소금액은 **손상차손의 과목으로 하여 당기손익으로 인식**한다.
② 자산의 회수가능액은 당해 자산의 **순공정가치와 사용가치 중 큰 금액**으로 한다.
③ 손상된 자산의 회수가능액이 당해 장부금액을 초과하는 경우에는 **과거에 손상차손을 인식하기 전 장부금액의 감가상각후잔액을 한도로** 하여 그 초과액을 손상차손환입의 계정으로 하여 당기손익으로 인식한다.

6 원가모형과 재평가모형

유형자산 분류별로 원가모형과 재평가모형 선택 적용

구 분	회계처리
원가모형	최초 취득원가 인식 후 감가상각, 손상차손 인식
재평가모형	• 최초 취득원가 인식 후 주기적으로 공정가치로 재평가 • 증가 : 재평가잉여금(기타포괄손익누계액) • 감소 : 재평가손실(당기비용)

실전예상문제

01 유형자산에 관한 설명으로 옳지 않은 것은? 제26회

① 새로운 시설을 개설하는 데 소요되는 원가는 유형자산의 취득원가에 포함되지 않는다.

② 기업의 영업 전부를 재배치하는 과정에서 발생하는 원가는 유형자산의 장부금액에 포함하지 않는다.

③ 유형자산의 감가상각액은 다른 자산의 장부금액에 포함될 수 있다.

④ 사용중인 유형자산의 정기적인 종합검사에서 발생하는 원가는 모두 당기비용으로 처리한다.

⑤ 유형자산에 내재된 미래경제적효익의 예상 소비형태가 유의적으로 달라졌다면 감가상각방법을 변경한다.

해설 ④ 자산인식기준을 충족한 경우에는 유형자산의 장부금액에 포함한다.

02 유형자산의 회계처리에 관한 설명으로 옳은 것은? 제27회

① 자산을 해체, 제거하거나 부지를 복구하는 의무를 부담하게 되는 경우 의무 이행에 소요될 것으로 최초에 추정되는 원가를 취득 시 비용으로 처리한다.

② 정기적인 종합검사과정에서 발생하는 원가가 인식기준을 충족하더라도 유형자산의 일부가 대체되는 것은 해당 유형자산의 장부금액에 포함되지 않는다.

③ 적격자산의 취득, 건설 또는 생산과 직접 관련된 차입원가는 발생기간에 비용으로 인식하여야 한다.

④ 재평가모형을 적용하는 유형자산의 손상차손은 해당 자산에서 생긴 재평가잉여금에 해당하는 금액까지는 기타포괄손익으로 인식한다.

⑤ 상업적 실질이 결여된 교환거래에서 취득한 자산의 취득원가는 제공한 자산의 공정가치로 측정한다.

해설 ① 최초에 추정되는 원가의 현재가치를 취득원가에 산입한다.
　　　② 자산인식기준을 충족하는 경우에는 유형자산의 장부금액에 포함한다.
　　　③ 비용으로 인식 ⇨ 자산의 장부금액에 포함
　　　⑤ 공정가치 ⇨ 장부금액

Answer

01 ④　02 ④

03 유형자산의 회계처리에 관한 설명으로 옳은 것은?　　제23회

① 기업이 판매를 위해 1년 이상 보유하며, 물리적 실체가 있는 것은 유형자산으로 분류된다.
② 유형자산과 관련된 산출물에 대한 수요가 형성되는 과정에서 발생하는 초기 가동손실은 취득원가에 포함한다.
③ 유형자산의 제거로 인하여 발생하는 손익은 총매각금액과 장부금액의 차이로 결정한다.
④ 기업은 유형자산 전체에 대해 원가모형이나 재평가모형 중 하나를 회계정책으로 선택하여 동일하게 적용한다.
⑤ 유형자산의 감가상각방법과 잔존가치, 그리고 내용연수는 적어도 매 회계연도 말에 재검토한다.

> **해설** ① 판매목적의 자산은 재고자산이다.
> ② 초기 가동손실은 취득원가에 포함하지 않는다.
> ③ 총매각금액 ⇨ 순매각금액
> ④ 유형자산 분류별로 적용한다.

04 유형자산의 취득과 관련하여 경영진이 의도하는 방식으로 자산을 가동하는데 필요한 장소와 상태에 이르게 하는데 직접 관련되는 원가가 아닌 것은?　　제13회

① 유형자산의 건설과 직접적으로 관련되어 발생한 종업원급여
② 설치장소 준비 원가
③ 관리 및 기타 일반간접원가
④ 최초의 취급 관련 원가
⑤ 설치원가 및 조립원가

> **해설** ③ 관리 및 기타 일반간접원가는 자산의 취득과 관련된 직접비용이 아니므로 기간비용으로 처리한다.

05 유형자산의 취득원가에 포함되지 않는 것은?　　제22회

① 관세 및 환급 불가능한 취득 관련 세금
② 유형자산을 해체, 제거하거나 부지를 복구하는 데 소요될 것으로 최초에 추정되는 원가
③ 새로운 상품과 서비스를 소개하는 데 소요되는 원가
④ 설치원가 및 조립원가
⑤ 유형자산의 매입 또는 건설과 직접적으로 관련되어 발생한 종업원 급여

> **해설** ③ 새로운 상품과 서비스를 소개하는 데 소요되는 원가는 취득원가에 포함되지 않고 당기비용으로 처리하며 나머지는 모두 취득원가에 포함되는 항목의 예시이다.

06 기계장치 취득과 관련된 자료가 다음과 같을 때, 취득원가는?

제27회

• 구입가격	₩1,050
• 최초의 운송 및 취급 관련원가	100
• 신제품 광고 및 판촉활동 관련원가	60
• 정상작동여부를 시험하는 과정에서 발생하는 원가	100
• 시험가동과정에서 생산된 시제품의 순매각금액	20
• 다른 기계장치의 재배치 과정에서 발생한 원가	50

① ₩1,050
② ₩1,150
③ ₩1,230
④ ₩1,250
⑤ ₩1,340

해설 취득원가: 1,050 + 100 + 100 = ₩1,250

07 ㈜대한의 토지취득과 관련된 다음의 자료를 이용하여 토지의 취득원가를 계산하면?

제14회

(1) 공장을 신축하기 위해 건물 한 동이 세워져 있는 토지를 취득하였다. 건물의 공정가치 ₩200,000 및 ₩800,000에 대한 대가 ₩1,000,000을 지급하였다. 건물은 취득 즉시 철거할 예정이다.
(2) 기존 건물을 철거하기 위해 ₩50,000의 비용이 지출되었다.
(3) 철거된 건물에서 발생한 폐자재를 ₩20,000에 처분하였다.

① ₩800,000
② ₩830,000
③ ₩850,000
④ ₩1,030,000
⑤ ₩1,050,000

해설 신축을 위하여 구건물이 있는 토지를 취득할 경우 순철거비용(철거비용 − 잔존물 처분가치)은 토지의 원가에 산입한다.
취득원가: 1,000,000 + (50,000 − 20,000) = ₩1,030,000

Answer

03 ⑤   04 ③   05 ③   06 ④   07 ④

08 20X1년 초 ㈜한국은 토지와 건물을 ₩1,200,000에 일괄구입하였다. 취득일 현재 토지와 건물을 처분한 회사의 장부금액은 다음과 같으며, 토지와 건물의 공정가치는 각각 ₩1,200,000과 ₩300,000이다. ㈜한국이 인식할 토지와 건물의 취득원가는 각각 얼마인가? 제20회

구 분	장부금액
토 지	₩1,000,000
건 물	500,000

	토 지	건 물		토 지	건 물
①	₩780,000	₩120,000	②	₩800,000	₩400,000
③	₩960,000	₩240,000	④	₩1,000,000	₩500,000
⑤	₩1,200,000	₩300,000			

해설 (1) 토지: $1,200,000 \times 1,200,000/(1,200,000 + 300,000) = ₩960,000$
(2) 건물: $1,200,000 \times 300,000/(1,200,000 + 300,000) = ₩240,000$

09 ㈜전북은 장부금액 ₩8,000(취득원가 ₩80,000, 감가상각누계액 ₩72,000)의 구기계를 신기계와 교환하면서 추가로 현금 ₩75,000을 지급하였다. 신기계의 공정가치는 ₩90,000이고 교환일 현재 구기계의 공정가치는 ₩15,000이었다. 상업적 실질이 있는 거래로서 신기계의 취득원가는 얼마인가?

① ₩8,000

② ₩68,000

③ ₩83,000

④ ₩90,000

⑤ ₩108,000

해설 **취득원가** : 제공한 자산의 공정가치 ₩15,000 + 현금지급액 ₩75,000 = ₩90,000
유형자산처분이익 : 제공자산 공정가치 ₩15,000 − 장부금액 ₩8,000 = ₩7,000

(차) 감 가 누 계 액	72,000	(대) 기 계 장 치	80,000
기 계 장 치	90,000	현 금	75,000
		유 형 자 산 처 분 이 익	7,000

10 ㈜대한은 기계장치 A를 ㈜서울의 기계장치 B와 교환하였으며 이러한 교환은 상업적 실질이 있다. 교환시점의 두 자산에 관한 자료가 다음과 같을 때, ㈜대한이 인식할 기계장치 B의 취득원가는? (단, 기계장치 A의 공정가치가 기계장치 B의 공정가치보다 더 명백하다)　　　　제18회

	㈜대한의 기계장치 A	㈜서울의 기계장치 B
취득원가	₩10,000	₩9,000
감가상각누계액	3,000	5,000
공정가치	8,000	7,000

① ₩6,000　　　　② ₩7,000　　　　③ ₩8,000
④ ₩9,000　　　　⑤ ₩10,000

해설　③ 기계장치 B(신자산)의 취득원가(제공자산의 공정가액) = ₩8,000

11 ㈜한국은 20X1년 초 토지를 ₩4,000,000에 취득하면서 현금 ₩1,000,000을 즉시 지급하고 나머지 ₩3,000,000은 20X1년 말부터 매년 말에 각각 ₩1,000,000씩 3회 분할지급하기로 하였다. 이러한 대금지급은 일반적인 신용기간을 초과하는 것이다. 취득일 현재 토지의 현금가격상당액은 총지급액을 연 10% 이자율로 할인한 현재가치와 동일하다. 20X2년에 인식할 이자비용은? (단, 단수차이가 발생할 경우 가장 근사치를 선택한다)　　　　제25회

기 간	연 이자율 10%	
	단일금액 ₩1의 현재가치	정상연금 ₩1의 현재가치
3	0.7513	2.4869

① ₩100,000　　　　② ₩173,559　　　　③ ₩248,690
④ ₩348,690　　　　⑤ ₩513,100

해설　20X1 초 : (차) 토 지　　　　　　　　3,486,900　　(대) 현 금　　　　　　1,000,000
　　　　　　　　현재가치할인차금　　513,100　　　　　　장기미지급금　　3,000,000
　　　　* 토지 원가 : 1,000,000 + 1,000,000 × 2.4869 = ₩3,486,900
　　　20X1 말 : (차) 장기미지급금　　1,000,000　　(대) 현 금　　　　　　1,000,000
　　　　　　　　이자비용　　　　　　248,690　　　　　　현재가치할인차금　248,690
　　　　* 이자비용 : (3,000,000 − 513,100) × 0.1 = ₩248,690
　　　　　 또는 2,486,900 × 0.1 = ₩248,690
　　　20X2 말 : (차) 장기미지급금　　1,000,000　　(대) 현 금　　　　　　1,000,000
　　　　　　　　이자비용　　　　　　173,559　　　　　　현재가치할인차금　173,559
　　　　* 이자비용 : (2,000,000 − 264,410) × 0.1 = ₩173,559
　　　　　 또는 {2,486,900 × (1 + 0.1) − 1,000,000} × 0.1 = ₩173,559

Answer
08 ③　　09 ④　　10 ③　　11 ②

12 ㈜한국은 20X1년 초 토지를 구입하고 다음과 같이 대금을 지급하기로 하였다.

구 분	20X1년 초	20X1년 말	20X2년 말
현 금	₩1,000	₩2,000	₩2,000

20X1년 말 재무상태표상 토지(원가모형 적용)**와 미지급금**(상각후원가로 측정, 유효이자율 10% 적용)**의 장부금액은?** (단, 정상연금의 10% 2기간 현재가치계수는 1.7355이며, 단수차이가 발생할 경우 가장 근사치를 선택한다) 　제22회

	토 지	미지급금			토 지	미지급금
①	₩3,000	₩1,653		②	₩3,000	₩1,818
③	₩4,471	₩1,653		④	₩4,471	₩1,818
⑤	₩4,818	₩1,818				

해설 (1) 토지: $1,000 + (2,000 \times 1.7355) = ₩4,471$
(2) 미지급금: $(4,471 - 1,000) \times 1.1 - 2,000 = ₩1,818$

13 ㈜한국은 20X1년 초 내용연수 종료 후 원상복구 의무가 있는 구축물을 ₩500,000에 취득하였다. 내용연수 종료시점의 복구비용은 ₩100,000이 소요될 것으로 추정되며, 복구비용의 현재가치 계산에 적용될 할인율은 연 10%이다. 구축물에 대한 자료가 다음과 같을 때, 20X1년도 감가상각비와 복구충당부채전입액은? (단, 이자율 10%, 5기간에 대한 단일금액 1의 현재가치는 0.6209이다) 　제23회

- 내용연수: 5년 　　　　　　　　· 잔존가치: ₩50,000
- 감가상각방법: 정액법

	감가상각비	복구충당부채전입액			감가상각비	복구충당부채전입액
①	₩90,000	₩6,209		②	₩90,000	₩20,000
③	₩110,000	₩6,209		④	₩102,418	₩6,209
⑤	₩102,418	₩20,000				

해설

		차　　변		대　　변	
20X1 초	구축물	562,090	현 금		500,000
			복구충당부채		62,090

＊ 복구충당부채 현재가치: $100,000 \times 0.6209 = ₩62,090$

		차　　변		대　　변	
20X1 말	감가상각비	102,418	감가상각누계액		102,418
	이자비용	6,209	복구충당부채		6,209

＊ 감가상각비: $(562,090 - 50,000) \times 1/5 = ₩102,418$
＊ 복구충당부채 전입액(이자비용): $62,090 \times 10\% = ₩6,209$

14 취득과 직접 관련된 차입원가를 자본화하여야 하는 적격자산이 아닌 것은? 제25회

① 금융자산
② 무형자산
③ 투자부동산
④ 제조설비자산
⑤ 전력생산설비

해설 ① 금융자산, 생물자산과 같이 최초 인식시점에 공정가치는 순공정가치로 측정하는 자산과 단기간 내에 제조되거나 다른 방법으로 생산되는 재고자산은 적격자산에 해당되지 아니한다.

15 유형자산으로 분류되는 아파트 관리시설의 수선·유지, 교체 등과 관련하여 발생하는 후속원가의 회계처리로 옳지 않은 것은? 제14회

① 일상적인 수선·유지를 위한 사소한 부품의 교체원가는 자산으로 인식될 수 없다.
② 시설 일부에 대한 교체로 인해 관리의 효율이 향상되고 교체원가가 자산인식기준을 충족한다면 자산으로 인식한다.
③ 시설에 대한 정기적인 종합검사원가는 자산인식기준을 충족하더라도 비용으로 처리한다.
④ 일상적인 수선·유지에서 발생하는 원가에는 시설수선·유지 인원의 노무비가 포함될 수 있다.
⑤ 자산인식기준을 충족한다면 자산으로 인식한다.

해설 ③ 후속원가(취득 후 지출)는 자산의 최초 취득시 자산인식기준을 준용하여 회계처리한다. 따라서 후속원가가 자산인식기준을 충족하면 자산으로 처리한다.

16 유형자산의 감가상각에 관한 설명으로 옳지 않은 것은? 제21회

① 감가상각은 자산이 사용가능한 때부터 시작한다.
② 감가상각방법은 자산의 미래경제적 효익이 소비될 것으로 예상되는 형태를 반영한다.
③ 감가상각방법의 변경은 회계정책의 변경으로 회계처리한다.
④ 감가상각대상금액을 내용연수 동안 체계적으로 배부하기 위해 다양한 방법을 사용할 수 있다.
⑤ 잔존가치와 내용연수의 변경은 회계추정의 변경으로 회계처리한다.

해설 ③ 감가상각방법의 변경은 회계정책의 변경이 아니라 회계추정의 변경으로 회계처리한다.

Answer

12 ④ 13 ④ 14 ① 15 ③ 16 ③

17 다음 중 매기 감가상각비의 차액을 동일하게 나타내는 감가상각방법은?

① 정액법　　　　　　　　　　　② 정률법
③ 연수합계법　　　　　　　　　　④ 연금법
⑤ 생산량비례법

> **해설** ③ 연수합계법에 의한 감가상각비는 매기 일정액으로 감소하는 감가상각 방법으로, 매기 감가상각비의 차액을 동일하게 나타내는 감가상각 방법이다.

18 20X1년 7월 초 ㈜한국은 토지와 건물을 ₩2,400,000에 일괄 취득하였다. 취득 당시 토지의 공정가치는 ₩2,160,000이고, 건물의 공정가치는 ₩720,000이었으며, ㈜한국은 건물을 본사 사옥으로 사용하기로 하였다. 건물에 대한 자료가 다음과 같을 때, 20X1년도에 인식할 감가 상각비는? (단, 건물에 대해 원가모형을 적용하며, 월할상각한다)　　　　제23회

• 내용연수 : 5년　　　　　　　　• 잔존가치 : ₩60,000 • 감가상각방법 : 연수합계법

① ₩90,000　　　　　　　　　　② ₩110,000
③ ₩120,000　　　　　　　　　　④ ₩180,000
⑤ ₩220,000

> **해설** 건물 취득원가 : 2,400,000 × 720,000/2,880,000 = 600,000
> 건물 감가상각비 : (600,000 − 60,000) × 5/15 × 6/12 = 90,000

19 20X1년 초 ㈜한국은 상환의무 없는 정부보조금 ₩2,500을 수령하여 ₩10,000의 영업용 차량 (내용연수 5년, 잔존가치 ₩0, 정액법으로 감가상각)을 구입하였다. 정부보조금은 자산의 장부 금액에서 차감하는 방법으로 회계처리 할 때, 20X1년 포괄손익계산서에 인식할 감가상각비는?　　　　제20회

① ₩1,500　　　　　② ₩1,750　　　　　③ ₩2,000
④ ₩2,250　　　　　⑤ ₩2,500

> **해설** 감가상각비 : (10,000 − 2,500 − 0) ÷ 5 = ₩1,500

20 ㈜한국은 20X1년 10월 1일 자산취득 관련 정부보조금 ₩100,000을 수령하여 취득원가 ₩800,000의 기계장치(내용연수 4년, 잔존가치 ₩0, 정액법 상각, 원가모형 적용)를 취득하였다. 정부보조금에 부수되는 조건은 이미 충족되어 상환의무는 없으며, 정부보조금은 자산의 장부금액에서 차감하는 방법으로 회계처리한다. 20X1년 포괄손익계산서에 인식할 감가상각비는? (단, 감가상각비는 월할계산하며, 자본화는 고려하지 않는다) 제25회

① ₩43,750 ② ₩45,000 ③ ₩46,250
④ ₩47,500 ⑤ ₩50,000

해설 감가상각비 : (₩800,000 − ₩100,000) × 1/4년 × 3/12월 = ₩43,750

21 ㈜한국은 20X1년 초에 상환의무가 없는 정부보조금 ₩100,000을 수령하여 기계장치를 ₩200,000에 취득하였으며, 기계장치에 대한 자료는 다음과 같다.

• 내용연수 : 5년	• 잔존가치 : ₩0
• 감가상각방법 : 정액법	

정부보조금을 자산의 장부금액에서 차감하는 방법으로 회계처리 할 때, 20X1년 말 재무상태표에 표시될 기계장치의 장부금액은? 제23회

① ₩60,000 ② ₩80,000 ③ ₩100,000
④ ₩160,000 ⑤ ₩200,000

해설 20X1년 말 감가상각비 : (200,000 − 100,000 − 0) × 1/5 = ₩20,000
20X1년 말 장부금액 : 200,000 − 100,000 − 20,000 = ₩80,000

Answer

17 ③ 18 ① 19 ① 20 ① 21 ②

22 해운업을 영위하는 ㈜한국은 20X1년 초 내용연수 4년, 잔존가치 ₩200,000의 해양구조물을 ₩1,400,000에 취득하였다. ㈜한국은 해양구조물의 사용이 종료된 후 해체 및 원상복구를 해야 하는 의무를 부담하는데, 4년 후 복구비용으로 지출할 금액은 ₩200,000으로 추정된다. 미래 지출액의 현재가치 계산시 사용할 할인율은 연 5%이다. 감가상각방법으로 정액법을 사용할 경우 20X2년도의 감가상각비 금액은? (단, 할인율 연 5%, 4기간 단일금액 ₩1의 현재가치는 0.8227이다)

제26회

① ₩300,000   ② ₩341,135   ③ ₩349,362
④ ₩349,773   ⑤ ₩391,135

> **해설** 취득원가 : ₩1,400,000 + ₩200,000 × 0.8227 = ₩1,564,540
> 감가상각비 : (₩1,564,540 − ₩200,000) × 1/4 = ₩341,135

23 ㈜한국은 20X1년 초에 총 100톤의 철근을 생산할 수 있는 기계장치(내용연수 4년, 잔존가치 ₩200,000)를 ₩2,000,000에 취득하였다. 정률은 0.44이고, 1차 년도부터 4차 년도까지 기계장치의 철근생산량은 10톤, 20톤, 30톤, 40톤인 경우 1차 년도에 인식할 감가상각비가 가장 크게 계상되는 방법은?

제13회

① 정액법   ② 정률법   ③ 연수합계법
④ 생산량비례법   ⑤ 모두 동일함

> **해설** 1. 간편법
> 　　초기상각비 크기 : 이중체감법 > 정률법 > 연수합계법 > 정액법
> 　　이를 이용하면 1차 년도에 인식할 감가상각비가 가장 크게 계상되는 방법은 지문 중 정률법이다.
>
> 　　2. 1차 년도 감가상각비
> 　　　1) 정액법 : (2,000,000 − 200,000) × 1/4 = ₩450,000
> 　　　2) 정률법 : 2,000,000 × 0.44 = ₩880,000
> 　　　3) 연수합계법 : (2,000,000 − 200,000) × 4/10 = ₩720,000
> 　　　4) 생산량비례법 : (2,000,000 − 200,000) × 10/100톤 = ₩180,000

24 ㈜한국은 20X1년 1월 1일에 다음과 같은 2동의 건물을 취득하였다. 정액법에 따라 종합상각을 하고자 할 때, 건물의 평균내용연수를 계산하면?

건 물	취득원가	추정잔존가치	추정내용연수
A	₩110,000	₩10,000	5년
B	₩550,000	₩50,000	10년

① 7.50년 ② 8.25년 ③ 8.36년
④ 8.57년 ⑤ 7.75년

[해설]

자 산	취득원가	추정잔존가치	감가상각 대상금액	추정내용연수	감가상각비
건물 A	₩110,000	₩10,000	₩100,000	5년	₩20,000
건물 B	₩550,000	₩50,000	₩500,000	10년	₩50,000
계	₩660,000	₩60,000	₩600,000		₩70,000

$$\text{종합평균내용연수} = \frac{\text{감가상각 대상금액 합계}}{\text{감가상각비 합계}} = \frac{₩600,000}{₩70,000} = 8.57년$$

$$\text{종합상각률} = \frac{\text{감가상각비 합계}}{\text{취득원가 합계}} = \frac{₩70,000}{₩660,000} = 10.60\%$$

25 ㈜한국은 20X1년 초에 설비(내용연수 4년, 잔존가치 ₩200)를 ₩2,000에 취득하여, 정액법으로 감가상각하고 있다. 20X1년 말에 동 설비를 ₩1,400에 처분하였다면 인식할 처분손익은?

제19회

① ₩150 손실 ② ₩200 이익
③ ₩450 손실 ④ ₩600 손실
⑤ ₩650 이익

[해설] (1) 처분직전 감가상각누계액: $(2,000 - 200) \times 1/4 = ₩450$
(2) 처분손익: 처분금액 − 처분직전의 장부금액
$= 1,400 - (2,000 - 450) = ₩150$ 처분손실

Answer

22 ② **23** ② **24** ④ **25** ①

26 ㈜한국은 20X1년 7월 1일 공장 내 기계장치를 ₩2,000,000에 취득하였다. 동 기계장치의 감가상각 및 처분과 관련한 내용은 다음과 같다. 유형자산 처분손익은? (단, 기계장치는 원가모형을 적용하고, 감가상각비는 월할 계산한다)

제26회

> • 감가상각: 내용연수 4년, 잔존가치 ₩200,000, 연수합계법 적용
> • 처 분 일: 20X2년 12월 31일
> • 처분금액: ₩1,000,000

① ₩10,000 손실 ② ₩80,000 손실
③ ₩100,000 이익 ④ ₩190,000 이익
⑤ ₩260,000 이익

해설 20X2년 12월 31일까지의 감가상각누계액
$\{(₩2,000,000 - ₩200,000) \times 4/10\} + \{(₩2,000,000 - ₩200,000) \times 3/10 \times 6/12\} = ₩990,000$
20X2년 12월 31일 장부금액: ₩2,000,000 − ₩990,000 = ₩1,010,000
처분손익: ₩1,000,000 − ₩1,010,000 = (−)₩10,000

27 ㈜한국은 20X1년 초 취득하여 사용하던 기계장치(내용연수 6년, 잔존가치 ₩0, 정액법 상각)를 20X3년 초 처분하면서 현금 ₩5,500을 수취하고 유형자산처분손실 ₩500을 인식하였다. 기계장치의 취득원가는? (단, 원가모형을 적용하며, 손상은 발생하지 않았다)

제24회

① ₩5,000 ② ₩6,000
③ ₩7,500 ④ ₩9,000
⑤ ₩10,000

해설 20X3년 초 장부금액: ₩5,500 + ₩500 = ₩6,000
취득원가: $x - (x \times 2/6) = ₩6,000 \Rightarrow x = ₩9,000$

28 한국채택국제회계기준에 규정하고 있는 유형자산의 손상차손에 대한 회계처리의 설명 중 잘못된 것은?

① 유형자산손상차손은 유형자산의 회수가능액이 장부금액에 미달하는 금액이다.

② 유형자산의 회수가능액은 자산의 순공정가치와 사용가치 중 적은 금액을 말한다.

③ 유형자산의 손상차손과 손상차손환입은 즉시 당기손익으로 인식한다.

④ 자산의 손상차손환입으로 증가된 장부금액은 과거에 손상차손을 인식하기 전 장부금액의 감가상각 또는 상각 후 잔액을 초과할 수 없다.

⑤ 재평가되는 자산의 손상차손은 당해 자산에서 발생한 재평가잉여금에 해당하는 금액까지는 기타포괄손익으로 인식한다.

해설 ② 유형자산의 회수가능액은 자산의 순공정가치와 사용가치 중 큰 금액을 말한다.

29 유형자산의 측정, 평가 및 손상에 관한 설명으로 옳지 않은 것은? 　제17회

① 현물출자 받은 유형자산의 취득원가는 공정가치를 기준으로 결정한다.

② 최초 재평가로 인한 평가손익은 기타포괄손익에 반영한다.

③ 유형자산의 취득 이후 발생한 지출로 인해 동 자산의 미래 경제적 효익이 증가한다면, 해당 원가는 자산의 장부금액에 포함한다.

④ 유형자산의 장부금액이 순공정가치보다 크지만 사용가치보다 작은 경우 손상차손은 계상되지 않는다.

⑤ 과거기간에 인식한 손상차손은 직전 손상차손의 인식시점 이후 회수가능액을 결정하는 데 사용된 추정치에 변화가 있는 경우에만 환입한다.

해설 ② 유형자산 재평가의 경우 최초 평가 시 평가 증은 기타포괄손익으로 인식하고, 평가 감은 재평가손실로 당기손익에 반영된다.

Answer

26 ① 　27 ④ 　28 ② 　29 ②

30 ㈜한국은 수술용기계(취득원가 ₩1,200,000이고 감가상각누계액은 ₩300,000)가 진부화되어 손상차손을 인식하려고 한다. 이 기계의 순공정가치는 ₩400,000이고, 사용가치는 ₩500,000 이다. ㈜한국이 인식할 수술용기계의 손상차손은?

제15회

① ₩400,000

② ₩500,000

③ ₩600,000

④ ₩800,000

⑤ ₩900,000

> **해설** 손상차손 : 장부금액 900,000 − 회수가능액 Max[400,000, 500,000] = ₩400,000

31 유형자산의 재평가에 관한 설명으로 옳은 것은?

제20회

① 재평가가 단기간에 수행되며 계속적으로 갱신된다면, 동일한 분류에 속하는 자산이라 하더라도 순차적으로 재평가할 수 없다.

② 감가상각대상 유형자산을 재평가할 때, 그 자산의 최초원가를 재평가금액으로 조정하여야 한다.

③ 특정 유형자산을 재평가할 때, 해당 자산이 포함되는 유형자산 분류 전체를 재평가한다.

④ 자산의 장부금액이 재평가로 인하여 감소된 경우에 그 자산에 대한 재평가잉여금의 잔액이 있더라도 재평가감소액 전부를 당기손익으로 인식한다.

⑤ 유형자산 항목과 관련하여 자본에 계상된 재평가잉여금은 그 자산이 제거될 때 이익잉여금으로 직접 대체할 수 없다.

> **해설** ① 동일한 분류 내의 유형자산은 동시에 재평가한다. 그러나 재평가가 단기간에 수행되며 계속적으로 갱신된다면, 동일한 분류에 속하는 자산이라 하더라도 순차적으로 재평가할 수 있다.
> ② 어느 모형을 선택하든 최초 인식 시점의 측정은 원가로 이루어진다는 점을 주의한다.
> ④ 자산의 장부금액이 재평가로 인하여 감소된 경우에 그 자산에 대한 재평가잉여금의 잔액이 있는 경우는 그 금액을 한도로 재평가잉여금의 과목으로 자본에 누계한 금액을 감소시킨다.
> ⑤ 유형자산 항목과 관련하여 자본에 계상된 재평가잉여금은 그 자산이 제거될 때 이익잉여금으로 직접 대체할 수 있다.

32 ㈜한국은 20X1년 초 사무용 건물(내용연수 10년, 잔존가치 ₩0, 정액법 상각)을 ₩800,000에 취득하였다. 건물에 대해 재평가모형을 적용하고 매년 말 재평가한다. 20X1년 말 공정가치가 ₩750,000일 때, 건물과 관련하여 20X1년 말 인식할 재평가잉여금은?

제26회

① ₩30,000　　　　　　　　　　② ₩40,000

③ ₩50,000　　　　　　　　　　④ ₩75,000

⑤ ₩80,000

> **해설**　20X1년 말 장부금액 : ₩800,000 − (₩800,000/10년) = ₩720,000
> 　　　　재평가잉여금 : ₩750,000 − ₩720,000 = ₩30,000

33 ㈜한국은 20X1년 초 토지(유형자산)을 ₩1,000에 취득하여 재평가모형을 적용하였다. 해당 토지의 공정가치가 다음과 같을 때, 토지와 관련하여 ㈜한국이 20X2년 당기손익으로 인식할 금액은?

제24회

구 분	20X1년 말	20X2년 말
공정가치	₩1,200	₩900

① 손실 ₩300　　　　　② 손실 ₩200　　　　　③ 손실 ₩100

④ 이익 ₩100　　　　　⑤ 이익 ₩200

> **해설**　20X2년 당기손익(재평가손실) : ₩1,200 − ₩900 − ₩200(재평가잉여금) = ₩100 손실

Answer

30 ①　　31 ③　　32 ①　　33 ③

기타의 자산회계

투자부동산의 분류 및 회계처리, 무형자산의 정의 및 인식기준, 무형자산의 상각에 대한 내용을 중심으로 평균 1~2문제 정도 출제되고 있다. 특히. 투자부동산의 의의 및 분류, 회계처리(원가모형과 공정가치모형)와 무형자산의 의의와 인식기준을 숙지해야 한다. 또한, 무형자산의 상각에 관련된 내용과 원가모형 및 재평가모형에 따른 회계처리를 이해하고, 영업권의 개념과 평가방법을 충분히 익혀야 한다.

기타의 자산회계

01 투자부동산

02 무형자산

03 내부창출된 무형자산

04 영업권

단·원·개·요

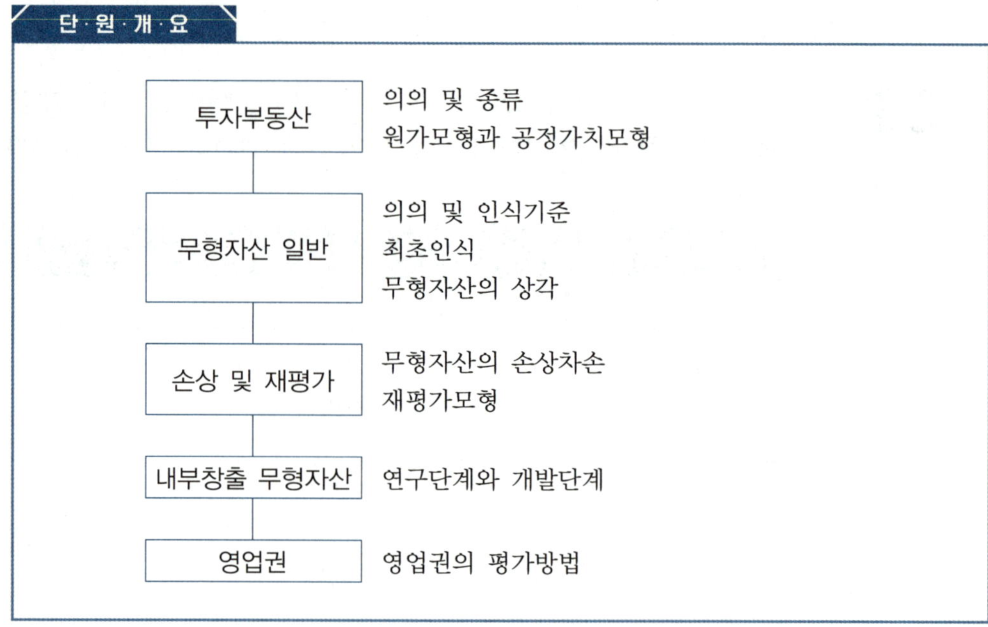

01 투자부동산

1 투자부동산의 의의

투자부동산이란 **임대수익이나 시세차익** 또는 두 가지 모두를 얻기 위하여 소유자나 금융리스의 이용자가 보유하고 있는 부동산을 말한다. 이 경우 부동산이란 토지, 건물 또는 건물의 일부분 또는 토지와 건물을 포함한 경우를 말한다. 투자부동산의 예는 다음과 같다.

⌗ 투자부동산으로 분류하는 사례

사 례	분 류
① 장기 시세차익을 얻기 위하여 보유하고 있는 토지 ② 장래 사용목적을 결정하지 못한 채로 보유하고 있는 토지 ③ 직접 소유(또는 금융리스를 통해 보유)하고 운용리스로 제공하고 있는 건물 ④ 운용리스로 제공하기 위하여 보유하고 있는 미사용 건물 ⑤ 투자부동산으로 사용하기 위하여 건설 또는 개발 중인 부동산	투자부동산
정상적인 영업과정에서 판매하거나 이를 위하여 건설 또는 개발 중인 부동산	재고자산
제3자를 위하여 건설 또는 개발 중인 자산	재고자산
자가사용부동산	유형자산
금융리스로 제공한 부동산	해당사항 없음

2 투자부동산의 인식 및 측정

투자부동산은 투자부동산의 정의를 충족하고, 당해 투자부동산에서 발생하는 미래경제적 효익의 유입가능성이 높고, 그 원가를 신뢰성 있게 측정할 수 있을 때 자산으로 인식된다.

(1) 최초원가 및 후속원가

투자부동산과 관련된 최초원가 및 후속원가는 구입가격에 구입부대원가를 포함하여 인식한다. 이 경우 구입부대원가에는 거래원가를 포함한다. 그러나 다음의 항목은 투자부동산의 원가에 포함하지 아니한다.

♀ **금융리스와 운용리스**

1. 금융리스
   리스자산의 소유에 따른 대부분의 위험과 보상(효익)이 리스이용자에게 실질적으로 이전되는 리스(= 장기할부금융)로서 실질적인 매매에 해당된다.

2. 운용리스
   금융리스 이외의 리스(= 단기리스, 소액자산 리스)로서 단순대여거래에 해당된다.

♀ **일부만 투자부동산일 경우**

1. 부동산 중 일부만 투자부동산일 경우
   (1) 분리매각이 가능한 경우
      ① 자가사용 부분: 유형자산
      ② 임대제공 부분: 투자부동산
   (2) 분리매각이 불가능한 경우 자가사용 부분이 경미한 경우에만 투자부동산으로 분류

♀ **부수용역이 제공되는 경우**

1. 부수용역이 유의적인 경우: 자가사용부동산
2. 부수용역이 경미한 경우: 투자부동산

> • 경영진이 의도하는 방식으로 부동산을 운영하는데 필요한 상태에 이르게 하는 데 직접 관련이 없는 초기원가
> • 계획된 사용수준에 도달하기 전에 발생하는 부동산의 운영손실
> • 건설이나 개발 과정에서 발생한 비정상인 원재료, 인력 및 기타 자원의 낭비금액

① 외부구입

외부구입한 투자부동산의 원가는 구입금액과 구입부대원가(수수료, 취득 관련 세금 등)를 가산한 금액으로 한다.

② 자가건설한 투자부동산

자가건설한 투자부동산의 원가는 건설 또는 개발이 완료된 시점까지의 투입원가이다.

③ 리스계약으로 보유한 부동산에 대한 권리

리스계약으로 보유한 부동산에 대한 권리를 투자부동산으로 분류하는 경우, 당해 투자부동산의 최초 원가는 금융리스와 같이 동 자산의 공정가치와 최소리스료의 현재가치 중 작은 금액으로 인식하면서 동시에 동일한 금액을 부채로 인식한다.

④ 비화폐성자산의 교환취득

하나 이상의 비화폐성자산, 또는 화폐성자산과 비화폐성자산이 결합된 대가와 교환하여 하나 이상의 투자부동산을 취득하는 경우에는 원칙적으로 제공한 자산의 공정가치로 측정한다.

(2) 대체원가

투자부동산의 일부분은 대체를 통하여 취득될 수 있는데 대체하는데 소요되는 원가가 자산인식기준을 충족한다면 원가발생시점에 투자부동산의 장부금액에 인식하고, 대체되는 부분의 장부금액은 제거한다.

(3) 유지원가

부동산과 관련하여 일상적으로 발생하는 유지원가는 주로 노무원가와 소모품원가이며 중요하지 않은 부품의 원가를 포함할 수도 있다. 이러한 지출은 자산인식요건을 충족하지 못하는 경우가 대부분이므로 발생하였을 때 당기손익으로 인식한다.

3 후속측정

투자부동산을 최초로 인식한 후에는 당해 자산에 대하여 **원가모형**(cost model) 또는 **공정가치모형**(fair value model) 중 한 가지 방법을 선택하여 모든 투자부동산에 적용한다. 다만, 운용리스부동산에 대한 권리는 투자부동산으로 분류하는 경우 반드시 공정가치모형을 적용하여 평가한다.

(1) 원가모형

최초 인식 이후 투자부동산의 평가방법을 원가모형으로 선택한 경우에는 모든 투자부동산에 대하여 "유형자산" 기준서의 원가모형에 따라 측정된다. 따라서 투자부동산이 감가상각대상자산인 경우에는 유형자산과 동일하게 **감가상각비를 인식한다.**

(2) 공정가치모형

투자부동산에 대하여 공정가치모형을 선택한 경우에는 최초 인식 후 모든 투자부동산을 공정가치로 측정하고 공정가치 변동으로 발생하는 손익은 발생한 기간의 당기손익에 반영한다. 이 경우 감가상각대상자산인 경우에도 **감가상각은 하지 않는다.**

> • 공정가치 > 장부금액 : (차) 투자부동산　　　×××　(대) 투자부동산평가이익 ×××
> • 공정가치 < 장부금액 : (차) 투자부동산평가손실 ×××　(대) 투자부동산　　　×××

4 투자부동산의 보유목적 변경

부동산의 보유목적 변경이 다음과 같은 사실로 입증되는 경우에는 투자부동산의 계정대체가 발생할 수 있다.

🔗 **보유목적 변경의 경우 계정대체**

상 황	계정대체
자가사용의 개시	투자부동산 ⇨ 유형자산으로 대체
판매를 위한 개발시작	투자부동산 ⇨ 재고자산으로 대체
자가사용의 종료	유형자산 ⇨ 투자부동산으로 대체
제3자에 운용리스	재고자산 ⇨ 투자부동산으로 대체

(1) 원가모형을 적용하는 경우의 분류변경

투자부동산을 원가모형으로 평가하는 경우에는 **대체 전 자산의 장부금액을 승계**하므로 평가손익은 발생하지 않는다.

(2) 공정가치모형을 적용하는 경우의 분류변경

투자부동산에 대하여 공정가치모형을 적용하는 경우 **사용목적 변경시점의 공정가치**로 분류변경한다.

⊘ **공정가치 투자부동산의 분류변경**

상 황		재분류시 평가손익
재분류 전	재분류 후	
투자부동산	재고자산	당기손익 인식 후 재고자산으로 대체
투자부동산	유형자산	당기손익 인식 후 유형자산으로 대체
재고자산	투자부동산	당기손익 인식 후 투자부동산으로 대체
유형자산	투자부동산	유형자산 재평가손익 인식 후 투자부동산으로 대체 - 공정가치 평가이익: 기타포괄손익 - 공정가치 평가손실: 당기손익

5 투자부동산의 제거

투자부동산은 처분하거나, 투자부동산의 사용을 영구히 중지하고 처분으로도 더 이상의 경제적 효익을 기대할 수 없는 경우에는 재무상태표에서 제거한다. 투자부동산의 처분시점은 수익인식기준을 적용하고, 폐기나 처분으로 발생하는 손익은 순처분금액과 장부금액의 차액이며 폐기나 처분이 발생한 기간에 당기손익으로 인식한다.

02 　무형자산

1 무형자산의 의의 및 인식기준

무형자산(intangible assets)을 인식하기 위해서는 **무형자산의 의의와 인식기준을 모두 충족**해야 한다.

의 의	무형자산은 재화의 생산이나 용역의 제공, 타인에 대한 임대 또는 관리에 사용할 목적으로 기업이 보유하고 있으며, 물리적 형체가 없는 비화폐성자산
인식기준	식별이 가능하고, 기업이 통제할 수 있으며, 미래경제적 효익의 유입을 기대할 수 있는 자산

(1) 식별가능성

무형자산이 식별가능성 조건을 충족하기 위해서 당해 자산이 분리가능하거나, 당해 자산이 계약상 권리 또는 기타 법적 권리로부터 발생하여야 한다.

자산이 분리가능하다는 것은 기업에서 분리하거나 분할할 수 있고, 개별적으로 또는 관련된 계약, 자산이나 부채와 함께 매각, 이전, 라이선스, 임대, 교환할 수 있다는 의미이다.

(2) 자원에 대한 통제

기초가 되는 자원에서 유입되는 미래 경제적 효익을 확보할 수 있고, 그 효익에 대한 제3자의 접근을 제한할 수 있다면 기업이 자산을 통제(control)하고 있는 것이다.

(3) 미래 경제적 효익

미래 경제적 효익이란 미래에 현금유입을 증가시키거나 현금유출을 감소시키는 능력을 말한다. 무형자산의 미래경제적효익은 제품의 매출, 용역수익, 원가절감 또는 자산의 사용에 따른 기타 효익의 형태로 발생할 수 있다.

> **자원에 대한 통제요건**
> ① 시장에 대한 지식과 기술적 지식
> ② 숙련된 종업원과 교육훈련, 특정 경영능력과 기술적 재능
> ③ 고객과의 관계와 고객충성도

2 무형자산의 인식

무형의 자원을 재무상태표에 무형자산으로 인식하기 위해서는 그 항목이 다음의 조건을 모두 충족한다는 사실을 기업이 제시하여야 한다.

> ① 무형자산의 정의를 충족한다(식별가능성, 자원에 대한 통제, 미래 경제적 효익).
> ② 자산에서 발생하는 미래 경제적 효익이 기업에 유입될 가능성이 높다.
> ③ 자산의 취득원가를 신뢰성 있게 측정할 수 있다.

3 무형자산의 종류

(1) 브랜드명

브랜드명(brand name)은 상표를 의미하는 것으로써 자가창설하는 경우에는 개별적으로 식별이 어렵기 때문에 자산으로 인식하지 않는다. 반면에 사업결합에 의하여 취득하는 경우에는 식별가능한 금액을 구분하여 자산으로 인식한 것이다.

(2) 제호 및 출판표제

제호(masthead)나 출판표제(publishing title)란 잡지나 서적 등의 명칭을 말하는 것으로써 자가창설하는 경우에는 개별적으로 식별이 어렵기 때문에 자산으로 인식하지 않지만, 사업결합에 의하여 취득하는 경우 별도로 식별하여 자산으로 인식한 것이다.

(3) 컴퓨터 소프트웨어

컴퓨터 소프트웨어는 컴퓨터 프로그램과 관련 문서들을 총칭하며, **외부에서 소프트웨어를 구입하는 경우** 구입비용 중 자산인식요건을 충족하는 것을 말한다. 내부개발된 소프트웨어는 개발비 자산인식요건을 모두 충족하는 경우에만 개발비의 과목으로 인식한다.

(4) 라이선스와 프랜차이즈

① **라이선스** : 라이선스(license)는 특정권리자와의 계약에 의하여 특정권리를 일정기간 동안 사용할 수 있는 권리를 취득한 것을 말한다.
② **프랜차이즈** : 프랜차이즈란 본사가 체인가맹점에 점포개설, 상품공급, 종업원교육 등의 노하우를 브랜드와 함께 제공하는 형태를 말한다. 이때 가맹점은 본사에 일정금액을 가입비로 지급하고 무형자산으로 계상하며, 정기적으로 매출액의 일정비율을 로열티로 지급하고 수수료비용으로 처리한다.

(5) 산업재산권

산업재산권이란 법률의 보호하에서 일정기간 독점적·배타적으로 이용할 수 있는 권리를 말하는 것으로 특허권, 상표권, 의장권, 실용신안권, 상호권이나 상품명 등을 말한다.

산업재산권을 자가창설하는 경우에는 당해 자산을 창출하기 위하여 투입한 직접재료원가, 전환원가 외에 권리를 등록하는 데 소요된 수수료나 제세공과금 등의 취득부대원가도 가산하여 취득원가를 결정한다.

그러나 산업재산권의 취득을 위하여 지출한 개발비 미상각잔액은 산업재산권의 취득원가에는 포함하지 않는다.

(6) 개발비

개발비란 개발활동의 결과 발생한 원가 중 무형자산의 자산인식요건을 모두 만족시키는 경우에 자산으로 인식한 금액을 말한다.

(7) 저작권

저작권(copyright)은 문학, 학술, 예술의 범위에 속하는 창작물에 대하여 저작자나 권리승계인이 행사하는 저작물에 대한 일정기간 동안의 배타적·독점적인 권리를 취득하는 계약을 말한다.

(8) 영업권

합병, 영업양수 및 전세권 취득 등의 경우에 유상으로 취득한 것(초과수익력을 가진 기업을 양수할 경우 순자산을 초과하여 지급한 대가)을 말한다.

(9) 기타의 무형자산

① 임차권리금

토지나 건물을 임차할 경우, 그 이용권을 가지는 대가로 건물주에게 지급하는 보증금 이외로 추가로 지급하는 금액(권리금)을 말한다.

② 광업권·어업권

③ 기타의 무형자산

차지권(지상권 포함), 전기가스시설이용권, 수도시설이용권, 전신전화전용시설이용권 등

한편, 미래 경제적효익을 가져오는 지출이 발생하였더라도 무형자산 인식기준을 충족하지 않는 창업비, 개업비, 사업개시비용, 교육훈련을 위한 지출, 광고 또는 판매촉진활동을 위한 지출, 기업의 전부 또는 일부의 이전 또는 조직개편에 관련된 지출 등은 기간비용으로 인식하여야 한다.

4 무형자산의 최초인식

무형자산을 최초로 인식할 때에는 취득원가로 측정한다.

(1) 개별취득

개별 취득하는 무형자산의 원가는 다음 항목으로 구성된다.

> ① 구입가격: 매입할인과 리베이트를 차감하고 수입관세와 환급받을 수 없는 제
> 세금을 포함한 순구입가격
> ② 자산을 의도한 목적에 사용할 수 있도록 준비한 데 직접 관련되는 다음의 원가
>   ㉠ 그 자산을 사용 가능한 상태로 만드는 데 직접적으로 발생하는 종업원급여
>   ㉡ 그 자산을 사용 가능한 상태로 만드는 데 직접적으로 발생하는 전문가 수
>   수료
>   ㉢ 그 자산이 적절하게 기능을 발휘하는지 검사하는 데 발생하는 원가

한편, 다음의 사례와 같은 원가는 자산을 의도한 목적에 사용할 수 있도록 준비하는데 직접 관련되는 원가가 아니거나 경영자가 의도하는 방식으로 운영될 수 있는 상태에 이르도록 하는 데 필수적으로 발생하는 활동과 관련된 원가가 아니므로 무형자산 원가에 포함하지 않는다.

① 새로운 제품이나 용역의 홍보원가(광고와 판매촉진활동 원가를 포함한다)
② 새로운 지역에서 또는 새로운 계층의 고객을 대상으로 사업을 수행하는 데
서 발생하는 원가(교육훈련비를 포함한다)
③ 관리원가와 기타 일반경비원가
④ 무형자산을 사용하거나 재배치하는 데 발생하는 원가
⑤ 경영자가 의도하는 방식으로 운용될 수 있으나 아직 사용하지 않고 있는
기간에 발생한 원가
⑥ 자산의 산출물에 대한 수요가 확립되기 전까지 발생하는 손실과 같은 초기
영업손실
⑦ 부수적인 영업활동과 관련된 원가

(2) 사업결합으로 인한 취득

사업결합으로 취득하는 무형자산의 취득원가는 기업회계기준서 제1103호 '사업결합'에 따라 취득일의 공정가치로 한다.

(3) 정부보조에 의한 취득

정부보조로 무형자산을 무상이나 낮은 대가로 취득하는 경우 무형자산과 정부보조금 모두를 최초에 공정가치로 인식할 수 있다. 최초에 자산을 공정가치로 인식하지 않기로 선택하는 경우에는, 자산을 명목상 금액과 자산을 의도한 용도로 사용할 수 있도록 준비하는 데 직접 관련되는 지출을 합한 금액으로 인식한다.

(4) 자산의 교환 취득

교환으로 취득하는 경우 무형자산의 원가는 다음 중 하나에 해당하는 경우를 제외하고는 공정가치로 측정한다.
① 교환거래에 상업적 실질이 결여된 경우
② 취득한 자산과 제공한 자산의 공정가치를 둘 다 신뢰성 있게 측정할 수 없는 경우

(5) 내부적으로 창출한 무형자산

내부적으로 창출한 무형자산도 무형자산의 인식기준을 충족하는 경우에 한해서만 자산(개발비, 산업재산권 등)으로 인식한다.

⊘ 연구활동 및 개발활동 관련지출의 처리방법 요약

구 분	비 고	처리방법
연구활동 관련비용	전액	발생시점에 비용처리
개발활동 관련비용	자산요건을 충족할 경우	개발비로 자산처리
	자산요건을 충족 못할 경우	발생시점에 비용처리

한편, 최초에 비용으로 인식한 무형항목에 대한 지출은 그 이후에 무형자산의 원가로 인식할 수 없으며, 내부적으로 창출한 브랜드, 제호, 출판표제, 고객 목록과 이와 실질이 유사한 항목은 사업을 전체적으로 개발하는 데 발생한 원가와 구별할 수 없으므로 무형자산으로 인식하지 아니한다.

(6) 내부적으로 창출한 영업권

내부적으로 창출한 영업권은 자산으로 인식하지 아니한다.
내부적으로 창출한 영업권은 원가를 신뢰성 있게 측정할 수 없고 기업이 통제하고 있는 식별가능한 자원이 아니기 때문에(즉, 분리가능하지 않고 계약상 또는 기타 법적 권리로부터 발생하지 않기 때문에) 자산으로 인식하지 아니한다.

5 무형자산의 상각

(1) 내용연수

내용연수가 유한한지 또는 비한정인지를 평가하여, **내용연수가 유한하면 상각하고 내용연수가 비한정이면 상각하지 않는다.**

내용연수는 경제적 요인에 의해 결정된 기간(경제적 내용연수)와 법적 요인에 의해 결정된 기간(법적 내용연수) 중 **짧은** 기간으로 한다.

(2) 내용연수가 유한한 무형자산

내용연수가 유한한 무형자산의 상각대상금액은 내용연수동안 체계적인 방법으로 배분하여야 한다. **상각은 자산이 사용가능한 때부터 시작**한다.

① 상각방법

무형자산의 상각방법은 자산의 경제적 효익이 소비되는 형태를 반영한 방법이어야 한다. 다만, 소비되는 형태를 신뢰성 있게 결정할 수 없는 경우에는 **정액법**을 사용한다.

무형자산의 상각액은 일반적으로 당기손익으로 인식한다. 그러나 다른 자산의 생산에 소모되는 경우, 그 자산의 상각액은 다른 자산의 장부금액에 포함한다.

② 잔존가치

내용연수가 유한한 무형자산의 잔존가치는 다음 중 하나에 해당하는 경우를 제외하고는 영(0)으로 본다.

㉠ 내용연수 종료 시점에 제3자가 자산을 구입하기로 한 약정이 있다.

㉡ 무형자산의 활성시장이 있고 그 잔존가치를 그 활성시장에 기초하여 결정할 수 있으며, 그러한 활성시장이 내용연수 종료 시점에 존재할 가능성이 높다.

내용연수가 유한한 무형자산의 상각기간과 상각방법은 적어도 **매 회계연도 말에 검토**한다. 자산이 갖는 미래경제적효익의 예상소비형태가 변동된다면, 변동된 소비형태를 반영하기 위하여 상각방법을 변경한다. 상각기간이나 상각방법의 변경은 **회계추정의 변경**으로 회계처리 한다.

(3) 내용연수가 비한정인 무형자산

내용연수가 비한정인 무형자산은 상각하지 아니하며, 매년 또는 무형자산의 손상을 시사하는 징후가 있을 때 회수가능액과 장부금액을 비교하여 내용연수가 비한정인 무형자산의 손상검사를 수행하여야 한다.

① 상각하지 않는 무형자산에 대하여 사건과 상황이 그 자산의 내용연수가 비한정이라는 평가를 계속하여 정당화하는지를 매 회계기간에 검토한다.

② 사건과 상황이 그러한 평가를 정당화하지 않는 경우에 비한정 내용연수를 유한 내용연수로 변경하는 것은 회계추정의 변경으로 회계처리한다.

③ 비한정 내용연수를 유한 내용연수로 재평가하는 것은 그 자산의 손상을 시사하는 하나의 징후가 된다. 따라서 회수가능액과 장부금액을 비교하여 그 자산에 대한 손상검사를 하고, 회수가능액을 초과하는 장부금액을 손상차손으로 인식한다.

(4) 상각의 회계처리

직접법 : (차) 무형자산상각비	$\times\times\times$	(대) 무형자산	$\times\times\times$
간접법 : (차) 무형자산상각비	$\times\times\times$	(대) 무형자산상각누계액	$\times\times\times$

6 무형자산의 손상차손과 환입

(1) 손상차손

매 보고기간말마다 자산손상을 시사하는 징후가 있는지를 검토하고 만약 그러한 징후가 있다면 당해 자산의 회수가능액을 추정하여 손상검사를 한다. 다만, 내용연수가 비한정인 무형자산 또는 아직 사용할 수 없는 무형자산이나 사업결합으로 취득한 영업권에 대해서는 자산손상을 시사하는 징후가 있는지에 관계없이 매년 회수가능액을 추정하여 손상검사를 한다.

$$\text{무형자산 손상차손} = \text{장부금액} - \text{회수가능가액}$$
$$* \text{회수가능가액} = \text{Max}[\text{순공정가치, 사용가치}]$$

손상	(차) 유형자산손상차손	$\times\times\times$	(대) 손상차손누계액	$\times\times\times$

(2) 손상차손환입

매 보고기간말마다 자산에 대해 과거에 인식한 손상차손이 더 이상 존재하지 않거나 감소된 것을 시사하는 징후가 있는지를 검토하고 징후가 있는 경우 당해 자산의 회수가능액과 장부금액의 차이를 손상차손환입으로 처리한다.

> 손상차손환입 = Min [회수가능액, 손상되지 않았을 경우의 장부금액] − 환입전 장부금액

환입	(차) 손상차손누계액	×××	(대) 손상차손환입	×××

7 무형자산의 폐기와 처분

무형자산은 처분하는 때나 사용이나 처분으로부터 미래경제적효익이 기대되지 않을 때 재무상태표에서 제거한다. 무형자산의 제거로 인하여 발생하는 이익이나 손실은 순매각가액과 장부금액의 차이로 결정한다.

8 재평가모형

(1) 원가모형과 재평가모형의 선택

무형자산도 유형자산의 경우와 마찬가지로 회계정책으로 **원가모형이나 재평가모형을 선택**할 수 있다.

(2) 재평가모형의 적용

재평가모형은 자산을 원가로 최초로 인식한 후에 적용한다.

(3) 재평가손익의 회계처리

① 재평가이익

자산의 장부금액이 재평가로 인하여 증가된 경우에 그 증가액은 기타포괄이익으로 인식하고 재평가잉여금의 과목으로 하여 자본(기타포괄손익누계액)에 가산한다.

② 재평가손실

자산의 장부금액이 재평가로 인하여 감소된 경우에 그 감소액은 당기손실로 인식한다. 그러나 동일한 자산에 대하여 이전에 기타포괄이익으로 인식한 재평가잉여금의 잔액이 있다면 그 금액을 한도로 재평가잉여금과 우선 상계한다.

③ **재평가잉여금의 처리방법**

무형자산과 관련하여 자본에 계상된 재평가잉여금은 당해 자산이 폐기되거나 처분되어 재무제표에서 제거될 때 일괄적으로 이익잉여금으로 대체한다. 또한 당해 자산을 사용하면서 재평가잉여금의 일부를 이익잉여금으로 대체할 수도 있다.

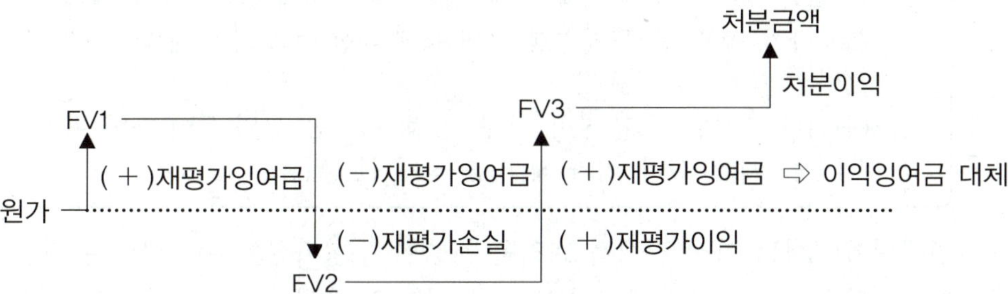

03 내부창출된 무형자산

1 연구단계와 개발단계의 구분

내부적으로 창출된 무형자산이 인식기준에 부합하는지를 판단하기 위하여 무형자산의 창출과정을 연구단계와 개발단계로 구분한다. 다만, 무형자산을 창출하기 위한 내부 프로젝트를 연구단계와 개발단계로 구분할 수 없는 경우에는 그 프로젝트에서 발생한 지출은 모두 **연구단계**에서 발생한 것으로 본다.

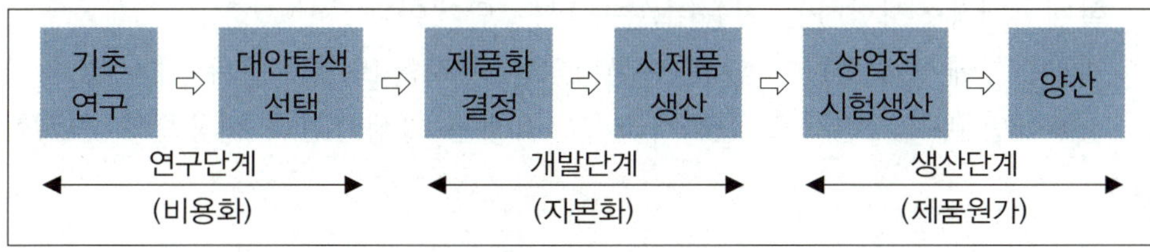

(1) 연구단계

연구란 새로운 과학적, 기술적 지식이나 이해를 얻기 위해 수행하는 독창적이고 계획적인 탐구활동을 말한다. 연구활동의 예는 다음과 같다.

> ① 새로운 지식을 얻고자 하는 활동
> ② 연구결과 또는 기타 지식을 탐색, 평가, 최종 선택 및 응용하는 활동
> ③ 재료, 장치, 제품, 공정, 시스템, 용역 등에 대한 여러 가지 대체안을 탐색하는 활동
> ④ 새롭거나 개선된 재료, 장치, 제품, 공정, 시스템, 용역 등에 대한 여러 가지 대체안을 제안, 설계, 평가 및 최종 선택하는 활동

연구단계에서는 미래 경제적 효익을 창출할 무형자산이 존재한다는 것을 제시할 수 없으므로 연구단계에서 발생한 지출은 발생시점에 비용으로 인식한다.

(2) 개발단계

개발이란 상업적인 생산이나 사용 전에 연구결과나 관련 지식을 새롭거나 현저히 개량된 재료, 장치, 제품, 공정, 시스템이나 용역의 생산을 위한 계획이나 설계에 적용하는 활동을 말한다.

> ① 생산 전 또는 사용 전의 시작품과 모형을 설계, 제작 및 시험하는 활동
> ② 새로운 기술과 관련된 공구, 금형, 주형 등을 설계하는 활동
> ③ 상업적 생산목적이 아닌 소규모의 시험공장을 설계, 건설 및 가동하는 활동
> ④ 새롭거나 개선된 재료, 장치, 제품, 공정, 시스템 및 용역 등에 대해 최종적으로 선정된 안을 설계, 제작 및 시험하는 활동

개발단계는 선정된 대체안에 대하여 상업화를 결정하고 관련 시작품과 모형을 설계·제작·시험하는 활동이 수행되는 단계이다.

개발단계에서 발생한 지출은 자본화의 구체적인 요건을 모두 제시할 수 있는 경우에만 무형자산으로 인식하고 그 외에는 발생시점에 비용으로 처리한다.

💡 **개발단계 지출의 자본화 요건**

① 무형자산이 미래경제적효익을 창출할 수 있는 방법(미래경제적효익)
② 개발과정에서 발생한 무형자산 관련 지출을 신뢰성있게 측정할 수 있는 능력(신뢰성있는 측정)
③ 무형자산을 사용하거나 판매하기 위해 그 자산을 완성할 수 있는 기술적 실현가능성(기술적 실현가능성)
④ 무형자산의 개발을 완료하고 그것을 판매하거나 사용하는 데 필요한 기술적, 재정적 자원 등의 입수가능성(자원확보)
⑤ 무형자산을 완성하여 사용하거나 판매하려는 기업의 의도(의도)
⑥ 무형자산을 사용하거나 판매할 수 있는 기업의 능력(능력)

2 내부적으로 창출한 무형자산의 원가

내부적으로 창출한 무형자산의 원가는 그 자산의 창출, 제조 및 경영자가 의도하는 방식으로 운영될 수 있게 준비하는 데 필요한 직접 관련된 모든 원가를 포함하며, 무형자산 인식기준을 최초로 충족시킨 이후에 발생한 지출금액의 합으로 한다. 직접 관련된 원가의 예는 다음과 같다.

> ① 무형자산의 창출에 사용되었거나 소비된 재료원가, 용역원가
> ② 무형자산의 창출을 위하여 발생한 종업원급여
> ③ 법적 권리를 등록하기 위한 수수료
> ④ 무형자산의 창출에 사용된 특허권과 라이선스의 상각비
> ⑤ 자본화대상 차입원가

다음 항목은 내부적으로 창출한 무형자산의 원가에 포함하지 아니한다.

> ① 판매비, 관리비, 기타 일반 간접 지출
> ② 무형자산이 계획된 성과를 달성하기 전에 발생한 명백한 비효율로 인한 손실과 초기 영업손실
> ③ 무형자산을 운용하는 직원의 교육훈련과 관련된 지출
> ④ 연구활동과 관련된 지출

한편, 최초에 비용으로 인식한 무형항목에 대한 지출은 그 이후에 무형자산의 원가로 인식할 수 없으며, 내부적으로 창출한 브랜드, 제호, 출판표제, 고객 목록과 이와 실질이 유사한 항목은 사업을 전체적으로 개발하는 데 발생한 원가와 구별할 수 없으므로 무형자산으로 인식하지 아니한다.

04 영업권

1 의 의

영업권(goodwill)이란 유리한 입지조건, 우수한 경영진, 우수한 영업상·제조상의 비법, 높은 사회적 신뢰도, 지리적 위치, 법률적·경제적으로 독점적 지위 등의 요인들이 동종산업에 종사하는 다른 기업보다 뛰어날 때 그런 유리한 사항을 통틀어 표현하는 무형의 자산을 말하며 기업과 분리되어 독점적으로 거래될 수 없다.

2 영업권의 평가방법

영업권은 합병 등에 의한 사업결합에서 **유상으로 취득한 것만**을 무형자산으로 인식할 수 있으며 내부적으로 창출한 영업권(자가창설영업권)은 무형자산으로 인식할 수 없다.

영업권의 이론적인 평가방법은 초과이익환원법, 순이익환원법, 종합평가법, 연매법 등이 있으나 기업회계기준에서는 종합평가법만을 인정하고 있다.

(1) 종합평가법

기업전체의 평가액이 순자산(자산-부채)의 공정가치를 초과하는 금액을 영업권으로 보는 방법이다. 즉, 합병대가가 취득한 순자산의 공정가치를 초과할 때 이 초과액을 영업권으로 계상하는 방법으로서 보통 합병·영업양수의 경우에 적용된다.

총괄평가법	기업전체의 평가액이 순자산의 공정가치를 초과하는 금액 *합병대가 > 순자산의 공정가치 : 영 업 권(자산인식) *합병대가 < 순자산의 공정가치 : 염가매수차익(수익인식)

(2) 초과이익환원법

초과이익환원법은 특정기업의 초과순이익이 무한히 계속 발생한다고 가정하고 그 초과순이익의 현재가치를 계산하여 영업권으로 보는 방법이다.

초과이익환원법	$$\dfrac{\text{평균순이익} - \text{순자산의 공정가치} \times \text{정상이익률}}{\text{할인율}^*}$$ *할인율 : 초과수익률 또는 정상이익률
순이익환원법	$$\dfrac{\text{평균순이익}}{\text{정상이익률}} - \text{순자산의 공정가치}$$
연매법	*매년의 초과순이익 × 초과순이익의 지속년수 *매년의 초과순이익 : 평균순이익 − (순자산의 공정가치×정상이익률)
기 타	복성가격법, 연금법이 있으나 거의 사용하지 않음

(3) 영업권의 후속측정

사업결합의 결과로 인식한 영업권은 그 자산이 순현금유입을 창출할 것으로 기대되는 기간에 대하여 예측가능한 제한이 없으므로 내용연수가 비한정인 것으로 본다. 따라서 **영업권은 상각하지 않고** 매년 또는 손상을 시사하는 징후가 있을 때마다 손상검사를 한다.

영업권의 회수가능액이 장부금액에 미달하는 경우에는 손상차손을 즉시 당기손익으로 인식한다.

영업권에 대해 손상차손을 인식하고 난 후 후속기간에 증가된 회수가능액은 사업결합으로 취득한 영업권의 손상차손환입액이 아니라 내부적으로 창출된 영업권 증가액일 것이다. 따라서 **영업권에 대해 인식한 손상차손은 후속기간에 환입할 수 없다.**

예제

영업권의 평가 - 총괄평가법

㈜KK는 20X3년 10월 1일 다음과 같은 재무상태를 가진 ㈜PP를 ₩2,000,000에 인수하고 대금은 수표발행하여 지급하다. 단, 외상매출금의 공정가치는 ₩400,000, 상품의 공정가치는 ₩500,000, 건물의 공정가치는 ₩1,300,000이다.

재 무 상 태 표

외 상 매 출 금	400,000	외 상 매 입 금	700,000
상 품	300,000	자 본 금	1,000,000
건 물	1,000,000		
	1,700,000		1,700,000

해설

20X3. 10. 1

(차) 외 상 매 출 금	400,000	(대) 외 상 매 입 금	700,000
상 품	500,000	당 좌 예 금	2,000,000
건 물	1,300,000		
영 업 권	500,000		

취득원가	₩2,000,000
순자산의 공정가액(2,200,000 − 700,000)	1,500,000
영업권	₩500,000

예제

영업권의 평가

순자산 ₩2,000,000	평균순이익 ₩400,000
동종 기업의 일반 정상이익률 10%	초과 이익의 지속기간: 5년

해설

① 초과이익 환원법

$$\text{영업권 평가액}: \frac{400,000 - 2,000,000 \times 10\%}{10\%} = ₩2,000,000$$

② 순이익 환원법

$$\text{영업권 평가액}: \frac{400,000}{10\%} - 2,000,000 = ₩2,000,000$$

③ 연매법

일반 정상이익률에 의한 순이익: $2,000,000 \times 10\% = ₩200,000$
초과 순이익: $400,000 - 200,000 = ₩200,000$
영업권 평가액: $200,000 \times 5년 = ₩1,000,000$

1 투자부동산

① **임대수익이나 시세차익** 또는 두 가지 모두를 얻기 위하여 소유자나 금융리스의 이용자가 보유하고 있는 부동산

② 투자부동산을 최초로 인식한 후에는 당해 자산에 대하여 **원가모형**(cost model) 또는 **공정가치모형**(fair value model) **중 한 가지 방법을 선택**하여 모든 투자부동산에 적용한다.

구 분	회계처리
원가모형	최초 취득원가 인식 후 감가상각, 손상차손 인식
공정가치모형	• 최초 취득원가 인식 후 공정가치로 재평가 • **감가상각대상자산인 경우에도 감가상각은 하지 않는다.** • 증가 : 투자부동산평가이익(당기수익) • 감소 : 투자부동산평가손실(당기비용)

2 무형자산의 의의 및 인식기준

의 의	무형자산은 재화의 생산이나 용역의 제공, 타인에 대한 임대 또는 관리에 사용할 목적으로 기업이 보유하고 있으며, 물리적 형체가 없는 비화폐성자산
인식기준	① 식별가능성, ② 자원에 대한 통제, ③ 미래 경제적 효익

3 무형자산의 최초인식

① 무형자산을 최초로 인식할 때에는 **취득원가로 측정**한다.
② 최초에 비용으로 인식한 무형항목에 대한 지출은 그 이후에 무형자산의 원가로 인식할 수 없다.
③ **내부적으로 창출한 영업권은 자산으로 인식하지 아니한다.**

4 무형자산의 상각

① 내용연수가 유한한지 또는 비한정인지를 평가하여, **내용연수가 유한하면 상각하고 내용연수가 비한정이면 상각하지 않는다.**
② **상각은 자산이 사용가능한 때부터 시작**한다.
③ 무형자산의 잔존가치는 없는 것을 원칙으로 한다.
④ 상각기간이나 상각방법의 변경은 **회계추정의 변경**으로 회계처리 한다.

5 내부창출된 무형자산

내부적으로 창출된 무형자산의 **창출과정을 연구단계와 개발단계로 구분**하며, **연구단계와 개발단계로 구분할 수 없는 경우에는 모두 연구단계에서 발생한 것으로 본다.**

구 분		회계처리
연구단계		연구비(당기비용)
개발단계	자산인식요건 충족(○)	개발비(무형자산)
	자산인식요건 충족(×)	경상개발비(당기비용)

실전예상문제

01 투자부동산에 해당하는 것을 모두 고른 것은? 제26회

ㄱ. 통상적인 영업과정에서 판매목적이 아닌, 장기 시세차익을 얻기 위하여 보유하고 있는 토지
ㄴ. 미래에 자가사용하기 위한 토지
ㄷ. 장래 용도를 결정하지 못한 채로 보유하고 있는 토지
ㄹ. 금융리스로 제공한 토지

① ㄱ, ㄴ ② ㄱ, ㄷ ③ ㄴ, ㄹ
④ ㄱ, ㄷ, ㄹ ⑤ ㄴ, ㄷ, ㄹ

해설 투자부동산: ㄱ, ㄷ

02 투자부동산에 관한 설명으로 옳지 않은 것은? 제19회

① 투자부동산은 임대수익이나 시세차익을 얻기 위하여 보유하는 부동산을 말한다.
② 본사 사옥으로 사용하고 있는 건물은 투자부동산이 아니다.
③ 최초 인식 후 예외적인 경우를 제외하고 원가모형과 공정가치 모형 중 하나를 선택하여 모든 투자부동산에 적용한다.
④ 원가모형을 적용하는 투자부동산은 손상회계를 적용한다.
⑤ 투자부동산에 대한 공정가치모형을 적용할 경우 공정가치의 변동으로 발생하는 손익은 발생한 기간의 기타포괄손익으로 반영한다.

해설 ⑤ 투자부동산에 대한 공정가치모형을 적용할 경우 공정가치의 변동으로 발생하는 손익은 발생한 기간의 기타포괄손익이 아니라 당기손익으로 반영한다.

Answer
01 ② 02 ⑤

03 ㈜한국은 20X1년 초 건물을 ₩50,000에 취득하고 투자부동산(공정가치모형 선택)으로 분류하였다. 동 건물의 20X1년 말 공정가치는 ₩38,000, 20X2년 말 공정가치는 ₩42,000일 때, 20X2년도 당기순이익에 미치는 영향은? (단, ㈜한국은 건물을 내용연수 10년, 잔존가치 ₩0, 정액법 상각한다)
제27회

① ₩2,000 증가　　　　　　　　② ₩3,000 증가

③ ₩4,000 증가　　　　　　　　④ ₩5,500 증가

⑤ ₩9,500 증가

해설　20X2년 당기손익 : 투자부동산평가이익 ₩4,000(= 42,000 − 38,000) 증가

04 ㈜한국은 20X1년 초 시세차익 목적으로 건물(취득원가 ₩80,000, 내용연수 4년, 잔존가치 없음)을 취득하고 투자부동산으로 분류하였다. ㈜한국은 건물에 대하여 공정가치모형을 적용하고 있으며, 20X1년 말과 20X2년 말 동 건물의 공정가치는 각각 ₩60,000과 ₩80,000으로 평가되었다. 동 건물에 대한 회계처리가 20X2년도 당기순이익에 미치는 영향은? (단, ㈜한국은 통상적으로 건물을 정액법으로 감가상각한다)
제22회

① ₩20,000 증가　　　　　　　　② ₩20,000 감소

③ 영향 없음　　　　　　　　　　④ ₩40,000 증가

⑤ ₩40,000 감소

해설　투자부동산의 공정가치모형은 감가상각을 하지 않으며 투자부동산평가손익은 당기손익항목에 속한다. 따라서 20X2년 투자부동산평가이익은 80,000 − 60,000 = ₩20,000이므로 당기순이익의 증가를 가져온다.

05 ㈜한국은 20X1년 초 건물을 ₩300,000에 취득하고 투자부동산(공정가치모형 선택)으로 분류하였다. 동 건물의 20X1년 말 공정가치는 ₩320,000이며, ㈜한국이 20X2년 초에 동 건물을 ₩325,000에 처분하였다면, 20X1년 당기순이익에 미치는 영향은? (단, ㈜한국은 유형자산으로 분류하는 건물을 내용연수 10년, 잔존가치 ₩0, 정액법 상각한다)
제25회

① ₩30,000 감소　　　　　　　　② ₩10,000 감소

③ ₩5,000 증가　　　　　　　　④ ₩20,000 증가

⑤ ₩25,000 증가

해설　투자자산평가이익 : ₩320,000 − ₩300,000 = ₩20,000
20X1년 당기순이익에 미치는 영향은 투자자산평가이익 ₩20,000만큼 증가한다.

06 무형자산의 회계처리에 관한 설명으로 옳지 않은 것은? 　　　　　제15회

① 무형자산을 최초로 인식할 때에는 원가로 측정한다.
② 내용연수가 비한정인 무형자산에 대해서는 상각을 하지 않는다.
③ 최초에 비용으로 인식한 무형항목에 대한 지출은 그 이후에 무형자산의 원가로 인식할 수 없다.
④ 내부적으로 창출한 브랜드와 고객목록은 무형자산으로 인식한다.
⑤ 무형자산의 상각방법은 자산의 경제적효익이 소비되는 형태를 반영한 방법이어야 한다.

해설　④ 내부적으로 창출한 브랜드와 고객목록은 무형자산으로 인식하지 않는다.

07 무형자산 회계처리에 관한 설명으로 옳지 않은 것은? 　　　　　제19회

① 내용연수가 비한정인 무형자산은 상각하지 아니한다.
② 제조과정에서 사용된 무형자산의 상각액은 재고자산의 장부금액에 포함한다.
③ 내용연수가 유한한 경우 상각은 자산을 사용할 수 있는 때부터 시작한다.
④ 내용연수가 유한한 무형자산의 상각기간과 상각방법은 적어도 매 회계연도 말에 검토한다.
⑤ 내용연수가 비한정인 무형자산의 내용연수를 유한 내용연수로 변경하는 것은 회계정책의 변경에 해당한다.

해설　⑤ 내용연수의 변경은 회계정책의 변경이 아니라 회계추정의 변경이다.

08 무형자산의 회계처리로 옳은 것은? 　　　　　제17회

① 무형자산에 대한 손상차손은 인식하지 않는다.
② 내용연수가 한정인 무형자산은 상각하지 않는다.
③ 내용연수가 비한정인 무형자산은 정액법에 따라 상각한다.
④ 무형자산은 유형자산과 달리 재평가모형을 선택할 수 없으며 원가모형을 적용한다.
⑤ 무형자산의 잔존가치는 영(0)이 아닌 경우가 있다.

해설　① 무형자산에 대한 손상차손은 인식한다.
　②③ 내용연수가 비한정인 무형자산은 상각하지 않는다.
　④ 무형자산은 재평가모형을 선택할 수 있다.

Answer

03 ③　　04 ①　　05 ④　　06 ④　　07 ⑤　　08 ⑤

09 연구개발활동 중 개발활동에 해당하는 것은? 제24회

① 새로운 지식을 얻고자 하는 활동

② 생산이나 사용 전의 시제품과 모형을 설계, 제작, 시험하는 활동

③ 연구결과나 기타 지식을 탐색, 평가, 최종선택, 응용하는 활동

④ 재료, 장치, 제품, 공정, 시스템이나 용역에 대한 여러가지 대체안을 탐색하는 활동

⑤ 새롭거나 개선된 재료, 장치, 제품, 공정, 시스템이나 용역에 대한 여러 가지 대체안을 제안, 설계, 평가, 최종 선택하는 활동

해설 ②번이 개발활동에 해당되고 나머지는 연구활동에 해당된다.

10 ㈜세화의 다음 자료를 보고 무형자산으로 인식할 수 있는 개발비의 최대한도는 얼마인가?

• 신지식 탐구를 위한 연구실 지출	₩320,000
• 연구결과 평가를 위한 지출	130,000
• 실험실에 구축된 전용시설물 구축비	190,000
• 새롭게 개선된 시스템에 대한 대체안 설계를 위한 지출	70,000
• 신기술과 관련된 공구, 금형, 주형의 설계를 위한 지출	140,000
• 상업생산 전 시작품의 설계, 제작, 시험을 위한 지출	210,000
• 상업생산 중의 품질관리비	150,000

① ₩210,000   ② ₩350,000

③ ₩420,000   ④ ₩500,000

⑤ ₩580,000

해설 신기술과 관련된 공구, 금형, 주형의 설계를 위한 지출과 상업생산 전 시작품의 설계, 제작, 시험을 위한 지출만 개발단계에 해당하므로 이들과 관련된 지출만 무형자산으로 인식하는 개발비의 원가가 된다.

11 ㈜대한의 당기 신기술 개발프로젝트와 관련하여 발생한 지출은 다음과 같다.

구 분	연구단계	개발단계	기 타
원재료 사용액	₩100	₩200	
연구원 급여	200	400	
자문료			₩300

연구단계와 개발단계로 구분이 곤란한 항목은 기타로 구분하였으며, 개발단계에서 발생한 지출은 무형자산의 인식조건에 충족한다. 동 지출과 관련하여 당기에 비용으로 인식할 금액과 무형자산으로 인식할 금액은? (단, 무형자산의 상각은 고려하지 않는다) 제18회

	비 용	무형자산		비 용	무형자산
①	₩300	₩600	②	₩400	₩800
③	450	750	④	600	600
⑤	1,200	0			

해설 (1) 연구비(당기비용) : 100 + 200 + 300* = ₩600
(2) 개발비(무형자산) : 200 + 400 = ₩600
* 연구단계와 개발단계의 구분이 곤란한 경우 연구단계로 본다.

12 ㈜한국은 20X1년 7월 1일 특허권을 ₩960,000(내용연수 4년, 잔존가치 ₩0)에 취득하여 사용하고 있다. 특허권의 경제적 효익이 소비될 것으로 예상되는 형태를 신뢰성 있게 결정할 수 없을 경우, 20X1년도에 특허권에 대한 상각비로 인식할 금액은? (단, 특허권은 월할상각한다) 제23회

① ₩0 ② ₩120,000 ③ ₩125,000
④ ₩240,000 ⑤ ₩250,000

해설 무형자산의 상각방법을 합리적으로 결정할 수 없는 경우에는 정액법을 적용한다.
특허권상각비 : 960,000 × 1/4 × 6/12 = ₩120,000

Answer

09 ② 10 ② 11 ④ 12 ②

13 ㈜한국은 현금 ₩100,000을 이전대가로 지급하고 ㈜대한을 합병하였다. 합병일 현재 ㈜대한의 식별가능한 자산과 부채의 공정가치가 다음과 같을 때, ㈜한국이 인식할 영업권은?

제20회

• 매출채권	₩50,000	• 비유동부채	₩90,000
• 차량운반구	40,000	• 매입채무	30,000
• 토지	100,000		

① ₩30,000　　　　② ₩50,000　　　　③ ₩70,000
④ ₩90,000　　　　⑤ ₩100,000

해설 **영업권**: 합병대가 − 피합병사의 순자산 공정가치(자산의 공정가치 − 부채의 공정가치)
= 100,000 − (50,000 + 40,000 + 100,000 − 90,000 − 30,000) = ₩30,000

14 20X1년 초 ㈜한국은 현금 ₩12,000을 이전대가로 지급하고 ㈜대한을 합병하였다. 합병일 현재 ㈜대한의 식별가능한 자산과 부채의 공정가치가 다음과 같을 때, ㈜한국이 인식할 영업권은?

제27회

• 매출채권	₩4,000	• 비유동부채	₩7,000
• 재고자산	7,000	• 매입채무	5,000
• 유형자산	9,000		

① ₩3,000　　　　② ₩4,000　　　　③ ₩5,000
④ ₩7,000　　　　⑤ ₩8,000

해설 영업권: 12,000 − {(4,000 + 7,000 + 9,000) − (7,000 + 5,000)} = ₩4,000

15 ㈜한국의 재무제표는 다음과 같다. ㈜한국의 연평균 순이익이 ₩2,000,000이고, 초과이익률이 15%라면 초과이익 환원법에 의한 ㈜한국의 영업권 평가액은 얼마인가? (동종산업 정상이익률은 10%임)

자산: ₩20,000,000	부채: ₩9,000,000	자본: ₩11,000,000

① ₩9,000,000 　　② ₩6,000,000
③ ₩3,850,000 　　④ ₩4,500,000
④ ₩5,000,000

해설

1. 초과이익 환원법에 의한 영업권: $\dfrac{\text{초과이익}^*}{\text{초과이익률}}$

   *초과이익 = 평균순이익 − 정상순이익(순자산 × 정상이익률)

   영업권: $\dfrac{2,000,000 - (11,000,000 \times 10\%)}{15\%} = ₩6,000,000$

2. 순이익 환원법에 의한 영업권: $\dfrac{\text{평균순이익}}{\text{정상이익률}} - \text{순자산}$

   영업권: $\dfrac{2,000,000}{10\%} - 11,000,000 = ₩9,000,000$

평균 2~3문제가 출제되는 단원이다. 부채의 정의 및 금융부채 구분, 충당부채와 우발부채, 사채 관련 회계처리에 대한 전반적인 개념을 묻는 문제와 사채관련 계산문제가 자주 출제된다. 특히, 부채의 정의와 금융부채의 구분, 충당부채 및 우발부채의 개념과 재무제표 공시방법, 제품보증충당부채 회계처리를 숙지해야 한다. 또한, 퇴직급여제도 − 확정기여형과 확정급여형의 회계처리도 익혀야 한다. 마지막으로, 사채의 발행방법 및 사채발행차금 상각, 상환 등 사채에 관련된 전체적인 회계처리와 계산구조를 숙지하는 것이 중요하다.

부채회계

- **01** 부채의 정의와 특징
- **02** 금융부채
- **03** 충당부채
- **04** 종업원급여
- **05** 사 채

단 · 원 · 개 · 요

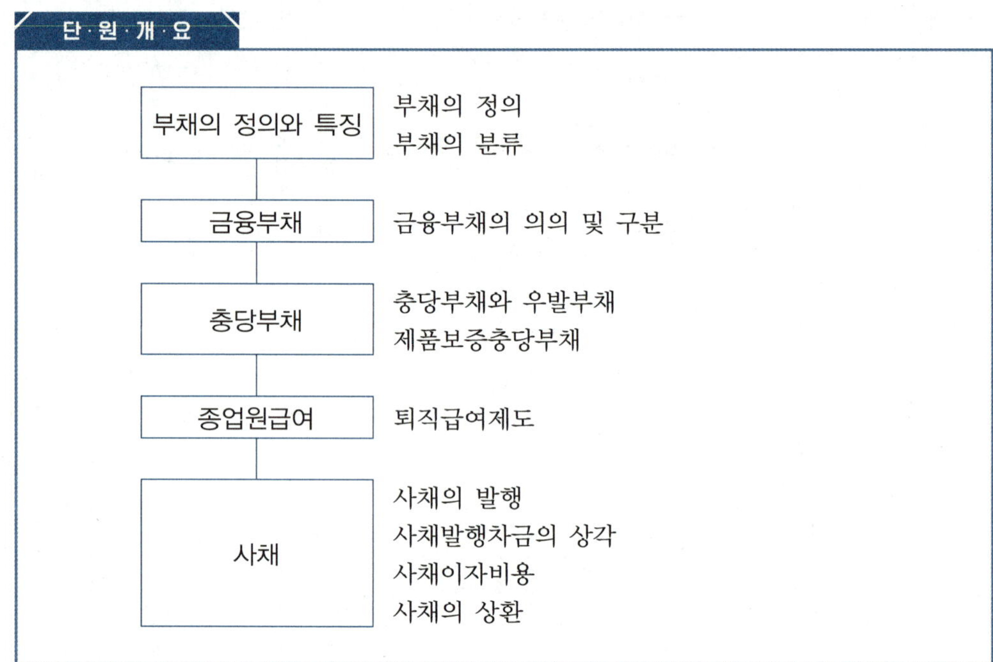

01 부채의 정의와 특징

1 부채의 정의

부채는 과거 사건의 결과로 기업의 경제적 자원을 이전해야 하는 현재의무를 말하며, 다음의 세 가지 조건을 모두 충족해야 한다.

(1) 과거의 거래나 사건의 결과 발생

상품의 외상매입, 금융기관으로부터 자금의 차입 등 과거의 거래나 사건의 결과로 발생한다. 과거의 거래나 사건과 무관하게 단순히 미래 경제적 효익이 유출될 것으로 기대되는 것은 부채가 아니다.

(2) 현재 부담하고 있는 의무

① 법적의무 : 명시적 또는 묵시적 계약, 법률, 기타 법적 효력 등에 의하여 발생한 의무
② 의제의무 : 실무관행, 사회통념상의 의무

(3) 미래 경제적 자원의 이전(유출)

기업실체가 현재의 의무를 이행하기 위해서는 미래에 경제적자원의 이전이 수반된다. 다만, 미래 경제적 효익이 반드시 일정액으로 확정되어야만 부채의 정의를 충족하는 것은 아니다.

2 부채의 분류

구 분		분 류
결제시기에 따라	유동부채	매입채무, 미지급금, 미지급비용, 단기차입금, 유동성장기부채, 선수금, 선수수익 등
	비유동부채	사채, 장기차입금, 장기충당부채, 확정급여채무, 임대보증금, 이연법인세부채 등
시기와 금액의 확정여부에 따라	확정부채	매입채무, 미지급금, 차입금, 사채 등
	추정부채	충당부채, 우발부채 등
결제방법에 따라	금융부채	매입채무, 미지급금, 차입금, 사채, AC금융부채, FVPL금융부채 등
	비금융부채	선수금, 선수수익, 충당부채, 미지급법인세, 이연법인세부채 등
화폐단위 확정여부에 따라	화폐성부채	차입금, 사채, 미지급금 등 대부분의 부채
	비화폐성부채	품질보증채무, 선수수익 등

02 금융부채

1 금융부채의 의의

금융부채는 계약에 의해 현금이나 다른 금융자산을 지급해야할 의무를 말한다.

> ① 다음 중 하나에 해당하는 계약상 의무
> ㉠ 거래상대방에게 현금 등 금융자산을 인도하기로 한 계약상 의무
> ㉡ 잠재적으로 불리한 조건으로 거래상대방과 금융자산이나 금융부채를 교환하기로 한 계약상 의무
> ② 자기지분상품으로 결제하거나 결제할 수 있는 다음 중 하나의 계약
> ㉠ 인도할 자기지분상품의 수량이 확정되지 않은 비파생상품
> ㉡ 확정 수량의 자기지분상품에 대하여 확정금액의 현금 등 금융자산을 교환하여 결제하는 방법이 아닌 방법으로 결제되거나 결제될 수 있는 파생상품

금융부채에 포함되는 항목으로는 매입채무, 금융리스부채, 미지급금, 차입금, 사채, 금융보증 등이 있다. 하지만 **선수금**이나 선수수익, 또는 품질보증의무 성격의 부채는 반대급부로 현금 등 금융자산을 인도할 계약상 의무가 아니라 재화나 용역을 인도해야 하므로 **금융부채가 아니다**. 법인세나 각종 부과금의 지급의무와 의제의무에 의하여 발생하는 부채도 현금지급의무에 해당되지만 계약상 의무가 아닌 법률적 의무사항이므로 금융부채가 아니다.

2 금융부채의 분류

금융부채는 인식과 측정을 위하여 상각후원가 측정 금융부채, 당기손익 − 공정가치 측정 금융부채와 기타의 금융부채 세 가지 범주로 분류한다.

🔗 금융부채의 분류

분　류		사　례
상각후원가 측정 금융부채		매입채무, 미지급금, 차입금과 사채 등
당기손익 − 공정가치 측정 금융부채	단기매매목적	공매주식, 단기재매입부채
	당기손익인식지정	공정가치위험회피수단인 파생상품부채
기타의 금융부채		지속적관여부채, 금융보증부채, 사업결합의 조건부대가

③ 금융부채 인식과 후속측정

금융부채는 금융상품의 계약당사자가 되는 때에 재무상태표에 인식한다. 금융부채는 최초 인식일과 후속측정시에 **공정가치로 측정**할 것을 원칙으로 하고 있다.

(1) 금융부채의 최초측정

금융부채는 최초 인식시 당해 금융부채로 인해 수취한 대가의 공정가치로 측정한다.

금융부채의 발행과 직접 관련되는 부대비용인 거래원가는 최초 인식하는 공정가치에 차감하여 측정한다. 이 경우 당해 금융부채의 거래원가는 유효이자율법으로 상각하여 당기손익으로 인식하게 된다. 다만, 여기서 주의할 점은 당기손익 − 공정가치 측정 금융부채의 취득을 위한 거래원가는 당기비용으로 회계처리한다는 것이다.

⊘ 금융부채와 관련된 거래원가의 회계처리

```
당기손익인식 금융부채
  (차) 현           금   ×××     (대) 금  융  부  채   ×××*1
       수 수 료 비 용   ×××            현           금   ×××*2
       *1 거래가격      *2 거래원가

상각후원가 측정 금융부채
  (차) 현           금   ×××     (대) 금  융  부  채   ×××*1
       현재가치할인차금   ×××            현           금   ×××*2
       *1 거래가격      *2 거래원가
```

(2) 금융부채의 후속측정

상각후원가 측정 금융부채는 유효이자율법을 사용하여 상각후원가로 후속측정하며, 당기손익 − 공정가치 측정 금융부채는 공정가치로 후속측정하여 관련 손익을 당기손익으로 인식한다.

⊘ 금융부채의 최초인식과 후속측정

구 분		AC 금융부채	FVPL 금융부채
취득일	최초인식	최초인식일의 공정가치	최초인식일의 공정가치
	거래원가	최초인식금액에서 차감	즉시 비용인식
보고기간 말	후속측정	상각후원가	공정가치
	관련손익	유효이자율법 적용 이자수익 인식	평가손익을 당기손익으로 인식

4 금융부채의 제거

금융부채의 전체 또는 일부가 계약상 의무가 이행되거나 취소 혹은 만료되어 소멸한 경우에는 재무상태표에서 제거한다. 소멸하거나 제3자에게 양도한 금융부채의 장부금액과 지급한 대가(양도한 비현금자산이나 부담한 부채를 포함)의 차액은 당기손익(상환손익)으로 인식한다.

03 충당부채

1 충당부채와 우발부채의 구분

(1) 충당부채

충당부채란 지출의 시기 또는 금액이 불확실한 부채를 말한다. 즉, 지출의 시기 또는 금액이 불확실하지만 부채의 정의(과거사건의 결과, 현재의무, 미래경제적 효익의 유출)를 충족하고, 미래 경제적 효익의 유출가능성이 높고, 당해 의무의 이행에 소요되는 금액을 신뢰성있게 추정할 수 있어서 부채로 인식할 수 있는 것을 충당부채라 한다.

(2) 우발부채

우발부채는 충당부채보다 불확실성의 정도가 더 높은 부채이다.

> ① 과거사건은 발생하였으나 기업이 전적으로 통제할 수 없는 하나 또는 그 이상의 불확실한 미래사건의 발생 여부에 의하여서만 그 존재여부가 확인되는 잠재적인 의무
> ② 과거사건에 의하여 발생하였으나 당해 의무를 이행하기 위하여 경제적효익이 내재된 자원이 유출될 가능성이 높지 아니한 경우나, 당해 의무를 이행하여야 할 금액을 신뢰성있게 측정할 수 없는 경우

즉, 우발부채는 과거사건에 의하여 발생한 현재의무이나 부채의 인식요건을 충족하지 못하여 재무상태표에 부채로 인식할 수 없는 상황과 과거사건에 의하여 발생한 잠재적 의무로 부채의 정의를 충족하지 못하여 재무상태표에 부채로 인식할 수 없다.

(3) 우발자산

우발자산은 과거사건에 의하여 발생하였으나 기업이 전적으로 통제할 수는 없는 하나 이상의 불확실한 미래사건의 발생 여부에 의해서만 그 존재가 확인되는 잠재적 자산을 말한다.

(4) 재무제표 공시

충당부채는 부채의 인식요건을 충족하므로 재무상태표에 부채로 계상하고 포괄손익계산서에 당기손실로 인식한다. 충당부채는 그 사용시기에 따라 유동부채 또는 비유동부채로 분류한다. 다만 사용시기가 불확실한 경우에는 전액 비유동부채에 속하는 것으로 할 수 있다. 반면에 우발부채는 부채의 인식요건을 충족하지 못하므로 재무제표 본문에서 계상하지 못하고 주석으로 기재하는 것을 원칙으로 한다.

🔗 충당부채와 우발부채의 인식요건

자원유출가능성	금액의 신뢰성있는 추정가능성	
	가능	불가능
높음(probable, 50% 초과)	충당부채로 인식	우발부채로 주석공시
높지 않음(possible)	우발부채로 주석공시	우발부채로 주석공시
아주 낮음(remote)	공시하지 않음	공시하지 않음

우발자산은 미래에 전혀 실현되지 아니할 수도 있는 수익을 인식하는 결과를 초래할 수 있기 때문에 재무제표에 인식하지 않는다. 단, 경제적효익의 유입가능성이 높은 경우에만 주석으로 공시한다.

자원유입가능성	금액의 신뢰성있는 추정가능성	
	가능	불가능
높음	우발자산으로 주석공시	우발자산으로 주석공시
높지 않음	공시하지 않음	공시하지 않음

💡 **충당부채의 적용대상이 되는 거래나 사건의 예**
1. 판매 후 품질 등을 보증하는 경우의 관련 부채
2. 판매촉진을 위하여 시행하는 환불정책 등과 관련된 부채
3. 손실부담계약
4. 타인의 채무 등에 대한 보증
5. 계류 중인 소송사건
6. 구조조정계획과 관련된 부채
7. 복구충당부채 등의 환경관련 부채
8. 반품조건부판매와 관련된 부채

② 충당부채의 인식

충당부채는 다음의 요건을 모두 충족하는 경우에 인식한다.

(1) 부채의 정의 충족

과거 사건이나 거래의 결과로 현재의무(법적의무 또는 의제의무)가 존재한다.

(2) 자원의 유출가능성

당해 의무를 이행하기 위하여 경제적 효익이 있는 자원이 유출될 가능성이 높다.

(3) 측정가능성

당해 의무의 이행에 소요되는 금액을 신뢰성 있게 추정할 수 있다.

③ 충당부채의 측정

충당부채로 인식하는 금액은 현재의무를 보고기간말에 이행하기 위하여 소요되는 지출에 대한 최선의 추정치이어야 한다. 최선의 추정치는 보고기간말에 의무를 이행하거나 제3자에게 이전시키는 경우에 합리적으로 지급하여야 하는 금액이다. 그리고 충당부채의 법인세효과 및 변동은 세전금액으로 측정한다.

(1) 위험과 불확실성

충당부채에 대한 최선의 추정치를 구할 때에는 관련된 사건과 상황에 대한 불가피한 위험과 불확실성을 고려한다. 위험은 결과의 변동성을 의미한다.

(2) 현재가치

화폐의 시간가치 효과가 중요한 경우(명목가액과 현재가치의 차이가 중요한 경우) 충당부채는 의무를 이행하기 위하여 예상되는 지출액의 **현재가치**로 평가한다. 현재가치로 평가하기 위해 적용되는 할인율은 부채의 특유한 위험과 화폐의 시간가치에 대한 현행 시장의 평가를 반영한 세전 이율이다.

한편 충당부채를 현재가치로 평가하여 표시하는 경우에는 장부금액을 기간 경과에 따라 증가시키고 해당 증가 금액은 차입원가(이자비용)로 인식한다. 즉, 유효이자율법을 적용하여 차입원가를 인식하며 당해 금액을 충당부채의 장부금액에 가산한다.

🔆 의제의무

의제의무는 과거의 실무관행, 발표된 경영방침 또는 구체적이고 유효한 약속 등을 통하여 기업이 특정 책임을 부담하겠다는 것을 상대방에게 표명한 결과, 기업이 해당 책임을 이행할 것이라는 정당한 기대를 상대방이 가지게 되는 경우에 발생하는 의무를 말한다.

[현재가치평가 대상 충당부채의 회계처리]
충당부채 인식

    (차) 제 품 보 증 비 ×××　　　　　(대) 보증손실충당부채 ×××

보고기간말

    (차) 이 자 비 용 ×××　　　　　(대) 보증손실충당부채 ×××

(3) 지출 금액에 영향을 미치는 미래사건

현재의무를 이행하기 위하여 소요되는 지출 금액에 영향을 미치는 미래사건이 발생할 것이라는 충분하고 객관적인 증거가 있는 경우에는 그러한 미래사건을 감안하여 충당부채 금액을 추정한다.

(4) 관련자산의 예상처분이익

예상되는 자산처분이 충당부채를 발생시킨 사건과 밀접하게 관련되었더라도 예상되는 자산처분이익은 충당부채를 측정하는 데 고려하지 않는다.

(5) 충당부채의 변제

기업이 의무이행을 위하여 지급한 금액을 보험약정이나 보증계약 등에 따라 제3자가 보전하여 주거나, 기업이 지급할 금액을 제3자가 직접 지급하는 경우가 있다. 대부분의 경우 기업은 전체 의무 금액에 대하여 책임이 있으므로 제3자가 변제할 수 없게 될 경우 당해 전체 금액을 이행해야 할 책임을 진다. 이 경우 전체 의무금액을 충당부채로 인식하고 기업이 의무를 이행한다면 변제를 받을 것이 거의 확실하게 되는 때에 한하여 당해 예상변제금액을 별도의 자산으로 인식한다. 다만, 자산으로 인식하는 금액은 관련 충당부채 금액을 초과할 수 없다.

[제3자에 의한 대리변제의 회계처리]
충당부채 인식

    (차) 손해배상손실   ×××　　　　(대) 손해배상충당부채   ×××

대리변제 인식

    (차) 대리변제자산   ×××*　　　　(대) 손해배상손실   ×××

       * 대리변제금액

(6) 충당부채의 변동

충당부채는 보고기간말마다 그 잔액을 검토하고, 보고기간말 현재 최선의 추정치를 반영하여 증감조정한다. 의무이행을 위하여 경제적효익을 갖는 자원이 유출될 가능성이 더 이상 높지 아니한 경우에는 관련 충당부채는 환입하여 당기손익에 포함한다.

(7) 충당부채의 사용

충당부채는 최초의 인식시점과 관련 있는 지출에 대해서만 사용하여야 한다. 다른 목적으로 충당부채를 사용하면 상이한 목적을 가진 두 가지 지출의 영향이 적절하게 표시되지 못하기 때문이다.

(8) 미래의 예상 영업손실

미래의 예상 영업손실은 부채의 정의에 부합하지 아니할 뿐만 아니라 충당부채의 인식기준을 충족시키지 못한다. 따라서 미래의 예상 영업손실은 충당부채로 인식하지 않는다.

(9) 손실부담계약

손실부담계약이란 당해 계약상의 의무에 따라 발생하는 회피가 불가능한 비용이 그 계약에 의하여 받을 것으로 기대되는 효익을 초과하는 계약을 말한다. 이러한 손실부담계약을 체결하고 있는 경우에는 관련된 현재의무를 충당부채로 인식하고 측정한다.

예를 들어, 계약을 해지할 경우 6개월분의 임차료를 위약금으로 지급하는 조건으로 1년의 공장건물 임대차계약(월 임차료는 ₩1,000,000)을 체결하였는데 8개월이 경과된 이후에 공장을 이전하게 되어 동 임대차계약을 해지하여야 한다면 다음과 같이 회계처리한다.

계약해지	(차) 계약해지손실　4,000,000　　(대) 계약해지손실충당부채　4,000,000

* Min[위약금 1,000,000 × 6월, 잔여임대료 1,000,000 × 4월] = ₩4,000,000

4 충당부채의 유형

(1) 제품보증충당부채

제품보증이란 제품판매 후 일정기간 내에 품질, 수량 및 성능에 결함이 있는 경우에 무상수리나 제품교환을 해 주는 것을 말한다. 이러한 제품보증은 법적인 요구에 의하여 이루어질 수도 있고, 판촉을 위해 기업이 자발적으로 수행할 수도 있다.

제품보증약정을 하고 제품을 판매할 경우 의무발생가능성이 높을 수 있기 때문에 자원의 유출가능성이 높고 그 금액을 신뢰성있게 추정할 수 있는 경우에는 충당부채를 인식한다.

💡 충당부채와 수익·비용대응 원칙

충당부채를 설정하면서 차변에 계상되는 비용은 장래에 지출될 것으로 예상되지만 당기의 수익과 관련성을 가짐으로써 적절한 수익·비용의 대응원칙에 부합된다.

판매시점	： (차) 매출채권	×××	(대) 매　출	×××
보증비 지출:	(차) 제품보증비	×××	(대) 현　금	×××
결산시점	： (차) 제품보증비	×××	(대) 제품보증충당부채	×××
보증비 지출:	(차) 제품보증충당부채	×××	(대) 현　금	×××
	제품보증비	×××		

예제

추정부채 − 제품보증충당부채

20X1년에 갑회사는 판매상품에 대해 3년간 보증해주는 신제품을 판매하였다. 동업계의 과거 경험에 따르면 보증비용은 매출된 해에는 매출액의 2%, 매출 다음 해에는 매출액의 3%, 매출 2년 후에는 매출액의 5%로 추정된다. 처음 3년 동안의 매출과 실제발생한 보증비용에 관한 자료는 다음과 같다.

구　분	매　출	발생보증비용
20X1	₩300,000	₩5,000
20X2	₩500,000	₩15,000
20X3	₩900,000	₩60,000
	₩1,700,000	₩80,000

갑회사의 20X3년 12월 31일 재무상태표에 표시되는 제품보증충당부채는 얼마인가?

해설

```
충당부채 총설정액 :     ₩1,700,000 × (2% + 3% + 5%) =     ₩170,000
보증비용 총발생액 :                                       ₩80,000
20X3년 충당부채 잔액 :                                    ₩90,000
```

[회계처리]

20X1년	(차) 제품보증비용	30,000*	(대) 제품보증충당부채	30,000
	* ₩300,000 × 10% = ₩30,000			
	(차) 제품보증충당부채	5,000	(대) 현금	5,000
20X2년	(차) 제품보증비용	50,000*	(대) 제품보증충당부채	50,000
	* ₩500,000 × 10% = ₩50,000			
	(차) 제품보증충당부채	15,000	(대) 현금	15,000
20X3년	(차) 제품보증비용	90,000*	(대) 제품보증충당부채	90,000
	* ₩900,000 × 10% = ₩90,000			
	(차) 제품보증충당부채	60,000	(대) 현금	60,000

(2) 경품충당부채

소비자에게 구매를 유도하기 위해 구매금액에 비례하여 경품을 제공하는 판촉을 하는 경우가 있다. 경품권을 제공한 경우 경품권의 행사로 인하여 자원이 유출될 가능성이 높고 그 금액을 신뢰성있게 추정할 수 있으므로 경품으로 제공할 금액을 추정하여 경품충당부채로 인식한다.

매출시	: (차) 현	금	×××	(대) 매	출	×××
경품구입시	: (차) 경	품	×××	(대) 현	금	×××
경품교환시	: (차) 경 품 비		×××	(대) 경	품	×××
경품부채 추정	: (차) 경 품 비		×××	(대) 경품충당부채		×××

예제

경품충당부채

12월말 결산법인인 K백화점은 20X1년도 6월 1일부터 9월 30일까지의 기간 중에 판매된 제품에 대해서는 매출액 ₩10,000당 경품권 1매씩을 제공하고, 20X1년 10월 1일부터 6개월동안 이 경품권 20매를 제시하는 고객에게 식기 1세트를 교환해주고 있다. K백화점은 경품에 해당하는 식기를 10,000세트 구입해 놓고 있으며, 1세트당 구입원가는 ₩3,000이다. 이 경품제공과 관련된 자료는 다음과 같다.

(1) 제공한 경품권의 총수량(20X1년 6월 1일~9월 30일)	400,000매
(2) 경품권의 예상회수비율	60%
(3) 실제회수량(20X1년 10월 1일~12월 31일	160,000매

K백화점은 경품비용에 대하여 발생주의에 따라 회계처리를 하며, 경품충당부채를 설정하고 있다.

요구사항

1. 20X1년 재무상태표에 경품충당부채로 계상할 금액은 얼마인가?

2. 20X1년 손익계산서에 경품비용으로 인식할 금액은 얼마인가?

3. 20X1년에 경품권과 관련된 회계처리를 하시오.

해설

1. 제공된 경품권의 총의무 - 상환된 경품권의 의무 = 제공된 경품권의 잔여의무
   (400,000매 × 60% ÷ 20매 × 3,000) - (160,000매 ÷ 20매 × 3,000) = ₩12,000,000
2. 경품비용: 160,000매 ÷ 20매 × 3,000 + (400,000매 × 60% ÷ 20매 - 160,000매 ÷ 20매) × 3,000 = ₩36,000,000
3. 회계처리

경품구입	: (차) 경	품	30,000,000	(대) 현	금	30,000,000
경품교환	: (차) 경 품 비		24,000,000	(대) 경	품	24,000,000
결산시점	: (차) 경 품 비		12,000,000	(대) 경품충당부채		12,000,000

04 종업원급여

1 종업원급여

종업원급여란 종업원이 제공한 근무용역과 교환하여 기업이 제공하는 모든 종류의 대가를 말한다. 종업원급여에는 단기종업원급여, 기타장기종업원급여, 해고급여 및 퇴직급여 등으로 구분할 수 있다.

2 퇴직급여제도

퇴직급여는 고용주가 종업원의 퇴직 이후에 지급하는 종업원급여를 말하며, 단기종업원급여와 해고급여는 제외한다.

퇴직급여제도는 제도의 주요 규약에서 도출되는 경제적 실질에 따라 확정기여제도 또는 확정급여제도로 분류된다.

퇴직급여제도

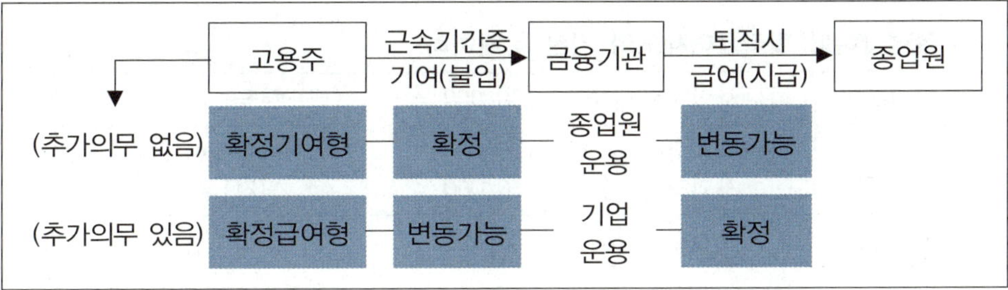

(1) 확정기여제도

확정기여제도란 기업이 별개의 실체(기금)에 고정기여금을 납부하고, 그 기금의 책임하에 당기와 과거기간에 종업원이 제공한 근무용역과 관련된 모든 급여를 지급하는 퇴직급여제도이다.

확정기여제도는 다음의 특성을 갖는다.

- 기업의 법적 의무 또는 의제의무는 기금에 출연하기로 약정한 금액으로 한정한다.
- 종업원이 받을 퇴직급여액은 기업과 종업원이 퇴직급여제도나 보험회사에 출연하는 기여금과 그 기여금에서 발생하는 투자수익에 따라 결정된다.
- 보험수리적 위험(실제급여액이 기대급여액에 미치지 못할 위험)과 투자위험(기여금을 재원으로 투자한 자산이 기대급여액을 지급하는 데 충분하지 못하게 될 위험)은 종업원이 부담한다.

종업원급여의 분류

유 형	종 류
단기 종업원 급여	임금, 사회보장분담금, 유급연차휴가와 유급병가 등
기타 장기 종업원 급여	장기근속휴가, 안식년 휴가 등
퇴직 급여	퇴직연금과 퇴직일시금, 그 밖의 퇴직후급여 등
해고 급여	퇴직위로금, 명예퇴직금 등

🔗 확정기여형 퇴직급여제도의 기본 회계처리

납부시	(차) 퇴직급여 ××× (대) 현 금 ×××
결산일	회계처리 없음
급여지급시	회계처리 없음

(2) 확정급여제도

확정급여제도란 확정기여제도 이외의 모든 퇴직급여제도를 말한다. 확정급여제도는 다음의 특성을 갖는다.

> • 기업의 의무는 약정한 급여를 전·현직종업원에게 지급하는 것이다.
> • 기업이 보험수리적 위험(실제급여액이 기대급여액을 초과할 위험)과 투자위험을 실질적으로 부담한다. 보험수리적 실적이나 투자실적이 예상보다 저조하다면 기업의 의무는 증가할 수 있다.

확정급여제도와 관련된 회계처리는 다음과 같다. (예 기여금 불입액이 ₩100,000이며, 보고기간말에 확정급여채무가 ₩150,000, 기여금의 수익률은 10%이며, 퇴직급여 지급액이 ₩40,000인 경우)

🔗 확정급여형 퇴직급여제도의 기본 회계처리

기여시	(차) 사외적립자산	100,000	(대) 현금	100,000
결산일	(차) 퇴직급여 　　　사외적립자산	150,000 10,000	(대) 확정급여채무 　　　퇴직급여	150,000 10,000
급여지급시	(차) 확정급여채무	40,000	(대) 사외적립자산	40,000

🔗 확정급여채무의 재무상태표 표시

확정급여채무(현재가치)	110,000
사외적립자산(공정가치)	(70,000)
순확정급여채무	40,000

05 　사 채

1 사 채(bonds)

기업이 사채권을 발행하여 일반대중으로부터 자금을 차입하는 것으로 사채발행자인 기업은 사채라는 부채가 되며, 보통 비유동 금융부채이다.

2 사채의 발행

(1) 사채 발행방법

사채의 발행가격은 **사채의 미래현금흐름을 발행당시의 시장이자율로 할인한 현재가치로 결정**된다. 이 금액이 최초인식시점의 사채 공정가치이며, 사채의 발행으로 인한 현금유입액이다. 시장이자율은 사채발행일의 기준금리와 가산금리의 합계로 결정된다.

현금흐름은 만기시의 지급액인 액면가액과 액면가액에 액면이자율을 곱하여 구한 매기의 이자로 구성된다.

> 사채의 발행가격 = 액면가액의 현재가치 + 액면이자의 현재가치

미래 현금흐름이 일정하다면 사채의 발행가액은 결국 시장이자율에 의하여 결정된다. 시장이자율이 낮아지면 현재가치는 커질 것이므로 사채의 발행가액은 높아진다. 반면, 시장이자율이 높아지면 현재가치는 적어질 것이므로 사채의 발행가액은 낮아진다. 이자율과 발행가액의 관계는 다음과 같다.

구 분	이자율간의 관계	액면가액과 발행가액의 관계
액면발행	시장이자율 = 액면이자율	발행가액 = 액면가액
할인발행	시장이자율 > 액면이자율	발행가액 < 액면가액
할증발행	시장이자율 < 액면이자율	발행가액 > 액면가액

💡 **전환사채**

전환사채란 보통주로 전환할 수 있는 권리가 부여된 사채로 전환사채의 발행시의 회계처리는 일반사채발행과 유사하며, 전환권대가는 자본으로 인식한다.
차후 전환사채가 보통주로 전환될 때 보통주의 발행금액은 전환되는 사채의 장부금액을 보통주의 발행금액으로 기록하는 전환사채의 장부가액법으로 하도록 하고 있다. 따라서 전환손익이 발생하지 않는다.
전환사채가 보통주로 전환시에는 '부채감소와 자본증가'로 이루어진다.

예제

사채의 발행가액 결정

㈜필승은 액면총액 ₩1,000,000의 사채(표시이자율 10%, 이자지급 연 1회, 상환기간 5년)를 시장이자율을 고려한 현재가치로 발행하고자 한다. 다음 자료에 의해 각각의 발행가액을 계산하라.

(1) 시장이자율이 10%인 경우: 1의 현가계수: 0.62092, 1의 연금 현가계수: 3.79079

(2) 시장이자율이 12%인 경우: 1의 현가계수: 0.56743, 1의 연금 현가계수: 3.60478

(3) 시장이자율이 8%인 경우: 1의 현가계수: 0.68058, 1의 연금 현가계수: 3.99271

해설

(1) 원금의 현가:　₩1,000,000 × 0.62092 ＝　　　₩620,920
　　이자의 현가:　　₩100,000 × 3.79079 ＝　　　₩379,079
　　사채의 현가:　　　　　　　　　　　　　　　₩999,999　(액면발행)

(2) 원금의 현가:　₩1,000,000 × 0.56743 ＝　　　₩567,430
　　이자의 현가:　　₩100,000 × 3.60478 ＝　　　₩360,478
　　사채의 현가:　　　　　　　　　　　　　　　₩927,908　(할인발행)

(3) 원금의 현가:　₩1,000,000 × 0.68058 ＝　　　₩680,580
　　이자의 현가:　　₩100,000 × 3.99271 ＝　　　₩399,271
　　사채의 현가:　　　　　　　　　　　　　　　₩1,079,851　(할증발행)

① 평가발행(액면가액 ＝ 발행가액, 사채액면이자율 ＝ 유효이자율)

사채를 발행한 경우				
(차) 당 좌 예 금	×××	(대) 사　　　　채	×××
이자를 지급한 경우				
(차) 이 자 비 용	×××	(대) 당 좌 예 금	×××

② 할인발행(액면가액 ＞ 발행가액, 사채이자율 ＜ 시장이자율)

사채를 발행한 경우			
(차) 당 좌 예 금	×××	(대) 사　　　　채	×××
사채할인발행차금	×××		

1) 사채할인발행차금은 선급이자의 성격으로 사채의 차감적 평가계정이다.
2) 재무상태표에는 사채 액면가액에서 차감하는 형식으로 공시한다.
3) 사채상환일까지의 기간에 유효이자율법으로 상각하여 이자비용에 가산한다.

이자를 지급한 경우			
(차) 이 자 비 용	×××	(대) 당 좌 예 금	×××
		사채할인발행차금	×××

③ 할증발행(액면가액 < 발행가액, 사채이자율 > 시장이자율)

```
사채를 발행한 경우
  (차) 당 좌 예 금        ×××       (대) 사            채        ×××
                                        사채할증발행차금        ×××
      1) 사채할증발행차금은 선수이자의 성격으로 사채의 부가적 평가계정이다.
      2) 재무상태표에는 사채 액면가액에 가산하는 형식으로 공시한다.
      3) 사채상환일까지 유효이자율법으로 상각(환입)하여 이자비용에서 차감한다.

이자를 지급한 경우
  (차) 이 자 비 용        ×××       (대) 당 좌 예 금        ×××
      사채할증발행차금        ×××
```

🔗 **사채발행차금의 재무상태표 표시방법**

할인발행의 경우			할증발행의 경우		
(대) 사채	100,000		(대) 사채	100,000	
사채할인발행차금	5,000	95,000	사채할증발행차금	5,000	105,000

(2) 사채발행비(금융부채의 거래원가)

사채발행시 발생하는 비용으로 사채발행수수료, 광고비, 사채권의 인쇄비 등이 포함된다. 기업회계기준에서는 사채발행비를 **사채의 발행가액(공정가치)에서 직접 차감**하고 사채발행차금의 상각시에는 새로운 사채발행가액과 미래현금흐름의 현재가치를 일치시키는 새로운 유효이자율을 재계산하여 동 유효이자율을 적용하여 사채발행차금을 상각하도록 규정하고 있다. 결과적으로 사채발행비가 있는 경우에는 사채발행비가 없는 경우에 비하여 사채의 발행가액은 감소하고 유효이자율은 상승한다.

```
사채발행비가 없는 경우 : 시장이자율 = 유효이자율
사채발행비가 있는 경우 : 시장이자율 < 유효이자율
```

🔍 **예제**

사채발행비

1. 사채액면 ₩1,000,000을 ₩950,000에 발행하고, 대금은 현금으로 받다.
   그리고 사채발행비 ₩10,000은 현금으로 지급하다.

2. 사채액면 ₩1,000,000을 ₩1,100,000에 발행하고 대금은 현금으로 받다.
   그리고 사채발행비 ₩10,000은 현금으로 지급하다.

해설

```
(차) 현        금        940,000      (대) 사        채      1,000,000
    사채할인발행차금        60,000

(차) 현        금      1,090,000      (대) 사        채      1,000,000
                                          사채할증발행차금        90,000
```

💡 **유효이자율**

예를 들어 20X1년 1월 1일 K회사가 액면가액 ₩100,000의 3년 만기 사채를 발행했다고 가정해 보자. 사채의 표시이자율이 8%, 이자지급일은 매년 12월 31일이며, 사채발행일의 시장이자율이 10%라고 하면 사채의 발행가액은 ₩100,000 × 0.7513 + ₩100,000 × 8% × 2.4868 = ₩95,024이 된다. 이 때 사채발행비 ₩2,360이 발생하였다고 가정하면 사채의 실제발행금액은 사채발행으로 인한 현금유입액 ₩95,024 − ₩2,360 = ₩92,664이 된다. 사채의 유효이자율은 사채의 발행으로 인한 현금수령액 ₩92,664과 사채 미래현금흐름의 현재가치를 일치시켜주는 이자율을 말한다. 따라서 이 경우 사채의 유효이자율은 시장이자율 10%가 아니며, 사채발행비를 고려한 사채의 실제발행금액 ₩92,664와 사채 미래현금흐름의 현재가치를 일치시켜주는 이자율을 시행착오법으로 계산하면 11%가 된다.

3 사채발행차금의 상각

사채가 할인 또는 할증발행시 발생하는 차액은 사채의 상환기간동안 상각하여야 한다. 사채할인발행차금의 상각액은 이자비용에 가산하고, 사채할증발행차금의 상각(환입)액은 이자비용에서 차감한다.

(1) 정액법

정액법은 할인액 또는 할증액을 사채상환기간 동안 균등액을 상각하는 방법이다.

$$할인(할증)액의\ 연간상각액 = \frac{총할인(할증)액}{사채상환기간}$$

(2) 유효이자율법

유효이자율법은 **유효이자액(장부가액 × 시장이자율)을 당기 이자비용으로 인식**하고 유효이자와 액면이자(현금지급이자)와의 차액을 할인액 또는 할증액상각으로 처리하는 방법이다.

$$유효이자 - 표시이자 = 당기\ 상각액$$

* 유효(시장, 실질)이자 = 장부가액 × 시장이자율
* 표시(액면, 명목)이자 = 액면가액 × 표시이자율
* 장부가액 = 액면가액 − 사채할인발행차금 또는 액면가액 + 사채할증발행차금

🔗 정액법과 유효이자율법의 비교

발행형태	현금이자	장부가액	정 액 법		유효이자율법	
			차금상각액	총이자비용	차금상각액	총이자비용
할인발행	일정	**증가**	일정	일정	**증가**	증가
할증발행	일정	**감소**	일정	일정	**증가**	감소

🔍 **예제**

다음 자료에 의하여 ① 정액법, ② 유효이자율법에 의한 사채할인발행차금의 상각표를 작성하고 연도별 회계처리를 하시오.

액면가액 ₩1,000,000	발행가액 ₩950,000
사채이자율 연 8%	시장이자율 연 10%
이자지급일 매년 12월 31일	상환기간 3년

해설

1. 사채할인발행차금상각표 – 정액법

연 도	①현금이자	②차금상각액	③총사채이자비용	④장부가액
발행시	–	–	–	₩950,000
1년	₩80,000	₩16,667	₩96,667	966,667
2년	80,000	16,667	96,667	983,334
3년	80,000	16,666⑤	96,666	1,000,000

①: 사채 액면가액 × 표시이자율
②: ₩50,000 ÷ 3년 = ₩16,667
③: ① + ②　　④: ④ + ②　　⑤: 끝수조정

2. 사채할인발행차금상각표 – 유효이자율법

연 도	①유효이자	②현금지급이자	③차금상각액	④장부가액
발행시	–	–	–	₩950,000
1년	₩95,000	₩80,000	₩15,000	965,000
2년	96,500	80,000	16,500	981,500
3년	98,150	80,000	18,500⑤	1,000,000

①: 사채 장부가액 × 유효이자율
②: 사채 액면가액 × 표시이자율
③: ① - ②　　④: ④ + ③　　⑤: 끝수조정

3. 회계처리

1) 정액법

```
발행시 : (차) 현        금      950,000    (대) 사        채    1,000,000
              사채할인발행차금     50,000
1년 말 : (차) 이 자 비 용        96,667    (대) 현        금       80,000
                                                사채할인발행차금      16,667
2년 말 : (차) 이 자 비 용        96,667    (대) 현        금       80,000
                                                사채할인발행차금      16,667
3년 말 : (차) 이 자 비 용        96,667    (대) 현        금       80,000
                                                사채할인발행차금      16,667
        (차) 사        채     1,000,000    (대) 현        금    1,000,000
```

2) 유효이자율법

```
발행시 : (차) 현        금      950,000    (대) 사        채    1,000,000
              사채할인발행차금     50,000
1년 말 : (차) 이 자 비 용        95,000    (대) 현        금       80,000
                                                사채할인발행차금      15,000
2년 말 : (차) 이 자 비 용        96,500    (대) 현        금       80,000
                                                사채할인발행차금      16,500
3년 말 : (차) 이 자 비 용        98,500    (대) 현        금       80,000
                                                사채할인발행차금      18,500
        (차) 사        채     1,000,000    (대) 현        금    1,000,000
```

💡 만기까지 인식할 총이자비용

*총이자비용 : 총현금유입액
₩88,584 − 총현금유출액
₩130,000 = ₩41,416
또는 총사채이자 ₩30,000 +
사채할인발행차금 ₩11,416 =
₩41,416

🔍 예제

사채 할인발행과 사채할인발행차금의 상각 − 유효이자율법

20X1년 1월 1일 J회사는 20X3년 12월 31일 만기의 사채(액면가액 ₩100,000, 표시이자율 10%)를 발행하였다. 유효이자율은 15%이며 이자는 매년 말 지급한다.

*시장이자율 15%, 기간 3년, 1의 현가계수 0.65752, 1의 연금 현가계수 2.2832

해설

(1) 사채 발행가액

액면가액의 현재가치	100,000 × 0.65752 =	₩65,752
사채이자의 현재가치	100,000 × 10% × 2.2832 =	₩22,832
사채의 발행가액		₩88,584

(2) 20X1. 1. 1. 발행시

(차) 현　　　　　금　　　88,584　　(대) 사　　　　　채　　　100,000
　　사채할인발행차금　　11,416

(3) 상각표

구 분	유효이자	현금이자	할인액상각	장부가액
20X1. 1. 1				₩88,584
20X1. 12. 31	₩13,288	₩10,000	₩3,288	91,872
20X2. 12. 31	13,781	10,000	3,781	95,653
20X3. 12. 31	14,347	10,000	4,347	100,000
합　　　계	₩41,416	₩30,000	₩11,416	

(4) 20X1년 12월 31일의 분개

(차) 이　자　비　용　　　13,288　　(대) 현　　　　　금　　　10,000
　　　　　　　　　　　　　　　　　　사채할인발행차금　　3,288

(5) 20X1년 12월 31일의 재무상태표

재 무 상 태 표

사　　　　　채	100,000	
사채할인발행차금	8,128	91,872
		↳ 장부금액

💡 만기까지 인식할 총이자비용

*총이자비용 : 총현금유입액
₩104,973 − 총현금유출액
₩136,000 = ₩31,027
또는 총사채이자 ₩36,000 − 사채
할증발행차금 ₩4,973 = ₩31,027

예제

사채 할증발행과 사채할증발행차금의 상각(환입) − 유효이자율법
20X1년 1월 1일 JR사는 사채 액면 ₩100,000(표시이자율 12%, 상환기간 3년, 이자지급은 매년말 1회 지급, 유효이자율 10%)을 발행하였다.

* 유효이자율 10%, 기간 3년, 1의 현가계수 0.75131, 1의 연금 현가계수 2.48683

해설

(1) 사채 발행가액

액면가액의 현재가치	100,000 × 0.75131 =	₩75,131
사채이자의 현재가치	100,000 × 12% × 2.48683 =	₩29,842
사채의 발행가액		₩104,973

(2) 20X1. 1. 1 발행시

(차) 현　　　　　　금　　104,973　　(대) 사　　　　　　채　　100,000
　　　　　　　　　　　　　　　　　　　　사채할증발행차금　　4,973

(3) 상각표

구 분	유효이자	현금이자	할증액상각	장부가액
20X1. 1. 1				₩104,973
20X1. 12. 31	₩10,497	₩12,000	₩1,503	103,470
20X2. 12. 31	10,347	12,000	1,653	101,817
20X3. 12. 31	10,183	12,000	1,817	100,000
합　　계	₩31,027	₩36,000	₩4,973	

(4) 20X1년 12월 31일의 분개

(차) 이　자　비　용　　10,497　　(대) 현　　　　　금　　12,000
　　　사채할증발행차금　　1,503

(5) 20X1년 12월 31일의 재무상태표

재 무 상 태 표

	사　　　　채	100,000	
	사채할증발행차금	3,470	103,470

　　　　　　　　　　　　　　　　　　　↳ 장부금액

4 사채이자비용

사채이자는 이자비용계정으로 처리하며, 결산시에는 액면이자액과 사채 할인발행차금의 상각액을 포함한다. 즉, 사채할인발행차금상각액은 사채이자비용에 가산하고, 사채할증발행차금환입액은 사채이자비용에서 차감한다.

할인발행 : (차) 이 자 비 용(**유효이자**)	×××	(대) 현	금(액면이자)	×××	
		사채할인발행차금		×××	
할증발행 : (차) 이 자 비 용(**유효이자**)	×××	(대) 현	금(액면이자)	×××	
사채할증발행차금	×××				

💡 **만기까지 인식할 총이자비용**

만기까지 인식할 총이자비용
= 표시이자 총액 + 사채할인발행차금
또는 표시이자 총액 − 사채할증발행차금

5 사채의 상환

(1) 만기상환

사채의 만기일에 사채의 액면가액을 일시에 상환하는 방법으로 상환손익이 발생하지 않는다.

(2) 임시상환(조기상환)

① 추첨상환

상환할 사채를 추첨하여 당첨된 번호의 사채만을 액면가액으로 상환하는 방법

상환시 : (차) 사　　　　채　　　×××　　　　(대) 당 좌 예 금　　　×××

② 매입상환

만기일 이전에 사채를 시가(대개의 경우 시가하락시)로 매입하여 상환하는 방법으로 액면가액과 매입가액의 차액만큼 사채상환이익(또는 손실)이 발생한다.

상환가액(매입가액) < 장부가액 * : 사채상환이익(기타수익)
상환가액(매입가액) > 장부가액 * : 사채상환손실(기타비용)
* 사채의 액면가액 + 미상각 사채할인(할증)발행차금

㉠ 상환사채의 권리행사 또는 자기사채의 매입소각방법에 의하여 조기상환할 경우 시장이자율의 변동에 따라 사채의 시장가격이 변하여 사채상환손익이 발생한다. **시장이자율이 상승하면 사채가격이 하락하므로 사채상환이익이 발생**하며, 시장이자율이 하락하면 사채가격이 상승되어 사채상환손실이 발생한다.

시장이자율간의 관계	상환가액과 장부금액의 관계	손익
발행시 = 상환시	장부금액 = 상환가액	손익 없음
발행시 < 상환시	장부금액 > 상환가액	사채상환이익
발행시 > 상환시	장부금액 < 상환가액	사채상환손실

㉡ (임시)상환시 상환사채에 대한 미상각 할인(또는 할증)발행차금을 상각(또는 환입)시킨다.

💡 **상환시 사채장부금액**

1. 할인발행시 : '액면금액−상환시점의 미상각 할인발행차금잔액' 또는 '최초 발행금액＋사채할인발행차금상각액'
2. 할증발행시 : '액면금액＋상환시점의 미상각 할증발행차금잔액' 또는 '최초 발행금액−사채할증발행차금상각액'

💡 **자기사채 취득**

자기사채의 취득은 사채의 상환으로 회계처리한다. 따라서 취득시 사채의 장부금액과 취득금액과의 차액은 사채상환손익으로 당기손익으로 처리한다.

ⓒ 이자지급일 사이에 상환하는 경우에는 상환일까지의 발생이자가 있으
므로 상환일까지의 이자비용을 먼저 인식하고, 그 후에 상환에 대하여
회계처리한다.

```
[할인발행후 매입상환]
(차) 사채              ×××        (대) 당좌예금              ×××
                                      사채할인발행차금        ×××
                                      사채상환이익            ×××

[할증발행후 매입상환]
(차) 사채              ×××        (대) 당좌예금              ×××
     사채할증발행차금   ×××            사채상환이익            ×××
```

🔍 예 제

**20X1년 1월 1일 A회사는 20X3년 12월 31일 만기의 액면 ₩100,000의 사채를 ₩95,026
에 발행하였다. A상사는 20X3년 1월 1일 위 사채를 매입상환하고 대금은 현금 지급하다.
단, 상환기간은 3년, 액면이자율 8%, 유효이자율 10%이다. ① ₩90,000에 매입상환하였
을 경우와 ② ₩99,000에 매입상환하였을 경우의 분개를 표시하라.(단, 사채발행차금의 상
각은 유효이자율법에 의한다)**

해설

사채할인발행차금 상각표[유효이자율법]

구 분	유효이자	현금이자	할인액상각	장부가액
20X1. 1. 1				₩95,026
20X1. 12. 31	₩9,503	₩8,000	₩1,503	96,529
20X2. 12. 31	9,653	8,000	1,653	98,182
20X3. 12. 31	9,818	8,000	1,818	100,000
합 계	₩28,974	₩24,000	₩4,974	

(분개)
① ₩90,000에 상환한 경우

(차) 사 채	100,000	(대) 현 금	90,000
		사채할인발행차금	1,818
		사 채 상 환 이 익	8,182

② ₩99,000에 상환한 경우

(차) 사 채	100,000	(대) 현 금	99,000
사 채 상 환 손 실	818	사채할인발행차금	1,818

단원핵심정리

1 금융부채 구분

금융부채	매입채무, 미지급금, 차입금, 사채, AC금융부채, FVPL금융부채 등
비금융부채	**선수금**, 선수수익, 충당부채, 미지급법인세, 이연법인세부채 등

2 충당부채와 우발부채의 인식요건

자원유출가능성	금액의 신뢰성있는 추정가능성	
	가 능	불가능
높음(probable, 50% 초과)	**충당부채로 인식**	우발부채로 주석공시
높지 않음(possible)	우발부채로 주석공시	우발부채로 주석공시
아주 낮음(remote)	공시하지 않음	공시하지 않음

3 사 채

(1) 사채의 발행가격

사채의 **미래현금흐름을 발행당시의 시장이자율로 할인한 현재가치로 결정**된다.

> 사채의 발행가격 = 액면가액의 현재가치 + 액면이자의 현재가치

(2) 할인발행

① **사채이자율 < 시장이자율**

② 사채발행비는 발행가액에서 차감, 사채할인발행차금에 가산 또는 사채할증발행차금에서 차감

③ **사채할인발행차금** : **유효이자율법**으로 상각하여 이자비용에 가산

④ **유효이자율법** : 이자비용과 장부금액은 매기 **증가**한다.

```
할인발행:  (차) 이자비용(유효이자)    ×××       (대) 현  금(액면이자)      ×××
                                              사채할인발행차금        ×××
```

* 유효이자 : 장부금액 × 유효이자율
* 액면이자 : 액면금액 × 표시이자율

  − 만기까지 인식할 총이자비용 = 액면이자 총액 + 사채할인발행차금
                  또는 액면이자 총액 − 사채할증발행차금

(3) 매입상환

① 만기일 이전에 시가로 매입하여 상환

② 상환사채에 대한 사채할인차금을 제거한 후 상환금액과 장부금액의 차액을 사채상환손익으로 처리

실전예상문제

01 부채에 관한 설명으로 옳은 것은? 제15회

① 우발부채는 재무상태표에 보고한다.
② 상품매입으로 인한 채무를 인식하는 계정과목은 미지급금이다.
③ 부채는 결산일로부터 상환기일에 따라 유동부채와 비유동부채로 분류할 수 있다.
④ 충당부채는 지급금액이 확정된 부채이다.
⑤ 선수수익은 금융부채에 해당한다.

> **해설** ① 우발부채는 주석으로 공시된다.
> ② 미지급금 ⇨ 매입채무(외상매입금)
> ④ 충당부채는 지급금액과 시기가 확정되지 않은 부채이다.
> ⑤ 선수수익은 금융부채가 아니다.

02 부채에 해당하는 것은? 제26회

① 소득세예수금　　② 미수금　　③ 감자차손
④ 받을어음　　　　⑤ 대여금

> **해설** ① 예수금은 부채에 해당한다.

03 금융부채에 해당하지 않는 것은? 제25회

① 사채　　　　② 단기차입금　　③ 미지급금
④ 매입채무　　⑤ 당기법인세부채

> **해설** 선수금, 충당부채, 당기법인세부채, 이연법인세 등은 금융부채가 아니다.

04 ㈜한국의 20X1년 말 부채와 관련된 자료가 다음과 같을 때, 20X1년 말 금융부채는? 제26회

• 충당부채	₩50,000	• 장기차입금	₩10,000
• 선수금	₩30,000	• 사채	₩40,000
• 매입채무	₩60,000	• 미지급법인세	₩15,000
• 미지급금	₩35,000		

① ₩95,000
② ₩110,000
③ ₩120,000
④ ₩145,000
⑤ ₩160,000

해설 금융부채: ₩10,000 + ₩40,000 + ₩60,000 + ₩35,000 = ₩145,000

05 유동부채에 관한 설명으로 옳지 않은 것은? 제16회

① 일반적으로 정상영업주기 내 또는 보고기간 후 12개월 이내에 결제하기로 되어 있는 부채이다.
② 미지급비용, 선수금, 수선충당부채, 퇴직급여부채 등은 유동부채에 포함된다.
③ 매입채무는 일반적 상거래에서 발생하는 부채로 유동부채에 속한다.
④ 유동부채는 보고기간 후 12개월 이상 부채의 결제를 연기할 수 있는 무조건의 권리를 가지고 있지 않다.
⑤ 종업원 및 영업원가에 대한 미지급비용 항목은 보고기간 후 12개월 후에 결제일이 도래한다 하더라도 유동부채로 분류한다.

해설 퇴직급여충당부채는 비유동부채에 해당된다.

Answer

01 ③　02 ①　03 ⑤　04 ④　05 ②

06 과거사건의 결과로 현재의무가 존재하는 부채로서 충당부채의 인식 요건에 해당하는 것은?

제21회

경제적 효익이 있는 자원 유출가능성 ＼ 금액추정가능성	신뢰성 있게 추정 가능	신뢰성 있게 추정 불가능
가능성이 높음	ㄱ	ㄴ
가능성이 어느 정도 있음	ㄷ	ㄹ
가능성이 희박함	ㅁ	

① ㄱ   ② ㄴ   ③ ㄷ
④ ㄹ   ⑤ ㅁ

해설 충당부채는 과거사건의 결과 현재의무가 존재하며 자원의 유출가능성이 높고 금액의 신뢰성 있는 추정이 가능해야 인식한다.

07 다음 중 충당부채를 인식하기 위해 충족해야 하는 요건을 모두 고른 것은?

제24회

> ㄱ. 과거사건의 결과로 현재 법적의무나 의제의무가 존재한다.
> ㄴ. 해당 의무를 이행하기 위하여 경제적 효익이 있는 자원을 유출할 가능성이 높다.
> ㄷ. 미래에 전혀 실현되지 않을 수도 있는 수익을 인식하는 결과를 가져온다.
> ㄹ. 해당 의무를 이행하기 위하여 필요한 금액을 신뢰성 있게 추정할 수 있다.

① ㄱ, ㄴ   ② ㄱ, ㄷ   ③ ㄴ, ㄹ
④ ㄱ, ㄴ, ㄹ   ⑤ ㄴ, ㄷ, ㄹ

해설 충당부채의 요건에 해당되는 것은 ㄱ, ㄴ, ㄹ이다.

08 충당부채, 우발부채, 우발자산에 관한 설명으로 옳은 것은? 제25회

① 경제적 효익의 유입가능성이 높지 않은 우발자산은 그 특성과 추정금액을 주석으로 공시한다.

② 과거에 우발부채로 처리한 경우에는 그 이후 기간에 미래 경제적 효익의 유출 가능성이 높아졌다고 하더라도 이를 충당부채로 인식할 수 없다.

③ 미래에 영업손실이 발생할 가능성이 높은 경우에는 그러한 영업손실의 예상 금액을 신뢰성 있게 추정하여 충당부채로 인식한다.

④ 충당부채는 화폐의 시간가치 영향이 중요하다고 하더라도 의무이행 시 예상되는 지출액을 할인하지 않은 금액으로 평가한다.

⑤ 충당부채는 최초 인식과 관련 있는 지출에만 사용한다.

> **해설** ① 경제적 효익의 유입가능성이 높지 않은 우발자산은 재무상태표에 인식하지 않는다.
> ② 과거에 우발부채로 처리한 경우에도 그 이후 기간에 미래 경제적 효익의 유출 가능성이 높아져 충당부채의 인식요건을 충족한다면 이를 충당부채로 인식할 수 있다.
> ③ 미래에 발생할 것으로 예상되는 영업손실은 충당부채의 정의에 부합되지 않아 충당부채로 인식하지 않는다.
> ④ 충당부채는 화폐의 시간가치 영향이 중요하다면 의무이행 시 예상되는 지출액을 현재가치로 할인한 금액(현재가치)으로 평가한다.

09 충당부채의 측정에 관한 설명으로 옳지 않은 것은? 제23회

① 충당부채로 인식하는 금액은 현재의무를 보고기간 말에 이행하기 위하여 필요한 지출에 대한 최선의 추정치이어야 한다.

② 충당부채로 인식하여야 하는 금액과 관련된 불확실성은 상황에 따라 판단한다.

③ 화폐의 시간가치 영향이 중요한 경우에 충당부채는 의무를 이행하기 위하여 예상되는 지출액의 현재가치로 평가한다.

④ 할인율은 부채 특유한 화폐의 시간가치에 대한 현행 시장의 평가를 반영한 세전이율이다.

⑤ 예상되는 자산 처분이익은 충당부채를 객관적으로 측정하기 위하여 고려하여야 한다.

> **해설** ⑤ 예상되는 자산처분이익은 충당부채 측정에 고려하지 않는다.

Answer

06 ①　07 ④　08 ⑤　09 ⑤

10 ㈜대한은 20X1년부터 전자제품을 판매하면서 3년간 보증수리를 무상으로 해주는데 20X1년도에 ₩250,000, 20X2년도에 ₩500,000을 보증수리비로 인식하였다. 실제 지출한 보증수리비는 20X1년도에 ₩150,000, 20X2년도에 ₩320,000이었다. 20X2년도말 제품보증충당부채 잔액은?

제14회

① ₩180,000
② ₩220,000
③ ₩250,000
④ ₩260,000
⑤ ₩280,000

해설

구 분	제품보증비용 인식액	보증비 지출액	제품보증충당부채 잔액
20X1년	₩250,000	₩150,000	₩100,000
20X2년	500,000	320,000	180,000
계			280,000

11 ㈜우식은 20X1년 1월 1일에 신상품의 판촉캠페인을 시작하였다. 각 신상품의 상자 안에는 쿠폰 1매가 동봉되어 있으며 쿠폰 4매를 가져오면 ₩100의 경품을 제공한다. ㈜우식은 발행된 쿠폰의 50%가 회수될 것으로 예상하고 있으며, 20X1년 중의 판촉활동과 관련된 자료는 다음과 같다.

• 판매된 신상품의 상자 수	600개	• 교환 청구된 쿠폰 수	240매

20X1년 중의 경품비와 20X1년 12월 31일의 경품충당부채는?

	경품비	경품충당부채
①	₩6,000	₩1,500
②	₩7,500	₩1,500
③	₩6,000	₩7,500
④	₩7,500	₩7,500
⑤	₩7,500	₩6,000

해설 회수쿠폰추정수량 : 600개 × 50% = 300개
총경품제공추정비용 : 300개 × (₩100/4) = ₩7,500
이미 제공된 경품비용 : (₩240/4) × ₩100 = ₩6,000
경품충당부채 잔액 : ₩7,500 − ₩6,000 = ₩1,500

12 다음 중 종업원 급여(퇴직급여)의 회계처리에 관한 설명으로 가장 옳은 것은?

① 확정기여제도를 도입한 기업은 기여금의 운용결과에 따라 추가 납부의무가 있다.

② 확정급여제도는 기업이 기여금을 불입함으로써 퇴직급여와 관련된 모든 의무가 종료된다.

③ 확정급여채무의 현재가치를 계산할 때 종업원 이직률, 조기퇴직률, 임금상승률, 할인율 등의 가정은 상황 변화에 관계없이 전기와 동일한 값을 적용하였다.

④ 확정급여채무와 사외적립자산의 재측정요소는 기타포괄손익으로 인식한다.

⑤ 당기근무원가란 단기에 종업원이 근무용역을 제공함에 따라 발생하는 미래시점의 확정급여채무의 증가액을 말한다.

> **해설** ① 확정기여제도는 기업이 기여금을 불입함으로써 퇴직급여와 관련된 모든 의무가 종료된다.
> ② 확정급여제도를 도입한 기업은 기여금의 운용결과에 따라 추가 납부의무가 있다.
> ③ 확정급여채무의 현재가치를 계산할 때 종업원 이직률, 조기퇴직률, 임금상승률, 할인율 등을 고려하여 산정한다.
> ⑤ 미래시점의 확정급여채무의 증가액이 아니라 확정급여채무의 현재가치 증가액을 말한다.

13 사채에 관한 설명으로 옳지 않은 것은?　　　　　제15회

① 사채의 표시이자율을 사채소유자에게 현금으로 지급해야 할 이자계산에 사용된다.

② 사채할인발행차금은 발행금액에서 차감하는 형식으로 표시된다.

③ 사채발행비는 발행금액에서 차감한다.

④ 사채발행시 사채의 유효이자율이 표시이자율보다 낮은 경우 사채는 할증발행된다.

⑤ 사채가 할인발행되는 경우 사채발행자가 사채만기일에 상환해야 하는 금액은 발행금액보다 크다.

> **해설** ② 사채할인발행차금은 "액면금액"에서 차감하는 형식으로 표시된다.

Answer

10 ⑤　　**11** ②　　**12** ④　　**13** ②

14 당기손익인식금융부채가 아닌 사채에 관한 설명으로 옳지 않은 것은? 제13회

① 액면(표시)이자율이 유효이자율보다 낮은 경우에는 할인발행된다.

② 유효이자율법에서 사채할인발행차금의 상각액은 매년 증가한다.

③ 유효이자율법을 적용할 경우 할인 및 할증발행 모두 이자비용은 매년 감소한다.

④ 할증발행의 경우 사채의 장부금액은 매면 감소한다.

⑤ 최초인식 후 유효이자율법을 사용하여 상각후원가로 측정한다.

해설 구 분	상각액		총이자비용		장부금액	
	정액법	유효이자율법	정액법	유효이자율법	정액법	유효이자율법
할인발행	일정	증가	일정	증가	증가	
할증발행	일정	증가	일정	감소	감소	

15 사채발행과 관련한 회계처리는 원칙적으로 유효이자율법을 따르도록 하고 있다. 다음 설명 중 올바른 것은?

① 사채가 할인발행된 경우 이자비용은 매기 감소한다.

② 사채가 할증발행된 경우 이자비용은 매기 증가한다.

③ 유효이자율법 적용시 할인발행차금상각액은 매기 감소한다.

④ 유효이자율법 적용시 할증발행차금상각액은 매기 증가한다.

⑤ 사채발행시점에서 사채발행비가 지출된 경우 발행당시의 유효이자율은 시장이자율보다 낮다.

해설 ① 사채가 할인발행된 경우 이자비용은 매기 증가한다.
② 사채가 할증발행된 경우 이자비용은 매기 감소한다.
③ 유효이자율법 적용시 상각(환입)액은 할인발행, 할증발행에 무관하게 매기 증가한다.
⑤ 사채발행시점에서 사채발행비가 지출된 경우 발행당시의 유효이자율은 시장이자율보다 높다.

16 20X1년 1월 1일 충남주식회사는 액면 ₩1,000,000, 표시이자율 8%, 5년 만기의 사채를 발행하였다. 사채의 이자는 매년 12월 31일 후급으로 지급된다. 사채의 투자자들이 기대하는 투자수익률은 시장이자율인 10%이다. 다음의 현가계수 자료에 의하여 충남주식회사의 사채발행가액을 계산하면 얼마인가?

㉠ 5년 후 8% 이자율 ₩1의 현재가치	0.68058
㉡ 5년 후 10% 이자율 ₩1의 현재가치	0.62092
㉢ 5년간 8% 이자율 ₩1의 연금현재가치	3.99271
㉣ 5년간 10% 이자율 ₩1의 연금현재가치	3.79097

① ₩900,000
② ₩983,858
③ ₩940,337
④ ₩924,198
⑤ ₩1,000,000

해설 ㉠ 사채액면의 현재가치 : 1,000,000 × 0.62092 = ₩620,920
㉡ 사채이자의 현재가치 : 1,000,000 × 8% × 3.79097 = ₩303,278
사채의 발행가격 : ₩620,920 + ₩303,278 = ₩924,198

17 ㈜한국은 20X1년 초 3년 만기 사채를 할인발행하여 매년 말 액면이자를 지급하고 상각후원가로 측정하였다. 20X2년 말 사채 장부금액이 ₩98,148이고, 20X2년 사채이자 관련 분개는 다음과 같다. 20X1년 말 사채의 장부금액은? 제22회

(차) 이 자 비 용	7,715	(대) 현 금	6,000
		사채할인발행차금	1,715

① ₩90,433
② ₩92,148
③ ₩94,863
④ ₩96,433
⑤ ₩99,863

해설 사채할인발행차금을 상각할수록 장부금액은 증가된다. 따라서 20X2년 장부금액에서 20X2년 사채할인발행차금 상각액을 차감한 금액이 20X1년 장부금액이다.
20X1년 말 사채의 장부금액 : 98,148 − 1,715 = ₩96,433

Answer
14 ③ **15** ④ **16** ④ **17** ④

18 ㈜한국은 20X1년 초 액면금액 ₩100,000의 사채(표시이자율 연 8%, 이자는 매년 말 후급, 유효이자율 연 10%, 만기 20X3년 말)를 ₩95,026에 발행하고 상각후원가로 측정하였다. 동 사채와 관련하여 20X3년 인식할 이자비용은? (단, 이자는 월할계산하며, 단수차이가 발생할 경우 가장 근사치를 선택한다)

제22회

① ₩9,503　　　　　　　　　② ₩9,553

③ ₩9,653　　　　　　　　　④ ₩9,818

⑤ ₩9,918

해설 (1) 20X1. 12. 31. 장부금액 : ₩95,026 × 1.1 − 8,000 = ₩96,529
　　　(2) 20X2. 12. 31. 장부금액 : ₩96,529 × 1.1 − 8,000 = ₩98,182
　　　(3) 20X3년 이자비용 : ₩98,182 × 0.1 = ₩9,818

19 ㈜한국은 액면금액이 ₩1,000,000인 사채를 발행하여 매년 말 이자를 지급하고 상각후원가로 측정하고 있다. 사채와 관련된 자료가 다음과 같을 때 표시이자율은?

제23회

• 사채 발행금액 : ₩875,650	• 유효이자율 : 연 10%
• 1차년도 사채할인발행차금 상각액 : ₩37,565	

① 4%　　　　　　　　　② 5%

③ 6%　　　　　　　　　④ 7%

⑤ 8%

해설 (차) 이자비용(유효이자)　　87,565　　(대) 현금(표시이자)　　50,000
　　　　　　　　　　　　　　　　　　　　　사채할인발행차금　　37,565

　　　1) 유효이자 : 장부금액 875,650 × 유효이자율 10% = 87,565
　　　2) 표시이자율 : 50,000/1,000,000 = 5%

20

㈜대한은 20X1년 1월 1일에 액면가액 ₩8,000,000(이자는 매년도 말에 후불로 지급)의 사채를 ₩7,400,000에 발행하였다. ㈜대한은 20X1년 12월 31일에 사채와 관련하여 유효이자율법에 따라 다음과 같이 분개하였다.

(차) 이 자 비 용	962,000	(대) 현 금	800,000
		사채할인발행차금	162,000

이 사채의 연간 유효이자율과 표시이자율은 각각 몇 %인가? 제14회

① 12%, 10% ② 13%, 10% ③ 13%, 11%
④ 14%, 10% ⑤ 14%, 11%

해설 (차) 이자비용(유효이자)　　962,000　　(대) 현금(표시이자)　　800,000
　　　　　　　　　　　　　　　　　　　　사채할인발행차금　　162,000

　　* 유효이자 : 장부금액 ₩7,400,000 × 유효이자율(13%)
　　* 표시이자 : 액면가액 ₩8,000,000 × 표시이자율(10%)

21

㈜한국은 20X1년 7월 1일 액면금액 ₩2,000,000(표시이자율 연 9%, 만기 5년)의 사채를 ₩1,950,000에 발행하였다. 이자는 매년 6월 30일에 지급한다. 발행시부터 만기까지 ㈜한국이 인식할 총이자비용은? 제15회

① ₩450,000 ② ₩500,000 ③ ₩850,000
④ ₩900,000 ⑤ ₩950,000

해설 만기까지의 총이자비용 = 현금지급이자 + 사채할인발행차금
　　　　　　　　　　= 2,000,000 × 0.09 × 5년 + 50,000 = ₩950,000

22

㈜한라는 20X1년 1월 1일에 표시이자율 8%, 액면금액 ₩100,000인 3년 만기 사채를 ₩95,030에 발행하였다. 이자는 매년 12월 31일에 지급되며, 발생이자와 관련된 회계처리는 유효이자율법에 따르고 있다. 유효이자율이 10%일 때, 20X2년 12월 31일 이 사채의 장부금액은? (단, 소수점 이하는 반올림함)

① ₩85,527 ② ₩93,527 ③ ₩96,533
④ ₩98,186 ⑤ ₩100,000

해설 20X1년 말 장부금액 : ₩95,030 + (₩95,030 × 0.1 − ₩100,000 × 0.08) = ₩96,533
　　　　20X2년 말 장부금액 : ₩96,533 + (₩96,533 × 0.1 − ₩100,000 × 0.08) = ₩98,186

Answer

18 ④　　19 ②　　20 ②　　21 ⑤　　22 ④

23 ㈜한국은 20X1년 1월 1일에 상각후원가로 측정하는 액면금액 ₩10,000의 사채(표시이자율 연 5%, 이자는 매년 말 후급, 유효이자율 연 10%, 만기 20X3년 말)를 ₩8,757에 발행하였다. ㈜한국이 동 사채의 90%를 20X3년 1월 1일에 ₩9,546을 지급하고 조기상환했을 때, 사채상환손익은? (단, 단수차이가 발생할 경우 가장 근사치를 선택한다) 제27회

① 손익 ₩0

② 손실 ₩541

③ 이익 ₩541

④ 손실 ₩955

⑤ 이익 ₩955

해설 20X1년 말 장부금액: $8,757 \times 1.1 - 500 = ₩9,133$
20X2년 말 장부금액: $9,133 \times 1.1 - 500 = ₩9,546$
20X3년 초 상환손익: $9,546 - (9,546 \times 90\%) = ₩955$ 손실

24 ㈜한국은 20X1년 초 다음과 같은 조건의 사채를 ₩43,783에 발행하였다. 20X2년 말 이자지급 후, 동 사채 전부를 ₩45,000에 조기상환한 경우 사채상환손익은? (단, 금액은 소수점 첫째자리에서 반올림하여 단수차이가 있으면 가장 근사치를 선택한다) 제19회

> • 액면금액: ₩50,000
> • 표시이자율: 연 5%(매년 말 이자지급)
> • 유효이자율: 연 10%
> • 만기: 3년(만기 일시상환)

① ₩1,217

② ₩2,727

③ ₩4,339

④ ₩5,000

⑤ ₩5,227

해설 사채상환손익: 상환가액 − 상환직전 장부금액
$= 45,000 - 47,727 = ₩2,727$ 상환이익
(1) 상환가액: $45,000$
(2) 상환직전 장부금액
① 20X1년 말 장부금액: $(₩43,783 \times 1.1) - (50,000 \times 5\%) = ₩45,661$
② 20X2년 말 장부금액: $(₩45,661 \times 1.1) - (50,000 \times 5\%) = ₩47,727$

25 ㈜한국은 20X1년 1월 1일 상각후원가로 측정하는 액면금액 ₩1,000,000의 사채(만기 3년, 표시이자율 연 8%, 이자는 매년말 후급)를 ₩950,250에 발행하였다. 동 사채와 관련하여 ㈜한국이 20X1년도 포괄손익계산서에 인식한 이자비용은 ₩95,025이다. ㈜한국이 20X3년 1월 1일에 동 사채 전부를 ₩980,000에 조기상환하였을 때, 인식할 사채상환손익은? (단, 단수차이가 발생할 경우 가장 근사치를 선택한다)

제26회

① 손실 ₩14,725 ② 손실 ₩5,296
③ 이익 ₩1,803 ④ 이익 ₩9,729
⑤ 이익 ₩20,000

해설 유효이자율: ₩95,025 ÷ ₩950,250 = 10%
20X1년말 장부금액: ₩950,250 × 1.1 − ₩80,000(표시이자) = ₩965,275
20X2년말 장부금액: ₩965,275 × 1.1 − ₩80,000 = ₩981,803
사채상환손익: ₩981,803 − ₩980,000 = ₩1,803

Answer

23 ④ 24 ② 25 ③

단·원·열·기

주식회사 자본의 분류, 주식의 발행, 자기주식 회계처리, 당기순손익의 계상과 처분, 배당회계, 주당이익 계산 등 자본에 관련된 문제가 매년 1~2문제 정도 출제되고 있다. 특히, 자본의 정의와 주식회사 자본의 분류, 주식의 발행 증자와 감자, 잉여금의 구분, 자기주식거래, 배당회계처리 등을 숙지해야 한다. 또한, 주당이익의 계산구조를 익혀야 한다.

단·원·개·요

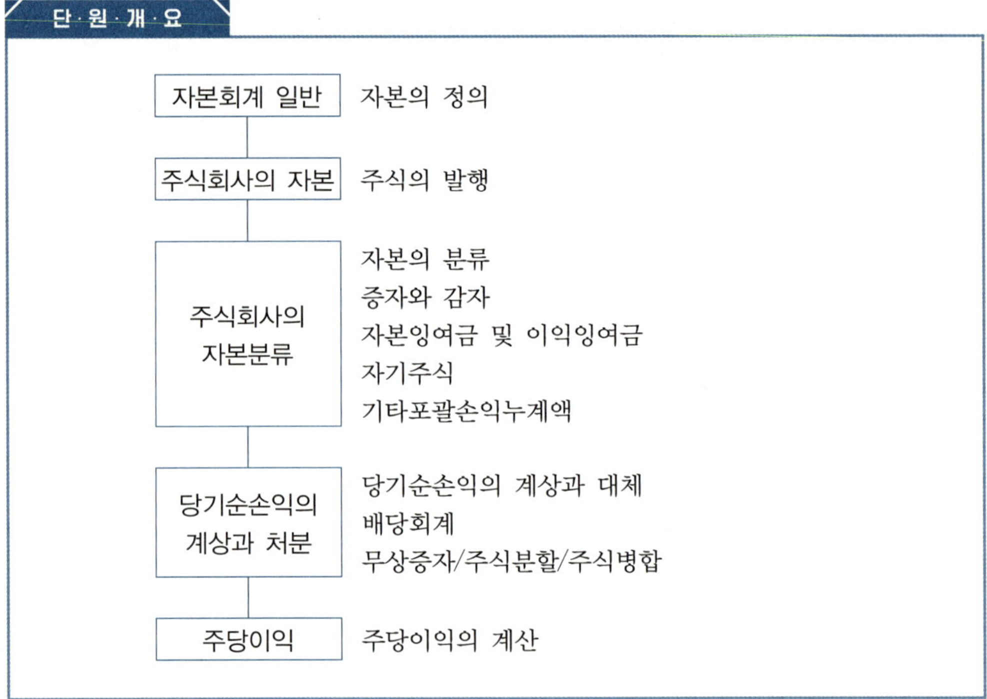

자본은 기업의 자산에서 모든 부채를 차감한 후의 잔여지분(순자산)을 말한다. 즉, 자본은 기업이 보유하고 있는 경제적 자원 중 소유주인 주주에게 귀속되는 지분을 말하는 것으로 주주지분, 자기자본이라고도 한다.

자본의 금액은 별도로 측정되지 않고 자산과 부채 금액의 측정에 따라 그 차액으로 결정된다.

01 개인기업의 자본

1 자본금 계정

개인 기업에서는 자본의 출자, 추가출자와 인출을 자본금 계정에서 처리한다.

<table>
<tr><td colspan="2" align="center">자 본 금</td></tr>
<tr><td>인출금</td><td>원시출자액(기초자본금)</td></tr>
<tr><td>당기손손실</td><td>추가출자액</td></tr>
<tr><td>기말자본</td><td>당기순이익</td></tr>
</table>

2 인출금 계정

영업 기간 중에 기업주가 자본을 인출하는 경우가 많으면 이를 인출금 계정(자본금의 차감적 평가계정)으로 처리하였다가 기말 결산시 자본금 계정에 대체한다.

02 주식회사의 자본

1 주식회사의 설립

주식회사를 설립하려면 상법규정에 의하여 1인 이상의 발기인이 회사가 발행할 주식의 총수, 1주당 금액(₩100 이상), 설립시에 발행하는 주식의 총수 등을 정관에 기재하고, 발행한 주식대금을 납입받아 법원의 설립등기를 마치면 주식회사는 설립된다.

2 설립방법

(1) 발기설립

주식회사 설립시에 발기인이 전부 인수하여 설립

(2) 모집설립

주식회사 설립시에 발행주식의 일부를 발기인이 인수하고, 나머지는 일반투자자로부터 모집한 주주가 인수하여 설립

💡 **무액면주**

무액면주식도 발행가능하다. 다만 무액면주식을 발행하는 경우에는 액면주식을 발행할 수 없다. 무액면주식을 발행할 경우 회사의 자본금은 주식 발행가액의 1/2 이상의 금액으로 하며, 초과액은 주식발행초과금으로 한다.

💡 **주식과 사채의 비교**

1. 공통점
   ① 주식회사 형태에 한하여 발행가능하다.
   ② 소액·대량 발행이 가능하다.
   ③ 일반대중으로부터 자금조달이 가능하다.
   ④ 자본조달원천으로서 총자본(부채+자본)을 구성한다.

2. 차이점
   ① 사채는 회사의 채무(타인자본)인데 반해 주식은 자본(자기자본)을 구성한다.
   ② 사채권자는 회사의 경영에 참가할 수 없으나 주주는 주주총회에서 의결권을 행사함으로써 경영에 참여할 수 있다.
   ③ 사채이자는 이익의 유무에 관계없이 지급하여야 하나, 주식에 대한 배당은 처분가능이익이 있을 때에만 배당이 가능하다.
   ④ 사채이자는 당기비용처리되는 항목이나, 주식에 대한 배당금은 이익잉여금의 처분항목이다.

```
① 발기설립:  (차) 당 좌 예 금    ×××    (대) 자    본    금    ×××
② 모집설립
      모집시:  (차) 당 좌 예 금    ×××    (대) 신주청약증거금    ×××
      발행시:  (차) 신주청약증거금  ×××    (대) 자    본    금    ×××
              당 좌 예 금    ×××
```

3 주식의 발행

(1) 주식의 발행방법

```
① 평가발행(액면가 = 발행가)
   (차) 당 좌 예 금    ×××    (대) 자    본    금    ×××
② 할증발행(액면가 < 발행가)
   (차) 당 좌 예 금    ×××    (대) 자    본    금    ×××
                            주 식 발 행 초 과 금    ×××
      * 주식발행초과금은 자본잉여금 항목이며, 주식할인발행차금 미상각액이 존재하
        는 경우 우선 상계한다.
③ 할인발행(액면가 > 발행가)
   (차) 당 좌 예 금    ×××    (대) 자    본    금    ×××
        주 식 할 인 발 행 차 금  ×××
      * 주식할인발행차금은 자본조정(−) 항목이며, 주식발행초과금과 우선 상계처리
        하고, 잔액은 이익잉여금의 처분항목으로 한다.
```

(2) 주식발행비

주식발행시의 제비용은 주식의 **발행가액에서 차감**한다(할증발행시는 주식발행초과금에서 차감하고 할인발행시는 주식할인발행차금에 가산한다).

🔍 **예제**

주식발행과 주식발행비
액면가액 ₩5,000,000의 주식을 발행하고, 주식발행비 ₩100,000을 차감한 잔액이 당좌예입되었다.

① 발행가액 ₩5,000,000인 경우
② 발행가액 ₩6,000,000인 경우
③ 발행가액 ₩4,800,000인 경우

자본금

주식회사의 자본금은 '발행주식 수 × 1주당 **액면금액**'으로 표시하며 법정자본금이라고도 한다.

할인발행

현행 상법에서는 주식의 할인발행을 원칙적으로 허용을 제한하고 있으며, 예외적으로 회사 설립 후 2년이 경과한 후 일정한 요건하에서 허용하고 있다.

해설

①	(차) 당 좌 예 금	4,900,000	(대) 자 본 금	5,000,000		
	주식할인발행차금	100,000				
②	(차) 당 좌 예 금	5,900,000	(대) 자 본 금	5,000,000		
			주식발행초과금	900,000		
③	(차) 당 좌 예 금	4,700,000	(대) 자 본 금	5,000,000		
	주식할인발행차금	300,000				

03 주식회사의 자본분류

1 자본의 분류

한국채택국제회계기준에서는 자본을 납입자본, 기타자본요소(자본유지조정), 이익잉여금으로 분류하고 있다.

정 의	측 정	거래구분	K-IFRS	일반기업회계기준
자본	자산 - 부채	자본거래	납입자본	자본금
				자본잉여금
		손익거래	기타자본요소	자본조정
				기타포괄손익누계액
			이익잉여금	이익잉여금

(1) 자본거래 발생항목

자본거래는 거래상대방이 회사의 현재 주주나 잠재적 주주인 거래를 말한다. 자본거래는 기업의 소유주와의 거래이므로 당기손익에 반영해서는 안되며, 자본잉여금(상법 : 자본준비금)은 원칙적으로 현금배당으로 외부로 유출시킬 수 없다.

구 분		계정과목
자본금		보통주자본금, 우선주자본금
자본잉여금		주식발행초과금, 감자차익, 자기주식처분이익
자본조정	(+)	주식선택권, 출자전환채무, 미교부주식배당금
	(−)	자기주식, 주식할인발행차금, 감자차손, 자기주식처분손실

(2) 손익거래 발생항목

손익거래는 회사의 순자산 변동분 중 주주와의 자본거래를 제외한 나머지 모든 거래를 말하며, 손익거래에서 발생한 순자산의 당기변동액을 포괄손익이라 한다.

구 분		계정과목
기타포괄손익 누계액	(+)	FVOCI금융자산평가이익, 해외사업장환산이익, 현금흐름위험회피파생상품평가이익, 재평가잉여금, 재측정이익 등
	(−)	FVOCI금융자산평가손실, 해외사업장환산손실, 현금흐름위험회피파생상품평가손실, 재측정손실 등
이익잉여금 (또는 결손금)		법정적립금(이익준비금), 임의적립금, 미처분이익잉여금(또는 미처리결손금)

2 자본금

주식회사의 자본금은 일정한 금액의 액면으로 균일하게 분할되어 있으며, 주식을 발행하여 조달한다. 조달된 자본은 보통주자본금과 우선주자본금으로 구분하여 기입되며 다음과 같이 계산한다.

> 발행주식 수×1주당 **액면금액** = 자 본 금

(1) 우선주

우선주란 보통주보다 이익배당우선권, 잔여재산분배우선권, 보통주로의 전환권 등이 부여된 주식으로서 일반적으로 의결권이 제한된다. 이익배당우선주에는 누적적 또는 비누적적 우선주와 참가적 또는 비참가적 우선주가 있다.

① **누적적 우선주**: 회사가 결손이 발생하여 약정에 의한 배당률을 지급하지 못했을 때는 다음 연도에 누적하여 배당을 받을 수 있는 권리가 있는 우선주를 말한다. 비누적적 우선주는 한번 약정에 의한 배당을 받지 못하면 다음 연도에 이월하여 받을 수 없는 우선주를 말한다.

② **참가적 우선주**: 우선 일정한 배당을 받을 뿐만 아니라 동률의 배당을 보통주에게 하고도 잔여액이 있으면 보통주와 동일하게 잔여배당에 참여하여 추가적으로 배당을 받을 수 있는 권리가 있는 우선주이다. 비참가적 우선주는 약정된 배당금을 받고 나면 모두 보통주에게 귀속되는 우선주이다.

(2) 보통주

보통주란 여러 종류의 주식 중 상대적인 의미에서의 표준이 되는 주식을 말한다. 즉, 보통주보다 여러 가지 사항에 대해 유리한 지위에 있는 우선주와 불리한 지위에 있는 후배주가 있을 때 이 양자의 표준이 되는 주식을 보통주라한다.

(3) 전환우선주

전환우선주는 의결권이 없는 대신 우선주주의 청구에 따라 보통주로 전환할 수 있는 권리가 부여된 우선주를 말한다.

(4) 상환우선주

상환우선주는 의결권이 없는 대신 기업이 일정기간 후에 약정된 가격으로 재매입(상환)할 것을 전제로 발행하는 우선주를 말한다.

예제

㈜닥공은 20X1년 1월 1일에 영업을 시작하였으며, 20X3년 12월 31일 현재 자본금 계정은 다음과 같다.

보통주(주당 액면 ₩5,000)	₩600,000
우선주(8%, 비누적적, 비참가적 : 주당 액면 ₩5,000)	₩200,000
우선주(5%, 누적적, 완전참가적 : 주당 액면 ₩5,000)	₩400,000

㈜닥공은 모든 주식을 영업개시와 동시에 발행하였으며, 20X4년 3월 주주총회에서 영업개시 후 처음으로 ₩200,000의 배당을 선언하였다.

요구사항

다음 물음들은 상호 독립적이며, 별도로 제시한 가정을 제외하고는 위의 기본자료에 근거하여 답하시오.

1. 각 주식별 현금배당금을 계산하시오.
2. 배당률 5%의 우선주가 부분참가적(12%)이라고 가정할 경우 각 주식별 현금배당금을 계산하시오.
3. 배당률 8%의 우선주가 완전참가적이라고 가정할 경우 각 주식별 현금배당금을 계산하시오.

해설

1. 주식별 배당금

구분	자본금	누적분	당기분	참가분	계
우선주(5%)	₩400,000	₩40,000[*1]	₩20,000	₩37,600[*3]	₩97,600
우선주(8%)	200,000		16,000		16,000
보통주	600,000		30,000[*2]	56,400[*4]	86,400
	₩1,200,000	₩40,000	₩66,000	₩94,000	₩200,000

*1 ₩400,000 × 5% × 2년 = ₩40,000
*2 ₩600,000 × 5% = ₩30,000

$$*3 \quad ₩94,000 × \frac{400,000}{400,000 + 600,000} = ₩37,600$$

*4 ₩94,000 − ₩37,600 = ₩56,400

2. 주식별 배당금

구분	자본금	누적분	당기분	참가분	계
우선주(5%)	₩400,000	₩40,000[*1]	₩20,000	₩28,000[*3]	₩88,000
우선주(8%)	200,000		16,000		16,000
보통주	600,000		30,000[*2]	66,000[*4]	96,000
	₩1,200,000	₩40,000	₩66,000	₩94,000	₩200,000

*1 ₩400,000 × 5% × 2년 = ₩40,000
*2 ₩600,000 × 5% = ₩30,000
*3 ₩400,000 × (12% − 5%) = ₩28,000
*4 ₩94,000 − ₩28,000 = ₩66,000

3. 주식별 배당금

구분	자본금	누적분	당기분	참가분	계
우선주(5%)	₩400,000	₩40,000[*1]	₩20,000	₩29,333[*3]	₩89,333
우선주(8%)	200,000		16,000	14,667	30,667
보통주	600,000		36,000[*2]	44,000	80,000
	₩1,200,000	₩40,000	₩72,000	₩88,000	₩200,000

*1 ₩400,000 × 5% × 2년 = ₩40,000
2 ₩600,000 × 6% = ₩36,000
  * 가중평균배당률: (20,000 + 16,000) ÷ (400,000 + 200,000) = 6%

$$*3 \quad ₩88,000 × \frac{400,000}{400,000 + 200,000 + 600,000} = ₩29,333$$

3 증 자

(1) 실질적 증자(유상증자)

증자를 위하여 신주를 발행하고 주금을 납입받아 실질적으로 순자산이 증가하여 실질적증자라 한다.

(차) 당 좌 예 금	×××	(대) 자　본　금	×××
		주식발행초과금	

(2) 형식적 증자(무상증자)

잉여금을 자본금에 전입(대체)하는 것으로 신주를 발행하여 자본금은 증가되지만 잉여금이 자본금으로 명칭이 바뀌는 것에 불과하고 순자산의 증가는 없으므로 형식적 증자라 한다.

(차) 자 본 잉 여 금	×××	(대) 자 본 금	×××
이 익 잉 여 금	×××		

(3) 현물출자

현금출자가 원칙이나 금전 이외의 재산, 즉 동산, 부동산, 채권, 특허권 등을 출자하는 것으로 상법에 의해 발기인에 한하여 현물출자가 허용된다. 현물출자로 취득한 자산은 공정한 평가액을 취득원가로 본다.

현물출자: (차) 유형자산(공정가치)	×××	(대) 자본금	×××
		주식발행초과금	×××
1. 현물출자자산의 과대계상 ⇨ 혼수자본 발생			
2. 현물출자자산의 과소계상 ⇨ 비밀적립금 발생			

🔍 예제

증자

1. 1주 액면 ₩5,000의 주식 10,000주를 주당 ₩6,000에 발행하고, 납입금은 당좌예입하다.

2. 이익준비금 ₩5,000,000을 자본금에 전입하기로 하고, 1주 액면 ₩5,000의 주식 1,000주를 발행하여 구 주주에게 무상으로 교부하다.

3. 태양주식회사는 이익준비금의 자본전입과 현금납입에 의한 유·무상증자를 결의하고, 무상 3, 유상 7의 비율로 1주 액면 ₩5,000의 주식 4,000주를 액면대로 발행하여 구 주주에게 교부하고, 유상분은 현금으로 납입받아 당좌예입하다.

해설

1. (차) 당 좌 예 금	60,000,000	(대) 자 본 금	50,000,000
		주식발행초과금	10,000,000
2. (차) 이 익 준 비 금	5,000,000	(대) 자 본 금	5,000,000
3. (차) 당 좌 예 금	14,000,000	(대) 자 본 금	20,000,000
이 익 준 비 금	6,000,000		

4 감 자

(1) 실질적 감자(유상감자)

사업의 규모를 축소하기 위하여 발행했던 주식을 매입하거나 주금을 환급하여 소각하여 순자산이 실질적으로 감소된다.

(차) 자　본　금	×××	(대) 당　좌　예　금	×××
		감　자　차　익	×××

주식의 액면가액을 초과하여 지급할 경우에는 감자차손이 발생하며 감자차익이 존재하는 경우 우선 상계처리한다.

(2) 형식적 감자(무상감자)

결손금을 전보하기 위하여 발행주식을 병합하거나 주식금액의 절삭(액면금액의 감소) 등으로 자본금을 감소시키는 것으로 자산의 감소는 발생하지 않는다.

(차) 자　본　금	×××	(대) 이　월　결　손　금	×××
		감　자　차　익	×××

무상감자의 경우 감자대가가 없으므로 감자차손은 발생하지 않는다.

> **감자차손**
>
> 감자차손은 감자차익이 존재하는 경우 우선 상계처리하고 잔액은 자본조정(−) 항목으로 계상하였다가 주주총회의 승인에 의하여 상각하고 이익잉여금 처분항목으로 처리한다. 상각시 처분 가능한 이익잉여금이 부족하다면 이월하여 상각할 수 있다.

예제

감자

1. 사업규모를 축소하기 위하여 액면 ₩5,000의 주식 1,000주에 대한 대금을 주주에게 수표발행하여 환급하다.

2. 이월결손금 ₩6,000,000을 보전하기 위하여 액면 ₩5,000의 주식 4,000주를 2주에 대하여 1주로 병합하고, 신주를 발행하여 구 주주에게 교부하다.

3. ㈜구름은 결손금 ₩17,000,000을 보전하기 위하여 1주 액면 ₩10,000의 주식 4,000주를 1주 액면 ₩5,000으로 변경하고, 구 주식을 회수하여 소각하고 신주를 발행하여 교부하다.

해설

1. (차) 자　본　금	5,000,000	(대) 당　좌　예　금	5,000,000
2. (차) 자　본　금	10,000,000	(대) 이　월　결　손　금	6,000,000
		감　자　차　익	4,000,000
3. (차) 자　본　금	20,000,000	(대) 이　월　결　손　금	17,000,000
		감　자　차　익	3,000,000

5 자본잉여금

주식회사의 자본금은 확정되어 있으므로 순자산이 자본금을 초과하는 경우, 그 초과된 부분을 잉여금이라 한다. 잉여금이 발생한 원인에 따라 자본잉여금과 이익잉여금으로 구분한다.

자본잉여금은 영업활동과 직접적인 관계가 없는 증자 및 감자활동, 기타 **자본과 관련된 거래**에서 발생한 잉여금을 말하며, 무상증자를 통한 자본금으로의 전입과 이월결손금의 보전을 위해서만 사용될 수 있다.

(1) 주식발행초과금

유상증자의 경우 주식발행가액이 액면가액을 초과하는 경우 그 초과하는 금액을 주식발행초과금이라고 한다. 이때 주식발행가액은 신주발행을 위하여 직접 발생한 기타의 비용을 차감한 후의 금액으로 한다.

(2) 기타자본잉여금

① **감자차익**

감자차익은 유상감자 또는 무상감자시 모두 발생할 수 있다. 유상감자시에는 감소하는 자본금보다 지급하는 대가가 적을 때 발생하며, 무상감자시에는 감소하는 자본금보다 상계하는 미처리결손금이 적을 때 발생한다.

② **자기주식처분이익**

자기주식을 취득원가 이상으로 처분(재발행)했을 경우의 차액을 자기주식처분이익이라 한다.

③ **주식선택권소멸이익**

주식선택권이 행사되지 않고 소멸되는 경우 자본조정에 계상되어 있는 주식선택권을 기타자본잉여금으로 대체하는 회계처리를 한다.

④ **전환권대가 및 신주인수권대가**

전환사채 또는 신주인수권사채 발행시 전환권 및 신주인수권의 가치만큼 추가 불입된 금액을 말한다(한국채택국제회계기준에서는 명확한 계정분류에 대한 규정이 없다. 전환권대가는 전환권의 행사를 위한 계약증거금 성격이므로, 신주청약증거금과 같이 자본조정으로 분류할 수도 있다).

6 자본조정

자본조정은 당해 항목의 성격으로 보아 자본거래에 해당하나 최종 납입된 자본으로 볼 수 없거나 자본의 가감 성격으로 자본금이나 자본잉여금으로 분류할 수 없는 항목을 말한다.

차감 항목	부가 항목
• 자기주식 • 주식할인발행차금 • 감자차손 • 자기주식처분손실	• 미교부주식배당금 • 신주청약증거금 • 주식기준보상(주식선택권 등) • 출자전환채무

(1) 자기주식

회사가 이미 발행한 주식을 일정한 사유나 특정 목적으로 재취득하여 보유하고 있는 주식을 말하며, 취득원가로 자본조정에 계상하였다가 재발행(처분) 또는 소각을 통하여 제거한다.

(2) 주식할인발행차금

회사가 주식을 액면금액 이하로 발행한 경우 액면금액에 미달하는 금액을 말한다.

(3) 감자차손

주식의 소각이나 주금의 반환에 필요한 금액이 자본금의 액면금액을 초과하는 금액이다.

(4) 자기주식처분손실

자기주식을 취득원가보다 낮은 금액으로 처분(재발행)할 경우, 그 차액을 말한다.

(5) 미교부주식배당금

주주에게 주식배당을 결의할 경우의 배당액을 말하고, 주식 교부시 자본금으로 대체되므로 자본에 가산하는 형식으로 계상한다.

(6) 신주청약증거금

청약에 의해 주식을 발행할 경우 청약시점에 계약금(청약금)으로 미리 받은 금액을 말한다.

(7) 주식선택권

주식기준보상거래 중 주식결제형 주식선택권과 관련하여 보상원가를 비용처리할 때 상대계정으로 처리하는 계정이다. 근로용역을 제공받는 시점에서 용역의 원가를 비용으로 인식하면서 자본조정 항목으로 처리하였다가 향후에 권리를 행새하여 주식을 발행하는 시점에 자본금 및 주식발행초과금으로 대체한다.

(8) 출자전환채무

회사의 채무를 지분(자본)으로 전환하기로 협의한 경우 합의시점의 교부주식 공정가치를 일시적으로 처리하는 계정이다.

7 자기주식

(1) 자기주식의 본질

자기주식은 회사가 이미 발행한 주식을 일정한 사유나 특정 목적으로 재취득하여 보유하고 있는 주식을 말한다.

(2) 자기주식의 취득사유

자기주식은 주주가 납입한 자본을 다시 환급하는 것을 의미하므로 상법상 자본충실의 원칙에 위배되며, 또한 회사가 내부정보를 이용한 시세 조작이나 내부자 거래에 이용되어 투기의 폐해를 조장할 수 있어 원칙적으로 자기주식의 취득은 금지되어 있다. 다만 다음의 경우에는 상법에서도 자기주식의 취득을 인정하고 있다.

① 주식을 소각하기 위한 경우
② 회사를 합병 또는 다른 회사의 영업전부를 양수하는 경우
③ 회사의 권리를 실행하기 위한 경우
④ 단주의 처리
⑤ 주주가 주식매수청구권을 행사한 때

(3) 회계처리

자본의 차감항목으로 보는 자기주식에 대한 회계처리는 이론적으로 원가법 회계처리와 액면가액법 회계처리로 구분된다.
한국채택국제회계기준은 **원가법**에 근거하여 회계처리를 수행하도록 규정하고 있으며, 취득한 자기주식의 공정가치 변동은 인식하지 않는다.

① **자기주식의 취득**

회사가 자기지분상품인 자기주식을 유상으로 취득하는 경우 자기주식을 취득원가로 계상하고, 미발행주식임을 공시하기 위해 자본의 차감항목으로 하여 자본조정항목으로 분류한다. 단, 자기주식을 주주로부터 무상으로 증여받은 경우에는 회계처리가 없으며, 그 내용과 향후처리계획을 주석으로 공시한다.

② **자기주식의 처분**

회사가 취득한 자기주식을 외부로 처분하는 경우 처분대가와 처분된 자기주식의 장부가액(취득원가)과의 차이를 자기주식처분이익(자본잉여금) 또는 는 자기주식처분손실(자본조정)로 처리한다.

③ **자기주식의 소각**

회사가 취득한 자기주식을 소각시키는 자본거래를 말한다. 이는 결과적으로 자본금을 감소시키는 감자거래가 된다. 소각되는 주식의 자본금을 감소시키고, 자기주식 취득원가와의 차이를 감자차익(자본잉여금) 또는 감자차손(자본조정)으로 처리한다.

[회계처리]

취득시

(차) 자 기 주 식　×××　　　(대) 현　　　　　금　×××

처분시 | 취득원가 < 처분가액

(차) 현　　　　　금　×××　　　(대) 자 기 주 식　×××
　　　　　　　　　　　　　　　　　　자기주식처분이익　×××

취득원가 > 처분가액

(차) 현　　　　　금　×××　　　(대) 자 기 주 식　×××
　　자기주식처분이익　×××
　　자기주식처분손실*　×××

*자기주식처분손실이 발생하면 먼저 자기주식처분이익으로 상계하고 나머지는 이익잉여금의 처분항목으로 처리한다.

소각시 | 취득원가 < 액면가액

(차) 자　　본　　금　×××　　　(대) 자 기 주 식　×××
　　　　　　　　　　　　　　　　　　감 자 차 익　×××

취득원가 > 액면가액

(차) 자　　본　　금　×××　　　(대) 자 기 주 식　×××
　　감 자 차 익　×××
　　감 자 차 손*　×××

*감자차손은 감자차익에서 우선 상계한 후 이익잉여금의 처분항목으로 처리한다.

🔍 예 제

자기주식의 회계처리

㈜합격은 보통주 10주를 주당 ₩6,000(액면가액 ₩5,000)에 발행하고 회사를 설립하였다. 그 후에 다음과 같은 거래가 발생하였다.

1. 보통주 2주를 주당 ₩4,500에 재취득하였다.

2. 보통주 2주를 주당 ₩7,000에 재취득하였다.

3. ₩4,500에 취득한 자기주식 1주를 ₩6,000에 처분하였다.

4. ₩7,000에 취득한 자기주식 1주를 ₩5,000에 처분하였다.

5. ₩4,500에 취득한 자기주식 1주를 소각하였다.

6. ₩7,000에 취득한 자기주식 1주를 소각하였다.

위 거래를 회계처리 하시오.

해설

취득시

1. (차) 자 기 주 식	9,000	(대) 현 금	9,000
2. (차) 자 기 주 식	14,000	(대) 현 금	14,000

재발행(처분)시

3. (차) 현 금	6,000	(대) 자 기 주 식	4,500
		자기주식처분이익	1,500
4. (차) 현 금	5,000	(대) 자 기 주 식	7,000
자 기 주 식 처 분 이 익	1,500		
자 기 주 식 처 분 손 실	500		

소각시

5. (차) 자 본 금	5,000	(대) 자 기 주 식	4,500
		감 자 차 익	500
6. (차) 자 본 금	5,000	(대) 자 기 주 식	7,000
감 자 차 익	500		
감 자 차 손	1,500		

8 기타포괄손익누계액

> 총포괄손익 = 당기순손익 ± 기타포괄손익누계액

기타포괄손익누계액은 보고기간말 현재의 기타포괄손익의 누계액이다. 기타포괄손익은 손익거래에서 발생한 순자산의 변동액 중 미실현손익으로 분류되어 포괄손익계산서에서 당기손익에 반영하지 못하는 항목이다. 인식된 기타포괄손익누계액은 후속적으로 당기손익으로 재분류조정하거나 이익잉여금으로 직접 대체할 수도 있다.

(1) 유형자산과 무형자산의 재평가잉여금의 변동

유형자산과 무형자산에 대하여 재평가모형을 적용하는 경우 당해 자산의 재평가이익은 재평가잉여금의 과목으로 하여 기타포괄손익에 반영한다. 이는 기업의 선택에 따라 해당 자산의 처분시점 또는 사용시점에 실현처리할 수 있다. 이 때 재평가잉여금을 당기손익이 아니라 **이익잉여금으로 직접 대체**한다.

(2) 당기손익 – 공정가치 측정 지정한 특정 금융부채의 신용위험 변동손익

당기손익 – 공정가치 측정을 지정한 금융부채의 신용위험 변동손익은 해당 회계연도에 기타포괄손익인식 금융자산평가손익의 계정으로 기타포괄손익으로 인식한다. 이 때 발생하는 기타포괄손익의 누계액은 당기손익으로 재분류하지 않고, 해당 금융부채의 제거시 **이익잉여금으로 직접 대체**할 수 있다.

(3) 종업원급여 규정에 따라 인식한 확정급여부채(자산)에 대한 재측정손익

사외적립자산과 확정급여채무에서 발생하는 재측정손익은 해당 회계연도에 재측정손익의 계정으로 기타포괄손익으로 인식한다. 이 때 발생하는 기타포괄손익의 누계액은 당기손익으로 재분류하지 않고, **이익잉여금으로 직접 대체**할 수 있다.

(4) 기타포괄손익 – 공정가치 측정 지정한 투자지분상품의 평가손익

기타포괄손익 – 공정가치 측정을 지정한 투자지분상품의 공정가치변동손익은 해당 회계연도에 기타포괄손익인식 금융자산평가손익의 계정으로 기타포괄손익으로 인식한다. 이 때 발생하는 기타포괄손익의 누계액은 당기손익으로 재분류하지 않고, 해당 금융자산의 제거시 **이익잉여금으로 직접 대체**할 수 있다.

(5) 기타포괄손익 – 공정가치 측정하는 투자채무상품의 평가손익

기타포괄손익 – 공정가치 측정하는 투자채무상품의 공정가치변동손익은 해당 회계연도에 기타포괄손익인식 금융자산평가손익의 계정으로 기타포괄손익으로 인식한다. 이 때 발생하는 기타포괄손익의 누계액은 해당 금융자산의 제거나 손상시에 **당기손익으로 재분류**한다.

(6) 해외사업장의 재무제표 환산으로 인한 손익

화폐성항목이 보고기업이나 해외사업장의 기능통화 이외의 다른 통화로 표시되는 경우에는 보고기업의 별도재무제표와 해외사업장의 개별재무제표에 외환차이가 발생한다. 이러한 외환차이는 보고기업과 해외사업장을 포함하는 재무제표에는 기타포괄손익으로 인식하고 당해 해외사업장의 처분시점에 기타포괄손익누계액에서 **당기손익으로 재분류**한다.

⑺ 현금흐름위험회피파생상품평가손익

파생상품에 투자하는 목적 중 하나가 위험회피이며, 위험회피 유형은 보유자산·부채 등에 대한 위험회피와 예상거래의 현금흐름에 대한 위험회피로 구분한다. 이 중 예상거래의 현금흐름위험회피를 목적으로 투자한 파생상품의 평가손익중 위험회피에 효과적인 부분은 기타포괄손익으로 처리한다. 이는 향후에 미래예상거래가 발생하는 시점에서 예상거래의 성격에 따라 기타포괄손익누계액을 자산·부채의 취득원가에 가감하거나 **당기손익으로 재분류조정**한다.

기타포괄손익누계액	후속처리
토지 등 재평가잉여금 확정급여 재측정손익 기타포괄평가손익(지분증권)	이익잉여금에 직접대체
기타포괄평가손익(채무증권) 해외사업장환산손익 현금흐름위험회피파생상품평가손익	실현시 당기손익으로 재분류조정

9 이익잉여금

⑴ 이익잉여금의 의의

이익잉여금은 회사의 정상적인 영업활동, 유형자산 및 투자자산의 처분 및 기타 일시적인 **손익거래에서 발생**한 이익을 원천으로 하여 회사 내에 유보되어 있는 잉여금을 의미한다. 잉여금을 자본잉여금과 이익잉여금으로 구분하는 이유는 잉여금의 발생원천에 따라 분류하는 것으로서 배당가능잉여금과 배당불능잉여금에 관한 정보를 제공하기 위해서이다. 즉, 배당할 수 있는 잉여금은 손익거래로부터 발생한 잉여금에 국한하고, 자본거래로부터 발생한 잉여금과 구분된 정보를 제공한다.

⑵ 법정적립금

법정적립금은 자본전입 또는 결손보전의 목적이외에는 사용이 제한된다. 단, 자본준비금(자본잉여금)과 이익준비금의 합계액이 자본금의 1.5배를 초과하는 경우 주주총회 결의에 따라 초과 금액의 범위 내에서 감액하여 배당 등의 용도에 사용할 수 있다.

현재 우리나라의 법률상으로는 상법의 규정에 따라 강제적으로 적립하는 **이익준비금**이 유일하다. 상법은 주식회사가 그 자본금의 1/2에 달할 때까지 매결산기에 금전에 의한 이익배당액의 1/10 이상의 금액을 이익준비금으로 적립하도록 규정하고 있다. 기업회계기준은 상법상의 적립한도액(자본금의 1/2)을 초과하는 이익준비금의 적립을 인정하고 있지 않으며, 그 초과금액은 임의적립금으로 간주한다.

(3) 임의적립금

임의적립금은 법령이 아닌 회사의 정관, 주주총회의 결의에 따라 회사가 임의로 적립하는 적립금으로 적극적 적립금과 소극적 적립금이 있다. 임의적립금은 법령이 아닌 기업의 자율 또는 계약에 의하여 사용을 제한한 이익잉여금이므로 법정적립금과는 달리 처분가능한 미처분이익잉여금으로 이입(移入)할 수 있다는 점이 특징이다.

① 적극적 적립금

영업확장(자산의 증가 또는 부채의 감소)이라는 기업 재무상의 목적으로 이익을 유보하고 영속적 자본으로 유보하려는 적립금으로서 감채적립금, 사업확장적립금이 있다. 적극적 적립금은 그 목적이 달성되면 별도적립금 또는 미처분이익잉여금에 대체한다.

② 소극적 적립금

장래 손실이나 지출에 대비하는 적립금이며, 배당평균적립금·결손보전적립금·별도적립금 등이 이에 속한다. 이러한 소극적 적립금은 목적이 달성되면 손실에 직접 충당하여 손실을 보전(소멸)하거나 미처분이익잉여금으로 대체하여 이익잉여금을 보전하게 된다.

(4) 미처분이익잉여금(또는 미처리결손금)

전기이월미처분이익잉여금에 당기순이익(당기순손실)을 가산(차감)한 금액을 미처분이익잉여금이라고 한다.

04 당기순손익의 계상과 처분

1 주식회사의 순손익 계상과 대체

(1) 당기순이익이 발생한 경우

당기순이익이 발생하면 미처분이익잉여금으로 대체하였다가, 사내에 유보 또는 주주에게 배당으로 지급할 것인지를 결정하게 된다.

처분형태	내 용
사외유출	주주배당, 상여
다른 이익잉여금으로 적립	법정적립금 및 임의적립금의 적립을 통한 사내 유보
자본조정과 상계	주식할인발행차금, 감자차손, 자기주식처분손실 잔액 등과 상계

이익잉여금 계정구조

이익잉여금	
배당	기초
법정적립금 적립	
임의적립금 적립	임의적립금의 **이입**
기말	당기순이익

```
① 당기순이익 계상
   (차) 손 익            ×××    (대) 미처분이익잉여금        ×××

② 이익처분 결의
   (차) 미처분이익잉여금   ×××    (대) 이익준비금             ×××
                                    기타법정적립금           ×××
                                    (금전)미지급배당금        ×××
                                    (현물)미지급현물배당금     ×××
                                    (주식)미교부주식배당금     ×××
                                    임의적립금               ×××
                                    차기이월이익잉여금         ×××

③ 배당금 지급
   (차) 미지급배당금       ×××    (대) 현금 등                ×××
        미지급현물배당금    ×××         상품 등               ×××
        미교부주식배당금    ×××         자본금 등              ×××

④ 당기순이익 계상
   (차) 전기이월이익잉여금  ×××    (대) 미처분이익잉여금        ×××
        손     익         ×××

⑤ 임의적립금 이입
   (차) 배당평균적립금     ×××    (대) 미처분이익잉여금        ×××
        결손보전적립금 등   ×××

⑥ 이익처분 결의
   (차) 미처분이익잉여금   ×××    (대) 이익준비금             ×××
                                       …

* 배당금 = 자본금(액면) × 배당률%        * 이익준비금 = 금전배당금 × 1/10
```

(2) 당기순손실이 발생한 경우

당기순손실이 발생하면 미처리결손금에 대체한 후, 다른 잉여금과 상계하여 제거할 수도 있고 차기로 이월시킬 수도 있다. 결손금의 처리순서는 상법 규정이 삭제되었다.

---

① 결산시 당기순손실 계상

| (차) (전기이월이익잉여금) | ××× | (대) 손　익 | ××× |
| 미처리결손금 | ××× | | |

② 손실 전보(처리) 의결

(차) 임의적립금	×××	(대) 미처리결손금	×××
기타법정적립금	×××		
이익준비금	×××		
자본잉여금	×××		
차기이월결손금	×××		

③ 결산시 당기순손실 계상

| (차) 미처리결손금 | ××× | (대) 전기이월결손금 | ××× |
| | | 손　익 | ××× |

---

2 이익잉여금처분계산서

이익잉여금처분계산서는 미처분이익잉여금의 계상과 처분사항을 명확히 보고하기 위한 재무보고서이다.

(1) 이익잉여금처분계산서의 기본구조

이익잉여금처분계산서는 미처분이익잉여금, 임의적립금등의이입액, 이익잉여금처분액, 차기이월미처분이익잉여금으로 구분하여 표시한다.

(2) 미처분이익잉여금

전기이월미처분이익잉여금(또는 전기이월미처리결손금)에 회계정책의 변경으로 인한 누적효과(비교재무제표의 최초회계기간 직전까지의 누적효과), 중대한 전기오류수정손익(비교재무제표의 최초회계기간 직전까지의 누적효과), 중간배당액 및 당기순이익(또는 당기순손실)을 가감하여 산출한다.

(3) 임의적립금 이입(移入)액

임의적립금의 이입이란 임의적립금이 사용목적을 달성하거나 처분가능한 이익잉여금이 부족하여 충분한 배당이나 그 밖의 처분이 곤란한 경우 당기 이전에 적립해 두었던 임의적립금으로 그 부족분을 보충하는 경우를 말한다.

💡 **이익잉여금처분계산서**

기업회계기준서에서는 이익잉여금처분계산서를 주요재무제표로 공시할 것을 요구하고 있었으나, 기업회계기준서 제1001호 '재무제표 표시'에서는 이를 주요재무제표로 열거하지 않고 있다. 하지만 우리나라의 상법에서는 이익잉여금처분계산서의 작성과 보고를 의무화하고 있으므로 기업은 이익잉여금처분계산서를 재무제표에 대한 주석에서 보충적 정보로 제시하여야 한다.

⑷ 이익잉여금 처분액

이익준비금, 기타법정적립금, 배당금, 임의적립금으로 구분하여 표시한다. 이익잉여금처분에 의한 상각 등은 주식할인발행차금상각, 자기주식처분손실 잔액, 감자차손 잔액, 상환주식 상환액 등으로 한다. 배당금의 경우 현금배당과 주식배당 그리고 현물배당으로 구분한다.

✐ 이익잉여금처분계산서

이익잉여금처분계산서

제×기	20××년×월×일부터 20××년×월×일까지	제×기	20××년×월×일부터 20××년×월×일까지
처분예정일	20××년×월×일	처분확정일	20××년×월×일
회사명			(단위 : 원)

구 분	당 기		전 기	
미처분이익잉여금		×××		×××
전기이월 미처분이익잉여금	×××		×××	
(또는 전기이월 미처리결손금)				
회계정책변경 누적효과	−		×××	
전기오류수정	−		×××	
중간배당액	×××		×××	
당기순이익(또는 당기순손실)	×××		×××	
임의적립금등의 이입액		×××		×××
×××적립금	×××		×××	
×××적립금	×××		×××	
합　　계		×××		×××
이익잉여금 처분액		×××		×××
이익준비금	×××		×××	
기타법정적립금	×××		×××	
배당금	×××		×××	
현금배당				
주식배당				
사업확장적립금	×××		×××	
감채적립금	×××		×××	
…				
차기이월 미처분이익잉여금		×××		×××

3 결손금처리계산서

결손금처리계산서는 미처리결손금의 계상과 처리에 대한 내역을 명확히 보고하기 위한 재무보고서이다.

4 배당회계

(1) 배당회계처리기준일 및 현금배당

① 배당기준일

배당기준일이란 배당받을 권리가 있는 주주를 확정짓는 날로서, 일반적으로 결산일을 기준으로 한다.

② 배당결의일

배당결의일이란 배당의무의 발생일로서, 주주총회의 결의에 의하여 배당의무가 발생한다. 주주총회는 회계연도 종료 후 3개월 이내에 개최되고 배당기준일은 회계연도 말이므로 배당기준일이 배당선언일(주주총회일)보다 앞서게 된다.

③ 배당지급일

배당지급일이란 배당의무의 이행일로서, 이행내역을 거래로 기록하여야 한다. 기업회계기준에서는 배당이 사실상 확정된 날(이사회승인일 또는 이사회 승인내용이 주주총회에서 변경된 경우에는 주주총회일)에 배당금을 기록하는 다음과 같은 분개를 하게 된다.

배당금 결의일	(차) 미처분이익잉여금 ×××	(대) 미지급배당금 ×××
배당금 지급일	(차) 미지급배당금 ×××	(대) 현 금 ×××

(2) 주식배당

① 의 의

주식배당이란 기업이 자금이 부족한 경우 배당가능한 미처분이익잉여금을 자본화할 목적으로 수권주식수의 범위 내에서 현금대신 주식으로 배당하는 것을 말한다. 주식배당은 자본의 구성항목인 납입자본과 이익잉여금간의 재분류에 불과한 것으로 이월이익잉여금의 자본전입으로 발행주식수와 자본금을 증가시키는 역할을 할 뿐이다.

♀ 중간배당

상법은 기업이 매결산기마다 1회 주주총회의 결의로서 배당하는 것을 원칙으로 하고 있으나 영업연도 중 1회에 한하여 중간배당을 인정하고 있다.
중간배당은 전기이월이익잉여금의 차감항목으로 이익잉여금처분계산서에 보고된다.

② 주식배당의 회계처리

기업회계기준에서는 주식배당을 실시하는 회사의 회계처리에 대하여 명문 규정은 없으나, 상법상 액면가액법에 의하도록 규정하고 있으며 증권거래법에서는 상장회사의 경우에 시가법 적용도 가능하도록 하고 있다.

배당금 결의일	(차) 미처분이익잉여금　×××	(대) 미교부주식배당금　×××
배당금 지급일	(차) 미교부주식배당금　×××	(대) 자　본　금　　　×××

📍 예제

주식배당

KK회사의 총발행주식수는 100,000주이며, 주당 액면가액은 ₩500이다. 주당 시가가 ₩800일 때 10%의 주식배당을 실시하였다. 액면가액법과 시가법에 의해 회계처리하라.

해설

1. 액면가액법

　배당결의일

　　(차) 미 처 분 이 익 잉 여 금　　5,000,000*　　(대) 미교부주식배당금　　5,000,000
　　　　*100,000주 × ₩500 × 10% = ₩5,000,000

　배당지급일

　　(차) 미 교 부 주 식 배 당 금　　5,000,000　　(대) 자　　　본　　　금　　5,000,000
　　　　*100,000주 × ₩500 × 10% = ₩5,000,000

2. 시가법

　배당결의일

　　(차) 미 처 분 이 익 잉 여 금　　8,000,000*1　　(대) 미교부주식배당금　　8,000,000
　　　　*1 100,000주 × ₩800 × 10% = ₩8,000,000

　배당지급일

　　(차) 미 교 부 주 식 배 당 금　　8,000,000　　(대) 자　　　본　　　금　　5,000,000*2
　　　　　　　　　　　　　　　　　　　　　　　　　주 식 발 행 초 과 금　　3,000,000
　　　　*2 액면가액(100,000주 × ₩500 × 10% = ₩5,000,000)

(3) 현물배당

현물배당이란 회사가 창출한 이익을 대상으로 현물자산(비현금자산)을 지급하는 자본거래를 말한다. 현물배당은 중간배당으로 실시할 수도 있고, 정기배당(결산배당, 연차배당)으로 실시할 수 있다.

배당결의일에 배당재원인 미처분이익잉여금을 차감하고, 배당금을 미지급현물배당(유동부채)으로 계상한다. 이 때 배당금액은 배당결의일 현물자산의 공정가치를 기준으로 결정한다. 이에 따라 배당결의일에 배당으로 지급되는 현물자산의 장부금액과 공정가치와 차이가 당기손익으로 인식된다.

💡 주식배당의 영향

1. 자본금의 증가로 주주의 미래배당압력을 가중시킨다.

2. 주식배당은 이익잉여금이 자본금으로 재분류에 불과하므로 주주지분(순자산)총계는 변동이 없다.

3. 회사자산의 유출 없이 이익배당의 효과가 있으므로 재무구조가 개선된다.

4. 주식배당으로 인하여 주식수가 증가하여 주당순이익이 낮게 계상되며, 주식의 시장성을 향상시킬 수 있다.

5. 주당액면은 변동이 없고 발행주식수가 증가하여 주당순이익 및 주당순자산이 감소한다.

| 배당금 결의일 | (차) 미처분이익잉여금 | ××× | (대) 미지급현물배당 | ××× |
| 배당금 지급일 | (차) 미지급현물배당 | ××× | (대) 현물자산 | ××× |

⑷ 주식배당, 무상증자, 주식분할, 주식병합의 비교

주식배당과 유사한 성격을 갖는 것으로서 무상증자와 주식분할이 있다.

① 주식배당과 무상증자

주식배당과 무상증자는 발행주식수를 증가시키지만 실질적인 주주의 지분에는 영향을 미치지 않는다는 점은 동일하다. 그러나 주식배당의 재원은 이월이익잉여금이고 무상증자의 재원은 법정적립금(자본잉여금 및 이익준비금, 기타법정적립금)이라는 점이 다르다. 투자자가 **주식배당과 무상증자로 취득한 주식은 자산의 증가 또는 이익으로 처리하지 않고** 1주당 단가만 하향조정한다.

② 주식분할

주식분할은 이미 발행된 주식의 액면가액을 분할하여 발행주식을 여러 개의 주식으로 나누어 재발행하는 것이다. 주식수의 증가라는 면에서 주식배당이나 무상증자와 유사하지만, 주식분할은 발행주식수가 증가하는 대신 액면가액이 낮아지므로 자본금계정의 금액이 변동하지 않는다.

③ 주식병합

주식병합이란 여러 개의 주식을 하나의 주식으로 병합하는 것을 말하며 주당액면가액이 증가하지만 자본금계정의 금액은 변동하지 않는다. 따라서 주식분할과 주식병합은 주주지분(자본금, 자본잉여금, 이익잉여금, 자본조정)에 영향이 없으며 분개도 필요 없다.

🔗 주식배당, 무상증자, 주식분할, 주식병합의 비교

구 분	주식배당	무상증자	주식분할	주식병합
자본(순자산)	불 변	불 변	불 변	불 변
자본금	증 가	증 가	불 변	불 변
자본잉여금	불 변[*]	감소가능	불 변	불 변
이익잉여금	감 소	감소가능	불 변	불 변
주식 액면가액	불 변	불 변	감 소	증 가
발행주식수	증 가	증 가	증 가	감 소
주주의 이익(기준)	이익이 아님	이익이 아님	이익이 아님	이익이 아님

[*] 시가배당의 경우에는 증가

① 주당이익은 투자단위당 수익력을 나타내므로 기업의 경영성과를 기간별 또는 기업 간에 비교하는데 유용한 정보를 제공한다.
② 특정기업의 배당성향
$$(= \frac{보통주 \; 배당금}{보통주 \; 당기순이익})$$ 에
대한 정보를 제공한다.
③ 특정기업의 주가수익률
$$(PER, = \frac{기업의 \; 주식시가}{주당이익})$$
계산의 자료를 제공하므로 주가수준을 판단할 수 있다.

💡 **주당이익의 한계**

① 주당이익은 과거 경영성과의 수치이므로 미래 수익력을 나타내지 못한다.
② 주당이익은 기업의 특성이나 위험 등을 나타내지 못한다.
③ 주당이익은 자본구조의 변화를 나타내지 못한다.

05 ▸ 주당이익

1 주당이익의 의의

주당이익(earning per share, EPS)은 기업의 당기순이익을 유통주식수(보통주)로 나눈 금액으로서 기업의 수익력을 나타내는 지수이다.

2 주당이익의 계산과 표시방법

(1) 주당이익의 계산

$$주당이익 = \frac{보통주에 \; 귀속되는 \; 당기순이익}{보통주식수}$$

분자인 보통주에 귀속되는 이익은 보통주 당기순이익을 기준으로 산정한다. 또한 분모인 보통주식수는 이미 발행되어 유통되고 있는 보통주식을 기준으로 산정할 수도 있고, 보통주로 전환될 가능성이 있는 잠재적보통주까지 고려하여 산정할 수도 있다. 유통되고 있는 보통주를 기준으로 산정한 주당이익을 기본주당이익이라 하고, 잠재적보통주까지 고려하여 산정한 주당이익을 희석주당이익이라 한다.

(2) 주당이익의 재무제표 표시방법

기본주당이익과 희석주당이익을 당기순이익에 대하여 계산하여 포괄손익계산서에 표시한다.

3 기본주당이익

기본주당이익 정보의 목적은 특정 회계기간의 경영성과에 대한 보통주 1주당 지분의 측정치를 제공하는 것이다.

$$기본주당이익 = \frac{당기순이익 - 우선주배당금}{가중평균 \; 유통 \; 보통주식수}$$

(1) 유통보통주식수(분모)

분자의 당기순이익이 기간(flow)개념이므로 분모의 주식수도 기간개념이 되어야 한다. 따라서 보통주식수를 유통기간으로 가중평균하여 보통주식수를 산정한다.

우선주는 보통주가 아니므로 유통보통주식수에 포함하지 않으며, 자기주식은 유통주식이 아니므로 취득일부터 매각시점까지 유통보통주식수를 산정할 때 포함하지 아니한다.

구 분	내 용
① 우선주	당해 결산기말 현재 발행 총주식수에서 우선주식수를 차감한다.
② 자기주식(보통주)	취득시점부터 매각시점까지의 기간동안 포함하지 않는다.
③ 유상증자	당해 주식의 납입일을 기준으로 기간경과에 따라 가중평균하여 조정한다.
④ 무상증자, 주식배당, 주식분할, 주식병합	기초에 발행한 것으로 간주한다. 단, 기중의 유상증자로 발행된 신주에 대한 무상증자, 주식배당은 당해 유상신주의 납입일에 실시된 것으로 간주하여 발행 보통주식수를 조정한다.
⑤ 전환우선주, 전환사채의 전환	당기중에 전환우선주 또는 전환사채가 보통주로 전환된 경우에는 발행조건상의 전환시점에 전환된 것으로 간주한다. 단, 당기중에 발행된 전환우선주 또는 전환사채를 전환된 것으로 간주하는 경우에는 그 실제발행일을 기준으로 기간경과에 따라 가중평균하여 조정한다.

(2) 보통주에 귀속되는 당기순이익(분자)

보통주에 귀속되는 당기순이익은 아래와 같이 계산한다.

> 보통주 당기순이익 = 당기순이익 − 우선주배당금

예제

주당이익 계산 − 자기주식이 있는 경우(회계기간 1월 1일부터 12월 31일까지)

손익계산서상의 당기순이익	₩310,000
기초자본금 내역	
보통주 자본금 (1,500주 @₩500)	₩750,000
우선주 자본금 (500주 @₩500)	₩250,000
자기주식(보통주)취득 : 200주(취득일 10월 1일)	
우선주 배당률 : 연 8%	

해설

보통주 당기순이익: ₩310,000 − (₩250,000 × 8%) = ₩290,000
가중평균 보통주식수: ₩17,400* ÷ 12월 = 1,450주
주당이익: ₩290,000 ÷ 1,450주 = ₩200

* 적수

기 간	유통보통주식수	가중치**	적 수
1/1 ~ 9/30	1,500주	9월	13,500
10/1 ~ 12/31	1,300주	3월	3,900
계	−	12월	17,400

** 가중치는 일(日)수에 의하나 편의상 월(月)수로 계산.
(별해): 가중평균 유통주식수

$$\left\{1,500주 \times \frac{12월}{12월}\right\} - \left\{200주 \times \frac{3월}{12월}\right\} = 1,450주$$

예제

주당이익 계산 − 유상증자 있는 경우

1. 손익계산서상 당기순이익   ₩1,050,000
2. 보통주자본금(1,000주 × @₩5,000)   ₩5,000,000
3. 11월 1일 유상증자(300주 × @₩5,000)   ₩500,000

해설

1. 보통주 당기순이익   ₩1,050,000
2. 가중평균 발행주식수   (1,000주 × 365일 + 300주 × 61일*) × 1/365 = 1,050주
   * 유상증자는 납입일을 기준으로 가중평균한다.
3. 주당이익: 1,050,000 / 1,050주 = ₩1,000
   (별해): 가중평균 유통주식수

$$\left\{1,000주 \times \frac{12월}{12월}\right\} + \left\{300주 \times \frac{2월}{12월}\right\} = 1,050주$$

예제

주당이익 계산 − 주식배당과 무상증자 있는 경우

1. 손익계산서상 당기순이익   ₩1,000,000
2. 보통주 자본금(1,000주 × @₩5,000)   ₩5,000,000
3. 3월 1일에 주식배당을 하였다(200주 × @₩5,000)   ₩1,000,000
4. 10월 1일에 무상증자를 실시하였다(300주 × @₩5,000)   ₩1,500,000

해설

1. 보통주 당기순이익   ₩1,000,000
2. 가중평균 발행주식수

$$\left\{1,000주 \times \frac{12}{12} + 200주 \times \frac{12}{12} + 300주 \times \frac{12}{12}\right\} = 1,500주$$

   * 주식배당이나 무상증자는 기초에 실시된 것으로 간주
3. 주당이익 = ₩1,000,000 / 1,500주 = ₩667

1 자 본

자본은 기업의 자산에서 모든 부채를 차감한 후의 잔여지분(순자산)을 말한다.

2 주식의 발행방법

구 분	차 변		대 변	
할증발행	현　　　　　　　금	×××	자　　　본　　　금 주 식 발 행 초 과 금	××× ×××
할인발행	현　　　　　　　금 주 식 할 인 발 행 차 금	××× ×××	자　　　본　　　금	×××

* 주식발행초과금과 주식할인발행차금은 **상계**처리한다.

3 자기주식 － 원가법

구 분	회계처리
취득시	(차) 자 기 주 식　×××(원가)　　　　(대) 현　　　　　금　×××
처분시	취득원가 < 처분가액

취득원가 < 처분가액

(차) 현　　　　　금 ×××　　　　(대) 자 기 주 식 ×××
　　　　　　　　　　　　　　　　　　자기주식처분이익 ×××

취득원가 > 처분가액

(차) 현　　　　　금 ×××　　　　(대) 자 기 주 식 ×××
　　　자기주식처분이익 ×××
　　　자기주식처분손실* ×××

　　* 자기주식처분손실이 발생하면 **먼저 자기주식처분이익으로 상계**하고 나머지는
　　　이익잉여금의 처분항목으로 처리한다.

4 기타포괄손익누계액

기타포괄손익누계액	후속처리
토지 등 재평가잉여금 확정급여 재측정손익 기타포괄평가손익(지분증권)	**이익잉여금에 직접대체**
기타포괄평가손익(채무증권) 해외사업장환산손익 현금흐름위험회피 파생상품평가손익	실현시 당기손익으로 재분류조정

5 주당이익

$$\text{기본주당이익} = \frac{\text{당기순이익} - \text{우선주배당금}}{\text{가중평균 유통 보통주식수}}$$

01 아파트 관리업무를 영위하는 ㈜한국의 당기 말 자본총계에 영향을 미치는 거래는 모두 몇 개인가? (단, 각 거래는 독립적이다)

제27회

- 당기 관리비수입 발생(단, 당기 말까지 관리비 고지서는 미 발행)
- 차기 관리비를 당기에 미리 수령
- 당기 급여 발생(단, 급여지급은 차기에 이루어짐)
- 당기 중 주식배당 실시
- 당기 미수이자 발생(단, 이자수령은 차기에 이루어짐)

① 1개 　　　　　　② 2개 　　　　　　③ 3개
④ 4개 　　　　　　⑤ 5개

해설 수익과 비용의 발생은 자본총액에 영향을 미치는 거래이다.
당기 관리비수입, 당기분 미수이자 발생은 수익 발생 거래이고, 당기 급여 발생은 비용 발생 거래이다.

02 자본과 관련된 설명으로 옳은 것은?

제14회

① 자본 구성항목의 표시는 유동성배열법을 따른다.
② 주식배당으로 주식을 교부하면 자본금이 증가한다.
③ 주식발행초과금과 같은 자본잉여금이라도 제한없이 주주에게 배당이 가능하다.
④ 자본이란 자산총액에서 부채총액을 차감한 잔액으로 채권자에게 귀속될 잔여지분의 성격을 갖는다.
⑤ 기타포괄손익누계액은 자본거래로부터 발생한다.

해설 ① 자본항목의 표시는 납입자본, 기타자본요소, 이익잉여금으로 구분한다.
③ 원칙적으로 자본잉여금으로는 배당할 수 없다. 다만 자본준비금(자본잉여금)과 이익준비금의 합계액이 자본금의 1.5배를 초과하는 경우 주주총회 결의에 따라 초과 금액의 범위내에서 감액하여 배당 등의 용도에 사용할 수 있다.
④ 자본은 주주에게 귀속될 잔여지분의 성격을 갖는다.
⑤ 기타포괄손익누계액은 포괄손익 중 손익거래에서 발생한 당기순손익을 제외한 부분을 말하며, 일반적으로 자본거래 또는 손익거래로 구분하지 않는다.

03 자본에 관한 설명으로 옳은 것을 모두 고른 것은? 제25회

> ㄱ. 주식 발행과 직접 관련하여 발생한 거래원가는 자본에서 차감하지 않고 당기손익으로 인식한다.
> ㄴ. 유상감자는 자본금의 감소로 소멸되는 주식의 대가를 주주에게 실질적으로 지급하는 것으로 실질적 감자에 해당한다.
> ㄷ. 무상증자 시에는 납입자본과 자본총계가 모두 증가한다.
> ㄹ. 임의적립금은 주주총회의 의결을 거쳐 미처분이익잉여금으로 이입한 후 배당재원으로 사용할 수 있다.
> ㅁ. 이익준비금은 법정준비금이므로 그 금액만큼을 반드시 외부 금융기관에 예치해야 한다.

① ㄱ, ㄹ　　　　② ㄱ, ㅁ　　　　③ ㄴ, ㄷ
④ ㄴ, ㄹ　　　　⑤ ㄷ, ㅁ

[해설] ㄱ. 주식 발행과 직접 관련하여 발생한 거래원가는 자본(발행금액)에서 차감한다.
ㄷ. 무상증자 시에는 납입자본과 자본총계가 모두 불변이다.
ㅁ. 이익준비금은 미처분이익잉여금을 사내유보한 금액으로 외부 금융기관에 예치할 필요가 없다.

04 ㈜한국은 20X1년 초 주당 액면금액 ₩5,000인 보통주 100주를 주당 ₩6,000에 현금으로 납입받아 회사를 설립하였다. 이에 대한 분개로 옳은 것은? 제22회

① (차) 현　　　　　　금　　600,000　　(대) 보통주자본금　　500,000
　　　　　　　　　　　　　　　　　　　주식발행초과금　　100,000

② (차) 현　　　　　　금　　600,000　　(대) 보통주자본금　　600,000

③ (차) 현　　　　　　금　　500,000　　(대) 보통주자본금　　500,000

④ (차) 현　　　　　　금　　500,000　　(대) 보통주자본금　　600,000
　　　주식할인발행차금　　100,000

⑤ (차) 현　　　　　　금　　600,000　　(대) 보통주자본금　　500,000
　　　　　　　　　　　　　　　　　　　자　본　조　정　　100,000

[해설] 주식을 발행하면 발행가액만큼 자본이 증가하며 이중 액면가액 ₩500,000은 자본금계정으로, 액면가액을 초과하는 경우(600,000 − 500,000 = 100,000)는 주식발행초과금계정으로 자본잉여금으로 회계처리한다.

Answer
01 ③　02 ②　03 ④　04 ①

05 주당 액면금액이 ₩5,000인 보통주 100주를 주당 ₩8,000에 현금 발행한 경우 재무제표에 미치는 영향으로 옳지 않은 것은?
제19회

① 자산 증가　　　　　　　　　　② 자본 증가
③ 수익 불변　　　　　　　　　　④ 부채 불변
⑤ 이익잉여금 증가

해설

(차) 현금	800,000	(대) 자본금	500,000
		주식발행초과금	300,000

주식의 현금발행은 자산의 증가(현금)와 자본금과 자본잉여금(주식발행초과금)이 증가하여 자본 전체는 증가하지만, 이익잉여금은 증가하지 않는다.

06 다음의 자료를 사용하여 계산된 재무상태표상의 자본총계는?
제15회

• 자본금	₩10,000	• 자기주식	₩2,500
• 사채	6,000	• 예수금	3,000
• 이익준비금	3,500	• 주식할인발행차금	1,200

① ₩9,800　　　　　　　　　　② ₩11,000
③ ₩12,300　　　　　　　　　　④ ₩13,500
⑤ ₩14,600

해설 자본총계 : 10,000 − 2,500 + 3,500 − 1,200 = ₩9,800
사채와 예수금은 부채계정이다.

07

다음의 자료를 사용하여 계산된 기말이익잉여금은? 제15회

• 기초자본금	₩200,000	• 기초이익잉여금	₩27,200
• 배당금 선언 및 지급액	18,000	• 매출액	140,000
• 매출원가	40,300	• 급여	68,000
• 신주발행금액	100,000		

① ₩27,200   ② ₩31,700   ③ ₩40,900
④ ₩50,600   ⑤ ₩61,200

해설

이익잉여금

배당금 지급액	18,000	기초	27,200
기말	〈40,900〉	순이익*	31,700
	58,900		58,900

* 순이익 : 매출액 − (매출원가 + 급여)

08

㈜한국의 20X1년 초 자본의 내역은 다음과 같다.

보통주자본금(주당 액면금액 ₩500, 총발행주식수 4,000주)	₩2,000,000
주식발행초과금(보통주)	₩500,000
이익잉여금	₩800,000
자본조정(20X0년 중 주당 ₩1,100에 취득한 자기주식 30주)	₩(33,000)
자본총계	₩3,267,000

㈜한국은 20X1년 3월 1일 자기주식 30주를 주당 ₩1,200에 취득하였고, 20X1년 6월 30일 자기주식 40주를 주당 ₩1,300에 처분하였으며, 20X1년 10월 1일 자기주식 20주를 소각하였다. ㈜한국은 20X1년도 당기순손실 ₩200,000과 기타포괄이익 ₩150,000을 보고하였다. 20X1년 말 ㈜한국의 자본총계는? 제26회

① ₩3,181,000   ② ₩3,217,000   ③ ₩3,233,000
④ ₩3,305,000   ⑤ ₩3,405,000

해설

자 본

자기주식 취득	36,000	기초자본	3,267,000
당기순손실	200,000	자기주식 처분	52,000
기말자본	3,233,000	기타포괄이익	150,000
	3,469,000		3,469,000

Answer

05 ⑤   06 ①   07 ③   08 ③

09 ㈜한국은 다음과 같이 액면가 ₩1,000인 자기주식을 취득하여 매각하였다. 11월 10일 매각 시점의 분개로 옳은 것은?

제23회

날 짜	적 요	금 액	주식수
11월 1일	취득	₩950	50주
11월 5일	매각	970	20주
11월 10일	매각	930	30주

	차 변			대 변	
①	현 금	27,900	자 기 주 식		27,900
②	현 금	27,900	자 기 주 식		28,500
	자 기 주 식 처 분 손 실	600			
③	현 금	27,900	자 기 주 식		28,500
	자 기 주 식 처 분 이 익	400			
	자 기 주 식 처 분 손 실	200			
④	현 금	30,000	자 기 주 식		28,500
			자 기 주 식 처 분 손 실		600
			자 기 주 식 처 분 이 익		900
⑤	현 금	30,000	자 기 주 식		28,500
			자 기 주 식 처 분 이 익		1,500

해설

	차 변		대 변	
11월 5일 현 금		19,400	자 기 주 식	19,000
			자 기 주 식 처 분 이 익	400
11월 10일 현 금		27,900	자 기 주 식	28,500
자 기 주 식 처 분 이 익		400		
자 기 주 식 처 분 손 실		200		

* 자기주식처분손실이 발생할 경우 자기주식처분이익과 상계처리한다.

10 ㈜한국의 자기주식(주당 액면금액 ₩5,000)과 관련된 자료는 다음과 같다. 8월 7일 자기주식 처분이 당기순이익에 미치는 영향으로 옳은 것은?

제19회

- 2월 1일: 자기주식 300주를 주당 ₩6,000에 취득하다.
- 6월 2일: 자기주식 100주를 주당 ₩6,300에 처분하다.
- 7월 5일: 자기주식 100주를 소각하다.
- 8월 7일: 자기주식 100주를 주당 ₩5,000에 처분하다.

① 영향없음
② ₩30,000 감소
③ ₩30,000 증가
④ ₩70,000 감소
⑤ ₩100,000 감소

해설 자기주식 처분의 회계처리는 자본거래이므로 당기순이익에 영향을 미치지 않는다.

11 다음에 해당하는 자본항목은?

제27회

상법의 규정에 따라 자본금의 1/2에 달할 때까지 현금배당액의 1/10 이상을 의무적으로 적립해야 한다.

① 주식발행초과금
② 감자차익
③ 자기주식
④ 주식할인발행차금
⑤ 이익준비금

해설 ⑤ 이익준비금에 대한 설명이다.

12 다음 중 주식배당과 주식분할을 옳게 설명한 것은?

① 주식배당과 주식분할에서 이익잉여금은 불변이다.
② 주식배당과 주식분할에서 주당액면가는 불변이다.
③ 주식배당과 주식분할에서 유통주식수는 감소한다.
④ 주식배당과 주식분할에서 주당시장가치는 변한다.
⑤ 주식배당과 주식분할에서 자본총계는 변한다.

해설 ① 주식배당 시 이익잉여금은 감소하고 자본금은 증가한다.
② 주식분할의 경우 주당액면가는 감소한다.
③ 주식배당, 주식분할의 경우 유통주식수는 증가한다.
⑤ 주식배당, 주식분할의 경우 자본총계는 불변이다.

Answer

09 ③　　10 ①　　11 ⑤　　12 ④

13 다음 중 자본총계에 영향을 주는 거래는? 제15회

① 현물출자 ② 주식배당

③ 무상증자 ④ 주식분할

⑤ 주식병합

> **해설** 현물출자 : (차) 자산 ××× (대) 자본금 등 ××× ⇨ 자본총계 증가
> 주식배당, 무상증자, 주식분할, 주식병합 등은 자본총계가 변하지 않는다.

14 주당이익 계산 시 유통보통주식수를 증가시키는 사건이 아닌 것은? (단 각 사건은 독립적이며, 보통주와 관련하여 기중에 발생한 것으로 가정한다) 제24회

① 신주인수권행사 ② 유상증자

③ 자기주식 재발행 ④ 주식배당

⑤ 주식병합

> **해설** ⑤ 주식병합은 주식수가 감소한다.

15 ㈜한국의 20X1년도 포괄손익계산서상 당기순이익은 ₩510,000이고, 우선주(비참가적, 비누적적)배당금은 ₩30,000이다. ㈜한국의 20X1년도 기본주당순이익이 ₩30일 때, 가중평균유통보통주식수는? 제26회

① 12,000주 ② 13,000주

③ 15,000주 ④ 16,000주

⑤ 17,000주

> **해설** 가중평균유통보통주식수 : (₩510,000 − ₩30,000) / (   ) = ₩30 ⇨ 16,000주

16 20X1년 초에 설립된 ㈜한국의 유통보통주식수는 10,000주(주당 액면금액 ₩1,000)이고 우선주는 3,000주(배당률 10%, 누적적, 비참가적, 주당 액면금액 ₩1,000)이며, 20X1년에 유통보통주식수의 변동은 없다. 20X1년 당기순이익이 ₩5,000,000일 때, ㈜한국의 기본주당순이익은? 제27회

① ₩385 ② ₩400

③ ₩470 ④ ₩485

⑤ ₩500

> **해설** 우선주배당금 : 3,000주 × ₩1,000 × 10% = ₩300,000
> 기본주당순이익 : (5,000,000 − 300,000) ÷ 10,000주 = ₩470

17 20X1년도 자본과 관련된 자료가 다음과 같을 때 주당이익은? (단, 우선주는 누적적 우선주이다)

제19회

• 당기순이익	₩26,000,000
• 기초 보통주(주당 액면금액 ₩5,000)	10,000주
• 기초 우선주(주당 액면금액 ₩5,000, 배당률 연 8%)	5,000주

① ₩1,500 ② ₩2,000 ③ ₩2,400

④ ₩2,500 ⑤ ₩3,000

해설 (1) 보통주 당기순이익 : 당기순이익 − 우선주 배당금
= 26,000,000 − (5,000 × 5,000주 × 8%) = ₩24,000,000
(2) 주당이익 : 보통주 당기순이익 ÷ 가중평균 유통 보통주식수
= 24,000,000 ÷ 10,000주 = ₩2,400

18 ㈜대한의 20X1년 1월 1일 현재 유통보통주식수는 10,000주이고, 이중에서 4,000주를 20X1년 7월 1일 자기주식으로 취득하였다. ㈜대한의 20X1년 당기순이익은 ₩9,000,000이고, 비누적적 우선주에 대한 배당결의 금액은 ₩1,000,000이다. ㈜대한의 20X1년 기본주당순이익은? (단, 가중평균유통보통주식수는 월수를 기준으로 계산한다)

제18회

① ₩800 ② ₩900 ③ ₩1,000

④ ₩1,125 ⑤ ₩1,333

해설 (1) 가중평균유통주식수
= 10,000주 − (4,000주 × 6/12) = 8,000주
(2) 보통주 당기순이익 : 당기순이익 − 우선주배당금
= 9,000,000 − 1,000,000 = ₩8,000,000
(3) 기본주당순이익 : 8,000,000 / 8,000주 = ₩1,000

Answer

13 ① 14 ⑤ 15 ④ 16 ③ 17 ③ 18 ③

수익·비용회계

매년 1~2문제 정도 꾸준히 출제되고 있다. 고객과의 계약에서 발생하는 수익, 거래 형태별 수익 인식, 건설계약의 계약 수익, 계약 원가 및 계약 손익을 계산하는 문제가 비중 있게 출제되고 있다. 특히, 수익 인식의 5단계별 필수 내용과 거래 형태별 회계처리, 매출 손익 계산 구조를 숙지해야 한다. 또한, 건설계약과 관련된 이론과 계약 손익 계산 방법을 충분히 익혀야 한다.

수익·비용회계

- **01** 수익인식
- **02** 거래 형태별 수익의 인식
- **03** 건설계약
- **04** 비용인식

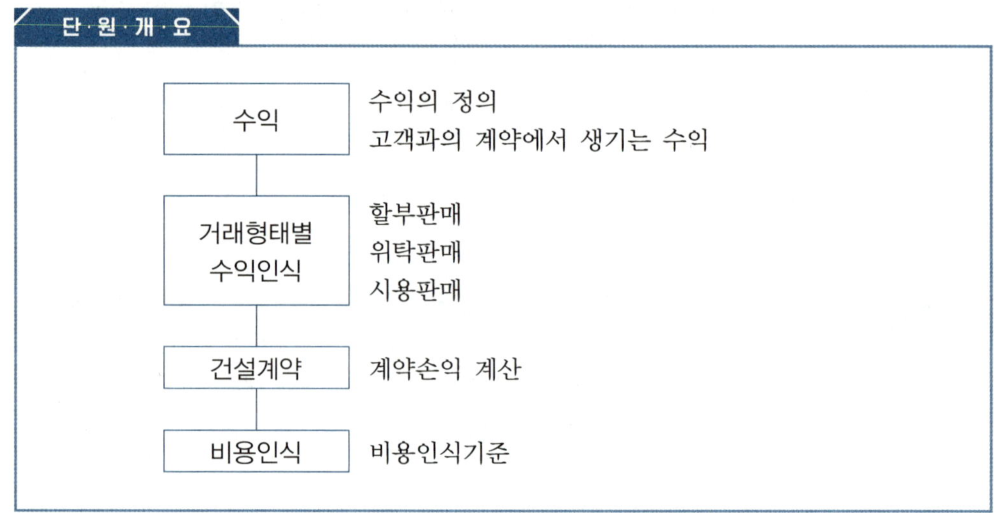

01 수익인식

1 수익의 의의

수익(income)을 자산의 유입 또는 가치 증가나 부채의 감소 형태로 자본의 증가를 가져오는, 특정 회계기간에 생긴 경제적 효익의 증가로서, **지분참여자의 출연과 관련된 것을 제외**하는 것으로 정의하고 있다.

수익(income)은 기업의 통상적인 활동에서 발생하는 수익(revenue)과 그 외의 활동에서 발생하는 차익(gains)을 모두 포함하는 개념이다.

2 수익인식의 5단계

고객과의 계약에서 생기는 수익은 다음 단계를 거쳐서 인식한다.

단계별	구 분	단계별 내용
1단계	계약의 식별	고객과의 계약여부를 확인한다.
2단계	수행의무의 식별	고객에게 수행의무를 확인한다.
3단계	거래가격의 산정	고객으로부터 받을 대가를 측정한다.
4단계	거래가격의 배분	거래가격을 수행의무별로 배분한다.
5단계	수익의 인식	수행의무를 이행(재화나 용역 이전)하고 수익을 인식한다.

🔗 고객과의 계약에서 생기는 수익 인식과정

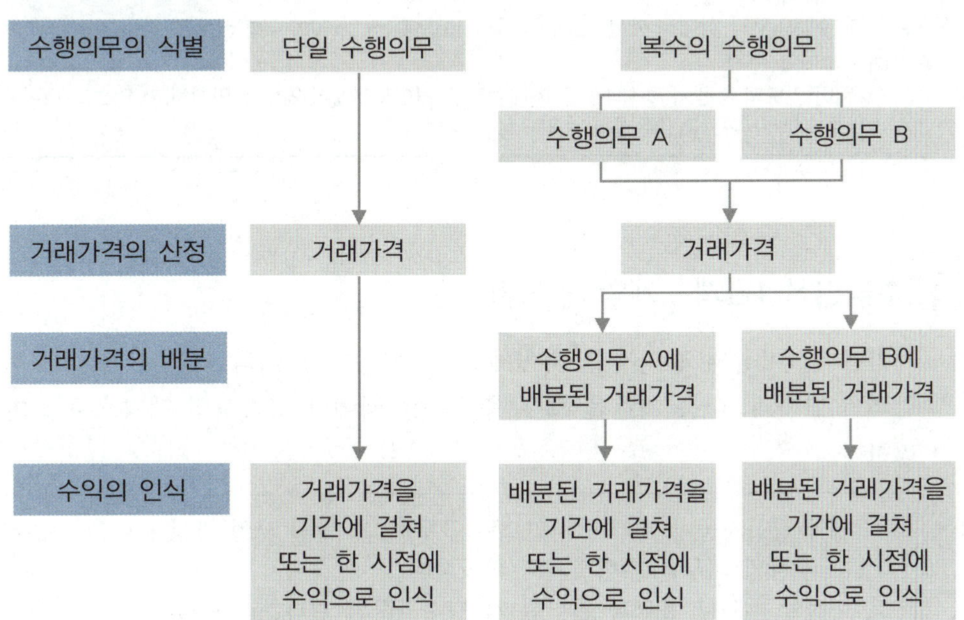

💡 **고객**

이 기준서는 계약 상대방이 **고객**인 경우에만 그 계약에 적용한다. 고객이란 기업의 통상적인 활동의 산출물인 재화나 용역을 대가와 교환하여 획득하기로 그 기업과 계약한 당사자를 말한다. 다음의 경우 계약상대방은 고객이 아니다.

① 고객이나 잠재적 고객에게 판매를 쉽게 하기 위해 행하는 같은 사업 영역에 있는 기업 사이의 비화폐성 교환(예 두 정유사 간의 유류 교환)

② 계약상대방이 기업의 통상적인 활동의 산출물을 취득하기 위해서가 아니라 어떤 활동이나 과정(예 협업약정에 따른 자산 개발)에 참여하기 위해 기업과 계약하였고, 그 계약 당사자들이 그 활동이나 과정에서 생기는 위험과 효익을 공유

> **예제**

수익인식의 5단계
갑회사는 20X1년 4월 1일 고객에게 소프트웨어를 ₩1,000,000에 판매하면서 향후 3년간 소프트웨어의 업그레이드도 무상으로 제공하기로 하였다. 판매대금 ₩1,000,000은 소프트웨어를 인도하는 시점에 현금으로 수취하였다.
물음] 수익의 인식과정 5단계에 근거하여 상기 거래에 대해 수익인식 여부를 판단하고 수익을 어떻게 인식하는지 설명하라.

해설

1단계: 고객과의 계약 식별
주문서, 계약서, 거래관행 등을 통하여 고객과의 계약이 식별된다.

2단계: 수행의무의 식별
소프트웨어의 인도와 업그레이드 용역의 제공이라는 두 가지 수행의무가 식별된다.

3단계: 거래가격의 산정
거래가격은 고정대가 ₩1,000,000이다.

4단계: 거래가격의 배분
두 가지 수행의무의 상대적 개별 판매가격을 기준으로 ₩1,000,000을 배분한다.

5단계: 수익의 인식
소프트웨어 인도의 수행의무에 배분된 거래가격은 인도시점에 수익으로 인식하고, 업그레이드 용역에 배분된 거래가격은 3년에 걸쳐 수익으로 인식한다.

③ 수익인식 1단계 : 계약의 식별

계약은 둘 이상의 당사자들 사이에 집행 가능한 권리와 의무가 생기게 하는 합의를 말한다. 다음 기준을 모두 충족하는 때에만 고객과의 계약으로 회계처리한다.

> ① 계약 당사자들이 계약을 서면으로 구두로, 그 밖의 사업 관행에 따라 승인하고 각자의 의무를 수행하기로 확약한다.
> ② 이전할 재화나 용역과 관련된 각 당사자들의 권리를 식별할 수 있다.
> ③ 이전할 재화나 용역의 지급조건을 식별할 수 있다.
> ④ 계약에 상업적 실질이 있다.
> ⑤ 고객에게 이전할 재화나 용역에 대하여 받을 권리를 갖게 될 대가의 회수가능성이 높다.

고객과의 계약 개시시점에 위의 식별가능성 기준을 충족하지 못하지만, 고객에게서 대가를 미리 받은 경우에는 이를 부채(선수금 또는 환불부채)로 인식한다. 이는 후속적으로 식별가능성 기준을 충족하는 경우 수익을 인식할 수 있다.

한편, 추가적인 수행의무가 없으며 환불의무도 부담하지 않게 된 다음의 두 가지 사건 중 하나가 일어난 경우에도 수익으로 인식할 수 있다.

> ① 고객에게 재화나 용역을 이전해야 하는 의무가 남아있지 않고, 고객이 약속한 대가를 모두(또는 대부분) 받았으며 그 대가는 환불되지 않는다.
> ② 계약이 종료되었고 고객에게서 받은 대가는 환불되지 않는다.

같은 고객(또는 그 고객의 특수관계자)과 동시에 또는 가까운 시기에 둘 이상의 계약을 체결하는 경우 다음 기준 중 하나를 충족하면 단일 계약으로 회계처리한다(1115 − 17).

> ① 복수의 계약을 하나의 상업적 목적으로 일괄 협상한다.
> ② 한 계약에서 지급하는 대가(금액)는 다른 계약의 가격이나 수행에 따라 달라진다.
> ③ 복수의 계약에서 약속한 재화나 용역(또는 각 계약에서 약속한 재화나 용역의 일부)이 단일 수행의무에 해당한다.

4 수익인식 2단계 : 수행의무를 식별

수행의무란 고객과의 계약에서 재화나 용역을 고객에게 이전하기로 한 약속을 의미하는데, 계약 개시시점에 고객과의 계약에서 약속한 재화나 용역을 검토하여 고객에게 다음 중 어느 하나를 이전하기로 한 각 약속을 하나의 수행의무로 식별한다.

> ① 구별되는 재화나 용역 또는 재화나 용역의 묶음
> ② 실질적으로 서로 같고 고객에게 이전하는 방식도 같은 일련의 구별되는 재화나 용역

구 분	수행의무 여부
계약상 기재된 재화나 용역의 이전의무	수행의무에 포함
계약상 기재되지 않은 재화나 용역의 이전의무	고객이 정당한 기대를 하는 경우 수행의무로 포함
계약을 준비하기 위해 필요한 관리업무	수행의무에 포함되지 않음

① **구별되는 재화나 용역**

약속한 재화나 용역은 계약에 따라 다음 항목을 포함할 수 있으나 이에 한 정되지는 않는다(1115-25,26).

> ① 기업이 생산한 재화의 판매(⑩ 제조업자의 재고자산)
> ② 기업이 구매한 재화의 재판매(⑩ 소매업자의 상품)
> ③ 기업이 구매한 재화 또는 용역에 대한 권리의 재판매(⑩ 본인으로 활동하는 기업이 재판매하는 티켓)
> ④ 고객을 위해 계약상 합의한 업무의 수행
> ⑤ 재화나 용역을 언제라도 제공할 수 있는 상태에 있어야 하는 용역의 제공 [⑩ 사용할 수 있을 때 고객이 사용하면 제공되는, 소프트웨어의 특정되지 않은 갱신(update)]이나 고객이 결정하는 시점에 그 결정에 따라 재화나 용역을 사용할 수 있는 용역의 제공
> ⑥ 다른 당사자가 재화나 용역을 고객에게 이전하도록 주선하는 용역의 제공 (⑩ 다른 당사자의 대리인 역할 수행)
> ⑦ 고객이 자신의 고객에게 재판매하거나 공급할 수 있도록 기업이 미래에 제공할 재화나 용역에 대한 권리를 고객에게 부여(⑩ 소매업자에게 제품을 판매한 기업이 그 소매업자에게서 그 제품을 구매하는 개인에게 추가 재화나 용역을 이전하기로 약속한다)
> ⑧ 고객을 대신하여 자산을 건설, 제조, 개발
> ⑨ 라이선스 부여
> ⑩ 추가 재화나 용역을 구매할 수 있는 선택권 부여

다음 기준을 **모두 충족**한다면 고객에게 약속한 재화나 용역은 구별되는 것 이다(1115-27).

> [문단 27]
> ① 고객이 재화나 용역 그 자체에서 효익을 얻거나 고객이 쉽게 구할 수 있는 다른 자원과 함께하여 그 재화나 용역에서 효익을 얻을 수 있다(그 재화나 용역이 **구별**될 수 있다).
> ② 고객에게 재화나 용역을 이전하기로 하는 약속을 계약 내의 다른 약속과 별도로 식별해 낼 수 있다(그 재화나 용역을 이전하기로 하는 약속은 **계약 상 구별**된다).

문단 27의 ②와 관련하여, 문단 29는 고객에게 재화나 용역을 이전하기로 한 약속을 별도로 식별해 낼 수 없음을 나타내는 요소이다. 따라서 문단 29 에 해당되면 재화나 용역을 이전하기로 하는 약속을 계약 내의 다른 약속 과 구별할 수 없으므로 **단일의 수행의무**로 본다.

> [문단29]
> ① **결합산출물**(들) 생산하거나 인도하기 위한 투입물(예 건설업 – 자재, 건설용역, 터파기 공사 골조공사, 전기공사, 배관공사, 내장공사 등)
> ② 하나 이상의 다른 재화나 용역을 유의적으로 변형하거나 **고객맞춤화**(예 소프트웨어 라이선스와 설치, 갱신, 고객이 원하는 새로운 기능성 추가, 기술지원 등)
> ③ 재화나 용역의 **상호의존도나 상호관련성**이 매우 높음(예 장비 판매 후 설치용역 등)

② **실질적으로 같고 이전하는 방식도 같은 일련의 구별되는 재화나 용역**

일련의 구별되는 재화나 용역이 기간에 걸쳐 이행하는 수행의무(예 청소용역, Cable TV 등)의 기준을 충족하고, 같은 방법을 사용하여 진행률을 측정한다면, 여러 개의 수행의무로 보지 않고 단일 수행의무로 본다. 그리고 **단일 수행의무를 기간에 걸쳐 이행**하는 것으로 보기 때문에 **기간에 걸쳐 수익으로 인식**한다.

5 수익인식 3단계 : 거래가격을 산정

거래가격이란 고객에게 약속한 재화나 용역을 이전하고 그 대가로 기업이 받을 권리를 갖게 될 것으로 예상하는 금액이며, **제3자를 대신하여 회수한 금액**(예 부가가치세)**을 제외**한다. 고객과의 계약에서 약속한 대가는 고정금액, 변동금액 또는 둘 다를 포함할 수 있다.

고객이 약속한 대가의 특성, 시기, 금액은 거래가격의 추정치에 영향을 미친다. 거래가격을 산정할 때에는 다음 사항이 미치는 영향을 모두 고려한다.

> ① 변동대가
> ② 환불부채
> ③ 계약에 있는 유의적인 금융요소
> ④ 비현금 대가
> ⑤ 고객에게 지급할 대가

① **변동대가**

계약에서 약속한 대가에 변동금액이 포함된 경우에 고객에게 약속한 재화나 용역을 이전하고 그 대가로 받을 권리를 갖게 될 금액을 추정한다. 대가(금액)는 할인(discount), 리베이트, 환불, 공제(credits), 가격할인(price concessions), 장려금(incentives), 성과보너스, 위약금이나 그 밖의 비슷한 항목 때문에 변동될 수 있다.

♀ 거래가격 산정

1. 변동대가
   재화나 용역을 이전한 이후에 할인, 리베이트, 환불, 공제, 가격할인, 장려금, 성과보너스, 위약금 등과 같은 항목 때문에 **변동**될 수 있다.

2. 환불부채
   고객에게서 받은 대가의 일부나 전부를 고객에게 환불할 것으로 예상되는 경우에는 **환불부채**를 인식한다.

3. 계약에 있는 유의적인 금융요소
   거래가격은 **화폐의 시간가치**가 미치는 영향을 반영하여 약속한 대가를 조정한다. 계약 개시 후에는 이자율 등이 달라지더라도 할인율을 새로 수정하지 않고, 기간이 1년 이내일 경우에는 조정하지 않을 수도 있다.

4. 비현금 대가
   고객이 현금 외의 형태(주식 등)로 대가를 약속한 계약의 경우에 거래가격을 산정하기 위하여 제공받은 비현금대가를 **공정가치**로 측정한다.

5. 고객에게 지급할 대가
   고객에게 현금 등의 대가를 별도로 지급하거나 지급이 예상되는 금액을 거래가격인 **수익에서 차감**한다.

변동대가(금액)는 다음 중에서 기업이 **받을 권리를 갖게 될 대가(금액)를 더 잘 예측할 것으로 예상하는 방법을 사용하여 추정**한다.

> ① 기댓값 : 기댓값은 가능한 대가의 범위에 있는 모든 금액에 각확률을 곱한 금액의 합
> ② 가능성이 가장 높은 금액 : 가능성이 가장 높은 금액은 가능한 대가의 범위에서 가능성이 가장 높은 단일 금액

각 보고기간 말의 상황과 보고기간의 상황 변동을 충실하게 표현 하기 위하여 **보고기간 말마다 추정 거래가격을 새로 수정**한다.

② **변동대가 추정치의 제약**

변동대가와 관련된 불확실성이 나중에 해소될 때, 이미 인식한 누적 수익 금액 중 **유의적인 부분을 되돌리지(환원하지) 않을 가능성이 매우 높은**(highly probable) **정도까지만** 추정된 변동대가(금액)의 일부나 전부를 거래가격에 포함한다. 하지만, 변동대가의 추정치가 너무 불확실하고, 기업이 고객에게 재화나 용역을 이전하고 그 대가로 받을 권리를 갖게 될 금액을 충실하게 나타내지 못하는 경우에는 해당 변동대가의 추정치는 거래가격에 포함시키지 않으며, 수익으로 인식하지 않는다. 이를 **변동대가의 추정치의 제약**이라고 한다.

> 예 고객 관계를 유지하기 위해 고객에게 가격할인을 부여할 것을 예상하는 경우, 일정 수량 초과시 구매시 단가 조정 계약, 가격차이 보상판매 등

③ **변동대가 추정치의 제약 — 반품권이 있는 판매**

반품권과 관련된 불확실성이 나중에 해소될 때, 이미 인식한 누적 수익 중 유의적인 부분을 되돌리지 않을 가능성이 매우 높은 정도까지만 수익을 인식한다. 따라서 반품될 것으로 예상하는 경우에는 **환불부채를 인식**한다. 또한 고객이 반품권을 행사할 때 기업이 재화를 회수할 수 있는 권리를 별개의 자산(반환제품회수권)으로 인식한다.

> 예 재고자산을 ₩100,000에 현금판매하고, 판매시점에는 거래실적에 따라 10%를 환급해주는 것으로 판단하였으나, 보고기간 말에 15%를 환급해야 하는 것으로 추정이 변경된 경우

판매시	(차) 현　　　금	100,000	(대) 매　　　출	90,000
			환 불 부 채	10,000
보고기간말	(차) 매　　　출	5,000	(대) 환 불 부 채	5,000

④ **계약에 있는 유의적인 금융요소**

거래가격을 산정할 때, 계약 당사자들 간에 합의한 지급시기 때문에 고객에게 재화나 용역을 이전하면서 유의적인 금융 효익이 고객이나 기업에 제공되는 경우에는 **화폐의 시간가치가 미치는 영향을 반영하여 약속된 대가(금액)를 조정**한다.

계약에 유의적인 금융요소가 포함되어 있는 경우 거래가격을 산정할 때에는 미래현금흐름의 총수취액을 적절한 이자율(시장이자율, 내부수익률)로 할인하여 측정한다.

예제

장기할부판매

20X1년 초 A회사는 제품을 3년간 매년 말에 ₩100,000씩 3회에 걸쳐 분할하여 회수하는 조건으로 매출하였다. 동 제품의 원가는 ₩200,000이고, 판매당시의 시장이자율은 10%, 10%, 3기간 연금현가계수는 2.48685이다.

각 시점별로 필요한 회계처리를 하시오. 단, 유동성대체는 생략한다.

해답

현재가치 회계처리(현재가치할인차금 계정 사용하지 않는 순액처리)

20X1. 1. 1.	(차)	장기성매출채권	248,685	(대)	매 출		248,685
		매 출 원 가	200,000		제 품		200,000
20X1.12.31.	(차)	현 금	100,000	(대)	장기성매출채권		75,131
					이 자 수 익		24,869
20X2.12.31.	(차)	현 금	100,000	(대)	장기성매출채권		82,645
					이 자 수 익		17,355
20X3.12.31.	(차)	현 금	100,000	(대)	장기성매출채권		90,909
					이 자 수 익		9,091

예제

선수금에 포함된 금융요소

A기업은 재고자산(원가 ₩300,000)을 판매하기로 고객과 계약을 체결하였다. 자산에 대한 통제는 2년 경과 후에 고객에게 이전될 것이며, 수행의무는 한 시점에 이행될 것이다. 계약에 따르면 A기업은 20X1년 초에 ₩400,000을 수령하고 20X2년 말에 재화를 이전한다. 해당 거래에 적용된 내재이자율은 연 6%이다.

해답

(1) 일자별 회계처리

20X1. 1. 1.	(차)	현 금	400,000	(대)	선수금(계약부채)		400,000
20X1.12.31.	(차)	이 자 비 용	24,000	(대)	선 수 금		24,000
		*이자비용: 400,000 × 6% = ₩24,000					
20X2.12.31.	(차)	이 자 비 용	25,440	(대)	선 수 금		25,440
	(차)	선 수 금	449,440	(대)	매 출		449,440
		매 출 원 가	300,000		재 고 자 산		300,000
		*이자비용: 424,000 × 6% = ₩25,440					

(2) 20X2년 매출총이익

매출액 ₩449,440(400,000 × 1.062) − 매출원가 ₩300,000 = ₩149,440

⑤ **비현금 대가**

고객이 현금 외의 형태로 대가를 약속한 계약의 경우에 거래가격을 산정하기 위하여 비현금 대가(또는 비현금 대가의 약속)를 **공정가치로 측정**한다.

🔗 **교환 또는 스왑거래의 수익측정**

구 분		수익인식금액
상업적실질이 없는 동종자산간의 교환		수익인식 금지
상업적실질이 있는 이종자산간의 교환	제공받은 비현금대가 측정가능	제공받은 대가의 공정가치 ± 현금수령(지급)
	제공받은 비현금대가 측정불가능	제공한 대가의 공정가치

⑥ **고객에게 지급할 대가**

기업이 고객에게 현금 등의 대가를 별도로 지급하는 경우가 있다. 고객에게 지급할 대가가 고객에게서 제공받을 재화나 용역에 대한 대가가 아닌 경우 거래가격인 **수익에서 차감**하여 회계처리한다.

🔗 **고객에게 지급할 대가**

고객에게 지급하는 대가의 성격		거래가격의 산정
고객에게서 제공받을 재화나 용역의 대가가 아닌 경우		수익으로 인식할 금액에서 차감
고객에게서 제공받을 재화나 용역의 대가인 경우	원칙	별도의 구매거래로 인식
	공정가치 초과지급시	초과지급액은 수익금액에서 차감
	공정가치를 모르는 경우	수익으로 인식할 금액에서 전액 차감

📀 재고자산을 ₩100,000에 판매하고, 고객에게 ₩10,000을 지급하였다. 고객에게 지급한 ₩10,000은 고객으로부터 공정가치 ₩6,000인 서비스를 제공받고 대가로 지급한 것이다.

판매시	(차) 현　　　금	100,000	(대) 매　　　출	100,000
대가지급	(차) 수수료비용 　　　매　　　출	6,000 4,000	(대) 현　　　금	10,000

6 수익인식 4단계 : 거래가격을 계약 내 수행의무에 배분

거래가격을 배분하는 목적은 기업이 고객에게 약속한 재화나 용역을 이전하고 그 대가로 받을 권리를 갖게 될 금액을 나타내는 금액으로 각 수행의무(또는 구별되는 재화나 용역)에 거래가격을 배분하는 것이다.

거래가격 배분의 목적에 맞게, 거래가격은 **상대적 개별 판매가격을 기준으로 계약에서 식별된 각 수행의무에 배분**한다.

> ① 개별 판매가격에 기초한 배분   ② 할인액의 배분
> ③ 변동대가의 배분   ④ 거래가격의 변동

① 개별 판매가격에 기초한 배분

계약 개시시점에 계약상 각 수행의무의 대상인 구별되는 재화나 용역의 개별 판매가격을 산정하고 이 **개별 판매가격에 비례**하여 거래가격을 배분한다.

② 할인액의 배분

할인액을 계약상 모든 수행의무에 비례하여 배분한다. 유의할 점은 할인액이 계약상 모든 수행의무와 관련된 것이 아니라, 하나 이상의 **일부 수행의무에만 관련된 경우에는 할인액 전체를 계약상 일부 수행의무들에만 배분**한다는 것이다.

③ 변동대가의 배분

다음 기준을 모두 충족하면, 변동금액(과 후속 변동액)을 전부 하나의 수행의무에 배분하거나 단일 수행의무의 일부를 구성하는 구별되는 재화나 용역에 배분한다.

> ㉠ 수행의무를 이행하거나 구별되는 재화나 용역을 이전하는 기업의 노력(또는 그에 따른 특정 성과)과 변동 지급조건이 명백하게 관련되어 있다.
> ㉡ 계약상 모든 수행의무와 지급조건을 고려할 때, 변동대가(금액)를 전부 그 수행의무나 구별되는 재화 또는 용역에 배분하는 것이 배분 목적에 맞는다.

④ 거래가격의 변동

거래가격의 후속 변동은 계약 **개시시점과 같은 기준 즉, 계약 개시시점에 정한 개별 판매가격 기준으로 계약상 수행의무에 배분**한다.

⑤ 계약의 변경으로 인한 거래가격의 변동

계약 당사자들이 계약변경을 승인(서면, 구두 합의, 사업 관행 등)하지 않았다면, 계약변경의 승인을 받을 때까지는 기존 계약에 따라 수익을 인식한다. 계약의 변경으로 인해 거래가격이 변동된 경우 **계약범위가 확장되고 가격 상승이 적절하다면 계약변경은 별도 계약으로 회계처리**한다.

7 수익인식 5단계 : 수익을 인식

고객에게 약속한 재화나 용역, 즉 **자산을 이전하여 수행의무를 이행할 때(또는 기간에 걸쳐 이행하는 대로) 수익을 인식**한다. 자산은 고객이 그 자산을 통제할 때(또는 기간에 걸쳐 통제하게 되는 대로) 이전된다.

식별한 각 수행의무를 기간에 걸쳐 이행하는지 또는 한 시점에 이행하는지를 계약 개시시점에 판단한다.

(1) 기간에 걸쳐 이행하는 수행의무 : 진행기준

다음 기준 중 어느 하나를 충족하면, 기업은 재화나 용역에 대한 통제를 기간에 걸쳐 이전하므로, 기간에 걸쳐 수행의무를 이행하는 것이고 **기간에 걸쳐 수익을 인식**한다.

> ① 고객은 기업이 수행하는 대로 기업의 수행에서 제공하는 효익을 동시에 얻고 소비한다.
> ② 기업이 수행하여 만들어지거나 가치가 높아지는 대로 고객이 통제하는 자산(例 재공품)을 기업이 만들거나 그 자산 가치를 높인다.
> ③ 기업이 수행하여 만든 자산이 기업 자체에는 대체 용도가 없고, 지금까지 수행을 완료한 부분에 대해 집행 가능한 지급청구권이 기업에 있다.

기간에 걸쳐 수익을 인식할 경우 투입법 혹은 산출법에 따라 진행률을 측정한다.

(2) 한 시점에 이행하는 수행의무 : 인도기준

수행의무가 기간에 걸쳐 이행되지 않는다면, 그 수행의무는 한 시점에 이행되는 것이다. 고객이 약속된 자산을 통제하고 기업이 수행의무를 이행하는 시점을 판단하기 위해 다음과 같은 지표를 참고하여 **한 시점에 수익을 인식**한다.

> ① 기업은 자산에 대해 현재 지급청구권이 있다.
> ② 고객에게 자산의 법적 소유권이 있다.
> ③ 기업이 자산의 물리적 점유를 이전하였다.
> ④ 자산의 소유에 따른 유의적인 위험과 보상이 고객에게 있다.
> ⑤ 고객이 자산을 인수하였다.

💡 **진행률**

기간에 걸쳐 수행의무를 이행하는 경우 수행의무 완료까지의 진행률(progress)을 측정하여 기간에 걸쳐 수익을 인식한다.
진행률 측정방법은 산출법과 투입법 중 수행의무의 이행비율을 적절하게 측정하는 방법을 선택해서 적용한다.

💡 **위험과 보상**

종전 기준서 1018호에서는 자산의 소유에 따른 유의한 위험과 보상의 이전 여부가 재화 판매에 대한 수익인식 요건이었으나, 기준서 1115호에서는 위험과 보상의 이전이 통제 이전 여부를 판단하는 여러 요소 중 하나에 불과하다.

8 계약관련 자산과 부채의 재무상태표 표시

기업은 수행의무를 이행하면서 거래가격을 계약에 따른 수익으로 인식하며, 이를 포괄손익계산서에 당기손익으로 인식한다. 수익의 인식과 관련하여 계약 당사자 중 어느 한 편이 계약을 수행했을 때, 기업의 수행 정도와 고객의 지급과의 관계에 따라 그 계약을 계약자산이나 계약부채로 재무상태표에 표시한다. 특히 계약자산 중 대가를 받을 무조건적인 권리를 갖게 된 금액은 수취채권으로 별도 표시한다.

> ① 계약자산: 기업이 고객에게 이전한 재화나 용역에 대하여 그 대가를 받을 기업의 권리로 그 권리에 시간의 경과 외의 조건(예 기업의 미래 수행)이 있는 자산
> ② 수취채권: 대가를 받을 무조건적인 권리
> ③ 계약부채: 기업이 고객에게서 이미 받은 대가 또는 지급기일이 된 대가에 상응하여 고객에게 재화나 용역을 이전해야 하는 기업의 의무

02 거래 형태별 수익의 인식

1 할부판매

할부판매는 재화를 고객에게 인도한 후 판매대금은 장기간에 걸쳐 회수하는 형태의 판매를 말한다. 할부판매는 **이자수익에 해당하는 부분을 제외한 판매가격에 해당하는 수익을 판매시점에 인식**한다.

판매가격은 대가의 현재가치로서 수취할 할부금액을 내재이자율로 할인한 금액을 말한다.

할부판매로 발생하는 채권의 명목가액과 현재가치의 차액은 '현재가치할인차금'의 과목으로 하여 당해 채권의 차감계정으로 표시한다. **현재가치할인차금은 채권의 회수기간에 걸쳐 유효이자율법으로 상각하고, 동 상각액은 이자수익으로 인식**한다.

재화의 인도	(차) 장기성매출채권	×××	(대) 매출	×××
			현재가치할인차금	×××
할부금 회수	(차) 현금	×××	(대) 장기성매출채권	×××
	현재가치할인차금	×××	이자수익	×××

할부매출	매출총이익 = 매출액(현재가치) − 매출원가
	당기수익 = 할부매출액의 현재가치 + 현재가치할인차금 상각액

* 매출액 현재가치 = 매회 할부금 × 연금현가계수
* 현재가치할인차금 상각액 = (장기성매출채권 − 현재가치할인차금) × 유효이자율

2 위탁판매

위탁판매는 위탁자가 수탁자에게 상품의 판매를 위탁하고 그 대가로 수탁자에게 수수료를 지급하는 형태의 판매를 말한다. 위탁자는 상품을 수탁자에게 발송하고 '적송품'계정에 대체하여 관리한다. 적송품을 수탁자에게 발송할 때 발생하는 적송운임은 적송품을 판매가능한 상태로 만들기 위하여 발생한 지출이므로 적송품의 취득원가로 처리한다.
위탁자는 **수탁자가 당해 상품을 제3자에게 판매한 시점에 수익을 인식**한다.

재화의 인도	(차) 적송품	×××	(대) 매입(상품)	×××
			현금	×××
수탁자의 판매	(차) 판매수수료	×××	(대) 매출	×××
	현금	×××	적송품	×××
	매출원가	×××		

3 시용판매

시용판매는 상품을 고객에게 일정기간 사용하게 한 후 구입여부를 결정하게 하는 형태의 판매를 말한다. 시용판매를 위하여 발송한 재화를 '시송품'이라고 한다. 시용판매에서는 고객의 매입의사표시가 수익창출과정에서 가장 중요한 사건이므로 **고객이 매입의사를 표시한 시점에 수익을 인식**한다. 고객의 매입의사표시가 없는 시송품에 대해서는 원가를 계산하여 기말재고자산에 포함한다.

재화의 인도	(차) 시송품	×××	(대) 매입(상품)	×××
			현금(운임)	×××
매입의사표시	(차) 매출채권	×××	(대) 매출	×××
	매출원가	×××	시송품	×××

4 상품권

(1) 상품권 발행 시

상품권은 추후에 상품을 인도하기로 하고 발행하는 유가증권을 말한다. 상품권 발행회사는 상품권의 액면금액을 '선수금'의 과목으로 하여 계약부채로 인식하고, 향후 지정된 재화나 용역을 고객에게 이전하고 상품권을 회수하는 시점에서 수익을 인식한다.

할인발행한 경우에는 수령한 현금과의 차액을 '상품권할인액'의 과목으로 처리한다. 상품권할인액은 선수금의 차감계정으로 재무상태표에 공시한다.

(차) 현금	×××	(대) 선수금	×××
상품권할인액	×××		

(2) 상품권 회수 시(고객이 행사한 권리)

고객이 상품권을 제시하는 경우 상품권 발행회사는 재화를 고객에게 인도하는 시점에 수익으로 인식하고, 상품권 할인액은 '매출에누리'로 처리하여 수익에서 차감한다. 재화의 판매가격과 상품권 액면금액의 차액은 추가로 현금으로 지급하거나 지급받게 된다.

(차) 선수금	×××	(대) 매출	×××
매출에누리	×××	상품권할인액	×××

(3) 상품권 유효기간 경과 시(고객이 행사하지 않은 권리)

상품권 유효기간이 경과된 경우에는 유효기간이 경과한 시점에서 상품권에 명시된 비율에 따라, 상법상의 소멸시효가 완성된 경우에는 남은 잔액을 각각 잡이익 등의 과목으로 하여 당기손익으로 인식한다. 상품권할인액은 잡이익 등의 금액에서 차감한다.

(차) 선수금	×××	(대) 상품권할인액	×××
		현금	×××
		잡이익	×××

5 반품권이 있는 판매

일부 계약에서는 기업이 고객에게 제품에 대한 통제를 이전하고, 다양한 이유로 제품을 반품할 권리와 함께 ① 금액환불, ② 채무공제, ③ 제품교환 등을 조합하여 받을 권리를 고객에게 부여한다.

(1) 반품가능성을 예측할 수 있는 경우

반품가능성을 예측할 수 있는 경우 반품이 예상되지 않는 부분에 대하여는 고객에게 수행의무를 이행한 것으로 볼 수 있으므로 수익(매출)과 비용(매출원가)으로 인식한다. 하지만 반품이 예상되는 제품에 대해서는 고객에게 수행의무를 이행한 것으로 볼 수 없으므로, 고객에게 제품을 이전할 때 수익으로 인식하지 않고 **환불부채로 인식**한다. 또한 관련 매출원가도 비용으로 인식하지 않고 제품을 회수할 권리에 대하여 별도자산인 반환재고회수권으로 인식한다.

(2) 반품가능성을 예측할 수 없는 경우

반품가능성을 예측할 수 없는 경우 불확실성으로 인해 고객에게 제품에 대한 통제를 이전한 경우에도 수익을 인식할 수 없다. 이 경우 수익은 반품권이 소멸되는 시점에 인식한다.

구 분			회계처리
반품가능성의 예측이 가능	판매예상 부분	판매가	매출로 인식
		원가	매출원가로 인식
	반품예상 부분	판매가	환불부채를 인식
		원가	반환제품회수권으로 인식
반품가능성의 예측이 불가능		판매가	환불부채를 인식
		원가	반환제품회수권으로 인식

6 보증의 제공 − 제품보증조건부 판매

기업은 재화나 용역의 판매와 관련하여 계약, 법률, 기업의 사업 관행에 따라 보증(warranty)을 제공하는 것이 일반적이다. 재화와 용역을 판매하면서 보증을 제공한 경우 고객이 보증을 별도로 구매할 수 있는 선택권이 있는지 여부에 따라 인식방법이 달라진다.

(1) 보증에 대한 별도구매선택권이 있는 경우

보증에 대하여 가격이 별도로 정해져 있고 협상이 가능한 경우에는 고객에게 보증을 별도로 구매할 수 있는 선택권이 있는 것이다. 이 경우의 보증은 구별되는 용역으로 수행의무이므로 **약속한 보증을 별도의 수행의무로 회계처리하고, 보증제공의무에 총거래가격의 일부를 배분**한다.

(2) 보증에 대한 별도구매선택권이 없는 경우

고객에게 보증을 별도로 구매할 수 있는 선택권이 없는 경우에는 보증의 유형에 따라 회계처리가 달라진다.

보증의 유형	의 의	회계처리
확신 유형의 보증	• 합의된 규약에 부합한다는 확신의 제공 • 법률 등에서 요구하는 경우	수행의무가 아니므로 예상원가를 **충당부채**로 인식
용역 유형의 제공	• 고객에게 별도 용역을 제공 • 고객이 보증을 별도로 구매가능한 경우	**수행의무**이므로 거래가격을 제품과 용역에 배분

한편, 법적 보증(예 리콜)이나 제품이 손해나 피해를 끼칠 경우 보상하도록 하는 요구하는 법률(예 제조물 책임법)로 인한 보상금 지급의무는 확신 유형의 보증으로 수행의무가 아니다.

7 고객충성제도

기업이 재화나 용역을 구매하는 고객에게 인센티브를 제공하기 위하여 마일리지, 판매인센티브, 고객보상점수, 계약갱신선택권이나 구매할인제도 등의 다양한 보상제도를 운영하며, 이를 **고객충성제도**라 한다.

계약에서 추가 재화나 용역을 취득할 수 있는 선택권을 고객에게 부여하고 해당 선택권이 그 계약을 체결하지 않으면 받을 수 없는 중요한 권리를 고객에게 제공하는 경우에는 해당 선택권은 계약에서 별개의 수행의무가 된다. 이 경우 고객은 사실상 미래 재화나 용역의 대가를 기업에 미리 지급한 것이므로 **해당 금액을 이연시킨 후 미래 재화나 용역이 이전되거나 선택권이 만료될 때 수익을 인식**한다.

8 라이선싱(licensing)

라이선스는 기업의 지적재산에 대한 고객의 권리를 정한다. 지적재산에 대한 라이선스에는 소프트웨어, 기술, 영화, 음악과 그 밖의 형태의 미디어와 오락물, 프랜차이즈, 특허권, 상표권과 저작권 등에 대한 라이선스가 포함될 수 있다.

구 분	의 미	수익인식
라이선스 접근권	라이선스 기간 전체에 걸쳐 존재하는 기업의 지적재산에 접근할 권리(갱신가능)	**사용기간에 걸쳐** 수익인식
라이선스 사용권	라이선스를 부여하는 시점에 존재하는 기업의 지적재산을 사용할 권리(갱신불가)	**부여일에** 수익인식

9 기 타

부동산판매	부동산의 판매수익은 법적 소유권이 구매자에게 이전되는 시점에 인식한다. 그러나 법적 소유권이 이전되기 전이라도 소유에 따른 위험과 효익이 구매자에게 실질적으로 이전되는 경우, 즉 ① 잔금청산일, ② 소유권이전등기일, ③ 매입자의 사용가능일 중 가장 빠른 날에 인식한다.
판매대리	기업이 재화의 소유에 따른 위험과 효익을 가지지 않고 타인의 대리인 역할만 수행하여 재화를 판매하는 경우에는 판매가액 총액을 수익으로 계상할 수 없으며, 판매수수료만을 수익으로 인식해야 한다. (예 임대업, 수출대행 종합상사. 인터넷상 중개판매 또는 경매)
정기간행물의 구독	구독기간에 걸쳐 정액법으로 인식한다. 단, 판매하는 품목의 가액이 기간별로 다른 경우에는 발송된 품목의 판매가액이 구독신청을 받은 모든 품목의 예상 총판매가액에서 차지하는 비율에 따라 인식한다.
설치 및 검사조건부	고객이 재화의 인도를 수락하고 설치와 검사를 완료한 시점에 고객이 자산을 통제하는 경우의 수익인식 기준이다. ① 재화나 용역이 합의한 규격에 따른 것인지를 객관적으로 판단할 수 있는 경우에는 고객의 인수수락여부와 상관없이 수익으로 인식한다. ② 재화나 용역이 합의한 규격에 따른 것인지를 객관적으로 판단할 수 없는 경우에는 고객인 인수수락을 한 시점에 수익으로 인식한다.

광고수익	① 방송사 등의 광고수익 : 해당 광고를 대중에게 전달하는 시점에 수익으로 인식 ② 광고제작사 등의 광고제작용역수익 : 진행기준에 따라 수익으로 인식
예술공연 등 입장료 수익	예술공연 등의 행사에서 발생하는 입장료 수익은 행사가 개최되는 시점에 인식한다. 하나의 입장권으로 여러 행사에 참가할 수 있는 경우의 입장료수익은 각각의 행사를 위해 수행된 용역의 정도에 따라 각 행사에 배분하여 인식한다.
수강료	수강료는 강의기간 동안 발생기준에 따라 수익으로 인식
입회비 또는 연회비	입회비나 연회비 등의 수익은 제공하는 용역의 성격에 따라 인식
주문개발하는 소프트웨어의 대가	주문개발하는 소프트웨어의 대가로 수취하는 수수료는 진행기준에 따라 수익을 인식

03 건설계약

1 건설계약

건설계약이란 단일 자산의 건설이나 설계, 기술 및 기능 또는 그 최종 목적이나 용도에 있어서 밀접하게 상호연관되거나 상호의존적인 복수 자산의 건설을 위해 구체적으로 협의를 말한다. 건설계약은 교량, 건물, 댐, 파이프라인, 도로, 선박 또는 터널과 같은 단일 자산을 건설하기 위하여 체결할 수 있다. 또한 설계, 기술 및 기능 또는 그 최종 목적이나 용도에 있어서 밀접하게 상호 연관되거나 상호의존적인 복수자산을 대상으로 할 수도 있으며, 이러한 계약의 예로 정제시설과 기타 복합 생산설비나 기계장치의 건설이 있다.

2 계약수익과 계약원가

(1) 계약수익

계약수익은 다음 항목으로 구성된다.

> ① 최초에 합의한 계약금액
> ② 공사변경, 보상금 및 장려금에 따라 추가되는 금액으로서 수익으로 귀결될 가능성이 높고, 신뢰성 있게 측정할 수 있는 금액

(2) 계약원가

계약원가는 계약체결 증분원가와 계약이행원가로 구분한다.

① 계약체결 증분원가

계약체결 증분원가는 회수될 것으로 예상된다면 이를 자산으로 인식한다. 하지만 자산으로 인식하더라도 상각기간이 1년 이하라면 그 계약체결 증분원가는 발생시점에 비용으로 인식하는 실무적 간편법을 사용할 수 있다. 한편, 계약 체결 여부와 무관하게 발생하는 원가(업무관리비용, 판매수수료 등)는 계약체결 증분원가가 아니다. 이러한 원가는 **계약 체결 여부와 관계없이 고객에게 그 원가를 명백히 청구할 수 있는 경우가 아니라면 발생시점에 비용으로 인식**한다.

② 계약이행원가

계약이행원가는 다른 기업회계기준서의 적용범위(재고자산, 유형자산, 무형자산)에 포함되지 않는다면, 그 **원가는 다음 기준을 모두 충족해야만 미성공사의 계정으로 자산으로 인식**한다.

> (1) 직접관련원가
>
> 원가가 계약이나 구체적으로 식별할 수 있는 예상 계약에 직접 관련된다.
> ① 직접재료원가와 직접노무원가
> ② 계약이나 계약활동에 직접 관련되는 원가 배분액(**예** 계약의 관리·감독원가, 보험료, 계약의 이행에 사용된 기기·장비·사용권자산의 감가상각비)
> ③ 계약에 따라 고객에게 명백히 청구할 수 있는 원가
> ④ 기업이 계약을 체결하였기 때문에 드는 그 밖의 원가(**예** 하도급자에게 지급하는 금액)
>
> (2) 미래효익의 존재
>
> 원가가 미래 수행의무를 이행(또는 계속 이행)할 때 사용할 기업의 자원을 창출하거나 가치를 높인다.
>
> (3) 회수가능
>
> 원가는 회수될 것으로 예상된다.

그러나 다음의 원가는 발생시점에 비용으로 인식한다.

> (1) 일반관리원가
> (2) 계약을 이행하는 과정에서 낭비된 재료원가, 노무원가, 그 밖의 자원의 원가로서 계약가격에 반영되지 않는 원가
> (3) 이미 이행한 계약상 수행의무와 관련된 원가
> (4) 이행하지 않은 수행의무와 관련된 원가인지, 이미 이행한 수행의무와 관련된 원가인지 구별할 수 없는 원가

③ 특수한 공사원가

진행률 계산시 특수항목의 포함여부와 회계처리는 다음과 같다.

구 분	진행률	회계처리
계약체결 증분원가 (수주원가)	불포함	자산인식요건 충족시 진행률에 따라 투입원가에 반영
		자산인식요건 불충족시 당기비용으로 처리
하자보수원가	불포함	진행률에 따라 연도별로 투입원가에 반영
건설장비 감가상각비	포함	특정공사에만 사용 : 공사기간과 내용연수 중 짧은 기간동안 감가상각하고 계약원가에 산입
		여러 공사에 사용 : 내용연수동안 감가상각하고 계약원가에 반영
차입원가	불포함	차입원가의 자본화요건 충족시 발생기간에 즉시 계약원가에 반영

(3) 진행률

계약의 진행률은 다양한 방식으로 결정될 수 있다. 건설사업자는 수행한 공사를 신뢰성 있게 측정하는 방법을 사용한다. 계약의 성격에 따라 다음과 같은 방법 등으로 측정할 수 있다.

> ① **수행한 공사에 대하여 발생한 누적계약원가를 추정총계약원가로 나눈 비율**
> ② 수행한 공사의 측량
> ③ 계약 공사의 물리적 완성비율

누적발생계약원가 기준에 의한 진행률은 다음과 같이 산정한다.

> • 누적 진행률 $= \dfrac{\text{누적발생원가}}{\text{추정 총계약원가}}$
>
> $\qquad\quad = \dfrac{\text{전기누적발생원가} + \text{당기발생원가}}{\text{전기누적발생원가} + \text{추가예정원가}}$
>
> • 당기 계약수익 $=$ 누적계약수익 $-$ 전기까지 인식한 누적계약수익
> $\qquad\qquad\quad = $ (총계약금액×누적진행률) $-$ 전기까지 인식한 누적계약수익
> • 당기 계약원가 $=$ 누적발생계약원가 $-$ 전기까지 인식한 누적발생계약원가
> $\qquad\qquad\quad = $ 추정총계약원가 × 누적진행률 $-$ 전기까지 인식한 계약원가
> • 당기 계약손익 $=$ 당기 계약수익 $-$ 당기 계약원가

💡 **계약(공사)손실 예상**

총계약손실이 예상되는 경우의 당기 계약손실 계산
* 당기 계약손실 = 총계약손실 예상액 + 전기까지 인식한 계약이익
* 총계약손실예상액 = 총계약원가 − 총계약금액

🔍 예제

계약손익의 인식

甲회사는 20X1년초에 乙회사와 교량공사계약을 체결하였다. 공사계약액은 ₩10,000,000
이고, 20X3년 6월까지 공사를 끝내기로 하였으며, 관련 자료는 다음과 같다.

	20X1년	20X2년	20X3년
당 기 발 생 원 가	₩2,400,000	₩3,550,000	₩2,650,000
추 가 예 정 원 가	5,600,000	2,550,000	—
추 정 총 계 약 원 가	8,000,000	8,500,000	8,600,000
공 사 대 금 청 구 액	2,800,000	4,500,000	2,700,000
공 사 대 금 회 수 액	2,500,000	3,500,000	4,000,000

요구사항

1. 연도별 누적 진행률을 산정하시오.

2. 진행기준을 적용하여 연도별 계약수익, 계약원가 및 계약이익을 계산하시오.

해설

1. 누적진행률

	20X1년	20X2년	20X3년
당기발생원가	₩2,400,000	₩3,550,000	₩2,650,000
누적발생원가①	2,400,000	5,950,000	8,600,000
추가예정원가	5,600,000	2,550,000	—
추정총계약원가②	₩8,000,000	₩8,500,000	₩8,600,000
누적진행률(①/②)	30%	70%	100%

2. 계약손익

	20X1년	20X2년	20X3년
누적계약수익	₩3,000,000	₩7,000,000	₩10,000,000
전기누적계약수익	—	3,000,000	7,000,000
당기계약수익	3,000,000	4,000,000	3,000,000
당기계약원가	2,400,000	3,550,000	2,650,000
당기계약이익(손실)	₩600,000	₩450,000	₩350,000

(4) 회계처리

다음은 건설계약의 시점별 회계처리 사례이다.

원가발생시:	(차) 미 성 공 사	×××	(대) 현　　　　금	×××	
대금청구시:	(차) 공 사 미 수 금	×××	(대) 진 행 청 구 액	×××	
대금회수시:	(차) 현　　　　금	×××	(대) 공 사 미 수 금	×××	
기말결산시:	(차) 계 약 원 가	×××	(대) 계 약 수 익	×××	
	미 성 공 사	×××			
	⋮				
공사완공시:	(차) 진 행 청 구 액	×××	(대) 미 성 공 사	×××	

(5) 건설계약의 재무제표 공시

건설계약과 관련하여 재무상태표에는 **미성공사에 진행청구액의 계정이 차감하는 형식**으로 공시되며 공사미수금 계정도 공시된다. 또한 포괄손익계산서에는 계약수익과 계약원가가 총액으로 공시되며 진행기준에 의한 공사계약의 성과를 보고하게 된다.

보고기간말 '미성공사계정 − 진행청구계정'이 양(+)의 금액으로 계산되는 경우에는 청구하지 않은 계약수익이므로 재무상태표에 자산으로 계상한다.

한편, 보고기간말 '미성공사계정 − 진행청구계정'이 부(−)의 금액으로 계산되는 경우에는 과다 청구한 계약수익에 해당하므로 재무상태표에 부채로 계상한다.

> ① 미성공사 > 진행청구액 = 미청구공사 총액 (유동자산) > 0
> ② 미성공사 < 진행청구액 = 초과청구공사 총액 (유동부채) < 0
> 　　* 미성공사 = 누적발생 계약원가 + 누적계약이익 인식액
> 　　　　　　　 = 누적수익 인식액(= 누적계약수익)

> ① 미성공사 > 진행청구액 : 미성공사 − 진행청구액
> 　　　　　　　　　　　　 = 미청구공사 총액(유동자산) > 0
> ② 미성공사 < 진행청구액 : 미성공사 − 진행청구액
> 　　　　　　　　　　　　 = 초과청구공사 총액(유동부채) < 0

예제

건설계약의 회계처리

甲회사는 20X1년 초에 乙회사와 교량공사계약을 체결하였다. 공사계약액은 ₩10,000,000 이고, 20X3년 6월까지 공사를 끝내기로 하였으며, 관련 자료는 다음과 같다.

	20X1년	20X2년	20X3년
당 기 발 생 원 가	₩2,400,000	₩3,550,000	₩2,650,000
추 가 예 정 원 가	5,600,000	2,550,000	—
추 정 총 계 약 원 가	8,000,000	8,500,000	8,600,000
공 사 대 금 청 구 액	2,800,000	4,500,000	2,700,000
공 사 대 금 회 수 액	2,500,000	3,500,000	4,000,000

요구사항

1. 건설계약과 관련하여 연도별 필요한 회계처리를 하시오.

2. 20X1년 12월 31일과 20X2년 12월 31일 당해 건설계약과 관련된 부분 재무상태표를 작성하시오.

해설

1. 연도별 회계처리

① 20X1년

원가발생시:	(차) 미 성 공 사	2,400,000	(대) 현　　　　　금	2,400,000
대금청구시:	(차) 공 사 미 수 금	2,800,000	(대) 진 행 청 구 액	2,800,000
대금회수시:	(차) 현　　　　　금	2,500,000	(대) 공 사 미 수 금	2,500,000
기말결산시:	(차) 계 약 원 가	2,400,000	(대) 계 약 수 익	3,000,000
	미 성 공 사	600,000		

② 20X2년

원가발생시:	(차) 미 성 공 사	3,550,000	(대) 현　　　　　금	3,550,000
대금청구시:	(차) 공 사 미 수 금	4,500,000	(대) 진 행 청 구 액	4,500,000
대금회수시:	(차) 현　　　　　금	3,500,000	(대) 공 사 미 수 금	3,500,000
기말결산시:	(차) 계 약 원 가	3,550,000	(대) 계 약 수 익	4,000,000
	미 성 공 사	450,000		

③ 20X3년

원가발생시:	(차) 미 성 공 사	2,650,000	(대) 현　　　　　금	2,650,000
대금청구시:	(차) 공 사 미 수 금	2,700,000	(대) 진 행 청 구 액	2,700,000
대금회수시:	(차) 현　　　　　금	4,000,000	(대) 공 사 미 수 금	4,000,000
기말결산시:	(차) 계 약 원 가	2,650,000	(대) 계 약 수 익	3,000,000
	미 성 공 사	350,000		
계약종료시:	(차) 진 행 청 구	10,000,000	(대) 미 성 공 사	10,000,000

2. 부분 재무상태표
① 계약성과의 분석

	20X1. 12. 31	20X2. 12. 31	20X3. 12. 31
누적미성공사	₩3,000,000	₩7,000,000	₩10,000,000
누적공사대금청구	(2,800,000)	(7,300,000)	(10,000,000)
미청구(초과청구)	200,000	(300,000)	—
	20X1. 12. 31	20X2. 12. 31	20X3. 12. 31
누적공사대금청구	₩2,800,000	₩7,300,000	₩10,000,000
누적공사대금회수	(2,500,000)	(6,000,000)	(10,000,000)
공사미수금	300,000	1,300,000	—

② 부분 재무상태표

재무상태표 20X1. 12. 31		재무상태표 20X2. 12. 31	
미성공사	3,000,000	진행청구액	7,300,000
진행청구액	(2,800,000)	미성공사	(7,000,000)
미청구공사	200,000	초과청구공사	300,000
공사미수금	300,000	공사미수금 1,300,000	

3 계약손실이 예상되는 경우

전체 계약에서 손실이 예상될 때 즉, 계약상 의무의 이행에 필요한 회피 불가능한 원가가 그 계약에서 받을 것으로 예상되는 경제적효익을 초과하는 경우에는 향후에 **예상되는 손실을 즉시 당기비용으로 인식**하여야 한다.

> 당기 계약손실 = 총계약손실예상액 * + 전기까지 인식한 계약이익
> * 총계약손실예상액 = 총계약원가 − 총계약금액

4 진행률을 합리적으로 측정할 수 없는 경우

진행률을 합리적으로 측정할 수 없는 경우에는 **발생한 계약원가의 범위 내에서 회수가능성이 높은 금액만을 수익으로 인식**하고, **계약원가는 발생한 기간의 비용으로 인식**한다.

04 비용인식

1 비용의 정의

개념체계는 비용을 "자산의 유출이나 소멸 또는 부채의 증가에 따라 자본의 감소를 초래하는 특정 회계기간 동안에 발생한 경제적 효익의 감소로서, **지분참여자에 대한 분배와 관련된 것은 제외**한다"라고 정의한다.

2 비용의 인식(수익·비용의 대응원칙)

대응의 원칙이란 수익이 인식된 회계연도에 관련되는 비용을 대응하여 인식하는 방법을 말한다. 비용은 수익창출을 위하여 사용·소비된 자원이므로 관련 수익이 인식되는 회계연도에 대응시켜서 비용처리하는 방법을 말한다. 비용대응의 방법에는 직접대응, 합리적이고 체계적인 대응방법, 발생즉시 비용처리(기간대응)하는 방법 등이 있다.

① **직접적 대응**(인과관계적 대응, 개별적 대응)

수익을 얻기 위해 희생된 직접적인 인과관계가 있는 비용을 수익에 대응시키는 것으로 수익과 비용의 관련정도가 개별적으로 명확하게 식별이 되는 비용을 말한다.

> 예 매출원가, 판매수수료·판매운임 등 판매관련 직접비용

② **간접적 대응**(기간 대응)

수익·비용의 직접적 대응이 명확하지 않은 경우에는 재화나 용역이 그 경제적 효익을 실현시키기 위하여 소비된 기간에 합리적·체계적으로 배분하여 인식한다.

> 예 감가상각비, 무형자산상각비, 보험료 등

③ **즉시 인식**

미래의 경제적 효익의 실현가능성이 불확실하거나, 합리적인 배분이 불필요하다고 판단되는 경우에는 그것이 발생 즉시 당기비용으로 인식한다.

> 예 급여, 광고선전비, 이자비용 등 대부분의 비용

단원핵심정리

1 수 익

수익(income)을 자산의 유입 또는 가치 증가나 부채의 감소 형태로 **자본의 증가**를 가져오는, 특정 회계기간에 생긴 경제적 효익의 증가로서, 지분참여자의 출연과 관련된 것을 제외한다.

2 수익인식의 5단계

계약의 식별 ⇨ 수행의무의 식별 ⇨ 거래가격의 산정 ⇨ 거래가격의 배분 ⇨ 수익의 인식

3 거래 형태별 수익의 인식

할부매출	매출총이익 = 매출액(현재가치) − 매출원가
	당기수익 = 할부매출액의 현재가치 + 현재가치할인차금 상각액
	이자수익에 해당하는 부분을 제외한 판매가격을 판매시점에 수익인식
위탁판매	수탁자가 당해 상품을 제3자에게 판매한 시점에 수익을 인식
시용판매	고객이 매입의사를 표시한 시점에 수익을 인식

4 건설계약

계약수익	= 총계약금액 × 누적진행률 − 전기까지 인식한 누적계약수익
	* 누적진행률 = $\dfrac{\text{누적발생원가}}{\text{추정 총계약원가}}$
계약원가	= 추정총계약원가 × 누적진행률 − 전기까지 인식한 계약원가
계약이익	= 계약수익 − 계약원가

실전예상문제

01 수익에 관한 설명으로 옳지 않은 것은? 제13회

① 수익의 발생에 따라 자산이 수취되거나 증가할 수 있다.
② 수익은 부채의 상환에 따라 발생할 수도 있다.
③ 수익은 받았거나 받을 대가의 공정가치로 측정한다.
④ 부가가치세와 같이 제3자를 대신하여 받은 금액은 수익이 아니다.
⑤ 지분참여자에 의한 출자는 수익의 정의를 충족한다.

> **해설** ⑤ 수익(revenue)은 자산의 유입이나 증가 또는 부채의 감소에 따라 자본의 증가를 초래하는 특정 회계 기간 동안에 발생한 경제적 효익의 증가로서, 지분참여자에 의한 출연과 관련된 것은 제외한다.

02 고객과의 계약에서 생기는 수익을 인식하기 위한 단계의 순서로 옳은 것은?

① 계약식별 ⇨ 수행의무식별 ⇨ 거래가격산정 ⇨ 거래가격배분 ⇨ 수행의무이행
② 계약식별 ⇨ 수행의무식별 ⇨ 수행의무이행 ⇨ 거래가격산정 ⇨ 거래가격배분
③ 계약식별 ⇨ 거래가격배분 ⇨ 거래가격산정 ⇨ 수행의무식별 ⇨ 수행의무이행
④ 계약식별 ⇨ 거래가격배분 ⇨ 거래가격산정 ⇨ 수행의무이행 ⇨ 수행의무식별
⑤ 계약식별 ⇨ 수행의무식별 ⇨ 수행의무이행 ⇨ 거래가격배분 ⇨ 거래가격산정

> **해설** 수익인식 5단계 : 계약식별 ⇨ 수행의무식별 ⇨ 거래가격산정 ⇨ 거래가격배분 ⇨ 수행의무이행(수익인식)

03 수익인식 5단계를 순서대로 바르게 나열한 것은? 제23회

ㄱ. 수행의무의 식별	ㄴ. 고객과의 계약을 식별
ㄷ. 거래가격을 산정	ㄹ. 거래가격을 계약 내 수행의무에 배분
ㅁ. 수행의무를 이행할 때 수익을 인식	

① ㄱ ⇨ ㄴ ⇨ ㄷ ⇨ ㄹ ⇨ ㅁ
② ㄱ ⇨ ㄷ ⇨ ㄴ ⇨ ㄹ ⇨ ㅁ
③ ㄴ ⇨ ㄱ ⇨ ㄷ ⇨ ㄹ ⇨ ㅁ
④ ㄴ ⇨ ㄱ ⇨ ㄹ ⇨ ㄷ ⇨ ㅁ
⑤ ㄷ ⇨ ㄱ ⇨ ㄴ ⇨ ㄹ ⇨ ㅁ

> **해설** 수익인식단계 : ㄴ - ㄱ - ㄷ - ㄹ - ㅁ

04 고객과의 계약에서 생기는 설명하는 다음 (   )에 공통으로 들어갈 용어는? 제27회

> • 수익인식 5단계 : 계약의 식별 ⇨ (   )의 식별 ⇨ 거래가격을 산정 ⇨ 거래가격을 계약 내 (   )에 배분 ⇨ (   )의 이행에 따라 수익을 인식
> • (   ) : 고객과의 계약에서 구별되는 재화나 용역 또는 실질적으로 서로 같고 고객에게 이전하는 방식도 같은 일련의 구별되는 재화나 용역을 고객에게 이전하기로 한 약속

① 환불부채　　　　② 계약자산　　　　③ 계약부채
④ 판매가격　　　　⑤ 수행의무

해설 ⑤ 괄호 안에 들어갈 용어는 '수행의무'이다.

05 기업회계기준서 제1115호 '고객과의 계약에서 생기는 수익'에서 고객과의 계약을 식별하기 위한 기준으로 제시한 것이 아닌 것은?

① 이전할 재화나 용역과 관련된 각 당사자의 권리를 식별할 수 있다.
② 이전할 재화나 용역의 지급조건을 식별할 수 있다.
③ 재화나 용역을 이전하는대로 고객은 효익을 동시에 얻고 소비한다.
④ 계약에 상업적 실질이 있다.
⑤ 고객에게 이전할 재화나 용역에 대하여 받을 권리를 갖게 될 대가의 회수가능성이 높다.

해설 ③ 재화나 용역을 이전하는대로 고객은 효익을 동시에 얻고 소비한다는 것은 기간에 걸쳐 수익을 인식하는데 필요한 조건이다.

06 다음 중 기업회계기준서 제1115호 '고객과의 계약에서 생기는 수익'에 따라 재화나 용역을 이전하기로 하는 약속이 계약상 구별되지 못하는 것으로만 짝지어진 것은?

> ㉠ 계약에서 약속한 하나 이상의 다른 재화나 용역에 의해 변형되거나 고객 맞춤화된다.
> ㉡ 해당 재화나 용역이 상호의존도나 상호관련성이 매우 높다.
> ㉢ 고객이 이전받은 재화나 용역으로부터 효익을 얻을 수 있다.

① ㉠　　　　　　　② ㉡　　　　　　　③ ㉢
④ ㉠, ㉡　　　　　⑤ ㉡, ㉢

해설 ④ 고객이 이전받은 재화나 용역으로부터 효익을 얻을 수 있다는 기준은 재화나 용역이 계약상 구별되기 위한 조건이 아니라 이전되는 재화나 용역이 그대로 구별될 수 있는 조건이다.

Answer
01 ⑤　02 ①　03 ③　04 ⑤　05 ③　06 ④

07 ㈜한국은 제품 200단위(단위당 취득원가 ₩6,000)를 단위당 ₩10,000에 현금판매하였다. ㈜한국은 동 제품판매와 관련하여 제품 판매 후 2주 이내에 고객이 반품을 요청하는 경우 전액 환불해 주고 있다. 동 제품판매에 대한 합리적인 반품률 추정치가 3%인 경우, ㈜한국이 상기 제품의 판매시점에 인식할 매출액은?

제26회

① ₩1,200,000   ② ₩1,500,000   ③ ₩1,680,000

④ ₩1,940,000   ⑤ ₩2,000,000

해설 반품이 예상되는 금액에 대해서는 수익을 인식하지 않고 환불부채로 인식한다.
매출액: 200단위 × ₩10,000 × (1 − 3%) = ₩1,940,000

08 ㈜한국은 20X1년 초에 제품을 ₩300,000에 판매(제품을 실질적으로 인도함)하면서, 판매대금 중 ₩100,000은 판매 즉시 수취하고 나머지 ₩200,000은 향후 2년에 걸쳐 매년 말에 각각 ₩100,000씩 받기로 하였다. 동 거래에는 유의적인 금융요소가 포함되어 있고, 판매계약의 할인율은 연 10%로 동 할인율은 별도 금융거래에 적용될 할인율에 해당한다. 판매대금의 회수가능성이 확실하다고 가정할 때, 상기 제품의 판매 거래로 ㈜한국이 20X1년에 인식하게 될 수익의 총액은? (단, 현재가치 계산시 다음의 현가표를 이용하며, 단수차이가 발생하는 경우 가장 근사치를 선택한다)

제26회

기 간	연 이자율 10%	
	단일금액 ₩1의 현재가치	정상연금 ₩1의 현재가치
2	0.8264	1.7355
3	0.7513	2.4868

① ₩273,559   ② ₩290,905   ③ ₩300,000

④ ₩300,905   ⑤ ₩330,000

해설 매출액: ₩100,000 + ₩100,000 × 1.7355 = ₩273,550
이자수익: ₩173,550 × 10% = ₩17,355
총수익: ₩273,550 + ₩17,355 = ₩290,905

09 ㈜한국은 ㈜민국과 매출액의 10%를 판매수수료로 지급하는 위탁판매계약을 맺고 있으며, ㈜민국에게 적송한 재화의 통제권은 ㈜한국이 계속 보유하고 있다. 20X1년에 ㈜한국은 ㈜민국에 단위당 원가 ₩90인 상품A 10개를 적송하였으며, ㈜민국은 상품A 8개를 단위당 ₩100에 고객에게 판매하였다. 상품A의 판매와 관련하여 ㈜한국과 ㈜민국이 20X1년에 인식할 수익 금액은?

제25회

	㈜한국	㈜민국		㈜한국	㈜민국
①	₩100	₩80	②	₩800	₩80
③	₩800	₩800	④	₩1,000	₩100
⑤	₩1,000	₩800			

해설 (1) 위탁자인 ㈜한국은 수탁자가 위탁상품을 판매한 경우 이와 관련된 수익은 인식하며 관련원가는 매출원가와 수수료를 인식한다.
8개 × ₩100 = ₩800
(2) 수탁자인 ㈜민국은 판매와 관련된 수수료를 수익으로 인식한다.
₩800 × 10% = ₩80

10 ㈜한국은 20X1년 1월 1일에 액면금액 ₩1,000인 상품권 10매를 1매당 ₩900에 고객에게 최초 발행하였다. 고객은 상품권 액면금액의 80% 이상을 사용하면 잔액을 현금으로 돌려받을 수 있다. ㈜한국은 20X1년 12월 31일까지 회수된 상품권 8매에 대해 상품인도와 함께 잔액 ₩700을 현금으로 지급하였다. ㈜한국이 상기 상품권과 관련하여 20X1년 포괄손익계산서에 인식할 수익금액은?

제25회

① ₩6,500   ② ₩7,200   ③ ₩8,300
④ ₩9,000   ⑤ ₩10,000

해설 상품권의 수익인식은 기업이 상품권을 회수하는 시점에 수익으로 인식하고 상품권할인액은 매출에누리로 처리하여 수익에서 차감한다.
* 인식할 수익금액 : 8매 × ₩900 − ₩700 = ₩6,500

Answer

07 ④   08 ②   09 ②   10 ①

11 ㈜한국은 20X1년 초 4년간 용역을 제공하기로 하고 총 계약금액 ₩100,000의 용역계약을 수주하였다. 관련 자료가 다음과 같을 때, 20X3년도 용역계약이익은? (단, 진행률에 의해 계약수익을 인식하며, 진행률은 총추정계약원가 대비 누적발생계약원가로 산정한다) 제27회

구 분	20X1년	20X2년	20X3년	20X4년
누적발생계약원가	₩24,000	₩52,000	₩68,000	₩80,000
추가소요예정원가	56,000	28,000	12,000	—

① ₩4,000   ② ₩5,000   ③ ₩6,000
④ ₩7,000   ⑤ ₩8,000

해설

	20X1	20X2	20X3
누적발생계약원가	₩24,000	₩52,000	₩68,000
추가소요예정원가	₩56,000	₩28,000	₩12,000
총예정계약원가	₩80,000	₩80,000	₩80,000
진행률	30%	65%	85%

20X3년 계약이익 : $100,000 \times (85\% - 65\%) - (68,000 - 52,000) = ₩4,000$

12 다음은 ㈜청풍의 20X1년 초에 시작해서 20X3년 말에 끝나는 공사계약(총공사계약금액 ₩5,000,000)과 관련된 자료이다. ㈜청풍이 20X2년도에 인식할 공사 관련 이익은 얼마인가? (단, ㈜청풍은 발생한 누적 계약원가를 추정총계약원가로 나눈 진행률(진행기준)을 사용하여 수익과 비용을 인식한다) 제13회

구 분	20X1	20X2	20X3
발생한 누적계약원가	₩800,000	₩2,700,000	₩4,500,000
추정 총계약원가	4,000,000	4,500,000	4,500,000

① ₩100,000   ② ₩150,000   ③ ₩200,000
④ ₩250,000   ⑤ ₩300,000

해설

구 분	20X1	20X2	20X3
① 발생 누적계약원가	₩800,000	₩2,700,000	₩4,500,000
② 추정 총계약원가	₩4,000,000	₩4,500,000	₩4,500,000
③ 진행률(① / ②)	20%	60%	100%
③ 계약수익(공사계약금액×③)	₩1,000,000	₩3,000,000 − ₩1,000,000	₩5,000,000 − ₩3,000,000
④ 계약원가	₩800,000	₩2,700,000 − ₩800,000	₩4,500,000 − ₩2,700,000
⑤ 계약이익	₩200,000	₩100,000	₩200,000

13 ㈜한국은 20X1년 초 공장 신축공사(공사기간 3년, 계약금액 ₩8,000,000)를 수주하였으며, 공사 관련 자료는 다음과 같다. ㈜한국이 20X2년도에 인식할 공사이익은? (단, 수익은 진행기준으로 인식하며, 진행률은 발생한 누적계약원가에 기초하여 측정한다) 　제21회

구 분	20X1년	20X2년	20X3년
발생 누적계약원가	₩700,000	₩4,200,000	₩7,000,000
추가소요예정원가	6,300,000	2,800,000	—

① ₩350,000　　② ₩500,000　　③ ₩600,000
④ ₩800,000　　⑤ ₩850,000

[해설]

구 분	20X1년	20X2년	20X3년
발생 누적계약원가	₩700,000	₩4,200,000	₩7,000,000
추가소요예정원가	6,300,000	2,800,000	—
총 계약원가	₩7,000,000	₩7,000,000	₩7,000,000
진행률(누적)	10%	60%	100%

(1) 20X1년 계약이익 : $(8,000,000 - 7,000,000) \times 10\% = ₩100,000$
(2) 20X2년 계약이익 : $(8,000,000 - 7,000,000) \times 60\% - 100,000 = ₩500,000$

14 수익의 인식에 관한 설명으로 옳지 않은 것은? 　제13회

① 위탁판매의 경우 위탁자는 수탁자가 제3자에게 재화를 판매한 시점에 인식한다.
② 시용판매에서는 고객에게 상품을 인도한 날에 인식한다.
③ 용역수익은 용역제공 거래의 결과를 신뢰성 있게 추정할 수 있을 때 보고기간말에 그 거래의 진행률에 따라 인식한다.
④ 광고매체수수료는 광고가 소비대중에게 방영되거나 전달되었을 때 인식한다.
⑤ 정기간행물의 가액이 매기 비슷한 경우에는 발송기간에 걸쳐 정액기준으로 인식한다.

[해설] ② 시용매출은 매입자의 매입의사표시를 받은 날에 수익으로 인식한다.

Answer

11 ①　12 ①　13 ②　14 ②

15 12월 한 달간 상품판매와 관련된 자료가 다음과 같을 때 매출액은? (단, 상품판매가격은 단위
당 ₩100으로 동일하다)

제19회

> • 12월 1일에 상품 200개를 5개월 할부로 판매하고, 대금은 매월 말 20%씩 받기로 하다.
> • 12월 17일에 상품 100개를 판매하였다.
> • 12월 28일에 위탁상품 50개를 수탁자에게 발송하였고, 12월 31일 현재 수탁자가 판매하
>   지 않은 전량 보유중이다.
> • 12월 30일에 상품 50개를 도착지 인도조건으로 판매하여 다음 달에 도착할 예정이다.

① ₩14,000　　　　② ₩15,000　　　　③ ₩19,000
④ ₩24,000　　　　⑤ ₩30,000

해설 재화인 상품의 수익인식 시기는 판매(인도)기준이다.
매출액 : (200개 × ₩100) + (100개 × ₩100) = ₩30,000
수탁자가 전량 미판매하여 보유 중이므로 수익을 인식할 수 없고, 도착지 인도조건의 미착상품은 도착
하기 전까지 판매자의 재고이므로 수익으로 인식하지 않는다.

16 ㈜대한의 20X1년 상품의 판매와 관련한 자료이다. 20X1년 매출액은?

제18회

> • 시송품(매가 ₩50,000)에 대해 20X1년 말 현재 고객으로부터 매입의사표시를 받지 못했다.
> • 위탁판매를 위하여 적송된 상품(매가 ₩100,000)중 최종소비자에게 판매된 금액은
>   ₩30,000이다.
> • 장기할부판매상품(총 할부대금은 ₩90,000이고, 현재가치는 ₩80,000)중 50%만 현금
>   으로 수취하였다.

① ₩70,000　　　　② ₩75,000　　　　③ ₩90,000
④ ₩110,000　　　　⑤ ₩120,000

해설 시송품의 매출은 고객이 매입의사를 표시한 시점에서 인식하므로 포함되지 않으며, 위탁판매는 수탁자가
제3자에게 판매한 금액을 인식하며, 장기할부판매의 경우는 판매시점에서 이자요소를 제외한 금액을
매출액으로 인식한다. 이 경우 장기할부판매에서 제외한 이자상당액은 기간에 따라 수익으로 인식한다.
20X1년 매출액 : 30,000 + 80,000 = ₩110,000

17 수익과 비용은 대응원칙에 따라 각 수익항목과 관련되는 비용항목을 대응 표시하여야 한다. 그런데 대응에는 직접대응과 기간대응(간접대응)의 두 가지 형태가 있다. 다음의 비용항목 중에서 관련 수익항목에 대해 직접대응되는 것은?

① 판매비 ② 관리비
③ 매출원가 ④ 감가상각비
⑤ 보험료

해설 **수익 · 비용대응의 원칙**

  ㉠ 직접대응 : 수익과 직접적인 인과관계가 있는 비용으로서 매출액과 매출원가(판매수수료, 판매보증비, 포장비) 등

  ㉡ 간접대응(기간대응) : 수익과 직접적인 인과관계가 없는 것으로 일정기간의 수익총액과 비용총액을 대응시키는 것이다.

    • 원가의 기간 배분 : 유형자산의 감가상각비, 무형자산의 상각, 보험료 등
    • 즉시인식 : 발생 즉시 당기비용으로 인식하는 것으로 대부분의 비용항목이다.

Answer

15 ⑤ **16** ④ **17** ③

단·원·열·기

평균 4~5문제가 출제되는 중요한 핵심단원이다. 결산정리사항의 회계처리와 당기순손익에의 영향, 재무제표의 종류, 재무제표별 표시항목, 현금흐름표에 대한 이론과 계산형 문제가 많이 출제되고 있다. 특히, 결산정리사항의 종류별 회계처리와 당기순손익에 미치는 영향을 철저히 숙지하고, 재무제표 관련 일반 이론을 정리해야 한다. 또한, 재무상태표의 구성항목과 구조를 파악하고, 포괄손익계산서의 표시항목과 구조, 비용의 분류방법을 이해해야 한다. 마지막으로, 현금흐름표의 개념과 현금흐름 구분, 영업활동의 현금흐름 중 직접법과 간접법의 계산구조를 숙달해야 한다.

결산 및 재무제표

- **01** 결산정리사항
- **02** 재무제표의 작성과 표시
- **03** 재무상태표
- **04** 포괄손익계산서
- **05** 자본변동표
- **06** 현금흐름표
- **07** 주 석
- **08** 중간재무보고
- **09** 보고기간 후 사건

단·원·개·요

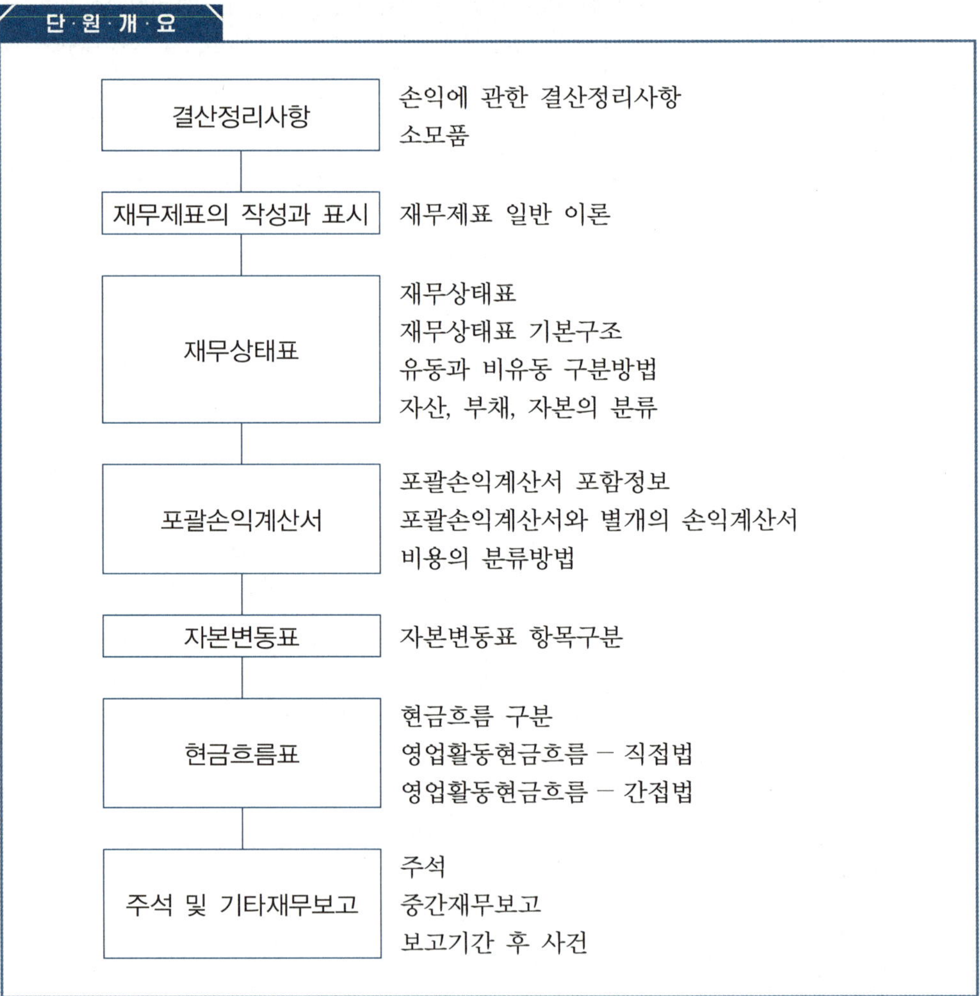

01 결산정리사항

1 의 의

재무제표는 일반적으로 **발생주의에 따라 작성**된다(현금흐름표 제외). 발생주의 회계의 기본적 논리는 발생기준에 따라 수익과 비용을 인식하는 것이다. 발생기준은 기업실체의 경제적 거래나 사건에 대해 관련된 수익과 비용을 현금유출입이 있는 기간이 아니라 당해 거래나 사건이 발생한 기간에 인식하는 것을 말한다.

기말수정분개는 현금주의 등 발생주의 이외의 방법에 의해 기록된 회계기간 중의 회계기록들을 **발생주의로 수정하는 분개**를 말하며, 결산수정분개라고도 한다. 기말수정분개는 전통적으로 현금수수와 경제적 사건과의 시간적 차이에 따라 분류하는데, 이러한 분류법에 따르면 다음과 같이 구분된다.

> ① 발생항목: 경제적 사건이 현금의 수수에 앞서 발생하는 경우를 말하며, 미수수익과 미지급비용이 그 대표적인 예이다.
> ② 이연항목: 현금의 수수가 경제적 사건에 앞서 발생하는 경우를 말하며, 선급비용과 선수수익이 그 대표적인 예에 속한다.
> ③ 기간별 배분(상각 또는 추정항목): 현금의 수수가 경제적 사건에 앞서 발생하는 경우를 말하지만 당해 경제적 사건이 여러 기간에 걸쳐 발생한다는 점에서 이연과 구분된다. 기간별 배분에는 감가상각비와 대손상각비가 그 대표적인 예이다.

재고조사표에 기재되는 결산정리(수정)사항은 자산 및 부채에 대한 정리사항과 손익(수익과 비용)에 대한 정리사항 등으로 구분할 수 있다.

자산에 관한 기말수정사항	① 기말상품재고액의 조사와 평가 ② 기말상품의 감모손실과 평가손실의 정리 ③ 유가증권(FVPL금융자산, FVOCI금융자산)의 평가 ④ 매출채권에 대한 대손충당금의 설정(대손예상) ⑤ 유형자산의 감가상각비 계상 ⑥ 무형자산의 상각 등
손익에 관한 기말수정사항	① 수익의 이연 및 예상(발생) ② 비용의 이연 및 예상(발생) ③ 소모품 계정의 정리(비용처리법, 자산처리법)
기 타	① 사채할인(할증)발행차금의 상각(환입) ② 현재가치할인차금의 상각(환입) ③ 임시계정의 정리(현금과부족, 가지급금, 가수금, 인출금 등) ④ 외화자산·부채의 평가

⑤ 충당부채의 설정
⑥ 부가가치세계정 정리
⑦ 법인세 추산 등

2 손익에 관한 결산정리사항

(1) 발생항목

발생항목은 발생주의에 따라 채권 또는 채무가 확정되었으나 동 채권·채무의 회수 또는 결제시기가 차기 이후에 도래하는 항목을 말한다.

① 미수수익

미수수익은 발생주의에 따라 기간손익을 인식하는 경우 기간경과에 따라 발생한 당기수익 중 미수액을 말한다.

미수수익은 미래에 현금을 수령할 권리이므로 자산에 해당된다.

미수수익은 '수익의 예상(발생)'에 해당되며, 미수이자, 미수임대료, 미수수수료 등으로 구분하여 기재할 수 있다.

[수정분개] (차) 미 수 이 자　　×××　　　　(대) 이 자 수 익　　×××

예 제

다음 거래를 분개하시오.

1/1　루루상사는 임대중인 건물에 대하여 10개월분 임대료 ₩10,000을 현금으로 받다.
12/31　결산시 당기분 임대료 중 미수액을 임대료계정에 계상하다.
1/1　미수임대료계정을 임대료계정에 재대체하다.

해설

당　기　수　입　액 (10개월분 ₩10,000)										당기미수액	
1	2	3	4	5	6	7	8	9	10	11	12
당　기　분 (경 과 분)											

1/1 (차) 현　　　　금	10,000	(대) 임　　대　　료	10,000
12/31 (차) 미 수 임 대 료	2,000	(대) 임　　대　　료	2,000
임　　대　　료	12,000	손　　　　익	12,000
1/1 (차) 임　　대　　료	2,000	(대) 미 수 임 대 료	2,000

임　　대　　료				미 수 임 대 료			
12/31 손　　익	12,000	1/1 현　　금	10,000	12/31 임 대 료	2,000	12/31 차기이월	2,000
		12/31 미수임대료	2,000	1/1 전기이월	2,000	1/1 임 대 료	2,000
	12,000		12,000				
1/1 미수임대료	2,000						

② 미지급비용

미지급비용은 발생되었으나 지급하지 아니한 비용을 발생주의에 따라 계상한 금액을 말한다.

미지급비용은 미래에 현금을 지급할 의무가 있으므로 부채에 해당한다.

미지급비용은 '비용의 예상(발생)'에 해당되며, 미지급이자, 미지급임차료, 미지급법인세, 미지급급여, 미지급세금과공과 등으로 구분하여 기재할 수 있다.

[수정분개] (차) 이 자 비 용 $\times\times\times$ (대) 미 지 급 이 자 $\times\times\times$

🔍 예 제

다음 거래를 분개하시오.

> 1/1 나나상사는 임차중인 본사사무실에 대한 10개월분 임차료 ₩10,000을 현금으로 지급하다.
> 12/31 결산시 당기분 임차료 중 미지급액을 임차료계정에 계상하다.
> 1/1 미지급임차료계정을 임차료계정에 재대체하다.

해설

			당 기 지 급 액 (10개월분 ₩10,000)								당기미지급액	
1	2	3	4	5	6	7	8	9	10	11	12
					당 기 분 (경 과 분)						

1/1 (차) 임 차 료	10,000	(대) 현 금	10,000
12/31 (차) 임 차 료	2,000	(대) 미 지 급 임 차 료	2,000
손 익	12,000	임 차 료	12,000
1/1 (차) 미 지 급 임 차 료	2,000	(대) 임 차 료	2,000

임 차 료			미 지 급 임 차 료	
1/1 현 금 10,000	12/31 손 익 12,000	12/31 차기이월 2,000	12/31 임 차 료 2,000
12/31 미지급임차료 2,000		1/1 임 차 료 2,000	1/1 전기이월 2,000
12,000	12,000		
	1/1 미지급임차료 2,000		

(2) 이연항목

이연항목은 현금은 이미 수수되었으나 그에 따른 권리나 의무가 차기 이후에 도래하여 발생주의에 따라 수익이나 비용으로 계상하지 않고 이연시키는 항목을 말한다.

① 선급비용

선급비용은 계속적인 용역공급계약을 체결하고 선지급한 비용 중 기간미경과로 차기이후의 기간에 해당하는 부분을 이연처리하는 계정을 말한다. 선급비용은 주로 이자비용, 보험료, 임차료 등 상관행상 선지급하는 기간적 비용에서 나타난다.

이연항목의 기말수정분개는 최초로 현금이 수수되는 시점에서 어떠한 회계처리를 하였는지에 따라 달라진다. 화재보험에 가입하고 보험료로 현금을 지급한 경우 동 현금지급액은 현금을 지급하는 시점에서 다음의 두 가지 방법으로 처리할 수 있다.

㉠ 비용처리법 : 보험료의 과목으로 하여 비용처리 하였다가 결산시 미경과액을 선급보험료의 과목으로 하여 자산으로 대체(이연)하는 방법이다.

지급시 : (차) 보 험 료	×××	(대) 현　　　금	×××	
결산시 : (차) 선급보험료	×××	(대) 보 험 료	×××	(미경과액)

㉡ 자산처리법 : 선급보험료의 과목으로 하여 자산처리 하였다가 결산시 당기에 기간이 경과된 부분을 보험료의 과목으로 하여 당기비용으로 대체하는 방법이다.

지급시 : (차) 선급보험료	×××	(대) 현　　　금	×××	
결산시 : (차) 보 험 료	×××	(대) 선급보험료	×××	(당기경과액)

예제

다음 거래를 분개하시오.

> 5/1 라라상사는 화재보험료 1년분 ₩12,000을 현금으로 지급하다.
> 12/31 결산시 당기 보험료 지급액 중 미경과분을 차기로 이월하다.
> 1/1 선급보험료계정을 보험료계정에 재대체하다.

해설

당 기 지 급 액 (1년분 ₩12,000)											
5	6	7	8	9	10	11	12	1	2	3	4
당 기 분(경과분)								차 기 분(미경과분)			

5/1	(차) 보 험 료	12,000		(대) 현 금	12,000
12/31	(차) 선 급 보 험 료	4,000		(대) 보 험 료	4,000
	손 익	8,000		보 험 료	8,000
1/1	(차) 보 험 료	4,000		(대) 선 급 보 험 료	4,000

보 험 료		선 급 보 험 료	
5/1 현 금 12,000	12/31 선급보험료 4,000	12/31 보 험 료 4,000	12/31 차기이월 4,000
	12/31 손 익 8,000	1/1 전기이월 4,000	1/1 보 험 료 4,000
12,000	12,000		
1/1 선급보험료 4,000			

② 선수수익

선수수익은 현금은 수령하였으나 기간경과에 따라 당기 중 발생하지 아니한 수익을 이연처리하는 계정을 말한다.

선수수익은 주로 이자수익, 임대료 등 상관행상 선수령하는 기간적 수익에서 나타나며, 미래에 용역 등을 제공할 의무가 있으므로 부채에 해당된다. 선수수익의 기말수정분개도 선급비용의 경우와 마찬가지로 최초로 현금이 수수되는 시점에서 어떠한 회계처리를 하였는지에 따라 달라진다. 건물을 임대하고 임대료를 현금수령하는 시점에서 현금수령액을 다음의 두 가지 방법으로 처리할 수 있다.

㉠ 수익처리법 : 임대료의 과목으로 하여 수익처리 하였다가 결산시 미경과액(차기분)을 선수임대료의 과목으로 하여 부채로 대체(이연)하는 방법이다.

> 수취시 : (차) 현 금 ××× (대) 임 대 료 ×××
> 결산시 : (차) 임 대 료 ××× (대) 선수임대료 ××× (미경과액)

ⓛ 부채처리법: 선수임대료의 과목으로 하여 부채처리 하였다가 결산시 당기에 기간이 경과된 부분을 임대료의 과목으로 하여 수익으로 대체하는 방법이다.

수취시 : (차) 현　　금	×××	(대) 선수임대료	×××	
결산시 : (차) 선수임대료	×××	(대) 임　대　료	×××	(당기경과액)

예제

다음 거래를 분개하시오.

> 5/1　미미상사는 임대중인 건물에 대하여 1년분 임대료 ₩12,000을 현금으로 받다.
> 12/31　결산시 당기 임대료 수입액 중 미경과분을 차기로 이월하다.
> 1/1　선수임대료계정을 임대료계정에 재대체하다.

해설

당　기　수　입　액 (1년분 ₩12,000)											
5	6	7	8	9	10	11	12	1	2	3	4
당　기　분(경과분)								차기분(미경과분)			

5/1	(차) 현　　　　금	12,000	(대) 임　대　료	12,000	
12/31	(차) 임　대　료	4,000	(대) 선 수 임 대 료	4,000	
	임　대　료	8,000	손　　　익	8,000	
1/1	(차) 선 수 임 대 료	4,000	(대) 임　대　료	4,000	

임　　대　　료			선　수　임　대　료		
12/31 선수임대료　4,000	5/1 현　　금　12,000		12/31 차기이월　4,000	12/31 임 대 료　4,000	
12/31 손　　익　8,000			1/1 임 대 료　4,000	1/1 전기이월　4,000	
12,000	12,000				
	1/1 선수임대료　4,000				

예제

다음의 결산정리사항을 반영한 후의 정확한 당기순이익은 얼마인가? 회사의 결산수정 전 당기순이익은 ₩5,500,000이다.

선수이자	₩150,000	선급보험료	₩170,000
미지급임차료	220,000	기말상품재고액	300,000
감가상각비	180,000	손실충당금환입	80,000

해설

결산정리사항	차	변	대	변	당기순이익
선수이자	이자수익	150,000	선수이자	150,000	감 소
선급보험료	선급보험료	170,000	보험료	170,000	증 가
미지급임차료	임차료	220,000	미지급임차료	220,000	감 소
기말상품재고액	상품	300,000	매입(매출원가)	300,000	증 가
감가상각비	감가상각비	180,000	감가상각누계액	180,000	감 소
손실충당금환입	손실충당금	80,000	손실충당금환입	80,000	증 가

∴ 수정후 순이익: ₩5,500,000 − 150,000 + 170,000 − 220,000 + 300,000 − 180,000 + 80,000
= ₩5,500,000

3 소모품

소모품이란 기업실체가 사용할 목적으로 구입한 필기도구, 인쇄용지 등 일반 사무용품이나 화장지, 비누 등 청소용구 등을 말한다.

소모품 중 결산일 현재 미사용분은 소모품의 과목으로 하여 자산으로 인식하고, 사용한 부분은 소모품비의 과목으로 하여 비용으로 인식한다.

(1) 비용처리법

구입시 전액 비용으로 계상(사용한 것으로 가정)하였다가, **기말에 미사용액을 자산으로 계상·**정리하는 방법이다.

(2) 자산처리법

구입시 전액 자산으로 계상(미사용한 것으로 가정)하였다가, **기말에 사용액을 비용으로 계상·**정리하는 방법이다.

기초재수정(대체)분개

기초재수정분개는 기초시점에서 전기말의 기말수정분개(결산정리분개)를 취소하는 분개를 말하며, 역분개 또는 재대체분개라고도 한다. 기초재수정분개는 장부기입을 편하게 하기 위한 것일 뿐 필수적인 절차는 아니므로 기업실체가 반드시 하여야 하는 것은 아니다.

기초재수정분개는 기말수정분개 중 발생항목 및 이연항목(소모품의 비용처리법 포함)에 대하여 이루어지며 기간별 배분항목은 그 대상이 아니다.

예 제

다음 자료에 의하여 각각의 방법에 따라 분개하라.

* 당기 중 소모품 구입액 ₩100,000
* 결산시 미사용액 ₩30,000

해설

1. 비용처리법

구입시 : (차) 소 모 품 비　100,000　(대) 현　　　금　100,000 (사용액)

결산시 : (차) 소 모 품　　30,000　(대) 소 모 품 비　30,000 미사용액
　　　　　　　　손　　　익　70,000　　　소 모 품 비　70,000 당기비용 계상액

기　초 : (차) 소 모 품 비　30,000　(대) 소 모 품　30,000 재대체 분개

소 모 품 비				소 모 품			
현　금	100,000	소 모 품	30,000	소모품비	30,000	차기이월	30,000
		손　익	70,000	전기이월	30,000	소모품비	30,000
	100,000		100,000				
소 모 품	30,000						

2. 자산처리법

구입시 : (차) 소 모 품 비　100,000　(대) 현　　　금　100,000 (미사용액)

결산시 : (차) 소 모 품 비　70,000　(대) 소 모 품　70,000 사용액
　　　　　　　　손　　　익　70,000　　　소 모 품 비　70,000 당기비용 계상액

기　초 : 재대체 분개 없음

소 모 품				소 모 품 비			
현　금	100,000	소모품비	70,000	소 모 품	70,000	손　익	70,000
		차기이월	30,000				
	100,000		100,000				
전기이월	30,000						

02 재무제표의 작성과 표시

1 재무제표 일반

(1) 재무제표의 의의

재무회계의 목적은 광범위한 정보이용자가 합리적인 의사결정을 할 수 있도록 기업실체에 관한 유용한 회계정보를 제공하는 것이다. 이러한 재무회계의 목적을 달성하기 위해서 기업은 기업의 경제적 사건과 그에 따른 재무적 변동에 대한 정보를 정보이용자에게 전달할 수단을 필요로 하게 되는데 이런 수단 중 가장 핵심적인 것이 **재무제표**이다. 또한 재무제표는 위탁받은 자원에 대한 경영진의 수탁책임 결과도 보여준다.

(2) 재무제표 작성기준의 적용범위

'주식회사의 외부감사 등에 관한 법률(외감법)'의 적용대상기업 중 '자본시장과 금융투자업에 관한 법률(자본시장통합법)'에 따른 주권상장법인과 비상장법인 중 재무제표의 작성과 표시를 위해 한국채택국제회계기준의 적용을 선택한 기업의 일반목적 **재무제표는 한국채택국제회계기준(K-IFRS)에 근거하여 작성**한다.

한국채택국제회계기준에서는 **연결재무제표를 기본재무제표로 하고 있다.**

(3) 전체 재무제표

광범위한 정보이용자들의 의사결정에 유용한 정보를 제공하기 위해서 여러 종류의 재무제표가 작성된다. 전체재무제표의 종류는 다음과 같으며, 각각의 개별재무제표는 전체재무제표에서 **동등한 비중**으로 표시한다. 또한 아래에서 사용하는 재무제표의 명칭이 아닌 다른 명칭을 사용할 수도 있다.

> ① 기말 재무상태표(statement of financial position as at the end of the period)
> ② 기간 포괄손익계산서(statement of comprehensive income for the period)
> ③ 기간 자본변동표(statement of changes in equity for the period)
> ④ 기간 현금흐름표(statement of cash flows for the period)
> ⑤ 주석(유의적인 회계정책의 요약 및 그 밖의 설명으로 구성)
> ⑥ 회계정책을 소급하여 적용하거나, 재무제표의 항목을 소급하여 재작성 또는 재분류하는 경우 가장 이른 비교기간의 기초 재무상태표

2 일반사항

(1) 공정한 표시와 한국채택국제회계기준의 준수

재무제표는 기업의 재무상태, 경영성과 및 현금흐름을 공정하게 표시해야 한다. 공정한 표시를 위해서는 개념체계에서 정한 자산, 부채, 수익 및 비용에 대한 정의와 인식요건에 따라 거래, 그 밖의 사건과 상황의 효과를 충실하게 표현해야 한다.

거의 모든 상황에서 공정한 표시는 관련 **한국채택국제회계기준을 준수함으**로써 달성된다. 따라서 한국채택국제회계기준에 따라 작성된 재무제표는 공정하게 표시된 재무제표로 본다.

(2) 계속기업

경영진이 기업을 청산하거나 경영활동을 중단할 의도를 가지고 있지 않거나, 청산 또는 경영활동의 중단 외에 다른 현실적 대안이 없는 경우가 아니면 **계속기업을 전제로 재무제표를 작성**한다.

계속기업으로서의 존속능력에 중대한 의문이 제기될 수 있는 사건이나 상황과 관련된 중요한 불확실성을 알게 된 경우, 경영진은 그러한 불확실성을 공시하여야 한다. 따라서 경영진은 재무제표를 작성할 때 적어도 향후 12개월 기간에 대하여 이용가능한 모든 정보를 고려하여 계속기업으로서의 존속가능성을 평가해야 한다.

(3) 발생기준 회계

기업은 **현금흐름 정보를 제외하고는 발생기준 회계를 사용하여 재무제표를 작성**한다. 발생기준 회계를 사용하는 경우, 각 항목이 개념체계의 정의와 인식요건을 충족할 때 자산, 부채 자본, 광의의 수익 및 비용으로 인식한다.

(4) 중요성과 통합표시

유사한 항목은 중요성 분류에 따라 재무제표에 구분하여 표시하며, 상이한 성격이나 기능을 가진 항목은 구분하여 표시한다. 다만, 중요하지 않은 항목은 성격이나 기능이 유사한 항목과 통합하여 표시할 수 있다.

(5) 상 계

한국채택국제회계기준에서 요구하거나 허용하지 않는 한 자산과 부채 그리고 수익과 비용은 **상계하지 않는다**. 다만, 동일 거래에서 발생하는 수익과 관련 비용의 상계표시가 거래나 그 밖의 사건의 실질을 반영한다면 그러한 거래의 결과는 상계하여 표시한다.

> ① 처분손익 : 투자자산 및 영업용자산을 포함한 비유동자산의 처분손익은 처분대금에서 그 자산의 장부금액과 관련처분비용을 차감하여 표시
> ② 대리변제손익 : 충당부채와 관련된 지출을 제3자와의 계약관계(예 공급자의 보증약정)에 따라 보전 받은 경우, 당해 지출과 보전받는 금액 중 손익은 상계하여 표시가능
> ③ 평가손익 : 외환손익 또는 단기매매금융상품에서 발생하는 손익과 같이 유사한 거래의 집합에서 발생하는 차익과 차손은 순액으로 표시한다. 그러나 그러한 차익과 차손이 중요한 경우에는 구분하여 표시한다.

재고자산에 대한 재고자산평가충당금과 매출채권에 대한 대손충당금과 같은 평가충당금을 차감하여 관련 자산을 순액으로 측정하는 것은 상계표시에 해당하지 아니한다.

🔗 **상계표시와 순액표시**

재무상태표				재무상태표		
매출채권	1,000	매입채무	1,200	매출채권	980	매입채무	1,200
대손충당금	(20)					

(6) 보고빈도

전체 재무제표(비교정보를 포함)는 **적어도 1년마다 작성**한다. 보고기간종료일을 변경하여 재무제표의 보고기간이 1년을 초과하거나 미달하는 경우 재무제표 해당 기간뿐만 아니라 ① 보고기간이 1년을 초과하거나 미달하게 된 이유, ② 재무제표에 표시된 금액이 완전하게 비교가능하지는 않다는 사실을 추가로 공시해야 한다.

(7) 비교정보

한국채택국제회계기준이 허용하거나 달리 요구하는 경우를 제외하고는 당기 재무제표에 보고되는 모든 금액에 대해 **전기 비교정보를 공시**한다. 비교정보를 공시하는 기업은 적어도 두 개의 재무상태표(당기말과 전기말)와 두 개씩의 그 밖의 재무제표(당기와 전기) 및 관련 주석을 표시해야 한다.

(8) 표시의 계속성

재무제표 항목의 표시와 분류는 다음의 경우를 제외하고는 **매기 동일하여야** 한다.

> ① 사업내용의 유의적인 변화나 재무제표를 검토한 결과 다른 표시나 분류방법이 더 적절한 것이 명백한 경우
> ② 한국채택국제회계기준에서 표시방법의 변경을 요구하는 경우

(9) 재무제표정보의 한계점

재무제표를 통해 제공되는 정보는 다음과 같은 특성과 한계를 갖고 있다.

> ① 재무제표는 화폐단위로 측정된 정보를 주로 제공한다.
> ② 재무제표는 대부분 과거에 발생한 거래나 사건에 대한 정보를 나타낸다.
> ③ 재무제표는 추정에 의한 측정치를 포함하고 있다.
> ④ 재무제표는 특정 기업실체에 관한 정보를 제공하며, 산업 또는 경제 전반에 관한 정보를 제공하지는 않는다.

3 재무제표의 식별

재무제표는 동일한 문서에 포함되어 함께 공표되는 그 밖의 정보와 명확하게 구분되고 식별되어야 한다.

한국채택국제회계기준은 오직 재무제표에만 적용하며 연차보고서, 감독기구 제출서류 또는 다른 문서에 표시되는 그 밖의 정보에 반드시 적용하여야 하는 것은 아니다. 각 재무제표와 주석은 명확하게 식별되어야 한다. 또한 다음 정보가 분명하게 드러나야 하며, 정보의 이해를 위해서 필요할 때에는 반복 표시하여야 한다.

> ① 보고기업의 명칭 또는 그 밖의 식별 수단과 전기 보고기간말 이후 그러한 정보의 변경내용
> ② 재무제표가 개별 기업에 대한 것인지 연결실체에 대한 것인지의 여부
> ③ 재무제표나 주석의 작성대상이 되는 보고기간종료일 또는 보고기간
> ④ 기업회계기준서 제1021호 '환율변동효과'에 정의된 표시통화
> ⑤ 재무제표의 금액 표시를 위하여 사용한 금액 단위

흔히 재무제표의 표시통화를 천 단위나 백만 단위로 표시할 때 더욱 이해가능성이 제고될 수 있다. 이러한 표시는 금액 단위를 공시하고 중요한 정보가 누락되지 않는 경우에 허용될 수 있다.

03 재무상태표

1 재무상태표

재무상태표(statement of financial position)는 일정 시점 현재 기업이 보유하고 있는 경제적 자원인 자산과 경제적 의무인 부채, 그리고 자본에 대한 정보를 제공하는 재무보고서로서, 정보이용자들이 기업의 유동성, 재무적 탄력성, 수익성과 위험 등을 평가하는 데 유용한 정보를 제공한다.

(1) 유용성

① **유동성과 재무건전성에 대한 정보제공**: 유동성은 현금화가능성을 말하며, 재무건전성은 갑작스러운 자금수요에 대처할 수 있는 능력을 말함
② **자본구조에 대한 정보제공**: 기업실체의 경제적 자원이 누구로부터 조달된 자금으로 취득되었는지에 관한 정보제공
③ **개별자산의 수익률에 대한 정보제공**

(2) 한 계

① 현행가치를 반영하지 못함

현행회계는 역사적원가주의를 채택하고 있으므로 재무상태표의 자산과 부채는 재무상태표일 현재의 올바른 가치를 나타내지 못함

② 측정이 어려운 자산의 불포함

인적자원(human resources)이나 자기창설 영업권 등 측정이 어려운 항목들은 자산으로 공시되지 않음

③ 자의적인 측정기준의 사용

매출채권의 대손가능성, 유형자산의 내용연수 및 잔존가치의 추정이 그 대표적인 예가 된다.

④ 부외(簿外)금융항목의 발생

운용리스 등은 실질적으로 장기할부구매와 동일한 경제적 실질을 갖고 있음에도 불구하고 부채로 계상하지 않음

2 재무상태표의 기본구조

재무상태표에는 적어도 다음에 해당하는 금액을 나타내는 항목을 표시한다.

자 산	부채 및 자본
① 현금및현금성자산 ② 매출채권 및 기타 채권 ③ 재고자산 ④ 생물자산 ⑤ 금융자산(단, ①, ② 및 ⑥을 제외) ⑥ 지분법에 따라 회계처리하는 투자자산 ⑦ 투자부동산 ⑧ 유형자산 ⑨ 무형자산 ⑩ 매각예정으로 분류된 자산과 매각예정으로 분류된 처분자산집단에 포함된 자산의 총계	① 매입채무 및 기타 채무 ② 충당부채 ③ 금융부채(단, ①과 ② 제외) ④ 당기법인세부채 및 당기법인세자산 ⑤ 이연법인세부채 및 이연법인세자산 ① 비지배지분 ② 지배기업의 소유주에게 귀속되는 납입자본과 적립금

♀ **재무상태표 항목의 배열**

기업회계준서는 표시되어야 할 항목의 순서나 형식을 규정하지 아니한다. 단순히 재무상태표에 구분 표시하기 위해 성격이나 기능면에서 명확하게 상이한 항목명을 제시하고 있을 뿐이다. 따라서 한 항목 또는 통합된 유사 항목의 크기, 성격 또는 기능상 기업의 재무상태를 이해하기 위해 구분표시가 필요한 경우 그러한 항목을 추가로 재무상태표에 포함한다.

3 유동과 비유동의 구분방법

유동성 순서에 따른 표시방법이 신뢰성 있고 더욱 목적적합한 정보를 제공하는 경우를 제외하고는 **유동성·비유동성 구분법**에 따라 유동자산과 비유동자산, 유동부채와 비유동부채로 재무상태표에 구분하여 표시한다.

재무상태표의 구분방법

구 분	내 용	적용기업
유동성·비유동성 구분법	자산(부채)을 유동자산(부채)과 비유동자산(부채)으로 구분표시	영업주기내에 재화나 용역을 제공하는 경우
유동성 순서 배열법	모든 자산과 부채를 유동성 순서로 표시	금융업
혼합법	유동성·비유동성 구분법과 유동성 순서 배열법을 혼용함	다양한 사업을 영위하는 경우

4 자산의 분류

자산은 다음의 경우에 유동자산(current assets)으로 분류하고, 그 밖의 모든 자산은 비유동자산(non-current assets)으로 분류한다.

① 기업의 정상영업주기 내에 실현될 것으로 예상하거나, 정상영업주기 내에 판매하거나 소비할 의도가 있다.
② 주로 단기매매 목적으로 보유하고 있다.
③ 보고기간 후 12개월 이내에 실현될 것으로 예상한다.
④ 현금이나 현금성자산으로서, 교환이나 부채 상환 목적으로서의 사용에 대한 제한 기간이 보고기간 후 12개월 이상이 아니다.

영업주기는 영업활동을 위한 자산의 취득시점부터 그 자산이 현금이나 현금성자산으로 실현되는 시점까지 소요되는 기간이다. 정상영업주기를 명확히 식별할 수 없는 경우에는 그 기간이 12개월인 것으로 가정한다.

유동자산은 보고기간 후 12개월 이내에 실현될 것으로 예상되지 않는 경우에도 재고자산 및 매출채권과 같이 정상영업주기의 일부로서 판매, 소비 또는 실현되는 자산을 포함한다. 또한 유동자산은 단기매매목적으로 보유하고 있는 자산과 비유동금융자산의 유동성 대체 부분을 포함한다.

5 부채의 분류

① 부채는 다음의 경우에 유동부채(current liabilities)로 분류하고, 그 밖의 모든 부채는 비유동부채(non-current liabilities)로 분류한다.

> ㉠ 정상영업주기 내에 결제될 것으로 예상하고 있다.
> ㉡ 주로 단기매매 목적으로 보유하고 있다.
> ㉢ 보고기간 후 12개월 이내에 결제하기로 되어 있다.
> ㉣ 보고기간 후 12개월 이상 부채의 결제를 연기할 수 있는 무조건의 권리를 가지고 있지 않다.

② 매입채무 그리고 종업원 및 그 밖의 영업원가에 대한 미지급비용과 같은 유동부채는 기업의 정상영업주기 내에 사용되는 운전자본의 일부이다. 이러한 항목은 보고기간 후 12개월 후에 결제일이 도래한다 하더라도 유동부채로 분류한다.

③ 기타 유동부채는 정상영업주기 이내에 결제되지 않지만 보고기간 후 12개월 이내에 결제일이 도래하거나 단기매매목적으로 보유한다. 이에 대한 예로는 단기매매목적으로 분류된 금융부채, 당좌차월, 비유동금융부채의 유동성 대체 부분, 미지급배당금, 법인세 및 기타 지급채무 등이 있다. 그 밖의 모든 부채는 비유동부채로 분류한다.

④ 차입금 등의 부채는 12개월 기준으로 유동부채와 비유동부채로 분류한다.

상 황	분 류
원래의 결제기간이 12개월을 초과하는 경우	금융부채가 보고기간 후 12개월 이내에 결제일이 도래하면 이를 유동부채로 분류
보고기간 후 재무제표 발행승인일 전에 장기로 차환하는 약정 또는 지급기일을 장기로 재조정하는 약정이 체결된 경우	
기업이 기존의 대출계약조건에 따라 보고기간 후 적어도 12개월 이상 부채를 차환하거나 연장할 것으로 기대하고 있고, 그런 재량권이 있는 경우	12개월 이내에 만기가 도래한다 하더라도 비유동부채로 분류. 다만, 부채의 차환 또는 연장에 대한 재량권이 없다면 유동부채로 분류
보고기간 말 이전에 차입약정을 위배하여 대여자가 즉시 상환요구를 할 수 있는 경우	보고기간 후 재무제표 발행승인일 전에 대여자가 약정위반을 이유로 상환을 요구하지 않기로 합의하더라도 유동부채로 분류
대여자가 보고기간 말 이전에 보고기간 후 적어도 12개월 이상의 유예기간을 주는데 합의하여 그 유예기간 내에 기업이 위반사항을 해소할 수 있고, 또 그 유예기간 동안에는 대여자가 즉시 상환을 요구할 수 없는 경우	비유동부채로 분류

6 자본의 분류

자본은 납입자본과 이익잉여금 및 기타자본요소로 구분한다.

🖉 유동성 · 비유동성 구분법에 의한 재무상태표

재 무 상 태 표

㈜세무상사   20X1년 12월 31일 현재

자산		자본과부채	
비유동자산		자본	
영업권	×××	납입자본	×××
기타무형자산	×××	이익잉여금	×××
유형자산	×××	기타자본요소	×××
관계기업투자주식	×××	자본총계	×××
장기투자금융자산	×××	부채	
비유동자산계	×××	비유동부채	
유동자산		이연법인세부채	×××
재고자산	×××	장기충당부채	×××
매출채권	×××	장기차입금	×××
단기투자금융자산	×××	비유동부채계	×××
현금및현금성자산	×××	유동부채	
유동자산계	×××	미지급금	×××
		미지급법인세	×××
		매입채무	×××
		단기차입금	×××
		유동부채계	×××
		부채총계	×××
자산총계	×××	자본과부채총계	×××

04 포괄손익계산서

1 포괄손익계산서

포괄손익계산서(statement of comprehensive income)는 일정 기간 동안 기업의 경영성과에 대한 정보를 제공하는 재무보고서이다. 손익계산서는 당해 회계기간의 경영성과를 나타낼 뿐만 아니라 기업의 미래현금흐름과 수익창출능력 등의 예측에 유용한 정보를 제공한다.

(1) 유용성

① 경영성과의 평가에 유용
② 미래현금흐름에 관한 정보의 제공
③ 과세소득에 기초자료로 이용

(2) 한 계

① 순자산의 변동액 중 당기순손익과 기타포괄손익의 구성항목을 구분하는 데 논리적 기초가 없다.
② **현금흐름과 무관**: 당기순이익은 발생주의에 따른 결과이기 때문에 현금흐름과는 관계가 없다.
③ 자산의 손상차손, 내부창출 무형자산과 관련된 특정 지출 등을 비용으로 처리하는데 있어서 경영자의 재량권이 개입되어 이익조정이 가능하다.

2 포괄손익계산서에 표시되는 정보

포괄손익계산서에는 적어도 당해 기간의 다음 금액을 표시하는 항목을 포함한다.

당기손익 부분
① 수익
② 금융원가
③ 지분법 적용대상인 관계기업과 조인트벤처의 당기순이익에 대한 지분
④ 법인세비용
⑤ 중단영업의 합계를 표시하는 단일금액

기타포괄손익 부분
① 당기손익으로 재분류되지 않는 항목
② 특정 조건을 충족하는 때에 후속적으로 당기손익으로 재분류되는 항목

기업의 경영성과를 이해하는 데 목적적합한 경우에는 포괄손익계산서와 별개의 손익계산서(표시되는 경우)에 항목, 제목 및 중간합계를 추가하여 표시한다. 수익과 비용의 어느 항목도 포괄손익계산서, 별개의 손익계산서(표시하는 경우) 또는 주석에 **특별손익 항목으로 표시할 수 없다**.

3 포괄손익계산서(statement of comprehensive income)와 별개의 손익계산서

손익계산서는 다음 중 한 가지 방법으로 표시한다.
① 단일 포괄손익계산서
② **두 개의 보고서**
   당기순손익의 구성요소를 배열하는 보고서(별개의 손익계산서)와 당기순손익에서 시작하여 기타포괄손익의 구성요소를 배열하는 보고서(포괄손익계산서)

🔗 포괄손익계산서와 별개의 손익계산서

〈단일보고방법〉 포괄손익계산서		〈별도보고방법〉 손익계산서	
수익	×××	수익	×××
		비용	×××
비용	×××	**당기순이익**	×××
		포괄손익계산서	
당기순이익	×××	당기순이익	×××
기타포괄손익	×××	기타포괄손익	×××
총포괄손익	×××	**총포괄이익**	×××

4 당기순손익

한 기간에 인식되는 모든 수익과 비용 항목은 한국채택한국회계기준이 달리 정하지 않는 한 당기손익으로 인식한다.

5 기타포괄손익

기타포괄손익의 항목은 다음 중 한 가지 방법으로 표시할 수 있다.

① 당해 기간의 기타포괄손익금액을 성격별로 분류하고, 다른 한국채택국제회계기준서에 따라 후속적으로 당기손익으로 재분류되지 않는 항목과 재분류되는 항목을 각각 집단으로 묶어 표시한다.

② 기타포괄손익의 항목은 관련 법인세비용을 차감한 순액으로 표시하거나, 법인세비용차감전 금액으로 표시할 수 있다.

③ 기타포괄손익의 항목과 관련된 재분류조정을 공시한다.

기타포괄손익누계액	후속처리
토지 등 재평가잉여금 확정급여제도 재측정손익 기타포괄평가손익(지분증권)	이익잉여금에 직접대체
기타포괄평가손익(채무증권) 해외사업장환산손익 현금흐름위험회피파생상품평가손익	실현시 당기손익으로 재분류조정

6 영업손익의 구분표시

국제회계기준에서는 영업손익의 구분표시를 요구하지 않으나 한국채택국제회계기준에서는 2014년 기준을 개정하여 영업손익을 포괄손익계산서에 구분표시 하도록 하였다.

당기손익 항목		계산구조
영업이익	매출원가 구분 가능	매출액 − 매출원가 − 판매비와 관리비
	매출원가 구분 불가능	영업수익 − 영업비용
당기순이익		영업이익 + 영업외수익 − 영업외비용 − 법인세비용

(1) 영업이익에 포함되는 항목

영업이익은 매출액에서 매출원가 및 판매비와관리비(물류원가 등을 포함)에 해당하는 비용을 차감하여 산출한 금액이다.

구 분	내 용
매출액	제품, 상품, 용역의 총매출액에서 환입 및 매출에누리와 매출할인을 차감한 금액
매출원가	① 판매된 제품이나 상품에 대한 제조원가 또는 매입원가 ② 기초제품(상품)재고액 + 당기제품제조원가(당기상품순매입액) 　－ 기말제품(상품)재고액
판매비와 관리비	판매활동과 기업의 관리활동에서 발생하는 비용

(2) 판매비와관리비

판매비와 관리비는 급여, 퇴직급여, 명예퇴직금, 복리후생비, 접대비, 임차료, 세금과공과, 광고선전비, 소모품비, 수선비, 연구비, 경상개발비, 대손상각비(손상차손), 감가상각비, 무형자산상각비 등을 포함한다.

대손충당금환입, 판매보증충당부채환입 및 주식보상비용환입은 수익으로 인식하지 않고 판매비와 관리비의 차감항목으로 표시한다.

(3) 기 타

① 매출원가를 표시하지 않는 경우

보고기업의 영업특수성을 고려할 필요가 있는 경우(예 매출원가를 구분하기 어려운 경우)나 보고기업이 비용을 성격별로 분류하는 경우 포괄손익계산서에 영업수익에서 영업비용을 차감한 영업이익을 표시할 수 있다.

예를 들어 금융업의 경우 영업수익에는 이자수익, 금융자산평가 및 처분이익, 대출채권 평가 및 처분이익, 수수료수익, 배당금수익, 외화거래이익이 포함되며, 영업비용에는 이자비용, 금융자산평가 및 처분손실, 대출채권 평가 및 처분손실, 외화거래손실, 수수료비용, 판매비와관리비가 포함된다.

② 지분법과 관련된 손익

지분법적용투자주식에의 투자를 주된 영업으로 하는 기업은 지분법이익을 영업이익에 포함하고, 이외의 기업은 영업이익에 포함하지 않는다.

③ 조정영업이익의 주석공시

영업이익 산정에 포함된 항목 이외에 기업의 고유 영업환경을 반영하는 그 밖의 수익 또는 비용 항목이 있다면, 이러한 항목을 추가하여 조정영업손익 등의 명칭을 사용하여 주석으로 고시하도록 규정하고 있다.

예를 들어 외화채권 및 채무에 대한 환율변동손익은 영업외손익에 해당하지만, 외화매출채권 및 매입채무에 해당되는 경우에는 기업의 고유한 영업환경을 반영하기 위하여 영업손익에 포함하는 것이 적절할 수도 있다.

포괄손익계산서

당기 : 20X2년 1월 1일부터 12월 31일까지

전기 : 20X1년 1월 1일부터 12월 31일까지

합격상사 (단위 : 원)

과 목	20X2년	20X1년
매출액	×××	×××
매출원가	(×××)	(×××)
매출총이익	×××	×××
판매비와 관리비	(×××)	(×××)
영업이익	×××	×××
영업외수익과 차익	×××	×××
영업외비용과 차손	(×××)	(×××)
법인세비용차감전이익	×××	×××
법인세비용	(×××)	(×××)
계속영업이익	×××	×××
중단영업손익(세후)	×××	×××
당기순이익	×××	×××
기타포괄손익		
당기손익으로 재분류되지 않는 항목(세후)	×××	×××
당기손익으로 재분류되는 항목(세후)	×××	×××
총포괄이익	×××	×××

7 비용의 분류방법

(1) 성격별 분류법

당기손익에 포함된 비용은 그 성격(예 감가상각비, 원재료의 구입, 운송비, 종업원급여와 광고비)별로 통합하며, 기능별로 재배분하지 않는다. 비용을 기능별 분류로 배분할 필요가 없기 때문에 적용이 간단할 수 있다.

(2) 기능별 분류법

비용을 매출원가, 그리고 물류원가와 관리활동원가 등과 같이 기능별로 분류하는 방법으로 **매출원가법**이라고도 한다. 이 방법에서는 적어도 매출원가를 다른 비용과 분리하여 공시한다. 이 방법은 성격별 분류보다 재무제표이용자에게 더욱 목적적합한 정보를 제공할 수 있지만 비용을 기능별로 배분하는데

자의적인 배분과 상당한 정도의 판단이 개입될 수 있다. 비용을 **기능별로 분류하는 기업은 감가상각비, 기타 상각비와 종업원급여비용을 포함하여 비용의 성격에 대한 추가 정보를 공시**한다.

성격별 손익계산서		기능별 손익계산서	
매출액	×××	매출액	×××
영업비용	×××	**매출원가**	×××
제품과 재공품의 변동	×××	매출총이익	×××
원재료와 소모품의 사용액	×××	기타수익	×××
종업원급여비용	×××	판매비	×××
감가상각비와 기타상각비	×××	**물류원가**	×××
기타비용	×××	관리비	×××
영업이익	×××	기타비용	×××
영업외수익과 차익	×××	법인세비용차감전이익	×××
영업외비용과 차손	×××	법인세비용	×××
법인세비용차감전이익	×××	당기순이익	×××
법인세비용	×××		
당기순이익	×××		

05 자본변동표

자본변동표(statement of change in equity)는 자본의 크기와 그 변동에 관한 정보를 제공하는 재무보고서로서, 자본을 구성하고 있는 납입자본, 이익잉여금 및 기타자본요소의 변동에 대한 포괄적인 정보를 제공한다.

자본변동표는 다음의 항목들을 표시한다.

(1) 지배기업의 소유주와 비지배지분에 각각 귀속되는 금액으로 구분하여 표시한 해당 기간의 총포괄손익

(2) 자본의 각 구성요소별로 회계변경 및 추정에 따라 인식된 소급적용이나 소급재작성의 영향

(3) 자본의 각 구성요소별로 다음의 각 항목에 따른 변동액을 구분하여 표시한, 기초시점과 기말시점의 장부금액 조정내역
　① 당기순손익
　② 기타포괄손익
　③ 소유주로서의 자격을 행사하는 소유주와의 거래

자 본 변 동 표

합격상사   20X1년 1월 1일부터 12월 31일까지

구 분	납입자본	이익잉여금	기타자본요소	총 계
20X1. 1. 1	×××	×××	×××	×××
연차배당		(×××)		(×××)
기타이익잉여금처분액		(×××)	(×××)	−
중간배당		(×××)		(×××)
유상증자	×××		×××	×××
당기순이익		×××		×××
자기주식 취득			(×××)	(×××)
FVOCI금융자산평가손실			(×××)	(×××)
재평가잉여금			×××	×××
20X1. 12. 31	×××	×××	×××	×××

06 현금흐름표

1 현금흐름표의 의의

(1) 현금흐름에 관한 정보

현금흐름표(statement of cash flows)는 한 회계기간 동안 발생한 현금유입과 현금유출에 관한 정보를 제공하는 재무보고서이다. **현금흐름표는 현금기준에 기초하여 작성하는 재무제표**로서 발생기준에 기초하여 작성된 재무상태표 및 포괄손익계산서를 보완하여 미래 현금흐름을 예측하는 데 도움을 준다.

(2) 현금흐름표의 유용성

재무제표이용자가 현금흐름표를 다른 재무제표와 같이 사용하면 순자산의 변화, 재무구조 및 현금흐름의 크기와 시기를 조절할 수 있는 기업의 능력을 평가하는 데 유용한 정보를 얻을 수 있다. 현금흐름표는 다음과 같은 유용성이 있다.
① 기업의 미래현금흐름창출능력에 대한 평가
② 부채와 배당금에 대한 지급능력에 대한 평가

③ 기업가치의 평가
④ 당기순이익과 영업활동 현금흐름의 차이에 관한 정보의 제공
⑤ 투자활동 및 재무활동이 기업의 재무상태에 미친 영향에 관한 정보의 제공

⑶ 현금의 개념

현금흐름표에서 현금이란 현금및현금성자산을 말한다. 회계목적상 현금은 보유 현금과 요구불예금을 말하며, 현금성자산은 유동성이 매우 높은 단기투자자산으로서 확정된 금액의 현금으로 전환이 용이하고 가치변동의 위험이 중요하지 않는 자산을 말한다.

2 현금흐름 유형의 구분

⑴ 영업활동

영업활동은 기업의 주요 수익창출활동을 말하며, 투자활동이나 재무활동이 아닌 기타의 활동을 포함한다. 일반적으로 영업활동은 제품의 생산과 상품 및 용역의 구매, 판매활동을 말한다. 영업활동 현금흐름은 일반적으로 당기순손익의 결정에 영향을 미치는 거래나 그 밖의 사건의 결과로 발생한다.

영업활동 현금유입	영업활동 현금유출
① 재화의 판매나 용역의 제공에 따른 현금유입	① 재화와 용역의 구입에 따른 현금유출
② 로열티, 수수료, 중개료 및 기타수익에 따른 현금유입	② 종업원과 관련하여 직·간접으로 발생하는 현금유출
③ 법인세의 환급. 다만, 재무활동과 투자활동에 명백히 관련되는 것은 제외	③ 법인세의 납부. 다만, 재무활동과 투자활동에 명백히 관련되는 것은 제외
④ **단기매매목적**으로 보유하는 계약에서 발생하는 현금유입	④ **단기매매목적**으로 보유하는 계약에서 발생하는 현금유출

기업은 단기매매목적으로 유가증권이나 대출채권을 보유할 수 있으며, 이 때 유가증권이나 대출채권은 판매를 목적으로 취득한 재고자산과 유사하다. 따라서 **단기매매목적으로 보유하는 금융자산의 취득과 판매에 따른 현금흐름은 영업활동으로 분류**한다.

⑵ 투자활동

투자활동은 장기성 자산 및 현금성자산에 속하지 않는 기타 투자자산의 취득과 처분과 관련된 활동을 말한다.

투자활동 현금유입	투자활동 현금유출
① 유형자산, 무형자산 및 기타 장기성 자산의 처분	① 유형자산, 무형자산 및 기타 장기성 자산의 취득
② 다른 기업의 지분상품이나 채무상품 및 공동기업 투자지분의 처분(현금성자산과 단기매매금융자산 제외)	② 다른 기업의 지분상품이나 채무상품 및 공동기업 투자지분의 취득(현금성자산과 단기매매금융자산 제외)
③ 제3자에 대한 선급금 및 대여금의 회수 (금융회사의 현금 선지급과 대출채권은 제외)	③ 제3자에 대한 선급금 및 대여금(금융회사의 현금 선지급과 대출채권은 제외)
④ 선물계약, 선도계약, 옵션계약 및 스왑계약에 따른 현금유입(단기매매목적과 재무활동으로 분류하는 경우 제외)	④ 선물계약, 선도계약, 옵션계약 및 스왑계약에 따른 현금유출(단기매매목적과 재무활동으로 분류하는 경우 제외)

(3) 재무활동

재무활동은 기업의 납입자본과 차입금의 크기 및 구성내용에 변동을 가져오는 활동을 말한다.

재무활동 현금유입	재무활동 현금유출
① 주식이나 기타 지분상품의 발행에 따른 현금유입(유상증자)	① 주식의 취득이나 상환에 따른 소유주에 대한 현금유출(배당, 유상감자)
② 자기주식의 처분	② 차입금의 상환에 따른 현금유출
③ 사채 및 어음의 발행에 따른 현금유입	③ 리스이용자의 금융리스부채 상환에 따른 현금유출
④ 장·단기차입에 따른 현금유입	

(4) 활동구분에서 주의해야 할 항목

재무제표에 인식되는 특정한 계정과목은 영업활동과 투자활동, 그리고 재무활동의 요소가 복합되어 있는 경우도 있다. 이 경우 당해 계정과목은 관련되어 있는 활동으로 모두 정확히 분류해야 하는 것을 원칙으로 한다.

구 분	현금흐름표 공시
이자 수취	영업활동 또는 투자활동 공시 가능
이자 지급	영업활동 또는 재무활동 공시 가능
배당금 수취	영업활동 또는 투자활동 공시 가능
배당금 지급	재무활동 또는 영업활동 공시 가능
법인세 지급	재무활동과 투자활동에 명백히 관련되지 않는 한 영업활동

⊘ 경영활동별 현금흐름 사례

기업의 경영활동		현금흐름	
		현금의 유입	현금의 유출
영업활동	• 단기매매목적 계약의 현금흐름 • 재고자산의 판매 및 용역의 제공 • 재고자산의 매입 및 생산 • 투자 및 재무활동에 속하지 아니하는 모든 거래	• 매출수익 • 이자수취, 배당금수취 • 단기매매금융자산의 처분	• 매입대금 • 종업원에 대한 지출 (퇴직금지급액 포함) • 이자지급, 법인세납부 • 단기매매금융자산의 취득
투자활동	• 자금의 일시운용 • 현금의 대여 및 회수 • 유가증권의 취득 및 처분 • 유형자산의 취득 및 처분 • 무형자산의 취득 및 처분	• 금융상품의 처분 • 대여금의 회수 • 유가증권의 처분 • 유형·무형자산의 처분 • 미수금의 감소	• 금융상품의 취득 • 대여금의 지급 • 유가증권의 취득 • 유형·무형자산의 취득
재무활동	• 자금의 조달 • 조달자금의 상환 • 배당금의 지급 • 자기주식의 취득 및 처분	• 장·단기차입금의 차입 • 사채의 발행 • 주식의 발행(유상증자) • 자기주식 매각	• 장·단기차입금의 상환 • 사채의 상환 • 유상감자 • 자기주식 취득 • 배당금지급 • 미지급금의 감소

(5) 현금흐름표의 양식

현 금 흐 름 표

Ⅰ. 영업활동으로 인한 현금흐름 (직접법과 간접법을 선택적 적용)	×××

Ⅱ. 투자활동으로 인한 현금흐름
  1. 투자활동으로 인한 현금유입액
  2. 투자활동으로 인한 현금유출액
	×××

Ⅲ. 재무활동으로 인한 현금흐름
  1. 재무활동으로 인한 현금유입액
  2. 재무활동으로 인한 현금유출액
	×××

Ⅳ. 현금의 증가(감소)(Ⅰ + Ⅱ + Ⅲ)	×××
Ⅴ. 기초 현금및현금성자산	×××
Ⅵ. 기말 현금및현금성자산	×××

3 영업활동 현금흐름

(1) 직접법

직접법은 총현금유입과 총현금유출을 주요 항목별로 구분하고 표시하는 방법을 말한다. 기업회계기준서에서는 영업활동 현금흐름을 보고하는 경우 직접법을 사용할 것을 권장하고 있다.

(2) 간접법

간접법은 당기순손익에 현금을 수반하지 않는 거래, 과거 또는 미래의 영업활동 현금유입이나 현금유출의 이연 또는 발생, 투자활동이나 재무활동 현금흐름과 관련된 손익항목의 영향을 조정하여 표시하는 방법을 말한다.

현금흐름표(직접법)			현금흐름표(간접법)	
영업활동 현금흐름		=	**영업활동 현금흐름**	
고객으로부터 유입된 현금	×××		당기순이익	×××
공급자에 대한 현금유출	×××		가감 :	
종업원에 대한 현금유출	×××		이자수익	×××
기타 영업비 현금유출	×××		감가상각비	×××
			매출채권의 증가	×××
			매입채무의 증가	×××
			…	
영업에서 창출된 현금	×××	=	**영업에서 창출된 현금**	×××
이자수취	×××	=	이자수취	×××
배당금수취	×××	=	배당금수취	×××
이자지급	×××	=	이자지급	×××
법인세납부	×××	=	법인세납부	×××
⋮			⋮	

💡 **직접법 주장 이유**

① 재무상태표나 손익계산서에서 얻을 수 없는 정보를 제공하며, 미래현금흐름을 추정하는 데 간접법에 비하여 더 유용한 기초자료를 제공한다.
② 실제 현금유입의 발생원천과 현금유출의 용도를 항목별로 구분하여 나타내므로 회계정보이용자들이 미래현금흐름을 예측하는데 더 유용하다.

💡 **간접법 주장 이유**

① 직접법에 따라 작성된 영업활동 현금흐름은 현금주의에 기초한 것이므로 발생주의에 익숙한 회계정보이용자들에게 혼란을 줄 수 있다.
② 간접법에 따라 작성하면 당기순이익과 현금흐름의 차이를 파악할 수 있다.
③ 현금유입액과 유출액을 추적하지 않아도 되므로 절차가 간단하다.

4 영업활동 현금흐름 - 직접법

(1) 매출 등 수익활동으로부터의 유입액

매출채권 + 선수금			
기초매출채권	×××	기초선수금	×××
		손상차손	×××
발생주의 매출액	×××	현금주의 매출액(유입액)	×××
기말선수금	×××	기말매출채권	×××

(2) 기타수익 관련 현금유입액

수 익			
기초미수수익	×××	기초선수수익	×××
발생주의 수익(I/S)	×××	현금유입액	×××
기말선수수익	×××	기말미수수익	×××

(3) 매입으로 인한 유출액

재고자산 + 매입채무 + 선급금			
기초재고자산	×××	기초매입채무	×××
기초선급금	×××		
		매출원가(발생주의)	×××
현금유출액(매입액)	×××	기말선급금	×××
기말매입채무	×××	기말재고자산	×××

(4) 기타비용 관련 현금유출액

비 용			
기초선급비용	×××	기초미지급비용	×××
현금유출액	×××	비용발생액(I/S)	×××
기말미지급비용	×××	기말선급비용	×××

5 영업활동 현금흐름 - 간접법

간접법은 포괄손익계산서의 당기순손익에 현금을 수반하지 않는 거래와 과거 또는 미래의 영업활동 현금유입이나 현금유출의 이연 또는 발생, 투자활동이나 재무활동 현금흐름과 관련된 손익항목의 영향을 조정하여 표시하는 방법을 말한다.

(1) 현금주의와 발생주의간의 차이조정

현금주의와 발생주의의 차이는 다음과 같은 항목으로 인해 발생한다. 따라서 발생주의 당기순손익(또는 수익과 비용)에서 이러한 차이를 조정하면 영업활동으로 인한 현금흐름을 구할 수 있다.

① 영업활동과 무관한 현금의 유출이 없는 비용 등의 가산

> **투자와 재무활동 관련 비용의 가산**
> ① 감가상각비 및 무형자산상각비
> ② 사채할인발행차금 상각액
> ③ 지분법손실
> ④ 금융자산처분손실
> ⑤ 유형자산처분손실
> ⑥ 사채상환손실
> ⑦ 유형자산·무형자산손상차손

② 영업활동과 무관한 현금의 유입이 없는 수익 등의 차감

> **투자와 재무활동 관련 수익의 차감**
> ① 사채할증발행차금 상각(환입)액
> ② 지분법이익
> ③ 금융자산처분이익
> ④ 유형자산처분이익
> ⑤ 사채상환이익

③ 영업활동으로 인한 자산과 부채의 변동

> **영업활동 관련 자산과 부채의 변동**
> ① 재고자산
> ② 매출채권, 매입채무
> ③ 선급금, 선수금
> ④ 선급비용, 선수수익
> ⑤ 이연법인세자산(부채)
> ⑥ 충당부채

♀ 현금(자금)의 유입과 유출

재무상태표 · 손익계산서

자산	부채 자본
비용	수익

차변항목 증가	대변항목 증가
⇩	⇩
현금유출	현금유입

* 자산의 증가, 부채의 감소
  ⇨ 차감(현금 유출)
* 자산의 감소, 부채의 증가
  ⇨ 가산(현금 유입)

⑵ 한국채택국제회계기준에 의한 간접법

국제회계기준은 **이자와 배당금의 수취 및 지급에 따른 현금흐름과 법인세로 인한 현금흐름은 각각 별도로 공시할 것을 요구**하고 있어 수정된 간접법의 형태로 현금흐름표를 작성하여야 한다.

결과적으로 영업창출현금흐름은 간접법 개념에 따라 조정과정을 표시하며, 이자수취, 배당금수취, 이자지급, 법인세납부는 조정결과인 현금흐름을 직접 표시한다.

현금흐름표(간접법)

K회사	20X1.1.1 ~ 20X1.12.31
Ⅰ. 영업활동으로 인한 현금흐름	×××
1. 법인세비용차감전순이익	×××
2. 조정항목의 가감	
현금의 유출이 없는 비용의 가산	×××
현금의 유입이 없는 수익의 차감	(×××)
영업활동으로 인한 자산과 부채의 변동	
(＋) 자산의 감소, 부채의 증가	×××
(－) 자산의 증가, 부채의 감소	(×××)
영업에서 창출된 현금	×××
3. 이자수령액	×××
4. 이자지급액	(×××)
5. 배당금수령액	×××
6. 법인세납부액	(×××)
⋮	

영업활동 현금흐름

		I/S 당기순이익(= 발생주의)	×××
현금유입없는 수익	×××	현금유출없는 비용	×××
(~~이익, 차익, 환입)		(~~상각, 손실, 차손)	
영업활동 관련 자산 증가	×××	영업활동 관련 자산 감소	×××
영업활동 관련 부채 감소	×××	영업활동 관련 부채 증가	×××
영업활동 현금흐름(= 현금주의)	×××		

또는

영업활동 현금흐름

I/S 당기순이익(= 발생주의)	×××		
현금유출없는 비용	×××	현금유입없는 수익	×××
(~~상각, 손실, 차손)		(~~이익, 차익, 환입)	
영업활동 관련 자산 감소	×××	영업활동 관련 자산 증가	×××
영업활동 관련 부채 증가	×××	영업활동 관련 부채 감소	×××
		영업활동 현금흐름(= 현금주의)	×××

- 기타포괄손익–공정가치 측정 금융자산 처분손익은 영업활동현금흐름에 가감하지만 평가손익은 기타포괄손익이므로 고려하지 않는다.
- 당기손익–공정가치 측정 금융자산의 증감을 고려한 경우에는 평가손익과 처분손익을 고려하지 않는다.
- 손상차손(대손상각비)은 매출채권을 손실충당금(대손충당금)을 차감한 순액으로 계산할 경우에는 영업활동현금흐름에서 제외한다.
- 재고자산의 감모손실과 평가손실은 재고자산의 증감에 포함되어 있기 때문에 영업활동현금흐름에서 제외한다.

07 주 석

주석(notes)은 실무적으로 적용 가능한 한 체계적인 방법으로 표시한다. 재무상태표, 포괄손익계산서, 별개의 손익계산서(표시하는 경우), 자본변동표 및 현금흐름표에 표시된 개별항목은 주석의 관련 정보와 상호 연결시켜 표시한다. 주석은 다음의 정보를 제공한다.

① 재무제표 작성 근거와 구체적인 회계정책에 대한 정보
② 한국채택국제회계기준에서 요구하는 정보이지만 재무제표 어느 곳에도 표시되지 않는 정보
③ 재무제표 어느 곳에도 표시되지 않지만 재무제표를 이해하는 데 목적적합한 정보

주석은 재무제표이용자가 재무제표를 이해하고 다른 기업의 재무제표와 비교하는 데 도움을 줄 수 있도록 일반적으로 다음 순서로 표시한다.

① 한국채택국제회계기준을 준수하였다는 사실
② 적용한 유의적인 회계정책의 요약
③ 재무상태표, 포괄손익계산서, 별개의 손익계산서(표시하는 경우), 자본변동표 및 현금흐름표에 표시된 항목에 대한 보충정보, 재무제표의 배열 및 각 재무제표에 표시된 개별 항목의 순서에 따라 표시한다.

④ 다음을 포함한 기타 공시
　　㉠ 우발부채와 재무제표에서 인식하지 아니한 계약상 약정사항
　　㉡ 비재무적 공시항목, 예를 들어 기업의 재무위험관리목적과 정책

08 중간재무보고

1 중간보고의 의의

중간재무제표는 1회계연도보다 **짧은 기간**(중간기간)**을 대상으로 작성하는 재무제표**로서 회계정보의 **적시성 제고**를 위하여 필수적인 수단이다.
① **중간기간**: 1회계연도보다 짧은 회계기간을 말한다. 예를 들면 중간기간은 3개월, 6개월 등이 될 수 있다. 3개월 단위의 중간기간을 '분기', 6개월 단위의 중간기간을 '반기'라 한다.
② **누적중간기간**: 회계연도의 개시일부터 당해 중간기간의 종료일까지의 기간을 말한다.
③ **중간재무제표**: 중간기간 또는 누적중간기간을 대상으로 작성하는 재무제표를 말한다.
④ **연차재무제표**: 1회계연도를 대상으로 작성하는 재무제표를 말한다.

2 중간재무보고의 내용

중간재무보고서는 전체 재무제표로 작성할 수도 있고 요약재무제표로 작성할 수도 있다.

(1) 중간재무보고서는 최소한 다음의 구성요소를 포함하여야 한다.

① 요약재무상태표
② 다음 중 하나로 표시되는 요약포괄손익계산서
　　㉠ 단일 요약포괄손익계산서
　　㉡ 별개의 요약손익계산서와 요약포괄손익계산서
③ 요약자본변동표
④ 요약현금흐름표
⑤ 선별적 주석

한편, 별개의 손익계산서에 당기순손익의 구성요소를 표시하는 경우에는 중간 요약정보는 그 별개의 손익계산서에 표시한다.

(2) 선별적 주석

중간재무보고서의 이용자는 해당 기업의 직전 연차재무보고서도 이용할 수 있으므로 직전 연차재무보고서에 이미 보고된 정보에 대한 갱신사항이 상대적으로 경미하다면 중간재무보고서의 주석으로 기재할 필요는 없다.

(3) 중간재무제표가 표시되어야 하는 기간

중간보고서는 다음 기간에 대한 중간재무제표를 포함하여야 한다.

> ① 당해 중간보고기간말과 직전 연차보고기간말을 비교형식으로 작성한 재무상태표
> ② 당해 중간기간과 당해 회계연도 누적기간을 직전 회계연도의 동일기간과 비교하는 형식으로 작성한 포괄손익계산서(별개 손익계산서 작성도 가능)
> ③ 당해 회계연도 누적기간을 직전 회계연도의 동일기간과 비교하는 형식으로 작성한 자본변동표
> ④ 당해 회계연도 누적기간을 직전 회계연도의 동일기간과 비교하는 형식으로 작성한 현금흐름표

🔗 대상기간과 비교대상

구 분	대상기간	비교대상
재무상태표	당해 중간기간말	직전 회계연도말
포괄손익계산서	당해 중간기간과 누적기간	직전 회계연도의 동일기간
현금흐름표, 자본변동표	당해 누적기간	직전 회계연도의 동일기간

예 20X2년 3분기 재무제표

구 분		대상기간	비교대상
재무상태표		20X2년 9월 30일 현재	20X1년 12월 31일 현재
포괄손익계산서	당해중간기간	20X2년 7월 1일 ~ 9월 30일	20X1년 7월 1일 ~ 9월 30일
	누적중간기간	20X2년 1월 1일 ~ 9월 30일	20X1년 1월 1일 ~ 9월 30일
현금흐름표, 자본변동표		20X2년 1월 1일 ~ 9월 30일	20X1년 1월 1일 ~ 9월 30일

한편, 계절성이 높은 사업을 영위하는 기업의 경우, 중간보고기간말까지 12개월 기간의 재무정보와 직전 회계연도의 동일기간에 대한 비교 재무정보를 보고할 것을 권장하고 있다.

⑷ 기타 고려할 사항

① 중요성

중간재무보고서를 작성할 때 인식, 측정, 분류 및 공시와 관련된 중요성의 판단은 **해당 중간기간의 재무자료에 근거하여** 이루어져야 한다.

② 연차재무제표 주석공시

최종 중간기간(12월 결산법인의 경우에는 4/4분기가 될 것이다)의 중간재무보고서는 별도로 작성하지 않을 수 있다. 다만, 특정 중간기간에 보고된 추정금액이 최종 중간기간에 중요하게 변동하였지만 최종 중간기간에 대하여 별도의 재무보고를 하지 않는 경우, 추정의 변동 내용과 금액을 해당 회계연도의 연차재무제표에 주석으로 공시하여야 한다.

③ 한국채택국제회계기준의 준수에 대한 공시

한국채택국제회계기준에 따라 중간재무보고서를 작성한 경우, 그 사실을 공시하여야 한다.

3 인식과 측정

⑴ 연차기준과 동일한 회계정책

중간재무제표는 연차재무제표에 적용하는 회계정책과 동일한 회계정책을 적용하여 작성한다. 다만, 직전 연차보고기간말 후에 회계정책을 변경하여 그 후의 연차재무제표에 반영하는 경우에는 변경된 회계정책을 적용한다.

⑵ 법인세비용의 인식

법인세비용은 각 중간기간에 전체 회계연도에 대해서 예상되는 최선의 가중평균연간법인세율의 추정에 기초하여 인식한다.

⑶ 계절적, 주기적 또는 일시적인 수익 및 연중 고르지 않게 발생하는 원가

배당수익, 로열티수익과 같이 계절적, 주기적 또는 일시적으로 발생하는 수익은 연차보고기간말에 미리 예측하여 인식하거나 이연하는 것이 적절하지 않은 경우 중간보고기간말에도 미리 예측하여 인식하거나 이연하여서는 아니된다. 한편, 연중 고르지 않게 발생하는 원가는 연차보고기간말에 미리 비용으로 예측하여 인식하거나 이연하는 것이 타당한 방법으로 인정되는 경우에 한하여 중간재무보고서에서도 동일하게 처리한다.

4 보고된 중간기간에 대한 재작성

새로운 한국채택국제회계기준서의 경과규정에 의하지 않은 회계정책의 변경이 있는 경우 당해 회계연도 이전 중간기간의 재무제표와 비교표시되는 과거 회계연도 중간기간의 재무제표를 재작성한다. 다만, 새로운 회계정책을 적용하게 되는 회계연도 개시일에, 회계변경의 누적효과를 이전의 전체 회계기간에 적용하는 것이 실무상 어려울 경우에는 실무적으로 적용할 수 있는 최초일부터 새로운 회계정책을 전진적으로 적용하여 당해 회계연도의 이전 중간기간과 비교표시되는 과거 회계연도의 중간기간에 대한 재무제표를 조정한다.

09 보고기간 후 사건

1 보고기간 후 사건의 의의

보고기간 후 사건은 보고기간말과 재무제표 발행승인일 사이에 발생한 유리하거나 불리한 사건을 말한다. 이 경우 재무제표 발행승인일이란 주주가 재무제표를 승인한 날이 아니라 주주총회에 제출하기 위한 재무제표를 이사회가 발행승인한 날이다.

2 보고기간 후 사건의 유형 및 회계처리

보고기간 후 사건은 보고기간말 현재 불확실한 사건이 보고기간후 사건으로 인하여 확정되거나 새로운 추정치를 제공함으로써 재무제표 작성에 사용된 추정치에 직접적인 영향을 미칠 수 있기 때문에 중요한 의미를 갖는다.

유 형	회계처리
보고기간 말에 **존재하였던** 상황에 대한 증거를 제공하는 사건	재무제표에 인식된 금액을 **수정**
보고기간 **후에 발생**한 상황을 나타내는 사건	재무제표를 수정하지 않음 단, 중요한 사건은 주석 공시

(1) 수정을 요하는 보고기간 후 사건

수정을 요하는 보고기간후사건이 발생하면 이미 **재무제표에 인식한 금액을 수정**하고, 재무제표에 인식하지 않은 항목은 새로 인식한다.

수정을 요하는 보고기간후 사건의 예는 다음과 같다.

① 보고기간 말에 존재하였던 현재의무가 보고기간 후에 소송사건의 확정에 의해 확인되는 경우

② 보고기간 말에 이미 자산손상이 발생되었음을 나타내는 정보를 보고기간 후에 입수하는 경우나 이미 손상차손을 인식한 자산에 대하여 손상차손금액의 수정이 필요한 정보를 보고기간 후에 입수한 경우(보고기간 후의 매출처 파산, 재고자산 판매 등)

③ 보고기간말 이전에 구입한 자산의 취득원가나 매각한 자산의 대가를 보고기간 후에 결정하는 경우

④ 보고기간말 이전 사건의 결과로서 보고기간말에 종업원에게 지급하여야 할 법적 의무나 의제의무가 있는 이익분배나 상여금 지급금액을 보고기간 후에 확정하는 경우

⑤ 재무제표가 부정확하다는 것을 보여주는 부정이나 오류를 발견한 경우

(2) 수정을 요하지 않는 보고기간 후 사건

수정을 요하지 않는 보고기간 후 사건은 **보고기간말 현재 존재하지 않았으나 보고기간말 이후에 발생한 상황에 대한 증거를 제공하는 사건**을 말한다. 이러한 사건은 차기의 사건으로써 당기 재무제표 작성에 사용된 추정치와는 아무런 관계가 없기 때문에 재무제표 본문의 금액을 수정할 필요가 없다.

예를 들어, 활성거래시장에서 거래되는 투자자산의 시장가격이 하락한 것은 수정을 요하지 않는 보고기간후 사건의 구체적인 예다. 이 경우 시장가격의 하락은 보고기간말 현재의 상황과 관련된 것이 아니라 보고기간말 이후에 발생한 상황이 반영된 것이다. 따라서 투자자산의 장부금액은 수정하지 않는다.

수정을 요하지 않는 보고기간후사건으로서 일반적으로 공시하는 예는 다음과 같다.

① 보고기간 후에 발생한 주요 사업결합 또는 주요 종속기업의 처분

② 영업 중단 계획의 발표

③ 자산의 주요구입, 매각예정으로 분류, 기타 처분이나, 정부에 의한 주요자산의 수용

④ 보고기간 후에 발생한 화재로 인한 주요 생산설비의 파손

⑤ 주요한 구조조정계획의 공표나 이행착수

⑥ 보고기간 후에 발생한 주요한 보통주 거래와 잠재적 보통주 거래

⑦ 보고기간 후에 발생한 자산 가격이나 환율의 비정상적 변동

⑧ 당기법인세자산과 부채 및 이연법인세자산과 부채에 중요한 영향을 미치는 세법이나 세율에 대한 보고기간 후의 변경 또는 변경 예고

⑨ 중요한 지급보증 등에 의한 우발부채의 발생이나 중요한 약정의 체결

⑩ 보고기간 후에 발생한 사건에만 관련되어 제기된 주요한 소송의 개시

3 배당 및 잉여금의 처분

보고기간 후에 지분상품 보유자에 대하여 배당을 선언한 경우 그 배당금은 보고기간 말의 부채로 인식하지 않는다. 왜냐하면 보고기간말에는 어떠한 의무도 존재하지 않았으므로 보고기간 후 사건으로 인하여 보고기간말에 부채로 인식하지 않기 때문이다.

단원핵심정리

1 결산정리사항

구 분		(차변) 회계처리 (대변)		당기순이익
발생항목	수익의 발생	미 수 수 익 ××× /	수　　　　익 ×××	증가
	비용의 발생	비　　　　용 ××× /	미 지 급 비 용 ×××	감소
이연항목	수익의 이연	수　　　　익 ××× /	선 수 수 익 ×××	감소
	비용의 이연	선 급 비 용 ××× /	비　　　　용 ×××	증가

2 소모품

구 분	회계처리	
	비용처리법	자산처리법
구입시	소모품비 ×× / 　현　　금 ××	소 모 품 ×× / 　현　　금 ××
결산시	소 모 품 ×× / 　소모품비 ××	소모품비 ×× / 　소 모 품 ××
	↳ 미사용액	↳ 사용액

3 재무제표

① **기업의 일반목적 재무제표는 한국채택국제회계기준(K-IFRS)에 근거하여 작성**한다.
② 한국채택국제회계기준에서는 **연결재무제표를 기본재무제표로** 하고 있다.
③ **재무제표** : 재무상태표, 포괄손익계산서, 자본변동표 및 현금흐름표, 주석

4 재무상태표

① 유동/비유동 구분법
② **유동자산**: 1년 또는 정상영업주기 내 실현가능한 자산
③ **유동부채**: 1년 또는 정상영업주기 내 결제예상 부채
④ **차입금**

구 분	분 류	
결제기간 12개월 초과	12개월 이내 결제일 도래	유동부채
차입약정	기존의 대출계약조건에 따라 보고기간 후 적어도 12개월 이상 부채를 **차환하거나 연장할 것으로 기대**하고 있고, 그런 **재량권**이 있는 경우	비유동부채
	보고기간 말 이전에 차입약정을 위배하여 대여자가 **즉시 상환요구**를 할 수 있는 경우	유동부채

⑤ **자본의 분류**: 납입자본, 기타자본요소, 이익잉여금

5 포괄손익계산서

① 수익과 비용의 어느 항목도 포괄손익계산서, 별개의 손익계산서(표시하는 경우) 또는 주석에 **특별손익 항목으로 표시할 수 없다**.
② 단일포괄손익계산서와 별개의 손익계산서로 작성할 수 있다.
③ 비용의 성격별 분류법 또는 기능별 분류법을 선택하여 작성할 수 있다. 다만, 비용을 **기능별로 분류하는 기업**은 감가상각비, 기타 상각비와 종업원급여비용을 포함하여 비용의 **성격에 대한 추가 정보를 공시**한다.

6 자본변동표

자본의 크기와 그 변동에 관한 정보를 제공하는 재무보고서로서, 자본을 구성하고 있는 납입자본, 이익잉여금 및 기타자본요소의 변동에 대한 포괄적인 정보를 제공한다.

7 현금흐름표

(1) 영업활동

① 영업활동은 기업의 주요 수익창출활동을 말하며, 투자활동이나 재무활동이 아닌 기타의 활동을 포함한다.

② **단기매매목적으로 보유하는 금융자산의 취득과 판매에 따른 현금흐름은 영업활동으로 분류**한다.

(2) 투자활동

투자활동은 장기성 자산 및 현금성자산에 속하지 않는 기타 투자자산의 취득과 처분과 관련된 활동을 말한다.

(3) 재무활동

재무활동은 기업의 납입자본과 차입금의 크기 및 구성내용에 변동을 가져오는 활동을 말한다.

(4) 영업활동 현금흐름 – 간접법

(−)		영업활동 현금흐름	(+)
		I/S 당기순이익(= 발생주의)	×××
현금유입없는 수익	×××	현금유출없는 비용	×××
(~~이익, 차익, 환입)		(~~상각, 손실, 차손)	
자산 증가	×××	자산 감소	×××
부채 감소	×××	부채 증가	×××
⋮		⋮	
영업창출 현금흐름(= 현금주의)	×××		

실전예상문제

01 청소용역업을 영위하는 ㈜대한은 20X1년 8월에 1년분 청소용역대금 ₩12,000을 현금수취하면서 전액 용역수익으로 회계처리하였다. 그리고 기말에 다음과 같이 결산수정분개하였다.

(차변) 용역수익	7,000	(대변) 선수수익	7,000

㈜대한의 위 결산수정분개와 관련된 회계개념으로 옳은 것은? 제13회

① 현금기준　　　　　　　　　② 보수주의
③ 발생기준　　　　　　　　　④ 역사적원가
⑤ 공정가치

해설　③ 수익비용의 이연 및 예상(발생)은 발생기준에 의한 회계처리의 사례이다.

02 ㈜주택은 20X1년 10월 1일에 1년분 보험료 ₩120,000을 현금지급하면서 선급보험료로 회계처리하였다. 다음 중 ㈜주택의 기말 결산수정분개로 옳은 것은? (단, 보험료는 월할계산한다) 제13회

	차 변		대 변	
①	보　험　료	30,000	선 급 보 험 료	30,000
②	선 급 보 험 료	90,000	보　험　료	90,000
③	선 급 보 험 료	30,000	보　험　료	30,000
④	보　험　료	90,000	선 급 보 험 료	90,000
⑤	보　험　료	120,000	현　　　금	120,000

해설　1. 자산처리법
　　　지급시(10/1)　: (차) 선급보험료　120,000　　(대) 현금　　　120,000
　　　결산시(12/31) : (차) 보험료　　　 30,000　　(대) 선급보험료　120,000
　　2. 비용처리법
　　　지급시(10/1)　: (차) 보험료　　　120,000　　(대) 현금　　　120,000
　　　결산시(12/31) : (차) 선급보험료　 90,000　　(대) 보험료　　 90,000

Answer

01 ③　　02 ①

03 ㈜한국은 20X1년 8월 1일 화재보험에 가입하고, 향후 1년간 보험료 ₩12,000을 전액 현금지급하면서 선급보험료로 회계처리 하였다. 동 거래와 관련하여 ㈜한국이 20X1년 말에 수정분개를 하지 않았을 경우, 20X1년 말 재무상태표에 미치는 영향은? (단, 보험료는 월할계산한다)

제24회

	자 산	부 채	자 본
①	₩5,000(과대)	영향없음	₩5,000(과대)
②	₩5,000(과대)	₩5,000(과대)	영향없음
③	₩7,000(과대)	영향없음	₩7,000(과대)
④	₩7,000(과대)	₩7,000(과대)	영향없음
⑤	영향없음	₩7,000(과소)	₩7,000(과대)

해설 기말 수정분개 : (차) 보험료　5,000　　(대) 선급보험료　5,000
수정분개 누락 : 비용 과소계상, 당기순이익 과대계상, 자본 과대계상, 자산 과대계상

04 20X1년 12월분 관리직 종업원 급여 ₩500이 발생하였으나 장부에 기록하지 않았고, 이 금액을 20X2년 1월에 지급하면서 전액 20X2년 비용으로 인식하였다. 이러한 회계처리의 영향으로 옳지 않은 것은? (단, 20X1년과 20X2년에 동 급여에 대한 별도의 수정분개는 하지 않은 것으로 가정한다)

제25회

① 20X1년 비용 ₩500 과소계상

② 20X1년 말 자산에는 영향 없음

③ 20X1년 말 부채 ₩500 과소계상

④ 20X1년 말 자본 ₩500 과대계상

⑤ 20X2년 당기순이익에는 영향 없음

해설 [20X1년 누락된 회계처리]
(차) 급여(비용의 발생)　　500　　(대) 미지급급여(부채의 증가)　　500
회계처리의 누락 : 비용 ₩500 과소계상, 부채 ₩500 과소계상, 당기순이익 ₩500 과대계상, 자본 ₩500 과대계상

05 ㈜한국은 20X1년 10월 1일부터 1년간 상가를 임대하면서 동 일자에 향후 1년분 임대료 ₩6,000을 현금 수령하고 전액 수익으로 회계처리 하였다. 수정분개를 하지 않았을 경우, ㈜한국의 20X1년 재무제표에 미치는 영향은? (단, 임대료는 월할계산한다) 제25회

① 기말부채 ₩1,500 과대계상
② 기말부채 ₩4,500 과대계상
③ 당기순이익 ₩1,500 과대계상
④ 당기순이익 ₩4,500 과대계상
⑤ 당기순이익 ₩6,000 과대계상

해설 [결산수정분개(12/31)]

| (차) 임대료 | 4,500 | (대) 선수임대료 | 4,500 |

　　＊선수임대료 : 6,000 × 9/12 ＝ ₩4,500

　　수정분개의 누락 : 수익 ₩4,500 과대계상, 당기순이익(자본) ₩4,500 과대계상, 부채 ₩4,500 과소계상

06 ㈜한국은 20X1년 12월 31일 다음과 같이 기말수정분개를 하였다. ㈜한국은 20X1년 기초와 기말에 각각 ₩100,000과 ₩200,000의 소모품을 보유하고 있었다. 20X1년 중 소모품 순구입액은? 제15회

| (차) 소모품비 | 180,000 | (대) 소모품 | 180,000 |

① ₩80,000 　　　　② ₩120,000
③ ₩280,000 　　　　④ ₩300,000
⑤ ₩500,000

해설

소모품

기초잔액	100,000	소비액(사용액)	180,000
구입액	280,000	기말잔액	200,000
	380,000		380,000

Answer

03 ①　　04 ⑤　　05 ④　　06 ③

07 20X1년 초에 설립한 ㈜한국의 20X1년 말 수정전시산표상 소모품계정은 ₩50,000이었다. 기말실사 결과 미사용소모품이 ₩20,000일 때, 소모품에 대한 수정분개의 영향으로 옳은 것은?

제23회

① 비용이 ₩30,000 증가한다.   ② 자본이 ₩30,000 증가한다.
③ 이익이 ₩20,000 감소한다.   ④ 자산이 ₩30,000 증가한다.
⑤ 부채가 ₩20,000 감소한다.

해설 자산처리법이므로 결산시 소모품의 '사용액'을 소모품비계정으로 대체하는 분개를 해야 한다.
(차) 소모품비   30,000   (대) 소모품   30,000
따라서 비용이 30,000 증가하고 자산이 30,000 감소된다.
② 자본이 ₩30,000 감소한다.
③ 이익이 ₩30,000 감소한다.
④ 자산이 ₩30,000 감소한다.
⑤ 부채는 불변이다.

08 ㈜한국은 20X1년 4월 1일에 사무실을 임대하고, 1년분 임대료로 ₩1,200(1개월 ₩100)을 현금 수취하여 이를 전액 수익으로 처리하였다. 20X1년 기말 수정분개가 정상적으로 처리되었을 때, 동 사무실 임대와 관련하여 수익에 대한 마감분개로 옳은 것은?

제26회

	차 변			대 변	
①	임 대 료	900	집 합 손 익		900
②	임 대 료	300	선 수 임 대 료		300
③	차 기 이 월	300	선 수 임 대 료		300
④	집 합 손 익	900	임 대 료		900
⑤	선 수 임 대 료	900	임 대 료		900

해설
		차변		대변	
4/1	(차) 현 금	1,200	(대) 임 대 료		1,200
12/31	(차) 임 대 료	300	(대) 선 수 임 대 료		300
	임 대 료	900	집 합 손 익		900

09 결산결과 당기순이익 ₩365,000이 산출되었으나 다음과 같은 사항이 누락되었음이 발견되었다. 수정 후 당기순이익은?

• 이자 미지급분	₩8,000	• 임대료 선수분	₩12,000
• 수수료 미수분	₩15,000	• 보험료 선급분	₩7,000

① ₩350,000　　　　　　　　　　② ₩363,000

③ ₩367,000　　　　　　　　　　④ ₩379,000

⑤ ₩385,000

해설 수정전 당기순이익 $\begin{bmatrix} (+) \ (자산 : 선급비용, 미수수익) \\ (-) \ (부채 : 선수수익, 미지급비용) \end{bmatrix}$ = 수정후 당기순이익

수정후이익 : $365,000 - 8,000 - 12,000 + 15,000 + 7,000 = ₩367,000$

10 한국채택국제회계기준에서 정하는 전체 재무제표에 포함되지 않는 것은?　　　제22회

① 기말 세무조정계산서

② 기말 재무상태표

③ 기간 손익과 기타포괄손익계산서

④ 기간 현금흐름표

⑤ 주석(유의적인 회계정책 및 그 밖의 설명으로 구성)

해설 기말세무조정계산서는 전체재무제표에 포함되지 않는다.

11 한국채택국제회계기준에서 제시하고 있는 전체 재무제표에 해당하지 않는 것을 모두 고른 것은?　　　제27회

ㄱ. 기말 재무상태표	ㄴ. 경영진 재무검토보고서
ㄷ. 환경보고서	ㄹ. 기간 현금흐름표
ㅁ. 기간 손익과 기타포괄손익계산서	ㅂ. 주석

① ㄱ, ㄴ　　　　　　　② ㄴ, ㄷ　　　　　　　③ ㄷ, ㄹ

④ ㄹ, ㅁ　　　　　　　⑤ ㅁ, ㅂ

해설 **재무제표** : 재무상태표, 포괄손익계산서, 자본변동표, 현금흐름표 및 주석

Answer

07 ①　　08 ①　　09 ③　　10 ①　　11 ②

12 재무제표 표시에 관한 설명으로 옳지 않은 것은? 제24회

① 전체 재무제표(비교정보를 포함)는 적어도 1년마다 작성한다.
② 재무제표는 기업의 재무상태, 재무성과 및 현금흐름을 공정하게 표시해야 한다.
③ 당기손익과 기타포괄손익은 단일의 포괄손익계산서에서 두 부분으로 나누어 표시할 수 없다.
④ 한국채택국제회계기준에서 요구하거나 허용하지 않는 한 자산과 부채 그리고 수익과 비용은 상계하지 않는다.
⑤ 한국채택국제회계기준을 준수하여 작성된 재무제표는 국제회계기준을 준수하여 작성된 재무제표임을 주석으로 공시할 수 있다.

해설 ③ 당기손익과 기타포괄손익은 단일의 포괄손익계산서에서 두 부분으로 나누어 표시한다.

13 재무제표의 작성과 표시에 적용되는 일반사항에 관한 설명으로 옳지 않은 것은? 제27회

① 경영진은 재무제표를 작성할 때 계속기업으로서의 존속가능성을 평가해야 한다.
② 부적절한 회계정책은 이에 대하여 공시나 주석 또는 보충 자료를 통해 설명하더라도 정당화될 수 없다.
③ 전체 재무제표(비교정보를 포함)는 적어도 1년마다 작성한다.
④ 한국채택국제회계기준에서 요구하거나 허용하지 않는 한 자산과 부채 그리고 수익과 비용은 상계하지 아니한다.
⑤ 모든 재무제표는 발생기준 회계를 사용하여 작성해야 한다.

해설 ⑤ 현금흐름표를 제외한 재무제표는 발생주의 회계를 사용하여 작성한다.

14 재무제표 표시에 관한 설명으로 옳지 않은 것은? 제26회

① 재무제표가 한국채택국제회계기준의 요구사항을 모두 충족한 경우가 아니라면 한국채택국제회계기준을 준수하여 작성되었다고 기재하여서는 아니 된다.
② 한국채택국제회계기준에서 요구하거나 허용하지 않는 한 자산과 부채 그리고 수익과 비용은 상계하지 아니한다.
③ 기업은 현금흐름 정보를 제외하고는 발생기준 회계를 사용하여 재무제표를 작성한다.
④ 부적절한 회계정책은 이에 대해 공시나 주석 또는 보충 자료를 통해 설명한다면 정당화될 수 있다.
⑤ 유사한 항목은 중요성 분류에 따라 재무제표에 구분하여 표시한다.

해설 ④ 부적절한 회계정책은 정당화될 수 없다.

15 재무제표 구조와 내용에 관한 설명으로 옳지 않은 것은? 제23회

① 수익과 비용 항목이 중요한 경우 성격과 금액을 별도로 공시한다.
② 유동성 순서에 따른 표시방법을 적용할 경우 모든 자산과 부채는 유동성 순서에 따라 표시한다.
③ 정상적인 활동과 명백하게 구분되는 수익이나 비용은 당기손익과 기타포괄손익을 표시하는 보고서에 특별손익 항목으로 표시한다.
④ 중요한 정보가 누락되지 않는 경우 재무제표의 표시통화를 천 단위나 백만 단위로 표시할 수 있으며 금액 단위를 공시해야 한다.
⑤ 비용의 성격별 또는 기능별 분류방법 중에서 신뢰성 있고 목적적합한 정보를 제공할 수 있는 방법을 적용하여 당기손익으로 인식한 비용의 분석내용을 표시한다.

해설 ③ 수익과 비용 어느 항목도 특별손익으로 표시할 수 없다.

16 재무제표 표시에 관한 설명으로 옳지 않은 것을 모두 고른 것은? 제25회

> ㄱ. 모든 재무제표는 발생기준 회계를 적용하여 작성한다.
> ㄴ. 한국채택국제회계기준이 달리 허용하거나 요구하는 경우를 제외하고는 당기 재무제표에 보고되는 모든 금액에 대해 전기 비교정보를 표시한다.
> ㄷ. 부적절한 회계정책은 이에 대하여 공시나 주석 또는 보충 자료를 통해 설명함으로써 정당화될 수 있다.
> ㄹ. 상이한 성격이나 기능을 가진 항목은 구분하여 표시한다. 다만 중요하지 않은 항목은 성격이나 기능이 유사한 항목과 통합하여 표시할 수 있다.
> ㅁ. 수익과 비용의 어느 항목도 당기손익과 기타포괄손익을 표시하는 보고서에 특별손익 항목으로 표시할 수 없다.

① ㄱ, ㄴ 　　② ㄱ, ㄷ 　　③ ㄴ, ㅁ
④ ㄷ, ㄹ 　　⑤ ㄹ, ㅁ

해설 ㄱ 재무제표는 현금흐름 정보를 제외하고 발생기준 회계를 적용하여 작성한다.
ㄷ 부적절한 회계정책은 이에 대하여 공시나 주석 또는 보충 자료를 통해 설명하더라도 정당화될 수 없다.

Answer
12 ③　　13 ⑤　　14 ④　　15 ③　　16 ②

17 재무상태표에 표시되는 정보가 아닌 것은? 제14회

① 납입자본
② 재고자산감모손실
③ 기타포괄손익누계액
④ 보고기간종료일
⑤ 투자부동산

해설 ② 재고자산감모손실은 비용항목으로 포괄손익계산서에 표시되는 정보이다.

18 재무상태표에 해당되는 금액을 표시할 때, 구분해서 표시할 최소한의 항목에 해당되지 않는 것은? 제13회

① 현금 및 현금성자산
② 투자부동산
③ 무형자산
④ 당좌자산
⑤ 생물자산

해설 ④ 기업회계기준에서 구분표시를 요구한 항목의 예에 당좌자산은 포함되지 않는다.

19 포괄손익계산서 회계요소에 해당하는 것은? 제27회

① 자산
② 부채
③ 자본
④ 자본잉여금
⑤ 수익

해설 ⑤ 포괄손익계산서의 회계요소 : 수익, 비용, 기타포괄손익

20 포괄손익계산서에 표시되는 계정과목은? 제18회

① 금융원가
② 이익잉여금
③ 영업권
④ 매출채권
⑤ 미지급법인세

해설 ① 금융원가는 자금조달 활동에 소요되는 이자비용 등의 원가를 말하며, 포괄손익계산서에 표시되는 항목이다.

> ▶ 당기손익 부분을 표시하는 보고서
> • 수익
> • 금융원가
> • 지분법 적용대상인 관계기업과 조인트벤처의 당기손익에 대한 지분
> • 법인세비용

21 포괄손익계산서에 표시되는 당기손익으로 옳지 않은 것은? 제26회

① 최초 인식된 토지재평가손실
② 기타포괄손익 − 공정가치측정 금융자산으로 분류된 지분상품의 평가손익
③ 원가모형을 적용하는 유형자산의 손상차손환입
④ 투자부동산평가손익
⑤ 사업결합시 발생한 염가매수차익

해설 ② 기타포괄손익 − 공정가치측정 금융자산으로 분류된 지분상품의 평가손익은 기타포괄손익으로 분류한다.

22 당기순이익에 영향을 미치는 항목이 아닌 것은? 제19회

① 감자차익
② 재고자산평가손실
③ 유형자산손상차손
④ 당기손익금융자산평가손실
⑤ 기타포괄손익금융자산처분이익

해설 당기순이익에 영향을 미치는 항목은 수익과 비용항목이다. 감자차익은 자본항목이므로 당기순이익에 영향을 미치지 않는다.
②③④ 비용항목
⑤ 수익항목

23 당기손익에 포함된 비용을 성격별로 표시하는 항목으로 옳지 않은 것은? 제20회

① 제품과 재공품의 변동
② 종업원급여비용
③ 감가상각비와 기타 상각비
④ 매출원가
⑤ 원재료와 소모품의 사용액

해설 ④ 기능별 분류법은 '매출원가법'으로서 비용을 매출원가, 그리고 물류원가와 관리활동원가 등과 같이 기능별로 분류한다. 따라서 매출원가는 성격별로 표시하는 항목에 해당되지 않는다.

Answer

17 ②	18 ④	19 ⑤	20 ①	21 ②	22 ①	23 ④

24 기타포괄이익을 증가 또는 감소시키는 거래는?　제24회

① 매출채권에 대한 손상인식
② 신용으로 용역(서비스) 제공
③ 판매직원에 대한 급여 미지급
④ 영업용 차량에 대한 감가상각비 인식
⑤ 유형자산에 대한 최초 재평가에서 평가이익 인식

> **해설** ⑤ 유형자산에 대한 재평가이익은 재평가잉여금의 과목으로 하여 기타포괄이익으로 인식하고 나머지 항목은 당기손익 항목이다.

25 자본변동표에서 확인할 수 없는 항목은?　제18회

① 자기주식의 취득
② 유형자산의 재평가이익
③ 기타포괄손익 – 공정가치 측정 금융자산 평가이익
④ 현금배당
⑤ 주식분할

> **해설** ⑤ 주식분할은 회사의 자산과 자본에 대한 변화는 없이 기존의 주식을 분할하여 발행주식의 수를 증가시키는 것으로 자본변동표에서 확인할 수 없는 항목이다.

26 제조업을 영위하는 ㈜한국의 현금흐름표에 관한 설명으로 옳지 않은 것은?　제20회

① 단기매매목적으로 보유하는 유가증권의 취득과 판매에 따른 현금흐름은 재무활동현금흐름으로 분류한다.
② 현금흐름표는 회계기간 동안 발생한 현금흐름을 영업활동, 투자활동 및 재무활동으로 분류하여 보고한다.
③ 유형자산 또는 무형자산 처분에 따른 현금유입은 투자활동현금흐름으로 분류한다.
④ 차입금의 상환에 따른 현금유출은 재무활동현금흐름으로 분류한다.
⑤ 법인세로 인한 현금흐름은 별도로 공시하며, 재무활동과 투자활동에 명백히 관련되지 않는 한 영업활동현금흐름으로 분류한다.

> **해설** ① 단기매매목적으로 보유하는 유가증권의 취득과 판매에 따른 현금흐름은 영업활동 현금흐름으로 분류한다.

27 현금흐름표상 영업활동 현금흐름에 속하지 않는 것은? 제24회

① 신주발행으로 유입된 현금

② 재고자산 구입으로 유출된 현금

③ 매입채무 지급으로 유출된 현금

④ 종업원 급여 지급으로 유출된 현금

⑤ 고객에게 용역제공을 수행하고 유입된 현금

해설 ① 신주발행으로 유입된 현금은 재무활동 현금흐름에 속한다.

28 ㈜한국의 20X1년도 현금흐름표 자료가 다음과 같을 때, 투자활동 현금흐름은? 제24회

• 기초 현금 및 현금성자산	₩9,000	• 재무활동 현금흐름	(−)₩17,000
• 기말 현금 및 현금성자산	5,000	• 영업활동 현금흐름	25,000

① (−)₩12,000   ② (−)₩18,000

③ (−)₩4,000   ④ ₩4,000

⑤ ₩8,000

해설

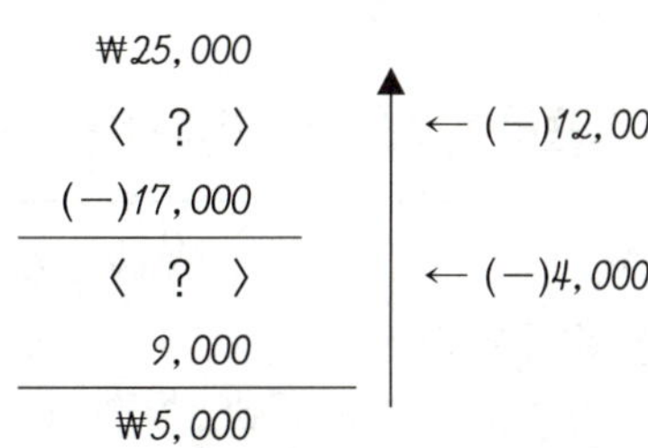

영업활동 현금흐름	₩25,000	
투자활동 현금흐름	〈 ? 〉	← (−)12,000
재무활동 현금흐름	(−)17,000	
현금의 증가(감소)	〈 ? 〉	← (−)4,000
기초 현금 및 현금성자산	9,000	
기말 현금 및 현금성자산	₩5,000	

Answer

24 ⑤   25 ⑤   26 ①   27 ①   28 ①

29 다음 주어진 자료를 이용하여 영업활동 현금흐름을 구하면?   제13회

---

(1) 포괄손익계산서 중의 일부

유형자산감가상각비   ₩12,000

당기순이익   200,000

(2) 영업 관련 자산/부채

	기초잔액	기말잔액
재고자산	₩30,000	₩29,000
매입채무	45,000	39,000

---

① ₩205,000   ② ₩207,000

③ ₩213,000   ④ ₩215,000

⑤ ₩218,000

해설

영업활동 현금흐름

당기순이익	200,000	현금주의 순이익	(207,000)
감가상각비	12,000	매입채무 감소	6,000
재고자산 감소	1,000		
	213,000		213,000

---

30 다음 자료를 이용하여 계산한 영업활동순현금흐름은?   제17회

• 당기순이익	₩300,000	• 감가상각비	30,000
• 재고자산 증가	40,000	• 매입채무 증가	60,000
• 기계장치 처분금액(장부금액 : ₩70,000)			90,000

---

① ₩270,000   ② ₩290,000

③ ₩310,000   ④ ₩330,000

⑤ ₩350,000

해설 **영업활동 현금흐름**(간접법)

= 당기순이익(발생기준) + 현금유출이 없는 비용 등 가산 − 현금유입이 없는 수익등 차감 + 영업활동 관련 자산감소 · 부채증가 + 영업활동 관련 자산증가 · 부채감소

= 300,000 + 30,000 − 20,000 − 40,000 + 60,000 = ₩330,000

31 ㈜한국의 20X1년 포괄손익계산서상 종업원급여는 ₩10,000이다. 재무상태표상 관련 계정의 기초 및 기말 잔액이 다음과 같을 때, 20X1년 종업원급여 현금지출액은?

제25회

계정과목	기초잔액	기말잔액
미지급급여	₩1,000	₩2,000

① ₩8,000　　　　② ₩9,000　　　　③ ₩10,000

④ ₩11,000　　　　⑤ ₩12,000

종업원급여

전기선급액	–	전기미지급액	1,000
당기지출액	9,000	당기발생액(I/S)	10,000
당기미지급액	2,000	당기선급액	–

32 ㈜한국의 당기순이익은 ₩100,000이고, 장기차입금에서 발생한 이자비용은 ₩5,000이며, 보유하고 있는 유형자산의 감가상각비는 ₩11,000이다. 당기 영업활동과 관련된 자산과 부채의 변동내역은 다음과 같다.

• 재고자산의 증가	₩8,000
• 매출채권(손실충당금 차감후 순액)의 감소	₩3,000
• 매입채무의 감소	₩4,200
• 선수금의 증가	₩2,000

㈜한국의 당기 영업활동 순현금유입액은? (단, 이자의 지급과 수취는 각각 재무활동과 투자활동으로 분류한다)

제26회

① ₩76,800　　　　② ₩81,800　　　　③ ₩92,800

④ ₩106,000　　　　⑤ ₩108,800

영업활동 현금흐름

당기순이익	₩100,000
이자비용	5,000
감가상각비	11,000
재고자산의 증가	− 8,000
순매출채권의 감소	3,000
매입채무의 감소	− 4,200
선수금의 증가	2,000
영업활동 순현금흐름	₩108,800

Answer

29 ②　　30 ④　　31 ②　　32 ⑤

33 다음은 ㈜한국의 20X1년 재무제표 자료이다. ㈜한국의 20X1년 법인세비용차감전순이익은 ₩10,000일 때, 간접법으로 산출한 영업활동현금흐름은? 제27회

• 감가상각비	₩4,000	• 매출채권(순액)의 증가	₩2,000
• 재고자산의 증가	4,000	• 매입채무의 감소	2,000
• 유상증자	2,000	• 사채의 상환	4,000

① ₩6,000　　　　　　② ₩8,000　　　　　　③ ₩10,000

④ ₩12,000　　　　　　⑤ ₩14,000

해설

영업활동현금흐름

매출채권(순액)의 증가	2,000	법인세비용차감전순이익	10,000
재고자산의 증가	4,000	감가상각비	4,000
매입채무의 감소	2,000		
영업활동현금흐름	6,000		
	₩14,000		₩14,000

34 20X1년과 20X2년 말 미수임대료와 선수임대료 잔액이 다음과 같을 때, 20X2년 중 현금으로 수취한 임대료가 ₩118,000이라면, 20X2년 포괄손익계산서에 표시될 임대료는? 제27회

구 분	20X1년 말	20X2년 말
미수임대료	₩11,000	₩10,000
선수임대료	7,800	8,500

① ₩116,300　　　　　　② ₩117,700　　　　　　③ ₩118,000

④ ₩118,300　　　　　　⑤ ₩119,700

해설

임대료

전기미수액	11,000	전기선수액	7,800
I/S 계상액	116,300	당기수입액	118,000
당기선수액	8,500	당기미수액	10,000

35 제조업의 현금흐름표에서 투자활동으로 인한 현금흐름에 속하지 않는 것은?

① 대여금의 회수에 따른 현금유입
② 투자부동산의 취득에 따른 현금유출
③ 무형자산의 취득에 따른 현금유출
④ 이자비용으로 인한 현금유출
⑤ 기타포괄손익금융자산의 처분으로 인한 현금유입

해설 ④ 이자비용으로 인한 현금유출은 영업활동 또는 재무활동으로 인한 현금흐름에 해당한다.

36 현금흐름표상 투자활동현금흐름에 해당하는 것은? 제18회

① 설비 매각과 관련한 현금유입
② 자기주식의 취득에 따른 현금유출
③ 담보부사채 발행에 따른 현금유입
④ 종업원급여 지급에 따른 현금유출
⑤ 단기매매목적 유가증권의 매각에 따른 현금유입

해설 투자활동현금흐름은 장기성자산 및 현금성자산에 속하지 않는 기타 투자자산의 취득과 처분활동을 말한다.
②③ 재무활동 현금흐름
④⑤ 영업활동 현금흐름

37 다음 중 현금흐름표상 재무활동으로 인한 현금흐름에 포함될 사항에 해당되지 않는 것은?

① 자기주식의 취득
② 단가차입금의 차입 및 상환
③ 배당금수익 및 배당금의 지급
④ 장기차입금의 차입 및 상환
⑤ 자기주식의 재매각

해설 ③ 배당금수익은 영업활동 또는 투자활동으로 인한 현금흐름이다.

Answer

33 ①　　34 ①　　35 ④　　36 ①　　37 ③

38 ㈜한국의 20X1년 영업활동 순현금유입액은 ₩12,000이다. 다음 자료를 이용할 때, 20X1년 법인세비용차감전순이익과 재무활동순현금흐름으로 옳은 것은?

제25회

• 재무상태표 관련 자료

계정과목	20X1년 1월 1일	20X1년 12월 31일
매출채권	₩2,800	₩1,300
선급비용	1,000	1,800
미지급이자	80	40
단기차입금	1,500	1,250
자본금	500	1,200

• 20X1년 감가상각비 　　　　　　　　₩900
• 20X1년 유형자산처분손실 　　　　　₩2,100
• 이자비용(미지급이자)은 영업활동으로 분류한다.
• 자본금 변동은 유상증자로 인한 것이며 모든 자산, 부채, 자본 변동은 현금 거래로 인한 것이다.

	법인세비용차감전순이익	재무활동순현금흐름	
①	₩7,800	순유입액	₩410
②	8,300	순유입액	450
③	8,340	순유입액	450
④	8,640	순유입액	410
⑤	8,800	순유출액	250

해설 (1) 법인세비용차감전순이익

영업활동 현금흐름

영업활동현금흐름	12,000	법인세비용차감전순이익	8,340
[현금유입없는 수익 차감]		[현금유출없는 비용 가산]	
		감가상각비	900
		유형자산처분손실	2,100
[영업활동 자산증가 · 부채감소]		[영업활동 자산감소 · 부채증가]	
선급비용 증가	800	매출채권 감소	1,500
미지급이자 감소	40		
	12,840		12,840

(2) 재무활동 순현금흐름
　　유입(자본금 증가) ₩750 − 유출(단기차입금 감소) ₩250 = ₩450 순현금유입

39 중간재무제표에 대한 다음의 설명 중 올바르지 않은 것은?

① 중간재무제표는 재무상태표, 포괄손익계산서, 현금흐름표, 자본변동표 및 주석으로 구성된다.

② 포괄손익계산서는 중간기간과 누적중간기간을 직전 회계연도의 동일기간과 비교하는 형식으로 작성한다.

③ 중간기간의 법인세비용은 각 중간기간에 전체 회계연도에 대해서 예상되는 최선의 가중평균연간법인세율의 추정에 기초하여 인식한다.

④ 중간재무제표 작성시에는 연차재무제표가 아니기 때문에 자산에 대한 손상차손(감액손실)은 인식하지 않는다.

⑤ 한국채택국제회계기준에 따라 중간재무보고서를 작성한 경우, 그 사실을 공시하여야 한다.

해설 중간기간의 자산손상차손(감액손실)은 연간과 동일한 회계정책을 적용하여 인식한다.

40 주석은 일반적으로 재무제표 이용자가 재무제표를 이해하고 다른 기업의 재무제표와 비교하는 데 도움이 될 수 있도록 순서대로 작성하여야 한다. 다음 중 주석의 배열순서로 옳은 것은?

> ㉠ 적용한 유의적인 회계정책의 요약
> ㉡ 기타 우발상황, 약정사항 등의 정보와 비재무적 공시항목
> ㉢ 한국채택국제회계기준을 준수하였다는 사실
> ㉣ 재무제표에 표시된 항목에 대한 보충정보

① ㉠ - ㉣ - ㉢ - ㉡　　　　② ㉢ - ㉠ - ㉣ - ㉡

③ ㉢ - ㉣ - ㉡ - ㉠　　　　④ ㉠ - ㉢ - ㉣ - ㉡

⑤ ㉣ - ㉢ - ㉠ - ㉡

해설 주석의 배열순서 : ㉢ - ㉠ - ㉣ - ㉡

Answer

38 ③　　39 ④　　40 ②

회계변경과 오류수정

회계변경의 구분과 회계추정의 변경 후 감가상각비 계산문제를 중심으로 출제되고 있다. 특히, 회계정책의 변경과 회계추정의 변경을 구분하고 회계추정의 변경 후 감가상각비의 계산문제를 반복적으로 연습해야 한다. 또한, 오류수정에 대한 회계처리와 당기순손익에 미치는 영향을 분석할 수 있어야 한다.

회계변경과 오류수정

01 회계변경

02 오류수정

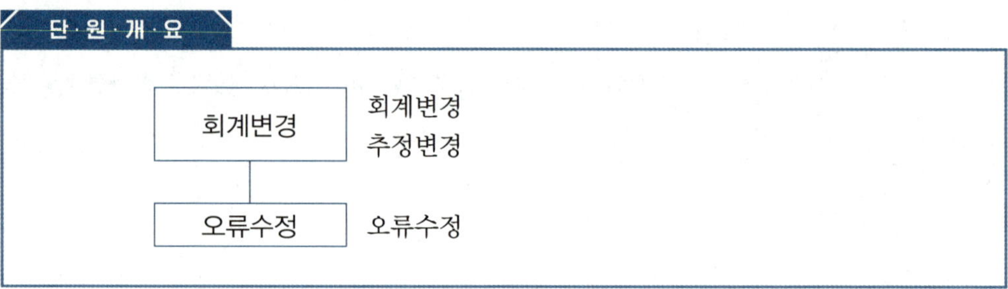

01 회계변경

1 회계변경

재무제표이용자는 기업의 재무상태, 경영성과 및 현금흐름의 추이를 알기 위하여 기간별 재무제표를 비교할 수 있어야 한다. 그러므로 동일 기간 내에 그리고 기간간에 동일한 회계정책을 적용하여야 재무제표의 유용성이 향상된다. 그러나 기업환경의 급격한 변화에 따라 기업이 기존에 채택한 회계처리방법을 계속 적용하는 경우에는 적정한 기간손익배분이 어렵게 되며, 이에 따라 목적적합하고 신뢰성 있는 유용한 정보의 제공이 어렵게 되므로 **보다 목적적합하고 신뢰성 있는 정보를 제공하기 위해** 회계변경이 필요한 경우가 있다.

회계변경이란 재무보고 목적으로 선택한 회계기준의 적용방법이나 회계적 추정치를 변경하는 것을 말한다. 전자를 회계정책의 변경이라 하고 후자를 회계추정의 변경이라 한다.

(1) 회계정책의 변경

회계정책의 변경은 재무제표의 작성과 보고에 적용하던 회계정책을 다른 회계정책으로 바꾸는 것을 말한다. 회계정책 변경의 사유가 정당한 경우에 한하여 허용한다.

> ① 한국채택국제회계기준에서 회계정책의 변경을 요구하는 경우
> ② 회계정책의 변경을 반영한 재무제표가 특정 거래, 기타 사건 또는 상황이 재무상태, 경영성과 또는 현금흐름에 미치는 영향에 대하여 신뢰성 있고 더 목적적합한 정보를 제공하는 경우

회계정책의 변경은 일반적으로 인정하는 회계원칙(one GAAP)에서 일반적으로 인정하는 회계원칙(another GAAP)으로의 변경만을 의미하며 일반적으로 인정되지 아니한 회계원칙(non-GAAP)에서 일반적으로 인정된 회계원칙(GAAP)으로 수정하는 것은 회계정책변경이 아닌 오류수정이다. 회계정책변경의 예는 다음과 같다.

> ① 재고자산평가방법을 선입선출법에서 평균법으로 변경하는 경우
> ② 유가증권의 취득단가 산정방법을 총평균법에서 이동평균법으로 변경하는 경우
> ③ 유형자산·무형자산에 대한 측정방법을 원가모형에서 재평가모형으로 변경하는 경우 또는 투자부동산에 대한 측정방법을 원가모형에서 공정가치모형으로 변경하는 경우

한편, 다음의 경우는 회계정책의 최초적용이므로 회계정책의 변경으로 보지 아니한다.

> ① 과거에 발생한 거래와 실질이 다른 거래, 기타 사건 또는 상황에 대하여 다른 회계정책을 적용하는 경우
> ② 과거에 발생하지 않았거나 발생하였어도 중요하지 않았던 거래, 기타 사건 또는 상황에 대하여 새로운 회계정책을 적용하는 경우

(2) 회계추정의 변경

회계추정의 변경은 당초 추정의 근거가 되었던 상황의 변화, 새로운 정보의 획득, 추가적인 경험의 축적에 따라 지금까지 사용해오던 회계적 추정치를 바꾸는 것을 말한다. 회계추정의 변경의 예는 다음과 같다.

> ① 대손추정율의 변경
> ② 재고자산 진부화에 대한 추정치의 변경

💡 **정당한 사유 아닌 것**
세법과의 마찰을 피하기 위해, 세법규정에 따라, 당기순이익을 증가시키기 위한 회계변경은 정당한 사유가 아니다.

③ 금융자산이나 금융부채의 공정가치 추정치의 변경
④ 감가상각자산의 내용연수와 잔존가치 또는 감가상각자산에 내재된 미래경제적효익의 기대소비행태 추정치의 변경
⑤ 품질보증의무 추정치의 변경

⑶ 회계변경의 특수상황

① 측정기준의 변경

측정기준의 변경은 회계추정의 변경이 아니라 회계정책의 변경에 해당한다.

② **정책변경효과와 추정변경효과를 구분할 수 없는 경우**

회계변경의 속성상 그 효과를 회계정책의 변경효과와 회계추정의 변경효과로 구분하기가 불가능한 경우에는 이를 **회계추정의 변경으로 본다.**

2 오류수정

오류수정이란 당기 중에 발견한 당기의 잠재적 오류나 후속기간 중에 발견한 전기이전의 오류를 재무제표의 발행·승인일 전에 수정하는 것을 말한다. 오류는 중요한 오류와 중요하지 않은 오류로 구분가능하다. 중요한 오류는 당해 오류로 인한 특정한 항목의 누락이나 왜곡표시가 개별적으로나 집합적으로 재무제표에 기초한 경제적 의사결정에 영향을 미치는 경우를 말한다.

3 회계변경과 오류수정의 회계처리

⑴ 소급법

소급법이란 기초시점에서 회계변경의 누적효과 또는 오류수정의 **누적효과를 계산하여 전기이월이익잉여금에서 수정**하고 비교재무제표를 새로운 정책을 적용하여 재작성하는 방법이다. 이 방법은 재무제표의 기간별 비교가능성을 유지할 수 있고 회계변경을 억제하는 효과가 있다는 장점이 있는 반면에 재무제표의 신뢰성이 상실될 가능성이 높으며 실무적으로 적용하기가 어렵다는 단점이 있다.

♀ 회계변경의 누적효과

회계변경이 회계변경을 한 회계연도의 기초 이월이익잉여금에 미친 효과를 회계변경의 누적효과(cumulative effect)라고 하는데, 변경전 방법을 적용한 경우의 기초 이월이익잉여금과 변경후 방법을 처음부터 적용하였다고 가정하는 경우의 기초 이월이익잉여금의 차이를 말한다.

(2) 당기일괄처리법

당기일괄처리법이란 기초시점에서 회계변경의 누적효과 또는 오류수정의 **누적효과를 계산하여 포괄손익계산서에 당기손익으로 반영**하는 방법이다. 이 방법은 재무제표의 신뢰성을 유지할 수 있고 변경효과를 한눈에 파악할 수 있다는 장점이 있는 반면에 기간별 비교가능성이 저하되며 변경효과가 당기손익에 반영되어 이익조작목적으로 사용될 가능성이 있다는 단점이 있다.

(3) 전진법

전진법이란 회계변경이 있더라도 회계변경의 **누적효과를 따로 계산하지 않고 당기와 당기 이후기간에 반영**하는 방법이다. 이 방법은 실무적용이 간편하고 재무제표의 신뢰성을 유지할 수 있다는 장점이 있는 반면에 비교가능성이 저하되고 회계변경의 효과를 파악하기 어렵다는 단점이 있다.

구 분	소급법	당기법	전진법
방 법	누적효과 계산 ⇨ 기초잉여금 수정	누적효과 계산 ⇨ 당기손익에 반영	누적효과 계산하지 않음
	당기부터 새로운 원칙(추정)적용	당기부터 새로운 원칙(추정)적용	당기부터 새로운 원칙(추정)적용
과거 재무제표	수정함	수정하지 않음	수정하지 않음
장 점	비교가능성 유지	신뢰성 유지	신뢰성 유지
단 점	신뢰성 저하, 복잡	비교가능성 저하 이익조작 가능성	비교가능성 저하 회계변경효과 파악 곤란

예제

회계추정의 변경

계룡회사(결산일 12월 31일)**는 20X1년 1월 1일에 기계장치를 ₩1,000,000에 취득하여 사용시작하였다. 기계장치의 잔존가치는 ₩100,000, 내용연수는 5년으로 추정하였으며 이중체감법으로 상각하기로 하였다. 추정치의 변경은 정당한 회계변경으로 가정한다.**

(1) 20X2년 초에 기계장치의 성능향상을 위하여 ₩150,000을 지출하였으며, 이로 인해 잔존가치가 ₩50,000 증가하고, 잔존내용연수가 2년 연장되었다고 판단하였다.

(2) 20X3년부터 정액법으로 감가상각방법을 변경하기로 하였다.

각 연도의 회계처리를 하라.

해설

1. 20X1년

   20X1년 말 감가상각비 : $1,000,000 \times 1/5 \times 200\% = ₩400,000$

   (차) 감가상각비 　　　　　　 400,000 　　　　　　 (대) 감가상각누계액 　　　　　 400,000

2. 20X2년(회계추정의 변경에 해당되므로 전진법으로 회계처리한다.)

   20X2년 초 수선비 지출 후 장부금액 : $1,000,000 - 400,000 + 150,000 = ₩750,000$

   20X2년 말 감가상각비(잔존내용연수 6년, 이중체감법) : $750,000 \times 1/6 \times 200\% = ₩250,000$

   (차) 감가상각비 　　　　　　 250,000 　　　　　　 (대) 감가상각누계액 　　　　　 250,000

3. 20X3년(회계추정의 변경에 해당되므로 전진법으로 회계처리한다.)

   20X3년 초 장부금액 : $750,000 - 250,000 = ₩500,000$

   20X3년 말 감가상각비(잔존내용연수 5년, 정액법)

   : $(500,000 - 150,000) \times 1/5 = ₩70,000$

   (차) 감가상각비 　　　　　　 70,000 　　　　　　 (대) 감가상각누계액 　　　　　 70,000

02　오류수정

1　오류수정

오류는 회계처리방법 적용의 오류, 회계추정의 오류, 계정분류의 오류, 계산의 오류, 사실의 오용, 누락 등의 원인으로 특정의 회계처리가 잘못된 것을 말하며, 재무제표 구성요소의 인식, 측정, 표시 또는 공시와 관련하여 발생할 수 있다. 그러나 새로운 사건이 발생하는 경우 또는 추가적인 정보나 경험에 기초하여 과거의 추정을 변경하는 경우에 발생하는 수정사항은 오류에 해당하지 않고 회계추정의 변경에 해당한다.

오류수정의 회계처리방법은 다음과 같다.

(1) 원 칙

전기오류로 인한 특정기간에 미치는 영향이나 오류의 누적효과를 실무적으로 결정할 수 있다면 재무제표를 소급재작성하여 전기오류를 수정하는 것을 원칙으로 한다.

(2) 예 외

비교표시되는 하나 이상의 과거기간의 비교정보에 대해 특정기간에 미치는 오류의 영향을 실무적으로 결정할 수 없는 경우, 실무적으로 적용할 수 있는 가장 이른 날부터 전진적으로 오류를 수정하여 비교정보를 재작성한다.

2 오류의 유형

(1) 순이익에 영향을 미치지 않는 오류

① **재무상태표 오류**

재무상태표 오류란 재무상태표의 자산·부채·자본에만 영향을 미치는 오류의 유형을 말한다. 예를 들면 장기금융자산을 단기금융자산으로 계정분류를 하는 경우, 당좌예금과 당좌차월을 상계한 순액으로 표시하는 경우 등이 여기에 해당한다.

② **포괄손익계산서 오류**

포괄손익계산서 오류란 포괄손익계산서의 수익·비용에만 영향을 미치는 오류의 유형을 말한다. 판매관리비 항목을 기타비용으로 처리하는 경우, 매출액과 매출원가를 상계한 순액으로만 매출액을 계상하는 경우 등이 대표적인 예에 해당한다.

(2) 순이익에 영향을 미치는 오류

순이익에 영향을 미치는 오류는 재무상태표와 포괄손익계산서 모두에 영향을 미치는 오류를 말한다. 주로 재무상태표의 자산·부채계정이 과소 또는 과대계상되면서 동시에 포괄손익계산서의 수익·비용이 과대(과소)계상되는 형태로 오류가 발생된다.

① **자동조정적 오류**

자동조정적 오류란 오류가 발생한 회계기간과 그 다음 회계기간의 장부가 마감되는 경우, 당해 회계오류가 자동으로 **상쇄**되어 오류수정분개가 필요 없는 오류의 유형을 말한다. 자동조정오류는 주로 수익이나 비용의 기간배분과 관련하여 발생하며, 단기성 자산·부채인 유동자산과 유동부채와 관련하여 발생하게 된다.

예 재고자산 오류, 선급비용·선수수익·미수수익·미지급비용의 계상오류

> ### 〈사례1〉 재고자산 오류
>
> 20X1년 말 기말재고자산을 ₩10,000 과대평가하였을 경우
>
> | 재무제표 영향 | 20X1년 | 20X2년 | 20X3년 |
> |---|---|---|---|
> | 기초재고자산 | – | ₩10,000 과대 | – |
> | 기말재고자산 | ₩10,000 과대 | – | – |
> | 매출원가 | 10,000 과소 | 10,000 과대 | – |
> | 당기순이익 | 10,000 **과대** | 10,000 **과소** | – |
> | 기말 이익잉여금 | 10,000 **과대** | – | – |
>
> 20X1년도에 재고자산이 ₩10,000 과대계상되면, 20X1년도 당기순이익과 기말이익잉여금이 ₩10,000씩 과대계상된다. 그러나 20X1년도 기말재고자산 과대계상은 20X2년 기초재고자산 과대계상으로 이어지기 때문에 20X2년도 당기순이익은 과소계상된다. 그 결과 20X2년 **기말이익잉여금은 올바로 계상**된다. 20X3년 이후에는 20X1년도 기말재고자산의 평가오류의 영향이 20X2년 말에 모두 상쇄되었기 때문에 설령 오류를 발견하더라도 오류수정에 대한 회계처리가 필요하지 않다.

> ### 〈사례2〉 선급비용 미계상 오류
>
> 20X2년도 보험료 ₩20,000을 20X1년 말에 지급하면서 모두 비용처리한 경우
>
> | 재무제표 영향 | 20X1년 | 20X2년 | 20X3년 |
> |---|---|---|---|
> | 선급비용 기초잔액 | – | ₩20,000 과대 | – |
> | 선급비용 기말잔액 | ₩20,000 과소 | – | – |
> | 당기 보험료 | 20,000 과대 | 20,000 과소 | – |
> | 당기순이익 | 20,000 **과소** | 20,000 **과대** | – |
> | 기말 이익잉여금 | 20,000 **과소** | – | – |
>
> 20X1년도에 선급비용 ₩20,000을 인식하지 않으면, 20X1년도 당기순이익과 기말이익잉여금이 ₩20,000씩 과소계상된다. 그 결과 20X2년 기초선급비용이 ₩20,000 과소계상되나, 20X2년 중에 보험기간이 경과되므로 20X2년 기말선급비용은 올바르게 계상된다. 한편 20X2년 중에 보험료를 인식하지 않기 때문에 20X2년도 보험료가 ₩20,000 과소계상되고 당기순이익은 ₩20,000 과대계상되며, 그 결과 20X2년 **기말이익잉여금은 올바로 계상**된다. 20X3년 이후에는 20X1년도 선급비용의 오류의 영향이 20X2년 말에 모두 상쇄되었기 때문에 설령 오류를 발견하더라도 오류수정에 대한 회계처리가 필요하지 않다.

② 비자동조정적 오류

비자동조정적 오류란 오류가 발생한 회계기간과 그 다음 회계기간의 장부가 마감되는 경우에도 당해 회계오류가 **자동으로 상쇄되지 않아 오류수정분개가 필요한 유형**을 말한다. 비자동조정적 오류 역시 주로 수익이나 비용의 기간배분과 관련하여 발생하지만, 장기성 자산·부채인 비유동자산과 비유동부채와 관련하여 발생하게 된다.

🔘 예 감가상각비 오류, 자본적지출과 수익적지출의 분류 오류

〈사례3〉 감가상각비 과소계상 오류

20X1년도 감가상각비를 ₩2,000 과소계상한 경우

재무제표 영향	20X1년	20X2년	20X3년
당기 감가상각비	₩2,000 과소		−
감가상각누계액	2,000 과소	₩2,000 과대	₩2,000 과대
당기순이익	2,000 **과대**		−
기말 이익잉여금	2,000 **과대**	2,000 **과대**	2,000 **과대**

20X1년도에 감가상각비를 과소계상하면 내용연수가 경과되거나 중도에 처분하기 전까지는 과소계상으로 인한 효과가 상쇄되지 않음을 알 수 있다. 이 경우에는 오류발견연도에 소급수정하는 회계처리가 필요하다.

🔗 회계변경과 오류수정의 회계처리

구 분		회계처리
회계변경	회계정책의 변경	• 원칙: 소급법 • 예외: 소급 전진법(누적효과를 실무적으로 결정할 수 없는 경우)
	회계추정의 변경	• 원칙: 전진법
오류수정		• 원칙: 소급법 • 예외: 소급 전진법(누적효과를 실무적으로 결정할 수 없는 경우)

단원핵심정리

1 회계변경

재무보고 목적으로 선택한 **회계기준의 적용방법이나 회계적 추정치를 변경**하는 것

* 세법규정에 따른 변경은 정당한 회계변경의 사유가 아니다!

구 분	사 례
정책변경	① 재고자산평가방법을 선입선출법에서 평균법으로 변경하는 경우 ② 유가증권의 취득단가 산정방법을 총평균법에서 이동평균법으로 변경하는 경우 ③ 유형자산·무형자산에 대한 측정방법을 원가모형에서 재평가모형으로 변경하는 경우 또는 투자부동산에 대한 측정방법을 원가모형에서 공정가치모형으로 변경하는 경우
추정변경	① 대손추정율의 변경 ② 재고자산 진부화에 대한 추정치의 변경 ③ 금융자산이나 금융부채의 공정가치 추정치의 변경 ④ 감가상각자산의 내용연수와 잔존가치 또는 감가상각자산에 내재된 미래경제적효익의 기대소비행태 추정치(= **감가상각 방법**)의 변경 ⑤ 품질보증의무 추정치의 변경

– **측정기준의 변경은 회계추정의 변경이 아니라 회계정책의 변경에 해당**한다.

– 회계변경의 속성상 그 효과를 **회계정책의 변경효과와 회계추정의 변경효과로 구분하기가 불가능한 경우에는 이를 회계추정의 변경으로** 본다.

2 오류수정

당기 중에 발견한 당기의 잠재적 오류나 후속기간 중에 발견한 **전기이전의 오류를 재무제표의 발행 · 승인일 전에 수정하는 것**

구 분	사 례
자동조정적 오류	재고자산 오류, 선급비용 · 선수수익 · 미수수익 · 미지급비용의 계상오류
비자동조정적 오류	감가상각비 오류, 자본적지출과 수익적지출의 분류 오류

3 회계변경과 오류수정의 회계처리

누적효과	계산(O)	전기이월이익잉여금 수정 과거 재무제표 수정	⇨ 소급법
		당기손익	⇨ 당기법
	계산(X)	당기이후부터 적용	⇨ 전진법

01 회계변경에 관한 우리나라 기업회계기준의 규정으로 틀린 것은?

① 정액법에서 정률법으로 변경하는 것은 회계추정의 변경이다.

② 유형자산의 내용연수를 변경하는 것은 회계추정의 변경이다.

③ 회계추정을 변경한 때에는 당기 이후에 그 영향이 미치는 것으로 한다.

④ 회계정책을 변경한 때는 회계변경의 누적효과를 계산하여 당기순이익에 반영한다.

⑤ 회계정책의 변경과 추정의 변경의 구분이 곤란한 경우에는 회계추정의 변경으로 본다.

> **해설** ④ 회계정책 변경의 누적효과는 전기이월이익잉여금에 가감한다.

02 회계변경 및 오류수정에 관한 설명으로 옳지 않은 것은? 제13회

① 과거의 합리적 추정이 후에 새로운 정보추가로 수정되는 것은 오류수정이 아니다.

② 거래의 실질이 다른 거래에 대해 다른 회계정책을 적용하는 것은 회계정책의 변경이다.

③ 측정기준의 변경은 회계정책의 변경이다.

④ 자산으로 처리해야할 항목을 비용처리한 것은 오류에 해당된다.

⑤ 감가상각자산의 추정내용연수가 변경되는 경우 그 변경 효과는 전진적으로 인식한다.

> **해설** ② 거래의 실질이 다른 거래에 대해 다른 회계정책을 적용하는 것은 회계정책의 '최초적용'이다.

03 회계추정의 변경에 해당되지 않는 것은? 제15회

① 유형자산의 잔존가치를 취득원가의 10%에서 5%로 변경하는 경우

② 유형자산의 내용연수를 5년에서 10년으로 변경하는 경우

③ 유형자산의 감가상각방법을 정률법에서 정액법으로 변경하는 경우

④ 제품보증충당부채의 적립비율을 매출액의 1%에서 2%로 변경하는 경우

⑤ 재고자산의 단위원가 결정방법을 선입선출법에서 총평균법으로 변경하는 경우

> **해설** ⑤ 재고자산의 단위원가 결정방법 변경은 회계정책의 변경이다.

04 기업회계기준에 의한 회계정책의 변경과 오류수정의 회계처리방법은 어떤 것인가?

	회계정책변경	오류수정
①	소급법	소급법
②	당기일괄처리법	소급법
③	전진법	소급법
④	소급법	당기일괄처리법
⑤	전진법	당기일괄처리법

해설 회계정책의 변경: 소급법(예외, 전진법)
회계추정의 변경: 전진법
오류수정: 소급법(예외, 전진법)

05 ㈜한국은 20X1년 1월 1일 건물을 ₩1,000,000(내용연수 8년, 잔존가치 ₩200,000)에 취득하여 정액법으로 감가상각하고 있다. 20X4년 1월 1일 ㈜한국은 감가상각방법을 연수합계법으로 변경하였으며, 잔존가치를 ₩40,000으로 재추정하였다. 20X4년의 감가상각비는? 제17회

① ₩44,000   ② ₩46,667   ③ ₩100,000
④ ₩220,000   ⑤ ₩233,333

해설 (1) 20X4. 1. 1. 변경연도 초의 감가상각누계액
$= (1,000,000 - 200,000) \times 3/8 = ₩300,000$
(2) 20X4년 감가상각비
$= (1,000,000 - 300,000 - 40,000) \times 5/15 = ₩220,000$

06 ㈜한국은 20X1년 초 기계장치(취득원가 ₩200,000, 내용연수 5년, 잔존가치 ₩20,000, 정액법 적용)를 취득하였다. 20X3년 초 ㈜한국은 20X3년을 포함한 잔존내용연수를 4년으로 변경하고, 잔존가치는 ₩30,000으로 변경하였다. 이러한 내용연수 및 잔존가치의 변경은 적당한 회계변경으로 인정된다. ㈜한국의 20X3년 동 기계장치에 대한 감가상각비는? (단, 원가모형을 적용하며, 감가상각비는 월할 계산한다) 제22회

① ₩23,000   ② ₩24,500   ③ ₩28,333
④ ₩30,000   ⑤ ₩32,000

해설 (1) 회계변경전 감가상각누계액: $(200,000 - 20,000) \times 2/5 = ₩72,000$
(2) 20X3년 감가상각비: $(200,000 - 72,000 - 30,000) \times 1/4 = ₩24,500$

Answer

01 ④   02 ②   03 ⑤   04 ①   05 ④   06 ②

07 실지재고조사법을 사용하는 기업이 당기 중 상품 외상매입에 대한 회계처리를 누락하였다. 기말현재 동 매입채무는 아직 상환되지 않았다. 기말실지재고조사에서는 이 상품이 포함되었다. 외상매입에 대한 회계처리 누락의 영향으로 옳은 것은?

제14회

	자산	부채	자본	당기순이익
①	과소	과소	영향없음	영향없음
②	과소	과소	과대	과대
③	과소	과소	영향없음	과소
④	영향없음	영향없음	영향없음	영향없음
⑤	영향없음	과소	과대	과대

해설 외상매입 : (차) 매입(재고자산) ×××   (대) 외상매입금 ×××
매입거래의 누락 : 비용 과소, 순이익 과대, 자본 과대, 부채 과소, 자산 영향없음(실사법이므로)

08 ㈜한국은 20X1년 10월 1일 기계장치(잔존가치 ₩1,000, 내용연수 5년, 정액법 상각)을 ₩121,000에 현금으로 취득하면서 기계장치를 소모품비로 잘못 기입하였다. 20X1년 결산 시 장부를 마감하기 전에 동 오류를 확인한 경우, 필요한 수정분개는? (단, 원가모형을 적용하며, 감가상각은 월할상각한다)

제21회

	차 변		대 변	
①	기 계 장 치	115,000	현 금	115,000
②	기 계 장 치	121,000	현 금	121,000
③	기 계 장 치	115,000	소 모 품 비	115,000
	감 가 상 각 비	6,000	감가상각누계액	6,000
④	기 계 장 치	121,000	소 모 품 비	121,000
	감 가 상 각 비	6,000	감가상각누계액	6,000
⑤	기 계 장 치	121,000	소 모 품 비	121,000
	감 가 상 각 비	24,000	감가상각누계액	24,000

해설 (1) 회사측(誤) :　　　　　　　(차) 소모품비　　121,000　　(대) 현금　　　　　　121,000
(2) 올바른 회계처리(正) : (차) 기계장치　　121,000　　(대) 현금　　　　　　121,000
　　　　　　　　　　　　　(차) 감가상각비　　6,000*　　(대) 감가상각누계액　　6,000
　　* 감가상각비 : (121,000 − 1,000) × 1/5 × 3/12 = ₩6,000
(3) 수정분개 : (1) − (2)　(차) 기계장치　　121,000　　(대) 소모품비　　　　121,000
　　　　　　　　　　　　　(차) 감가상각비　　6,000　　(대) 감가상각누계액　　6,000

09

다음 중 자동조정적 오류가 아닌 것은?

① 선급비용의 과대계상
② 자본적 지출을 수익적 지출로 표시
③ 매입액의 과대표시
④ 기말재고자산의 과소표시
⑤ 미지급비용의 과소계상

> **해설** 손익에 영향을 미치는 재무상태표 및 포괄손익계산서 오류는 자동조정적 오류와 비자동조정적 오류로 나누어진다.
> ㉠ 자동조정적 오류 : 특정기간의 오류가 다음 기에 자동으로 상쇄되어 조정이 되는 오류를 말한다. 기말재고, 선급, 선수, 미수, 미지급 등
> ㉡ 비자동조정적 오류 : 연속된 두 회계기간이 지나도 오류가 상쇄되지 않는 것을 말한다. 감가상각비 오류, 자본적 지출과 수익적 지출의 혼동 등

Answer

07 ⑤　　**08** ④　　**09** ②

기타 재무보고

재무비율분석은 매년 2문제 정도 출제되는 비중이 높은 단원이다. 단순 비율만 묻는 문제보다 두 개 이상의 비율을 복합적으로 계산해야 정답을 도출하는 형태의 문제가 많이 출제된다. 특히, 기본적인 세무회계 이론과 회계처리를 숙지하고, 다양한 재무비율분석을 완벽히 이해하며 이를 응용할 수 있는 실력을 갖추어야 한다.

기타 재무보고

01 세무회계

02 재무분석

단·원·개·요

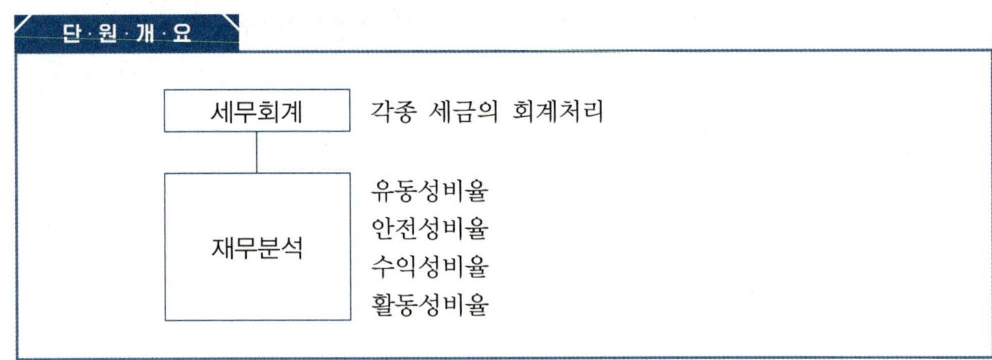

01 세무회계

1 세 금

국가 또는 지방자치단체가 특정한 반대급부 없이 개인 또는 기업으로부터 강제적으로 징수하는 금전 또는 재화이다.

2 각종 세금의 회계처리

세 금	회계처리
소득세(개인기업의 경우)	자본금(또는 인출금)
재산세·자동차세·사업소세 등의 세금 상공회의소회비·협회비·조합비 등의 공과금	세금과공과
급여 지급시 원천징수한 소득세	(소득세)예수금

취득세 · 등록세 · 인지세 등	해당자산의 원가에 포함
상품 매입시 부가가치세 지급	부가가치세대급금
상품 매출시 부가가치세 징수	부가가치세예수금

3 부가가치세(VAT)

재화나 용역의 거래과정에서 발생하는 부가가치에 대하여 부과하는 간접세로서, 기업은 상품 매출시 국가를 대신하여 부가가치세를 징수한 후, 상품 매입시 지급한 부가가치세를 차감한 잔액을 신고일에 납부(매입세액이 많으면 환급)한다.

(1) 부가가치세의 계산

① 매출세액(부가가치세예수금) = 매출액 × 세율(10%)

② 매입세액(부가가치세대급금) = 매입액 × 세율(10%)

③ 납부할 세액 = 매출세액 − 매입세액 …… 전단계세액공제법

(2) 회계처리

① 상품매입시

(차) 매 입	×××	(대) 현 금	×××
부가가치세대급금	×××		

② 상품매출시

(차) 현 금	×××	(대) 매 출	×××
		부가가치세예수금	×××

③ 확정신고 · 납부

(차) 부가가치세예수금	×××	(대) 부가가치세대급금	×××
		현 금	×××

④ (확정신고 전) 결산시 부가가치세계정 정리

(차) 부가가치세예수금	×××	(대) 부가가치세대급금	×××

4 법인세

(1) 법인세

법인기업의 사업소득(당기순이익)에 대하여 부과하는 세금을 말한다.

① **법인세 ₩2,000 중간 예납시**

(차) 선 급 법 인 세	2,000	(대) 현　　　　금	2,000

② **결산시 법인세 ₩5,000 추산**

(차) 법 인 세 비 용	2,000	(대) 선 급 법 인 세	2,000
		미 지 급 법 인 세	3,000

③ **결산 후 납부**

(차) 미 지 급 법 인 세	3,000	(대) 현　　　　금	3,000

④ **법인세 ₩800 추가 납부**

(차) 법 인 세 추 납 액	800	(대) 현　　　　금	800

⑤ **법인세액 ₩500 환급**

(차) 현　　　　금	500	(대) 법 인 세 환 수 액	500

(2) 이연법인세

① **이연법인세자산**

결산시 일시적 차이로 인하여 법인세법 등의 법령에 의하여 납부하여야 할 금액이 기업회계상 법인세 비용을 초과하는 금액을 말한다.

회계상 법인세 < 세법상 법인세			
(차) 법 인 세 비 용	×××	(대) 미 지 급 법 인 세	×××
이 연 법 인 세 자 산	×××		

② **이연법인세부채**

결산시 법인세법 등의 법령에 의하여 납부하여야 할 금액보다 기업회계상의 법인세 비용이 큰 경우를 말한다.

회계상 법인세 > 세법상 법인세			
(차) 법 인 세 비 용	×××	(대) 미 지 급 법 인 세	×××
		이 연 법 인 세 부 채	×××

02 재무분석

1 재무제표분석의 의의

재무제표분석은 기업이 작성한 재무제표를 이용하여 회계정보이용자가 경제적 의사결정을 하는데 필요한 회계정보를 제공해 주는 회계시스템의 한 분야를 말한다. 재무제표분석은 경영분석이라고도 하며 재무제표상의 수치 및 부수적 자료를 기초로 기업의 재무상태, 경영성과, 현금 흐름 등을 평가·분석하여 기업의 경영활동과 관련된 제반 사항을 판단하는 것을 말한다.
재무제표 분석방법에는 재무비율분석, 추세분석, 구성비분석 등이 있다.

2 재무비율 분석

재무비율 분석은 재무제표에서 경제적 의미와 이론적인 관계성이 분명한 어느 두 항목의 상대적 비율을 구하여 기업의 재무상태나 경영성과를 분석, 판단하는 기법을 말한다. 재무비율은 기업경영활동의 경제적인 측면을 고려하여 다음과 같이 분류할 수 있다.

(1) 유동성비율

유동성비율은 기업의 **단기 채무 지급 능력을 평가**하는 비율이다.

① **유동비율**: 단기 채무에 충당할 수 있는 유동성 자산의 비율을 판단

$$유동비율 = \frac{유동자산}{유동부채} \times 100$$

② **당좌비율**(= 산성비율): 단기 채무 지급능력을 평가하는데 효과적

$$당좌비율 = \frac{당좌자산(유동자산 - 재고자산)}{유동부채} \times 100$$

구 분	유동자산과 유동부채가 동시에 증가하는 경우 유동자산 ××× / 유동부채 ×××	유동자산과 유동부채가 동시에 감소하는 경우 유동부채 ××× / 유동자산 ×××
유동비율 > 1인 경우	유동비율 감소	유동비율 증가
유동비율 = 1인 경우	유동비율 불변	유동비율 불변
유동비율 < 1인 경우	유동비율 증가	유동비율 감소

(2) **안전성비율**(레버리지 비율)

안전성비율은 기업의 **장기 지급 능력을 평가**하는 비율이다.

① **부채비율**: 채권자들의 위험부담의 정도를 평가하는 기초정보

$$부채비율 = \frac{총부채}{자기자본} \times 100$$

② **자기자본비율**: 기업의 안전성을 측정·판단하는 비율

$$자기자본비율 = \frac{자기자본}{총자본} \times 100$$

③ **고정비율과 고정장기적합률**

　㉠ 고정비율: 고정비율은 기업자산의 고정화 위험을 측정하는 대표적인 비율로서 자기자본이 고정자산(비유동자산)에 어느 정도 투입되어 운용되고 있는가를 나타내는 지표이다. 고정비율은 비유동자산을 자기자본으로 나눈 비율이며 고정비율이 낮을수록 기업의 장기적 재무 안정성이 좋은 것으로 평가된다.

$$고정비율 = \frac{고정자산}{자기자본} \times 100$$

　㉡ 고정장기적합률: 일반적으로 고정자산(비유동자산)에 대한 투자는 자기자본의 범위 내에서 이루어지는 것이 안정적이나, 실제로 거액의 설비투자를 필요로 하는 기간산업에 있어서는 소요자금을 자기자본으로 충당하는데 어려움이 있으므로 자기자본과 고정부채(비유동부채)의 합계범위 내에서 하게 되면 안전성이 있다고 볼 수 있다.

$$고정장기적합률 = \frac{고정자산}{자기자본 + 고정부채} \times 100$$

④ **이자보상비율**

이자보상비율은 타인자본의 사용으로 발생하는 금융비용, 즉, 이자가 기업에 어느 정도의 압박을 가져오는가를 보기 위한 것이다. 기업의 영업이익(이자 및 납세전이익)이 매년 지급해야 할 금융비용의 몇 배에 해당하는가를 나타내는 비율이 이자보상비율이다. 이자비용은 납세전이익에서 지출되므로 이자 지급능력은 세금의 영향을 받지 않는다.

$$이자보상비율 = \frac{영업이익}{이자비용} \times 100$$

(3) 수익성비율

수익성비율은 기업의 경영성과, 즉 **수익성을 판단**하는 비율이다.

① **매출액이익률**: 매출액과 매출총이익, 영업이익, 당기순이익의 비율로 경영성과 분석

㉠
$$매출총이익률 = \frac{매출총이익}{매출액} \times 100$$

㉡
$$매출액\ 영업이익률 = \frac{영업이익}{매출액} \times 100$$

㉢
$$매출액\ 순이익률 = \frac{당기순이익}{매출액} \times 100$$

② **자본이익률**: 기업에 투하한 자본이 얼마나 효율적으로 운용되고 있는가를 나타내는 비율

㉠
$$총자본(총자산)\ 이익률 = \frac{당기순이익}{총자본(=총자산)} \times 100$$

㉡
$$자기자본\ 이익률 = \frac{당기순이익}{자기자본} \times 100$$

③ **주당이익**(EPS): 기업의 수익력을 분석하는 자료로 활용

$$주당이익 = \frac{당기순이익 - 우선주배당금}{가중평균\ 유통\ 보통주식수}$$

④ **주가수익률**(price earning ratio/PER): 주가수익률은 주식의 1주 가격을 주당이익으로 나눈 값으로 이익승수라고도 한다.

$$주가수익률 = \frac{주당\ 주식\ 시가}{주당이익} \times 100$$

⑤ **주가장부가치비율**(Price to Book value Ratio/PBR): 주가장부가치비율은 주당순자산배율이라고도 하는데, 이는 주식의 주당 시장가격을 1주당 순자산장부가액으로 나눈 값이다. 순자산장부가액은 총자산에서 총부채를 차감한 것으로서 주주에게 귀속될 자산가치를 측정한 것이다.

$$주가장부가치비율 = \frac{주식의\ 가격}{주당\ 순자산\ 장부가치} \times 100$$

⑥ **배당률과 배당수익률**: 배당률은 배당금을 액면가액으로 나눈 값이며, 배당수익률은 주당배당금을 주가로 나눈 것으로서 주식투자를 통해 얼마만큼의 배당수익을 올릴 수 있는가에 대한 정보를 제공한다.

$$배당률 = \frac{주당\ 배당금}{액면가액} \times 100$$

$$배당수익률 = \frac{주당\ 배당금}{주식\ 주당\ 시가} \times 100$$

⑦ **배당성향과 유보성향**: 배당성향은 당기순이익 중에서 배당금이 차지하는 비중을 나타내며, 유보성향은 당기순이익을 기업 내부에 어느 정도 유보하고 있는가를 나타내는 비율이다.

$$배당성향 = \frac{배당금}{당기순이익} \times 100$$

$$유보성향 = \frac{당기순이익 - 배당금}{당기순이익} \times 100$$

위의 산식을 응용하면 '배당성향 + 유보성향 = 1'이라는 공식을 유추할 수 있다.

(4) 성장성비율

성장성비율은 일정 기간 중에 기업의 경영규모 및 경영성과가 얼마나 증대되었는가를 나타내는 비율로서, 일반적으로 일정 기간 동안 나타난 재무제표 각 항목의 증가율로 측정한다.

① **매출액증가율**: 매출액증가율은 당기 매출액 증가분을 전기 매출액으로 나눈 비율로서, 기업의 외형적인 신장세를 나타내는 대표적인 지표이다.

$$매출액증가율 = \frac{당기매출액 - 전기매출액}{전기매출액} \times 100$$

② **총자산증가율**: 총자산증가율은 일정 기간 동안의 총자산 증가분을 기초의 총자산으로 나눈 비율로서, 기업의 외형적 규모의 신장을 나타낸다.

$$총자산증가율 = \frac{기말총자산 - 기초총자산}{기초\ 총자산} \times 100$$

③ **자기자본증가율**: 자기자본증가율은 일정 기간 중 내부유보 또는 유상증자 등을 통해 자기자본이 얼마나 증가했는가를 나타낸다. 이 비율이 높을수록 기업의 재무적 안정성과 주식가격의 상승 가능성이 높다고 판단하면 된다.

$$\text{자기자본증가율} = \frac{\text{당기말 자기자본} - \text{전기말 자기자본}}{\text{전기말 자기자본}} \times 100$$

(5) 활동성비율

활동성비율은 기업이 소유하고 있는 **자산의 효과적인 이용 정도를 측정**하는 비율이다.

① **매출채권회전율**: 매출채권의 현금화되는 속도 또는 매출채권에 대한 자산투자의 효율성을 측정

$$\text{매출채권회전율} = \frac{\text{매출액}}{\text{평균 매출채권}} \ (\text{회})$$

* 평균매출채권 : (기초매출채권 + 기말매출채권) × 1/2
* 매출채권 평균회수기간 : 365일(366일) ÷ 매출채권회전율

② **재고자산회전율**: 회전율이 낮으면 재고자산에 과대투자가 되고 있고, 높으면 재고관리가 효율적임을 의미

㉠
$$\text{매출액기준} : \frac{\text{매출액}}{\text{평균 재고자산}} \ (\text{회})$$

㉡
$$\text{매출원가기준} : \frac{\text{매출원가}}{\text{평균 재고자산}} \ (\text{회})$$

* 평균재고자산 : (기초재고자산 + 기말재고자산) × 1/2
* 재고자산 평균회전기간 : 365일(366일) ÷ 재고자산회전율

♀ **영업주기**
영업주기 = 매출채권 평균회수기간 + 재고자산 평균회전기간

③ **자본회전율**: 기업이 보유하는 전체 자산이용의 효율성 측정

㉠
$$\text{총자본회전율} = \frac{\text{매출액}}{\text{총자본}(=\text{총자산})} \ (\text{회})$$

㉡
$$\text{자기자본회전율} = \frac{\text{매출액}}{\text{자기자본}} \ (\text{회})$$

단원핵심정리

1 유동성비율

유동비율	$유동비율 = \dfrac{유동자산}{유동부채} \times 100$
당좌비율 (= 산성비율)	$당좌비율 = \dfrac{당좌자산(유동자산 - 재고자산)}{유동부채} \times 100$

2 안전성비율

부채비율	$부채비율 = \dfrac{총부채}{자기자본} \times 100$
자기자본비율	$자기자본비율 = \dfrac{자기자본}{총자본} \times 100$

3 수익성비율

매출액이익률	㉠ $매출총이익률 = \dfrac{매출총이익}{매출액} \times 100$ ㉡ $매출액\ 순이익률 = \dfrac{당기순이익}{매출액} \times 100$
자본이익률	㉠ $총자본(총자산)이익률 = \dfrac{당기순이익}{총자본(= 총자산)} \times 100$ ㉡ $자기자본이익률 = \dfrac{당기순이익}{자기자본} \times 100$

4 활동성비율

매출채권회전율	매출채권회전율 $= \dfrac{\text{매출액}}{\text{평균 매출채권}}$ (회) ＊평균매출채권 : (기초매출채권 + 기말매출채권) × 1/2
재고자산회전율	재고자산회전율 $= \dfrac{\text{매출원가}}{\text{평균 재고자산}}$ (회) ＊평균재고자산 : (기초재고자산 + 기말재고자산) × 1/2 💡 **영업주기** 영업주기 = 매출채권 평균회수기간 + 재고자산 평균회전기간 (= 365일/매출채권회전율) (= 365일/재고자산회전율)
자본회전율	㉠ 총자본회전율 $= \dfrac{\text{매출액}}{\text{총자본}(=\text{총자산})}$ (회) ㉡ 자기자본회전율 $= \dfrac{\text{매출액}}{\text{자기자본}}$ (회)

01

다음 설명 중 잘못된 것은?

① 법인세에 부과된 소득할주민세는 법인세비용으로 계상한다.
② 상품을 외상매입하고 부가가치세 부분은 현금으로 지급한 경우 분개할 때는 매입, 부가가치세대급금, 외상매입금, 현금계정이 사용된다.
③ 결산일의 법인세비용추산액이 ₩500,000이고, 중간예납액이 ₩300,000이면 결산일에는 ₩200,000만 미지급법인세로 계상한다(주민세는 없다고 가정).
④ 기업주에 부과된 소득세를 그 기업이 대납할 경우에는 세금과공과로 회계처리한다.
⑤ 취득세와 등록세는 해당 자산의 취득원가에 포함한다.

해설 ④ 소득세는 기업주 개인에 대해 부과하는 것으로 자본의 인출에 해당한다.

02

다음 재무분석자료에서 기업의 활동성을 분석할 수 있는 것을 모두 고른 것은?　제18회

ㄱ. 매출채권회전율	ㄴ. 재고자산회전율
ㄷ. 총자산회전율	ㄹ. 부채비율
ㅁ. 재고자산평균회전기간	ㅂ. 자기자본이익률

① ㄱ, ㄷ, ㅁ　　　② ㄱ, ㄴ, ㄷ, ㅁ　　　③ ㄱ, ㄴ, ㄹ, ㅂ
④ ㄱ, ㄷ, ㅁ, ㅂ　　　⑤ ㄴ, ㄷ, ㄹ, ㅁ, ㅂ

해설 활동성비율＝ 효율성비율 ＝ 회전율비율
해당 자산들이 얼마나 효율적으로 이용되고 있는지를 평가하는 재무비율

03 ㈜한국은 20X1년 말 현금 ₩100,000을 보유하고 있는 상태에서 유동비율은 180%이고 당좌비율은 90%이다. 20X1년 말 ㈜한국이 단기차입금 ₩100,000을 상환하기 위해 현금을 모두 사용할 경우 유동비율과 당좌비율에 미치는 영향은?

제15회

① 유동비율 증가　　당좌비율 증가　　② 유동비율 증가　　당좌비율 감소
③ 유동비율 감소　　당좌비율 증가　　④ 유동비율 감소　　당좌비율 감소
⑤ 유동비율 불변　　당좌비율 불변

해설 (1) 단기차입금 상환

(차) 단기차입금(유동부채 감소)　100,000　　(대) 현금(유동자산 감소)　100,000

(2) 유동비율 변화

구 분	유동자산과 유동부채가 동시에 증가하는 경우 유동자산 ××× / 유동부채 ×××	유동자산과 유동부채가 동시에 감소하는 경우 유동부채 ××× / 유동자산 ×××
유동비율 > 1인 경우	유동비율 감소	유동비율 증가
유동비율 = 1인 경우	유동비율 불변	유동비율 불변
유동비율 < 1인 경우	유동비율 증가	유동비율 감소

㉠ 유동비율(유동자산/유동부채): "유동비율 > 1"인 상황에서 유동자산과 유동부채가 동시에 감소하였으므로 유동비율은 증가한다.

㉡ 당좌비율(당좌자산/유동부채): "당좌비율 < 1"인 상황에서 당좌자산과 유동부채가 동시에 감소하였으므로 당좌비율은 감소한다.

04 유동비율이 200%, 당좌비율이 100%인 기업이 상품 ₩500,000을 구입하고 대금 중 ₩250,000은 현금지급하고, 나머지는 외상으로 하였다면 유동비율과 당좌비율은 어떻게 되는가?

	유동비율	당좌비율
①	변동 없다.	작아진다.
②	작아진다.	작아진다.
③	커진다.	작아진다.
④	변동 없다.	커진다.
⑤	커진다.	커진다.

해설 상품거래에 대한 회계처리는 다음과 같다.

(차) 상　　　품(유동자산 증가)　500,000　　(대) 현　　　금(유동자산 감소)　250,000
　　　　　　　　　　　　　　　　　　　　　　　외상매입금(유동부채 증가)　250,000

㉠ 유동비율 > 1일 때: 유동비율은 감소한다.

㉡ 당좌비율 = 1일 때: 당좌비율은 감소한다.

Answer

01 ④　02 ②　03 ②　04 ②

05 ㈜한국은 상품을 ₩1,000에 취득하면서 현금 ₩500을 지급하고 나머지는 3개월 이내에 지급하기로 하였다. 이 거래가 발생하기 직전의 유동비율과 당좌비율은 각각 70%와 60%이었다. 상품 취득 거래가 유동비율과 당좌비율에 미치는 영향은? (단, 상품거래에 대해 계속기록법을 적용한다)

제23회

	유동비율	당좌비율
①	감소	감소
②	감소	변동없음
③	변동없음	감소
④	증가	변동없음
⑤	증가	감소

해설 (차) 상　　　　　품　　1,000　　(대) 현　　　　　금　　500

외 상 매 입 금　　500

⇨ 유동자산 ₩500 증가(당좌자산 ₩500 감소), 유동부채 ₩500 증가

유동비율 < 1 유동비율 : 유동자산(↑)/유동부채(↑) ⇨ 증가

당좌비율 : 당좌자산(↓)/유동부채(↑) ⇨ 감소

06 다음 자료를 이용하여 계산한 유동비율과 부채비율(= 부채/자본)은?

제16회

• 자본	₩100,000	• 유동부채	₩40,000
• 비유동자산	120,000	• 비유동부채	60,000

	유동비율	부채비율
①	50%	100%
②	50%	200%
③	100%	100%
④	150%	200%
⑤	200%	100%

해설 자산총액 : 부채 100,000 + 자본 100,000 = ₩200,000

유동자산 : 200,000 − 120,000 = ₩80,000

유동비율 : 80,000/40,000 = 2(= 200%)

부채비율 : 100,000/100,000 = 1(= 100%)

07 다음 상품 관련 자료를 이용하여 계산한 매출액은? 제21회

• 기초재고액	₩5,000	• 기말재고액	₩8,000
• 당기매입액	₩42,000	• 매출총이익률	20%

① ₩31,200　② ₩39,000　③ ₩46,800
④ ₩48,750　⑤ ₩56,250

[해설] 매출액: 매출원가 ÷ 매출원가율 = 매출원가 ÷ (1 − 매출총이익률)
= (5,000 + 42,000 − 8,000) ÷ (1 − 0.2) = ₩48,750

08 20X1년 말 화재로 인해 창고에 보관 중인 상품이 모두 소실되었다. 상품과 관련된 자료는 다음과 같다. 화재로 인해 소실된 상품의 추정금액은? 제19회

• 기초상품	₩1,260	• 총매입액	₩2,200
• 매입환출	100	• 총매출액	3,700
• 매출에누리	200	• 과거 매출총이익률	20%

① ₩520　② ₩560　③ ₩640
④ ₩660　⑤ ₩860

[해설]

재고자산

기초상품	1,260	매출원가	2,800	← (3,700 − 200) × 0.8
당기 순매입액	2,100	기말재고추정액	560	

화재손실액: 기말재고 추정액 − 처분가치가 존재하는 재고자산
= 560 − 0 = ₩560

09 ㈜한국의 다음 자료를 이용하여 구한 재고자산회전율은? (단, 재고자산회전율은 매출원가 및 기초와 기말의 평균재고자산을 이용하며, 결산결과는 소수점 둘째자리에서 반올림한다)

제27회

• 기초재고자산	₩18,000	• 당기 매입액	₩55,000
• 당기 매출액	80,000	• 매출총이익률	30%

① 2.0회 ② 3.2회 ③ 4.7회
④ 5.1회 ⑤ 6.0회

> **해설** 매출원가: 80,000 × (1 − 0.3) = ₩56,000
> 기말재고자산: 18,000 + 55,000 − 56,000 = ₩17,000
> 평균재고자산: (18,000 + 17,000)/2 = ₩17,500
> 재고자산회전율: 56,000/17,500 = 3.2회

10 ㈜한국의 20X0년 매출액은 ₩800이며, 20X0년과 20X1년의 매출액순이익률은 각각 15%와 20%이다. 20X1년 당기순이익이 전기에 비해 25% 증가하였을 경우, 20X1년 매출액은?

제25회

① ₩600 ② ₩750 ③ ₩800
④ ₩960 ⑤ ₩1,000

> **해설** 20X0년 매출액순이익률 = 당기순이익 ÷ 매출액
> = (   ) ÷ ₩800 = 15% ⇨ ₩120
> 20X1년 매출액순이익률 = (₩120 × 1.25) ÷ (   ) = 20% ⇨ ₩750

11 ㈜한국의 당기 자기자본이익률(ROE)은 10%이고, 부채비율(= 부채/자본)은 200%이며, 총자산은 ₩3,000,000이다. 당기 매출액순이익률이 5%일 때, 당기 매출액은? (단, 자산과 부채의 규모는 보고기간 중 변동이 없다)

제26회

① ₩1,000,000 ② ₩1,500,000 ③ ₩2,000,000
④ ₩2,500,000 ⑤ ₩3,000,000

> **해설** 총자산(= 타인자본 + 자기자본)이 ₩3,000,000이고 부채비율이 200%이므로 부채(타인자본)는 ₩2,000,000,
> 자본(자기자본)은 ₩1,000,000이다.
> 자기자본이익률(= 순이익/자기자본)이 10%이므로 당기순이익은 ₩100,000이다.
> 매출액순이익률(= 순이익/매출액)이 5%이므로 매출액은 ₩2,000,000이다.

12 ㈜한국의 20X1년도 포괄손익계산서는 다음과 같다.

손익구성항목	금 액
매출액	₩1,000,000
매출원가	₩(600,000)
매출총이익	₩400,000
기타영업비용	₩(150,000)
영업이익	₩250,000
이자비용	₩(62,500)
당기순이익	₩187,500

㈜한국의 20X2년도 손익을 추정한 결과, 매출액과 기타영업비용이 20X1년도보다 각각 10% 씩 증가하고, 20X2년도의 이자보상비율(= 영업이익/이자비용)은 20X1년 대비 1.25배가 될 것으로 예측된다. 매출원가율이 20X1년도와 동일할 것으로 예측될 때, ㈜한국의 20X2년도 추정 당기순이익은?

제26회

① ₩187,500 ② ₩200,000 ③ ₩217,500

④ ₩220,000 ⑤ ₩232,000

 **해설**

손익구성항목	20X1년		20X2년	
매출액	₩1,000,000	× 1.1 =	₩1,100,000	
매출원가	₩(600,000)	매출원가율 60%	₩(660,000)	매출원가율 60%
매출총이익	₩400,000		₩440,000	
기타영업비용	₩(150,000)	× 1.1 =	₩(165,000)	
영업이익	₩250,000	이자보상비율 400%	₩275,000	이자보상비율 500%
이자비용	₩(62,500)		₩(55,000)	
당기순이익	₩187,500		₩220,000	

* 20X2년 이자보상비율 : 20X1년 이자보상비율 400% × 1.25배 = 500%

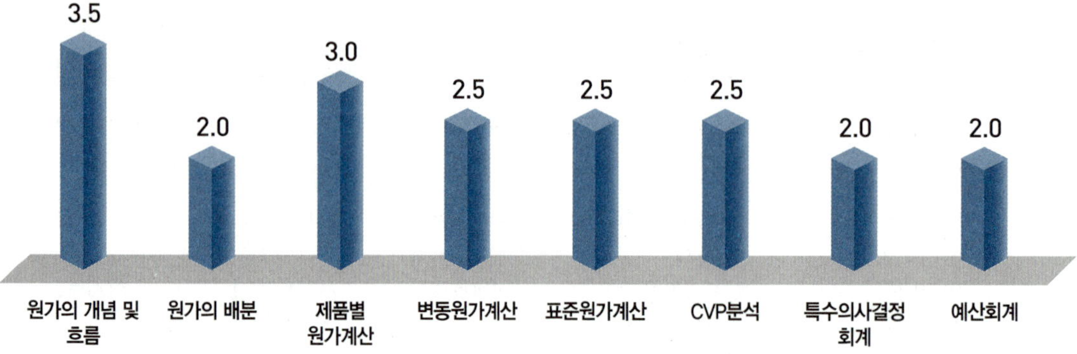

🔍 최근 5년간 기출문제 분석

원가의 개념과 종류, 원가의 흐름, 제조간접원가의 배분, 종합원가계산, CVP분석, 표준원가계산, 변동원가계산, 의사결정 등에 관련된 문제가 매년 8문항 정도 골고루 출제되고 있다.
이에 따라 원가의 기본용어와 개념을 익히고 원가흐름 분석 및 원가계산을 단순히 이론으로 학습하는 데 그치지 않고 손으로 직접 예제를 풀어가며 원가계산구조를 익히는 것이 효과적이다.

원가·관리회계

단·원·열·기

원가의 개념과 분류, 원가의 흐름에 관한 문제가 매년 1문제 정도 출제되고 있다. 특히, 원가의 개념과 분류를 정확히 이해하고, 원가의 흐름에 대한 전반적인 계산구조를 숙지하는 것이 중요하다.

원가의 개념 및 흐름

- **01** 원가회계
- **02** 원가와 원가계산
- **03** 원가의 분류
- **04** 원가의 3요소
- **05** 원가의 흐름

단·원·개·요

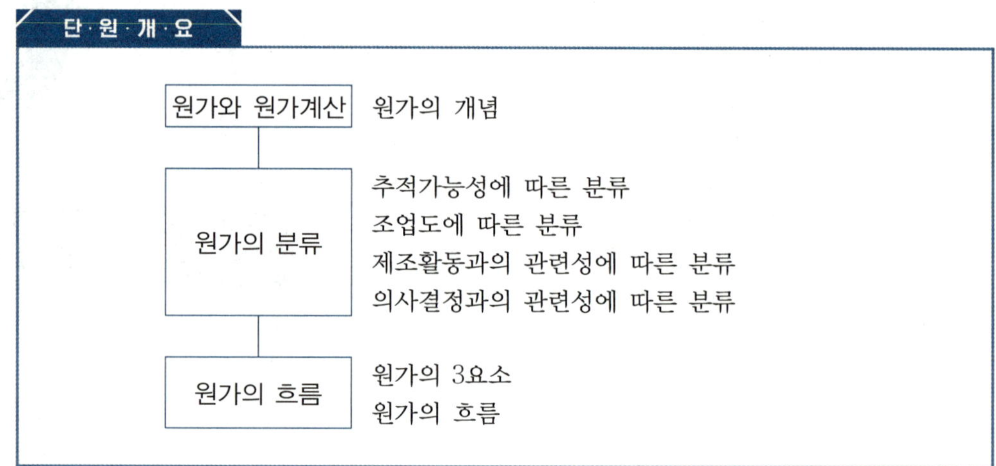

01　원가회계

1 원가회계

제조기업이 판매할 제품의 원가를 알기 위해서는 제품을 제조하는 데 소비된 원가를 집계하여야 한다. 이와 같이 제품 또는 용역의 생산에 소비된 원가를 기록·계산·집계하는 회계를 원가회계라 한다.

2 원가회계와 기업회계의 비교 : 기업의 경영활동과 자본의 순환과정

상업기업의 경우

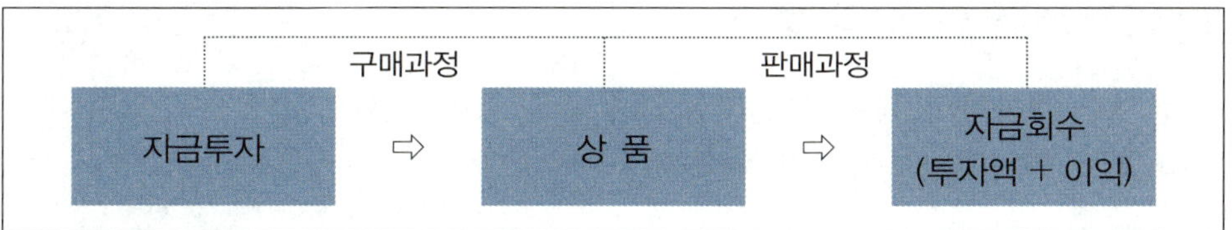

공업기업의 경우

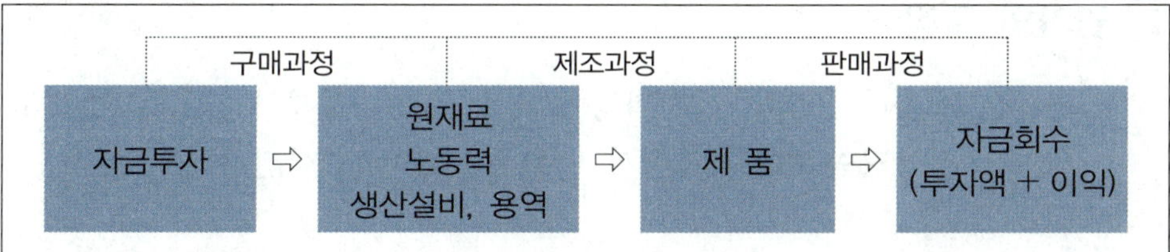

3 원가회계의 목적

① 재무제표 작성에 필요한 원가자료의 제공
② 원가통제·관리에 필요한 원가자료의 제공
③ 경영의사 결정에 필요한 원가자료의 제공
④ 판매가격 계산에 필요한 원가자료의 제공
⑤ 예산편성 및 예산통제에 필요한 원가자료의 제공

02 원가와 원가계산

1 원가(原價 Cost)의 뜻

원가란 **재화나 용역을 생산하는 과정에서 소비**된 재료원가, 노무원가, 제조경비를 통합한 모든 경제적 가치이다.

2 원가의 특징

① 원가는 재화나 용역의 생산과정에서 소비되는 경제적 가치를 말한다.
② 원가는 **정상적인 제조과정에서 발생**하는 것만 포함된다.

3 원가와 비용과의 관계

(1) 원가와 비용

원가는 제품의 제조 또는 판매를 위하여 소비된 경제적 가치이나, 비용은 일정한 기간에 기업의 수익을 얻기 위하여 소비된 경제적 가치이다.

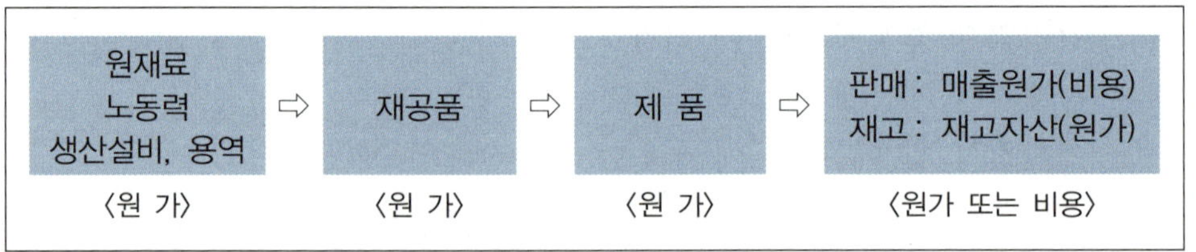

(2) 원가의 변형과정

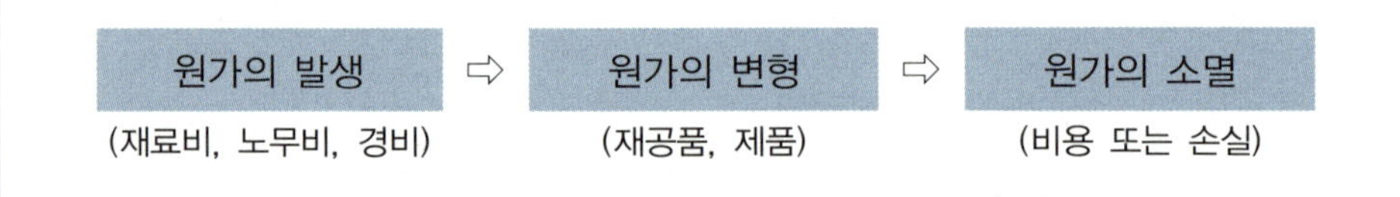

위 경우에 소멸된 원가 중 수익창출에 기여한 원가는 비용이 되며, 미소멸된 원가는 자산으로 남는다. 즉,

미래경제적 효익 존재		미소멸원가	자산
미래경제적 효익 없음	소멸원가	수익창출활동에 기여	비용(매출원가)
		수익창출활동에 기여못함	손실

(3) 원가와 비용의 상호관계

손익계산시 비용

중 성 비 용	목 적 비 용	
	기 초 원 가	부 가 원 가

원가계산시 원가

중성비용	제품제조와는 직접적으로 관계없이 발생한 비용으로 원가가 아닌 것(판매활동과 관련되는 광고비, 기타영업외비용, 법인세비용 등)
목적비용	비용인 동시에 원가인 것(기계 등의 모빌, 글리세린, 매출원가, 판매관리비 등)
기초원가	원가이면서 비용인 것(원재료비, 노무비, 제조경비 등)
부가원가	순수한 원가로서 비용에는 포함되지 않는 원가. 일반적으로 원가 계산시에 원가에 산입되지 않는 추상적인 원가로 장부상 기록이 없고 현금지출은 수반하지 않는다(기부 받은 원재료비, 개인기업의 기업주 보수, 자기자본에 대한 이자, 상각이 완료된 기계로 제품을 생산한 경우 등).

4 비원가 항목

원가항목과 달리 전액을 발생기간의 비용 또는 손실로 계상하는 것으로 다음과 같은 것들이 있다.
① 제품의 생산과 관계없는 가치의 감소
② 제조활동에 관계가 있더라도 **비정상적인 상태에서 발생**하는 가치의 감소
③ 기업의 목적과 상반되는 가치의 감소

03 원가의 분류

1 발생형태에 따른 분류(= 원가의 3요소)

① **재료원가**(재료비) : 제품의 제조를 위해 소비된 원재료의 가치이다. 재료는 주요재료, 보조재료, 매입부품, 소모공구기구비품을 분류된다.
② **노무원가**(노무비) : 제품의 제조에 투입된 노동력의 대가이다. 노무비에는 임금, 급료, 잡급 및 종업원상여수당 등이 있다.
③ **제조경비** : 재료비와 노무비를 제외한 제품의 제조에 소비된 원가요소의 가치이다. 제조경비에는 월할경비, 측정경비, 지급경비, 발생경비로 구분된다.

2 제품에의 추적 가능성(원가 집계 방법)에 따라

① **직접원가**(직접비) : 특정 제품의 제조에 개별적으로 발생한 원가로서 해당 제품에 바로 집계(= 부과)되는 원가를 말한다.

② **간접원가**(간접비) : 여러 종류의 제품 제조를 위하여 공통적으로 발생하는 원가로서, 소비액을 집계한 후, 이를 적절한 배부기준에 의하여 제품별로 할당(= 배부)한다.

𝒪 원가의 구성도

직접재료원가 직접노무원가 직접제조경비	직접원가	제조원가	판매원가 (총원가)	판매가격
	제조간접원가*		판매이익	
		판매관리비		

* 제조간접원가 = 간접재료원가 + 간접노무원가 + 간접제조경비

🔍 예제

다음 자료로 원가의 구성도를 완성하고 제조간접비를 계산하라.

직접재료원가	₩380,000	직접노무원가	₩210,000
직접원가	₩750,000	판매가격	₩1,560,000

판매가격은 총원가의 30% 이익을 가산하여 결정한다.
판매관리비는 제조원가의 20%에 해당한다.

직접재료원가 ₩380,000 직접노무원가 ₩210,000 직접경비 (₩160,000)	직접원가 ₩750,000	제조간접원가 (₩250,000) 제 조 원 가 ₩1,000,000[2]	판매관리비 ₩200,000 판 매 원 가 ₩1,200,000[1]	판 매 이 익 ₩360,000 판 매 가 격 ₩1,560,000

1) $1,560,000 \div (1 + 0.3) = ₩1,200,000$

2) $1,200,000 \div (1 + 0.2) = ₩1,000,000$

3 조업도와의 관계에 따라

조업도란 생산 능력의 이용도로서 생산 설비를 이용하여 생산 활동을 하는 정도를 말하며, 제품의 생산량, 또는 작업 시간 등으로 측정 표시된다.

(1) 고정원가(고정비)

조업도의 변동에 관계없이 항상 일정하게 발생하는 원가를 말한다.

순수고정원가와 준고정원가

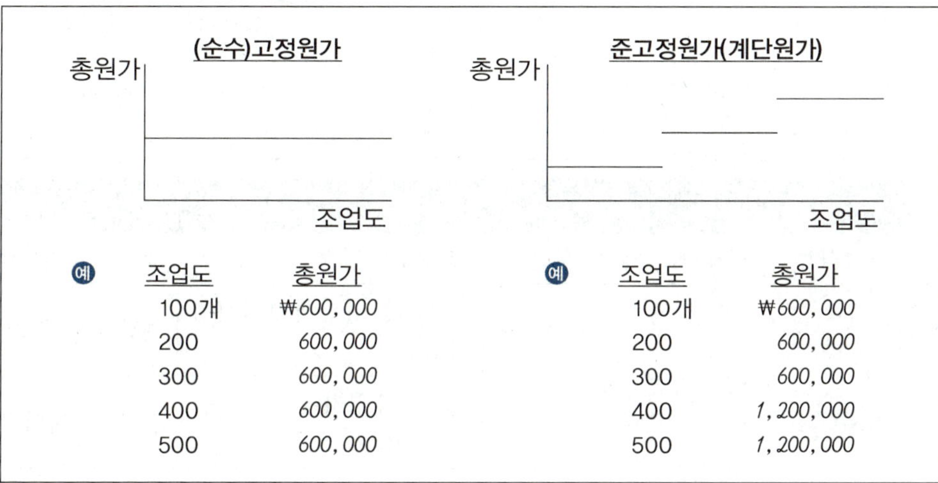

(2) 변동원가(변동비)

조업도의 변동에 따라 원가 발생 총액이 증감하는 원가를 말하며, 조업도의 증감 정도와 원가 발생 총액의 증감 정도에 따라 비례비, 체감비, 체증비로 구분된다.

순수변동원가와 준변동원가

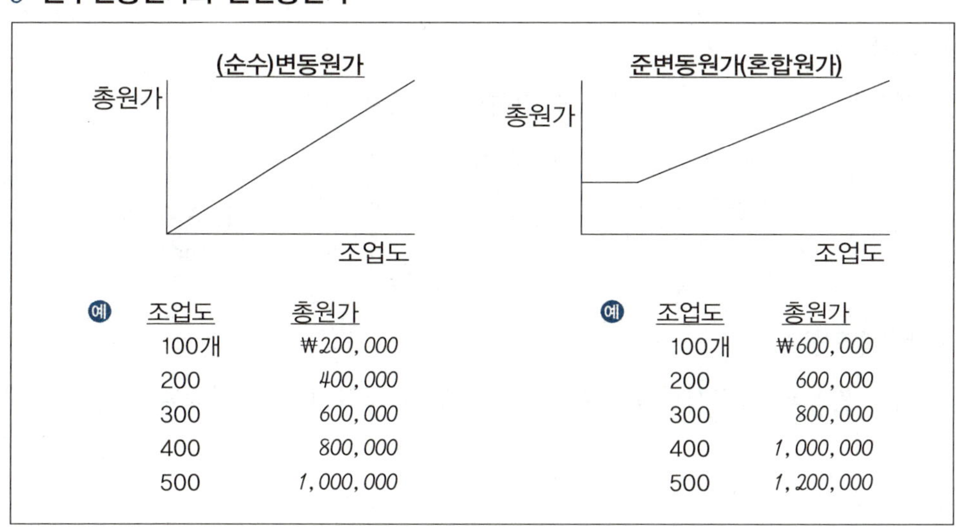

고정원가 예

1. 순수고정원가
   임차료, 감가상각비, 보험료 등

2. 준고정원가
   일정범위 내 감독자 급여, 포장지 등

변동원가 예

1. 순수변동원가
   직접재료원가, 직접노무원가 등

2. 준변동원가
   기본요금이 있는 전화요금, 전기요금 등

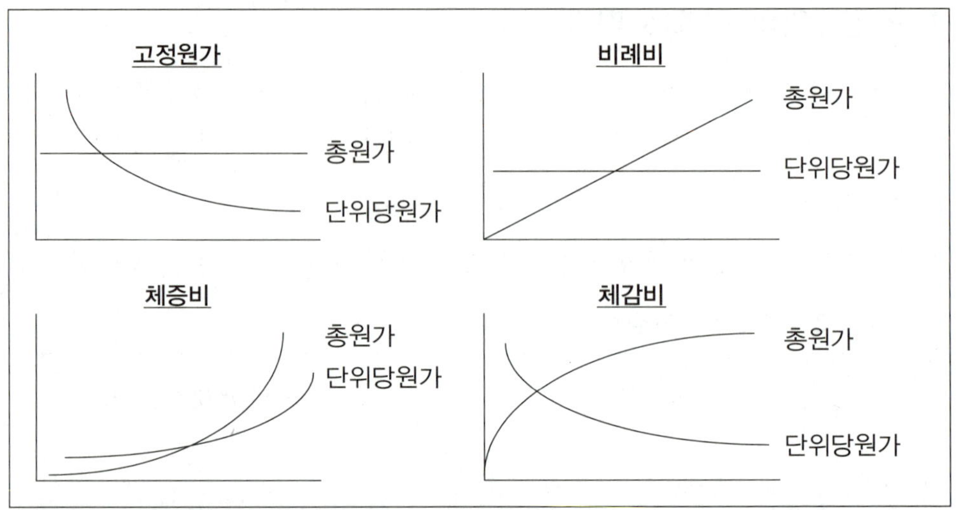

구 분	의의 및 분류			사 례
고정원가	조업조의 증감에 무관하게 소비액이 일정한 원가			임차료, 감가상각비
변동원가	조업도의 변동에 따라 소비액이 변동하는 원가	비례비	조업도의 증감에 비례하여 증감	직접재료, 직접임금
		체증비	조업도의 증가에 따라 체증하는 원가	근무 외 작업수당
		체감비	조업도의 증가에 따라 체감하는 원가	동력비, 연료비

4 제조 활동과의 관련성에 따라

(1) 제조원가

제품을 생산·제조·가공하기 위하여 소비된 원가

기 초 원 가 (기본원가, 주원가)	직 접 재 료 원 가	
	직 접 노 무 원 가	가 공 원 가 (전환원가 또는 가공비)
	제 조 간 접 원 가	

(2) 비제조원가

제조 활동과 직접적인 관련이 없이 판매 및 기업의 관리 활동과 관련하여 발생한 원가

5 제조형태에 따른 분류

(1) 개별원가계산

조선업, 건축업 등과 같이 개별 생산형태의 기업에서 채용되는 원가계산으로서, 제조하고자 하는 특정 제품에 따라 각각 제조지시서가 발행되며, 이 제조지시서에 따라 개별적으로 원가가 구분, 집계된다.

(2) 종합원가계산

제과업, 제지업, 제당업 등과 같이 종류나 규격이 같은 제품을 연속, 대량생산하고 있는 기업에서 채용되는 원가계산으로서, 일정기간에 생산된 같은 종류의 제품 전체에 대하여 총원가를 집계하고 이것을 그 기간의 총생산량으로 나누어 제품의 단위당 원가를 계산한다.

6 원가 측정 방법에 따른 분류

(1) 실제원가계산

모든 원가요소(재료원가, 노무원가, 제조간접원가)를 실제 발생액을 기준으로 제품원가를 측정하는 방법

(2) 정상원가계산

직접재료원가와 직접노무원가는 실제 발생액을 기준으로, 제조간접원가는 예정배부액을 기준으로 제품원가를 측정하는 방법

(3) 표준원가계산

모든 원가요소를 표준원가를 기준으로 제품원가를 측정하는 방법

구 분	실제원가계산	정상원가계산	표준원가계산
직접재료원가	실제수량 × 실제단가	실제수량 × 실제단가	표준허용수량 × 표준단가
직접노무원가	실제시간 × 실제임률	실제시간 × 실제임률	표준허용시간 × 표준임률
제조간접원가	실제배부기준 × 실제배부율	실제배부기준 × **예정**배부율	표준허용시간 × 표준배부율

7 원가계산 범위에 따른 분류

(1) 전부원가계산(흡수원가계산)

직접재료원가, 직접노무원가, 변동제조간접원가뿐만 아니라 고정제조간접원가를 모두 포함한 금액을 제품원가에 포함시키는 원가계산방법이다.

(2) 변동원가계산(직접원가계산)

직접재료원가, 직접노무원가, 변동제조간접원가만 제품원가에 포함시키고 고정제조간접원가는 기간비용으로 처리하는 방법이다.

⊘ 원가회계시스템의 종류

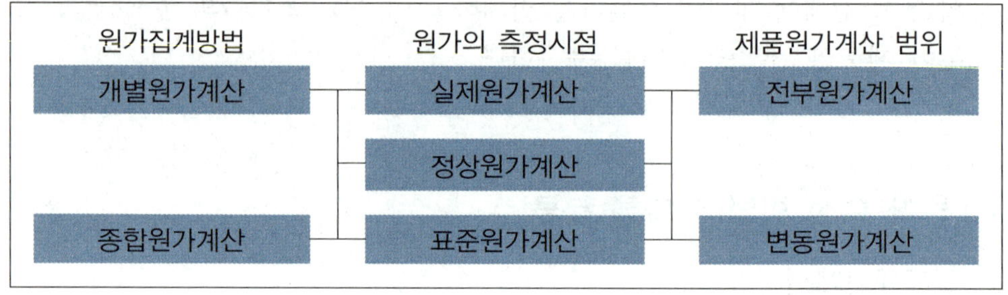

8 의사 결정과의 관련성에 따라

(1) 기회원가(기회비용)

재료·노동·설비 등의 자원을 최선의 용도가 아닌 차선의 용도에 사용한다면 얻을 수 있는 최대의 효익을 의미한다. 즉, 어떠한 자원을 여러 가지의 선택안 중 하나를 선택하여 사용함으로써 다른 대체안을 포기한 결과 상실하게 되는 최대수익을 화폐액으로 측정한 것이다.

(2) 매몰원가

이미 발생한 원가로서 의사 결정과 관련이 없는 원가이다.

(3) 차액원가

여러 가지 대체안들을 비교하여 의사 결정을 하는 경우, 특정 대체안과 다른 대체안과의 총원가의 차이를 말한다.

(4) **관련원가**

의사 결정을 위해서는 둘 이상의 대체안이 존재하게 되는데 이 경우에 둘 이상의 대체안 간에 차이가 나는 기대되는 미래원가를 말하는 것으로 직접적으로 관련이 있는 원가이다.

(5) **현금지출원가**

특정 대안을 선택함으로 인하여 실제 현금 유출이 있는 원가를 말한다.

(6) **회피가능원가**(통제가능원가)

특정의 선택안을 중단하거나 변경할 경우 더 이상 발생하지 않는 원가를 말한다. 회피 불능 원가는 특정 선택안을 중단하여도 계속해서 발생하는 원가를 말한다.

04 원가의 3요소

1 재료원가(재료비)

제품을 생산하기 위해 투입된 재료비를 의미한다.

재	료		
월초재고액(전월이월)	×××	소 비 액	×××
당월매입액	×××	월말재고액(차월이월)	×××

※당월 재료 소비액 = 월초재료재고액 + 당월재료매입액 − 월말재료재고액

2 노무원가(노무비)

제품을 생산하기 위해 투입된 노동력에 대한 대가를 의미한다.

임	금 (등)		
당월지급액	×××	전월미지급액(전월이월)	×××
당월미지급액(차월이월)	×××	소 비 액	×××

※ 당월 임금(노무비) 소비액 = 당월임금지급액 + 당월임금미지급액 − 전월임금미지급액

3 제조경비

제품을 생산하기 위해 소비되는 재료원가, 노무원가 이외의 모든 원가요소를 의미한다.

각 종 경 비

전월선급액(전월이월)	×××	소 비 액	×××
당월지급액	×××	당월선급액(차월이월)	×××

※ 당월 경비 소비액 = 전월경비선급액 + 당월경비지급액 − 당월경비선급액

05 원가의 흐름

1 재료원가

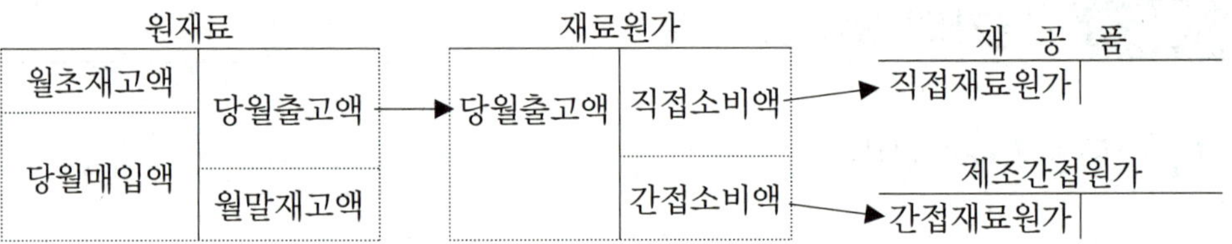

* 재료원가 계정을 설정하지 않을 수도 있다.

2 노무원가

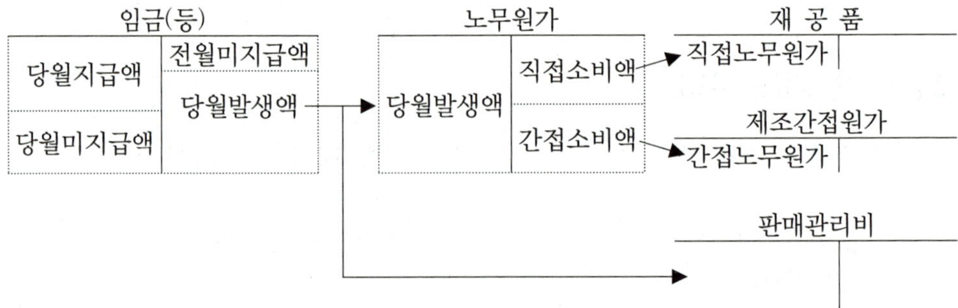

* 노무원가 계정을 설정하지 않을 수도 있다.

③ 제조경비

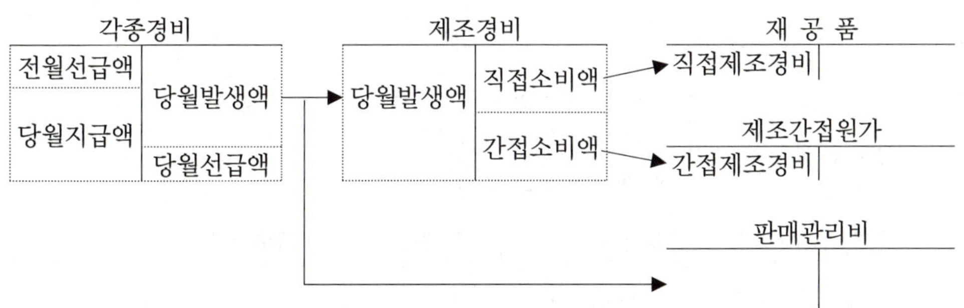

* 제조경비 계정을 설정하지 않을 수도 있다.

④ 제조간접원가

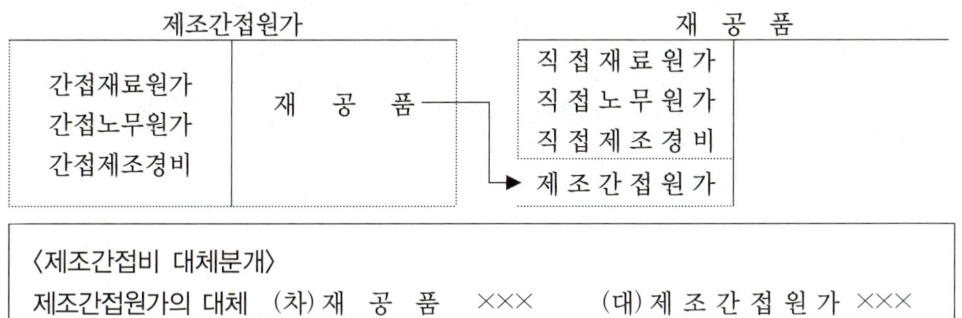

〈제조간접비 대체분개〉
제조간접원가의 대체　(차)재 공 품　×××　　　(대)제 조 간 접 원 가　×××

⑤ 재공품

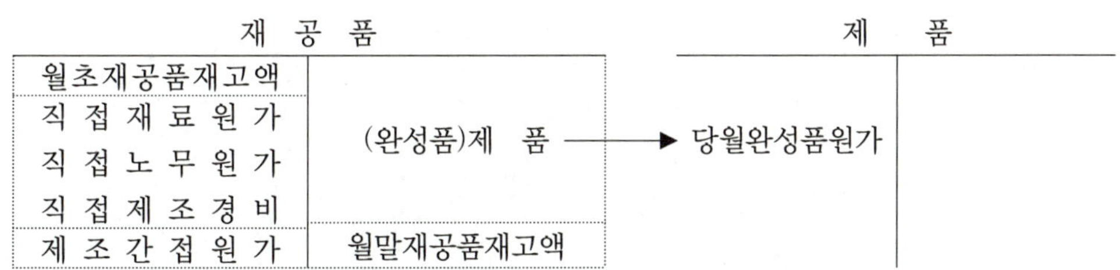

※ 직접재료원가 + 직접노무원가 + 직접경비 + 제조간접원가 = **당월총제조원가**
※ 월초재공품 + 당월총제조원가 − 월말재공품 = **당월제품제조원가**

〈당월 완성품 제조원가 대체분개〉
당월 완성품의 대체　(차)제　　품　×××　　　(대)재 공 품　　×××

💡 **당기총제조원가와 당기제품제조원가**

당기총제조원가는 당기에 투입된 모든 원가를 의미하고, 당기(총)제품제조원가는 당기에 완성된 제품에 대한 제조원가를 의미한다. 예외적으로 기초재공품과 기말재공품이 없거나 동일한 경우에는 당기총제조원가와 당기(총)제품제조원가는 동일한 금액이 된다.

6 제 품

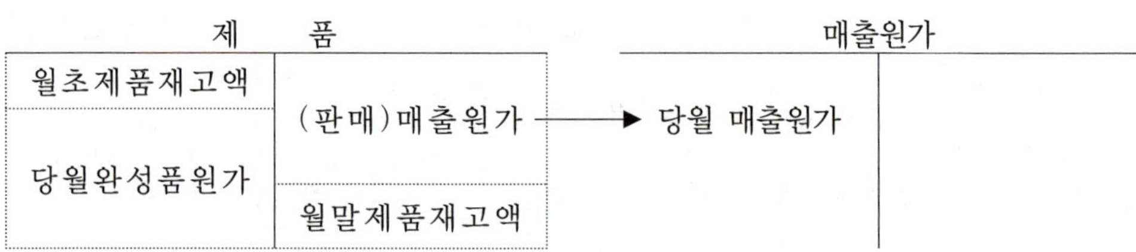

※ 월초제품재고액 + 당월제품제조원가 − 월말제품재고액 = **매출원가**

〈당월 매출품 제조원가 대체분개〉
당월 매출품의 대체   (차) 매 출 원 가   ×××   (대) 제   품   ×××

⬥ 원가의 흐름 도해

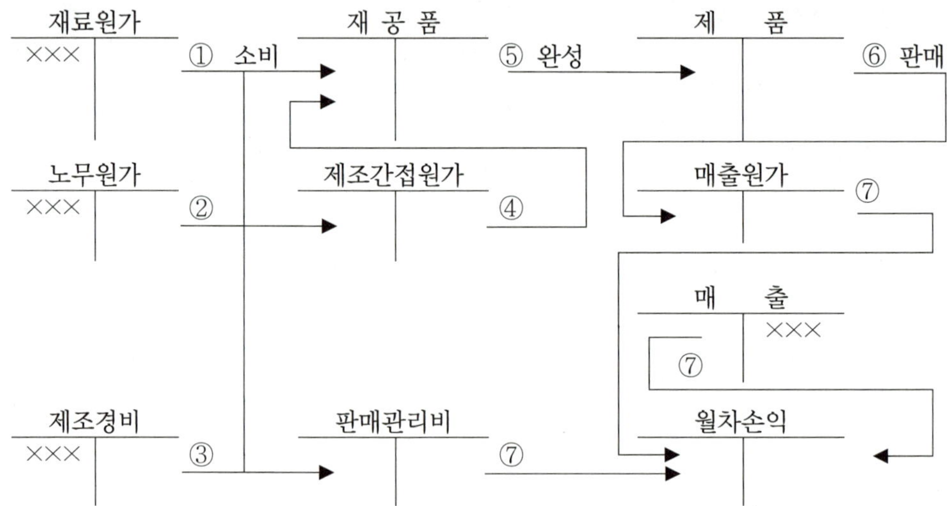

7 제조원가명세서

당기 제품의 제조원가가 집계되는 과정을 표시하고 그 내용을 명확히 나타내는 재무제표(손익계산서)의 필수적 부속명세서이다.

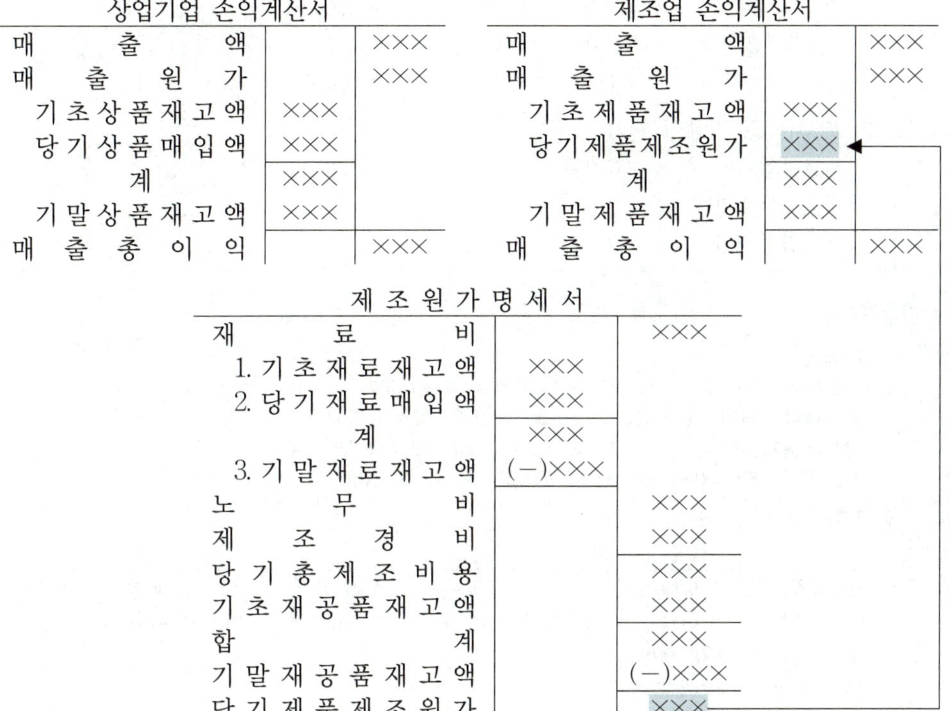

예제

다음 자료에 의하여 당기 제품의 제조원가를 계산하라.

재료원가: 기초재고액	₩50,000	당기매입액	₩540,000	기말재고액	₩40,000
노무원가: 전기미지급액	30,000	당기지급액	330,000	당기미지급액	50,000
제조경비: 전기선급액	20,000	당기지급액	200,000	당기선급액	30,000
재 공 품: 기초재공품	60,000	기말재공품	70,000		
제 품: 기초제품	80,000	기말제품	90,000		

해설

재료원가: 50,000 + 540,000 − 40,000 = ₩550,000
노무원가: 330,000 + 50,000 − 30,000 = ₩350,000
제조경비: 20,000 + 200,000 − 30,000 = ₩190,000
당기총제조원가: 550,000 + 350,000 + 190,000 = ₩1,090,000
당기제품제조원가: 60,000 + 1,090,000 − 70,000 = ₩1,080,000

예 제

다음 자료를 통하여 당기 매출제품의 원가를 계산하라.

(1)	20X1. 1. 1	20X1. 12. 31
재　　료	₩50,000	₩60,000
재 공 품	70,000	80,000
제　　품	90,000	100,000

(2) 20X1년 중 발생한 원가

재료구입액	₩300,000
직접노무원가	250,000
제조간접원가	330,000

해설

(1) 공식법

　　재료원가: $50,000 + 300,000 - 60,000 = ₩290,000$
　　당기총제조원가: $290,000 + 250,000 + 330,000 = ₩870,000$
　　당기제품제조원가: $70,000 + 870,000 - 80,000 = ₩860,000$
　　매출원가: $90,000 + 860,000 - 100,000 = ₩850,000$

(2) T계정 이용법

재 공 품				제 품			
전 기 이 월	70,000	제　　　품	860,000	전 기 이 월	90,000	매 출 원 가	(850,000)
재 료 원 가	290,000	차 기 이 월	80,000	재 공 품	860,000	차 기 이 월	100,000
노 무 원 가	250,000				950,000		950,000
제조간접원가	330,000						
	940,000		940,000				

단원핵심정리

1 원가의 분류

구 분	분 류
발생형태에 따라(= 원가의 3요소)	재료원가(재료비), 노무원가(노무비), 제조경비
추적 가능성(원가 집계 방법)에 따라	직접원가(직접비), 간접원가(간접비)
조업도와의 관계에 따라(원가행태)	고정원가(고정비), 변동원가(변동비)
제조 활동과의 관련성에 따라	제조원가, 비제조원가
제조형태에 따라	개별원가계산, 종합원가계산
원가 측정 방법에 따라	실제원가계산, 정상원가계산, 표준원가계산
원가계산 범위에 따라	전부원가계산, 변동원가계산
의사 결정과의 관련성에 따라	기회원가, 매몰원가, 차액원가, 관련원가, 회피가능원가

2 원가의 흐름

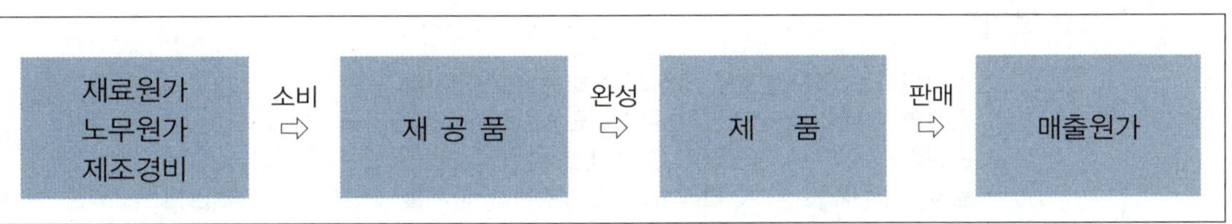

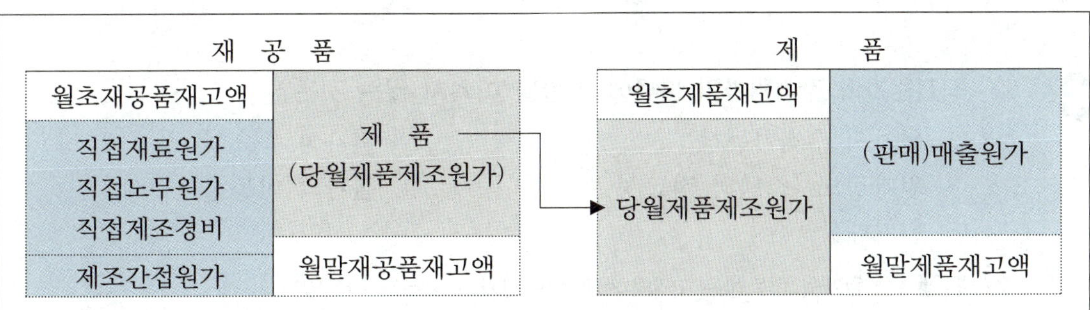

01 원가행태에 관한 설명 중 옳지 않은 것은? 제14회

① 계단(준고정)원가는 일정한 범위의 조업도 수준에서만 원가총액이 일정하다.
② 직접재료원가는 변동원가에 속한다.
③ 단위당 변동원가는 조업도가 증가함에 따라 증가한다.
④ 기본료와 사용시간당 통화료로 부과되는 전화요금은 사용시간을 조업도로 본 혼합원가로 볼 수 있다.
⑤ 원가 – 조업도 – 이익(CVP) 분석에서 고정판매관리비도 고정원가에 포함된다.

해설 ③ 단위당변동원가는 일정하다.

02 원가에 관한 설명으로 옳은 것은? 제20회

① 기회원가는 미래에 발생할 원가로서 의사결정시 고려하지 않는다.
② 관련범위 내에서 혼합원가는 조업도가 0이라도 원가는 발생한다.
③ 관련범위 내에서 생산량이 감소하면 단위당 고정원가도 감소한다.
④ 관련범위 내에서 생산량이 증가하면 단위당 변동원가도 증가한다.
⑤ 통제가능원가란 특정 관리자가 원가발생을 통제할 수는 있으나 책임질 수 없는 원가를 말한다.

해설 ① 기회원가는 의사결정시 고려해야 하는 관련원가다.
③ 관련범위 내에서 생산량이 감소하면 단위당 고정원가도 증가한다.
④ 관련범위 내에서 생산량이 증가하면 단위당 변동원가는 일정하다.
⑤ 통제가능원가란 특정 관리자가 원가발생을 통제할 수는 있으나 책임질 수 있는 원가이다.

03 직접원가와 간접원가의 분류에 영향을 미치지 않는 것은? 제14회

① 원가의 추적가능성　　　　② 원가의 중요성
③ 원가정보시스템의 정교성　　④ 원가의 변동성
⑤ 원가대상

해설 ④ 원가의 변동성은 고정원가와 변동원가의 구분과 관계있다.

04

다음 자료에서 당기의 경비소비액은 얼마인가?

• 전기선급경비	₩70,000	• 전기미지급경비	₩45,000
• 당기지급경비	₩435,000	• 당기미지급경비	₩85,000
• 당기선급경비	₩90,000		

① ₩550,000 ② ₩415,000 ③ ₩445,000
④ ₩455,000 ⑤ ₩610,000

해설

경 비

전 기 선 급 액	70,000	당 기 선 급 액	90,000
당 기 지 급 액	435,000	소 비 액	(455,000)
당기미지급액	85,000	전기미지급액	45,000

05

㈜한국의 20X1년도 원가자료가 다음과 같을 때, 당기제품제조원가는? (단, 본사에서는 제품 생산을 제외한 판매 및 일반관리 업무를 수행한다)   제21회

• 직접재료원가	₩3,000	• 전기료 − 공장	₩120
• 직접노무원가	2,000	• 전기료 − 본사	50
• 간접노무원가	1,000	• 기타 제조간접원가	1,000
• 감가상각비 − 공장	250	• 기초재공품재고액	6,000
• 감가상각비 − 본사	300	• 기말재공품재고액	5,000

① ₩6,370 ② ₩7,370 ③ ₩7,720
④ ₩8,370 ⑤ ₩8,720

해설

재 공 품

기초재공품재고액	6,000		
직접재료원가	3,000	제품제조원가	8,370
직접노무원가	2,000		
제조간접원가*	2,370	기말재공품	5,000
	13,370		13,370

* 제조간접원가: 간접노무원가 + 감가상각비(공장) + 전기료(공장) + 기타제조간접원가
= 1,000 + 250 + 120 + 1,000 = ₩2,370

Answer

01 ③ 02 ② 03 ④ 04 ④ 05 ④

06 ㈜한국의 20X1년 6월 영업자료에서 추출한 정보이다.

• 직접노무원가	₩170,000	• 기타제조간접원가	₩70,000
• 간접노무원가	100,000	• 기초직접재료재고액	10,000
• 감가상각비(본부사옥)	50,000	• 기말직접재료재고액	15,000
• 보험료(공장설비)	30,000	• 기초재공품재고액	16,000
• 판매수수료	20,000	• 기말재공품재고액	27,000

6월 중 당기제품제조원가가 ₩554,000이라면 6월의 직접재료 매입액은? 제23회

① ₩181,000　　　　② ₩190,000　　　　③ ₩195,000

④ ₩200,000　　　　⑤ ₩230,000

해설

재 공 품

기초재공품	16,000	당기제품제조원가	554,000
직접재료원가①	195,000		
직접노무원가	170,000		
간접노무원가	100,000		
기타제조간접원가	70,000		
보험료	30,000	기말재공품	27,000
	581,000		581,000

직접재료

기초직접재료	10,000	직접재료원가②	195,000
직접재료 매입액③	200,000	기말직접재료	15,000
	210,000		210,000

07 ㈜한국의 20X1년 발생 원가는 다음과 같다.

직접재료원가	직접노무원가	제조간접원가
₩10,000	₩20,000	₩24,000

20X1년 기초재공품이 ₩5,000이고, 기말재공품이 ₩4,000일 때, 20X1년 당기제품제조원가는? 제26회

① ₩52,000　　　　② ₩53,000　　　　③ ₩54,000

④ ₩55,000　　　　⑤ ₩56,000

해설 당기제품제조원가 : ₩5,000 + ₩10,000 + ₩20,000 + ₩24,000 − ₩4,000 = ₩55,000

08 ㈜한국은 20X1년 초에 설립되었으며, 20X1년도 제조원가 및 재고자산과 관련된 자료는 다음과 같다.

항 목	총원가
직접재료원가	₩900
직접노무원가	800
제조간접원가	1,000
기말재공품원가	400
기말제품원가	500

20X1년도 매출원가는?

제17회

① ₩1,800 ② ₩2,200 ③ ₩2,600
④ ₩2,800 ⑤ ₩3,600

해설 20X1년 초에 설립하였으므로 기초재공품과 기초제품은 0이다.

재공품 + 제 품

기초재공품	−	매출원가	1,800
기초제품	−	기말재공품	400
직접재료원가	900	기말제품	500
직접노무원가	800		
제조간접원가	1,000		
	2,700		2,700

09 ㈜한국은 실제원가계산을 적용하고 있으며, 20X1년의 기초 및 기말 재고자산은 다음과 같다.

구 분	기 초	기 말
직접재료	₩10,000	₩12,000
재 공 품	100,000	95,000
제 품	50,000	50,000

당기 매출원가가 ₩115,000일 경우, 당기총제조원가는?

제25회

① ₩115,000 ② ₩120,000 ③ ₩125,000
④ ₩130,000 ⑤ ₩135,000

해설

재공품 + 제품

기초재공품	100,000	매출원가	115,000
기초제품	50,000	기말재공품	95,000
당기총제조원가	115,000	기말제품	55,000
	265,000		265,000

Answer
06 ④ 07 ④ 08 ① 09 ①

10 ㈜한국의 20X1년 원가자료는 다음과 같다. 직접노무원가가 기본원가(prime cost)의 40%일 때 기말재공품 금액은?

제27회

• 직접재료원가	₩90,000	• 제조간접원가	₩70,000
• 당기제품제조원가	205,000	• 기초재공품	5,000

① ₩10,000　　　　② ₩20,000　　　　③ ₩60,000

④ ₩90,000　　　　⑤ ₩110,000

해설 직접노무원가가 기본원가(직접재료원가 + 직접노무원가)의 40%이므로 직접재료원가 ₩90,000은 기본원가의 60%에 해당된다. 따라서 기본원가는 ₩150,000(= 90,000/60%)이고 직접노무원가는 ₩60,000이다.
기말재공품 : 5,000 + 90,000 + 60,000 + 70,000 − 205,000 = ₩20,000

11 제조간접원가가 직접노무원가의 3배일 때 기초재공품 원가는?

제20회

• 기본원가	₩250,000	• 전환원가(또는 가공원가)	₩600,000
• 당기제품제조원가	1,000,000	• 기말재공품	250,000

① ₩400,000　　　　② ₩450,000　　　　③ ₩500,000

④ ₩550,000　　　　⑤ ₩600,000

해설 (1) 전환(가공)원가 : 직접노무원가 + 제조간접원가
$\quad$= X + 3X = ₩600,000　X(직접노무원가) = ₩150,000
$\quad$따라서 제조간접원가 : 3X이므로 3 × 150,0000 = ₩450,000이다.
(2) 기본원가 : 직접재료원가 + 직접노무원가
$\quad$기본원가 250,000 − 직접노무원가 150,000 = 직접재료원가 ₩100,000

재 공 품

기초재공품	X		
직접재료원가	100,000	제품제조원가	1,000,000
직접노무원가	150,000		
제조간접원가	450,000	기말재공품	250,000
	1,250,000		1,250,000

12 ㈜한국의 20X1년도 매출액은 ₩115,000이며 매출총이익률은 40%이다. 같은 기간 직접재료 매입액은 ₩22,000이고, 제조간접원가 발생액은 직접노무원가의 50%이다. 20X1년 기초및 기말 재고자산이 다음과 같을 때, 20X1년에 발생한 제조간접원가는?

제24회

구 분	직접재료	재공품	제 품
기초재고	₩4,000	₩8,000	₩20,400
기말재고	5,200	7,200	21,000

① ₩10,400   ② ₩16,000   ③ ₩20,800
④ ₩26,400   ⑤ ₩32,000

해설

직접재료

기초 직접재료	4,000	직접재료원가	20,800
직접재료 매입액	22,000	기말 직접재료	5,200
	26,000		26,000

제 품

기초 제품	20,400	매출원가	69,000
당기제품제조원가	69,600	기말 제품	21,000
	90,000		90,000

* 매출원가 : ₩115,000 × (1 − 0.4) = ₩69,000

재공품

기초 재공품	8,000	당기제품제조원가	69,600
직접재료원가	20,800		
가공원가	48,000	기말 재공품	7,200
	76,800		76,800

* 가공원가 : 직접노무원가 x + 제조간접원가 $0.5x$ = ₩48,000
   ⇨ 직접노무원가 x : ₩48,000 ÷ 1.5 = ₩32,000
   ⇨ 제조간접원가 : ₩32,000 × 0.5 = ₩16,000

Answer

10 ②   **11** ④   **12** ②

단·원·열·기

제조간접원가의 예정배부액 계산과 배부차이, 보조부문비의 제조부문에 대체가 주로 출제되어 왔으며, 최근에는 활동원가계산(ABC)에 대한 문제도 자주 출제되고 있다. 특히, 제조간접원가 배부의 개념을 이해하고, 예정배부액과 배부차이 계산과정을 숙지하는 것이 중요하다. 또한, 보조부문비의 제조부문에의 대체과정을 확실히 익히고, 활동원가계산의 의의 및 계산방법을 숙지해야 한다.

원가의 배분

01 원가배분

02 제조간접원가의 배부

03 부문별 원가계산

04 활동기준원가계산

단·원·개·요

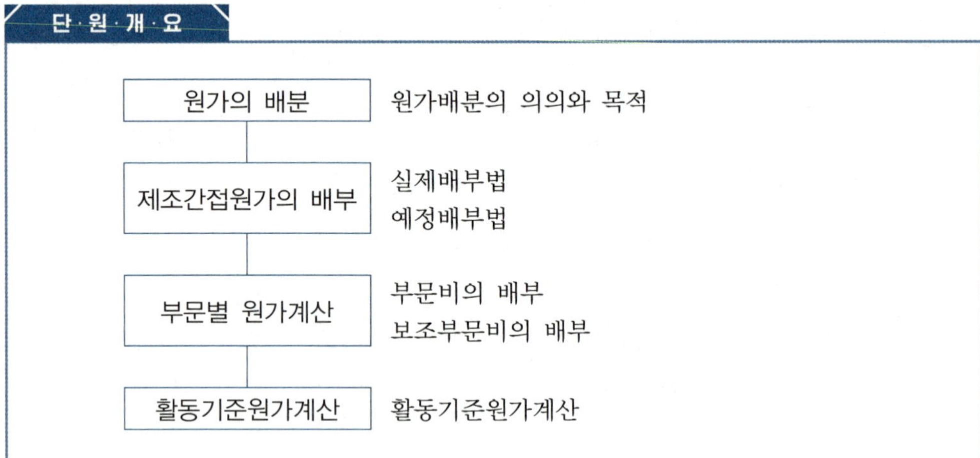

01 원가배분

1 원가배분의 의의

원가배분이란 공통원가(제조간접원가)를 일정한 배분기준에 따라 **각 원가대상에 대응시키는 과정**을 말한다. 여기서 원가대상이란 원가가 개별적으로 집계되는 단위를 말하는데 원가대상에는 부문과 제품이 있다. 원가회계에서 주로 다루는 원가대상과 공통원가는 다음과 같다.

원가대상	공통원가	원가배분의 내용
부 문	보조부문원가	보조부문의 원가를 제조부문에 배분한다.
제 품	제조간접원가	제조간접원가를 각 제품에 배분한다.

2 원가배분의 목적

① 외부보고를 위해 재고자산을 평가하고 매출원가를 계산
② 경영자의 의사결정에 유용한 정보를 제공
③ 부문책임자나 종업원의 성과평가

3 원가배분기준

원가배분기준에는 가장 이상적인 방법인 인과관계기준 및 수혜기준, 부담능력기준, 공정성과 공평성기준 등이 있다.

02 제조간접원가의 배부

1 제조간접원가

특정 제품이 아닌 여러 제품을 제조하기 위하여 공통적으로 발생하는 원가요소를 말한다.

2 제조간접원가의 배부방법

(1) 실제배부법

원가계산기말에 실제로 발생한 제조간접원가를 각 제품에 배부하는 방법

① **가액법**: 제품을 제조하기 위하여 소비된 직접비 가액(가격)을 기준으로 배부하는 방법이다.

- 제조간접원가 배부율 = 제조간접원가 합계 ÷ 배부기준 합계
- 특정제품의 제조간접원가 배부액 = 특정제품의 배부기준 × 배부율

$$\text{특정제품의 제조간접원가 배부액} = \text{제조간접원가 합계} \times \frac{\text{특정제품의 배부기준}}{\text{배부기준}^* \text{ 합계}}$$

* 직접재료원가, 직접노무원가, 직접원가

원가배분기준

1. 인과관계기준
   공통원가의 발생과 원가대상 사이에 추적가능한 명확한 인과관계가 존재하는 경우에 그 인과관계를 배분기준으로 하여 원가를 배분하는 가장 이상적인 원가배분방법

2. 수혜기준
   발생된 공통원가로 인하여 원가대상에 제공된 경제적 효익을 측정할 수 있는 경우에 제공된 경제적 효익의 비율에 따라 원가를 배분하는 기준으로 수익자부담원칙에 입각한 배분기준

3. 부담능력기준
   원가대상이 원가를 부담할 수 있는 능력, 즉 이익창출능력에 다라 공통원가를 배분하는 기준(상대적 판매가치법, 순실현가치법 등)

4. 공정성과 공평성기준
   공통원가를 배분할 때 공정하고 공평하게 해야 한다는 기준

② **시간법**: 제품을 제조하기 위하여 소비된 직접노동시간 또는 기계작업시간을 기준으로 배부하는 방법이다.

$$특정제품의\ 제조간접원가\ 배부액 = 제조간접원가\ 합계 \times \frac{특정제품의\ 배부기준}{배부기준^{*}\ 합계}$$

$$^{*}\ 직접노동시간,\ 기계작업시간$$

(2) 예정배부법

제조간접원가 예정배부율을 미리 계산하여 두었다가 제품이 완성되면 이를 이용하여 각 제품에 배부할 제조간접원가를 구하는 방법을 말한다.

예제

다음 자료에 의하여 ① **가액법**(직접재료원가법, 직접노무원가법)**과** ② **시간법**(직접작업시간법, 기계작업시간법)**을 사용하여 A제품의 제조간접원가 배부액을 계산하라. 단, 배부할 제조간접원가 총액은 ₩240,000이다.**

구 분	A 제 품	B 제 품
직 접 재 료 원 가	₩180,000	₩120,000
직 접 노 무 원 가	₩140,000	₩60,000
직 접 작 업 시 간	1,600시간	800시간
기 계 작 업 시 간	1,000시간	600시간

해설

A제품의 제조간접원가 배부액

직접재료원가법 : $₩240,000 \times \dfrac{₩180,000}{₩180,000 + ₩120,000} = ₩144,000$

직접노무원가법 : $₩240,000 \times \dfrac{₩140,000}{₩140,000 + ₩60,000} = ₩168,000$

직접작업시간법 : $₩240,000 \times \dfrac{1,600시간}{1,600시간 + 800시간} = ₩160,000$

기계작업시간법 : $₩240,000 \times \dfrac{1,000시간}{1,000시간 + 600시간} = ₩150,000$

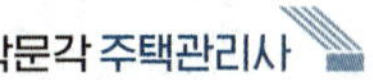

3 제조간접원가의 예정배부(정상원가계산, 평준화원가계산)

(1) 예정배부의 의의

제조간접원가의 예정배부란 연초에 미리 그 해의 생산량을 고려하여 제조간접원가 총액을 추산하고 그것을 각 제품에 배부하는 방법을 말한다. 이처럼 직접재료원가와 직접노무원가는 실제액으로 계산하는데 비해서 제조간접원가는 예정배부액을 사용하여 원가를 계산하는 방법을 **정상원가계산** 또는 평준화원가계산이라고 한다.

(2) 제조간접원가 예정배부율 설정

① **제조간접원가예산**: 예정조업도를 근거로 제조간접원가예산을 추정한다.

② **예정조업도**: 조업도란 원가의 발생과 밀접한 관계를 가진 원가유발요인으로서 직접노동시간, 기계가동시간 등이 대표적이다. 회사는 예정조업도를 과거 장기간의 평균조업도를 감안하여 추정하게 되는데, 이를 정상조업도(평준화조업도) 또는 기준조업도라 한다.

③ **예정배부율**

$$특정제품의\ 제조간접원가\ 배부액 = 특정제품의\ 실제배부기준 \times 예정배부율^{*}$$

$$^{*}제조간접원가\ 예정배부율 = \frac{제조간접원가\ 연간예산액}{배부기준\ 연간예산액(예정조업도)}$$

(3) 제조간접원가 배부차이

① **배부차이**: 제조간접원가를 예정배부하는 정상원가계산제도에서는 실제배분율과 예정배분율의 차이로 인하여 제조간접원가의 배부차이가 발생한다. 이러한 배부차이는 제조간접원가계정에 나타나게 되며, 제조간접원가 차변금액은 실제발생액이고, 대변금액은 예정배부액이다.

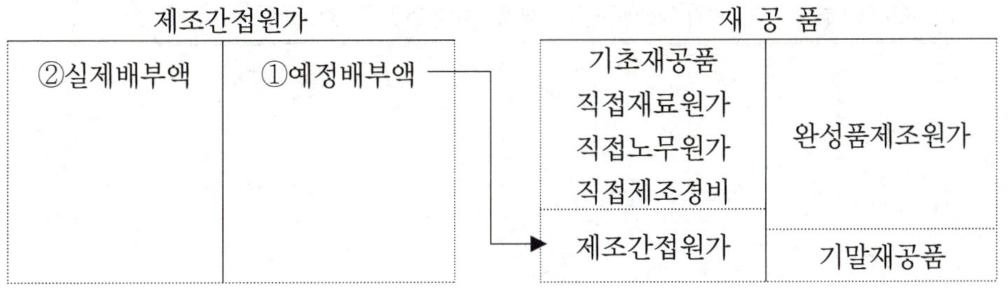

🔗 제조간접비 배부차이

제조간접원가

실제발생액	예정배부액

과소배부(불리한 차이)

제조간접원가

실제발생액	예정배부액

과대배부(유리한 차이)

② **제조간접원가 배부차이(차액)의 회계처리 방법**

㉠ 연간 재공품, 제품, 매출원가에 배분하는 방법

㉡ 전액 매출원가에 가감하는 방법

㉢ 전액 기타손익으로 처리

제조간접원가(OH)

실제발생액 ××	예정배부액 ××
	OH배부차액 ××

제조간접원가(OH)

실제발생액 ××	OH배부차액 ××
	예정배부액 ××

OH배부차액 ×× / 제·간(OH) ××

제·간(OH) ×× / OH배부차액 ××

OH배부차액

제·간(OH) ××	재고자산 ××
	매출원가

OH배부차액

재고자산 ××	제·간(OH) ××
매출원가	

재고자산 매출원가 ×× / OH배부차액 ××

OH배부차액 ×× / 재고자산 매출원가 ××

재고자산, 매출원가

원가발생액 ××	
OH배부차액 ××	

재고자산, 매출원가

원가발생액 ××	OH배부차액 ××

과소배부	재고자산(재공품·제품)·매출원가 증가(가산)
과대배부	재고자산(재공품·제품)·매출원가 감소(차감)

💡 제조간접원가 배부차이 처리

1. 과소배부
   ⇨ 재고자산(재공품, 제품), 매출원가에 가산(증가)

2. 과대배부
   ⇨ 재고자산, 매출원가에서 차감(감소)

예제

KS공업사는 20X1년 말에 20X2년도 제조간접원가 예산으로 ₩6,000,000, 직접작업시간 예산으로 5,000시간을 설정하였다. 20X2년도 1월과 2월의 원가자료가 다음과 같을 경우 제조간접원가 과소/과대배부액을 구하시오.

구 분	1월	2월
직 접 작 업 시 간	400시간	400시간
실제발생 제조간접원가	₩470,000	₩500,000

해설

(1) 제조간접원가 예정배부율 : 6,000,000/5,000시간 = @₩1,200
(2) 제조간접원가 배부차이 계산

구 분	실제 제조간접원가	제조간접원가 예정배부액	배부차이
1월	₩470,000	400시간 × @₩1,200 = ₩480,000	₩10,000(과대)
2월	₩500,000	400시간 × @₩1,200 = ₩480,000	₩20,000(과소)

03 부문별 원가계산

1 의 의

제조간접원가를 각 제품에 정확하게 배부하기 위하여 그 발생장소인 부문별로 원가를 분류·집계하는 절차이다.

2 부문별 원가계산의 목적

① 제조간접원가의 정확한 배부
② 부문별 원가관리·통제
③ 반제품 등 중간제품의 원가산정

3 원가부문의 분류

제조부문		제품을 직접 제조하는 부문 예 주조부, 선반부, 조립부, 기계부 …
보조부문	**보조용역부문**	제조활동에 직접 관여하지 않고 제조부문에 생산한 제품 또는 용역을 제공하는 부문 예 동력부, 용수부, 수선부, 운반부 …
	공장관리부문	공장의 관리사무를 담당하는 부문 예 공구관리부, 공장사무관리부, 연구개발부 …

4 부문비 계산절차

① **1단계**: 부문직접비의 부과
② **2단계**: 부문간접비의 배부
③ **3단계**: 보조부문비의 배부
④ **4단계**: 제조부문비를 제품에 배부

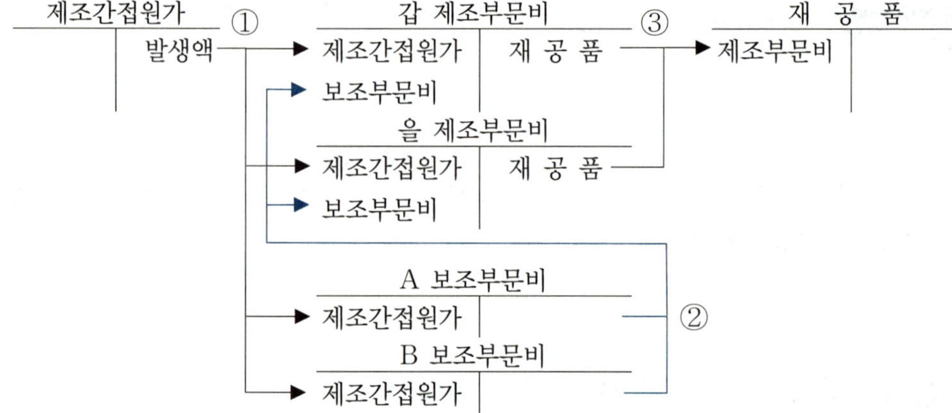

5 부문비의 배부

(1) 부문직접비의 부과

부문직접비(개별비)는 특정부문에서 개별적으로 발생하는 원가로서 그 부문 (제조부문, 보조부문)에 직접 부과하는 원가요소이다.

(2) 부문간접비의 배부

부문간접비는 부문공통비라고도 하며, 각 부문별로 추적할 수 없는 제조간접 원가로서 일정한 배부기준에 따라 제조부문 및 보조부문에 배부한다.

𝒫 부문공통비 배부기준

부문 공통비	배부 기준
기계 감가상각비, 수선비 등	기계가격
건물 임차료, 감가상각비, 보험료, 수선비 등	점유면적
전력비	기계마력수 × 운전시간
통신비	전화기 대수 또는 통화횟수
운반비	운반횟수 또는 중량
복리후생비	종업원수 또는 노무비

6 보조부문비의 배부

보조부문비를 제조부문에 대체하는 방법에는 보조부문 상호간의 용역수수의 반영여부에 따라 다음의 세 가지가 있다.

(1) 직접배부법

보조부문 상호간의 용역수수를 완전 무시하고 보조부문비를 직접 제조부문에 배부(대체)하는 방법이다.

(2) 상호배부법

보조부문 상호간의 용역수수를 완전 고려하여 배부하는 방법이다.

> 총원가 = 자기부문 발생액 + 타부문으로부터 배부받은 금액

일반적인 배부기준

① 타보조부문에 대한 용역제공비율이 큰 보조부문부터 배분하는 방법
② 용역을 제공하는 부문수가 많은 보조부문부터 배분하는 방법
③ 원가가 큰 보조부문부터 배분하는 방법

단일배분율법과 이중배분율법

① 단일배분율법 : 보조부문비를 변동비와 고정비로 구분하지 않고 모든 보조부문의 원가를 하나의 기준으로 배부하는 방법
② 이중배분율법 : 보조부문비를 원가행태에 따라 변동비와 고정비로 구분하여 각각 다른 배분기준을 적용하는 방법
  * 변동비 : 실제사용량을 기준으로 배분
  * 고정비 : 제조부문에서 사용할 수 있는 최대사용가능량을 기준으로 배분

(3) 단계식배부법

보조부문들 간에 **일정한 배부순서**를 정한 다음, 그 배부순서에 따라 보조부문비를 단계적으로 제조부문과 다른 보조부문에 배부하는 방법이다.

예제

다음 자료에 의하여 절단부문에 배부되는 부문비 합계액을 계산하라. 단, 보조부문비의 배부방법은 직접배부법에 의한다.

적 요	제조부문		보조부문		합 계
	절단부문	조립부문	동력부문	수선부문	
자기부문발생액	240,000	200,000	120,000	90,000	650,000
제공한용역					
동력부문비(kw/h)	2,000	1,000	—	1,000	4,000(kw/h)
수선부문비(시간)	400	200	100	—	700시간

해설

제조부문비 합계 = 자기부문 발생액 + 보조부문에서 대체(배부)된 금액

적 요	제조부문		보조부문		합 계
	절단부문	조립부문	동력부문	수선부문	
자기부문발생액	240,000	200,000	120,000	90,000	650,000
제공한용역					
동력부문비(kw/h)	2,000	1,000	—	1,000	4,000(kw/h)
120,000	80,000[1]	40,000			
수선부문비(시간)	400	200	100	—	700시간
90,000	60,000[2]	30,000			
보조부문비 계	140,000	70,000			
제조부문비 계	380,000	270,000			

1) 동력부문으로부터의 배부액 : $₩80,000(= ₩120,000 \times \dfrac{2,000}{3,000^*})$

2) 수선부문으로부터의 배부액 : $₩60,000(= ₩90,000 \times \dfrac{400}{600^*})$

＊보조부문 상호간의 용역수수를 무시하므로 $\dfrac{2,000}{4,000}$, $\dfrac{400}{700}$ 이 아니다.

※ 따라서 절단부문에 배부되는 부문비 합계액은 ₩380,000이다.

예 제

다음 자료에 의하여 조립부문에 배부되는 부문비 합계액을 계산하라. 단 보조부문비의 배부방법은 단계배부법에 의한다. 단 동력부문을 먼저 배부한다.

적 요	제조부문		보조부문		합 계
	절단부문	조립부문	수선부문	동력부문	
자기부문발생액	500,000	420,000	180,000	200,000	1,300,000
제공한용역					
동력부문비(kw/h)	2,500	2,000	500	—	5,000(kw/h)
수선부문비(시간)	500	300	—	200	1,000시간

해설

제조부문비 합계 = 자기부문 발생액 + 보조부문에서 배부된 금액

적 요	제조부문		보조부문		합 계
	절단부문	조립부문	수선부문	수선부문	
자기부문발생액	500,000	420,000	180,000	200,000	1,300,000
제공한용역					
동력부문비(kw/h)	2,500	2,000	500	—	5,000(kw/h)
	200,000	100,000	80,000[1]	2,000	
수선부문비(시간)	500	300	—	200	1,000시간
	200,000	125,000	75,000[2]	200,000	
보조부문비 계	225,000	155,000			
제조부문비 계	725,000	575,000			

1) 동력부문에서의 배부액 : $₩80,000 \left(200,000 \times \dfrac{2,000}{5,000}\right)$

2) 수선부문에서의 배부액 : $₩75,000 \left(200,000^* \times \dfrac{300}{800^{**}}\right)$

$* ₩180,000 + \left(200,000 \times \dfrac{500}{5,000}\right) = ₩200,000$

** 동력부문은 이미 배부된 상태로 계산에서 제외한다.

※ 따라서 조립부문에 배부되는 부문비 합계액은 ₩575,000이다.

예제

다음 자료에 의하여 조립부문에 배부될 부문비 합계액을 계산하라. 단 보조부문비의 배부
방법은 연립방정식을 이용한 상호배부법에 의한다.

적 요	제조부문		보조부문		합 계
	조립부문	가공부문	동력부문	운반부문	
자기부문발생액	305,000	224,000	69,000	52,000	650,000
제공한 용역					
동력부문비(kw/h)	250(50%)	150(30%)	—	100(20%)	500(kw/h)
운반부문비(t)	40(40%)	30(30%)	30(30%)	—	100(t)

해설

상호배부법은 보조부문 상호간의 용역수수를 완전 고려해야 하기 때문에 연립방정식을 이용하여 보
조부문 상호간의 용역수수액을 계산해야 한다.
동력부문의 총원가를 x라 하고, 운반부문의 총원가를 y라 할 때
동력부문의 총원가 x = ₩69,000 + 0.3y ⋯ ①
운반부문의 총원가 y = ₩52,000 + 0.2x ⋯ ②
②를 ①에 대입하면
x = ₩69,000 + 0.3(52,000 + 0.2x)
x = ₩69,000 + 15,600 + 0.06x
0.94x = ₩84,600
x = ₩90,000
따라서 y = ₩52,000 + (90,000 × 0.2) = ₩70,000

적 요	제조부문		보조부문		합 계
	조립부문	가공부문	동력부문	운반부문	
자기부문발생액	305,000	224,000	69,000	52,000	650,000
제공한 용역					
동력부문비(kw/h)	250(50%)	150(30%)	—	100(20%)	500(kw/h)
90,000	45,000[1]	27,000		18,000	
운반부문비(t)	40(40%)	30(30%)	30(30%)	—	100(t)
70,000	28,000[2]	21,000	21,000		
보조부문비 계	73,000	48,000	(90,000)	(70,000)	
제조부문비 계	378,000	272,000			

동력부문에서의 배부액 : ₩45,000(= 90,000 × 50%)
운반부문에서의 배부액 : ₩28,000(= 70,000 × 40%)
따라서 조립부문에 배부되는 부문비 합계는 ₩378,000이다.

04 활동기준원가계산

1 의 의

제조간접원가를 정확히 배부하기 위해서 전통적인 배부기준인 조업도(직접노동시간 등) 대신에 제조간접비의 발생원인인 **활동**(작업준비, 노동지원, 자재관리 등)을 기준으로 제조간접원가를 배부하는 원가계산시스템을 활동기준원가계산(activity-based costing, ABC)이라고 한다.

활동기준원가계산은 '**활동은 자원을 소비하고, 제품은 활동을 소비한다.**'는 사고에 근거한다.

2 활동기준원가계산의 도입배경

① 전통적 배부기준에 대한 비판(새로운 배부기준의 필요성)
② 직접노무원가의 감소, **제조간접원가의 증가**
③ 원가개념의 확대 – 제품수명주기 원가계산의 등장
④ 정보수집기술의 발달

> ♀ **활동기준원가계산이 적합한 기업**
> ① 원가요소 중 제조간접원가의 비중이 높은 기업
> ② 다품종 소량생산업체와 같이 제품의 종류가 많은 기업
> ③ 제품별로 조업도, 규격, 생산롯트, 제조과정의 복잡성이 상이한 기업
> ④ 회사가 치열한 가격경쟁에 직면한 기업
> ⑤ 제품의 제조나 마케팅원가, 관리적 의사결정 등에 대하여 생산부서, 판매부서와 회계부서 사이에 심각한 견해차이가 있는 기업

3 활동기준원가계산의 장·단점

(1) 장 점

① 원가를 다양하고 세분화한 원가대상인 활동별로 집계하고 각 활동별로 적절한 배부기준을 사용하여 원가를 배부하기 때문에 **원가계산이 정확해진다.**
② 활동분석을 통하여 불필요한 비부가가치활동을 제거하거나 감소시킴으로써 생산시간을 단축할 수도 있고 활동별로 원가를 관리함으로써 **원가절감이 가능**하다.
③ 활동기준원가계산은 **의사결정과 성과평가에 유용**하다.
④ 원가절감이나 성과평가를 위하여 부품의 수, 품질검사시간, 작업준비횟수 등의 비재무적인 측정치를 강조함으로서 현장관리자가 이해하고 받아들이기가 용이하며 의사소통이 원활해져 장기적으로는 회사전체의 효율성이 향상된다.

(2) 단 점

① 활동분석과 원가동인의 파악에 소요되는 비용과 시간이 크다.

② 제조간접원가 중 원가동인을 파악할 수 없는 설비유지활동(공장의 감독자 급료, 공장 감가상각비, 사장의 급료 등)에 대해서는 전통적 배부기준을 사용하여 배부할 수밖에 없다.

③ 제조간접원가를 발생시키는 기업의 활동을 명확하게 정의하고 구분하기 곤란하다.

④ 새로운 체제로 전환하게 되면 기존 체제에 익숙한 구성원들이 반발할 수 있다.

⑤ 제조간접원가를 발생시키는 원가동인의 감소자체가 목표로 될 가능성이 있어 대량생산으로 기울어질 수 있으므로 다양한 고객욕구에 대응하는 경영방침과 모순될 가능성이 있다.

🔗 원가계산의 비용과 효익관계

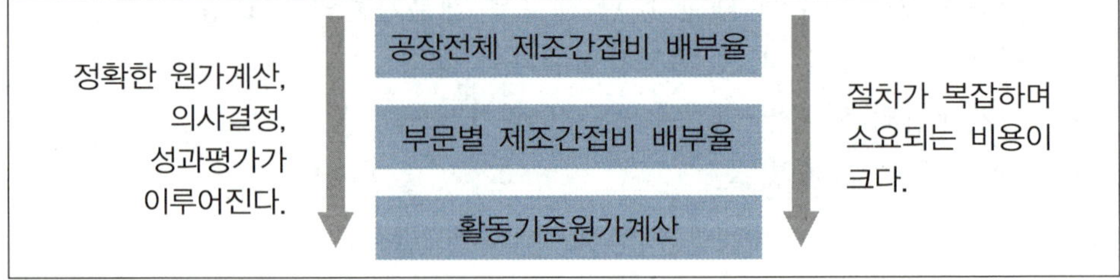

4 활동의 종류

① **단위수준활동**: 제품생산량에 따라 비례하는 활동
> 예 직접재료투입활동, 동력소비활동, 직접노동활동, 기계활동, 제품검사활동(전수검사)

② **배치수준활동**(묶음수준활동): 다양한 제품을 교대로 배치생산이 이루어질 때마다 수행되는 활동
> 예 준비작업활동, 금형교환활동, 자재이동활동, 구매주문활동, 제품검사활동(표본검사) 등

③ **제품유지활동**: 제품종류의 유무에 따라 특정제품을 회사의 생산 품목으로 유지하는 활동
> 예 특정제품의 설계와 연구개발 및 A/S활동

④ **설비유지**(수준)**활동**: 다양한 제품생산을 위하여 기본적인 설비유지를 위한 활동
> 예 공장관리활동, 건물임차활동, 안전유지활동 등

5 활동기준관리

활동기준관리(activity-based management, ABM)란 활동기준원가계산에 의한 활동분석과 원가정보를 이용하여 공정개선, 원가관리, 의사결정, 예산수립, 성과평가 등의 경영관리를 행하는 것을 말한다.

6 활동기준원가계산의 절차

① **활동분석**(activity analysis)

  기업의 기능을 여러 가지 활동으로 구분하여 분석한다.

② 각 활동별로 제조간접원가를 집계

③ **활동별 원가동인(배부기준)의 결정**

  원가를 가장 직접적으로 변동시키는 것이 무엇인가를 파악한다.

④ **활동별 제조간접원가 배부율의 결정**

$$\text{활동별 제조간접원가 배부율} = \frac{\text{활동별 제조간접원가}}{\text{활동별 배부기준(원가요인)}}$$

⑤ **원가대상**(제품, 고객, 서비스 등)**별 원가계산**

  원가대상별 배부액 $= \sum(\text{소비된 활동수} \times \text{활동별 제조간접원가 배부율})$

🔍 **예제**

ABC원가계산

㈜SS는 갑제품과 을제품을 생산하고 있으며 관련 자료는 다음과 같다.

1. 제품별 단위당 원가자료

구 분	갑제품	을제품
직접재료원가	₩5,000	₩7,000
직접노무원가	₩6,000	₩9,000
직접작업시간	2시간	3시간
제품생산량	100개	200개

2. 제조간접비는 연간 ₩2,000,000이며 활동별 원가자료는 다음과 같다.

활 동	원 가	원가동인	갑제품	을제품	계
기 계 작 업	₩1,000,000	기계시간	400시간	600시간	1,000시간
조 립	₩600,000	부품수	100개	200개	300개
품 질 검 사	₩400,000	검사횟수	100회	150회	250회

요구사항

1. 제조간접원가를 직접작업시간을 기준으로 배부할 때 제품단위당 원가는 얼마인가?
2. 제조간접원가를 활동기준에 의해 배부할 때 제품단위당 원가는 얼마인가?

해설

1. 직접작업시간 기준

(1) 제조간접비 배부율 $= \dfrac{2,000,000}{(100개 \times 2시간 + 200개 \times 3시간)} = @₩2,500$

(2) 갑제품의 제조간접비 배부액: 200시간 × @₩2,500 = ₩500,000
을제품의 제조간접비 배부액: 600시간 × @₩2,500 = ₩1,500,000

(3) 제품단위당 원가

구 분	갑제품	을제품
직접재료원가	₩5,000	₩7,000
직접노무원가	6,000	9,000
제조간접원가	5,000[*1]	7,500[*2]
계	₩16,000	₩23,500

*1: 500,000 ÷ 100개 = ₩5,000

*2: 1,500,000 ÷ 200개 = ₩7,500

2. ABC기준

(1) 원가동인별 배부율

기계작업: 1,000,000 ÷ 1,000시간 = @₩1,000/시간
조   립: 600,000 ÷ 300개 = @₩2,000/개
품질검사: 400,000 ÷ 250회 = @₩1,600/회

(2) 제조간접원가 배부

활 동	갑제품	을제품	계
기계작업	400시간 × 1,000 = ₩400,000	600시간 × 1,000 = ₩600,000	₩1,000,000
조 립	100개 × 2,000 = ₩200,000	200개 × 2,000 = ₩400,000	600,000
품질검사	100회 × 1,600 = ₩160,000	150회 × 1,600 = ₩240,000	400,000
계	₩760,000	₩1,240,000	₩2,000,000

(3) 제품단위당 원가

구 분	갑제품	을제품
직접재료원가	₩5,000	₩7,000
직접노무원가	6,000	9,000
제조간접원가	7,600[*3]	6,200[*4]
계	₩18,600	₩22,200

*3: 760,000 ÷ 100개 = ₩7,600

*4: 1,240,000 ÷ 200개 = ₩6,200

단원핵심정리

1 원가의 배분

공통원가를 일정한 배분기준에 따라 각 원가대상(제품, 부문)에 대응시키는 과정

2 제조간접원가의 배부

$$특정제품의\ 제조간접원가\ 배부액 = 제조간접원가\ 합계 \times \frac{특정제품의\ 배부기준}{배부기준\ ^*\ 합계}$$

* 직접재료원가, 직접노무원가, 직접원가, 직접작업시간, 기계작업시간 등

3 제조간접원가의 예정배부

예정배부율	제조간접비 연간예상액 ÷ 정상조업도
특정제품의 제조간접원가 예정배부액	특정제품의 **실제**배부기준 × **예정**배부율
배부차이	실제 < 예정　⇨ 과대 : 재고자산, 매출원가 감소 실제 > 예정　⇨ 과소 : 재고자산, 매출원가 증가
배부차이 처리	① 연간 재공품, 제품, 매출원가에 배분하는 방법 ② 전액 매출원가에 가감하는 방법 ③ 전액 기타손익으로 처리

4 보조부문비의 제조부문에 대체

구 분			장점	⇔	단점
보조부문 상호간 용역수수	무시	⇨ 직접배부법	간편	⇔	부정확
	일정순서	⇨ 단계배부법			
	고려	⇨ 상호배부법	정확	⇔	복잡

5 활동기준원가계산(ABC)

제조간접원가를 정확히 배부하기 위해서 전통적인 배부기준인 조업도(직접노동시간 등) 대신에 **제조간접원가의 발생원인인 활동**(작업준비, 노동지원, 자재관리 등)**을 기준으로 제조간접원가를 배부**하는 원가계산시스템

장 점	• 원가계산이 정확해진다. • 원가절감이 가능하다. • 의사결정과 성과평가에 유용하다.
단 점	• 소요되는 비용과 시간이 크다. • 활동을 명확하게 정의하고 구분하기 곤란하다.

실전예상문제

01 ㈜이천공업의 다음 자료에 의하여 제조지시서 #1의 제조원가를 계산하면 얼마인가? (단, 제조간접원가는 직접원가 배부법)

• 직접재료원가 총액	₩1,360,000	직접노무원가 총액	₩640,000
제조간접원가 총액	₩160,000	직접노동시간	5,000시간
• 제조지시서 #1의 자료			
직접재료원가	₩85,000	직접노무원가	₩35,000
직접노동시간	500시간		

① ₩216,000　　　　　　　　　　② ₩136,000

③ ₩129,600　　　　　　　　　　④ ₩2,129,600

⑤ ₩2,160,000

해설 제조지시서 #1의 제조간접원가 배부액 : $₩160,000 \times \dfrac{120,000}{2,000,000} = ₩9,600$

제조지시서 #1의 제조원가 : $₩85,000 + ₩35,000 + ₩9,600 = ₩129,600$

02 ㈜한국은 직접노무시간을 기준으로 제조간접원가를 예정배부한다. 당기의 제조간접원가 예산은 ₩300,000, 예정조업도는 100,000시간, 실제조업도는 120,000시간이다. 당기의 제조간접원가 배부차이가 ₩35,000(과대)일 때 제조간접원가 실제발생액은 얼마인가? 　제13회

① ₩325,000　　　　　　　　　　② ₩330,000

③ ₩335,000　　　　　　　　　　④ ₩340,000

⑤ ₩345,000

해설

제 조 간 접 비

실제배부액	(₩325,000)	예정배부액 ₩360,000 = 실제시간 120,000시간
과대배부차이	₩35,000	$\times$ 예정배부율($\dfrac{300,000}{100,000시간}$)

Answer

01 ③　　02 ①

03 제조간접원가에 대하여 예정배부를 하던 중 배부결과가 과소배부로 밝혀졌다. 잘못된 설명은?

① 재공품에 배부된 제조간접원가는 실제제조간접원가보다 적다.

② 예정배부율이 너무 낮게 설정된다.

③ 실제제조간접원가가 예정제조간접원가보다 많다.

④ 과소배부된 제조간접원가의 배부차이를 반영하여 재고자산이나 매출원가 등을 적절하게 수정한 후에 외부공시용 재무제표에 반영하여야 한다.

⑤ 제조간접원가 배부차이를 조정하지 않으면 기말재공품이 과대계상된다.

> **해설** ⑤ 과소배부된 제조간접비 배부차이를 재고자산에 배부하게 되면 재고자산이 증가하게 된다. 따라서 배부차이를 조정하지 않으면 재고자산은 과소계상된다.

04 정상원가계산하에서 개별원가계산제도를 적용하는 경우, 과대 또는 과소 배분된 제조간접원가 배부차이를 비례배분법에 의해 조정할 때, 차이조정이 반영되는 계정으로 옳은 것을 모두 고른 것은? (단, 모든 계정잔액은 "0"이 아니다)   제22회

ㄱ. 기초재공품	ㄴ. 기말원재료	ㄷ. 기말재공품
ㄹ. 기초제품	ㅁ. 기말제품	ㅂ. 매출원가

① ㄱ, ㄴ, ㄷ   ② ㄴ, ㄷ, ㄹ

③ ㄴ, ㅁ, ㅂ   ④ ㄷ, ㄹ, ㅁ

⑤ ㄷ, ㅁ, ㅂ

> **해설** ⑤ 제조간접원가 배부차이를 기말재공품, 기말제품 그리고 매출원가에 비례해서 배분하는 방법이 비례배분법이다.

05 ㈜한국은 1개의 보조부문S와 2개의 제조부문 P1과 P2를 통해 제품을 생산하고 있다. 부문공통원가인 화재보험료와 감가상각비는 각 부문의 점유면적을 기준으로 배분한다. 20X1년 6월의 관련자료가 다음과 같을 때 보조부문원가를 배분한 후 제조부문 P1의 부문원가(총액)는?

제27회

구 분	보조부문	제조부문		계
	S	P1	P2	
부문공통원가 　화재보험료 　감가상각비				₩16,000 14,000
부문개별원가	₩10,000	₩15,000	₩18,000	
점유면적(m²)	20	30	50	100
용역수수관계(%)	20	50	30	100

① ₩21,000　　　　　　　② ₩24,000

③ ₩28,000　　　　　　　④ ₩32,000

⑤ ₩34,000

해설

구 분	보조부문	제조부문		계
	S	P1	P2	
부문공통원가 　화재보험료 　감가상각비	㉠₩3,200 ㉡₩2,800	₩4,800 ₩4,200	₩8,000 ₩7,000	₩16,000 ₩14,000
부문개별원가	₩10,000	₩15,000	₩18,000	₩43,000
점유면적(m²)	20	30	50	100
용역수수관계(%)	20	50	30	100
보조부문원가 배부액	—	㉢₩10,000	₩6,000	—
부문원가 총액	—	㉣₩34,000	₩39,000	—

㉠ ₩16,000 × 20/100 = ₩3,200

㉡ ₩14,000 × 20/100 = ₩2,800

㉢ (₩3,200 + ₩2,800 + ₩10,000) × 50/(50 + 30) = ₩10,000

㉣ ₩4,800 + ₩4,200 + ₩15,000 + ₩10,000 = ₩34,000

Answer

03 ⑤　　**04** ⑤　　**05** ⑤

06 보조부문원가 배부방법에 관한 설명으로 옳지 않은 것은?　　　　제16회

① 직접배부법은 보조부문 상호간의 용역수수관계를 전혀 고려하지 않는 방법이다.
② 단계배부법은 보조부문원가의 배부순서를 정하여 그 순서에 따라 단계적으로 보조부문원가를 다른 보조부문과 제조부문에 배부하는 방법이다.
③ 단계배부법은 보조부문 상호간의 용역수수관계를 일부 고려하는 방법이다.
④ 상호배부법은 보조부문 상호간의 용역수수관계가 중요하지 않을 때 적용하는 것이 타당하다.
⑤ 상호배부법은 보조부문 상호간의 용역수수관계를 모두 고려하여 보조부문원가를 다른 보조부문과 제조부문에 배부하는 방법이다.

해설 ④ 상호배부법은 보조부문 상호간의 용역수수관계가 중요할 때 적용하는 것이 타당하다.

07 ㈜대한에는 두 개의 보조부문(수선부, 전력부)과 두 개의 제조부문(절단부, 조립부)이 있다. 각 부문간의 용역수수관계와 부문원가에 대한 자료는 다음과 같다.

	보조부문		제조부문	
	수선부	전력부	절단부	조립부
부문원가	₩30,000	₩17,000	₩23,000	₩25,000
용역제공량				
수선부	−	200시간	600시간	200시간
전력부	400kw	−	300kw	300kw

㈜대한은 보조부문원가를 직접배분법으로 배부하고 있다. 조립부에 배부해야할 보조부문원가는?　　　　제18회

① ₩7,500　　　　② ₩8,500　　　　③ ₩11,100
④ ₩15,500　　　　⑤ ₩16,000

해설 조립부에 배부할 보조부문원가 = (1) + (2) = ₩16,000
　(1) 수선부: 30,000 × 200시간/(600시간 + 200시간) = ₩7,500
　(2) 전력부: 17,000 × 300kw/(300kw + 300kw) = ₩8,500

08 ㈜한국은 보조부문 A와 B 그리고 제조부문 C와 D를 두고 있다. 보조부문 A와 B의 원가는 각각 ₩400,000과 ₩480,000이며, 각 부문의 용역수수관계는 다음과 같다.

사용처 / 제공처	보조부문		제조부문	
	A	B	C	D
A	–	20%	30%	50%
B	40%	–	30%	30%

㈜한국이 단계배부법을 이용하여 보조부문원가를 제조부문에 배부할 경우 제조부문 D가 배부받을 보조부문원가 합계는? (단, 배부순서는 A부문원가를 먼저 배부한다) 제19회

① ₩320,000 　　② ₩344,000 　　③ ₩368,000
④ ₩480,000 　　⑤ ₩490,000

해설 (1) A의 배부액 : $400,000 \times 0.5 = ₩200,000$
(2) B의 배부액 : $[(400,000 \times 0.2) + 480,000] \times 0.3 / (0.3 + 0.3) = ₩280,000$
(3) 제조부문 D가 배부받을 보조부문원가 : (1) + (2) = ₩480,000

09 ㈜한국은 두 개의 보조부문(S1, S2)과 두 개의 제조부문(P1, P2)을 운영하며, 단계배부법을 사용하여 보조부문원가를 제조부문에 배분한다. 보조부문원가 배분전 S1에 집계된 원가는 ₩120,000이고, S2에 집계된 원가는 ₩110,000이다. 부문 간의 용역수수관계가 다음과 같을 때, P1에 배분될 총 보조부문원가는? (단, S1 부문원가를 먼저 배분한다) 제26회

사용 / 제공	S1	S2	P1	P2
S1	20%	20%	20%	40%
S2	30%	–	42%	28%

① ₩88,800 　　② ₩96,000 　　③ ₩104,400
④ ₩106,000 　　⑤ ₩114,000

해설

구 분	S1 ₩120,000	S2 ₩110,000	P1 ?	P2 ?
S1	20%	20%	20%	40%
(1차) 120,000	–	₩30,000	₩30,000	₩60,000
S2	30%	–	42%	28%
(2차) 140,000	–	–	₩84,000	₩56,000
보조부문비 배부액	–	–	₩114,000	116,000

Answer

06 ④　07 ⑤　08 ④　09 ⑤

10 ㈜한국은 제조부문과 보조부문을 이용하여 제품을 생산하고 있다. 보조부문에서 제공한 용역량은 다음과 같으며, 수선부문과 관리부문에 집계된 원가는 각각 *₩160,000*, *₩80,000*이다.

사용처 / 제공처	제조부문		보조부문		합계
	절단	조립	수선	관리	
수선(시간)	400	200	600	400	1,600
관리(m²)	4,000	4,000	8,000	4,000	20,000

상호배부법으로 보조부문원가를 배부할 때 필요한 연립방정식으로 옳은 것은? (단, 배부해야 할 총수선부문원가와 총관리부문원가를 각각 M과 F라 한다)

제13회

① $M = 160,000 + 0.5F$, $F = 80,000 + 0.25M$

② $M = 160,000 + 0.4F$, $F = 80,000 + 0.25M$

③ $M = 160,000 + 0.5F$, $F = 80,000 + 0.4M$

④ $M = 160,000 + 0.4F$, $F = 80,000 + 0.5M$

⑤ $M = 160,000 + 0.4F$, $F = 80,000 + 0.4M$

해설 이 문제의 핵심은 보조부문 상호간의 용역수수에서 자기부문에서 자기부문으로 제공된 용역은 용역수수관계에서 제외한다는 것이다. 따라서 수선부문에서 수선부문으로 제공된 용역 600시간을 제외하고 배부율을 산정해야 한다. 즉, 수선부문(M)의 경우 400(40%) : 200(20%) : 0 : 400(40%)로 배부하고, 관리부문(F)의 경우 4,000(25%) : 4,000(25%) : 8,000(50%) : 0으로 배부하여야 한다.

$M = 160,000 + 0.5F$

$F = 80,000 + 0.4M$

11

㈜한국은 두 개의 보조부문(S1, S2)과 두 개의 제조부문(P1, P2)으로 제품을 생산하고 있다. 각 부문원가와 용역수수관계는 다음과 같다.

구 분	보조부문		제조부문		계
	S1	S2	P1	P2	
부문원가	₩250,000	₩152,000	–	–	
S1	–	40	20	40	100%
S2	40	–	40	20	100%

상호배부법으로 보조부문원가를 배부한 결과, S1의 총부문원가는 S2로부터 배부받은 ₩120,000을 포함하여 ₩370,000이었다. P2에 배부되는 보조부문원가 합계액은?

제23회

① ₩164,400　　　　　　② ₩193,200
③ ₩194,000　　　　　　④ ₩208,000
⑤ ₩238,400

해설

구 분	보조부문		제조부문		계
	S1	S2	P1	P2	
부문원가	₩250,000	₩152,000	–	–	
S1	–	40	20	40	100%
③370,000		④148,000	74,000	⑤148,000	
S2	40	–	40	20	100%
⑦300,000	①120,000		120,000	⑧60,000	
	②(₩370,000)	⑥(₩300,000)	₩194,000	₩208,000	

본 문제의 경우 보조부문 S1 총원가 ₩370,000이 주어져 있으므로 다음을 통하여 보조부문 S2 총원가를 계산한다.
S2 = 152,000 + 0.4S1이므로 S1에 ₩370,000을 대입하여 풀이하면 S2 총원가는 ₩300,000이 계산된다.
P2에 배부되는 보조부문원가
= 0.4S1 + 0.2S2　= (0.4 × 370,000) + (0.2 × 300,000) = ₩208,000

Answer

10 ③　**11** ④

12 활동기준원가계산에 관한 설명으로 옳지 않은 것은? 제19회

① 전통적인 원가계산에 비해 배부기준의 수가 많다.
② 활동이 자원을 소비하고 제품이 활동을 소비한다는 개념을 이용한다.
③ 제조원가뿐만 아니라 비제조원가도 원가 동인에 의해 배부될 수 있다.
④ 활동을 분석하고 원가동인을 파악하는데 시간과 비용이 많이 발생한다.
⑤ 직접재료원가 이외의 원가를 고정원가로 처리한다.

해설 ⑤ 초변동원가계산에 대한 설명이다.

13 ㈜한국은 전환원가에 대해 활동기준원가계산을 적용하고 있다. 회사의 생산 활동, 활동별 배부기준, 전환원가 배부율은 다음과 같다.

활 동	배부기준	전환원가 배부율
기계작업	기계작업시간	기계작업시간당 ₩50
조립작업	부품 수	부품 1개당 ₩10
품질검사	완성품 단위	완성품 1단위당 ₩30

당기에 완성된 제품은 총 50단위이고, 제품 단위당 직접재료원가는 ₩100이다. 제품 1단위를 생산하기 위해서는 2시간의 기계작업시간과 5개의 부품이 소요된다. 당기에 생산된 제품 50단위의 총제조원가는? 제17회

① ₩9,000 ② ₩12,000 ③ ₩14,000
④ ₩16,000 ⑤ ₩18,000

해설 총제조원가: 직접재료원가 + 가공원가(직접노무원가 + 제조간접원가)
= (50단위 × ₩100) + (50단위 × 2시간 × ₩50) + (50단위 × 5개 × ₩10) + (50단위 × ₩30)
= ₩14,000

14 ㈜한국은 복수의 제품을 생산·판매하고 있으며, 활동기준원가계산을 적용하고 있다. ㈜한국은 제품원가계산을 위해 다음과 같은 자료를 수집하였다.

구 분	활동원가	원가동인	총 원가동인 수
조립작업	₩500,000	조립시간	25,000시간
주문처리	75,000	주문횟수	1,500회
검사작업	30,000	검사시간	1,000시간

제 품	생산수량	단위당 직접제조원가		조립작업	주문처리	검사작업
		직접재료원가	직접노무원가			
A	250개	₩150	₩450	400시간	80회	100시간

㈜한국이 당기에 A제품 250개를 단위당 ₩1,000에 판매한다면, A제품의 매출총이익은?

제22회

① ₩65,000   ② ₩70,000   ③ ₩75,000

④ ₩80,000   ⑤ ₩85,000

해설

매출액	250개 × ₩1,000		₩250,000
A제품총제조원가			
직접재료원가	250개 × ₩150	₩37,500	
직접노무원가	250개 × ₩450	112,500	
제조간접원가	조립작업: ₩500,000 × 400/25,000시간	8,000	
	주문처리: ₩75,000 × 80/1,500회	4,000	
	검사작업: ₩30,000 × 100/1,000시간	3,000	165,000
매출총이익			₩85,000

제품별 원가계산

개별원가계산과 종합원가계산의 비교 및 특징, 기말재공품의 평가(선입선출법과 평균법), 결합원가의 배분에 관련된 문제가 지속적으로 출제되고 있다. 특히, 개별원가계산의 특징과 정상원가계산방법을 숙지하고, 종합원가계산의 특징과 기말재공품의 평가 절차를 반복적으로 연습해야 한다. 또한, 결합원가계산의 개념과 계산 절차를 숙지하며, 공손의 의의와 정상 및 비정상 공손의 회계처리를 익혀야 한다.

제품별 원가계산

- **01** 개별원가계산
- **02** 종합원가계산
- **03** 기말재공품의 평가
- **04** 결합원가계산
- **05** 공손품과 작업폐물, 부산물

단·원·개·요

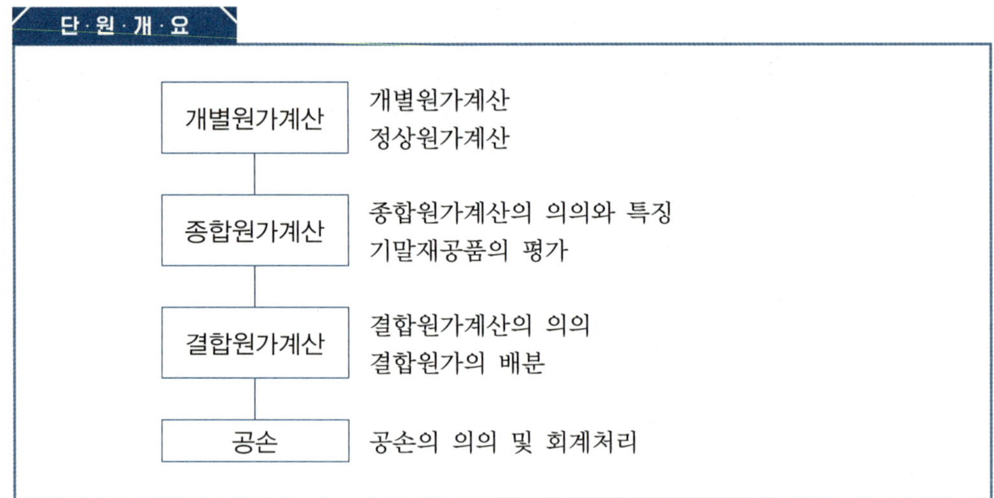

01 개별원가계산

1 개별원가계산

제품의 종류, 규격이 다른 **소량주문** 개별 생산형태(건설업, 조선업, 기계제작업 등)의 공업기업에서 작업별로 원가를 집계하여 제품별로 원가계산을 하는 방법

2 제조지시서와 원가계산표

(1) 제조지시서

고객이 주문한 특정제품의 제조를 작업현장에 지시하는 문서

① **특정제조지시서**: 특정수량의 제품제조를 위하여 개별적으로 발행하는 지시서

② **계속제조지시서**: 동일 종류의 제품을 반복하여 계속 생산하는 경우에 발행하는 지시서

(2) 원가계산표(작업원가표)

원가계산표는 각 제품의 제조과정에서 소비된 원가를 집계하는 명세표이다. 제조지시서별로 원가계산표를 철해 놓은 장부를 원가원장이라 한다.

3 개별원가계산의 절차

① 요소별(재료원가, 노무원가, 제조경비) 원가계산
② 직접비와 간접비로 분류하여 직접비는 부과, 간접비는 배부
③ 원가계산표 작성, 마감
④ 재공품, 제품 계정에의 대체

4 개별원가계산의 방법

(1) 실제개별원가계산

실제발생된 재료원가, 노무원가, 제조간접원가를 이용하여 제품원가 산출

$$제조간접원가\ 배부율 = \frac{제조간접원가\ 실제발생액}{실제배부기준}$$

(2) 예정개별원가계산(정상원가계산)

재료원가와 노무원가는 실제원가로, 제조간접원가는 예정액을 사용하여 제품원가 산출

$$제조간접원가\ 배부율 = \frac{제조간접원가\ 연간예정액}{연간\ 예정배부기준}$$

개별원가계산

㈜한라는 5월중 작업번호 #501, #502 두 가지 작업을 시작하였다. 위의 두 가지 작업에 대한 5월의 제조원가 및 기타자료는 다음과 같다.

	#501	#502	합계
직 접 재 료 원 가	₩200,000	₩500,000	₩700,000
직 접 노 무 원 가	₩400,000	₩200,000	₩600,000
직 접 노 동 시 간	1,000시간	400시간	1,400시간
5월 중 제조간접비 발생액은 ₩2,800,000이었다.			

1. 직접노동시간을 제조간접원가 배분기준(조업도)을 설정하여 제조간접비 배분율을 구하시오.

2. 요구사항 1을 이용하여 제조간접원가를 배분하고 작업별 제조원가를 구하시오.

1. 제조간접비 배분율
   직접노동시간당 제조간접원가 배분율: 2,800,000/1,400시간 = @₩2,000/직접노동시간
2. 제조간접원가의 배분 및 작업별 제조원가

	#501	#502	합계
직접재료원가	200,000	500,000	700,000
직접노무원가	400,000	200,000	600,000
제조간접원가	2,000,000*1	800,000*2	2,800,000
제조원가	2,600,000	1,500,000	4,100,000

*1 1,000시간 × @₩2,000 = ₩2,000,000
*2 400시간 × @₩2,000 = ₩800,000

02 종합원가계산

1 종합원가계산

종합원가계산이란 동일공정에서 동일한 규격의 제품을 **연속적으로 대량생산하는 업종**에 적용되는 원가계산 형태로서, 1원가계산기간에 발생한 원가를 동기간의 완성품수량으로 나누어서 평균원가인 제품의 단위당 원가를 계산하는 방법이다.

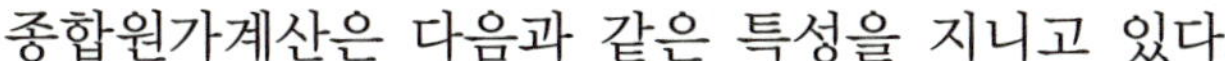

종합원가계산은 다음과 같은 특성을 지니고 있다.

> ① 동일공정의 제품은 동질적이라는 가정에 따르므로 제품의 단위당 원가가 평균화된다.
> ② 연속적 대량생산형태이므로 일정기간동안 공정별로 원가를 집계한다. 즉, 기간개념이 중요시된다.

종합원가계산은 원가의 분류가 재료원가와 가공원가(노무원가 + 제조간접원가)로 단순화되어 있다. 여기에서 직접재료원가는 일반적으로 투입시점에서 100% 소비되고, 가공원가는 진척도에 비례해서 발생한다고 가정한다.

구 분	개별원가계산	종합원가계산
생산형태	다품종 소량 주문생산	동종제품의 연속대량생산
적용대상업종	건설업, 조선업, 항공기 제조업, 가구제작업, 기계제작업	제빵업, 제지업, 식료품, 제과업, 제분업, 정유업, 화학공업
핵심과제	제조간접원가의 배부	월말재공품의 평가 (완성품환산량 계산)
제조지시서	특정 제조지시서	계속 제조지시서
원가의 집계	각 개별작업별로 원가집계	각 공정별로 원가집계
원가의 분류	직접원가와 간접원가	직접재료원가와 가공원가(전환원가)
장 점	① 정확한 원가계산이 가능 ② 제품별 손익분석이 용이하다. ③ 제품별 작업원가표(원가집계표)의 작업을 효율적으로 통제 및 평가와 계획을 용이하게 할 수 있다.	① 원가기록업무가 단순하다. ② 공장 전체의 원가통제와 특정 관리계층의 책임회계 적용이 쉬워진다. ③ 제품별 회계의 기록, 계산에 소요되는 비용이 개별원가계산에 비하여 적다
단 점	① 세부적인 기록과 관리를 위해 소요되는 시간과 비용이 많다. ② 작업에 대한 원가의 기록과 계산이 복잡하여 오류발생 가능성이 높다.	① 원가계산이 상대적으로 부정확하다. ② 제품별로 정보가 적어 손익계산의 비교가 어렵다.

② 종합원가계산의 절차

종합원가계산은 일정 기간 발생된 제조원가와 기초재공품원가를 집계한 후 완성품과 기말재공품에 배분하는 방법이다. 이 때 직접재료원가와 직접노무원가는 공정별로 직접 추적하여 집계하며, 제조간접원가는 합리적인 배부기준으로 각 공정에 배분하여 공정별 원가를 파악하게 된다.

03 기말재공품의 평가

① 의 의

재공품이란 제품의 생산을 위하여 현재 가공중인 미완성품을 말하며, 재공품의 평가란 특정 원가계산기말에 완성품제조원가를 산정하기 위하여 가공 중에 있는 미완성품을 완성품으로 환산하는 것이다.

> 완성품제조원가 = 기초재공품재고액 + 당기총제조비용 − 기말재공품재고액

② 재공품의 평가 절차

(1) 물량흐름의 파악 : 투입량과 산출량 파악

투입량	재 공 품		산출량
	기초재공품수량	당기완성품수량	
	당기착수수량	기말재공품수량	

(2) 완성품 환산량의 계산

완성품 환산량이란 생산 중에 있는 미완성품을 완성품으로 환산한 것이다.

> 완성품환산량 = (기초, 기말)재공품수량 × 완성도

재료원가	제조착수시 투입	기초, 기말수량 × 완성도 100%
	제조진척시 투입	기초, 기말수량 × 완성도
가공원가	제조진척시 투입	

종합원가계산에서 공정별로 집계된 원가를 완성품과 기말재공품으로 배분하기 위한 기준이 필요하며, 이러한 배분기준역할을 하는 것이 완성품환산량이다. 완성품환산량은 물량에 완성도를 곱하여 구해지며, 이는 해당 물량에 투입된 노력으로 처음부터 시작하여 100%까지 완성시킬 수 있는 수량을 말하는 것이다.

① **재료원가**: 일반적으로 공정의 착수시점 또는 중간시점에 전량 투입한다고 가정한다. 따라서 **투입시점을 통과한 재공품의 재료원가완성도는** 100%이다.

② **가공원가**: 가공원가는 전공정에 걸쳐서 균등하게 발생한다고 가정하므로, 공정의 진척도를 산출물의 완성도로 이용한다. 예를 들어 기말재공품의 가공원가에 대한 완성도가 50%라면 기말재공품 1개의 가공원가에 대한 완성품환산량은 0.5개가 될 것이다.

> - 평 균 법: 완성품수량 + 기말수량 × 완성도
> - 선입선출법: 완성품수량 − 기초수량 × 완성도 + 기말수량 × 완성도

(3) 총원가의 집계

원가를 직접재료원가와 가공원가(직접노무원가 + 제조간접원가)로 나누어 집계한다.

(4) 완성품 환산량 단위원가 계산

완성품 환산량 단위원가 = 당기총제조비용 ÷ 완성품 환산량

(5) 완성품 원가와 기말재공품평가액 계산

기말재공품 = 기말재공품수량 × 완성품환산량 단위원가

3 선입선출법

먼저 제조에 착수한 것이 먼저 완성된다는 가정하에 기말재공품 원가와 완성품 원가를 계산하는 방법이다.

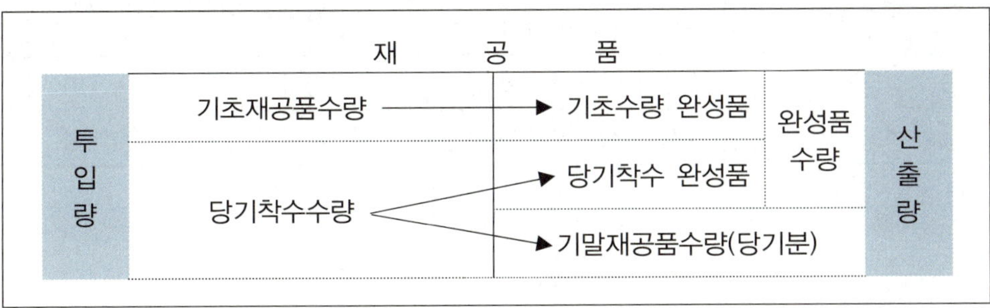

> (공식) 당기총제조원가 × $\dfrac{기말재공품수량^*}{완성품수량 - 기초재공품수량^* + 기말재공품수량^*}$
>
> * 환산수량

4 평균법

월초재공품 원가와 당월 투입원가를 별도로 구분하지 않고 이들을 합계한 총액을 평균하여 월말재공품의 원가를 계산하는 방법이다.

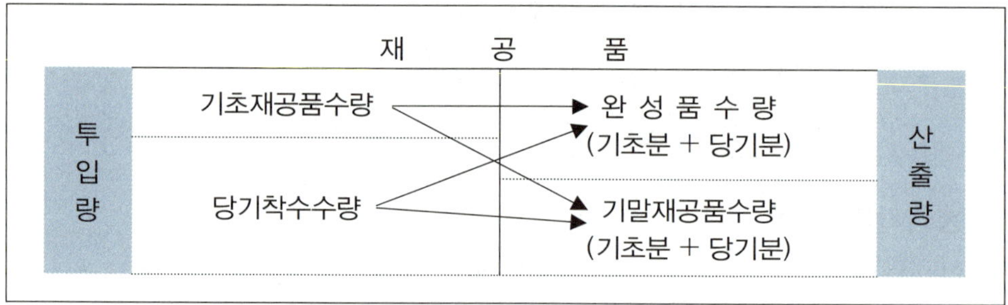

> (공식) (기초재공품재고액 + 당기총제조원가) × $\dfrac{기말재공품수량^*}{완성품수량 + 기말재공품수량^*}$
>
> * 환산수량

구 분	평균법	선입선출법
기초재공품 처리 (원가배분)	당기 투입원가와 합산하여 당기 완성품과 기말재공품에 완성품 환산량에 따라 배분	우선적으로 당기 완성품에 배분 (기초재공품이 먼저 투입되어 완성하는 것으로 가정)
투입원가(분자)	기초재공품 + 당기투입원가	당기투입원가
완성품환산량 (분모)	완성수량 + 기말환산량	완성수량 − **기초환산량** + 기말환산량
기말재공품 구성	기초재공품과 당기투입원가의 구분없이 혼합되어 구성	당기 투입원가로만 구성
장 점	계산이 상대적으로 간편	정확한 기간별 성과평가 가능
단 점	기간별 성과평가가 부정확	계산이 상대적으로 복잡

예제

선입선출법과 평균법

㈜세무공업사는 종합원가계산제도를 사용하고 있다. 원가요소는 재료원가와 가공원가로 구분할 수 있다. 재료원가는 공정초에 전액 발생하고, 가공원가는 공정전반에 걸쳐 균등하게 발생한다. 물량의 내역은 다음과 같다.

기초재공품	500개(완성도 80%)	당기착수수량	1,500개
완성수량	1,000개	기말재공품수량	1,000개(완성도 40%)

기초재공품원가 및 당기발생원가의 내역은 다음과 같다.

	재료원가	가공원가	합계
기초재공품	₩10,500	₩10,800	₩21,300
당기발생원가	37,500	20,000	57,500
총원가	48,000	30,800	78,800

원가흐름의 가정이 선입선출법과 평균법일 때 각각의 당기완성품원가와 기말재공품원가를 계산하시오.

해설

1. 선입선출법
   (1) 물량흐름

재 공 품

기초재공품	500개(80%)	완성품	1,000개
당기착수수량	1,500개	기말재공품	1,000개(40%)
계	2,000개	계	2,000개

   (2) 완성품환산량

	물량(완성도)	재료원가환산량	가공원가환산량
기초재공품완성수량	500개(20%)	–	100개
당기착수완성수량	500개	500개	500개
기말재공품	1,000개(40%)	1,000개	400개
합계	2,000개	1,500개	1,000개
당기발생원가		₩37,500	₩20,000
완성품환산량		1,500개	1,000개
완성품환산량 단위당원가		@₩25	@₩20

   (3) 원가의 배분

	기초재공품원가	재료원가	가공원가	합계
완성품원가	₩21,300 +	500 × @₩25 +	600 × @₩20 =	₩45,800
기말재공품원가		1,000 × @₩25 +	400 × @₩20 =	₩33,000
합계				₩78,800

2. 평균법
(1) 물량흐름

재 공 품

기초재공품	500개(80%)	완성품	1,000개
당기착수수량	1,500개	기말재공품	1,000개(40%)
계	2,000개	계	2,000개

(2) 완성품환산량

	물량(완성도)	재료원가환산량	가공원가환산량
당기완성수량	1,000개(100%)	1,000개	1,000개
기말재공품	1,000개(40%)	1,000개	400개
합계	2,000개	2,000개	1,400개
기초재공품원가		₩10,500	₩10,800
당기발생원가		₩37,500	₩20,000
총원가		₩48,000	₩30,800
완성품환산량		2,000개	1,400개
완성품환산량 단위당원가		@₩24	@₩22

(3) 원가의 배분

	재료원가		가공원가		합 계
완성품원가	$1,000 \times @₩24$	+	$1,000 \times @₩22$	=	₩46,000
기말재공품원가	$1,000 \times @₩24$	+	$400 \times @₩22$	=	₩32,800
합 계					₩78,800

🔍 예 제

다음 JJ공업사의 자료에 의하여 완성품과 기말재공품 원가를 계산하라. 단, 재료는 제조 착수시에 투입되고, 가공원가는 제조 진척에 따라 투입된다.

계정과목	수량(완성도)	직접재료원가	가공원가
기초재공품	10,000개(40%)	₩300,000	₩252,000
당기투입량	50,000개	₩600,000	₩528,000
당기완성량	40,000개		
기말재공품	20,000개(60%)		

해설

1. 선입선출법

$$재료원가: ₩600,000 \times \frac{20,000}{40,000 - 10,000 + 20,000} = ₩240,000$$

$$가공원가: ₩528,000 \times \frac{12,000}{40,000 - 4,000 + 12,000} = ₩132,000$$

기말재공품재고액: $₩240,000 + 132,000 = ₩372,000$

완성품제조원가: $₩552,000 + 1,128,000 - 372,000 = ₩1,308,000$

2. 평균법

재료원가 : $(\text{₩}300,000 + 600,000) \times \dfrac{20,000}{40,000 + 20,000} = \text{₩}300,000$

가공원가 : $(\text{₩}252,000 + 528,000) \times \dfrac{12,000}{40,000 + 12,000} = \text{₩}180,000$

기말재공품재고액 : $\text{₩}300,000 + 180,000 = \text{₩}480,000$
완성품제조원가 : $\text{₩}552,000 + 1,128,000 - 480,000 = \text{₩}1,200,000$

원가계산의 종류

1. 개별원가계산

제품의 종류, 규격이 다른 개별생산형태의 공업기업에서 작업별로 원가를 집계하여 제품별로 원가계산을 하는 방법이다.

⑩ 건설업, 조선업, 기계제작업, 인쇄업, 항공산업 등

2. 단일종합원가계산

단 하나의 공정만을 가지고 있는 단순한 제조형태를 가진 기업에서 사용하는 원가계산방법을 말한다.

⑩ 제빙업, 제와업, 제염업

3. 조별(반별)종합원가계산

종류가 다른 제품을 연속적으로 대량생산하는 기업에서 제품의 종류별로 조 또는 반을 설정하여 각 조나 반별로 원가를 집계하는 방법을 조별종합원가계산이라 한다.

⑩ 식료품제조업, 제과업, 직물업

4. 공정별종합원가계산

제조공정을 2개 이상 가지고 있는 기업에서는 각 공정별로 종합원가계산을 하는데 이를 공정별 종합원가계산이라 한다.

⑩ 화학공업, 제지업, 제당업 등

5. 등급별원가계산

등급품이란 동일한 원재료가 투입되어 동일한 작업공정을 거쳐 생산되는 제품이지만 그 품질과 규격 등이 차이가 있는 제품을 말하며 등급품 전체에 대해서 발생한 원가를 각 등급품에 배분하기 위한 기준을 등가계수라 하며 이러한 제품에 대한 원가계산방식을 등급별 원가계산이라 한다.

⑩ 제화업, 제분업, 철강업, 목재업 등

6. 연산품 원가계산

연산품이란 동일한 원재료가 투입되어 동일한 작업공정을 거쳐 생산되는 제품이지만 주산물과 부산물의 식별이 어려운 제품을 말하며 분리점까지 공통적으로 발생한 결합원가를 합리적인 배부기준에 따라 각 제품에 배분하여 제조원가를 계산하는 것을 연산품 원가계산이라 한다. 연산품 중 중요성이 큰 제품을 주산품이라 하며 중요성이 낮은 제품을 부산품이라 한다.

⑩ 정유업(휘발유, 등유, 경유 등), 정육업(고기, 뼈, 가죽 등) 등

04 **결합원가계산**

1 결합원가와 결합제품

동일한 공정에서 동일한 종류의 원재료를 투입하여 서로 다른 2종 이상의 제품이 생산되는 경우가 있다. 이때 발생된 원가를 결합원가(joint cost)라 하며, 생산된 제품을 결합제품(joint product)이라 한다.

🔗 결합제품의 예

원재료	결합제품
원 유	휘발유, 등유, 경유, 중유 등
우 유	버터, 치즈 등
원 두	두부, 순두부 등
한 우	안심, 등심, 갈비 등

2 주산품과 부산품

수종의 결합제품의 생산시 결합제품들간에 판매가치의 비중이 서로 중요하여 우열을 가리기 어려운 경우도 있고 상대적 판매가치에 큰 차이가 나는 경우도 있다. 이때 상대적 판매가치가 중요한 품목을 주산품 또는 연산품이라 하고, 판매가치가 미미한 품목을 부산품이라 한다.

예를 들면 콩을 가지고 두부를 생산하는 과정에서 두부와 비지가 생산됐다면, 두부는 주산품이고 비지는 부산품이다.

3 분리점과 결합원가

결합제품의 제조과정에서 **각 제품의 물리적 식별이 가능한 시점을 분리점**이라 하며, 결합원가는 분리점 이전까지 투입된 원가를 말한다. 분리점 이후에도 개별제품에 투입되는 원가가 있을 수 있으며, 이를 추가가공비라 한다.

4 결합원가의 배분

결합원가는 각 제품의 물리적인 실체가 확정되기 이전에 발생된 원가이므로, 개별제품과의 인과관계를 추적하는 것이 불가능하다. 따라서 결합원가는 부담능력기준을 중심으로 제품에 배부하고 있다.

(1) 상대적 판매가치법

상대적 판매가치란 분리점에서 개별제품을 시장에 판매한다면 획득될 수 있는 수익을 말하며, 상대적 판매가치법이란 결합원가를 상대적 판매가치를 기준으로 배분하는 것을 말한다.

(2) 순실현가치법

순실현가치법은 각 결합제품의 최종판매가치에서 추가가공원가와 판매비용을 차감한 순실현가치(net realizable value, NRV)를 기준으로 결합원가를 배분하는 방법이다.

현실적으로 분리점에서 판매가치가 존재하지 않는 경우가 많으며, 이 경우 결합제품(연산품)의 상대적 판매가치를 알 수 없으므로, 순실현가치법을 사용하여 결합원가를 배분하는 것이 일반적이다.

(3) 물량기준법

물량기준법은 결합제품의 중량, 부피 등을 기준으로 결합원가를 배분하는 방법이다. 이 방법은 수혜기준을 근거로 결합원가를 배분하는 방법으로, 원가대상인 결합제품의 결합공정이 제품의 중량이나 부피에 밀접한 관계가 있을 경우 적용된다.

(4) 균등이익률법

균등이익률법은 동일한 제조과정에서 생산된 제품의 매출총이익률은 균등하여야 한다는 관점에서 결합제품별 매출총이익률이 동일해지도록 결합원가를 배분하는 방법이다.

예제

다음 자료에 의하여 판매가치법과 물량기준법에 의한 등급별 종합원가계산표를 작성하라.
단, 등급품의 결합원가는 ₩2,250,000이다.

등 급	생 산 량(개)	판매단가	단위당 무게
1급제품	2,000	@₩700	55g
2급제품	3,000	@₩500	30g
3급제품	4,000	@₩400	25g

해설

판매가치법

등 급	판매단가	생산량	총판매가치	배부율	결합원가배부액	단위당원가
1급제품	@₩700	2,000개	1,400,000	14/45	700,000	@₩350
2급제품	@₩500	3,000개	1,500,000	15/45	750,000	@₩250
3급제품	@₩400	4,000개	1,600,000	16/45	800,000	@₩200
합 계			4,500,000		2,250,000	

물량기준법

등 급	무 게	생산량	총무게(g)	배부율	결합원가배부액	단위당원가
1급제품	55g	2,000개	110,000	11/30	825,000	@₩412.50
2급제품	30g	3,000개	90,000	9/30	675,000	@₩225
3급제품	25g	4,000개	100,000	10/30	750,000	@₩187.50
합 계			300,000		2,250,000	

예제

다음 자료에 의하여 연산품 원가계산표를 완성하라. 단, 연산품의 결합원가는 ₩100,000
이며 순실현가치에 의하여 제품별로 배분한다.

제품	판매단가	생산량	정상판매가치	추가가공비	순실현가치	배부율	결합원가배부액	총제조원가	단위원가
갑	400	300개		24,000					
을	210	400개		20,000					
병	110	500개		15,000					
				59,000		100%	100,000		

해설

제품	판매단가	생산량	정상판매가치	추가가공비	순실현가치	배부율	결합원가배부액	총제조원가	단위원가
갑	400	300개	120,000	24,000	96,000	48%	48,000	72,000	@₩240
을	210	400개	84,000	20,000	64,000	32%	32,000	52,000	@₩130
병	110	500개	55,000	15,000	40,000	20%	20,000	35,000	@₩70
			259,000	59,000	200,000	100%	100,000	159,000	

05 공손품과 작업폐물, 부산물

1 공손의 의의

공손은 생산과정 중에 발생하는 **불합격품이나 표준규격, 표준품질에 미달**하는 재공품 또는 제품을 말한다.

2 정상공손과 비정상공손

생산공정이 효율적인 정상상태에도 공손이 발생하는데 이러한 공손을 정상공손이라 하고, 반면에 작업자의 부주의나 기계의 작동불량 등으로 인하여 공손이 발생할 수 있는데 이러한 공손을 비정상공손(또는 이상공손)이라고 한다. 정상공손은 제품생산과정에서 불가피하게 발생하는 것으로 원가성이 인정되어 제품원가에 포함시킨다. 반면에 비정상공손은 제조활동을 효율적으로 운영한다면 회피할 수 있기 때문에 원가성이 인정되지 않아 기간비용으로 처리한다.

> 💡 **공손, 감손, 증발의 구분**
> 1. 공손: 불량품, 파손품
> 2. 감손: 원재료를 가공하고 남은 작업폐물
>   예 옷감재단 후 남은 조각, 금속철판 절단 후 남은 철편 등
> 3. 증발: 가공 중 자연적인 양의 감소
>   예 화학공정에서 발생

🔍 예 제

공손

다음 자료를 보고 요구사항에 답하시오.

〈자료〉			
기초재공품	200개(40%)	당기착수량	800개
당기완성량	700개	기말재공품	100개(60%)

검사시점이 공정의 50%이고, 정상공손이 합격품의 10%인 경우에 비정상공손수량은?

해설

(1) 공정도

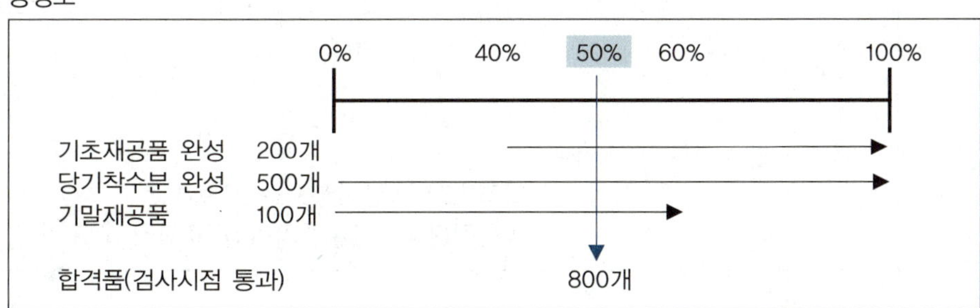

(2) 정상공손수량

	재 공 품		
기초재공품	200개	당기완성량	700개
당기착수량	800개	공손 ┌ 정상	80개 (= 800개 × 10%)
		└ 비정상	120개
		기말재공품	100개

③ 공손의 회계처리

공손의 회계처리에는 환산량계산에 공손의 포함여부에 따라 완전무인식법과 정상인식법으로 나뉜다.

(1) 완전무인식법

완전무인식법은 공손을 전혀 고려하지 않는 방법으로 모든 공손을 완성품환산량 계산에 포함하지 아니한다.

(2) 정상인식법

정상인식법은 공손에 대한 환산량을 인식하는 방법으로 정상공손과 비정상공손을 분리하여 정상공손은 제품원가로 처리하고, 비정상공손은 기간비용으로 처리하는 방법이다.

① 정상공손원가는 **검사시점을 통과**한 모든 정상품의 원가에 배분한다.

구 분	공손원가의 배분대상
기말재공품이 검사시점을 통과한 경우	완성품과 기말재공품에 배분
기말재공품이 검사시점을 통과하지 못한 경우	완성품에만 배분

예를 들어 기말재공품의 완성도가 60%인 경우

㉠ 진척도가 50%일 때 검사하는 경우에는 기말재공품이 검사시점을 통과하였기 때문에 공손원가를 완성품과 재공품에 배분한다.

㉡ 완성시에 검사하는 경우에는 기말재공품이 검사시점을 통과하지 못하였기 때문에 공손원가를 완성품에만 배분한다.

② 공손품의 완성도(진척도)는 검사시점이다.

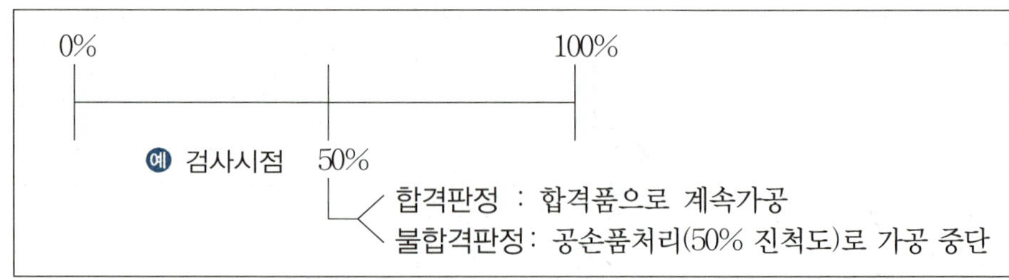

예제

공손품

㈜가라는 종합원가계산제도를 사용하고 있다. 재료는 공정초기에 투입되며, 가공원가는 공정진행에 따라 발생한다. 회사는 공정이 50% 진행된 시점에서 검사를 실시하고 있고, 물량의 흐름은 다음과 같다.

기초재공품수량	없음	당기착수수량	7,000개
완성품수량	4,000개	기말재공품수량	1,000개
정상공손수량	1,000개	비정상공손수량	1,000개

정상공손원가는 ₩100,000, 비정상공손원가는 ₩200,000이며, 정상공손원가를 배분하기 전의 완성품원가와 기말재공품의 원가는 각각 ₩2,000,000과 ₩500,000이었다.

1. 기말재공품의 가공원가 완성도가 70%인 경우, 완성품원가와 기말재공품원가를 구하라.

2. 기말재공품의 가공원가 완성도가 30%인 경우, 완성품원가와 기말재공품원가를 구하라.

해설

1. 기말재공품의 가공원가완성도가 70%인 경우
   (1) 정상공손원가의 배분: 기말재공품의 가공원가완성도(70%)가 검사시점(50%)를 초과하므로, 기말재공품에도 정상공손원가를 배분한다.

   완성품환산량

	물 량	배분비율	배분금액
완성품	4,000개	80%	80,000
기말재공품	1,000개	20%	20,000
	5,000개		100,000

   (2) 배분후 원가
   완성품원가: ₩2,000,000 + 80,000 = ₩2,080,000
   기말재공품원가: ₩500,000 + 20,000 = ₩520,000

2. 기말재공품의 가공원가완성도가 30%인 경우
   (1) 정상공손원가의 배분: 기말재공품의 가공원가완성도(30%)가 검사시점(50%)에 미달이므로, 기말재공품에는 정상공손원가를 배분하지 않는다.
   (2) 배분후 원가
   완성품제조원가: ₩2,000,000 + 100,000 = ₩2,100,000
   기말재공품원가: ₩500,000 + 0 = ₩500,000

정상공손과 비정상공손의 수량파악

㈜종로는 단일제품을 대량생산하고 있다. 10월의 원가계산에 대한 자료는 다음과 같다. 원재료는 공정의 초기에 모두 투입되고, 가공원가는 공정전반에 걸쳐 균등하게 발생한다.

> 기초재공품 : 수량 400개(완성도 90%)
> 당기착수량 : 1,400개
> 당기완성품 : 1,300개
> 공손수량 : 200개
> 기말재공품 : 수량 300개(완성도 70%)
> 품질검사를 합격한 수량의 10%에 해당하는 공손수량은 정상공손으로 간주한다.

요구사항

검사가 공정의 20%, 80%, 100% 시점에서 각각 이루어진다고 가정할 경우 정상공손 및 비정상공손수량과 공손의 가공비 진행률을 구하시오.

해설

1. 검사시점이 20%인 경우
   공손은 당기착수 완성품과 기말재공품에서 나온다. (   ) 안은 가공비 진행률이다.
   정상공손수량 : (900개 + 300개)×10% = 120개(20%)
   비정상공손수량 : 200개 − 120개 = 80개(20%)

2. 검사시점이 80%인 경우
   공손은 당기착수 완성품에서 나온다.
   정상공손수량 : 900개×10% = 90개(80%)
   비정상공손수량 : 200개 − 90개 = 110개(80%)

3. 검사시점이 100%인 경우
   공손은 완성품(기초재공품 + 당기착수 완성분)에서 나온다.
   정상공손수량 : (400개 + 900개)×10% = 130개(100%)
   비정상공손수량 : 200개 − 130개 = 70개(100%)

1 개별원가계산

제품의 종류, 규격이 다른 개별생산형태(건설업, 조선업, 기계제작업 등)의 공업기업에서 작업별로 원가를 집계하여 제품별로 원가계산을 하는 방법

2 종합원가계산

종합원가계산이란 **동일공정에서 동일한 규격의 제품을 연속적으로 대량생산하는 업종에** 적용되는 원가계산 형태

3 기말재공품의 평가

(1) 의 의

원가계산기말에 완성품제조원가를 산정하기 위하여 가공 중에 있는 미완성품을 완성품으로 환산하는 것

(2) 평가절차

① **물량흐름의 파악** : 투입량과 산출량 파악
② **완성품 환산량의 계산**

평균법	완성품수량 + 기말환산량
선입선출법	완성품수량 + 기말환산량 − 기초환산량

③ 총원가의 집계

④ **완성품 환산량 단위원가 계산**

평균법	(기초재공품재고액 + 당기총제조비용) ÷ 완성품환산량
선입선출법	당기총제조비용 ÷ 완성품환산량

⑤ 완성품 원가와 기말재공품평가액 계산

4 결합원가계산의 배분

상대적 판매가치법	분리점에서 개별제품을 기준으로 배분
순실현가치법	순실현가치를 기준으로 배분 순실현가치 = 최종판매가치 − (추가가공원가 + 판매비용)
물량기준법	결합제품의 중량, 부피 등을 기준으로 배분

5 공 손

정상공손	제품원가에 포함	기말재공품 검사시점 통과 ⇨ 완성품과 기말재공품에 배분
		기말재공품 검사시점 통과(X) ⇨ 완성품에만 배분
비정상공손	기간비용으로 처리	

실전예상문제

01

㈜태양은 주문에 의한 제품생산을 하고 있는 조선업체이다. 20X1년 중에 자동차운반선(갑)과 LNG운반선(을)을 완성하여 주문자에게 인도하였고, 20X1년 말 미완성된 컨테이너선(병)이 있다. 갑, 을, 병 이외의 제품주문은 없었다고 가정한다. 다음은 20X1년의 실제 원가자료이다.

구 분	갑	을	병	합계
기초재공품	₩300	₩400	₩100	₩800
직접재료원가	₩150	₩200	₩160	₩510
직접노무원가	₩60	₩80	₩40	₩180
직접노무시간	200시간	500시간	300시간	1,000시간

20X1년에 발생한 총제조간접원가는 ₩1,000이다. ㈜태양은 제조간접원가를 직접노무시간에 따라 배부한다고 할 때, ㈜태양의 20X1년 기말재공품원가는?

① ₩300
② ₩600
③ ₩800
④ ₩1,000
⑤ ₩1,780

해설 기말재공품원가는 미완성된 컨테이너선(병)이다.

구 분	갑	을	병	합계
기초재공품	₩300	₩400	₩100	₩800
직접재료원가	₩150	₩200	₩160	₩510
직접노무원가	₩60	₩80	₩40	₩180
제조간접원가	₩200	₩500	₩300	₩1,000
합 계	₩710	₩1,180	₩600	₩2,490

Answer

01 ②

02 ㈜한국은 정상개별원가계산제도를 채택하고 있다. 제조간접원가는 직접노무원가를 기준으로 예정배부하고 있으며, 제조간접원가 배부차이는 전액 매출원가에서 조정하고 있다. 당기 원가 자료가 다음과 같을 때, 당기제품제조원가는? (단, 제조간접원가 예정배부율은 매 기간 동일하다)

제24회

구 분	직접재료원가	직접노무원가	제조간접원가
기초재공품	₩2,500	₩2,800	₩4,200
당기실제발생액	15,000	18,000	25,500
기말재공품	3,000	3,800	?

① ₩55,500　　　　② ₩56,000　　　　③ ₩56,500
④ ₩57,000　　　　⑤ ₩57,500

해설 제조간접원가 예정배부율 : ₩4,200 ÷ ₩2,800 = 1.5/직접노무원가

재공품

기초재공품	9,500		
직접재료원가	15,000	당기제품제조원가	57,000
직접노무원가	18,000		
제조간접원가	27,000*1	기말재공품	12,500*2
	69,500		69,500

*1 제조간접원가 예정배부액 : ₩18,000 × 1.5 = ₩27,000
*2 기말재공품 : ₩3,000 + ₩3,800 + ₩3,800 × 1.5 = ₩12,500

03 ㈜한국은 단일 공정으로 제품A를 생산하고 있으며, 종합원가계산제도를 채택하고 있다. 직접 재료는 공정초에 전량 투입되며, 가공원가는 공정 전체에 걸쳐 균등하게 발생한다. 20X1년 9월의 물량자료는 다음과 같다.

월초재공품	20단위(가공원가 완성도 50%)
당월착수	250단위
당월완성	170단위
월말재공품	100단위(가공원가 완성도 50%)

선입선출법에 따르면 9월 직접재료원가의 완성품환산량은 몇 단위인가?

제15회

① 210단위　　　　② 220단위　　　　③ 230단위
④ 240단위　　　　⑤ 250단위

해설 **완성품환산량**(선입선출법)
재료원가 : 170단위 − 20단위 + 100단위 = 250단위
가공원가 : 170단위 − 10단위 + 50단위 = 210단위

04 ㈜한국은 종합원가계산을 사용하고 있다. 20X1년 생산에 관련된 자료는 다음과 같다.

	수량	완성도
기초재공품	200단위	30%
당기착수량	1,300단위	
당기완성량	1,000단위	
기말재공품	500단위	40%

가공원가(전환원가)가 공정전반에 걸쳐 균등하게 발생한다면, 가중평균법과 선입선출법 간에 가공원가(전환원가)의 완성품환산량 차이는?

제25회

① 60단위 ② 120단위 ③ 180단위
④ 240단위 ⑤ 300단위

해설 가중평균법과 선입선출법의 완성품환산량은 기초재공품 완성품환산량만큼 차이가 난다.
가공원가 완성품환산량 차이: 200단위 × 30% = 60단위

05 단일 제품을 생산하는 ㈜한국은 선입선출법을 적용하여 종합원가계산을 한다. 전환원가(가공원가)는 전체 공정에 걸쳐 균등하게 발생한다. 생산 관련 자료는 다음과 같으며, 괄호 안의 숫자는 전환원가 완성도를 의미한다.

기초재공품	당기착수량	기말재공품
100단위 (40%)	1,000단위	200단위 (50%)

기초재공품 원가에 포함된 전환원가는 ₩96,000이고, 당기에 발생한 전환원가는 ₩4,800,000이다. 완성품환산량 단위당 전환원가는? (단, 공손과 감손은 발생하지 않는다)

제26회

① ₩4,800 ② ₩4,896 ③ ₩5,000
④ ₩5,100 ⑤ ₩5,690

해설 완성품수량: 100단위 + 1,000단위 − 200단위 = 900단위
전환원가 완성품환산량: 900단위 − 100단위 × 40% + 200단위 × 50% = 960단위
완성품환산량 단위당 전환원가: ₩4,800,000 ÷ 960단위 = ₩5,000

Answer

02 ④ 03 ⑤ 04 ① 05 ③

06 종합원가계산제도를 채택하는 합격회사의 다음 자료에 의하여 당기제품제조원가를 계산하면 얼마인가? (재공품의 평가는 선입선출법에 의하며 재료원가는 공정 초에 투입된다)

기초재공품	: 100개(50%)	직접재료원가 ₩10,000	가공원가 ₩50,000
당기총제조원가	: 직접재료원가 ₩200,000	가공원가 ₩300,000	
기말재공품	: 100개(50%)		
당기완성품	: 200개		

① ₩375,000   ② ₩380,000   ③ ₩385,000

④ ₩400,000   ⑤ ₩485,000

[해설] 재료원가 기말재공품 재고액: ₩200,000 × 100/(200 − 100 + 100) = ₩100,000
가공원가 기말재공품 재고액: ₩300,000 × 50/(200 − 50 + 50) = ₩75,000
당기제품제조원가: ₩60,000(기초재공품) + ₩500,000(당기총제조원가) − ₩175,000(기말재공품)
= ₩385,000

07 ㈜한국은 가중평균법에 의한 종합원가계산제도를 채택하고 있으며, 모든 원가는 공정전반에 균등하게 발생한다. ㈜한국의 당기 제조활동에 관한 자료는 다음과 같다.

• 기초재공품:	수량	200단위
	직접재료원가	₩25,000
	전환원가	₩15,000
	완성도	30%
• 당기투입원가:	직접재료원가	₩168,000
	전환원가	₩92,000
• 완 성 품:	수량	900단위
• 기말재공품:	수량	400단위
	완성도	?

㈜한국의 당기 완성품 단위당원가가 ₩250일 경우, 기말재공품의 완성도는? (단, 공정전반에 대해 공손과 감손은 발생하지 않는다)

제24회

① 55%   ② 60%   ③ 65%

④ 70%   ⑤ 75%

[해설] 모든 원가가 공정전반에 걸쳐 균등하게 발생하므로 재료원가와 가공원가로 구분할 필요가 없다.
당기제품제조원가: 900단위 × @₩250 = ₩225,000
기말재공품재고액: 기초재공품 ₩40,000 + 당기투입원가 ₩260,000 − 당기제품제조원가 ₩225,000
= ₩75,000
기말재공품 완성도: (400단위 × 완성도) × @₩250 = ₩75,000
∴ 완성도 75%

08 ㈜한국은 가중평균법으로 종합원가계산을 적용하고 있다. 모든 원가는 공정 전반에 걸쳐 균등하게 발생한다. 20X1년 기초재공품수량은 100개(완성도 60%), 당기착수수량은 1,100개, 당기완성품수량은 900개, 기말재공품수량은 200개(완성도 30%)이다. 20X1년의 완성품환산량 단위당 원가는 ₩187이다. 품질검사는 완성도 40% 시점에서 이루어지며, 검사를 통과한 합격품의 5%를 정상공손으로 간주한다. 정상공손원가를 정상품에 배분한 후의 기말재공품 금액은?

제27회

① ₩11,220
② ₩11,430
③ ₩11,640
④ ₩11,810
⑤ ₩11,890

해설 기말재공품의 완성도가 검사시점을 통과하지 않았으므로 정상공손원가는 완성품에만 배분된다.
기말재공품 : 200개 × 30% × ₩187 = ₩11,220

09 ㈜한국은 20X1년 10월에 결합제품A와 B를 각각 2,000개, 3,000개 생산하였으며, 결합원가 ₩500,000이 발생하였다. 제품A는 추가가공 없이 단위당 ₩150에 판매되지만, 제품B는 추가가공원가 ₩40,000이 투입된 후 단위당 ₩180에 판매된다. ㈜한국은 순실현가치법을 이용하여 결합원가를 배분하고 있다. 10월에 발생한 결합원가 중에서 제품B에 배분한 금액은? (단, 재공품은 없다)

제13회

① ₩310,000
② ₩312,500
③ ₩315,000
④ ₩317,500
⑤ ₩320,000

해설

구 분	생산량	판매단가	추가가공비	순실현가치	결합원가배부액	제품단위원가
제품A	2,000개	@₩150	―	₩300,000	₩187,500	@₩93.75
제품B	3,000개	@₩180	₩40,000	₩500,000	₩312,500	@₩117.50
합 계				₩800,000	₩500,000	

Answer

06 ③ 07 ⑤ 08 ① 09 ②

10 ㈜한국은 20X1년 6월 결합공정을 거쳐 결합제품 A와 B를 각각 500단위와 400단위를 생산하였다. 분리점에서 결합제품 A와 B의 단위당 판매가격은 각각 ₩200과 ₩150이다. 분리점에서의 판매가치를 기준으로 결합제품 A에 배부된 결합원가가 ₩20,000일 경우 결합원가 총액은? (단, 재공품은 없다)

제15회

① ₩32,000　　　② ₩33,000　　　③ ₩34,000
④ ₩35,000　　　⑤ ₩36,000

해설

제 품	생산량	단위당판매가	총판매가치	배부율	결합원가배부액
A	500단위	@₩200	₩100,000	10/16	₩20,000
B	400단위	150	60,000	6/16	
계			160,000		〈 ? 〉

A제품의 결합원가 배부액 : 〈 ? 〉×10/16 = ₩20,000
따라서 결합원가 총액은 ₩32,000이다.

11 ㈜한국은 세 가지 결합제품(A, B, C)을 생산하고 있으며, 결합원가는 분리점에서의 상대적 판매가치에 의해 배분된다. 관련 자료는 다음과 같다.

구 분	A	B	C	합계
결합원가 배분액	?	₩10,000	?	₩100,000
분리점에서 판매가치	80,000	?	?	200,000
추가가공원가	3,000	2,000	5,000	
추가가공후 판매가치	85,000	42,000	120,000	

결합제품 C를 추가가공하여 모두 판매하는 경우 결합제품 C의 매출총이익은? (단, 공손과 감손, 재고자산은 없다)

제23회

① ₩65,000　　　② ₩70,000　　　③ ₩80,000
④ ₩110,000　　　⑤ ₩155,000

해설

구 분	A	B	C	합계
결합원가 배분액	ⓛ₩40,000	₩10,000	ⓒ₩50,000	₩100,000
분리점에서 판매가치	80,000	?	?	200,000
추가가공원가	3,000	2,000	5,000	
추가가공후 판매가치	85,000	42,000	120,000	

㉠ 결합원가 배부율 : 100,000/200,000 = 50%
ⓛ 80,000×0.5 = ₩40,000
ⓒ 100,000 − 40,000 − 10,000 = ₩50,000
㉣ C제품 매출총이익 : (120,000 − 5,000) − 50,000 = ₩65,000

Answer

10 ①　　**11** ①

변동원가계산

전부원가계산과 변동원가계산의 의의와 제품제조원가계산, 이익의 차이에 대한 문제가 꾸준히 출제되고 있다. 특히, 전부원가계산과 변동원가계산의 개념을 숙지하고, 두 원가계산 방식에 따른 영업이익 차이를 계산할 수 있는 구조를 이해해야 한다.

단·원·개·요

변동원가계산의 의의	
전부원가계산과 변동원가계산의 비교	전부원가계산과 변동원가계산의 의의 전부원가계산과 변동원가계산의 이익차이

변동원가계산

01 전부원가계산과 변동원가계산의 의의

02 전부원가계산과 변동원가계산의 비교

01 전부원가계산과 변동원가계산의 의의

1 전부원가계산과 변동원가계산의 의의

제품원가를 계산할 때 **고정제조간접원가를 제품의 원가에 포함시키느냐의 여부에 따라** 전부원가계산(= 흡수원가계산)과 변동원가계산(= 직접원가계산)으로 구분한다.

전부원가계산이란 직접재료원가, 직접노무원가, 변동제조간접원가 및 고정제조간접원가 전부를 제품의 원가에 포함시키는 방법이며, 변동원가계산은 직접재료원가, 직접노무원가, 변동제조간접원가 등의 변동비만을 제품원가에 포함시키고 고정제조간접원가는 기간비용으로 처리하는 방법이다.

♡ 변동원가계산의 유용성과 한계

1. 유용성
   ① CVP분석 모형에 적합한 원가계산 방식이며 관리적 의사결정에 유리하다.
   ② 고정제조간접원가를 모두 기간비용으로 처리하기 때문에 원가배분의 자의성을 배제할 수 있다.
   ③ 전부원가계산은 재고자산의 변동이 순이익에 영향을 미치지만 변동원가계산은 재고자산의 변동이 순이익에 영향을 미치지 않는다.

2. 한계점
   ① 고정제조간접원가도 제품 생산을 위해서 투입된 원가이므로 제품원가에 포함시켜야 타당하다.
   ② 고정제조간접원가가 재고자산에 포함되지 않으므로 재고자산이 과소평가된다.
   ③ GAAP으로 수용되지 않고 있으며 세무회계에서 받아들여지지 않는 방법이다.

2 변동(직접)원가계산의 특징

① 구매·제조·판매·관리활동에 소요된 모든 유형의 원가를 고정원가 요소와 변동원가 요소로 분리한다.

② 변동원가 중 제조활동과 관련된 원가만을 제품원가로 처리하고 그 외의 것은 기간비용(기간원가)으로 처리한다.

③ 고정원가는 모두 기간비용으로 처리한다. 따라서 고정제조간접원가는 재고자산에 포함되지 않는다.

02 전부원가계산과 변동원가계산의 비교

1 전부원가계산과 변동원가계산의 비교

(1) 손익계산서 표시방법

전통적 손익계산서(전부원가계산)

매 출 액	×××
매출원가	(−)×××
매출총이익	×××
판매관리비	(−)×××
영업이익	×××

공헌이익 손익계산서(변동원가계산)

매 출 액	×××
변동매출원가	(−)×××
변동판매관리비	(−)×××
공헌이익	×××
고정제조간접원가	(−)×××
고정판매관리비	(−)×××
영업이익	×××

(2) 전부원가계산과 변동원가계산의 차이점

구 분	전부(흡수)원가계산	변동(직접)원가계산
기본 목적	외부 보고(재무제표 작성)	내부 관리, 의사 결정
경영성과 보고	기능별 손익계산서	공헌이익 손익계산서
제품 원가	직접재료원가(DM) 직접노무원가(DL) 변동제조간접원가(VOH) **고정제조간접원가**(FOH)	직접재료원가 직접노무원가 변동제조간접원가
기간 비용	변동판매관리비 고정판매관리비	**고정제조간접원가** 변동판매관리비 고정판매관리비

이론적 근거	원가부착개념	원가회피개념
이익결정요인	생산량, 판매량	판매량
재고자산	재고과잉 유인	재고과잉 억제

2 전부원가계산과 변동원가계산의 이익차이

전부원가계산에 의한 경우 고정제조간접원가가 제품원가에 포함되므로 판매되지 않고 재고자산에 포함된 고정제조간접원가는 다음기에 비용화되지만, 변동원가계산에 의할 경우 고정제조간접원가는 제품원가에 포함되지 않고 전액 발생년도에 비용화되므로 **기말 및 기초 재고자산에 포함된 고정제조간접원가에 해당하는 금액만큼 영업이익(순이익)에 차이가 발생**한다. 즉, 기말제품에 포함된 고정제조간접원가는 당기의 비용을 적게 하여 이익을 증가시키며, 기초제품에 포함된 고정제조간접원가는 당기의 비용을 크게 하여 이익을 감소시킨다.

상 황	영업이익 차이
생산량 = 판매량 (기초 제품 = 기말 제품)	전부원가 영업이익 = 변동원가 영업이익 = 초변동원가 영업이익
생산량 > 판매량 (기초 제품 < 기말 제품)	전부원가 영업이익 > 변동원가 영업이익 > 초변동원가 영업이익
생산량 < 판매량 (기초 제품 > 기말 제품)	전부원가 영업이익 < 변동원가 영업이익 < 초변동원가 영업이익

* (생산량 − 판매량) × 단위당 고정제조간접원가 = 이익 차이

♀ **기말재고자산의 차이**: 전부원가계산 > 변동원가계산 > 초변동원가계산

⊘ 변동원가계산과 전부원가계산에 의한 이익조정

변동원가계산 영업이익	×××	
+ 기말재고자산에 포함된 고정제조간접원가	×××	
− 기초재고자산에 포함된 고정제조간접원가	×××	
전부원가계산 영업이익	×××	

* 재고자산과 단위당 고정제조간접원가가 주어진 경우 :
변동원가계산 순이익 + (기말재고 − 기초재고) × 단위당 고정제조간접원가 = 전부원가 순이익

다음 자료에 의하여 전부원가계산에 의한 손익계산서와 변동원가계산에 의한 손익계산서를 작성하라.

생산량	300개	판매량	250개
기초제품	0개	기말제품	50개
변동제조원가	₩100/개	변동판매관리비	₩10/개
고정제조간접원가	₩30,000	고정판매관리비	₩2,000
판매단가	@₩250		

해설

1. 전부원가계산

손 익 계 산 서

Ⅰ 매출액		62,500	(= 250개 × @₩250)
Ⅱ 매출원가			
1. 기초제품재고액	0		
2. 당기제품제조원가	60,000[1]		
3. 기말제품재고액	(10,000)[2]	(50,000)	
Ⅲ 매출총이익		12,500	
Ⅳ 판매비와 관리비			
1. 변동판매관리비	2,500		
2. 고정판매관리비	2,000	(4,500)	
Ⅴ 당기순이익		8,000	

1) 당기제품제조원가

변동제조원가: 300개 × @₩100 = 30,000
고정제조간접원가 30,000 ₩60,000

2) 기말제품재고액: $60,000 \times \dfrac{50개}{300개} = ₩10,000$

2. 변동원가계산

손 익 계 산 서

Ⅰ 매출액		62,500	(= 250개 × @₩250)
Ⅱ 변동매출원가			
1. 기초제품재고액	0		
2. 변동제조원가	30,000[1]		
3. 기말제품재고액	(5,000)[2]	(25,000)	
Ⅲ 변동판매관리비		(2,500)	
Ⅳ 공헌이익		35,000	
Ⅴ 고정제조간접원가		(30,000)	
Ⅵ 고정판매관리비		(2,000)	
Ⅶ 당기순이익		3,000	

1) 변동제조원가 300개 × @₩100 = ₩30,000

2) 기말제품재고액: $30,000 \times \dfrac{50개}{300개} = ₩5,000$

💡 **순이익의 차이조정**

생산량 300개 > 판매량 250개 (= 기초제품 < 기말제품) = 전부이익 > 변동이익
(생산량 − 판매량) × 단위당 고정제조간접원가 = 이익차이

$(300개 - 250개) \times \dfrac{30,000}{300개} = ₩5,000$

1 전부원가계산과 변동원가계산

구 분	제조원가
전부원가계산	직접재료원가 + 직접노무원가 + 변동제조간접원가 + **고정제조간접원가**
변동원가계산	직접재료원가 + 직접노무원가 + 변동제조간접원가

2 전부원가계산과 변동원가계산의 이익차이

기말 및 기초 재고자산에 포함된 고정제조간접원가에 해당하는 금액만큼 영업이익(순이익)에 차이가 발생한다.

상 황	영업이익 차이
생산량 = 판매량 (기초 제품 = 기말 제품)	전부원가 영업이익 = 변동원가 영업이익 = 초변동원가 영업이익
생산량 > 판매량 (기초 제품 < 기말 제품)	전부원가 영업이익 > 변동원가 영업이익 > 초변동원가 영업이익
생산량 < 판매량 (기초 제품 > 기말 제품)	전부원가 영업이익 < 변동원가 영업이익 < 초변동원가 영업이익

01

변동원가계산과 전부원가계산의 기본적인 차이점에 해당하는 것은?

① 변동원가계산은 전부원가계산의 경우보다 항상 과세대상 이익을 낮게 산정한다.

② 변동원가계산에서는 고정제조간접원가를 기간비용으로 인식하지만 전부원가계산에서는 고정제조간접원가를 제품원가로 인식한다.

③ 원가계산에 관련된 표준치들이 변동원가계산에는 사용될 수 없고 전부원가계산에서만 사용된다.

④ 변동원가계산은 전부원가계산의 경우보다 항상 과세대상 이익을 높게 산정한다.

⑤ 변동원가계산은 표준원가계산과 함께 내부의사결정을 위한 원가계산방법이고 전부원가계산은 외부보고를 목적으로 하는 원가계산방법이다.

> **해설** ② 직접(변동)원가계산과 전부원가계산의 기본적인 차이점은 고정제조간접비를 제조원가 산정시 제외하느냐 포함하느냐이다.

02

P상사는 제품 A를 제조판매하는 회사이다. 제품 A 1개당 직접재료원가가 ₩480, 직접노무원가가 ₩240, 변동제조간접원가가 ₩120이며, 연간 고정제조간접원가가 ₩300,000인 경우 흡수원가계산에 의한 제품 A의 단위당원가는? (P회사는 당해연도에 제품 A를 1,000개 제조하였다)

① ₩360

② ₩660

③ ₩840

④ ₩1,140

⑤ ₩1,840

> **해설** 흡수(전부)원가계산에 의한 제조단가
> 직접재료원가 ₩480 + 직접노무원가 ₩240 + 변동간접원가 ₩120 + 고정간접원가 ₩300(₩300,000 ÷ 1,000개) = 제조단가 ₩1,140

03 ㈜한국은 20X1년 2,000단위의 제품을 생산하여 1,500단위의 제품을 판매하였다. 기초재고는 없었으며 원가자료는 다음과 같다.

• 제품단위당 직접재료원가	₩600
• 제품단위당 직접노무원가	200
• 제품단위당 변동제조간접원가	300
• 제품단위당 변동판매비와관리비	100
• 총고정제조간접원가	800,000
• 총고정판매비와관리비	300,000

변동원가계산에 의한 제품단위당 제조원가는?　　　　　　　　　　　제16회

① ₩800　　　　　　② ₩900　　　　　　③ ₩1,000

④ ₩1,100　　　　　　⑤ ₩1,500

해설 변동원가계산 단위당 제조원가 : 600 + 200 + 300 = ₩1,100

04 ㈜한국은 20X1년 초에 설립되었다. 20X1년 중 제품을 10,000단위 생산하여 8,000단위를 판매하였다. 이와 관련된 원가자료는 다음과 같다.

구 분	총고정원가	단위당 변동원가
직접재료원가	−	₩22
가공원가	₩110,000	18
판매비와 관리비	70,000	10

전부원가계산과 변동원가계산에 의한 20X1년 기말제품재고액은 각각 얼마인가? (단, 재공품은 없다)　　　　제13회

	전부원가계산	변동원가계산
①	₩122,000	₩80,000
②	₩122,000	₩100,000
③	₩102,000	₩100,000
④	₩102,000	₩80,000
⑤	₩80,000	₩60,000

Answer

01 ②　　**02** ④　　**03** ④　　**04** ④

> **해설** [기말제품재고액]
> 1) 기말제품수량 : 생산량 10,000단위 − 판매량 8,000단위 = 2,000단위
> 2) 변동(직접)원가계산 기말제품재고액 : 2,000단위 × (@₩22 + 18) = ₩80,000
> 3) 전부(흡수)원가계산 기말제품재고액 : 2,000단위 × (@₩22 + 18 + 11*) = ₩102,000
>   * 고정가공원가 배부율 : ₩110,000/10,000단위 = @₩11

05 다른 조건이 같다면 다음의 어느 경우에 변동원가계산방법에 따라 계산된 당기순이익이 전부원가계산방법에 따라 계산된 당기순이익보다 크겠는가?

① 판매량이 생산량을 초과한 경우 ② 생산량이 판매량을 초과한 경우
③ 생산량과 판매량이 같을 경우 ④ 고정제조원가가 증가한 경우
⑤ 고정제조원가가 감소한 경우

> **해설** 기초제품 > 기말제품 = 생산량 < 판매량 = 변동(직접)원가이익 > 전부원가이익

06 ㈜한국의 20X1년 기초 제품재고수량은 없고, 기말 제품재고수량은 1,000단위이다. 단위당 변동제조원가는 ₩400이고, 단위당 고정제조간접원가는 ₩100이다. 20X1년 전부원가계산에 의한 영업이익은 변동원가계산에 의한 영업이익보다 얼마 더 많은가? (단, 재공품은 없다)

① ₩100,000 ② ₩200,000 ③ ₩300,000
④ ₩400,000 ⑤ ₩500,000

> **해설** 영업이익 차이 : 1,000단위 × @₩100 = ₩100,000

07 ㈜대한은 20X1년 초 영업을 개시하여 제품 A 5,000단위를 생산하고, 4,000단위를 단위당 ₩1,000에 판매하였다. 이와 관련된 자료는 다음과 같다.

	단위당변동원가	연간고정원가
직접재료원가	₩200	
직접노무원가	150	
제조간접원가	50	₩1,500,000
판매관리비	100	300,000

20X1년의 변동원가계산에 의한 영업이익은?   제18회

① ₩100,000 ② ₩200,000 ③ ₩300,000
④ ₩400,000 ⑤ ₩500,000

> **해설** 변동원가계산에 의한 영업이익
>   = (단위당 공헌이익 × 판매량) − 고정제조간접원가 − 고정판매비와관리비
>   = (1,000 − 200 − 150 − 50 − 100) × 4,000 − 1,500,000 − 300,000 = ₩200,000

08 ㈜한국은 20X1년 초에 설립되었다. 20X1년과 20X2년의 생산 및 판매활동은 동일한데 생산량은 500개이고, 판매량은 300개이다. 원가 및 물량흐름은 선입선출법을 적용한다. 20X2년 전부원가계산의 영업이익이 변동원가계산의 영업이익보다 ₩120,000 더 많았다. 20X2년 말 기말제품재고에 포함된 고정제조간접원가는? (단, 재공품은 없다) 제27회

① ₩210,000
② ₩220,000
③ ₩230,000
④ ₩240,000
⑤ ₩250,000

해설 20X2년 기말재고자산: (500개 − 300개) + 500개 − 300개 = 400개
단위당 고정제조간접원가(FOH): ₩120,000 ÷ 200개 = @₩600

변동원가계산 영업이익		×××
기말재고자산 포함 FOH	400개 × ₩600	₩240,000
(−) 기초재고자산 포함 FOH	200개 × ₩600	₩120,000
전부원가계산 영업이익		(+)₩120,000

09 ㈜한국은 20X1년 초에 영업을 개시하고, 5,000단위의 제품을 생산하여 단위당 ₩1,500에 판매하였으며, 영업활동에 관한 자료는 다음과 같다.

• 단위당 직접재료원가	₩500	• 고정제조간접원가	₩1,000,000
• 단위당 직접노무원가	350	• 고정판매관리비	700,000
• 단위당 변동제조간접원가	150		
• 단위당 변동판매관리비	100		

변동원가계산에 의한 영업이익이 전부원가계산에 의한 영업이익에 비하여 ₩300,000이 적을 경우, ㈜한국의 20X1년 판매수량은? (단, 기말재공품은 존재하지 않는다) 제24회

① 1,500단위
② 2,000단위
③ 2,500단위
④ 3,000단위
⑤ 3,500단위

해설 단위당 고정제조간접원가: ₩1,000,000 ÷ 5,000단위 = ₩200
영업이익 차이: (생산량 − 판매량) × 단위당 고정제조간접원가
= (5,000단위 − 판매량) × ₩200 = ₩300,000
∴ 판매량 = 3,500단위

Answer
05 ①　06 ①　07 ②　08 ④　09 ⑤

단·원·열·기

직접재료원가 차이분석, 직접노무원가 차이분석, 변동 및 고정제조간접원가 차이분석 등 원가요소별 차이분석이 골고루 출제되고 있다. 특히, 표준원가의 목적 및 유용성을 숙지해야 한다. 또한, 각 원가요소(직접재료원가, 직접노무원가, 변동제조간접원가 및 고정제조간접원가)별 차이분석 모형을 반복적으로 연습해야 한다.

표준원가계산

01 표준원가계산의 의의

02 원가요소별 표준원가의 설정

단·원·개·요

표준원가계산의 의의	표준원가계산의 의의 및 유용성
원가요소별 표준원가 설정	직접재료원가 차이분석 직접노무원가 차이분석 변동제조간접원가 차이분석 고정제조간접원가 차이분석

01 표준원가계산의 의의

1 표준원가계산의 의의

표준원가계산제도란 직접재료원가, 직접노무원가, 제조간접원가와 같은 모든 원가요소에 대해서 과학적 방법과 통계적 방법에 의하여 표준이 되는 원가를 미리 설정하고 이를 실제 발생한 원가와 비교하여 그 차이를 분석함으로써 **원가계산과 성과평가를 동시에** 할 수 있는 원가계산 방법이다.

2 표준원가계산의 유용성

(1) 제품원가계산의 신속 · 단순화

실제원가계산의 경우에는 제품이 완성된 후 상당한 기간이 경과하여 실제 발생한 직접재료원가, 직접노무원가, 제조간접원가 금액이 확정될 때까지 원가계산이 늦어지나, 표준원가계산에서는 기중에는 사전에 미리 설정된 표준원가로 계산한 후 기말에 실제원가와의 차이만 조정하면 실제원가와 일치하거나 비슷해지므로 **원가계산이 신속하고 간편**하다.

(2) 원가통제 및 성과평가

실제원가는 월별조업도의 변동이나 작업의 비능률적 요소 등에 의해서 제품원가가 변동하므로 원가통제 및 성과평가시 부적합하다. 그러나 표준원가계산은 과학적으로 설정된 표준원가와 실제원가를 비교하여 그 차이를 분석함으로서 **원가통제 및 성과평가를 동시에** 할 수 있게 해준다.

(3) 계획수립

표준원가를 이용하여 예산을 설정할 수 있으므로 계획 및 성과평가와 관련된 유용한 정보를 제공한다.

💡 **표준원가계산의 한계점**
1. 실제원가가 아닌 표준원가 자체가 가지는 한계성이 존재한다.
2. 외부보고시 표준원가를 실제원가로 수정해야 하는 번거로움이 있다.

02 원가요소별 표준원가의 설정

1 원가요소별 표준원가의 설정

표준원가란 제품 한 단위를 완성하기 위해서 달성가능하고 달성되어야 할 목표원가이다. 또는 제품의 생산시에 기대되는 원가로서 사전에 과학적인 방법(📖 시간연구, 동작연구)에 의해서 제품을 제조하기 이전에 결정된다.

(1) 표준직접재료원가

> 표준직접재료원가 = 재료 단위당 표준가격(SP) × 허용 표준투입량(SQ)

여기에서 허용표준투입량 = 실제산출량 × 산출량 단위당 표준투입량으로 계산되는데 이는 실제산출량에 대해서 허용할 수 있는 투입량을 의미한다.

(2) 표준직접노무원가

> 표준직접노무원가 = 시간당 표준임률(SP) × 허용 표준투입시간(SQ)

여기에서 허용표준투입시간 = 실제산출량 × 산출량 단위당 표준투입시간으로 계산되는데 실제산출량에 대해서 허용할 수 있는 투입시간을 의미한다.

(3) 표준제조간접원가

> 표준변동제조간접원가 = 조업도 단위당 표준배부율(SP) × 허용 표준투입조업도(SQ)

여기에서 허용표준투입조업도 = 실제산출량 × 산출량 단위당 표준투입조업도로 계산되는데 실제산출량에 대해서 허용할 수 있는 조업도(투입량)를 의미한다.

> 표준고정제조간접원가 = 조업도 단위당 표준배부율(SP) × 허용 표준투입조업도(SQ)

2 원가요소별 원가차이분석

(1) 차이분석의 의의

유리한 차이와 불리한 차이

1. 실제원가 < 표준원가 ⇨ 유리한 차이(= 이익, 대변)
2. 실제원가 > 표준원가 ⇨ 불리한 차이(= 손실, 차변)

원가차이는 유리한 차이(favorable variance, F)와 불리한 차이(unfavorable variance, U)로 나누어지는데, 전자는 실제원가가 표준원가보다 적게 발생하여 영업이익을 증가시키는 차이다.

🔗 차이분석 일반모형

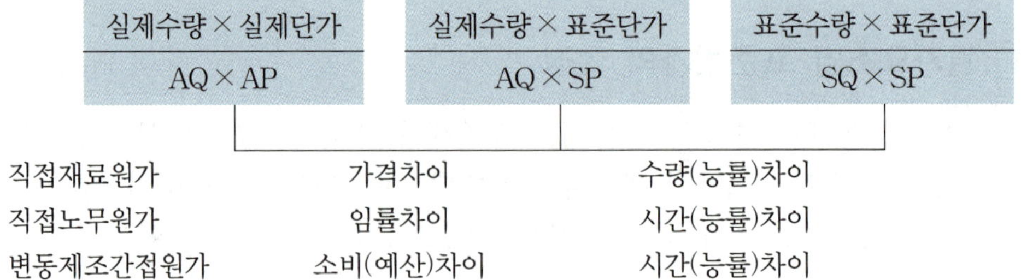

(2) 직접재료원가 차이분석

① 원재료 사용시점에서 분리하는 경우

직접재료원가 총차이는 실제직접재료원가와 실제산출(생산)량에 허용된 표준직접재료원가의 차이를 말한다.

실제투입액 $AQ \times AP$	실제투입량의 표준원가 $AQ \times SP$	실제산출량에 허용된 표준수량 $SQ \times SP$
가격차이	능률차이	
직접재료원가 총차이		

💡 가격차이 = **실제사용량** × (실제가격 − 표준가격)
💡 수량차이 = (실제사용량 − 표준허용수량) × 표준가격

② 구입시점에서 분리하는 경우

직접재료원가 가격차이는 원재료를 구입하는 시점에서 분리하는 것이 원가관리 및 성과평가를 위해서는 더 좋다고 할 수 있다. 이는 가격차이를 구입시점에서 분리하면 구매담당자의 성과평가를 빨리 할 수 있고, 구매담당자가 이를 즉시 인식하여 잘못한 부분을 시정할 수 있기 때문이다.

구입시점에서 분리하는 직접재료원가 가격차이를 사용시점에서 분리하는 가격차이와 구별하기 위하여 직접재료 구입가격차이라고도 한다. 원재료 구입시점에서 구입가격차이를 분리하는 경우 직접재료 구입가격차이는 구입량을 기초로 계산된다. 그러나 두 방법 모두 직접재료비 능률차이는 사용량을 기준으로 계산된다. 따라서 능률차이는 두 방법 모두 동일하다.

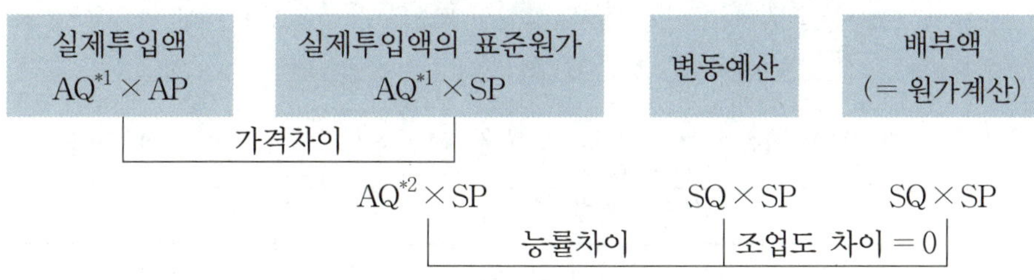

*1 실제구입수량　　　　*2 실제생산투입사용수량

💡 가격차이 = **실제구입량** × (실제가격 − 표준가격)
💡 수량차이 = (실제사용량 − 표준허용수량) × 표준가격

재료원가 차이분석

J회사는 K제품을 생산하여 단위당 ₩300에 판매하고 있다. 완제품 1단위당 표준원가와 당기 실제 결과는 다음과 같다.

표준직접재료원가(3kg, @₩200)	₩600
K제품 실제생산량	1,000단위
직접재료 구입량	3,200kg(@₩190)
직접재료 사용량	3,100kg

재료원가 가격차이를 구입시점에서 분리하는 경우와 사용시점에서 분리하는 경우로 나누어 분석하라.

해설

1. 재료원가 가격차이를 구입시점에서 분리하는 경우

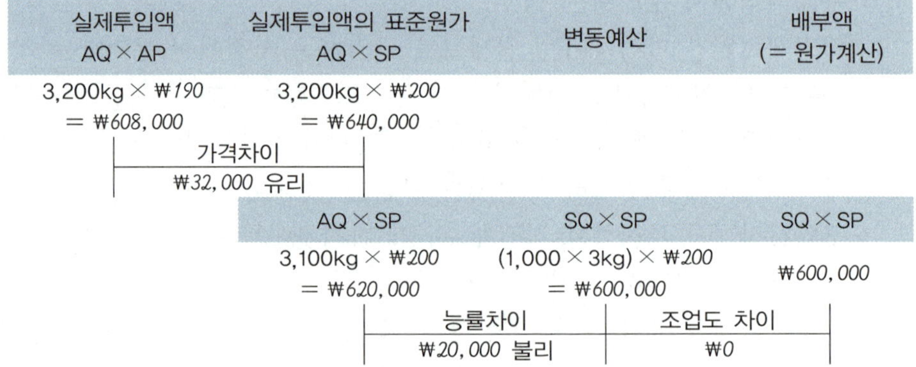

2. 재료원가 가격차이를 사용시점에서 분리하는 경우

(3) 직접노무원가 차이분석

직접노무원가 총차이는 실제직접노무원가와 실제생산량에 허용된 표준직접노무원가의 차이이다.

실제발생액 $AQ \times AP$	실제투입액의 표준원가 $AQ \times SP$	변동예산 (실제산출량에 허용된 표준예산) $SQ \times SP$	배부액 (= 원가계산) $SQ \times SP$
	가격차이(임률차이)	능률차이(시간차이)	조업도 차이 = 0
		직접노무원가 총차이	

💡 임률차이(가격차이) = 실제시간 × (실제임률 − 표준임률)
💡 능률차이(시간차이) = (실제시간 − 표준허용시간) × 표준임률

🔍 예 제

노무원가 차이분석

JH공업사의 제품 1단위당 직접노무비에 대한 자료는 다음과 같다.

직접노무원가(2시간, @₩100)	₩200
당기실제생산량	5,000단위
실제시간	11,000시간(@₩90)

위 자료에 의해서 노무원가 가격(임률)차이와 능률(시간)차이를 구하라.

해설

실제발생액 $AQ \times AP$	실제투입액의 표준원가 $AQ \times SP$	변동예산 (실제산출량에 허용된 표준예산) $SQ \times SP$	배부액 (= 원가계산) $SQ \times SP$
11,000시간 × ₩90 = ₩990,000	11,000시간 × ₩100 = ₩1,100,000	10,000시간 × ₩100 = ₩1,000,000	₩1,000,000
	가격(임률)차이 ₩110,000 유리	능률(시간)차이 ₩100,000 불리	조업도 차이 ₩0

⑷ 변동제조간접원가 차이분석

변동제조간접원가 총차이는 실제변동제조간접원가와 실제산출(생산)량에 허용된 표준변동제조간접원가의 차이를 말한다.

실제발생액	실제투입량에 대한 예산	실제산출량에 대한 변동예산	실제산출량에 대한 배부액
실제시간 × 실제배부율	실제시간 × 표준배부율	실제산출량에 허용된 표준허용시간 × 표준배부율	(= 원가계산)
$AQ \times AP$	$AQ \times SP$	$SQ \times SP$	$SQ \times SP$

소비차이	능률차이(시간차이)	조업도 차이
변동제조간접원가 총차이(예산차이)		₩0

💡 소비차이 = 실제시간 × (실제배부율 − 표준배부율*)
💡 능률차이 = (실제시간 − 표준허용시간) × 표준배부율*

$$* \ \text{변동제조간접원가 표준배부율} : \frac{\text{변동제조간접원가 예산}}{\text{기준조업도}}$$

🔍 예제

변동제조간접원가 차이분석

JK공업사는 표준원가계산제도를 채택하고 있다. K제품 1단위를 생산하는 데 필요한 표준원가는 다음과 같다.

제품 1단위당 표준시간	3시간
단위당 변동제조간접원가	@₩150
실제생산량	5,000개
실제시간	14,000시간(@₩160)

위 자료에 의하여 변동제조간접원가 소비차이와 능률차이를 구하라.

해설

실제발생액 $AQ \times AP$	실제투입량에 대한 예산 $AQ \times SP$	실제산출량에 대한 변동예산 $SQ \times SP$	실제산출량에 대한 배부액(= 원가계산) $SQ \times SP$
₩160 × 14,000시간 = ₩2,240,000	₩150 × 14,000시간 = ₩2,100,000	₩150 × (5,000개 × 3시간) = ₩2,250,000	₩2,250,000

소비차이	능률차이	조업도 차이
₩140,000 불리	₩150,000 유리	₩0

(5) 고정제조간접원가 차이분석

고정제조간접원가 총차이는 실제고정제조간접원가와 고정제조간접원가 배부액과의 차이이다. 이 경우 고정제조간접원가 배부액은 실제산출(생산)량에 허용된 표준조업도에 조업도 단위당 고정제조간접원가 표준배부율을 곱한 금액이다.

실제발생액 $AQ \times AP$	실제투입량에 대한 예산(F)	=	실제산출량에 대한 예산(F)	배부(원가계산) $SQ \times SP$

소비(예산)차이 ──── 조업도 차이

고정제조간접원가 총차이

- 예산차이(소비차이) = 실제발생액 − 예산액
- 조업도차이 = 예산액 − 표준허용시간 × 고정제조간접원가 표준배부율*

$$* \text{고정제조간접원가 표준배부율} : \frac{\text{고정제조간접원가 예산}}{\text{기준조업도}}$$

예제

고정제조간접원가 차이분석

JH공업사의 제조간접원가에 대한 표준원가 자료는 다음과 같다.

제조간접원가 예산식	₩4 × 작업시간 + ₩100,000
기준조업도	1,000시간
제품단위당 표준시간	2시간
당기 실제 생산량	450개
고정제조간접원가 실제 발생액	₩95,000

위 자료에 의하여 고정제조간접원가의 예산차이와 조업도차이를 구하라.

해설

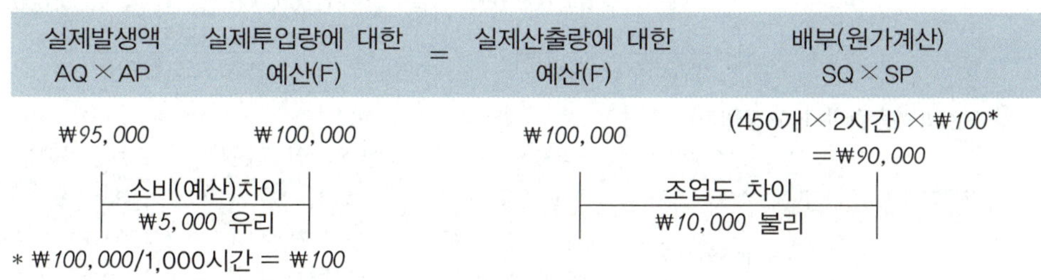

실제발생액 $AQ \times AP$	실제투입량에 대한 예산(F)	=	실제산출량에 대한 예산(F)	배부(원가계산) $SQ \times SP$
₩95,000	₩100,000		₩100,000	(450개 × 2시간) × ₩100* = ₩90,000

소비(예산)차이
₩5,000 유리

조업도 차이
₩10,000 불리

* ₩100,000/1,000시간 = ₩100

예제

제조간접원가 원가차이분석

㈜열공의 20X5년 생산활동에 대한 제조간접원가 관련자료는 다음과 같다.

제품단위당 허용된 표준직접노동시간	5시간
실제직접노동시간	4,600시간
당기제품생산량	950개
변동제조간접원가 실제발생액	₩550,000
고정제조간접원가 실제발생액	₩900,000

㈜열공은 연간조업도수준을 5,000 직접노동시간으로 추정하고 변동제조간접원가예산액과 고정제조간접원가예산액을 각각 ₩500,000과 ₩1,000,000으로 예상했을 때, 변동제조간접원가와 고정제조간접원가의 원가차이를 분석하시오.

해설

(1) 제조간접원가 표준배부율

직접노동시간당 변동제조간접원가 표준배부율 = 변동제조간접원가예산/기준조업도
= 500,000/5,000시간 = @₩100

직접노동시간당 고정제조간접원가 표준배부율 = 고정제조간접원가예산/기준조업도
= 1,000,000/5,000시간 = @₩200

(2) 차이분석

	실제원가	실제투입량의 표준원가	표준투입량의 표준원가	표준원가배부
변동제조간접원가	AQ×AP	AQ×SP	SQ×SP	SQ×SP
	₩550,000	4,600시간×₩100 = ₩460,000	4,750시간×₩100 = ₩475,000	4,750시간×₩100 = ₩475,000

소비차이	능률차이
₩90,000(불리)	₩15,000(유리)

	실제원가	기준조업도×SP	기준조업도×SP	SQ×SP
고정제조간접원가	AQ×AP	기준조업도×SP	기준조업도×SP	SQ×SP
	₩900,000	5,000시간×₩200 = ₩1,000,000	5,000시간×₩200 = ₩1,000,000	4,750시간×₩200 = ₩950,000

예산차이	조업도차이
₩100,000(유리)	₩50,000(불리)

3분법(변동원가 + 고정원가)

	실제원가	실제투입량의 표준원가	표준투입량의 표준원가	표준원가배부
변동제조간접원가	AQ×AP	AQ×SP	SQ×SP	SQ×SP
	₩550,000	4,600시간×₩100 = ₩460,000	4,750시간×₩100 = ₩475,000	4,750시간×₩100 = ₩475,000
고정제조간접원가	AQ×AP	기준조업도×SP	기준조업도×SP	SQ×SP
	₩900,000	5,000시간×₩200 = ₩1,000,000	5,000시간×₩200 = ₩1,000,000	4,750시간×₩200 = ₩950,000
변동원가 + 고정원가	₩1,450,000	₩1,460,000	₩1,475,000	₩1,425,000

예산(소비)차이	능률차이	조업도차이
₩10,000(유리)	₩15,000(유리)	₩50,000(불리)

⑹ 원가요소별 원가차이분석 종합

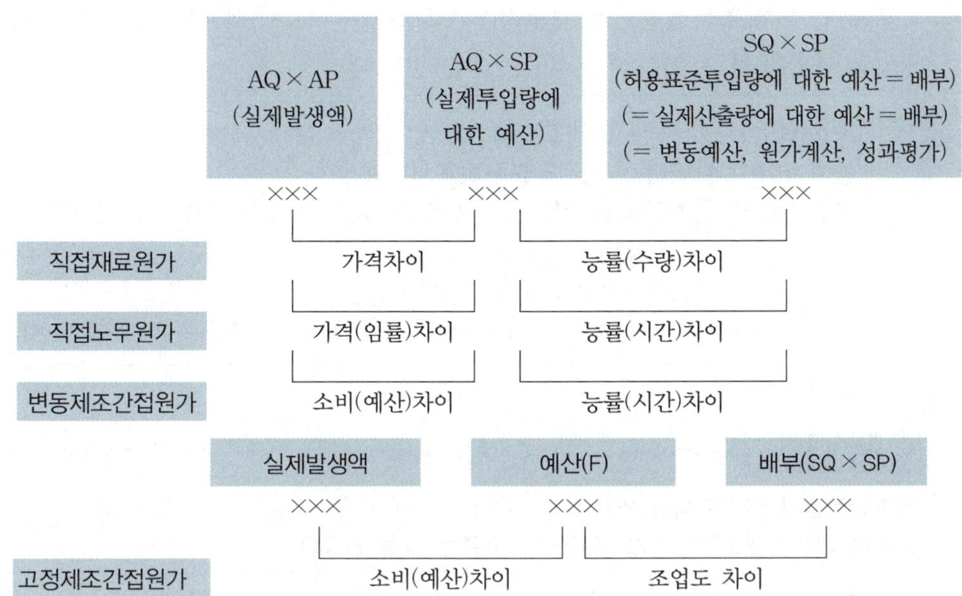

⑺ 제조간접원가 차이에 대한 다양한 분석방법

① 제조간접원가 차이분석

제조간접원가 차이는 변동제조간접원가 소비차이와 능률차이, 고정제조간접원가 소비차이와 조업도차이로 구분할 수 있는데 이를 4분법이라고 한다. 그러나 실제로 변동제조간접원가와 고정제조간접원가로 명확히 구분하기가 어렵기 때문에 이를 구분하지 않고 전체제조간접원가를 다음과 같이 다양한 방법으로 분석하기도 한다.

4분법	변동제조간접원가 소비차이	고정제조간접원가 소비차이	변동제조간접원가 능률차이	고정제조간접원가 조업도 차이
3분법	소비차이		능률차이	조업도차이
2분법	(변동)예산차이			조업도차이
1분법	제조간접원가 배부차이			

② 3분법

3분법은 제조간접원가를 변동비와 고정비로 나누어서 차이분석을 하지 않고 통합해서 차이분석을 하는 것을 말한다.

소비(예산)차이 = 실제 제조간접원가 발생액 − 실제시간예산[*1]

능률차이 = 실제시간예산 − 표준허용시간예산[*2]

조업도차이 = 표준허용시간예산 − 표준허용시간 × 제조간접원가 표준배부율

*1 예산식 $y = a + bx$ 에서 x에 실제시간을 대입해서 구하는 예산액을 말한다.

　　a : 고정비, b : 단위당변동비, x : 시간(조업도)

*2 예산식 $y = a + bx$에서 x에 표준허용시간을 대입해서 구하는 예산식을 말한다.

예제

제조간접원가 차이분석(3분법)

JON공업사의 제조간접원가 표준원가 자료는 다음과 같다.

제조간접원가 예산식	₩5 × 작업시간 + ₩100,000
기준조업도	10,000시간
제품단위당 표준시간	3시간
당기 실제 생산량	3,000개
제조간접원가 실제 발생액	11,000시간(@₩16)

위 자료에 의할 때 3분법에 의한 예산차이, 능률차이, 조업도 차이를 구하라.

해설

예산차이 = 실제발생액 − 실제시간예산

　　　　 = 11,000시간×₩16 − (₩5 × 11,000시간 + ₩100,000) = ₩21,000 불리

능률차이 = 실제시간예산 − 표준허용시간예산

　　　　 = (₩5 × 11,000시간 + ₩100,000) − (₩5 × 9,000시간* + ₩100,000) = ₩10,000 불리

* 표준허용시간 : 3,000개 × 3시간 = 9,000시간

조업도차이 = 표준허용시간예산 − 표준허용시간×제조간접원가 표준배부율

　　　　　 = (₩5 × 9,000시간 + ₩100,000) − 9,000시간×₩15* = ₩10,000 불리

* 제조간접원가 표준배부율 : 변동제조간접원가 배부율 + 고정제조간접원가 배부율

$$= 5 + \frac{100,000}{10,000} = ₩15$$

1 직접재료원가 차이분석

① 원재료 사용시점에서 분리하는 경우

실제투입액 $AQ \times AP$	실제투입량의 표준원가 $AQ \times SP$	실제산출량에 허용된 표준수량 $SQ \times SP$

가격차이 ─ 능률차이

직접재료원가 총차이

② 구입시점에서 분리하는 경우

실제투입액 $AQ*^1 \times AP$	실제투입액의 표준원가 $AQ*^1 \times SP$	변동예산 (= 원가계산)

가격차이

$AQ*^2 \times SP$ $SQ \times SP$

능률차이

*1 실제구입수량,   *2 실제생산투입사용수량

2 직접노무원가 차이분석

실제투입액 $AQ \times AP$	실제투입량의 표준원가 $AQ \times SP$	변동예산 (실제산출량에 허용된 표준예산) $SQ \times SP$

가격차이(임률차이) ─ 능률차이(시간차이)

직접노무원가 총차이

3 변동제조간접원가 차이분석

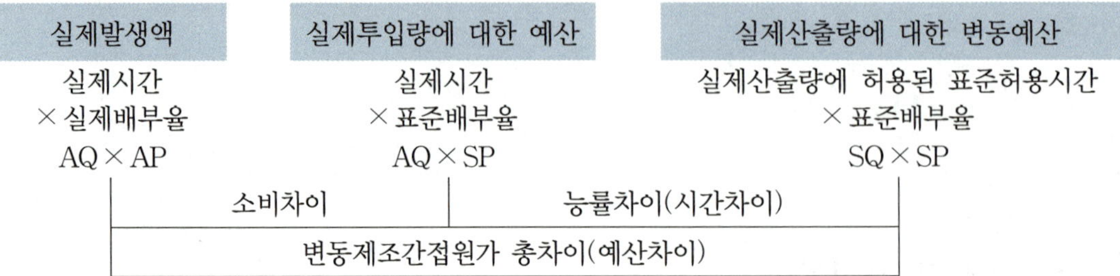

4 고정제조간접원가 차이분석

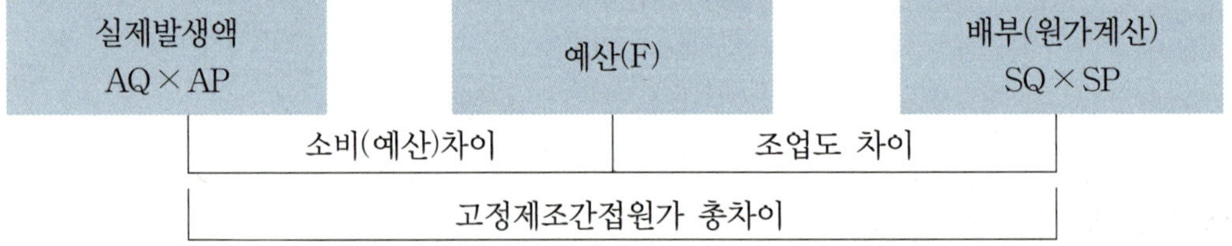

실전예상문제

01 표준원가계산의 목적은 다음 중 어느 것인가?

① 원가계산의 편의
② 원가의 통제
③ 보다 정확하게 원가를 배분하는 것
④ 경영자가 주관적인 의사결정의 필요성을 제고하는 것
⑤ 외부보고를 위한 원가계산

해설 표준원가계산의 목적은 원가관리, 즉 원가절감과 원가통제이다.

02 직접재료원가의 제품단위당 표준사용량은 5Kg이고, 표준가격은 Kg당 ₩3이다. 4월에 직접재료 20,000Kg을 총 ₩65,000에 구입하여 18,000Kg을 사용하였다. 4월에 제품 3,000단위를 생산했을 때, 직접재료원가의 가격차이과 능률차이는? (단, 직접재료원가의 가격차이는 구입시점에서 계산한다)

제14회

① 가격차이 ₩5,000(불리)   능률차이 ₩6,000(불리)
② 가격차이 ₩5,000(불리)   능률차이 ₩9,000(불리)
③ 가격차이 ₩6,000(유리)   능률차이 ₩6,000(유리)
④ 가격차이 ₩6,000(유리)   능률차이 ₩15,000(유리)
⑤ 가격차이 ₩11,000(불리)   능률차이 ₩15,000(유리)

해설

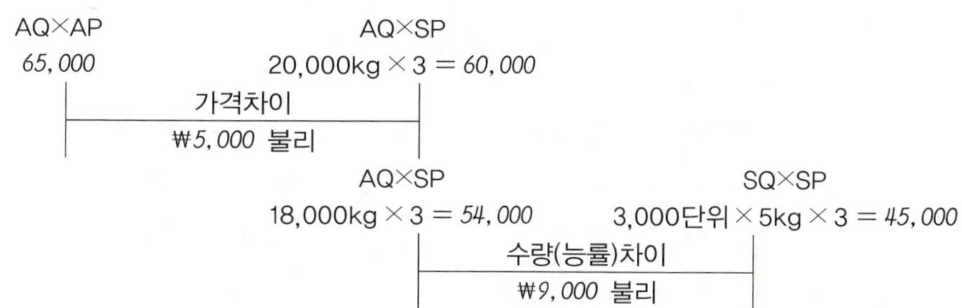

Answer

01 ②   **02** ②

03 ㈜한국은 표준원가계산제도를 채택하고 있으며, 단일 제품을 생산·판매하고 있다. 20X1년 직접재료원가와 관련된 표준 및 원가자료가 다음과 같을 때, 20X1년의 실제 제품생산량은? (단, 가격차이 분석시점은 분리하지 않는다)

제25회

• 제품단위당 직접재료 수량표준	2kg
• 직접재료 단위당 가격표준	₩250/kg
• 실제 발생한 직접재료원가	₩150,000
• 직접재료원가 가격차이	₩25,000 (불리)
• 직접재료원가 수량차이	₩25,000 (유리)

① 250단위 ② 300단위 ③ 350단위

④ 400단위 ⑤ 450단위

해설 직접재료원가 차이분석

AQ×AP	AQ×SP	SQ×SP
		(300단위 ⑥) × 2kg × ₩250
₩150,000 ①	₩175,000 ③	= ₩150,000 ⑤

가격차이	수량(능률)차이
₩25,000 (불리) ②	₩25,000 (유리) ④

04 ㈜한국은 표준원가계산을 적용하고 있다. 당기의 제품 생산량은 15단위이며, 직접노무원가와 관련된 자료는 다음과 같다.

• 실제직접노무원가 : ₩130,000	
• 실제직접노무시간 : 130시간	
• 제품 단위당 표준직접노무시간 : 8시간	
• 직접노무시간당 표준임률 : ₩900	

직접노무원가 능률차이는? (단, 기초 및 기말 재공품은 없다)

제17회

① ₩9,000 불리 ② ₩10,000 불리 ③ ₩12,000 불리

④ ₩13,000 불리 ⑤ ₩22,000 불리

해설 직접노무원가 능률차이 : (실제시간 − 표준시간) × 표준단가
= [130시간 − (15단위 × 8시간)] × ₩900 = ₩9,000 불리

05

㈜한국은 표준원가계산제도를 채택하고 있다. 직접노무원가 관련 자료가 다음과 같을 때, 직접노무원가 시간당 표준임률은?

제24회

• 표준직접노무시간	9,000시간
• 실제직접노무시간	8,600시간
• 실제발생 직접노무원가	₩3,569,000
• 능률차이	₩160,000 (유리)
• 임률차이	129,000 (불리)

① ₩380 ② ₩385 ③ ₩397
④ ₩400 ⑤ ₩415

해설

AQ × AP	AQ × SP	SQ × SP
₩3,569,000	8,600시간 × @₩400 ③ = ₩3,440,000 ②	9,000시간 × @₩400 = ₩3,600,000

임률차이	능률차이
₩129,000 (불리) ①	₩160,000 (유리)

06

다음과 같은 경우에 능률차이를 구하면?

• 변동제조간접원가 실제액	₩90,000
• 실제작업시간	4,600시간
• 표준작업시간(정상조업도) 5,000시간에 대한 변동제조간접원가 예산	₩100,000
• 실제생산량에 대하여 허용된 표준작업시간	4,300시간

① ₩10,000 유리 ② ₩2,000 불리
③ ₩6,000 불리 ④ ₩8,000 유리
⑤ ₩4,000 불리

해설

₩90,000	4,600 × (100,000/5,000) = ₩92,000	4,300 × (100,000/5,000) = ₩86,000

소비차이	능률차이
₩2,000 (유리)	₩6,000 (불리)

Answer

03 ② 04 ① 05 ④ 06 ③

07 표준원가계산의 고정제조간접원가 차이분석에 관한 설명으로 옳지 않은 것은? 제18회

① 예산(소비)차이는 실제 발생한 고정제조간접원가와 기초에 설정한 고정제조간접원가 예산의 차이를 말한다.

② 고정제조간접원가는 조업도의 변화에 따라 능률차이를 계산하는 것은 무의미하다.

③ 조업도차이는 기준조업도와 실제 생산량이 달라서 발생하는 것으로, 기준조업도 미만으로 실제 조업을 한 경우에는 불리한 조업도차이가 발생한다.

④ 조업도차이는 고정제조간접원가 자체의 통제가 잘못되어 발생한 것으로 원가통제 목적상 중요한 의미를 갖는다.

⑤ 원가차이 중에서 불리한 차이는 표준원가보다 실제 원가가 크다는 의미이므로 차이계정의 차변에 기입된다.

해설 ④ 고정제조간접원가는 예산차이(통제가능차이)와 조업도 차이(통제불능차이)로 구분되며 고정제조간접원가는 조업도 수준과 무관하므로 능률개념이 존재하지 않는다. 따라서 조업도 차이는 통제불능차이이므로 원가통제 목적상 중요한 의미를 갖지 않는다.

08 ㈜한국의 20X1년 제조간접원가 표준 자료는 다음과 같다.

구 분	수량표준	표준배부율
변동제조간접원가	2시간	₩5
고정제조간접원가	2시간	4

20X1년 제조간접원가의 기준조업도는 2,500직접노무시간, 실제 발생한 직접노무시간은 2,750시간이다. 20X1년 제조간접원가의 조업도차이는 ₩2,000(불리)이었다. 제조간접원가 능률차이는? 제27회

① ₩1,250(유리) ② ₩1,250(불리) ③ ₩2,450(유리)

④ ₩2,450(불리) ⑤ ₩3,750(불리)

해설

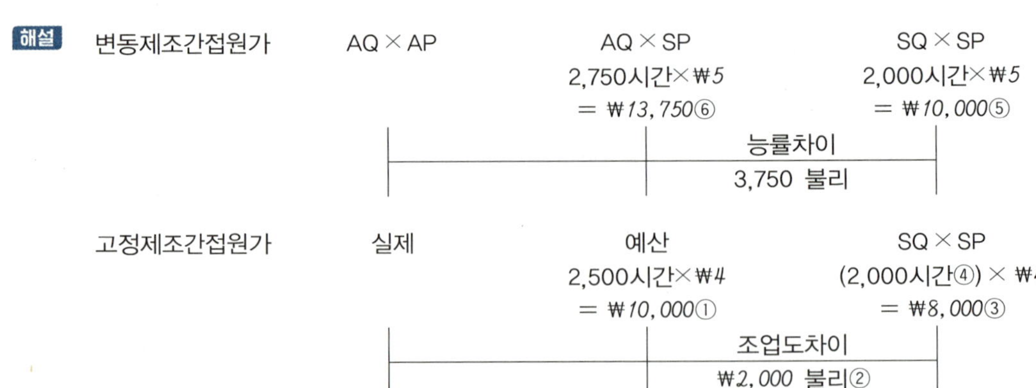

09 ㈜한국은 표준원가계산을 사용한다. 관련 자료가 다음과 같을 때, 고정제조간접원가 조업도차이는? (단, 재공품 재고는 없다)

제26회

- 고정제조간접원가 실제발생액: ₩119,700
- 기준조업도: 4,200기계시간
- 제품 단위당 표준기계시간: 8시간
- 목표 제품 생산량: 525단위
- 고정제조간접원가 예산차이: ₩6,300(유리)
- 실제 제품 생산량: 510단위

① ₩0
② ₩3,240(유리)
③ ₩3,240(불리)
④ ₩3,600(유리)
⑤ ₩3,600(불리)

해설

실제발생액	예산(AQ × SP)	배부액(SQ × SP)
		510단위 × 8시간 × @₩30*
₩119,700	₩126,000	= ₩122,400

예산차이	조업도차이
₩6,300(유리)	₩3,600(불리)

* ₩126,000/4,200시간 = @₩30

단·원·열·기

공헌이익과 공헌이익률, 손익분기점 판매수량 및 매출액, 목표이익 달성 판매량 및 매출액, 안전한계를 계산하는 문제들이 꾸준히 출제되고 있다. 특히, 원가–조업도–이익(CVP) 분석의 개념을 숙지하고, 손익분기점의 개념과 손익분기 판매량 및 매출액 계산공식을 이해하여야 한다. 또한, 목표이익 달성 판매량 및 매출액 계산공식과 안전한계 및 안전한계율의 개념과 계산공식을 숙지해야 한다.

CVP분석

01 CVP분석

02 손익분기점

단·원·개·요

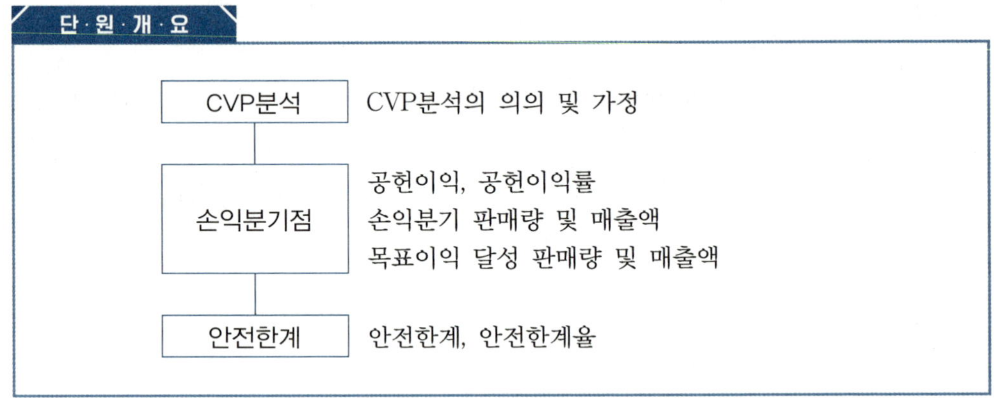

01 CVP분석

1 의 의

원가 – 조업도 – 이익분석(Cost-Volume-Profit analysis)이란 조업도의 단기적인 변화가 원가나 이익에 미치는 영향을 분석하는 기법으로서 기업의 단기적 의사결정에 널리 이용되고 있다. 이 분석기법은 제품가격결정, 자가제조 또는 외부구입과 관련된 의사결정 문제, 특별주문에 대한 수락여부결정 등과 관련된 의사결정에 유용하게 사용된다.

2 목 적

① 경영계획수립의 자료

② 이익계획의 설정

③ 예산편성의 자료

④ 기업의 업적평가

⑤ 경영의사결정에 유용한 정보제공 등

3 CVP분석의 가정

① 모든 수익과 원가는 관련범위 내에서 **선형**이다.

② 모든 원가는 고정비와 변동비로 구분된다.

③ 고정비는 관련범위 내에서 일정하고 관련범위 내에서 변동하지 않는다.

④ 변동비는 조업도에 따라 비례적으로 변동한다.

⑤ 공장설비의 능률과 생산성은 일정하다.

⑥ 제품의 판매단가는 일정하다.

⑦ 원가요소의 가격은 일정하다.

⑧ 두 가지 이상의 제품을 판매하는 경우, 조업도의 변동에 따라 매출배합은 일정하다.

⑨ 수익과 원가는 하나의 조업도를 기준으로 비교된다.

⑩ 기초재고액과 기말재고액은 일정하다. 즉, 생산량과 판매량은 동일하다.

02 손익분기점

1 손익분기점

손익분기점(Break even Point : BEP)이란 매출액과 총비용이 일치하여 이익도 손실도 없는 판매량이나 매출액을 말한다. 즉, 총공헌이익이 총고정비와 같아지는 판매량이나 매출액을 뜻한다.

♡ **손익분기점**

* 매출액 − 변동원가 − 고정원가 = 0
* 매출액 − 변동원가 = 고정원가
* 총공헌이익 = 고정원가

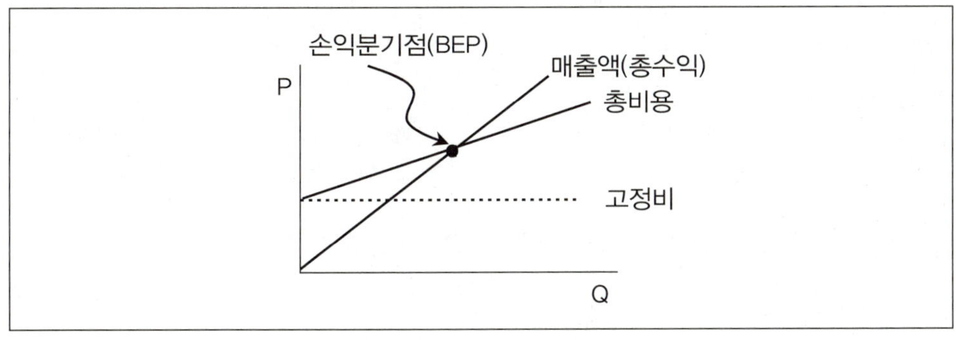

2 공헌이익

매출액에서 변동비를 차감한 금액을 말하는 것으로, 이 금액이 고정비를 초과할 경우 곧바로 순이익의 증가에 공헌할 수 있는 금액을 의미한다. 따라서 제품을 생산하여 판매함에 따라 얻어지는 공헌이익으로 고정비를 모두 회수하지 못하면 그 부족액만큼 손실이 발생하고, 고정비를 회수한 이후에는 그 초과액만큼 이익이 발생하게 되는 것이다.

> 매출액(수익) − 비용(변동비 + 고정비) = 이익
> 공헌이익(P − V)Q = 매출액(PQ) − 변동비(VQ)
> = 고정비(F) + 영업이익
> 단위당 공헌이익 = 단위당 판매가격 − 단위당 변동비
> P : 단위당 판매가격, V : 단위당 변동비, F : 고정비, Q : 판매수량

예 제품 1단위, 2,000단위, 5,000단위, 5,001단위를 각각 생산, 판매할 경우의 변동원가계산에 의한 손익계산서

판 매 량	1단위	2,000단위	5,000단위	5,001단위
매 출 액	₩60	₩120,000	₩300,000	₩300,060
변 동 비	₩20	₩40,000	₩100,000	₩100,020
공 헌 이 익	₩40	₩80,000	₩200,000	₩200,040
차 이		₩79,960	₩120,000	₩40

	1단위	2,000단위	5,000단위	5,001단위
고 정 비	₩200,000	₩200,000	₩200,000	₩200,000
영업이익(손실)	(₩199,960)	(₩120,000)	₩0	₩40
차 이		₩79,960	₩120,000	₩40

위 손익계산서에서 판매량의 증가에 따라 제품 단위당 공헌이익 ₩40(단위당 판매가격 ₩60 − 단위당 변동비 ₩20)만큼씩 고정비가 회수되고 순손실이 그만큼 감소되다가 이익도 손실도 없는 판매량(5,000단위)을 초과하면서 단위당 공헌이익만큼 이익이 증가되는 것을 알 수 있다.

3 공헌이익률

매출액에 대한 공헌이익의 비율로서 매출액 중 몇%가 고정원가의 회수 및 이익의 획득에 공헌하는가를 나타내는 개념이다.

$$공헌이익률 = \frac{공헌이익(P-V)Q}{매출액\ PQ} = \frac{단위당\ 공헌이익(P-V)}{단위당\ 판매가격(P)} = 1 - \frac{V}{P}$$
$$= 1 - 변동비율$$

공헌이익률은 위와 같이 공헌이익을 매출액으로 나누어 계산할 수도 있고 단위당 공헌이익을 단위당 판매가격으로 나누어도 된다.

* 매출액 − 변동비 = 공헌이익
* $\dfrac{변동비}{매출액}$ = 변동비율
* $\dfrac{공헌이익}{매출액}$ = 공헌이익률
* 1 − 변동비율 = 공헌이익률

4 손익분기점 판매량 및 매출액

(1) 손익분기점 판매량

손익분기점에서 영업이익은 ₩0 이므로
PQ(매출액) − VQ(변동비) − F(고정비) = ₩0(영업이익) … ⓐ
이 식을 Q에 대해서 정리하면 Q(P − V) = F

$$손익분기점\ 판매수량 = \frac{고정비(F)}{단위당\ 공헌이익(P-V)}$$

(2) 손익분기점 매출액

ⓐ식을 PQ(매출액)로 나누면

$1 - \dfrac{VQ}{PQ} - \dfrac{F}{PQ} = 0$, 이를 PQ에 대해서 정리하면

$$손익분기점\ 매출액(PQ) = \frac{F}{1 - \dfrac{V}{P}} = \frac{고정비}{1 - 변동비율} = \frac{고정비}{공헌이익률}$$

(3) 목표이익이 있는 경우의 판매량(Q) 및 매출액(S)

$$목표이익\ 달성\ 매출액 = \frac{고정비 + 목표이익}{1 - \dfrac{변동비}{매출액}} = \frac{고정비 + 목표이익}{공헌이익률}$$

① 법인세가 없는 경우

$$Q = \frac{\text{총고정비} + \text{목표이익}}{\text{단위당 판매가격} - \text{단위당 변동비}} = \frac{\text{총고정비} + \text{목표이익}}{\text{단위당 공헌이익}}$$

$$S = \frac{\text{총고정비} + \text{목표이익}}{1 - \text{변동비율}} = \frac{\text{총고정비} + \text{목표이익}}{\text{공헌이익률}}$$

② 법인세가 있는 경우

$$Q = \frac{\text{총고정비} + \dfrac{\text{목표이익}}{(1 - \text{법인세율})}}{\text{단위당 판매가격} - \text{단위당 변동비}} = \frac{\text{총고정비} + \dfrac{\text{목표이익}}{(1 - \text{법인세율})}}{\text{단위당 공헌이익}}$$

$$S = \frac{\text{총고정비} + \dfrac{\text{목표이익}}{(1 - \text{법인세율})}}{1 - \text{변동비율}} = \frac{\text{총고정비} + \dfrac{\text{목표이익}}{(1 - \text{법인세율})}}{\text{공헌이익률}}$$

예제

CVP분석

종박공업사는 A제품을 생산판매하고 있다. A제품의 단위당 판매가격은 ₩2,000이고, 단위당 변동비는 ₩1,200이다. 연간 고정비는 ₩8,000,000이고, 이 중 감가상각비가 ₩2,000,000일 때 다음 요구사항에 답하라.

(1) 손익분기점 매출수량과 매출액

(2) 연간 목표이익 ₩2,000,000을 달성하기 위한 매출수량과 매출액

(3) 법인세율이 20%일 때 연간 목표이익 ₩2,000,000을 달성하기 위한 매출수량과 매출액

해설

제품 단위당 공헌이익 : $2,000 - 1,200 = @₩800$

공헌이익률 : $\dfrac{800}{2,000} = 40\%$

(1) 손익분기점 매출액 : $\dfrac{8,000,000}{0.4} = ₩20,000,000$

손익분기점 매출수량 : $\dfrac{8,000,000}{800} = 10,000$개(또는 $\dfrac{20,000,000}{2,000} = 10,000$개)

※ 현금흐름 손익분기점 : $\dfrac{8,000,000 - 2,000,000}{0.4} = ₩15,000,000$

(2) 목표이익 달성 매출액 : $\dfrac{8,000,000 + 2,000,000}{0.4} = ₩25,000,000$

목표이익 달성 매출수량 : $\dfrac{8,000,000 + 2,000,000}{800} = 12,500$개

(3) 세후 목표이익 달성 매출액 : $\dfrac{8,000,000 + \dfrac{2,000,000}{1 - 20\%}}{0.4} = ₩26,250,000$

세후 목표이익 달성 매출수량 : $\dfrac{8,000,000 + \dfrac{2,000,000}{1 - 20\%}}{800} = 13,125$개

5 안전한계(Margin of Safety : MS)

안전한계란 실제 또는 예산매출액이 손익분기점의 매출액을 초과하는 금액을 말한다.

안전한계를 총매출액에 대한 비율로 표시한 것을 안전한계율(M/S비율)이라 한다.

> 안전한계 = 매출액 − 손익분기점 매출액
>
> $\text{안전한계율} = \dfrac{\text{안전한계}}{\text{매출액}} = \dfrac{\text{매출액} - \text{손익분기점 매출액}}{\text{매출액}} = \dfrac{\text{영업이익}}{\text{공헌이익}}$

안전한계는 손실을 발생시키지 않으면서 허용할 수 있는 매출액의 최대감소액을 의미하므로, 안전한계율이 높을수록 기업의 안전성이 높다고 할 수 있다. 따라서 안전한계율을 기업의 안전성을 측정하는 지표로 많이 이용된다.

예 현재 매출액이 ₩100,000이고, 손익분기점 매출액이 ₩75,000이라면 M/S비율은

$\dfrac{(100,000 - 75,000)}{100,000} = 0.25$가 되고, 손익분기점 비율은 $\dfrac{75,000}{100,000} = 0.75$가 된다.

즉, 안전한계율 + 손익분기점 비율 = 1이 된다.

예제

안전한계율(M/S비율)

㈜합격제조의 다음 원가자료에 의해 안전한계율(M/S비율)을 계산하면 얼마인가?

매 출 액	₩5,000,000
변 동 원 가	3,000,000 (60%)
공 헌 이 익	2,000,000 (40%)
고 정 원 가	1,600,000
영 업 이 익	400,000

💡 **영업레버리지**

영업레버리지(operating leverage)는 고정원가가 지레역할을 하여 매출액 변화율이 조금만 변화해도 영업이익의 변화율이 크게 확대되는 효과를 의미한다. 영업레버리지의 크기는 영업레버리지도(degree of operating leverage : DOL)라고 하는데, 이는 다음과 같이 계산된다.

*영업레버리지도

$= \dfrac{\text{영업이익 증가율}}{\text{매출액 증가율}}$

$= \dfrac{\text{공헌이익}}{\text{영업이익}}$

$= \dfrac{1}{\text{안전한계율}}$

해설

1. 손익분기점 매출액

$$\text{손익분기점 매출액} = \frac{1,600,000}{0.4} = ₩4,000,000$$

2. 안전한계율(M/S비율)

$$\text{안전한계율} = \frac{5,000,000 - 4,000,000}{5,000,000} = 20\%$$

$$\text{또는 } \frac{영업이익}{공헌이익} = \frac{400,000}{2,000,000} = 20\%$$

💡 **영업레버리지도(DOL)**

$$\text{DOL} = \frac{영업이익}{공헌이익} = \frac{400,000}{2,000,000} = 5배(\because \text{안전한계율의 역수})$$

영업레버리지도가 5배라는 것은 매출액이 10% 증가($₩500,000$)한다면 영업이익은 그의 5배인 50% 가 증가($₩200,000$)한다는 것이다.

만약 매출액이 10% 증가한다면 변동원가와 공헌이익은 모두 10%씩 증가한다. 반면 고정원가는 변동 되지 않으므로 공헌이익 증가액이 그대로 영업이익 증가액이 된다. 즉, 공헌이익이 $₩200,000$ 증가 하면 그 금액이 영업이익 증가액 $₩200,000$이 된다. 그런데 고정원가 때문에 공헌이익금액 ($₩2,000,000$)에 비해서 영업이익금액($₩400,000$)이 1/5로 작아져 있으므로 영업이익 증가율은 50%($₩200,000/₩400,000$)으로 확대되는데 이를 영업레버리지효과라고 한다. 이 경우 영업레버리 지는 5가 된다.

6 기본모형의 확장

(1) 복수제품의 CVP분석

두 가지 이상의 제품을 판매하는 경우에 있어서의 손익분기점과 단일 제품의 손익분기점과의 차이는 분모에 계상되는 공헌이익 대신에 꾸러미가중공헌이 익이 사용된다는 것이다. 꾸러미가중공헌이익이란 공헌이익을 매출비율로 가 중평균한 것을 말한다.

$$\text{손익분기꾸러미} = \frac{고정비}{꾸러미 \ 가중공헌이익}$$

🔍 예 제

복수제품의 CVP분석 － 복수제품(꾸러미매출)
강변공업사는 A제품과 B제품을 판매하는데 A제품이 2단위 팔릴 때 B제품은 3단위가 팔린다고 한다. 단위당 공헌이익은 A제품이 @₩500, B제품이 @₩300이며 고정비는 ₩380,000이다. 손익분기점에서의 A제품과 B제품의 판매량은 몇 개인가?

해설

꾸러미가중공헌이익 : 500 × 2단위 ＋ 300 × 3단위 ＝ ₩1,900

손익분기꾸러미 : $\dfrac{\text{고정비}}{\text{꾸러미가중공헌이익}} = \dfrac{380,000}{1,900} = 200$꾸러미

한 꾸러미 속에 A제품이 2단위, B제품이 3단위가 들어있으므로
A제품 ＝ 200꾸러미 × 2단위 ＝ 400단위
B제품 ＝ 200꾸러미 × 3단위 ＝ 600단위

🔍 예 제

복수제품의 CVP분석 － 복수제품 매출배합
㈜한국은 두 가지 제품을 생산·판매한다. 당기 중 발생한 총고정원가는 ₩180,000이다. 다음 자료에 의하면 손익분기점 매출액은 얼마인가?

	제품 A	제품 B
판 매 가 격	₩200	₩100
변 동 원 가	120	70
매 출 배 합 비 율	60%	40%

해설

손익분기매출액 : $\dfrac{\text{고정원가}}{\text{가중평균 공헌이익률}}$

$$\dfrac{180,000}{\{1-(120/200)\}\times 0.6 + \{1-(70/100)\}\times 0.4} = ₩500,000$$

또는 $\dfrac{180,000}{36\%} = ₩500,000$

* 가중평균공헌이익률

구분	매출배합비율	공헌이익률	가중평균 공헌이익률
제품 A	60%	(200 － 120)/200 ＝ 40%	24%
제품 B	40%	(100 － 70)/100 ＝ 30%	12%
			36%

(2) 준고정원가 하의 CVP분석

기본적 CVP분석에서는 고정원가가 일정하다고 전제하였으나 판매량(조업도)이 증가하게 되면 고정원가도 증가하게 되는 것이 일반적이다. 고정원가가 조업도의 일정범위(관련범위)별로 달라지는 경우에 고정원가가 다른 각각의 조업도별로 나누어서 손익분기점을 계산하여야 한다. 각각의 범위별로 계산된 손익분기점 판매량이 해당 조업도의 범위 내에 있으면 경제적으로 의미가 있는 손익분기점으로 타당하며, 해당 조업도의 범위 밖에 있으면 경제적으로 의미가 없으므로 손익분기점이 되지 않는다. 따라서 고정원가가 변동되는 경우에는 관련범위별로 손익분기점이 여러 개의 손익분기점이 존재할 수 있다.

예제

준고정원가의 CVP분석

합격회사는 단위당 판매가격이 ₩500이고, 단위당 변동원가가 ₩200인 제품을 생산하여 판매하고 있다. 합격회사의 고정원가와 관련된 자료는 다음과 같다.

연간 조업도	고정원가
0 ~ 2,000개	₩990,000
2,001 ~ 4,000	1,140,000
4,001 ~ 6,000	1,290,000

합격회사의 최대조업도는 6,000개일 경우 손익분기점 판매량을 구하시오.

해설

단위당 공헌이익 : $500 - 200 = ₩300$

연간 조업도	손익분기점	판단
0 ~ 2,000개	$\dfrac{990,000}{300} = 3,300개$	모순
2,001 ~ 4,000	$\dfrac{1,140,000}{300} = 3,800개$	적합
4,001 ~ 6,000	$\dfrac{1,29,000}{300} = 4,300개$	적합

따라서 연간 손익분기점 판매량은 3,800개, 4,300개이다.

(3) 현금흐름분기점

현금유입액과 현금유출액이 일치하여 순현금흐름이 ₩0이 되는 판매량 또는
매출액을 말한다. 손익분기점 공식에서 고정비 중 현금지출이 없는 고정비용
을 제거하면 된다.

$$\text{현금흐름손익분기점} = \frac{\text{고정비} - \text{현금유출이 없는 고정비}^*}{\text{공헌이익률}}$$

$$* \text{감가상각비 등}$$

예 제

현금흐름손익분기점
㈜합격은 단위당 판매가격이 ₩500이고 단위당 변동원가가 ₩300인 제품을 생산하여 판
매하고 있다. 연간 고정원가는 감가상각비 ₩200,000을 포함하여 ₩600,000이다. 연간
손익분기점 판매량과 현금손익분기점 판매량을 구하라.

해설

단위당 공헌이익: $500 - 300 = ₩200$

손익분기점 판매량: $\dfrac{600,000}{200} = 3,000$개

현금손익분기점 판매량: $\dfrac{600,000 - 200,000}{200} = 2,000$개

(4) 민감도분석(Sensitivity Analysis)

민감도분석은 의사결정에서 투입되는 특정 변수나 입력 값의 변화가 결과에
미치는 영향을 분석하는 기법이다. CVP분석에 영향을 미치는 독립변수인 판
매량·판매가격·변동원가·고정원가 등이 확정적이지 않고 이 요소 중 일부
가 불확실하다면 그에 대한 영향을 분석해야 하는데, 이와 같은 변화에 대한
결과를 계산하여 불확실성에 대처하는 기법이 민감도분석이다.

> ### 🔍 예제
>
> **㈜한국은 20X1년도 예산자료를 다음과 같이 예측하였다.**
>
> | | | | |
> |---|---|---|---|
> | • 매출액 | ₩5,000,000 | • 고정원가 | ₩1,500,000 |
> | • 공헌이익률 | 40% | | |
>
> **만약 판매량이 20% 증가한다면 영업이익은 얼마나 증가하는가?**

해설

영업이익 증가액 : 매출액 − 변동원가 − 고정원가 = 공헌이익 − 고정원가
　　　　　　　　= (5,000,000 × 20% × 40%) − 0 = ₩400,000

판매량 증가시 영업이익 예산

	현재		예산
매 출 액	₩5,000,000	× 1.2 =	₩6,000,000
공헌이익(40%)	2,000,000		2,400,000
고정원가	1,500,000		1,500,000
영업이익	500,000	→	900,000

> ### 🔍 예제
>
> **㈜합격의 제품에 대한 자료는 다음과 같다.**
>
> | | | | |
> |---|---|---|---|
> | • 매출액 | ₩2,000,000 | • 제품단위당 판매가격 | ₩1,000 |
> | • 제품단위당 변동원가 | 500 | • 고정원가 | 500,000 |
>
> **제품의 판매가격을 10% 인하하면 판매량은 20% 증가할 것으로 예상된다. 만약 ㈜합격이 10%의 가격인하를 결정하면 영업이익은 얼마가 될 것인가?**

해설

기존판매량 : 2,000,000/1,000 = 2,000단위

가격인하시 영업이익

매 출 액	(2,000단위 × 1.2) × (1,000 × 0.9)	₩2,160,000
변동원가	(2,000단위 × 1.2) × 500	1,200,000
고정원가		500,000
영업이익		460,000

단원핵심정리

---

1 CVP분석

원가 − 조업도 − 이익분석(Cost-Volume-Profit analysis)이란 **조업도의 단기적인 변화가 원가나 이익에 미치는 영향을 분석하는 기법**

2 CVP분석의 가정

① 모든 **수익과 원가는 관련범위 내에서 선형**이다.
② 모든 원가는 **고정원가와 변동원가로 구분**된다.
③ 공장설비의 능률과 생산성은 일정하다.
④ 원가요소의 가격, 제품의 판매단가, 매출배합은 일정하다.
⑤ 수익과 원가는 **하나의 조업도를 기준으로 비교**된다.

3 손익분기점(BEP)

(I) 손익분기점 판매량 및 매출액

$$\text{손익분기점 판매수량} = \frac{\text{고정비}(F)}{\text{단위당 공헌이익}(P - V)}$$

$$\text{손익분기점 매출액}(PQ) = \frac{F}{1 - \dfrac{V}{P}} = \frac{\text{고정비}}{1 - \text{변동비율}} = \frac{\text{고정비}}{\text{공헌이익률}}$$

(2) 목표이익이 있는 경우의 판매량(Q) 및 매출액(S)

$$Q = \frac{총고정비 + \dfrac{목표이익}{(1 - 법인세율)}}{단위당\ 판매가격 - 단위당\ 변동비} = \frac{총고정비 + \dfrac{목표이익}{(1 - 법인세율)}}{단위당\ 공헌이익}$$

$$S = \frac{총고정비 + \dfrac{목표이익}{(1 - 법인세율)}}{1 - 변동비율} = \frac{총고정비 + \dfrac{목표이익}{(1 - 법인세율)}}{공헌이익률}$$

4 안전한계(Margin of Safety : MS)

$$안전한계 = 매출액 - 손익분기점\ 매출액$$

$$안전한계율 = \frac{안전한계}{매출액} = \frac{매출액 - 손익분기점\ 매출액}{매출액} = \frac{영업이익}{공헌이익}$$

01 ㈜한국은 단위당 판매가격이 ₩1,000이고, 단위당 변동원가가 ₩700인 제품을 생산·판매하고 있다. 고정원가가 ₩450,000일 때, 손익분기점 수량은?   제25회

① 750단위 　　　② 1,000단위 　　　③ 1,250단위
④ 1,500단위 　　　⑤ 1,750단위

해설 손익분기점 수량 : ₩450,000 ÷ (₩1,000 − ₩700) = 1,500단위

02 ㈜한국의 20X1년 손익분기점은 500단위이고 제품 단위당 변동원가는 ₩300이며 연간 고정원가는 ₩200,000이다. 단위당 판매가격은?   제15회

① ₩400 　　　② ₩500 　　　③ ₩600
④ ₩700 　　　⑤ ₩800

해설 손익분기 판매수량 500단위 = 고정원가 200,000 ÷ 단위당공헌이익
따라서 단위당 공헌이익(단위당 판매가격 − 단위당 변동비)는 ₩400이다.
단위당 판매가격 : 400 + 300 = ₩700

03 ㈜한국의 20X1년도 총매출액과 이에 대한 총변동원가는 각각 ₩200,000, ₩150,000이다. ㈜한국의 손익분기점 매출액이 ₩120,000일 때 총고정원가는?   제13회

① ₩28,000 　　　② ₩30,000 　　　③ ₩32,000
④ ₩34,000 　　　⑤ ₩36,000

해설 1) 공헌이익률 : 1 − 변동비율(= 변동비/매출액)
2) 손익분기매출액 : 고정비/공헌이익률

$$= \frac{(\qquad)}{1 - \dfrac{150,000}{200,000}} = 120,000$$

따라서 고정비는 ₩30,000이다.

Answer

01 ④　**02** ④　**03** ②

04 다음 자료를 이용할 경우 목표영업이익 ₩20,000을 달성하기 위한 판매량은? 제16회

| • 단위당 판매가격 | ₩400 | • 단위당 변동원가 | ₩300 |
| • 총고정원가 | 6,000 | | |

① 60단위 ② 200단위
③ 260단위 ④ 300단위
⑤ 340단위

 목표이익 달성 판매량 : $\dfrac{6,000 + 20,000}{400 - 300} = 260$단위

05 ㈜한국은 단일제품을 생산한다. 20X1년의 단위당 판매가격은 ₩200, 고정원가총액은 ₩450,000, 손익분기점 판매량은 5,000단위이다. ㈜한국이 20X1년에 목표이익 ₩135,000을 얻기 위해서는 몇 단위의 제품을 판매해야 하는가? 제21회

① 6,300단위 ② 6,400단위
③ 6,500단위 ④ 6,600단위
⑤ 6,700단위

 (1) 손익분기점 판매량 : $450,000 \div$ 단위당 공헌이익 $= 5,000$단위
단위당 공헌이익 $= $ ₩90
(2) 목표이익이 존재하는 경우의 판매량 : $(450,000 + 135,000) \div 90 = 6,500$단위

06 ㈜한국은 20X1년 단위당 판매가격이 ₩500이고, 단위당 변동원가가 ₩300인 단일 제품을 생산·판매하고 있다. 총고정원가는 ₩600,000이고, ㈜한국에 적용되는 법인세율은 20%이다. 20X1년 법인세차감후순이익 ₩40,000을 달성하기 위한 20X1년 제품 판매수량은? 제26회

① 2,500단위 ② 2,750단위
③ 3,000단위 ④ 3,250단위
⑤ 3,500단위

해설
세후목표이익 달성 판매수량 : $\dfrac{₩600,000 + \dfrac{₩40,000}{1 - 0.2}}{₩500 - ₩300} = 3,250$단위

07 ㈜한국의 손익분기점 수량이 900단위일 때, 변동비는 ₩180,000이며, 고정비가 ₩45,000이다. ㈜한국이 930단위를 판매하여 달성할 수 있는 영업이익은?

제22회

① ₩500
② ₩900
③ ₩1,100
④ ₩1,300
⑤ ₩1,500

해설 (1) 손익분기점(수량) : 45,000/단위당공헌이익 = ₩900 ⇨ 단위당공헌이익 = ₩50
(2) 영업이익 : 공헌이익(= 매출액 − 변동원가) − 고정원가
= (930단위 × 50) − 45,000 = ₩1,500

08 총매출액이 ₩8,000,000이고, 총변동비가 ₩4,800,000이며, 고정비의 총액이 ₩2,400,000인 경우 M/S비율(안전한계율)은 얼마가 되겠는가?

① 10%
② 20%
③ 25%
④ 30%
⑤ 35%

해설 M/S비율(안전한계율) : $\dfrac{8,000,000 - 6,000,000}{8,000,000} = 25\%$

* 손익분기점 매출액 : $\dfrac{2,400,000}{1 - \dfrac{4,800,000}{80000,000}} = ₩6,000,000$

09 ㈜한국은 당기 손익분기점 매출액을 ₩250,000으로 예상하고 있으며, 고정비는 ₩100,000이 발생할 것으로 추정하고 있다. ㈜한국이 당기에 매출액의 15%에 해당하는 영업이익을 획득할 경우 안전한계율은?

제24회

① 22.5%
② 27.5%
③ 32.5%
④ 37.5%
⑤ 42.5%

해설 손익분기점 매출액 : ₩100,000 ÷ 공헌이익률 = ₩250,000
∴ 공헌이익률 40%
목표이익 달성 매출액 x
영업이익 : 공헌이익 − 고정원가
= $0.4x − ₩100,000 = 0.15x$
= $x = ₩100,000/0.25x = ₩400,000$
안전한계율 : (₩400,000 − ₩250,000) ÷ ₩400,000 = 37.5%

Answer

04 ③　05 ③　06 ④　07 ⑤　08 ③　09 ④

10 ㈜한국의 내년 예상손익자료는 다음과 같다. 연간 생산판매량이 20% 증가한다면 영업이익은 얼마나 증가하는가?

제27회

• 단위당 판매가격	₩2,000	• 변동원가율	70%
• 손익분기점 판매량	300개	• 연간 생산·판매량	400개

① ₩48,000 ② ₩54,000
③ ₩56,000 ④ ₩60,000
⑤ ₩66,000

해설 단위당 공헌이익 : ₩2,000 × (1 − 70%) = ₩600
영업이익 증가액 : 400개 × 20% × ₩600 = ₩48,000
또는 (400개 × ₩2,000) × 20% × (1 − 70%) = ₩48,000

11 ㈜한국의 20X1년 제품 생산·판매와 관련된 자료는 다음과 같다.

• 판매량	20,000단위	• 공헌이익률	30%
• 매출액	₩2,000,000	• 손익분기점 판매량	16,000단위

20X2년 판매량이 20X1년보다 20% 증가한다면 영업이익의 증가액은? (단, 다른 조건은 20X1년과 동일하다)

제23회

① ₩24,000 ② ₩120,000
③ ₩168,650 ④ ₩184,000
⑤ ₩281,250

해설 단위당 판매가격 : 2,000,000/20,000단위 = ₩100
단위당 공헌이익 : 100 × 30% = ₩30
영업이익 증가액 : 20,000단위 × 20% × ₩30 = ₩120,000
또는 2,000,000 × 0.2 × 0.3 = ₩120,000

Answer

10 ① **11** ②

의사결정 및 예산회계

의사결정 및 예산회계는 매년 1~2문제 출제되는 부분이다. 원가의 추정방법, 특별주문의 수락여부 결정문제가 가장 많이 출제되며, 제품의 자가제조 또는 외부구입, 부품생산라인의 유지 또는 폐지, 예산회계와 현금예산 등이 골고루 출제되고 있다. 특히, 의사결정 시 관련원가와 비관련원가를 구분하고, 원가의 추정방법인 고저점법, 학습곡선에 대한 내용을 정리할 필요가 있다. 또한, 특별주문의 수락여부를 판단할 수 있는 계산구조와 부품의 자가제조 또는 외부구입, 생산라인의 유지 및 폐지, 부품의 추가가공에 따른 손익계산 등 관련 내용을 숙지해야 한다. 마지막으로, 예산회계와 현금(자금)회계 개념 이해와 계산구조를 반복적으로 연습해야 한다.

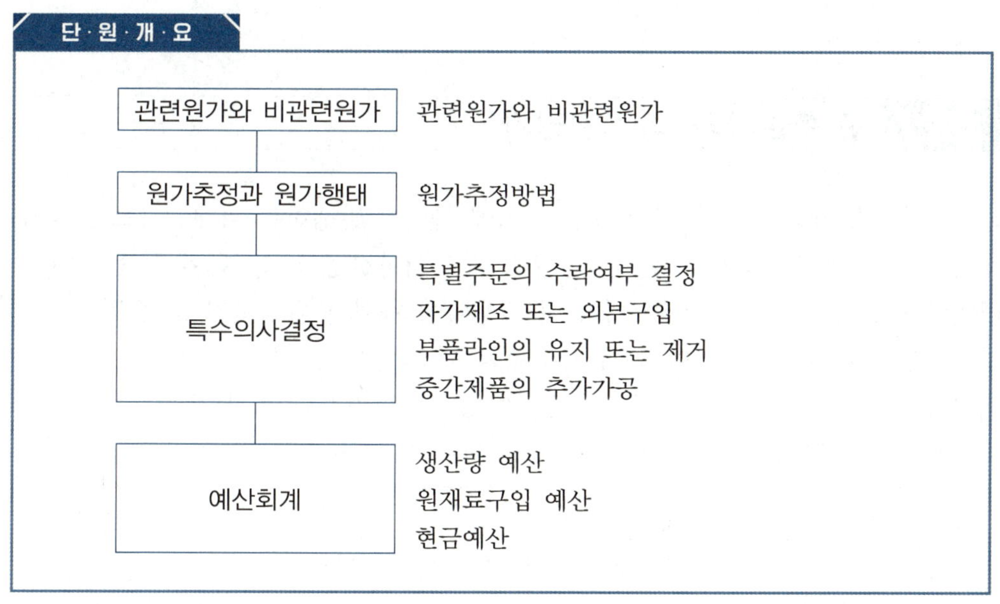

의사결정 및 예산회계
01 의사결정의 의의와 접근방법
02 관련원가와 비관련원가
03 원가추정과 원가행태
04 특수의사결정
05 종합예산

01 의사결정의 의의와 접근방법

의사결정이란 어떤 목적이나 목표를 가장 효과적으로 달성하기 위해서 여러 가지 선택 가능한 대안들 중에서 최적의 대안을 선택하는 것을 말한다. 이러한 의사결정은 의사결정의 영향이 미치는 기간에 따라 단기의사결정과 장기의사결정으로 구분할 수 있다. 단기의사결정은 의사결정의 영향이 비교적 짧은 기간(1년 이내)에 이루어지는 것을 말하는 것으로, 여기에는 다음과 같은 것들이 있다.

> ① 특별주문의 수락 또는 거절   ② 부품의 자가제조 또는 외부구입
> ③ 보조부문의 유지 또는 폐쇄   ④ 제품(라인)의 유지 또는 폐쇄
> ⑤ 제한된 자원의 이용   ⑥ 투입배합의 결정
> ⑦ 제품의 가격결정

단기의사결정	일상적 의사결정	판매계획 수립, CVP분석
	특수의사결정	관련원가분석
장기의사결정	자본예산	

02   관련원가와 비관련원가

관련원가(relevant cost)란 여러 대안 사이에 차이가 발생하는 미래원가로서 의사결정을 하는 데 직접적으로 관련되는 원가로서 **의사결정시 고려해야 할 원가**이다. 비관련원가(irrelevant cost)란 여러 대안 사이에 차이가 발생하지 않는 원가로서 의사결정을 하는 데 관련이 없어서 고려할 필요가 없는 원가를 말한다.
의사결정시 고려해야 할 원가는 관련원가이지 매몰원가나 비관련원가는 아니다. 따라서 의사결정시 무엇이 관련원가이고 비관련원가인지를 잘 파악해야 한다.

원가	미래원가	각 대안간에 차이가 있는 미래원가	관련원가
		각 대안간에 차이가 없는 미래원가	비관련원가
	매몰원가(기발생원가, 역사적원가)		

1 관련원가

관련원가란 의사결정 대안간에 차이가 나는 차액원가로서 의사결정의 주요분석대상이며 **대표적인 관련원가는 회피가능원가와 기회비용이다.**

(1) 회피가능원가

회피가능원가란 특정대안을 포기하면 발생하지 않는 원가로서 회피가능원가의 대부분은 변동원가이며 일부의 고정원가도 회피가능원가이다.

(2) 기회비용

기회비용이란 선택가능한 대안 중 하나의 대안을 선택함으로써 포기해야 하는 다른 대안 중 최선의 대안의 기대효익을 의미한다.

2 비관련원가

비관련원가는 의사결정시 고려하지 않아도 무방한 원가로서 의사결정에 영향을 미치지 못하는 원가이다. 이러한 **비관련원가에는 매몰원가와 의사결정대안 간에 차이가 없는 미래원가 등이 있다.**

(1) 매몰원가

매몰원가(sunk cost)란 과거의 의사결정으로부터 발생한 역사적 원가로서 현재 또는 미래의 의사결정시 고려할 필요가 없는 원가를 말한다. 왜냐하면 의사결정은 미래를 대상으로 하기 때문에 과거에 이미 발생한 원가는 현재의 의사결정과는 관계없이 이미 발생되어 어떤 의사결정을 하든 발생사실 자체를 변경하거나 부인할 수 없으므로 경영자가 통제할 수 없기 때문이다.

(2) 의사결정간에 차이가 없는 미래원가

어느 대안을 선택하든지 차이가 없이 발생하는 미래원가는 의사결정시 고려할 필요가 없다.

03 원가추정과 원가행태

1 원가추정의 의의

원가추정이란 과거 또는 현재의 회계자료를 이용하여 원가(Y, 종속변수)와 조업도(X, 독립변수)사이의 관계를 규명한 후 미래원가를 추정하는 것을 말한다.

🔗 원가추정 등식

$$y' = a + bx$$

y' : 추정된 총원가	a : 추정된 총고정비
b : 조업도 단위당 변동비 추정치	x : 조업도

2 원가추정방법

원가추정방법에는 산업공학적 방법, 계정분석법, 산포도법, 고저점법, 학습곡선 등이 있다.

(1) 고저점법

고저점법은 가장 높은 최고조업도와 가장 낮은 최저조업도의 원가자료를 대표적인 두 점으로 선택하여 원가함수를 추정하는 방법이다. 최고점과 최저점을 산정하는 데 있어서 원가를 기준으로 선정하는 것이 아니라 **조업도의 최고점과 최저점을 선정하는 점에 주의**하여야 한다.

① **조업도 단위당 변동원가의 추정**

최고 조업도의 원가에서 최저조업도의 원가를 차감한 금액을 최고조업도와 최저조업도의 차이로 나누어 추정한다.

$$y = a + bx\text{라고 원가함수를 가정할 때}$$

$$b(\text{단위당변동비}) = \frac{\text{최고조업도에서의 총원가} - \text{최저조업도에서의 총원가}}{\text{최고조업도} - \text{최저조업도}}$$

② **총고정원가의 추정**

총고정원가는 앞서 추정한 조업도 단위당 변동원가를 이용하여 최고조업도 또는 최저조업도의 원가자료에 대입하여 산정한다.

$$a(\text{총고정비}) = \text{최고조업도에서의 총원가} - \text{단위당변동비} \times \text{최고조업도}$$
$$= \text{최저조업도에서의 총원가} - \text{단위당변동비} \times \text{최저조업도}$$

🔍 **예제**

고저점법

다음은 명성공업사의 기계시간과 총제조간접원가에 관한 자료이다.

기 간	기계시간(x)	총제조간접원가(y)
9월	1,620시간	₩66,000
10월	1,740시간	₩72,000
11월	2,280시간	₩84,000
12월	1,560시간	₩62,400

요구사항

1. 고저점법을 이용하여 월간 총제조간접원가에 대한 원가함수를 추정하시오.

2. 1월의 추정 기계시간이 2,000시간일 경우 발생할 총제조간접원가를 계산하시오.

해설

1. (1) 총제조간접원가 원가함수 추정

   최고조업도(2,280시간)를 나타낸 11월과 최저조업도(1,560시간)를 나타낸 12월의 자료를 이용하여 원가함수를 추정한다.

   - 최고조업도   2,280시간   ₩84,000
   - 최저조업도   1,560시간   ₩62,400
   - 단위당 변동원가: $\dfrac{84,000 - 62,400}{2,280 - 1,560} = ₩30/시간$

   (2) 월간 총고정원가 추정

   - 월간 총고정원가: ₩84,000 − 2,280시간 × ₩30 = ₩15,600
     또는 ₩62,400 − 1,560시간 × ₩30 = ₩15,600

   따라서, 기계시간과 총제조간접원가의 관계는 다음과 같이 추정된다.

   (3) 원가함수 추정

   $y' = 15,600 + 30x$

   (x: 월간 기계시간, y': 추정된 월간 총제조간접원가)

2. 1월의 추정 제조간접원가 총액

   $y' = ₩15,600 + ₩30 × 2,000시간 = ₩75,600$

(2) 학습곡선

종업원이 특정 작업을 계속·반복적으로 수행함에 따라 숙련도가 향상되어 평균노무시간이 감소하는데 이를 학습효과라 한다.

학습곡선이란 학습효과에 의하여 독립변수인 생산량이 증가하여 누적생산량이 2배가 될 때마다 종속변수인 단위당평균노무시간이 일정한 비율(학습률)로 감소하는 것을 나타내는 비선형원가함수를 말한다.

예를 들어 학습률이 80%이고 제품 1단위 생산하는데 노무시간이 10시간이라면 누적생산량이 2배가 되는 2단위를 생산할 때의 단위당 평균노무시간은 8시간(= 10시간×80%)이고 다시 누적생산량이 2배가 되는 4단위를 생산할 때의 단위당 평균노무시간은 6.4시간(= 8시간×80%)이 된다는 것을 의미한다.

누적생산량	단위당 평균노무시간	총노무시간
1단위	10시간	10시간
2단위	8시간(= 10시간×80%)	16시간
4단위	6.4시간(= 8시간×80%)	25.6시간

이와 같은 학습곡선은 직접노무원가와 직접노무시간을 기준으로 배부한 제조간접원가 등에서 나타난다.

학습곡선

㈜합격은 신제품을 최초로 10단위를 생산하였다. 10단위 생산에 소요된 총노무시간은 500시간이었으며, 80%의 학습곡선이 적용된다.

(1) 누적생산량이 40단위일 때의 단위당 평균노무시간은 얼마인가?

(2) ㈜합격이 향후 추가로 30단위를 생산할 계획이라면 이에 소요되는 예상노무시간은 얼마인가?

해설

(1) 32시간(= 50시간 × 80% × 80%)

누적생산량	단위당 평균노무시간	총노무시간
10단위	50시간	500시간
20단위	40시간(= 50시간 × 80%)	800시간
40단위	32시간(= 40시간 × 80%)	1,280시간

(2) 30단위 추가 생산시 소요예상노무시간 : 780시간(= 1,280시간 − 500시간)

04 특수의사결정

1 특별주문의 수락여부결정

(1) 의 의

정가보다 낮은 가격으로 대량구입을 희망할 경우의 주문을 특별주문이라 하는데 경영자는 이런 비경상적인 주문을 수락할 것인가 거부할 것인가를 결정하여야 한다.

이 경우에 특별주문으로 증가되는 수익과 발생하는 변동원가만을 고려하여 수락여부를 결정하여야 한다. 특별주문시 고려해야 할 질적 요소로는 할인판매함으로써 기존 시장을 교란시키지 않았는지 유휴생산설비가 충분히 존재하는지의 여부 등이다.

증분수익 − 증분비용 > 0 : 특별주문 수락
증분수익 − 증분비용 < 0 : 특별주문 거부

(2) 유휴생산능력이 존재여부

유휴생산능력이 존재하는 경우 특별주문량 < 유휴생산능력	유휴생산능력이 부족한 경우 특별주문량 > 유휴생산능력
① 특별주문을 수락하더라도 기존 생산설비로 충분히 생산할 수 있으므로 특별주문 수락 ② 증가되는 수익과 비용을 고려	방법1. 생산능력확장: 생산능력을 추가구입 또는 임차 ⇨ 감가상각비 또는 임차료 증가 방법2. 외부에서 구입: 외부구입원가 증가 방법3. 정규판매량을 감소시켜 특별주문에 충당: 기존 정규시장의 이익 감소분(기회비용) 발생

💡 의사결정모형

증분수익 > (증분원가 + 기회비용)
⇨ 특별주문 수락
증분수익 > (증분원가 + 기회비용)
⇨ 특별주문 거절

(3) 유휴생산능력의 대체적 용도가 있는 경우: 특별주문을 수락

유휴생산능력을 다른 제품의 생산에 이용할 수 있거나 임대할 수 있는 경우가 있다. 이 때에는 특별주문을 수락하기 위해서 유휴생산능력을 다른 제품의 생산에 이용할 경우에 얻을 수 있는 이익이나 임대할 경우에 얻을 수 있는 임대수익을 포기해야만 한다. 이 포기해야 하는 이익(기회비용)이 발생되는데 이 **기회비용을 유휴생산능력의 대체적 용도를 통한 이익 상실분이라고 표현하며 의사결정을 할 때 증분비용에 포함**시켜야 한다.

(4) 특별주문의 수락이 기존 시장에 영향을 미치는 경우: 기존시장의 판매가격 하락

특별주문을 수락할 경우 특별주문가격보다 높은 가격으로 제품을 구입하던 기존 고객들의 반발로 기존 시장의 판매가격이 하락하거나 판매량이 감소할 수 있다. 이때에는 **기존 정규시장의 매출이 감소하여 기존 정규시장의 이익이 감소**하게 된다. 이 이익 감소분(기회비용)을 의사결정을 할 때 증분비용에 포함시켜야 한다.

(5) 의사결정모형

의사결정기준	의사결정
① 유휴설비능력이 존재하는 경우 증분수익(특별주문가격) > 증분원가	특별주문 수락
② 유휴설비능력이 존재하고 대체적 용도가 있는 경우 특별주문가격 > (증분원가 + 기회원가)	특별주문 수락
③ 유휴설비능력이 존재하지 않는 경우 특별주문가격 > (증분원가 + 추가설비원가 + 기존판매량 감소분 공헌이익)	특별주문 수락

예제

H사는 갑제품을 생산판매하고 있다. 연도초에 예상한 자료는 다음과 같다.

단위당 판매가격	₩200	고정제조원가	₩150,000
단위당 변동제조원가	₩90	고정판매관리비	₩60,000
단위당 변동판매비	₩10	연간예산판매량	4,000개

H사는 외부로부터 갑제품 1,000개를 단위당 ₩120에 구입하겠다는 특별주문을 받았다. 이 경우 추가되는 판매관리비는 없다.

요구사항

1. 연간최대조업도가 5,000개일 때 이 특별주문을 수락해야 하는가?

2. 연간최대조업도가 4,500개일 때 이 특별주문을 수락해야 하는가?

해설

1. 유휴생산능력이 있는 경우의 증분손익계산

  (1) 증분수익: 1,000개 × ₩120 =   ₩120,000

  (2) 증분비용: 변동제조원가 1,000개 × ₩90* =   (₩90,000)

  (3) 증분이익: ₩30,000

  따라서 특별주문을 수락하는 것이 ₩30,000 유리하다.

  * 변동판매비와 관리비는 발생하지 않으므로 고려하지 않는다.

2. 유휴생산능력이 없는 경우의 증분손익계산

  (1) 증분수익: 1,000개 × ₩120 =   ₩120,000

  (2) 증분비용:

    ① 변동제조원가 1,000개 × ₩90 =   (₩90,000)

    ② 정규매출감소로 인한 공헌이익 상실액   (₩50,000*)

  (3) 증분이익(손실):   (₩20,000)

  따라서 특별주문을 거부하는 것이 ₩20,000 유리하다.

  * 정규판매시에는 변동판매관리비가 발생하므로 공헌이익 계산에 포함한다.

  즉, 500개 × (₩200 − ₩100) = ₩50,000

2 자가제조 또는 외부구입

자가제조할 것인지 외부구입할 것인지에 대한 의사결정을 하는 경우에는 자가제조시의 단위당 제조원가와 외부구입시의 단위당구입원가를 비교해서 결정하여야 한다. 자가제조시의 제조원가에 포함되는 관련원가는 유휴설비의 대체적인 용도가 없는 경우에는 변동제조원가가 되며, 유휴설비의 대체적인 용도가 있는 경우에는 변동제조원가뿐만 아니라 유휴설비를 대체적 용도에 사용함에 따른 이익(즉, 유휴설비의 기회비용)도 포함된다.

> 외부구입가격 > (회피가능원가 + 기회비용) : 자가제조
> 외부구입가격 < (회피가능원가 + 기회비용) : 외부구입

💡 자가제조 또는 외부구입 의사결정

외부구입가격 > (회피가능원가 + 기회비용) ⇨ 자가제조
외부구입가격 < (회피가능원가 + 기회비용) ⇨ 외부구입

 **예제**

자가제조 또는 외부구입

㈜SK는 완제품 생산에 필요한 부품을 자가제조하고 있다. 연간 소비되는 부품 4,000개를 자가제조하는데 소요되는 원가는 다음과 같다.

구 분	단위당 원가	총원가
직접재료원가	₩50	₩200,000
직접노무원가	30	120,000
변동제조간접원가	20	80,000
고정제조간접원가	100	400,000
합 계	₩200	₩800,000

회사는 최근에 외부공급업자로부터 개당 ₩160에 필요한 만큼의 부품을 공급하겠다는 제의를 받았다. 이 제의를 수락한다면 고정제조간접원가 중 10%는 회피가능하다.

요구사항

1. 외부구입시 기존설비의 대체적 용도는 없다고 가정할 때 부품의 자가제조 또는 외부구입 의사결정을 하시오.

2. 부품을 외부에서 구입할 경우 기존의 공장설비를 임대하면 연간 ₩300,000의 임대수익을 얻을 수 있다고 할 때, 부품의 자가제조 또는 외부구입 의사결정을 하시오.

해설

1. 기존설비의 대체적인 용도가 없을 때

구 분	자가제조비용	외부구입비용
외부구입시 회피가능원가		
변동제조원가[*1]	₩400,000	4,000개 × ₩160
고정제조간접원가	40,000[*2]	= ₩640,000
유휴설비의 기회원가	−	
계	₩440,000	₩640,000

*1 변동제조원가: 직접재료원가 + 직접노무원가 + 변동제조간접원가
*2 고정제조간접원가 ₩400,000 × 10% = ₩40,000
따라서 자가제조하는 것이 ₩200,000 유리하다.

2. 기존설비의 대체적인 용도가 있을 때

구 분	자가제조비용	외부구입비용
외부구입시 회피가능원가		
변동제조원가	₩400,000	4,000개 × ₩160
고정제조간접원가	40,000	= ₩640,000
유휴설비의 기회원가	300,000	
계	₩740,000	₩640,000

따라서 외부구입하는 것이 ₩100,000 유리하다.

3 생산요소의 제약이 있는 경우의 의사결정

기업은 여러 제품에 공통적으로 투입되는 생산요소의 공급이 한정되어 있는 경우 제한된 자원을 최대한 효율적으로 이용하여 총공헌이익을 극대화하여야 한다.

(1) 생산요소의 제약이 없는 경우

수요가 있는 한 제품 단위당 공헌이익이 가장 큰 제품을 우선적으로 생산한다.

(2) 생산요소의 제약이 있는 경우

① 생산요소의 제약이 한 개인 경우: 수요가 있는 한 제약요소 단위당공헌이익이 가장 큰 제품을 우선적으로 생산한다.

② 생산요소의 제약이 두 개인 경우: 선형계획법, 도해법 등을 이용하여 제품 생산을 결정한다.

$$제약자원 \ 단위당 \ 공헌이익 = \frac{제품단위당 \ 공헌이익}{제품단위당 \ 제약자원사용량}$$

예제

제한된 자원의 사용

㈜SS가 생산하고 있는 두 제품 A, B의 자료는 다음과 같다.

구 분	제품 A	제품 B
단위당 판매가격	₩160	₩80
단위당 변동비	₩100	₩40
단위당 공헌이익	₩60	₩40

연간 고정비는 ₩5,000이고, 제품 A, B의 수요는 무한하다고 가정한다.

요구사항

1. 제품 한 단위를 생산하는 데 소요되는 기계시간이 제한이 없다면 A, B 어느 제품을 생산·판매하여야 하는가?

2. 회사가 이용가능한 연간 기계시간은 500시간이고 제품 한 단위를 생산하는 데 소요되는 기계시간이 A가 2시간, B가 1시간이라면 어느 제품을 생산·판매하여야 하는가?

해설

1. 이용가능한 연간 기계시간이 제한이 없으므로 단위당 공헌이익이 큰 제품 A를 생산·판매하여야 한다.
2. 제한된 자원의 사용

구 분	제품 A	제품 B
단위당 공헌이익	₩60	₩40
단위당 기계시간	÷ 2시간	÷ 1시간
기계시간당 공헌이익	₩30	₩40

제한된 생산요소(자원)인 기계시간당 공헌이익이 큰 제품 B를 생산·판매하여야 한다.
B제품을 생산할 경우 연간 500시간 × (₩40 − ₩30) = ₩5,000만큼 더 유리하다.

4 제품라인의 유지 또는 폐지

수익성이 저하된 제품라인을 폐지하거나 수익성이 높을 것으로 예상되는 제품라인을 추가하는 의사결정은 제품라인 자체의 이익이 아니라 **회사전체의 이익에 미치는 영향을 고려해서 판단해야** 한다. 즉, 경영자는 특정제품라인을 유지하는 경우에 이 제품라인이 **회사전체에 기여하는 공헌이익과 제품라인을 폐쇄하는 경우에 회피가능한 고정원가를 비교해서 의사결정**을 해야 한다.

여기서 회피가능고정원가란 제품라인을 폐지하면 줄일 수 있는 고정원가이며 그 예로는 제품라인의 감독자급료·광고선전비·감가상각비·보험료 등이 있다. 한편 회피불가능고정원가란 제품라인을 폐지하더라도 줄일 수 없고 계속 발생하는 고정원가를 말하며 그 예로는 냉난방비·관리비·기업이미지 광고비 등의 공통고정원가가 있다.

제품라인의 폐지여부에 대한 의사결정에서는 특정제품라인의 공헌이익이 회피가능고정원가보다 적으면 제품라인을 폐지하는 것이 회사전체의 수익성을 증가시킨다. 한편, 폐지할 제품라인의 기존설비를 다른 대체적인 용도로 사용할 수 있다면 이에 대한 기회원가도 함께 고려해야 한다.

> 제품라인의 공헌이익 > (회피가능고정원가 + 기회원가) ⇨ 제품라인 유지
> 제품라인의 공헌이익 < (회피가능고정원가 + 기회원가) ⇨ 제품라인 폐지

특정제품라인의 폐지여부에 대한 의사결정에서 반드시 고려해야 할 비계량적 정보로는 해당제품 폐지로 인한 기업이미지의 손상이나 다른 제품라인에 미치는 영향이다. 특정제품라인이 다른 제품라인에 비해 공헌이익이 상대적으로 낮더라도 해당 제품라인으로 인해 다른 제품라인의 판매가 활성화되거나 고객을 확보할 수 있는 경우에는 제품라인을 계속 유지해야 한다.

🔍 예제

제품라인의 유지 또는 폐지

㈜오늘의 제품라인과 제품별 공헌이익 손익계산서는 다음과 같다. 회사의 경영자는 병제품라인이 4,000원의 영업손실이 발생하고 있어서 생산중단을 고려하고 있다.

구분	갑제품	을제품	병제품	합계
매 출 액	₩240,000	₩300,000	₩400,000	₩940,000
변 동 원 가	200,000	210,000	320,000	730,000
공 헌 이 익	40,000	90,000	80,000	210,000
고 정 원 가	16,000	60,000	84,000	160,000
영 업 이 익	24,000	30,000	(4,000)	50,000

1. 병제품라인을 폐지하더라도 고정원가 ₩84,000 중에서 ₩24,000은 회피불가능한 것으로 분석된 경우에 제품라인의 폐지여부를 의사결정하시오.

2. 병제품라인을 폐지하고 남은 기존설비를 임대하면 임대료수익이 ₩200,000 발생할 것으로 예상되는 경우에 제품라인의 폐지여부를 의사결정하시오.

1. 유휴설비의 다른 용도가 없는 경우
   병제품라인을 폐지하는 경우에 회피가능한 고정원가 ₩60,000(= ₩84,000 − 24,000)은 관련원가 항목에 포함해서 기업전체이익에 미치는 효과를 분석해야 한다.

증분수익	매출액의 감소		(₩400,000)
증분비용	변동원가의 감소	(₩320,000)	
	회피가능고정원가의 감소	(60,000)	(380,000)
증분이익			(20,000)

   병제품라인을 폐지하는 경우에 유지하는 것에 비해서 ₩20,000만큼 이익이 감소하므로 병제품라인은 계속 유지해야 한다.
   * 병제품라인 공헌이익 ₩80,000 > 회피가능고정원가 ₩60,000 ⇨ 유지

2. 유휴설비의 다른 용도가 있는 경우 − 유휴시설 임대

증분수익	매출액의 감소		(₩400,000)
증분비용	변동원가의 감소	(₩320,000)	
	회피가능고정원가의 감소	(60,000)	
	기회원가	(200,000)	(580,000)
증분이익			180,000

   병제품라인 유휴설비를 통해 얻을 수 있는 기회비용을 고려하면 ₩180,000만큼 이익이 발생하므로 병제품라인을 폐지하는 것이 유리하다.
   * 병제품라인 공헌이익 ₩80,000 < (회피가능고정원가 ₩60,000 + 기회원가 ₩200,000) ⇨ 폐지

---

5 중간제품의 추가가공여부

중간제품을 시장에서 판매할 수 있는 경우 추가가공하여 판매할 것인지 그대로 판매할 것인지를 결정하여야 하는데 여기서 유의할 점은 중간제품의 생산원가는 기발생원가로서 의사결정의 비관련원가라는 것이다. 의사결정의 기준은 중간제품의 판매가치와 중간제품의 순실현가치를 비교하여 다음과 같이 결정한다.

> 중간제품의 판매가치 > 중간제품의 순실현가치 : 중간제품으로 판매
> 중간제품의 판매가치 < 중간제품의 순실현가치 : 추가가공하여 판매

* 순실현가치 : 최종제품의 판매가치 − 추가가공비 및 추가판매비용

🔍 예제

중간제품의 추가가공여부

㈜한국은 결합공정에서 제품 A, B, C를 생산한다. 당기에 발생된 결합원가 총액은 ₩40,000 이며, 결합원가는 분리점에서의 상대적 판매가치를 기준으로 제품에 배분된다. 분리점에서의 단위당 판매가격과 생산량은 다음과 같다.

제 품	단위당 판매가격	생산량
A	₩10	1,500단위
B	15	1,000
C	20	1,000

추가가공 할 경우, 제품별 추가가공원가와 추가가공 후 단위당 판매가격은 다음과 같다.

제 품	추가가공원가	추가가공 후 단위당 판매가격
A	₩5,000	₩12
B	4,000	20
C	10,000	35

요구사항

추가가공여부에 관한 의사결정을 하시오.

해설

제 품	분리점에서 상대적 판매가치	추가 가공시 순실현가치	증분이익	의사결정
A	₩10 × 1,500단위 = ₩15,000	(₩12 × 1,500단위) − ₩5,000 = ₩13,000	(₩2,000)	추가가공 X
B	₩15 × 1,000단위 = ₩15,000	(₩20 × 1,000단위) − ₩4,000 = ₩16,000	₩1,000	추가가공 O
C	₩20 × 1,000단위 = ₩20,000	(₩35 × 1,000단위) − ₩10,000 = ₩25,000	₩5,000	추가가공 O

또는

제 품	증분수익 (최종판매가치 − 분리점판매가치)	증분비용 (추가가공비)	증분이익	의사결정
A	(₩12 − ₩10) × 1,500단위 = ₩3,000	₩5,000	(₩2,000)	추가가공 X
B	(₩20 − ₩15) × 1,000단위 = ₩5,000	₩4,000	₩1,000	추가가공 O
C	(₩35 − ₩20) × 1,000단위 = ₩15,000	₩10,000	₩5,000	추가가공 O

05 종합예산

1 예산의 의의

예산(budget)이란 기업의 미래 경영활동계획을 화폐단위로 표시한 것으로 기업의 경영관리활동을 효율적으로 수행하기 위해서 작성한다.

2 종합예산

(1) 종합예산의 의의

종합예산이란 판매생산구매재무 등 조직전체의 모든 부문들이 달성해야할 목표를 구체적인 수량과 금액으로 확정시킨 고정예산이다. 이를 목표예산이라고도 한다. 보통 1년을 단위로 하여 편성되는데, 경우에 따라서는 분기별 또는 월별로 작성되기도 한다.

(2) 종합예산의 편성

종합예산의 출발점은 판매예산이다. 수요예측에 근거하여 판매량을 예상하여 판매예산을 수립한 다음 재고계획을 고려하여 생산량이 결정되고 생산량에 근거하여 제조원가예산을 수립한다.

종합예산의 편성절차는 제품원가계산과 정반대로 이루어진다.

① **제품원가계산 과정**

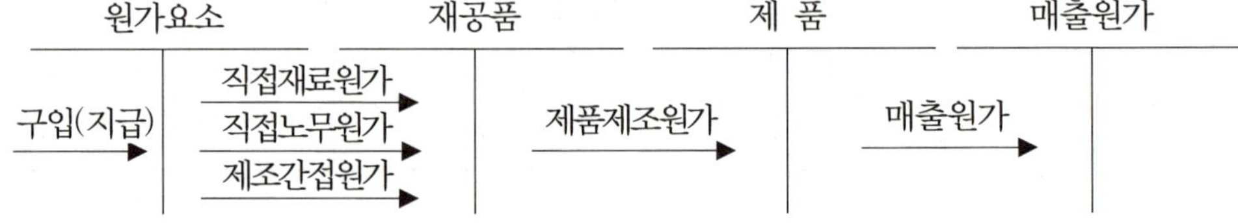

② **종합예산 편성과정**

💡 **고정예산과 변동예산**

1. 고정예산
   고정예산(static budget)이란 예산기간 중에 결정한 목표조업도(목표판매량)를 기준으로 사전에 편성한 예산으로 고정예산을 편성한 후에 실제조업도가 목표조업도와 일치하지 않더라도 바꾸지 않고 고정시킨 정태적인 예산(단일예산)이다.

2. 변동예산
   변동예산(flexible budget)은 실제조업도가 목표조업도와 다를 경우에 실제조업도를 기준으로 유연하게 조정하여 작성하는 동태적 예산(복수예산, 신축예산)이다. 따라서 사전에 계획된 목표의 달성정도는 물론 특정산출량에 대하여 사용된 투입량 정도에 관한 정보도 제공하므로 경영관리의 측면에서 성과평가 및 통제에 유용하다.

(3) 판매예산

종합예산 편성과정의 첫 단계로서 판매예측을 통하여 예산이 수립되는 기간의 판매량을 결정하고 이에 판매가격을 곱하여 예상매출액을 결정하는 예산이다.

> 판매예산 = 예상판매량 × 예상판매가격
> = (예상시장규모×목표시장점유율) × 예상판매가격

(4) 제조예산(생산량예산)

제조예산이란 판매예산을 수립된 후 이를 토대로 다음 기에 제품생산을 어느 정도 하여야 하는가를 결정하는 예산이다. 일정기간의 목표생산량은 예상판매량에 기말제품재고량을 가산하고 기초제품재고량을 차감하여 결정된다.

> 생산량예산(목표) = 판매량 + (기말제품재고수량 − 기초제품재고수량)

제 품	
기초제품수량	판매수량
생산량예산 (당기완성수량)	
	기말제품수량

예제

생산량예산

㈜대한의 20X1년 월별 예상판매량은 다음과 같다.

	1월	2월	3월
예상판매량(개)	13,000	15,000	14,000

20X1년 초 제품재고는 1,800개이며, 제품의 월말 적정재고량은 다음 달 예상판매량의 20%로 유지할 계획이다. 1월에 생산해야 할 제품의 수량은?

① 11,200개 ② 11,800개 ③ 14,200개
④ 14,800개 ⑤ 16,000개

해설

제품수량			
기초제품	1,800	판매수량	13,000
생산량	X	기말제품	3,000 ← 15,000 × 20%
X = 14,200개			

(5) 제조원가예산

제조원가예산은 목표생산량을 생산하기 위하여 직접재료원가, 직접노무원가 및 제조간접원가가 얼마나 발생할 것인가를 결정하는 예산으로 직접재료원가예산, 직접노무원가예산 및 제조간접원가예산으로 이루어진다. 제조원가예산은 보통 사전에 설정된 제품 단위당 표준원가를 기준으로 한다.

① 직접재료원가예산

직접재료원가예산은 제조예산에서 목표생산량이 결정되면 이를 생산하는 데 투입되어야 할 직접재료원가에 대한 예산으로 목표생산량에 제품 단위당 직접재료원가를 곱하여 구한다.

> 직접재료원가예산 = 생산량 × 제품단위당 직접재료 투입량 × 예상 구입단가

직접재료원가예산과 관련하여 추가적으로 분석해야 할 사항은 원재료구입예산이다.

원재료구입예산은 목표생산량을 생산하는 데 사용될 원재료수량과 기말 목표 원재료재고량을 충족시키기 위하여 구입하여야 할 원재료수량과 금액을 결정하는 예산이다.

> 직접재료구입예산 = (투입량 + 기말재고수량 − 기초재고수량) × 예상 구입단가

원 재 료	
기초재고수량	투입(소비)량
구입예산수량	
	기말재고수량

예 제

원재료구입예산

㈜한국은 제품 단위당 2kg의 재료를 사용하며, 재료의 kg당 가격은 ₩50이다. ㈜한국은 다음분기 재료 목표사용량의 30%를 분기말 재료재고로 유지한다. 2분기 목표생산량은 1,000단위이고, 3분기 목표생산량은 1,200단위이다. 2분기의 재료구입 예산은? (단, 재공품 재고는 없다)

해설

재료			
기초 1,000단위 × 30%	300단위	소비(생산에 사용)	1,000단위
구입	1,060단위	기말 1,200단위 × 30%	360단위
	1,360단위		1,360단위

* 재료구입예산 : 1,060단위 × 2kg × ₩50 = ₩106,000

② **직접노무원가예산**

직접노무원가예산은 제조예산에서 목표생산량이 결정되면 이를 생산하는 데 투입되어야 할 직접노무원가에 대한 예산으로 목표생산량에 제품 단위당 직접노무원가를 곱하여 구한다.

> 직접노무원가예산 = (생산량×제품단위당 직접노동시간) × 시간당 임률

③ **제조간접원가예산**

제조간접원가예산은 제조예산에서 목표생산량이 결정되면 이를 생산하는 데 투입되어야 할 제조간접원가에 대한 예산이다.

> 제조간접원가예산 = 변동제조간접원가예산 + 고정제조간접원가예산
> = 제품생산량 × 제품단위당 변동제조간접원가 +
> 고정제조간접원가예산

⑹ 매출원가예산

매출원가예산이란 제품의 예상판매량에 대한 원가를 산정하는 것으로 기초제품재고액에 단기제품제조원가를 가산하고 기말제품재고액을 차감하여 산출한다.

> 매출원가예산 = 기초제품재고액 + 제품제조원가예산 − 기말제품재고액

제 품

기초제품수량	매출원가 예산
제품제조원가 예산 (당기완성수량)	
	기말제품수량

⑺ 현금예산

현금예산이란 예산기간 중의 현금유입과 현금유출에 대한 예산으로서 기업의 단기계획에서는 가장 중요한 예산이다. 현금의 유출에 있어서 감가상각비는 현금유출과는 상관이 없으므로 현금유출액 계산시 제외된다. 현금의 주요 유입항목과 유출항목은 다음과 같다.

유입항목	유출항목
현금매출	현금매입
매출채권의 회수	매입채무의 지급
이자 및 배당금의 수취	판매비 및 기타 영업비용 지급
부채의 차입	부채의 상환
자본의 증가(주식 발행)	이자 및 배당금의 지급
유형자산의 매각 등	유형자산의 구입 등

예제

현금예산

다음 자료에 의해 1월말 재무상태표상 매출채권 및 매입채무 잔액을 계산하면 얼마인가?

기초재무상태표			
⋮		⋮	
매출채권	300,000	매입채무	200,000
⋮		⋮	

(1) 1월 예상판매량 7,000개(단위당 원가 ₩100)이고, 원재료 구입예산수량은 30,000kg(단위당 원가 ₩10)이다.

(2) 모든 매출은 외상으로 이루어지며, 외상매출금은 판매한 당월에 70%, 다음달에 30%가 회수된다.

(3) 모든 매입은 외상으로 이루어지며, 외상매입금은 매입한 당월에 60%, 다음달에 40%를 지급한다.

해설

(단위: 원)

구 분	매출액	12월(전기)	1월(당기)	2월(차기)
매출채권 회수				
12월 매출분	1,000,000*1	700,000(70%)	300,000(30%)	
1월 매출분	700,000		490,000(70%)	210,000(30%)(F/P)
매입채무 지급				
12월 매입분	500,000*2	300,000(60%)	200,000(40%)	
1월 매입분	300,000		180,000(60%)	120,000(40%)(F/P)

*1. 전월 매출액 중 전월에 70%를 회수하고 남은 잔액 30%로서 당월에 전액 회수되어야 할 금액이다.

전월매출액: $300,000 \times \dfrac{100\%}{30\%} = ₩1,000,000$

*2. 기초재무상태표상의 매입채무 ₩200,000은 100%의 매입액 중 전월에 60%를 지급하고 남은 잔액 40%로서 당월에 전액 지급되어야 할 금액이다.

전월매입액: $200,000 \times \dfrac{100\%}{40\%} = ₩500,000$

1월 말 매출채권 잔액: $300,000 + 700,000 - 790,000 = ₩210,000$
1월 말 매입채무 잔액: $200,000 + 300,000 - 380,000 = ₩120,000$

단원핵심정리

1 관련원가와 비관련원가

미래원가	각 대안간에 차이가 있는 미래원가	관련원가	**회피가능원가, 기회비용**
	각 대안간에 차이가 없는 미래원가	비관련원가	
매몰원가(기발생원가, 역사적원가)			

2 특별주문의 수락여부결정

증분수익 − 증분비용 > 0 ⇨ 특별주문 수락

증분수익 − 증분비용 < 0 ⇨ 특별주문 거부

특별주문가격 > (증분원가 + 추가설비원가 + 기존판매량 감소분 공헌이익) : 수락

3 자가제조 또는 외부구입

외부구입가격 > 회피가능원가 + 기회비용 ⇨ 자가제조

외부구입가격 < 회피가능원가 + 기회비용 ⇨ 외부구입

증분수익(변동원가 + 회피가능고정원가 + 기회원가) > 증분비용(구입가격) ⇨ 외부구입

4 중간제품의 추가가공여부

중간제품의 판매가치 > 중간제품의 순실현가치 ⇨ 중간제품으로 판매
중간제품의 판매가치 < 중간제품의 순실현가치 ⇨ 추가가공하여 판매

5 종합예산

(1) 매출원가 예산과 생산량 예산

제 품

| 기초제품수량 | 매출원가 예산 |
| 제품제조원가 예산
(당기완성수량) | 기말제품수량 |

제 품

| 기초제품수량 | 판매수량 |
| 생산량예산
(당기완성수량) | 기말제품수량 |

(2) 직접재료원가예산

재 료

| 기초재고수량 | 투입(소비)량 |
| 구입예산수량 | 기말재고수량 |

실전예상문제

01

㈜한국은 ₩73,500에 구입한 원재료 A를 보유하고 있으나, 현재 제품생산에 사용할 수 없다. ㈜한국은 원재료 A에 대해 다음과 같은 두 가지 대안을 고려할 수 있다.

- (대안 1) 원재료 A를 그대로 외부에 ₩45,600에 판매
- (대안 2) 원재료 A에 ₩6,600의 다른 원재료를 혼합하여 원재료 B로 변환한 후, 외부에 ₩58,100에 판매

㈜한국이 (대안 2)를 선택하는 경우, (대안 1)에 비하여 증가 또는 감소하는 이익은? 제22회

① ₩5,900 증가 ② ₩12,500 증가 ③ ₩15,400 감소

④ ₩22,000 감소 ⑤ ₩27,900 감소

해설 (1) 대안 1: ₩45,600
(2) 대안 2: 58,100 − 6,600 = ₩51,500
(3) 대안 2 선택의 손익: 51,500 − 45,600 = ₩5,900 이익 증가

02

㈜한국은 정상원가계산제도를 채택하고 있으며, 직접노무시간을 기준으로 제조간접원가를 배부하고 있다. ㈜한국의 20X1년 제조간접원가는 다음과 같이 추정된다.

$$y = 30,000 + 400x \quad (x: \text{직접노무시간}, \ y: \text{제조간접원가})$$

다음 설명 중 옳지 않은 것은? (단, 직접노무시간 1,000시간까지는 관련범위 내에 있다)

제23회

① 직접노무시간이 200시간으로 예상될 때 제조간접원가는 ₩110,000으로 추정된다.
② 직접노무시간이 300시간으로 예상될 때 제조간접원가 예정배부율은 ₩500이다.
③ 직접노무시간이 400시간일 때 제조간접원가의 변동예산액은 ₩160,000이다.
④ 직접노무시간당 제조간접원가는 ₩400 증가하는 것으로 추정된다.
⑤ 직접노무시간이 영(0)일 때 제조간접원가는 ₩30,000으로 추정된다.

해설 ③ 직접노무시간 400시간일 경우 제조간접원가 예산액:
30,000 + 400 × 400시간 = ₩190,000
변동제조간접원가의 (변동)예산액이 ₩160,000이다.

Answer

01 ① 02 ③

03

A아파트 전기작업반의 월별 직접노무시간과 경비에 대한 기록이 다음과 같다.

구 분	4월	5월	6월
직접노무시간	250시간	200시간	150시간
경비	₩10,000	₩11,000	₩7,000

7월의 직접노무시간은 200시간으로 예상된다. 고저점법을 적용하여 7월의 경비를 추정하면?

제14회

① ₩8,500 ② ₩8,600 ③ ₩8,700
④ ₩8,800 ⑤ ₩8,900

해설 (1) 단위당 변동비:

$$\frac{10,000 - 7,000}{250시간 - 150시간} = ₩@30$$

(2) 고정비 추산
$10,000 - (250시간 \times 30) = ₩2,500$

(3) 7월 추정 경비
$2,500 + 200시간 \times 30 = ₩8,500$

04

㈜한국의 20X1년 5개월 간의 기계시간과 전력비 관련 자료는 다음과 같다.

월	기계시간	전력비
1	1,000시간	₩41,000
2	1,300	53,000
3	1,500	61,000
4	1,400	57,000
5	1,700	69,000

㈜한국이 위의 자료에 기초하여 고저점법에 의한 전력비 원가함수를 결정하였다. 이를 사용하여 20X1년 6월 전력비를 ₩81,000으로 예상한 경우, 20X1년 6월 예상 기계시간은?

제25회

① 1,800시간 ② 1,900시간 ③ 2,000시간
④ 2,100시간 ⑤ 2,200시간

해설 단위당 변동원가: $(69,000 - 41,000) \div (1,700시간 - 1,000시간) = 40$
고정원가: $69,000 - (1,700시간 \times 40) = 1,000$
또는 $41,000 - (1,000시간 \times 40) = 1,000$
총원가 예상액 $81,000 = 1,000 + (\ \ \ 시간) \times 40 \Rightarrow 2,000시간$

05 항공기제조회사인 ㈜빛나래는 대형항공기 생산에 착수하여 직접노동시간 800시간이 소요되어 시제품 1대를 완성하였다. 항공기 3대를 추가로 생산하는데 소요되는 추가 직접노동시간은 얼마인가? (단, 학습곡선상의 누적평균시간모형을 따르고 학습률은 80%라고 가정함)

① 800시간   ② 1,248시간   ③ 1,280시간
④ 2,048시간   ⑤ 2,400시간

해설 3대 추가 생산 시 소요예상노동시간 : 1,248시간(= 2,048시간 − 800시간)

누적생산량	단위당 평균노동시간	총노동시간
1대	800시간	800시간
2대	640시간(= 800시간 × 80%)	1,280시간
4대	512시간(= 640시간 × 80%)	2,048시간

06 타일시공 전문업체인 ㈜한국은 새로운 프리미엄 타일시공법을 개발하고, 이에 대한 홍보를 위해 $10m^2$ 면적의 호텔객실 1개에 대하여 무료로 프리미엄 타일시공을 수행하면서 총 20시간의 직접노무시간을 투입하였다. ㈜한국은 프리미엄 타일시공의 경우 직접노무시간이 90%의 학습율 가지는 학습효과가 존재하고, 누적평균시간 학습곡선모형을 따를 것으로 추정하고 있다. ㈜한국은 동 호텔로부터 동일한 구조와 형태 및 면적($10m^2$)의 7개 객실(총 $70m^2$)에 대한 프리미엄 타일 시공 의뢰를 받았다. 이와 관련하여 투입될 것으로 추정되는 직접노무시간은? (단, 시공은 $10m^2$ 단위로 수행된다) 제24회

① 90시간   ② 96.64시간   ③ 116.64시간
④ 126시간   ⑤ 140시간

해설

누적생산단위(객실)	단위당 평균시간	총작업시간
1	20시간	20시간
2	18시간	36시간
4	16.2시간	64.8시간
8	14.58시간	116.64시간

∴ 7개 객실의 추정 직접노무시간 : 116.64시간 − 20시간 = 96.64시간

Answer

03 ①   04 ③   05 ②   06 ②

07 ㈜한국은 단위당 판매가격이 ₩1,000인 제품 A를 생산·판매하고 있으며, 제품 A의 단위당 제조원가는 다음과 같다.

• 직접재료원가	₩250	• 직접노무원가	₩150
• 변동제조간접원가	200	• 고정제조간접원가	50

㈜한국은 제품 A 1,000개를 개당 ₩800에 구입하겠다는 특별주문을 받았다. 동 주문에 대해서는 개당 ₩80의 특수포장원가가 추가로 발생하고, 동 주문에 대한 생산은 유휴설비로 처리될 수 있다. ㈜한국이 특별주문을 수락하여 생산·판매할 경우 이익 증가액은? (단, 특별주문은 기존 제품 판매에 영향을 미치지 않고 기초 및 기말재고는 없다) 제19회

① ₩70,000　　　　② ₩120,000　　　　③ ₩220,000
④ ₩270,000　　　　⑤ ₩320,000

해설

증분수익	1,000개 × 800	₩800,000
증분비용	1,000개 × (250 + 150 + 200 + 80)	₩680,000
증분이익		₩120,000

08 20X1년 예산공헌이익계산서는 다음과 같다.

매출액(단위당 판매가격 ₩40)	₩20,000
변동원가	12,000
공헌이익	₩8,000
고정원가	3,000
영업이익	₩5,000

연간 최대생산능력은 1,000단위이다. 그런데 신규고객이 20X1년 초에 단위당 ₩30에 500단위를 구입하겠다고 제의하였다. 이 제의를 수락할 경우, 20X1년 예산상 영업이익에 미치는 영향은? 제16회

① 영향없음　　　　② ₩3,000 증가　　　　③ ₩5,000 증가
④ ₩8,000 증가　　　　⑤ ₩10,000 증가

해설 증분수익 : 500단위 × @₩30 = ₩15,000
　　　증분비용 : 500단위 × @₩24* = ₩12,000
　　　* 제품생산량 : 20,000/40 = 500단위
　　　* 단위당 변동원가 : 12,000/500단위 = @₩24
　　　증분이익 : 15,000 − 12,000 = ₩3,000 증가

09 ㈜한국은 단일제품을 생산·판매한다. 제품의 단위당 판매가격은 ₩1,000, 단위당 변동원가는 ₩500, 총고정원가는 ₩1,800,000이다. 10월 중에 700단위를 단위당 ₩600에 구입하겠다는 특별주문을 받았다. 유휴생산능력은 충분하지만 700단위를 추가생산하기 위해 초과근무수당이 단위당 ₩80씩 추가 발생할 것으로 예상된다. 이 특별주문을 수락하는 것이 영업이익에 미치는 영향은? (단, 특별주문은 정규 판매에 영향을 미치지 않는다)　　제26회

① ₩14,000 증가　　　　　　　　② ₩14,000 감소
③ ₩16,000 증가　　　　　　　　④ ₩16,000 감소
⑤ ₩24,000 감소

> **해설**
> | | | |
> |---|---|---|
> | 증분수익 | 700단위 × ₩600 | ₩420,000 |
> | 증분비용 | | |
> | 　제조원가 | 700단위 × ₩500 = ₩350,000 | |
> | 　초과근무수당 | 700단위 × ₩80 = ₩56,000 | (₩406,000) |
> | 증분이익 | | ₩14,000 |

10 세무회사는 제품생산에 소요되는 부품을 자체 생산하고 있다. 당기에 필요한 부품 1,000개를 생산하는데 소요되는 원가자료는 다음과 같다.

	단위당 원가	총원가
직접재료원가	₩10	₩10,000
직접노무원가	5	5,000
변동제조간접원가	3	3,000
고정제조간접원가	2	2,000
계	₩20	₩20,000

위 회사는 외부로부터 부품을 구입했을 경우에는 고정제조간접원가의 절반 가량을 줄일 수 있다. 만약 이 회사가 외부로부터 부품을 구입하려고 할 때 허용할 수 있는 단위당 최대가격은?

① ₩15　　　　　　② ₩18　　　　　　③ ₩19
④ ₩20　　　　　　⑤ ₩22

> **해설** 부품의 외부구입시 허용할 수 있는 최대가격은, 부품을 외부구입함으로써 절약할 수 있는 원가이다. 변동비인 재료원가, 노무원가, 변동제조간접원가는 모두 절약 가능하고 고정제조간접원가도 문제에서 절반을 절약할 수 있다고 하였으므로 10 + 5 + 3 + 1 = ₩19이 부품의 외부구입시 허용할 수 있는 최대가격이 된다.

Answer
07 ②　　08 ②　　09 ①　　10 ③

11 ㈜종로는 A제품과 B제품을 생산하여 판매하고 있다. 두 제품에 대한 자료는 다음과 같다.

	제품 A	제품 B
단위당 판매가격	₩400	₩600
단위당 변동원가	₩300	₩330
단위당 공헌이익	₩100	₩270

㈜종로는 생산된 제품을 전량 판매할 수 있다. 제품 A를 1단위 생산하는 데는 1시간의 직접작업시간이 필요하며, 제품 B를 1단위 생산하는 데는 3시간의 직접작업시간이 필요하다. 이 회사가 이용할 수 있는 월간 최대직접작업시간은 300시간이다. 이 회사가 이익을 최대화하기 위해서는 매월 어느 제품을 생산하는 것이 얼마만큼 더 유리한가?

① A제품을 생산하는 것이 B제품을 생산하는 것보다 ₩3,000 더 유리하다.
② B제품을 생산하는 것이 A제품을 생산하는 것보다 ₩3,000 더 유리하다.
③ A제품을 생산하는 것이 B제품을 생산하는 것보다 ₩7,000 더 유리하다.
④ B제품을 생산하는 것이 A제품을 생산하는 것보다 ₩7,000 더 유리하다.
⑤ A제품을 생산하나 B제품을 생산하나 결과가 동일하다.

해설 1. 시간당 공헌이익
　　① A제품 = ₩100/1시간 = ₩100
　　② B제품 = ₩270/3시간 = ₩90
2. 제약조건하에서 시간당 공헌이익이 가장 큰 A제품을 생산하는 것이 이익을 최대화 할 수 있다.
　　① A제품의 생산량 = 300시간/1시간 = 300단위
　　② A제품만 생산할 경우 총이익 = 300단위 × ₩100원 = ₩30,000
　　③ B제품 생산할 경우 생산량 = 300시간/3시간 = 100단위
　　④ B제품만을 생산할 경우 총이익 = 100단위 × ₩270 = ₩27,000
　　따라서, A제품을 생산하는 것이 B제품을 생산하는 것보다 ₩3,000 더 유리하다.

12 ㈜한국은 제품 A와 제품 B를 생산·판매하고 있으며, 제품 A의 20X1년도 공헌이익계산서는 다음과 같다.

구 분	금 액
매 출 액	₩1,200,000
변 동 비	810,000
공 헌 이 익	₩390,000
고 정 비	480,000
영 업 이 익	₩(90,000)

㈜한국의 경영자는 지난 몇 년 동안 계속해서 영업손실이 발생하고 있는 제품 A의 생산중단을 고려하고 있다. 제품 A의 생산을 중단하더라도 고정비 중 ₩210,000은 계속해서 발생된다. ㈜한국이 제품 A의 생산을 중단할 경우, 영업이익에 미치는 영향은?   제22회

① ₩100,000 증가　　　　　　　　② ₩100,000 감소
③ ₩120,000 증가　　　　　　　　④ ₩120,000 감소
⑤ ₩180,000 감소

해설 영업이익에 미치는 영향 : $(-)390,000 + (480,000 - 210,000) = (-)₩120,000$ 감소

13 20X1년 원재료가 600kg 사용될 것으로 예상된다. 기초 원재료가 50kg이고, 기말 원재료를 80kg 보유하고자 한다면 20X1년에 구입해야 할 원재료의 수량은?   제16회

① 570kg　　　　　　　　② 630kg
③ 650kg　　　　　　　　④ 680kg
⑤ 730kg

해설

원재료

기초재고	50kg	소비	600kg
구입	X	기말재고	80kg

따라서 구입할 수량은 630kg이다.

Answer
11 ① **12** ④ **13** ②

14 ㈜한국은 제품 단위당 2kg의 재료를 사용하며, 재료의 kg당 가격은 ₩50이다. ㈜한국은 다음 분기 재료 목표사용량의 30%를 분기말 재료재고로 유지한다. 2분기 목표생산량은 1,000단위이고, 3분기 목표생산량은 1,200단위이다. 2분기의 재료구입 예산은? (단, 재공품 재고는 없다)

제26회

① ₩94,000

② ₩100,000

③ ₩106,000

④ ₩112,000

⑤ ₩120,000

해설

재료

기초 1,000단위 × 30%	300단위	소비	1,000단위
구입	1,060단위	기말 1,200단위 × 30%	360단위
	1,360단위		1,360단위

* 재료구입예산 : 1,060단위 × 2kg × ₩50 = ₩106,000

15 ㈜한국은 20X1년 초 설립되었으며, 20X1년도에 제품 45,000단위를 생산할 계획이다. 제품은 하나의 공정을 거쳐 완성되며, 원재료는 공정초에 전량 투입된다. 제품 단위당 원재료 3kg이 필요하고, kg당 구입가격은 ₩2이다. 기말원재료와 기말재공품으로 23,000kg과 2,000단위를 보유할 계획이다. 20X1년도 원재료 구입예산은?

제20회

① ₩212,000

② ₩270,000

③ ₩294,000

④ ₩316,000

⑤ ₩328,000

해설

원재료(kg)				재공품(단위)			
기초	0	사용	141,000	기초	0	생산	45,000
구입	164,000	기말	23,000	투입	47,000	기말	2,000

* 사용량 : 47,000단위 × 3kg = 141,000kg

원재료 구입액 : 구입수량 × 구입단가 = 164,000 × ₩2 = ₩328,000

16 ㈜한국은 상품매매업을 영위하고 있다. 20X1년 3분기의 상품매입예산은 다음과 같다.

구 분	7월	8월	9월
상품매입액(예산)	₩70,000	₩90,000	₩80,000

매월 상품매입은 현금매입 40%와 외상매입 60%로 이루어진다. 매입시점의 현금매입에 대해서는 2%의 할인을 받고 있다. 외상매입의 30%는 매입한 달에 지급하고, 나머지는 그 다음 달에 지급한다. 20X1년 9월의 현금지출예상액은?

제27회

① ₩78,560　　　　　　　　　　　② ₩79,560

③ ₩83,560　　　　　　　　　　　④ ₩85,560

⑤ ₩88,560

해설 9월 현금지출예상액

8월 외상매출분:	₩90,000 × 60% × 70%	₩37,800
9월 현금매출분:	₩80,000 × 40% × (1 − 2%)	₩31,360
9월 외상매출분:	₩80,000 × 60% × 30%	₩14,400
		₩83,560

17 ㈜한국의 20X1년 종합예산의 일부 자료이다.

	2월	3월	4월
매출액	₩100,000	₩200,000	₩300,000

월별 매출은 현금매출 60%와 외상매출 40%로 구성되며, 외상매출은 판매된 다음 달에 40%, 그 다음 달에 나머지가 모두 회수된다. 20X1년 4월 말 매출채권 잔액은?

제23회

① ₩48,000　　　　　　　　　　　② ₩56,000

③ ₩72,000　　　　　　　　　　　④ ₩144,000

⑤ ₩168,000

해설 4월 말 매출채권 잔액:

3월)	200,000 × 0.4 × 0.6	₩48,000
4월)	300,000 × 0.4	₩120,000
		₩168,000

Answer

14 ③　**15** ⑤　**16** ③　**17** ⑤

18 ㈜한국의 최근 3개월간 매출액은 다음과 같다.

구 분	4월	5월	6월
매출액	₩100,000	₩120,000	₩156,000

월별 매출액은 현금매출 60%와 외상매출 40%로 구성된다. 외상매출은 판매된 달에 40%, 판매된 다음 달에 58%가 현금으로 회수되고, 2%는 회수불능으로 처리된다. 6월의 현금유입액은?

제21회

① ₩118,560   ② ₩121,440

③ ₩137,760   ④ ₩146,400

⑤ ₩147,360

해설 (1) 6월 매출분: $(156,000 \times 0.6) + (156,000 \times 0.4 \times 0.4) = ₩118,560$
(2) 5월 매출분: $120,000 \times 0.4 \times 0.58 = ₩27,840$
(3) 6월 현금유입액: (1) + (2) = ₩146,400

19 ㈜대한은 매월 15일에 상품을 일괄 구매하여 판매한다. 상품 구입대금은 구입시점에 30%를 지급하며, 구입한 달의 말에 20%, 그 다음 달의 말에 40%, 또 그 다음 달의 말에 10%를 지급한다. ㈜대한이 2007년 1월과 2월에 각각 ₩600,000과 ₩800,000의 상품을 구입하였다면, 3월초 상품 관련 매입채무 잔액은 얼마인가?

제11회

① ₩126,000   ② ₩168,000

③ ₩224,000   ④ ₩336,000

⑤ ₩460,000

해설

	1월매입액	2월매입액	매입채무잔액
매입시 지급액	₩180,000	₩240,000	₩980,000
1월 말 지급액	₩120,000	—	₩860,000
2월 말 지급액	₩240,000	₩160,000	₩460,000
3월 말 지급액	₩60,000	₩320,000	₩80,000
4월 말 지급액		₩80,000	₩0

20 A아파트 관리사무소는 재활용품 판매대금으로 종량제 봉투를 구입하여 주민들에게 3개월마다 나누어 주고 있다. 4월부터 6월까지의 재활용품 판매대금은 ₩500,000이며, 이 금액으로 7월초에 묶음당 ₩500의 종량제봉투를 80세대에 나누어 주려고 한다. 6월말에 종량제봉투 10묶음이 남아 있었고 종량제봉투를 모든 세대에 같은 묶음수로 최대한 나누어 준다면 총 몇 묶음의 종량제봉투가 남는가?

제14회

① 10묶음　　　　　　② 30묶음　　　　　　③ 50묶음
④ 60묶음　　　　　　⑤ 70묶음

해설 (1) 종량제 봉투 구입량 : 500,000/500 = 1,000묶음
(2) 보유 종량제 봉투 : 10묶음 + 1,000묶음 = 1,010묶음
(3) 분배가능 수량 : 1,010묶음/80세대 = 12.625묶음
(4) 잔여 수량 : 0.625묶음 × 80세대 = 50묶음

Answer

18 ④　19 ⑤　20 ③

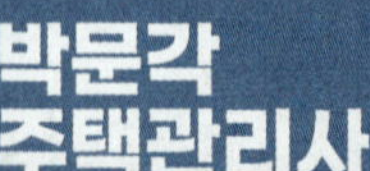
박문각
주택관리사

부 록

제28회 기출문제

01

회계상 거래에 해당하는 것을 모두 고른 것은?

> ㄱ. 종업원을 채용하기로 계약하고 급여를 ₩5,000으로 책정하였다.
> ㄴ. 거래처로부터 상품을 ₩10,000에 매입하기로 계약하였다.
> ㄷ. 사무실을 임차하기로 계약하고 보증금 ₩30,000을 지급하였다.
> ㄹ. 상품을 ₩20,000에 판매하였으나 그 대금은 나중에 받기로 하였다.

① ㄱ, ㄴ   ② ㄱ, ㄷ
③ ㄴ, ㄷ   ④ ㄴ, ㄹ
⑤ ㄷ, ㄹ

해설 회계상 거래 : ㄷ, ㄹ
계약, 주문, 채용 등은 회계상의 거래가 아니다.

02

외부감사인이 다음과 같이 결론을 내리는 경우 한정의견에 해당하는 것을 모두 고른 것은?

> ㄱ. 감사인이 충분하고 적합한 감사증거를 입수한 결과, 왜곡표시가 재무제표에 개별적으로 또는 집합적으로 중요하나 전반적이지는 않다고 결론을 내리는 경우
> ㄴ. 감사인이 충분하고 적합한 감사증거를 입수한 결과, 왜곡표시가 재무제표에 개별적으로 또는 집합적으로 중요하며 동시에 전반적이라고 결론을 내리는 경우
> ㄷ. 감사인이 감사의견의 근거가 되는 충분하고 적합한 감사증거를 입수할 수 없었지만, 발견되지 아니한 왜곡표시가 재무제표에 미칠 수 있는 영향이 중요할 수는 있으나 전반적이지는 않을 것으로 결론을 내리는 경우
> ㄹ. 감사인이 감사의견의 근거가 되는 충분하고 적합한 감사증거를 입수할 수 없으며, 발견되지 아니한 왜곡표시가 있을 경우 이것이 재무제표에 미칠 수 있는 영향이 중요하고 동시에 전반적일 수 있다고 결론을 내리는 경우

① ㄱ, ㄴ   ② ㄱ, ㄷ
③ ㄱ, ㄹ   ④ ㄴ, ㄹ
⑤ ㄷ, ㄹ

해설 한정의견 : ㄱ, ㄷ
ㄴ, ㄹ은 부적정의견에 해당한다.

03 ㈜한국은 기중에 소모품을 ₩100,000에 구입하였으며, 기말 현재 남아 있는 소모품은 ₩90,000
이다. 수정전시산표상 소모품 잔액이 ₩120,000인 경우 기말 수정분개로 옳은 것은?

	(차변)	(대변)		(차변)	(대변)
①	소모품비 30,000	소모품 30,000	②	소모품비 20,000	소모품 20,000
③	소모품비 10,000	소모품 10,000	④	소모품 20,000	소모품비 20,000
⑤	소모품 10,000	소모품비 10,000			

해설 수정전 시산표상 계정과목이 '소모품'이므로 자산처리법이다.
소모품사용액: 120,000 − 90,000 = ₩30,000
수정분개: (차) 소모품비　30,000　　　(대) 소모품　30,000

04 장부마감시 원장 기입에 관한 설명으로 옳은 것은?

① 수익이 비용보다 큰 경우 집합손익계정 원장의 차변에 이익잉여금으로 마감한다.
② 수익은 수익계정 원장의 대변에 집합손익으로 마감한다.
③ 비용은 비용계정 원장의 대변에 차기이월로 마감한다.
④ 자산은 자산계정 원장의 차변에 차기이월로 마감한다.
⑤ 부채는 부채계정 원장의 차변에 집합손익으로 마감한다.

해설 ② 수익은 수익계정 원장의 차변에 집합손익으로 마감한다.
③ 비용은 비용계정 원장의 대변에 집합손익으로 마감한다.
④ 자산은 자산계정 원장의 대변에 차기이월로 마감한다.
⑤ 부채는 부채계정 원장의 차변에 차기이월로 마감한다.

05 ㈜한국이 20X1년도에 지급한 보험료는 ₩18,000이다. 재무상태표상 선급보험료 계정의 잔액
이 다음과 같을 때, 20X1년도 포괄손익계산서에 표시될 보험료는?

계정과목	20X1년도 초	20X1년도 말
선급보험료	₩6,000	₩4,000

① ₩16,000　　② ₩20,000　　③ ₩22,000
④ ₩24,000　　⑤ ₩26,000

해설
보험료

전기선급액	6,000	손익(I/S 상 보험료)	20,000
당기지급액	18,000	당기선급액	4,000

Answer
01 ⑤　02 ②　03 ①　04 ①　05 ②

06 일반목적재무보고의 목적에 관한 설명으로 옳지 않은 것은?

① 일반목적재무보고서는 기업의 경제적자원 및 보고기업에 대한 청구권에 관한 정보를 제공한다.

② 보고기업의 재무성과에 대한 정보는 그 기업의 경제적자원에서 해당 기업이 창출한 수익을 이용자들이 이해하는 데 도움을 준다.

③ 보고기업의 경제적자원 및 청구권의 성격 및 금액에 대한 정보는 이용자들이 보고기업의 재무적 강점과 약점을 식별하는 데 도움을 줄 수 있다.

④ 보고기업의 한 기간의 재무성과에 대한 정보는 이용자들이 기업의 경제적자원에 대한 경영진의 수탁책임을 평가하는 데에도 도움을 줄 수 있다.

⑤ 보고기업의 과거 재무성과와 그 경영진이 수탁책임을 어떻게 이행했는지에 대한 정보는 기업의 경제적자원에서 발생하는 미래 수익을 예측하는 데 일반적으로 도움이 되지 않는다.

해설 ⑤ 도움이 되지 않는다 ⇨ 도움이 된다.

07 유용한 재무정보의 질적특성 중 보강적 질적특성에 해당하는 것을 모두 고른 것은?

ㄱ. 표현충실성	ㄴ. 목적적합성	ㄷ. 비교가능성
ㄹ. 이해가능성	ㅁ. 검증가능성	

① ㄱ, ㄴ, ㄷ
② ㄱ, ㄴ, ㅁ
③ ㄱ, ㄷ, ㄹ
④ ㄴ, ㄹ, ㅁ
⑤ ㄷ, ㄹ, ㅁ

해설 보강적 질적특성 : 비교가능성, 검증가능성, 적시성, 이해가능성

08 재무제표 표시에 관한 설명으로 옳지 않은 것은?

① 각각의 재무제표는 전체 재무제표에 동등한 비중으로 표시한다.

② 당기손익과 기타포괄손익은 단일의 포괄손익계산서에 두 부분으로 나누어 표시할 수 있다.

③ 재무제표는 동일한 문서에 포함되어 함께 공표되는 그 밖의 정보와 명확하게 구분되고 식별되어야 한다.

④ 재무제표 항목의 표시나 분류를 변경하는 경우 실무적으로 적용할 수 없는 것이 아니라면 비교금액도 재분류해야 한다.

⑤ 재무제표가 한국채택국제회계기준의 요구사항을 모두 충족한 경우가 아니라도 한국채택국제회계기준을 준수하여 작성되었다고 기재한다.

해설 ⑤ 재무제표가 한국채택국제회계기준의 요구사항을 모두 충족한 경우가 아니라면 한국채택국제회계기준을 준수하여 작성되었다고 기재해서는 안된다.

09 유동부채로 분류되지 않는 것은?

① 당좌차월 ② 매입채무 ③ 미지급배당금
④ 이연법인세부채 ⑤ 유동성장기차입금

해설 ④ 이연법인세부채는 비유동부채로 분류된다.

10 ㈜한국의 20X1년 재고자산 관련 자료는 다음과 같다. 가중평균(평균원가)소매재고법에 따라 측정된 ㈜한국의 20X1년 기말재고자산 장부금액은? (단, 재고자산감모손실과 재고자산평가손실은 없다.)

구 분	원 가	판매가격
기초재고자산	₩90,000	₩100,000
당기매입액	630,000	900,000
매출액	−	800,000

① ₩140,000 ② ₩144,000 ③ ₩160,000
④ ₩180,000 ⑤ ₩224,000

해설 매가기준 기말재고자산 : $100,000 + 900,000 - 800,000 = ₩200,000$
원가율 : $(90,000 + 630,000) / (100,000 + 900,000) = 72\%$
원가기준 기말재고자산 : $200,000 \times 72\% = ₩144,000$

Answer
06 ⑤ 07 ⑤ 08 ⑤ 09 ④ 10 ②

11 ㈜한국의 20X1년 재고자산 관련 자료는 다음과 같다. ㈜한국은 재고자산의 장부기록방법으로는 계속기록법, 단위원가결정 방법으로는 선입선출법을 적용하고 있다. ㈜한국의 20X1년도 매출총이익은? (단, 재고자산감모손실과 재고자산평가손실은 없다.)

일 자	적 요	수량(단위)	단위당 원가	단위당 판매가격
1월 1일	기초재고	100	₩50	
4월 1일	매 입	150	60	
6월 1일	매 출	200		₩100
9월 1일	매 입	100	65	
11월 1일	매 입	150	70	
12월 1일	매 출	100		120

① ₩13,750　　　　　　② ₩14,000
③ ₩14,750　　　　　　④ ₩17,250
⑤ ₩18,600

해설 매출액 : 200단위 × 100 + 100단위 × 120 = ₩32,000
매출원가 : 100단위 × 50 + 150단위 × 60 + 50단위 × 65 = ₩17,250
매출총이익 : 32,000 − 17,250 = ₩14,750

12 ㈜한국은 20X1년 12월 31일 창고에 보관하고 있던 상품 전부가 폭우로 인해 소실되었다. ㈜한국의 20X1년 기초상품금액은 ₩5,000, 당기상품매입액은 ₩140,000, 매출액은 ₩150,000이다. ㈜한국은 원가에 원가의 25%에 해당하는 이윤을 가산한 금액을 판매가격으로 책정하고 있다. 20X1년 12월 31일 폭우로 인해 소실된 상품 추정액은? (단, ㈜한국은 상품을 모두 창고에 보관한다.)

① ₩5,000　　　　　　② ₩20,000
③ ₩25,000　　　　　　④ ₩31,250
⑤ ₩32,500

해설 매출원가 : 150,000 / (1 + 0.25) = ₩120,000
소실상품 추정액(기말재고액) : 5,000 + 140,000 − 120,000 = ₩25,000

13 ㈜한국의 20X1년 회계 자료는 다음과 같다. ㈜한국의 20X1년도 총매입액은?

• 기초재고자산	₩40,000	• 총매출액	₩498,000
• 기말재고자산	30,000	• 매출할인	10,000
• 총매입액	?	• 매출운임	5,000
• 매입환출	15,000	• 매출에누리	8,000
• 매입할인	5,000	• 매출총이익	70,000

① ₩380,000 ② ₩400,000
③ ₩415,000 ④ ₩420,000
⑤ ₩425,000

해설

재고자산

기초재고자산	40,000	총매출액	498,000
총매입액	420,000	매입환출	15,000
매출할인	10,000	매입할인	5,000
매출에누리	8,000	기말재고자산	30,000
매출총이익	70,000		
	548,000		548,000

14 20X1년 초 ㈜한국은 사무용 건물을 ㈜대한의 토지와 교환하면서 추가적으로 현금 ₩3,000을 ㈜대한에게 지급하였다. 교환일 현재 건물의 장부금액은 ₩30,000(취득원가 ₩90,000, 감가상각누계액 ₩60,000)이며, 토지의 장부금액은 ₩25,000이다. 교환 시 건물의 공정가치는 ₩40,000으로 신뢰성 있게 측정되었다. ㈜한국이 자산 교환시 인식할 토지의 취득원가는? (단, 동 교환거래는 상업적 실질이 존재하며, 건물의 공정가치가 토지의 공정가치보다 명백하다.)

① ₩25,000 ② ₩30,000
③ ₩37,000 ④ ₩40,000
⑤ ₩43,000

해설 취득원가: 제공자산의 공정가치 ₩40,000 + 현금지급액 ₩3,000 = ₩43,000

Answer

11 ③ **12** ③ **13** ④ **14** ⑤

15 ㈜한국은 20X1년 초 토지(유형자산)를 ₩70,000에 취득하였다. ㈜한국은 토지에 대하여 재평가모형을 적용하고 매년 말 재평가한다. 동 토지의 공정가치가 다음과 같을 경우, ㈜한국이 동 토지와 관련하여 20X2년 말 재무상태표의 기타포괄손익누계액으로 인식할 재평가잉여금은? (단, 손상은 발생하지 않았다.)

구 분	20X1년도 말	20X2년도 말
공정가치	₩65,000	₩80,000

① ₩0 ② ₩5,000
③ ₩8,000 ④ ₩10,000
⑤ ₩15,000

해설 재평가잉여금 : $80,000 - 70,000 = ₩10,000$

16 잔존가치가 변동하지 않는다고 가정할 때, 자산의 내용연수 동안 매 기간 일정액의 감가상각액을 계상하는 감가상각방법은?

① 정액법 ② 정률법
③ 연수합계법 ④ 이중체감법
⑤ 체증상각법

해설 내용연수 동안 매 기간 일정액의 감가상각액을 계상하는 감가상각방법은 정액법이다.

17 ㈜한국은 20X1년 초 본사건물(내용연수 4년, 잔존가치 ₩0, 정액법 상각, 원가모형 적용)을 ₩100,000에 취득하였다. ㈜한국은 20X2년 초 동 건물에 대하여 ₩15,000을 지출하였고, 이는 자산의 인식요건을 충족하며, 동 지출로 인하여 건물의 잔존가치가 ₩3,000원 증가하였다. ㈜한국이 동 건물과 관련하여 20X2년도에 인식할 감가상각비는? (단, 손상은 발생하지 않았다.)

① ₩25,000 ② ₩26,000
③ ₩28,000 ④ ₩29,000
⑤ ₩30,000

해설 20X1년 감가상각비 : $100,000 \times 1/4 = ₩25,000$
20X2년 감가상각비 : $(100,000 - 25,000 + 15,000 - 3,000) \times 1/3 = ₩29,000$

18 ㈜한국은 20X1년 초 건물(내용연수 5년, 잔존가치 없음, 정액법 상각)을 ₩100,000에 취득하고 투자부동산으로 분류하였다. ㈜한국은 투자부동산에 대해 공정가치모형을 적용하고 있으며, 동 건물에 대한 20X1년 말 공정가치는 ₩110,000이다. ㈜한국은 20X2년 7월 1일 동 건물을 ₩90,000에 처분하였다. 동 건물에 대한 회계처리가 20X1년도와 20X2년도의 당기순이익에 미치는 영향은?

	20X1년도	20X2년도		20X1년도	20X2년도
①	₩10,000 증가	₩20,000 감소	②	₩10,000 증가	₩10,000 감소
③	₩10,000 증가	₩10,000 증가	④	₩20,000 증가	₩20,000 감소
⑤	₩20,000 증가	₩10,000 감소			

해설 투자부동산에 대해 공정가치모형을 적용하므로 감가상각을 하지 않고 기말 공정가치로 평가하여 당기손익으로 인식한다.
20X1년 : 투자부동산평가이익 ₩10,000
20X2년 : 투자부동산평가손실 ₩20,000

19 ㈜한국은 20X1년 7월 1일에 주식A를 취득일의 공정가치인 ₩50,000에 취득하고 기타포괄손익 − 공정가치측정 금융자산으로 분류하였다. ㈜한국은 20X2년 4월 1일에 주식A와 관련하여 ₩1,000의 현금배당금을 수령하였고, 20X2년 12월 1일에 주식A를 ₩55,000에 전량 매각하였다. 주식A의 공정가치가 다음과 같을 때, 주식A와 관련된 회계처리가 ㈜한국의 20X2년도 당기순이익에 미치는 영향은? (단, 주식매매수수료는 없다.)

구 분	20X1년 12월 31일	20X2년 4월 1일	20X2년 12월 1일
공정가치	₩53,500	₩52,000	₩55,000

① ₩1,000 증가   ② ₩1,500 증가
③ ₩3,000 증가   ④ ₩5,000 증가
⑤ ₩6,000 증가

해설 기타포괄손익 − 공정가치측정 금융자산으로 분류하므로 공정가치 변동액은 기타포괄손익으로 분류하고, 배당금수익(₩1,000)만 당기순이익에 영향을 미친다.

Answer

15 ④   **16** ①   **17** ④   **18** ①   **19** ①

20 ㈜한국은 20X1년 1월 1일에 ㈜대한이 발행한 사채(액면금액 ₩1,000,000, 표시이자율 연 10%, 매년 말 이자지급, 만기 3년)를 공정가치로 취득하고 상각후원가 측정 금융자산으로 분류하였다. 취득 당시 유효이자율은 연 8% 이다. ㈜한국이 동 사채를 만기까지 보유할 때, 보유 기간 동안 인식할 이자수익 총액은? (단, 사채발행일과 취득일은 동일하며, 단수차이가 발생할 경우 가장 근사치를 선택한다.)

기간	단일금액 ₩1의 현재가치		정상연금 ₩1의 현재가치	
	8%	10%	8%	10%
3	0.7938	0.7513	2.5771	2.4869

① ₩228,690 ② ₩240,000

③ ₩248,490 ④ ₩289,748

⑤ ₩300,000

해설 취득원가: $1,000,000 \times 0.7938 + 1,000,000 \times 10\% \times 2.5771 = ₩1,051,510$
만기까지 인식할 총이자비용: $(1,000,000 + 1,000,000 \times 10\% \times 3년) - 1,051,510 = ₩248,490$

21 20X1년 말 현재 ㈜한국의 장부상 당좌예금 잔액과 은행 측 잔액증명서상 잔액의 불일치 원인은 다음과 같다. 불일치 원인을 조정한 후의 올바른 당좌예금 잔액이 ₩200,000일 때, ㈜한국의 조정 전 장부상 당좌예금 잔액은?

- ㈜한국은 입금처리하였으나, 은행에서 미기록한 예금 ₩40,000
- ㈜한국에서 회계처리하지 않은 은행수수료 ₩10,000
- 거래처가 입금한 금액 중 은행으로부터 통보받지 못한 금액 ₩30,000
- ㈜한국이 발행한 수표 중 은행에서 인출되지 않은 금액 ₩25,000
- ㈜한국이 은행에 예입한 ₩50,000의 수표를 회사장부에 ₩5,000으로 기록

① ₩120,000 ② ₩135,000

③ ₩150,000 ④ ₩185,000

⑤ ₩225,000

해설 은행계정조정표

조정 전 잔액	?	조정 전 잔액	?
은행수수료	− 10,000	은행 미기록 예금	40,000
미통보 입금액	30,000	발행수표 미인출액	25,000
예입액 오기	45,000		
조정 후 잔액	200,000	조정 후 잔액	200,000

22 ㈜한국은 매출처로부터 받은 액면금액 ₩100,000(발행일 20X1년 7월 1일, 만기일 20X1년 12월 31일, 표시이자율 연 9%, 만기 이자수취)인 이자부어음을 20X1년 8월 1일 은행에 이자율 연 12% 조건으로 할인하였다. 동 어음 할인으로 ㈜한국이 할인료를 제외하고 수취한 현금은? (단, 어음할인은 제거조건을 충족하며, 이자는 월할계산한다.)

① ₩98,525　　　　　　　　　② ₩99,275

③ ₩100,000　　　　　　　　④ ₩100,025

⑤ ₩104,500

> **해설** 만기수취액: $100,000 + 100,000 \times 9\% \times 6/12 = ₩104,500$
> 할인료: $104,500 \times 12\% \times 5/12 = ₩5,225$
> 실수금: $104,500 - 5,225 = ₩99,275$

23 금융부채에 해당하는 것을 모두 고른 것은?

ㄱ. 차입금	ㄴ. 선수금	ㄷ. 충당부채
ㄹ. 미지급법인세	ㅁ. 지급어음	

① ㄱ, ㄷ　　　　　　　　　　② ㄱ, ㅁ

③ ㄴ, ㄹ　　　　　　　　　　④ ㄱ, ㄷ, ㄹ

⑤ ㄴ, ㄹ, ㅁ

> **해설** 금융부채: ㄱ, ㅁ
> 선수금, 충당부채, 법인세 관련 부채는 금융부채에 해당하지 않는다.

24 ㈜한국은 20X1년 초 사채(액면금액 ₩100,000, 표시이자율 연 5%, 매년 말 이자지급, 만기 3년)를 ₩92,268에 발행하고 상각후원가로 측정하였다. 동 사채의 20X1년 말 장부금액이 ₩94,649인 경우, ㈜한국이 20X2년도에 인식할 이자비용은? (단, 단수차이가 발생할 경우 가장 근사치를 선택한다.)

① ₩5,679　　　　　　　　　② ₩6,625

③ ₩7,571　　　　　　　　　④ ₩8,518

⑤ ₩9,465

> **해설** 20X1년 사채할인발행차금 상각액: $94,649 - 92,268 = ₩2,381$
> 20X1년 이자비용: $100,000 \times 5\% + 2,381 = ₩7,381$
> 유효이자율: $7,381 \div 92,268 \fallingdotseq 8\%$
> 20X2년 이자비용: $94,649 \times 8\% = ₩7,571.92$

Answer

20 ③　**21** ②　**22** ②　**23** ②　**24** ③

25 ㈜한국은 20X1년 4월 1일부터 제품을 판매하기 시작하면서, 제품매출액의 2%에 해당하는 금액을 제품보증비용(보증기간 2년)으로 추정하였다. 20X1년과 20X2년의 제품매출액과 보증비용 지출액이 다음과 같을 때, 제품보증과 관련하여 20X2년말 재무상태표에 인식할 충당부채는? (단, 제품보증은 확신유형보증이다.)

연 도	제품매출액	보증비용 지출액
20X1년	₩300,000	₩5,000
20X2년	500,000	8,000

① ₩2,000　　　　　　　　② ₩3,000
③ ₩6,000　　　　　　　　④ ₩10,000
⑤ ₩16,000

해설 20X2년말 충당부채 잔액 : $(300,000 + 500,000) \times 2\% - (5,000 + 8,000) = ₩3,000$

26 ㈜한국의 20X1년 초 자본총계는 ₩500,000이다. 20X1년 중 다음과 같은 거래가 발생하였다고 할 때, 20X1년 말 자본총계는?

- 보통주 10주(주당 액면금액 ₩1,000)를 주당 ₩2,000에 발행하여 전액 납입 받았으며, 주식발행비 ₩3,000을 현금으로 지급하였다.
- 보통주 20주(주당 액면금액 ₩1,000)를 주당 ₩900에 매입하여 소각하였다.

① ₩490,000　　　　　　　② ₩497,000
③ ₩499,000　　　　　　　④ ₩500,000
⑤ ₩502,000

해설 20X1년 말 자본총계 : $500,000 + 10주 \times 2,000 - 3,000 - 20주 \times 900 = ₩499,000$

27 20X1년 초 ㈜한국은 ㈜대한과 매출액의 5%를 판매수수료로 지급하는 위탁판매계약을 체결하였다. 20X1년 ㈜한국은 ㈜대한에 단위당 원가 ₩800인 상품 100개를 적송하였다. ㈜대한은 20X1년 중 수탁한 상품 중 50개를 단위당 ₩1,000에 최종고객에게 판매하고 수탁상품 매출계산서와 함께 판매수수료를 제외한 나머지 금액을 ㈜한국에 송금하였다. 동 위탁판매와 관련된 회계처리가 ㈜한국의 20X1년도 당기순이익에 미치는 영향은? (단, ㈜대한에 적송한 재화의 통제권은 최종고객에게 판매되기 전까지 ㈜한국이 계속 보유한다.)

① ₩7,500 증가 ② ₩9,500 증가
③ ₩10,000 증가 ④ ₩12,500 증가
⑤ ₩15,000 증가

> **해설** 적송품 매출액 : 50개 × 1,000 = ₩50,000
> 적송품 매출원가 : 50개 × 800 = ₩40,000
> 적송품 판매수수료 : 50,000 × 5% = ₩2,500
> 20X1년 당기손익 : 50,000 − 40,000 − 2,500 = ₩7,500 증가

28 20X1년 초 ㈜한국은 ㈜대한과 총계약금액에 변동이 없는 용역제공 계약을 체결하였으며, 용역제공기간은 20X1년 초부터 20X3년 말까지 3년이다. 용역과 관련된 20X1년의 자료가 다음과 같을 경우, 동 용역제공계약의 총계약금액은? (단, 진행률에 의해 계약수익을 인식하며, 진행률은 총추정계약원가 대비 누적발생계약원가로 산정한다.)

• 20X1년도 계약원가 발생액	₩20,000
• 20X1년 말에 추정한 추가소요예정 계약원가	₩80,000
• 20X1년도에 인식한 용역계약이익	₩40,000

① ₩160,000 ② ₩200,000
③ ₩240,000 ④ ₩300,000
⑤ ₩280,000

> **해설** 20X1년 진행률 : 20,000 / (20,000 + 80,000) = 20%
> 20X1년 계약수익 : 20,000 + 40,000 = 60,000
> 20X1년 계약금액 : 60,000 ÷ 20% = 300,000

Answer

25 ② **26** ③ **27** ① **28** ④

29 아파트 관리용역을 제공하는 ㈜한국의 현금흐름표상 투자활동 현금흐름에 속하지 않는 것은?

① 유형자산 처분에 따른 현금유입
② 상각후원가 측정 금융자산의 취득에 따른 현금유출
③ 대여금의 회수에 따른 현금유입
④ 무형자산 취득에 따른 현금유출
⑤ 장기차입에 따른 현금유입

해설 ⑤ 장기차입에 따른 현금유입은 재무활동 현금흐름에 속하는 항목이다.

30 20X1년 초 ㈜한국의 유통보통주식수는 500주(주당 액면금액 ₩1,000)이다. ㈜한국은 20X1년 7월 1일 자기주식 100주를 취득하였으며, 자기주식 취득을 제외하고는 유통보통주식수에 영향을 미치는 거래는 없었다. 20X1년도 ㈜한국의 당기순이익이 ₩90,000일 때, ㈜한국의 20X1년 기본주당순이익은? (단 ㈜한국은 우선주를 발행하지 않았으며, 가중평균유통보통주식수는 월수를 기준으로 산정한다.)

① ₩200
② ₩205
③ ₩210
④ ₩215
⑤ ₩225

해설 기본주당순이익 : 90,000 ÷ (500주 − 100주 × 6/12) = ₩200

31 ㈜한국의 다음 자료를 이용하여 계산한 20X1년 기말 재무상태표상 매출채권은? (단, 매출채권의 손상차손은 없다.)

> • 20X1년 기초매출채권   ₩400,000
> • 20X1년도 신용매출액   ₩5,000,000
> • 20X1년도 신용매출액과 평균매출채권을 이용하여 계산한 매출채권회전율 10회

① ₩400,000
② ₩450,000
③ ₩500,000
④ ₩550,000
⑤ ₩600,000

해설 평균매출채권 : 5,000,000 ÷ 10회 = ₩500,000
기말매출채권 : (400,000 + ?) ÷ 2 = 500,000 ⇨ ₩600,000

32 ㈜한국의 20X1년 6월 말 현재 유동자산은 ₩125,000, 당좌자산은 ₩20,000, 유동부채는 ₩100,000이다. ㈜한국은 20X1년 7월 1일에 상품을 ₩10,000(원가 ₩5,000)에 판매하면서, 현금 ₩5,000을 수령하고 나머지는 1달 후에 받기로 하였다. 동 거래를 반영한 후의 당좌비율은? (단, 상품기록은 계속기록법을 적용한다.)

① 20%
② 25%
③ 30%
④ 130%
⑤ 135%

해설 상품매출:

(차) 현　　　　금(당좌자산)	5,000	(대) 매　　　　출	10,000
외상매출금(당좌자산)	5,000		
매 출 원 가	5,000	상　　　품(재고자산)	5,000

당좌비율 : $\dfrac{20,000 + 10,000}{100,000} = 30\%$

33 ㈜한국의 당기에 발생한 원가 자료는 다음과 같다.

• 기본원가(prime cost)	₩25,000
• 전환원가(conversion cost)	₩30,000
• 직접노무원가	₩10,000

기초 재공품보다 기말 재공품이 ₩3,000 더 많을 때, 당기제품제조원가는?

① ₩42,000
② ₩45,000
③ ₩48,000
④ ₩52,000
⑤ ₩58,000

해설 제조간접원가 : 30,000 − 10,000 = ₩20,000
당기제품제조원가 : 25,000(기본원가) + 20,000(제조간접원가) − 3,000(기초〈기말) = ₩42,000

Answer

29 ⑤　　**30** ①　　**31** ⑤　　**32** ③　　**33** ①

34 ㈜한국은 두 개의 보조부문(S1, S2)과 두 개의 제조부문(P1, P2)으로 제품을 생산하고 있다. 각 부문원가와 용역수수관계는 다음과 같다.

	보조부문		제조부문	
	S1	S2	P1	P2
부문원가	₩80,000	₩70,000	?	?
S1	−	20%	50%	30%
S2	30%	−	40%	30%

직접배분법으로 보조부문원가를 제조부문에 배분하는 경우, 제조부문 P1에 배분될 총 보조부문원가는?

① ₩70,000 ② ₩80,000

③ ₩90,000 ④ ₩100,000

⑤ ₩110,000

 해설

제조부문 P1에 배분될 보조부문원가: S1 $\quad 80,000 \times \dfrac{50\%}{50\% + 30\%} = ₩50,000$

S2 $\quad 70,000 \times \dfrac{40\%}{40\% + 30\%} = \underline{₩40,000}$

$\underline{\quad\quad ₩90,000}$

35 다음에 설명하는 원가계산제도는?

> 원가요소별로 수량 표준과 가격 표준을 설정하여 이를 기준으로 제품의 원가계산을 하고, 차이분석을 통하여 원가를 관리 및 통제하는 제도

① 실제원가계산 ② 정상원가계산

③ 활동기준원가계산 ④ 품질원가계산

⑤ 표준원가계산

해설 ⑤ 표준원가계산에 대한 내용이다.

36 ㈜한국은 선입선출법을 적용하여 종합원가계산을 하며, 전환원가는 전체 공정에 걸쳐 균등하게 발생한다. 관련 자료는 다음과 같으며, 괄호 안의 숫자는 전환원가 완성도를 의미한다.

기초 재공품	당기 착수	기말 재공품
200단위(40%)	800단위	100단위(50%)

완성품환산량 단위당 전환원가가 ₩100이라면, 당기에 발생한 전환원가는? (단, 공손과 감손은 발생하지 않는다.)

① ₩80,000 ② ₩83,000 ③ ₩85,000
④ ₩87,000 ⑤ ₩95,000

해설 완성품수량 : 200단위 + 800단위 − 100단위 = 900단위
전환원가 완성품환산량 : 900단위 − 200단위 × 40% + 100단위 × 50% = 870단위
당기 발생 전환원가 : 870단위 × ₩100 = ₩87,000

37 ㈜한국의 20X1년 기초 제품은 없고, 당기 제품 생산수량은 2,000단위이다. 20X1년 단위당 변동제조간접원가는 ₩200이고, 총고정제조간접원가는 ₩600,000이다. 20X1년 전부원가계산에 의한 영업이익이 변동원가계산에 의한 영업이익보다 ₩120,000 더 많은 경우, 20X1년 제품 판매수량은? (단, 기초와 기말 재공품은 없다.)

① 1,400단위 ② 1,500단위 ③ 1,600단위
④ 1,760단위 ⑤ 1,860단위

해설 기말재고자산에 포함된 고정제조간접원가만큼 이익에 차이가 발생한다.
판매수량을 A라 할 경우,

$$600,000 \times \frac{2,000단위 - A}{2,000단위} = ₩120,000$$

A = 1,600단위

38 ㈜한국은 단일 제품을 생산·판매하고 있다. 20X1년 제품의 단위당 판매가격은 ₩100이고, 단위당 변동원가는 ₩80이며, 손익분기점 판매수량은 8,000단위이다. 20X1년에 ₩50,000의 영업이익을 얻기 위한 제품 판매수량은? (단, 기초와 기말 재고자산은 없다.)

① 10,000단위 ② 10,500단위 ③ 11,000단위
④ 11,500단위 ⑤ 12,000단위

해설 고정원가 : (100 − 80) × 8,000단위 = ₩160,000
목표이익 달성 판매수량 : (160,000 + 50,000) ÷ (100 − 80) = 10,500단위

Answer

34 ③ **35** ⑤ **36** ④ **37** ③ **38** ②

39

㈜한국은 단일제품을 생산·판매한다. 제품의 단위당 판매가격은 ₩1,000이고, 단위당 변동원가는 ₩600이며, 총고정원가는 ₩1,200,000이다. 그 동안 거래가 없던 곳으로부터 제품 500단위를 단위당 ₩800에 구입하겠다는 특별주문을 받았다. 현재 유휴생산능력으로 제품 300단위를 생산할 수 있으나, 특별주문을 전량수락하기 위해서는 정규시장 판매량을 200단위 줄여야 한다. 특별주문 전량 수락이 영업이익에 미치는 영향은?

① ₩10,000 감소 　　　　　　　　② ₩10,000 증가
③ ₩20,000 감소 　　　　　　　　④ ₩20,000 증가
⑤ ₩30,000 감소

해설

증분수익:		500단위 × 800	₩400,000
증분비용:	변동제조원가	500단위 × 600 = 300,000	
	공헌이익 상실	200단위 × 400 = 80,000	₩380,000
증분이익:			₩20,000

40

㈜한국은 제품 단위당 4kg의 재료를 사용하며, 재료의 kg당 가격은 ₩50이다. ㈜한국은 다음 분기 재료 목표사용량의 20%를 분기 말 재료 재고로 유지하는 정책을 적용하고 있다. 3분기 목표 제품 생산수량은 5,000단위이고, 4분기 목표 제품 생산수량은 4,800단위이다. 3분기 재료구입예산은? (단, 기초와 기말 재공품은 없다.)

① ₩988,000 　　　　　　　　② ₩992,000
③ ₩994,000 　　　　　　　　④ ₩1,004,000
⑤ ₩1,008,000

해설

재료

기초	4,000kg = 5,000단위 × 4kg × 20%	사용	20,000kg = 5,000단위 × 4kg
매입	19,840kg	기말	3,840kg = 4,800단위 × 4kg × 20%

재료구입예산 : 19,840kg × @₩50 = ₩992,000

연구 집필위원

김종화

2026 제29회 시험대비 전면개정

박문각 주택관리사 기본서 1차 회계원리

초판인쇄 | 2025. 9. 15.　**초판발행** | 2025. 9. 20.　**편저** | 김종화 외 박문각 주택관리연구소
발행인 | 박 용　**발행처** | (주)박문각출판　**등록** | 2015년 4월 29일 제2019–000137호
주소 | 06654 서울시 서초구 효령로 283 서경 B/D 4층　**팩스** | (02)584–2927
전화 | 교재 주문 (02)6466–7202, 동영상문의 (02)6466–7201

판 권
본 사
소 유

이 책의 무단 전재 또는 복제 행위는 저작권법 제136조에 의거, 5년 이하의 징역 또는 5,000만원 이하의 벌금에 처하거나 이를 병과할 수 있습니다.

정가 44,000원

ISBN 979–11–7519–208–9　|　ISBN 979–11–7519–207–2(1차세트)